基于科研助理培养模式的大学生科技创新实践导引

(第二版)

主　编　张其久　张玉峰
副主编　孙丽霞　李建永

哈尔滨工业大学出版社

内 容 简 介

高等院校如何发挥大学生创新潜能,并采取适当的方式、方法予以引导,为社会培养出更多的创新型人才,是当今高校面临的重要课题。本书主要阐述北华大学大学生机电集成技术科技创新实践基地一线创新人才的培养模式,旨在进一步凝练人才培养特色,让社会了解科研助理的培养模式,为同类院校培养高水平一线创新型人才提供参考。

本书适用于高等院校热爱创新教育、从事创新教育的教师和学生阅读。

图书在版编目(CIP)数据

基于科研助理培养模式的大学生科技创新实践导引/张其久,张玉峰主编. —2 版. —哈尔滨:哈尔滨工业大学出版社,2018.8
ISBN 978-7-5603-7605-9

Ⅰ.①基… Ⅱ.①张…②张… Ⅲ.①高等学校-人才培养-研究-吉林市 Ⅳ.①G649.2

中国版本图书馆 CIP 数据核字(2018)第 188239 号

责任编辑	杨秀华
封面设计	刘长友
出版发行	哈尔滨工业大学出版社
社　　址	哈尔滨市南岗区复华四道街 10 号　邮编 150006
传　　真	0451-86414749
网　　址	http://hitpress.hit.edu.cn
印　　刷	哈尔滨久利印刷有限公司
开　　本	787mm×960mm　1/16　印张 10　字数 207 千字
版　　次	2018 年 8 月第 2 版　2018 年 8 月第 1 次印刷
书　　号	ISBN 978-7-5603-7605-9
定　　价	28.00 元

(如因印装质量问题影响阅读,我社负责调换)

序一

2001年12月,有一个人孤独地策划着未来,他怀着焦躁而迷茫的心在思考着一个问题:人为什么活着?如何过得更有意义……恰在此时,他的思绪与同在北华大学的几个师生产生了共鸣,新的纪元从此开始!

2002年3月,3名教师、6名学生组成了一个团队,成立了"北华大学机电集成技术中心",地点就在北华大学的第三教学楼803房间。这是一群非同寻常的人,他们有高昂的斗志、远大的理想、踏实肯干的作风。这群人凭借着有力的双手,开始了在贫瘠的土地上创造绿洲的大胆实验。凡事都要高标准、高质量去完成,这是他们的作风。他们深知,没有一棵棵稚嫩的小草,就不可能有一片片浩荡的绿洲!他们从培育一棵棵小草开始,一点一点地汇集成了一撮撮草,一撮撮草又一点一点地凝聚成了一片片草……这群人受到过挫折、遭遇过别人的冷嘲热讽,但是他们一直没有逃避!为什么?他们在艰苦的工作中获得了成就感,他们似乎找到了一条真理——"不睡觉精神"!未来没有方向不睡觉、工作没完成不睡觉、工作没干好不睡觉……若干个不眠之夜,秉承一种信念,成就了一个集体,一个有思想、有干劲、讲合作、甘于奉献的团队!这群人在创造历史的征程中成长为一群特殊的人、并取得了卓著的成绩,最可喜的是,他们带动了更多的人。

从最初的"机电集成技术研究中心",到后来的"机电集成技术研究所",再到后来的"大学生机电集成技术科技创新实践基地",最后到现在的"吉林省示范性大学生科技创新基地",这一次次的改变诉说着我们这个团队历史进程的真实写照——"发展是硬道理"!

从最初的1个研究室、几十平方米面积、3个老师、6名学生,到现在的16个研究室、900多平方米、30多名老师、200余名科研助理——我们的培养规模在变化!从最初的师傅带徒弟培养模式,到现在大规模推广本科生科研助理培养模式,科研助理、实验助理、教学助理齐头并进的人才培养层次多样性——我们的教育思想、培养模式在变化!从最初的感情维系型管理模式,发展到今天的网络化、信息化——我们的管理模式在变化!从最初的单纯培养学生,到今天这里是教师培养基地、科研基地、人才培养模式实验基地——我们的功能在扩大!从最初的"没事找事做"的以预研为主的单调研发模式,发展到今天的科学研究、工程开发、教学研究、实验室改造等多维互进式团队攻关模式,我们争取到了为国家经济建设和社会发展贡献力量、发挥聪明才智的机会!我们有了863项目、有了教育部人才支持计划项目、有了一大批省级项目,我们为企业解决了难题,我们成了若干家企业的研发基地——我们的科研层次在变化!从最初朴素的"不睡觉精神",经过几代人的努力,我们逐渐凝练出了"主动寻找差距、敢于承认差距、努力缩小差距"的基地文化!这一文化内涵是团队生生不息的根本,是未来发展的坚实底蕴,是我们这群人的骄傲,是我们这群人的精神财富!

我们的历史是辉煌的历史、是艰苦奋斗的历史、是团结协作的历史。创新基地的今天,是一群"北华人"携手创造的!创新基地的明天,需要更多英才的加盟,需要更多的变革与优化!我们坚信:高一个层次看自己,必成大器!

今天,我们已经成为"吉林省示范性大学生科技创新实践基地"。明天,我们还有很多路要走,还有很多事情要做,我们会秉承和发扬"803"精神,以"主动寻找差距、敢于承认差距、努力缩小差距"为动力,勇往直前!只要我们鼓足干劲,我们就不会落后,永远的"803"精神,永远的"803"人!

沸腾的时代,飞扬的青春,有梦想就该去追寻;科技是自强之本,创新乃发展之魂,挑战自我是永恒的精神;差距意识,铭记你我心间,直面困难,奋勇向前,不惧艰险,勇敢登攀;创新基地,我们的家园,师生同心,携手攻关,抓住机遇,共创明天。

——基地之魂

序二

　　大学生具有巨大的创新潜能,采取适当的方式、方法予以引导,他们的创新能力可以大幅度提高;相反,如果措施不得当,大学生的创新潜能很可能萎缩以至消亡。因此,如何为社会培养出更多的创新型人才,是高等院校面临的重要课题。《基于科研助理培养模式的大学生科技创新实践导引》一书,主要阐述北华大学大学生机电集成技术科技创新实践基地一线创新人才的培养模式,旨在进一步凝练人才培养特色,让社会了解北华大学大学生科研助理的培养模式,为兄弟院校培养高水平一线创新型人才提供参考。

　　大学生的培养应在全面发展的基础上注重个性化发展,鉴于机械类专业具有较强的工程实践性,因此更要注重培养学生的创新精神和实践动手能力。北华大学机械工程学院高度重视大学生创新实践能力的培养,从2002年起,在充分考虑到机械学科的发展趋势以及机械行业对人才的需求情况后,结合学校实际情况,北华大学机械工程学院在吉林省高校中率先创建了大学生机电集成技术科技创新实践基地,并创造性地招收优秀本科生担任科研助理。创新基地成立以来,我们秉承"厚学科专业基础、重实践能力、个性化培养"的教育理念,树立"主动寻找差距、敢于承认差距、努力缩小差距"的差距意识,师生携手、共谋发展。学院在大学生创新实践能力培养方面积极探索、勇于实践,在北华大学、在吉林省高校大学生创新实践活动的史册上谱写了自己的隽永篇章。十年来,基地学生先后获省级以上奖项170余项,其中获得第八、第九、第十二届"挑战杯"全国大学生课外学术科技作品竞赛一等奖,第二、第四届全国大学生机械创新设计大赛一等奖,第三届全国青少年科技创新奖。获奖水平在吉林省高校中名列前茅。由于创新教育成效显著、教育模式先进,2006年,创新基地被吉林省教育厅确定为省内第一个也是当时唯一一个省级示范基地;2008年以创新基地为主要依托,北华大学被遴选为国家大学生创新性实验计划项目学校;2009年,《创建省级大学生科技创新基地的研究与实践》获得第六届国家教学成果二等奖,填补了北华大学合校以来国家级教学奖励的空白;2010年,大学生创新基地教学团队获得省级优秀教学团队的称号。创新教育的蓬勃发展,带动了学院全方位的改革与建设,广大机械师生满怀激情地投身于教学、科研、创新教育等各项工作中,在专业建设、学科建设和软环境建设中取得了前所未有的成绩。2007年,机械工程学院获得吉林省教育系统先进集体的荣誉称号;2008年,机械类专业成为国家级特色专业,这是北华大学仅有的6个国家级特色专业之一;2010年,机械工程学科获得一级硕士学位授权;同年,我们成功举办了机械工程学院建院十周年系列庆祝活动,师生共同努力,成功地宣传了学院。机械工程学院从2000年建院时仅有299名学生、名不见经传的小学院,一跃成为北华大学教育教学改革的排头兵!

这其中,最让我们引以为荣的是,十年来,一批又一批优秀学子进入我们的创新基地,卧薪尝胆、奋发图强;一批又一批优秀学子毕业后在国家建设中顽强拼搏、努力进取,为北华大学、为机械学院、为创新基地争得了荣誉。他们受到工作单位的普遍赞誉,踏实、认真、坚韧、不屈不挠是他们的优秀品质。

十年磨一剑,十年的历程表明,保持一种信念,秉承一种精神,一路坚持下去,不论道路多么坎坷,总会有收获的时刻,总会享受到成功的喜悦!

感谢所有对北华大学大学生机电集成技术科技创新基地做出贡献的人。感谢所有在本书成稿过程中给予我们帮助的人。

感谢高新校长的大力支持!

感谢姜生元院长及所有指导教师的奉献!

感谢焦宏章等所有科研助理的帮助!

历史是我们共同创造的!

《基于科研助理培养模式的大学生科技创新实践导引》编写组
2018 年 6 月于北华大学

目　录

第一章　科技创新实践的重要性 … 1
　第一节　创新实践能力培养是高等教育的重要内容 … 1
　第二节　大学生创新实践能力的培养 … 3
　第三节　大学生创新实践能力的提高 … 11
第二章　北华大学机械类大学生科技创新实践能力的培养 … 17
　第一节　以创新及实践能力培养为目标,优化人才培养方案 … 17
　第二节　以创新人才培养为定位,构建全新教学体系 … 19
　第三节　以机制创新为基础,激发学生的学习兴趣 … 23
　第四节　以创新基地为依托,搭建自主创新学习平台 … 24
第三章　科技创新实践能力培养平台——省级大学生科技创新实践示范基地 … 27
　第一节　北华大学大学生科技创新实践基地的发展历程 … 27
　第二节　北华大学大学生科技创新实践基地的组织机构 … 34
　第三节　北华大学大学生科技创新实践基地的管理与运行 … 41
　第四节　北华大学大学生科技创新实践基地的文化 … 45
第四章　科技创新实践能力培养模式——科研助理培养模式 … 50
　第一节　科研助理培养体系 … 50
　第二节　本科生的招聘 … 54
　第三节　优秀本科生的培训 … 60
　第四节　准科研助理的选拔 … 72
　第五节　准科研助理试用期的学习 … 79
　第六节　对科研助理的培养 … 80
　第七节　科研助理培养模式的拓展 … 85
第五章　科研助理培养模式的评价及激励机制 … 88
　第一节　大学生创新能力评价的意义 … 88
　第二节　大学生科研助理培养模式的评价与激励机制 … 89
第六章　科研助理培养模式的实践成果 … 97
　第一节　优秀科研助理 … 97
　第二节　典型项目解析 … 100
　第三节　创新竞赛成果 … 125
思索与感想 … 147

第一章 科技创新实践的重要性

2005 年,在庆祝"神舟"六号载人航天飞行圆满成功的大会上,胡锦涛主席指出:"自主创新能力是国家竞争力的核心,在科技进步突飞猛进的今天,我们要在日趋激烈的国际竞争中赢得主动,就必须显著增强自主创新能力。"2010 年 6 月,在中国科学院第十五次院士大会、中国工程院第十次院士大会上胡锦涛主席发表重要讲话,他强调,建设创新型国家,加快转变经济发展方式,赢得发展先机和主动权,最根本的是要靠科技的力量,最关键的是要大幅提高自主创新能力。全力建设创新型国家,为加快转变经济发展方式提供强大科技支撑。温家宝总理在首都科技界大会上指出:"让科技引领中国可持续发展。要使中国真正走在世界的前列,必须有强大的科学技术力量,有一支富于创新的人才队伍,这是中国发展的后劲之所在、力量之所在。"

人类进入 21 世纪,知识的创新、科技的发展和人才的竞争越来越决定一个国家的发展进程和国际地位。它不仅是一个民族、一个社会富有生机与活力的前提,也是衡量一个民族、一个社会文明发展水准的标尺。创新实践能力的培养对个人品格的养成具有重要作用,因为它激发的是一个人最具有价值的能力和向人生更高层次发展的直接动力。

现在的大学生是我国各项事业迅猛发展的排头兵,肩负着中华民族复兴的伟大使命。对在校大学生进行创新精神和创新实践能力的培养,可以使之真正成为与时代潮流相适应,引领时代发展的一代高素质人才,这样我们的国家才有可能在新的世纪里缩短与发达国家在知识创新和发展方面的差距。所以,创新实践能力培养不仅仅是大学生个体成长成才的内在需要,更是民族兴旺发达、建设创新型国家的紧迫召唤。

第一节 创新实践能力培养是高等教育的重要内容

一、创新是人类社会巨大进步的前提

纵观人类历史的发展和文明的演进,每一次巨大的进步无一不是人类创新的杰作!每一次人类社会的巨大进步都与创新紧密相连。技术的创新,如蒸汽机的发明,推动了工业革命;信息技术的发明,推动了信息革命;教育的创新,推动了教育制度的改革,无数事实已经证明,每一项科技成果,无不和创新教育、人才培养有关;社会制度的创新,如中国的改革开放政策,将中国从传统的计划经济一步步地推向社会主义市场经济。

创新是推动社会进步的巨大力量。创新之所以是人类社会巨大进步的前提,是因为创

新本身就代表了先进的生产力和先进的生产关系。蒸汽机的发明、计算机的发明、生物技术的发明等,本身就代表了先进的生产力,使之具备很强的竞争力,从而在竞争中不断发展壮大。中国改革开放,解放了先进的生产力,并不断促进新的先进生产力的产生与发展,从而使新的生产关系受到人们的喜爱,最后被人们选择,并使这种体制不断向前推进。

我们已进入21世纪,相比过去经济发展的水平,不得不承认人类的文明已远比从前任何时候都要发达。从衣食住行各个方面,人们都在享受着工业化信息化社会创造的文明成果。从城市到农村,从国内到国外只要你随意看看周围世界,就会轻易地发现:我们生活的每个角落都打上了科技创新的烙印,每个细节都展示着人类的智慧。

二、创新战略是 21 世纪的必然选择

21世纪是人类进入全球化知识经济和可持续发展的时代,这一时代的突出特点就是"创新"。21世纪是科学技术发展日新月异的知识经济时代,知识经济是以不断创新为主要基础发展起来的,它依靠新的发明、研究和创新。世界各国都已认识到创新的重要性,都在抓紧制定和实施面向21世纪的发展战略,都在抢占科技和产品的制高点。只有不断创新,才能使一个国家在激烈的全球性竞争中始终立于世界强国之林,走向繁荣昌盛。所以创新既是竞争的需要也是时代的需要。

创新是一个民族进步的灵魂,一个没有创新能力的民族,就难以屹立于世界民族之林。面对世界科技飞速发展的挑战,我们必须把增强民族创新实践能力提到关系中华民族兴衰存亡的高度来认识。然而,我国目前的民族创新能力令人担忧。科技创新对美国经济增长的贡献率达到了80%,而我国尚不足30%。因此我国已经制定了创新发展战略,目的就是建立健全国家的创新体系,推进社会发展。

三、党和人民对大学生创新实践能力培养提出了期望

党和人民对高校人才创新实践能力的培养提出很高的期望。2003年7月,胡锦涛同志曾在共青团十五大部分代表座谈会上亲切寄语:"青年时期是最富有生命力和创造力的时期,全国广大青年都要努力培养自己的创造能力,充分挖掘自己的创造潜能,紧密结合全面建设小康社会的伟大实践,在不断认识和把握客观规律的基础上,勇于创造、善于创造、不断创造。"美国哈佛大学校长普西曾经讲过:"一个人是否具有创造力,是一流人才和三流人才的分水岭。"高等教育历来是推动科技进步与技术创新的主力军,随着高等教育管理体制改革的不断深化,一些高校将科技创新和办学质量同等重要地视为学校建设发展的"生命线",我国名牌大学在制定"十一五"规划时,都将培养创新人才列为重要的目标,并采取措施制订创新人才培养计划,学生创新实践能力和创新素质的培养是评价和衡量办学质量和水平的重要环节。创新已经成为中国现代社会发展的基础和生命力所在,已成为高校可持续发展的基础和生命力所在。

高校要强化创新人才培养战略。为贯彻党的"科教兴国"的战略决策,高等教育必须转变教育理念,改革教学方法,从着重传播知识的教育转变为创新教育,把培养学生的创新精神、创新能力摆在重要位置。创新实践能力是衡量人才素质的一个重要指标,培养具有创新素质的优秀人才是我们的重要任务和课题。

四、我国大学生创新水平急需提高

多年来,在应试教育体制下,高校教育都是教师教、学生学的模式,学生基本是被动地接受教师的观点,学习方法基本是记忆和模仿,而不是真正的理解。每一个问题只有唯一的正确答案,使得学生普遍重视书面知识,轻视实践、探索;重视考试成绩,忽视整体素质的提高。从小学到中学以至于到大学,这种做法是导致学生创新实践能力低的主要因素。

大学生创新实践能力较低主要表现在以下几个方面:一是缺乏创新意识和创新激情。许多大学生虽然是不满足于现状,但往往只是满腹牢骚,缺乏行动的信心和决心。二是缺乏创新的毅力。创新需要坚强的毅力,虽然有些大学生也能认识到毅力在创新活动中的重要性,但在实际工作中往往虎头蛇尾、见异思迁。三是缺乏创新的兴趣,现在大学生的兴趣广泛,但往往随着时间、环境、心情而经常变化,缺乏深度和广度。四是缺乏创新所需的观察力。在观察的速度和广度、观察的整体性和概括性、观察的敏锐性和深刻性、观察的计划性和灵活性等方面,大学生普遍存在着不足。五是缺乏创新性思维能力。有些人也想创新,但不知道如何去创新,他们在逻辑思维能力、联想思维能力、发散思维能力、逆向思维能力等方面都还比较稚嫩,需要加强培养和锻炼。尽管如此,大学生仍具有巨大的创新潜能,只要采取适当的方式、方法去启发,他们的创新能力是可以大幅度提高的。相反,如果不进行创新教育,大学生的创新潜能很可能萎缩以至消失掉。

第二节 大学生创新实践能力的培养

一、大学生创新实践能力培养的主要内容

创新包括创新意识、创新思维、创新能力和创新成果,除此之外创新实践能力培养的主要内容还包括培养学生个性、培养学生的团队精神等,如图1-1所示。

创新意识是指人们根据社会和个体生活发展的需要,引起创造前所未有的事物或观念的动机,并在创造活动中表现出的意向、愿望和设想。它是人类意识活动中的一种积极的、富有成果性的表现形式,是人们进行创造活动的出发点和内在动力,是创造性思维和创造力的前提。

创新思维是人类思维的最高表现。在思维的类别中,与常规性思维相对,创新思维是指以新颖独创的方法解决问题的思维过程。这种思维不仅能揭示客观事物的本质及规律,

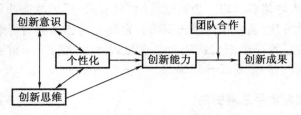

图 1-1 创新能力培养内容关系图

而且,在创新思维的驱动下,人类的物质文明和精神文明将会极大程度地提高。不过,在进行创新过程中只有在正确认识自己的前提下才能建立起创新思维理念,进而产生创新的行为。

创新能力有广义和狭义之分:广义的创新能力包括创新意识、创新思维、创新成果等;狭义的创新能力,就是指基于创新意识和创新思维基础上,运用各种信息进行创新活动的生产函数。创新能力与创造者的个性、团队精神息息相关。

任何创新都带有创造者的个性特征,因此大学生个性的发展有利于创新。个性的实现实质上就是一种冒险,因为否定人们习惯了的旧思想,所以个性可能会招致公众的反对。没有冒险精神就难以去挑战现有的权威、习惯,难以使个性变为现实。个性的发挥也是形成团队精神的基础。团队精神的形成,是基于尊重个人兴趣和成就,让每一个成员都拥有特长,表现特长,创造成果。

现代科学的发展已经让任何一个人都无法在其一生当中涉足各个方面的科学技术,而创新恰恰需要不同学科的交叉与融合。这就要求学生要学会和别人协同合作,无论在学习或工作中都要发扬团队精神,提高团队的工作成效。创新成果就是创新主体综合运用各项要素进行创新活动的成果。对于社会而言,创新最后的贡献就是要看创新成果。

二、大学生创新实践能力培养的特点

(一)大学生创新培养主体的阶段性

从理论上讲,创新可以发生在人的一生中任何一个时间,创新的培养液可以在任何时间孕育人的创新思维。但必须清楚,不同时间的人有不同的特点,他们处在不同的环境下,因此创新培养的内容也不同。比如在幼儿园时期、小学时期、中学时期、大学时期、研究生时期、工作后,不同时间的条件不同,任务要求不同,因此创新培养的内容大相径庭。比如在高校,大学生创新培养的重要内容是创新意识、创新思维和创新能力的培养,而创新意识和创新思维的培养尤为重要。

大学生处在知识和能力的全面累积阶段,处于创新思维的形成阶段,实践机会少,学习时间有限。因此对大学生的创新培养要针对这一特点,着重针对创新意识和创新思维的培养,适度重视创新能力和创新成果。只有创新意识和创新思维培养好了,创新这棵树苗才能茁壮成长,毕业后的创新能力才能在实践中不断提高,创新成果才能源源不断地涌现。

(二)大学生创新培养的系统性

创新培养的主体是创新教育的根本。因此,必须提高创新主体进行创新活动时所需要的基础素质。创新培养需要授予创新的主体,授予创新主体的创新素质越高,创新培养的效果就越明显。创新需要一个环境,其中包括硬件和软件。创新所需要的实验条件越丰富,创新培养的成果就越好;创新需要的软件越有优势,创新培养的效果就越明显。总之,创新培养是一项系统工程,需要进行系统协调才能取得良好的效果,需要大学生本人、学校和社会的通力配合。

(三)大学生创新培养的授予主体多元化

创新实践能力培养需要有良好创新能力的授予主体。授予主体的多元化是创新随时随地可能发生的必然要求,也是创新综合作用结果的必然体现。创新没有必然的公式,但其具有很强的偶然性、即时性。因此,提高创新培养的能力有赖于社会各个主体。

对于大学生,创新实践能力培养中最主要的授予主体是老师,他们承担了大学生教育的重要内容,他们的教学培养占用了大学生大量的时间,因此教师是大学生创新实践能力培养授予的最主要主体。企事业单位也可能成为创新实践能力培养的授予主体。学生在大学期间,可以利用课程实习和假期实践参与社会活动,他们在实践中发现问题、不断地探索创新,在这个过程中,实习单位自然就成了创新实践能力培养授予的主体。同时学生家庭成员、朋友也可能成为创新实践能力培养授予的主体。

三、大学生创新实践能力培养的主要途径

(一)影响大学生创新实践能力的三要素

按照当代人本教育的观点,"创造性"可以分为"特殊才能的创造性"和"自我实现的创造性"两种。前者是科学家、发明家、艺术家等特殊人物所表现出来的创造性,它可以产生出新的具有社会价值的事物。而后者是指开发的可能性,自我潜在能力在这一意义上的创造性,这是每个人都具有的,能激发出其自身特有个性活动的创造性,大学生的创新主要是这种意义上的创新。这是符合素质教育关于重视学生个性发展的原则要求,即不要求所有学生都按统一标准达到同一发展水平,而是使其在本身已有的发展范围内得到充分发展。如上课时,学生不拘泥于书上或老师所讲的结论,而是提出具有独到见解的观点和方法;做作业时不是照抄现成答案,而是通过自己独立思考,提出新的与众不同的解题途径和方法等。这种在接受知识时像前人创造知识时那样去思考、去发现,在解决问题时努力提出有新意的甚至是创新的见解和方法的活动,是学生阶段创新的具体体现,是为特殊才能的创造性打基础。

当一个人在某一活动领域中的经验达到谙熟精深的程度时,他就有可能从后者过渡到

前者。所以创造力并不神秘,人人都有创新的潜力。对此教育家陶行知就有"人类社会处处是创造之地,天天是创造之时,人人是创造之人"的观点。那么人的创新能力由什么因素决定呢?这是我们培养大学生创新能力的前提。多年来人们从不同的方面进行了研究,得出了侧重各自学科的一些结论。创新能力主要是三个基本要素相互作用的结果,即:创新欲望、科学素质和想象能力。创新欲望是创新的前提,也是创新的动力;科学素质是创新的基础,是创新的实现空间,没有科学素质,创新就可能失去现实性;想象能力是创新的潜力空间,它为创新开辟各种可能的前景,没有想象能力,墨守成规,就不可能有创新。

1. 创新欲望

创新欲望来源于对事业的强烈追求,而这种追求又来源于强烈的创新意识,来源于对祖国、对人民和对生活的深切热爱。没有这种强烈的追求、强烈的意识,不可能产生持久的创新欲望。"两弹一星"的成功充分证明了这一点。在"两弹一星"研制过程中,国家比较穷,科研能力、技术水平也不高,但科技人员为了祖国的强大,人民生活的安定,不计较个人得失,埋头工作,克服了一个又一个困难,终于取得巨大胜利。诺贝尔奖获得者杨振宁先生就曾对朱丽兰部长说:"现在美国都在研究我们的两弹一星,在当时的艰苦条件下是怎样搞上去的。"这一点正是我们不同于其他国家之处,是民族精神和对先进文化的追求所决定的。当然我们不否认个人志趣的影响,这种个体的欲望与冲动,在一定程度上或在某个时期会驱使人们产生巨大的创造价值。从创新欲望的含义看,大学教育对创新欲望的激发,应着重培养好大学生的三个品质:

(1)思想政治品质。这决定了我们培养的学生今后发展方向和服务方向,这是现在大学德育教育和思想政治工作着重强调的内容。

(2)科学道德品质。就是热爱科学、追求真理的进取精神。任何一次创新都不可能轻而易举,其中会遇到无数的艰难险阻,甚至会有牺牲。正如马克思所说:"在科学的道路上是没有平坦大道可走的,只有在崎岖小路的攀登上不畏艰辛的人,才有可能达到光辉的顶点。"而勇于创新是进取精神最集中的表现。这就要求我们必须解放学生的思想,使学生要敢于向传统挑战,不迷信权威,不轻信已有的结论。

(3)个性心理品质。这是个人在实践中表现出来的意志、兴趣、情感、性格、专注力等,创新活动需要充分发挥高度的创造力和主观能动性。要能主动地发挥创造力,必须有优良的心理品质作为基础,这是创新的内在动力和保证,对人们掌握科学创造的内在规律,充分发挥人们的积极性、创造性,提高科学研究效率有着重要意义。优良的个性心理品质表现为有高度的事业心,有持之以恒、百折不挠的意志和毅力,有广泛的兴趣和强烈的好奇心等。培养和形成良好的心理品质,是大学教育的重要任务。

在这三个品质中,高尚的科学道德品质和良好的个性心理品质是现在大学教育中所忽视或未引起重视的一面。

2. 科学素质

科学素质来源于对合理知识体系的吸收、理解和运用。这里所说的合理知识体系包括一个专门领域的理论知识和实践知识,也包括这个领域内必要的专业知识和相应的社会知识,以形成一个人在这个领域从事创新活动所必需的知识结构。

联合国教科文组织在"学无止境"的报告中提出:人类学习有两种模式,一种是继承性或维持性学习模式。这种模式就是通过学习获得已有的知识、经验、观点、方法和原则,来提高解决当前已发生的问题的能力,即"学会";另一种形式就是创新性学习或自主创新性学习模式,其特点在于通过学习提高一个人发现、吸收新知识、新信息和提出新问题的能力,以迎接和处理未来社会发生的日新月异的变化,即"会学"。学习固然有继承,但主要是为了创造新社会、创造新生活、创造新文化,这是一种可以带来变化,可以创新、重建和重新系统地阐述问题的学习。

现代社会知识更新的速度越来越快,我们不能指望也不可能教给学生终生不变的知识。所以大学教育应在加强基本理论与基础知识教学的同时突出学生学习能力、研究能力、表达能力和组织管理能力的培养,实现从"维持性学习"向"创新性学习"的转变。

学习能力不但指课本知识学习能力,还包括阅读学术著作和科技期刊的能力、检索数据库的能力、查阅计算机网络信息的能力及使用工具书的能力;研究能力包括观察能力、分析能力、实验能力、设计能力和动手能力;表达能力指的是语言、文字表达能力、曲线图表的表达能力及数理计算的表达能力;而组织管理能力则包括计划能力、决断能力及指导管理能力。传统教育的不足之处就是轻视了这些能力的培养,这正是我们教育改革所面临的任务。

3. 想象能力

想象力是通过对已有的知识或已有的形象进行加工制作,从而产生一种新的形象和新的假定知识。想象力引导人们开拓新的领域,探寻新的知识,是人的主观能动性高度集中的表现。想象不能凭空产生,需要丰富的知识和生活经验作基础,但想象又是超出已有知识的一种探索。想象能力来源于思想的活跃,来源于思想的主动性和探索精神,培养想象力是培养创新能力的关键。大学教育要注重培养学生创新意识、创新精神,要为学生提供自由想象的空间,提供思想驰骋的天地,锻炼学生勤于思维的品质。对一种科学理论、一次科学实验、一个工程设计,不仅要求有求同思维、顺着教师的思路走,更要大力倡导求异思维、逆向思维,使想象力不受已有知识的禁锢。当然求异思维必须接受理性的调控,这是一种严肃的思维活动,绝不是随便反其道而行之。求异思维超过了一定范围性,就失去了科学性,失去了正面价值,求异思维的归宿必须是创新。

(二) 高校内加强大学生创新实践能力培养的途径

1. 充分尊重学生的主体地位,发挥学生的主观能动性

人才是高校的产品,人才质量的高低直接影响着毕业生的就业和未来的发展,也影响高校的声誉和社会地位。但与物质产品不同的是,人才是有生命的,其培养过程是教学互动的过程,只有充分尊重学生的主体地位,调动其学习的主动性和积极性,才能培养出高质量的创新人才。学生的主体性地位反映在人才培养的各个方面,其中最重要的是让成才的选择权回归学生手中,培养创新素质和能力是体现学生主体地位的重要内容。要满足学生成才的选择需要,关键着力解决以下两方面问题:

首先,需构建其创新人才培养体系,给学生发展提供多次选择机会。长期以来,在人才培养的全过程中,学生通常只是服从、执行,很少有选择的机会,学生知识结构单一,创新实践能力不足,适应性及发展后劲不足。随着我国高等教育从精英式教育阶段向大众化教育阶段的转变,高校必须时刻紧跟社会变化,切实转变教育理念,将高等教育的目标从培养"专业人才"转变为培养"全面创新型人才"。以人为本,把学生的发展作为高等学校培养的中心,围绕学生的发展设计人才培养模式及体系。

其次,要切实加强教学建设,为学生成才提供丰富的内容。高校要切实加强课程建设、专业建设,为学生提供丰富的选择内容;加强实验室建设和实践基地建设,为学生的实践能力培养提供必需的硬件条件;加强图书资料和校园网络建设,为学生自主学习提供丰富的资源和快捷便利的渠道。

2. 增强教师责任心,发挥其主导作用

首先,教师要积极转变以知识继承为中心的传统教育观念,树立创新教育理念,将大学生创新实践能力培养放在重要地位,使学生不但获得扎实而深厚的专业理论知识,更要使学生学会如何发现问题、分析问题,使其具备探索、研究和解决问题的实践能力,在解决问题的实践中不断创新。其次,教师要切实增强育人的责任感和自觉性,对教学工作和学生负责。教师的职责是根据学生的特点和兴趣,对学生的发展方向提出建议,指导学生制订个性化培养计划,帮助学生合理安排学习进程,对课程学习、毕业论文、自主择业等教学环节和成长过程提供正确的指导和帮助。再次,教师要积极改善自身知识结构,不断提高创新实践能力。其主要体现在三个方面:

(1)掌握某专门学科领域的专业知识以及运用专业知识发现和解决实际问题的专业能力;

(2)在该学科专业领域开展科学研究、知识创新和技术开发的创新能力;

(3)教师教育培养学生的教学水平。

教师必须树立终身学习的观念,通过不断学习来改善自身的知识结构,提高自己的知识水平;要勇于接受各种新的挑战,用积极主动的态度去改革教学内容和改变教学方法,不断提高自己的教学水平;要积极开展产学研合作,主动走向经济建设的第一线,通过为社会经济发展的直接服务提高教师自身的创新实践能力,拓宽大学生创新实践能力培养的舞台。

四、科技创新是工科大学生创新实践能力培养的重要形式

大学生科技创新是工科大学生创新实践能力培养的重要途径和方式,国家教育部门在各个时期通过举办各种赛事来推进大学生科技创新实践能力的培养,在这里,对我国的大学生科技创新的情况进行简单的论述。

(一)大学生科技创新活动的历程

自改革开放以来,我国大学生科技创新活动大致经历了五个阶段,每个阶段都是在具体的历史条件下产生的,而且各自具有鲜明的时代特点。如图1-2所示为大学生科技创新实践活动内容发展图。

第一个阶段,20世纪80年代的校园科技创新活动涌动期。20世纪70年代末,伴随着高考制度的恢复和高等教育的发展,党中央和全国学联做出了一系列有益的学习、文化、娱乐、体育活动的决议和号召。大学校园文化逐步活跃,学生科技活动开始启动。但这时的大学生课外科技活动是以文体活动为主,局限在娱乐性文化活动的层面上,科技创新的内容不多,而且不深入。

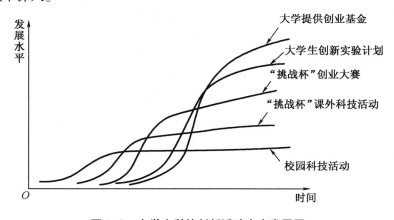

图1-2 大学生科技创新活动内容发展图

第二个阶段,"挑战杯"课外学术科技活动期。以"挑战杯"大学生课外学术科技竞赛活动为标志,中国大学生课外科技创新活动走上了系统化、规范化轨道。其目的在于引导和激励高校学生实事求是、刻苦钻研、勇于创新、多出成果、提高素质,培养学生创新精神和实践能力,并在此基础上促进高校学生课外学术科技活动的蓬勃发展,发现和培养一批在学术科技上有作为、有潜力的优秀人才。以"崇尚科学、坚持真理、勤奋学习、迎接挑战"为宗旨的"挑战杯"大学生课外学术科技作品竞赛,具有很强的导向性、示范性和群众性,提高了课外学术科技创新活动在校园文化中的地位;也引导了高校重视大学生科技创新,从而促进了全国大学生科技创新活动的发展。在这十几年里,有100多万人次直接或间接参与了这项赛事,产生了一大批优秀学生学术科技成果。

第三阶段,"挑战杯"创业大赛期。以"挑战杯"中国大学生创业计划竞赛的举办为标志,中国大学生科技创新活动取得总体突破,创业计划竞赛时借助风险投资的实际运作模式,要求参与者组成的竞赛小组以"获得风险投资家的投资"为目的而提出一项具有市场前景的技术或者服务。竞赛的意义在于促进高等院校与现实社会、大学生与企业之间的互动与沟通,使大学生开始研究和关注国民经济和社会发展重大问题的学术理论和科技发明,使大学生从单纯受教育和知识传承,逐渐成长为社会财富的创造者。这一活动使很多高校把创业培养作为大学创新活动的一项重要内容来抓。

第四阶段,大学生创新性实验计划时期。以大学生创新性实验计划实施为标志,大学生创新性实验计划由学生创新性实验项目和学校创新性实验计划组成,是高等学校本科教学质量与教学改革工程的重要组成部分。其旨在促进高校探索创新性人才培养的新模式,促进高校探索并建立以问题和课题为核心的教学模式,倡导以学生为主体的本科人才培养模式和研究性学习的教学改革,调动学生学习的主动性、积极性和创造性,激发了学生的创新思维和创新意识,同时使其在项目实践中逐渐掌握思考问题、解决问题的方法,提高其创新实践的能力。实现"兴趣驱动、自主实验、重在过程"的培养理念。

通过开展大学生创新性实验计划,带动广大的学生在本科阶段得到科学研究与发明创造的初步训练,增强高校人才培养过程中实践教学环节的比重,增强学生的动手能力,推广研究性学习和个性化培养,形成创新教育的氛围,进一步推动高等教育教学改革,提高教学质量。

第五阶段,大学提供科技创新基金阶段。一些名牌大学学习国外知名学府的经验,根据知识经济发展的需要,建立科技创新基金,资助一些项目的研发。这些大学将创新培养作为大学生培养的重要内容之一,从资金上给予资助,从教学上进行改革来适应这一变化的需要,建立激励大学生创新的制度。目前一些名牌大学已经建立了这项制度,但还存在许多问题,需要在发展中进一步深化解决。科技创新基金为大学生提供了一个很好的创业平台。

需要说明的是,上述五个阶段不是截然分开的,实际上前一个阶段的内容,在后一阶段不但没有被埋没,反而是更加丰富,但其占整个大学生科技创新活动内容的比例下降了。

(二)大学生科技创新的特点

科技创新是大学生创新培养的一种重要形式,有如下特点:

大学生科技创新活动的层次性。首先,大学生群体有不同的学历层次,既包括专科、本科生,也包括研究生(硕士生、博士生)。其次,高年级与低年级学生科技创新活动的内容是有差别的,具有层次性。

大学生科技创新活动的专业性。一般而言,大学生的科技创新都是在其所学专业领域内进行的,这是因为创新要以一定的知识为基础。从这个意义上说,牢固掌握专业知识、技能并且能灵活运用是大学生进行科技创新的前提和基础。

活动成果以"小""巧"为主,偏重于实用性。首先,大学生的科技活动只是其课外实践活动的一个组成部分,其不可能把整个身心和精力全部用到科技创新活动中云,而是往往根据灵感,利用课余时间,进行小范围、小规模的科技创新。其次,大学生科技创新活动受到资金、设备和知识经验等各方面条件的限制,他们只能把科技创新限定在可以控制的范围内,深奥的理论探索和复杂的大规模的科技创新都超出了大学生的能力范围。因此,大学生科技创新成果多是小发明、小制作和小论文。

科技创新活动目的的多重性。大学生科技创新活动具有多个目的:首先是自我教育的目的。大学生科技创新活动目的是培养大学生的创新意识、创新思维和创新能力。其次是文化的目的。科技创新活动营造了浓厚的学术氛围和高层次的文化品位,塑造了具有时代特征的精神文化环境。再次是将科学技术转化为生产力。作为高校科技创新体系的重要组成部分,大学生科技创新活动要求多出科技成果,并把科技成果转化为现实生产力,创造出更多的经济和社会效益。

创新活动的趣味性。大学生科技创新,都带有浓厚的趣味,即大学生根据自己的兴趣进行创新,创新任务往往来自兴趣而不是别人委托。同时参与创新的人也是趣味相投的人。

重视创新活动的道德维度。对于正在成长时期的大学生,在培养其创新精神的过程中,坚持成才的道德导向至关重要。通过创新活动,教育大学生创新活动来之不易,教育他们尊重别人的劳动;通过团队合作进行创新活动,教育大学生团队合作精神;通过创新活动,激发大学生树立崇高的理想信念;通过创新活动,激发大学生对人生价值的认识;通过创新活动,树立他们热爱科学技术事业的情怀。创新活动,对提高大学生道德水平有重要的作用,比纯粹的说教具有更好的效果。

第三节 大学生创新实践能力的提高

大学生创新实践能力的提高不仅是个人发展的需要,更是国家创新战略的要求,高校应把创新教育作为高等教育的核心内容,努力提高大学生的创新实践能力。学校教育在认识上的误区和教育手段的不当,影响大学生创新实践能力发展。因此,提高大学生创新实践能力还是要从高等院校的教育教学入手,通过树立创新教育理念、改革课程体系、调整教学内容、创新教学方法等有效途径促进大学生创新意识、创新思维的培养,进而构筑新的创新实践能力培养模式。

一、教学质量的改革

(一)树立创新教育的理念

创新教育是全面素质教育的具体化和深入化,是以加强学生的创新精神、创新能力、创新人格的培养为基本价值取向的教育。作为培养创新人才的重要基地——高校,教师应转变教育理念中那些不利于创新人才培养的价值观,要以树立创新教育观念为先导,以加强学生创新精神和实践能力的培养为重点,以培养创新人才为核心目标,改变过去以传授知识为主的教育模式,构建新型教育体系,将创新教育贯穿于人才培养全过程,落实到每个教学环节。为此,刘树仁先生早在2001年就提出高校要尽快转变传统僵化落后的教育理念,摆脱传统培养模式的桎梏,以科学先进的教育理念为导航,实现由"承传型""标准件型"教育观念向"创新型"教育观念转变;由"应试教育"价值观向"素质教育"价值观转变;由偏重培养学生认知能力的观念向重视学生情感与更加协调发展的观念转变;由"师道尊严"向"师生民主平等"的观念转变;由重视培养学生竞争的观念向重视培养学生团队合作精神的观念转变。

(二)改革课程体系

针对目前我国高校基本上实行以专业为单位构建课程体系而产生的诸多弊端,本着"厚基础、宽口径""淡化专业,强化课程"的改革目标,打破以专业设置课程的传统体系,将相近专业合并共同构建新的课程体系,使相邻和相近专业的各学科有更大的空间互相渗透,增加跨学科、跨专业、跨年级的选修课。这样通过各学科知识的融合、渗透、转化,使学生形成多学科、多视角的创造思维能力,为其个性发展、创新能力的提升提供更大的空间。

具体操作可从以下几方面进行尝试:

(1)拓宽课程选择面,完善课程转换体系,使学生可以跨专业、跨院系学习。

(2)开设相关选修课程,加强对学生的文化素质教育,为学生的创新活动提供深厚的文化底蕴。

(3)实施主辅修学习制度,加强复合型人才培养。鼓励学有余力的学生跨学科、跨专业修读喜欢的辅修课程、辅修专业和第二学位专业。

(4)实施第二课堂培养计划,将第二课堂开展的思想教育活动、科技创新活动、文化体育活动、社会实践活动等纳入创新人才培养体系,将课内培养与课外培养相结合,全面提高学生的创新能力和综合素质。

(5)开设"创新系列"课程,如《创造性思维与创新方法》,训练学生的灵活性思维、求异型思维、发散性思维和逆向思维;开发他们思维的灵活性、精确性、敏捷性及变通性,激活他们的创新潜能和创新的主动性,掌握创新思维的策略。

(三)调整教学内容,改革教学的方式方法

教学内容改革,本质上就是对学生提供最新的内容,使学生呼吸新鲜的学科空气,唤醒

其捕捉创新机会的意识,激发其创新的能力。教学方法改革的目的,实质上就是通过启发式教学、参与式教学等方式,促进学生探索性学习的能动性。

(1)学校应构建一个创新型的教学内容体系,将最新的科学研究成果和科学概念及时地融入教学实践中,体现教学内容的时代性、开放性、多元性与全面性;有意识地培养学生,以发展的观点看待客观物质世界,引导他们去探索新的知识。

(2)采取主体参与型的教学模式,改变传统的"满堂灌、填鸭式"教学模式,树立以学生为主体的教育观念,采取启发式和讨论式教学,激发学生独立思考和创新的意识。利用课堂辩论、学生讲课和专题讨论等方法,激发大学生的求知欲与想象力,培养他们的求异思维和探索精神。

(3)加强教学的实践环节,鼓励学生参加科技活动,培养他们的创新能力和实践能力。学校可以设立开放型实验室,建立创新教育实验基地,为大学生提供实践的机会和场所。

(4)在教学内容中适当增加创新能力培养的内容,使学生了解创新能力的形成过程及特点,有意识地进行创新能力的训练。

(5)积极利用多媒体等现代化的教学手段,通过声音、图像等多种表现形式,使学生对知识掌握得更加透彻、形象,激发学生的学习兴趣和创新激情。

教学手段、教学内容和教学方法的改革,奠定了学生独立分析与解决问题的能力,同时由于教学的改革使理论授课时数下降,使学生有一定的时间参与课外活动,开展科技创新活动使学生明白,只有争取多学一些知识,并在科研实践中锻炼自己,才能具有一定的创新能力。在这个过程中,使学有余力的学生相对稳定地进行课题研究,通过课题研究,使大学生将学习到的知识应用到平时的课堂讨论中来,激发并带动其他同学学习的热情,形成生动活泼的教学局面。

(四)构建合理的评价和激励机制

合理的评价和激励机制是培养学生创新能力的制度保障。

首先,在教育评价上,教师要改变以往把一次考试成绩作为评价学生唯一标准的考核方式,建立一套综合评价体系,将学生的考试成绩、学生在实践中发现问题、分析问题、解决问题的能力以及学生的实践能力纳入评价体系中,进行综合衡量。

其次,在激励机制上,一方面学校要拿出切实可行的措施促进教学中创新成果的转化。同时,学校应建立专项奖励基金,对培养学生创新能力成效特别突出的教师实行专项奖励,并对教师指导学生进行的创新活动提供资金支持。另一方面,学校通过奖学金、创新基金、奖励学分、创新学分、素质拓展学分等多种措施激励学生开展创新活动,并为学生的创新活动提供经费支持以及专业辅导。

二、创新意识的培养

(一)克服创新畏难思想

虽然人人都知道创新是一件于国家、于集体、于个人都有利的事,却又苦于创新无门。其实不然,正如教育家陶行知先生所说:"人人都是创新之人,天天都是创新之时,处处都是创新之地。"认为创新是一件复杂的高级心智活动,是神秘莫测、高不可攀的,仅属于少数天才人物的"专利",这种思想是不对的,大学生要克服这种把自己与创新主动隔离的思想。

(二)对所学习或研究的事物要有好奇心——培养提出问题的意识和能力

科学家都有好奇心,比如牛顿,他在少年时期常常在夜晚仰望天上的星星和月亮,好奇星星和月亮为什么挂在天上、星星和月亮为什么都在天上运转而不相撞,等等。这些疑问激发着他的探索欲望。后来,经过专心研究,终于发现了万有引力定律。由此可见,要提出问题首先要有好奇心。因为其包含着强烈的求知欲和追根究底的探索精神。正像爱因斯坦说的那样:"我没有强烈的天赋,只有强烈的好奇心。"

(三)对所学习或研究的事物要有怀疑的态度

许多科学家对旧知识的扬弃,对谬误的否定,无不自怀疑开始的。始于对亚里士多德"物体依本身的轻重而下落有快有慢"的结论的怀疑,伽利略发现了自由落体规律。大学生在接受教育,但不能完全满足于现有的结论,要对学习的知识进行分析。老师不是万能的,任何老师所传授的专业知识不能说全部都是准确的。对待我们所学习或研究的事物应做到不要迷信任何权威,应该大胆的怀疑。

(四)对所学习或研究的事物要有求异的观念

求异实质就是换个角度思考,从多个角度思考,求异者往往要比常人看问题更深刻、更全面。培养创新思维就要对所学习或研究的事物有创新的欲望。如果没有强烈的创新欲望,那么无论怎样谦虚和好学,最终只是模仿或抄袭,也只能在前人划定的圈子里周旋,因此,创新思维就是具有求异的思想,不局限于现状。

(五)对所学习或研究的事物做到永远不自满

只有不满足于现状,才能不断思索未来、探索未来。任何事物都是发展变化的,变化是永恒的主题,而变化的本身就要求我们在学习或研究事物的过程中适应变化的环境,因此要求我们在动态中追求卓越,永不自满。

(六)要有"敢为天下先"的气质及承受挫折的勇气

现代社会多种文化观念的冲突,多元的价值取向,竞争的压力要求大学生要有开拓进取的勇气,坚忍不拔的意志,要有"敢为天下先"的魄力。创新也不是一帆风顺的,困难总是存在的,因此要创新首先就要有受挫的思想准备。要坚持不懈的努力,勇敢地面对困难,要有克服困难的决心,不要怕失败,要坚信"失败乃成功之母"。

三、创新思维的培养

（一）创新思维的基本过程

创新思维的过程如图1-3所示。

创新思维可通俗理解为：人们从事创新时头脑中发生的思维活动，具有主动性、目的性、预见性、求异性、发散性、独创性、突变性等特征。创新思维表现形式有：正逆向的线性思维、纵横向的平面思维、三维立体思维与空间思维。创新思维方式主要有：纵向深入的精细思维、反面求索的反响思维、异同转化思维、分和翻新的分和思维、诱发想象的启发思维、对应联想的联想思维、直觉出发的灵感思维、收敛求同的定向思维等。

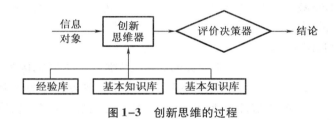

图1-3 创新思维的过程

（二）创新思维培养要提高三种思维能力

法国生物学家贝尔纳说："妨碍人们学习的最大障碍，并不是未知的东西，而是已知的东西。"人们在长期的思维实践中，会形成自己惯用的格式化的思维模式，构成惯性思维，当面临现实问题时，总是沿着特定的思维路径来思考问题。培养创新思维就是培养聚合性思维和发散性思维。在对青年人才的培养中，应消除个体思维的惯性，最大限度地激发个体潜在的求索创新的独立性、创造性。具体地说，要培养以下三种能力：

1. 独立的推理能力

运用当代科学创新方法，培养把已知的概念、理论及实践推广到未知的概念、理论及实践中去，从整体的联系运动变化中去理解和解决未知的事物，平时要深入细致地加强科学训练，培养大学生的辩证思维能力，引导他们接触社会实践和实际问题，从思维方法上总结一些规律性的东西。

2. 求异的联想能力

创新作为一种新突破，不能脱离客观现实和与它有联系的整体，只能在客观现实和与它相同或相近的事物中求异。也就是说，求异的能力越强，创新的能力也越强，求异的创新思维并不是与生俱来的，是在同中见异，标新立异，是思维的视觉、思维的联想与以往思维的要素既相互联系起来，又相互区分开来的后天思维。为此，我们要培养引导学生提出与常规不同的见解，大胆想象和提出假设，并在实践中去检验它们，发展它们的能力。

3. 批判的建设能力

在人的心理活动中,批判的精神和创新的冲动是十分重要的,人类的创新思维本质上就是对旧思维的批判否定。因此,创新思维的建设发展就是批判的建设和发展。为此,要引导学生不拘泥于常规、不轻信权威、敢于怀疑和批判,充分肯定和积极引导学生独立思考、向不同意见挑战、不唯命是从。实质就是引导他们从多个角度去看问题,揭示事物产生的深层原因,透视现象看到本质,预测事物发展的结果,用新颖的独特的方法解决问题。

(三)创新思维培养要达到三个"不断"

1. 思维的独立性不断提高

随着身心的发展逐步成熟,学生要逐步地从具体形象思维向抽象思维过渡,要对社会、教师、家长的依赖不断减少。从思维方式和结论上,独立思考,主动探索,使思维和人格具有更多的独立性和主动性。

2. 思维的发散性不断增多

随着年龄的增长,受习惯性思维和社会的影响,思维方式求同的因素较多。而青年大学生思维活跃,接受信息快,受定势和习惯的束缚较少,常常会有异想天开的念头,创新教育就是要引导和激发他们的发散性思维,引导学生善于变换思维的角度,举一反三,触类旁通,形成多视角、多方位地思考和处理问题的创新精神。

3. 思维的批判性不断自觉

随着人知识的累积和见识的增长,学生的自信心逐渐增强,生理、心理各个方面的逐步成熟,他们发现社会宣传、书本、领导、教师和家长讲的不一定合理和科学,并逐步展开批判。创新教育就是要培养学生这种对事物采取质疑的态度,在批判中提出新的创见,实现新的突破。这种自觉性越高,创新性就越强。

创新意识和创新思维的培养,就是通过有意识的引导,提高学生创新意识和创新兴趣,激发他们从事创新实践的热情,并在一定方法的指导下进行创新思考。创新意识是最基本的创新培养内容之一,创新思维是方法,然而创新思维并不一定是具有了创新意识之后才有的,事实上,创新意识有利于培养和提高创新思维,创新思维又可以促进创新意识的培养;随着创新难度的加大和系统化,创新意识的培养是系统提高创新思维的重要内容。创新意识越强,创新思维越发达,则创新能力就越高;创新能力越高,其创新成果就可能越多。

在大学创新培养中,要对创新成果给予合理的肯定,这样会激发大学生的成就感和创新自豪感,从而反过来激发创新热情,提高创新意识,促进创新思维的培养。

总之,要提高大学生的创新能力,高等院校必须改革落后的教育教学机制、努力探索新的务实的创新能力培养模式,为国家的创新型人才培养战略做出贡献。

第二章　北华大学机械类大学生科技创新实践能力的培养

注重培养一线的创新人才,使全社会创新智慧竞相迸发、各方面的人才大量涌现,这是党和国家对新时期我国高等教育提出的新要求,也给高校培养应用型人才为主的定位提供了重要依据。创新人才培养在不同层次的高校有着不同的体现和要求。作为地方综合性大学,在工科人才培养中,应主要培养适应社会及经济发展一线需要,具有较强创新意识与实践能力的高级应用型专门人才。北华大学探索实施的以强化实践能力、注重创新意识培养为核心的教学改革工作,为一线工程创新人才培养奠定了一定基础,有力地支撑了本校应用型人才培养目标和规格的实现。

第一节　以创新及实践能力培养为目标,优化人才培养方案

作为人才培养模式的核心要求,培养方案是决定人才培养特色形成和学校教学质量提高的关键环节。在通过调研,充分了解企业一线需求的基础上,机械工程学院领导认为,要实现培养一线创新人才的目标,就应遵循厚基础、精理论、重实践、强能力的工科办学理念和产学相结合的人才培养模式,正确处理好知识、能力和素质的关系,继承与创新的关系,统一性与多样性的关系,探索并构建具有自身特色的课程体系。具体而言,在人才培养方案设计中,应体现强化基础、体现应用、尊重个性、注重实践与创新、整体优化、与时俱进的原则,整合学校的教育教学资源,注重知识内容的相互渗透与融合,强化课程间的衔接,提高课程综合化、模块化程度,实现课程结构和课程体系的整体优化。改变实践教学环节的附属地位,以理论与实践相结合、课内与课外相结合、教学与科研相结合为准则,构建能力培养型的课程体系。在课程体系的设置过程中,应科学设置各课程模块,既要保持课程模块的相对稳定性,又要使其具有相对的灵活性,实现"刚性"与"柔性"的协调统一。

一、教学改革的总体指导思想

我校从 2002 年开始了本科人才培养模式的探索与改革工作。经过大胆创新、积极探索,逐渐形成了自己的教学改革指导思想。

在北华大学总体教学改革思想的框架下,结合机械类专业自身特点,并充分考虑到机械学科的发展趋势以及机械行业对人才的需求情况,机械工程学院必须做到:把以培养实

践能力和创新精神为重点的素质教育和学院特色渗透到培养目标、培养模式、培养途径以及实践探索的过程中,并落实到培养方案中,体现出以下特点:

(1)建立符合经济、社会、科技发展要求和人才培养规律的高素质应用型本科人才培养模式的新体系;

(2)把社会需要和人的全面发展结合起来,注重人才的宽口径,突出个性化培养;

(3)改变过去只重视"改教",不重视"改学""改管"的不足,把教改、学改、管改有机结合起来,促进学生自主学习和个性发展。

学院领导认真分析了机械工程学院办学能力、办学水平的实际情况,分析了行业、地方和区域经济发展对机械类本科人才素质的新要求,认为人才培养目标必须与经济建设和社会发展需要相适应;必须与学校的办学定位和服务面向相统一;必须与毕业生的就业实际相符合。由此提出我院现阶段的本科人才培养目标是:"培养面向现代生产制造行业一线、专业基础扎实、知识面宽、实践能力强、综合素质高、具有创新精神的高级应用型人才"。其中特别强调对学生的实践能力、创新精神和综合素质的培养。

二、培养特色

经过几年的积极探索和实践,机械工程学院本科生的培养模式已经初具规模,并逐步形成"厚专业基础、重实践技能、个性化培养"的办学理念。初步形成以下特色:

(1)"本科生科研助理"(通过招聘流程考核,课余时间按创新基地人才培养模式进行培养的学生)培养模式大面积推广;

(2)大学生课外科技创新实践成果丰厚(大学生科技创新实践基地(其他章节简称创新基地)共有101项作品获奖:国际级奖励5项、国家级奖励12项、省部级奖励53项、校级奖项31项);

(3)在校大学生全方位协助并促进学院教学、实验、管理等工作;

(4)数字化设计、数字化制造技术有效推进并实施;

(5)教学理念先进:培养方案、实践体系、业绩评价机制配套改革;

(6)学生的实践能力强,就业趋势好。

在这一设计理念的指导下,学院最终形成的人才培养方案由通识与公共基础教育模块、学科基础教育模块、专业方向教育模块、课外实践与科技创新模块、柔性模块等五大模块组成。这五大模块互相支撑,形成了多条能力培养路线,使学生可以重点学习其中的一条或多条,充分体现了以社会需求为导向、培养一线创新人才的目标。其中,通识与公共基础教育模块,使学生学到扎实的本科培养规格要求的社会和自然科学知识,体现本科教育的基础性,为增强学生的终身学习能力与可持续发展能力奠定基础;学科基础教育模块,保证学生掌握学科的基本理论与基本方法;专业方向教育模块,强调精理论、重实践,主要从技术角度讲授和训练,注重提高学生的专业技能,确保学生具有较强的实践和动手能力,使之能尽快适应工作需要;课外实践与科技创新模块中,以创新与素质拓展学分的设置为基础,通过培训、竞赛和各类实践创新活动的训练培养,使学生的创新意识和实践能力得到加强和提高;柔性模块的设置,可根据行业发展适时调整、更新教学内容,使培养方案具有一定的灵活性,更好地适应社会需求。在培养方案中还实行了创新实践成果顶替专业选修课学分的制度,满足了学生个性化发展的需要、强化了创新教育。事实证明,培养方案的优化与创新,是一线创新人才培养的根本保障。

第二节 以创新人才培养为定位,构建全新教学体系

一、理论教学体系的改革

按照社会进步、专业交叉融合、个性化培养的需求,整合了各专业的通用课程平台,如机械基础课程平台、现代设计方法课程平台等,实现了前期按专业基础,后期按方向培养的个性化培养模式。先后凝练并立项了12个教学研究课题,其中5项为省级以上立项。2008年,学院的机械类专业获国家特色专业;2009年,机械工程学院"创建省级大学生科技创新示范基地的研究与实践"荣获国家级教学成果二等奖。

二、实践教学体系的改革

1. 互动性、针对性的实践教学体系(专业综合实践、专业方向强化)
(1)专业综合实践(跨年级毕业设计,三年级学生弹性跟踪一学期);
(2)专业方向强化(按市场需求调整、确定学习方向)。
2. 实验室开放措施
(1)部分实验室全天候开放(机械基础、数控、研究所、CAD中心);
(2)学生助理实验员。
3. 实习实验基地建设
(1)利用好校内基地(工程训练中心);
(2)重点建设具有内涵的基地(双方互惠形式的基地:江北机械厂)。
4. 配套政策及实施措施
针对机械类大学生的专业培养目标,我们构建了由课程实验、课程设计(包括毕业设计)、实习和学生课外应用技术培训与课外科技活动组成的实践教学体系(如图2-1所示)。
知识转化为能力,必须通过实践;知识转化为素质,也必须通过实践。因此,实践教学是应用型人才创新能力培养的重要保障。合理构建实践教学体系,创新教学模式与考核机制,充分调动广大学生参与实践的积极性、主动性和创造性,激发学生的创新激情,是创新型人才培养的必要手段。创新的层次是多样的,有原始创新,也有技术创新。应用型人才

的创新能力更多地体现在技术创新这一层面,是在技术集成、技术实施、技术移植过程中体现出来的创造性劳动。

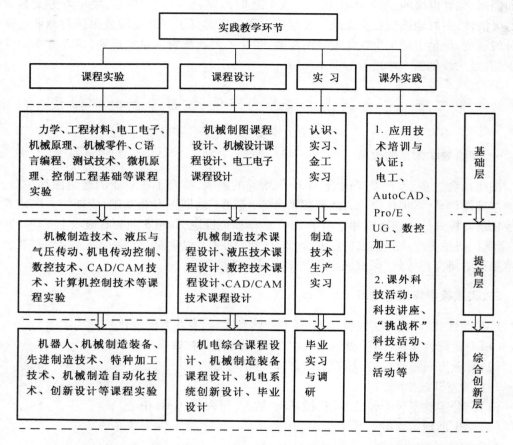

图 2-1 机械类大学生培养实践教学环节体系

三、课外科技创新实践体系的构建

(一)本科生课外科技实践活动体系

为了将大学生的课外时间充分利用,机械工程学院已经构建了内容丰富的课外实践活动体系,保证了不同层次学生的个性化需求。机械学院大学生课外实践活动体系如图 2-2 所示。

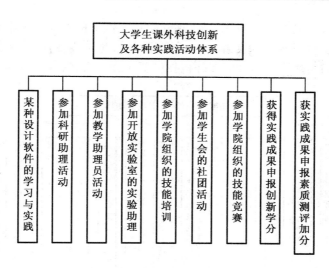

图 2-2　大学生课外创新实践活动体系图

(二)本科生科研助理培养模式(含模式、管理办法、业务活动开展办法)
(1)已经形成规模:跨年级、跨专业、跨学科、个性化、弹性制;
(2)形成体系:招聘、培训、选拔、业务培训及技能实践、竞争淘汰机制;
(3)科研促进教学:教师-学生联合体,相互促进良性氛围,如图 2-3 所示。

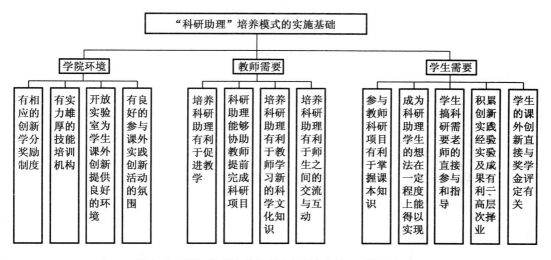

图 2-3　科研助理培养机制实施的"良性互动"示意图

值得一提的是,机械工程学院从2002年开始就实行了招收本科生作为教师课题组科研助理的培养措施,逐渐积累了丰富的运行及管理经验,也取得了丰富的成果。作为一个科研助理,可以参与的实践活动体系以课外科技创新实践为主,活动体系如图2-4所示。

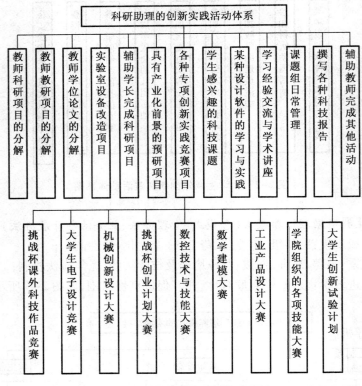

图2-4 科研助理创新实践活动体系图

3. 创新学分实施细则(科技创新活动)

为了在引导和激励机制层面促进大学生创新实践能力的培养,学院在培养方案上进行了深入的改革,特别是在培养方案的《创新与素质拓展学分》部分,结合学院的实际,进行了细化贯彻。

以科技创新竞赛为契机,丰富创新及素质教育体系。各类科技竞赛活动是高校开展创新教育、素质教育的动力来源之一,也是评价学生培养质量的可比性指标之一。在参与竞赛的过程中认真、规范地完成所有环节,即使没有获得奖项,对学生的创新能力以及综合素质的提高也将起到极大的促进作用。学院以科技创新竞赛为契机,大力开展大学生的日常科技实践与科技创新系列活动,引导广大学生积极参加各种层次的科技创新以及技能竞赛。在开放实验室、创新实践基地、工程训练中心的实践体系构建中,设置基础型、综合设计型、创新型实践教学模块,在实践模块的选择上,兼顾学生个性化需求,采取课内与课外相结合、导师指导与自主设计相结合的方式。在实践过程中,倡导不同专业、不同年级组队协作完成,不但培养了学生的创新能力,还有效融入了素质教育的元素。

第三节　以机制创新为基础,激发学生的学习兴趣

激发学生的学习兴趣,除了在教学内容、教学方法等方面进行改革以外,关键是要以理念更新为先导,创新管理及激励机制。在人才培养方案的优化过程中,可通过设置顶替学分机制及辅修机制,建立"前期共基础、后期分方向发展"的个性化自选机制等方式,体现以学生为本、尊重学生个性化发展的教育理念,以适应新时期人才培养的多样化要求。在大学生评价机制、人才培养方案等层面进行深入改革与创新,形成有利于对学生潜能的充分挖掘、对学生人格充分塑造的育人环境。这些机制的改革有利于全面激发学生的学习热情,是提高学生培养质量的重要措施。

一、管理及评价机制的改革

(一)大学生综合素质测评系列改革

制定了大学生综合素质测评实施细则(引入日常实践过程、成果的规范化管理及客观评价),在原来的"思想品德积分+学习成绩积分+体育积分+附加成绩积分"评价框架下,加入了创新实践积分,充分肯定并规范化认可学生完成的不同层次的课外实践成果和进步过程,从而在引导机制上形成了"鼓励创新实践"的格局。

(二)管理制度的配套改革措施

为了鼓励并引导教师利用业余时间广泛开展大学生实践活动的指导工作,学院制定了《机械工程学院大学生课外实践指导教师管理办法》,在教师的个人教学工作量、评优晋级等方面给予了充分量化考虑。

另外,学院每年在财务支出中专门划拨了一部分资金用于支持大学生开展课外科技创新实践活动,并制定了《机械工程学院大学生课外科技创新实践活动实施细则》《机械工程学院大学生科技创新项目申请及管理办法》等一系列规章制度,从而保证了课外创新实践活动的良性可持续开展。

二、本科生培养方案的改革

以北华大学总体教学改革思想为依据,结合学院自身特点,细化、创新实施环节,注重新技术、社会急需知识体系的引入。在顶层设计上引导学生自主学习、理论与实践并重的学习方式,将课外实践活动充分融入培养体系中。

主要特点是：

(1) 搭建机械类专业的共同基础知识体系，在后期按照学生的兴趣和社会需求分方向进行培养；

(2) 强化了数字化设计、数字化制造等现代方法的知识体系；

(3) 设置跨年级模式的专业综合实践环节；

(4) 设置专业方向强化环节；

(5) 细化创新实践学分，鼓励学生开展各类创新实践活动。

培养适应社会一线需求的创新型人才，就要在教学过程中尊重学生的主体地位，激发学生敢于实践、勇于创新的积极性和主动性。当前大学生学习动力缺乏的主要原因是不适应大学的自主学习模式，不了解本专业人才的社会需求情况，不了解未来的就业前景，导致其学习方向不明确、源动力不足，从而产生厌学情绪。因此，机械工程学院在培养方案中设置了《专业发展与职业规划》特色课程，针对专业认识、职业规划、求职素质训练等进行全学程、全方位的指导。同时为了保证以一线创新为特色，倡导个性化培养为目标的培养模式能够有效开展，机械工程学院对传统的大学生素质综合测评体系进行了大胆改革。设立了单项奖学金评定体系，该体系包括学业优秀、创新实践、社会活动三个模块，改变了用单一模式僵化地评价学生、压制学生个性化发展的弊端。机制改革，激发了学生的个性化发展热情，所建立的"上不封顶"式加分制度，充分调动了学生把喜欢做的事做到极致的热情。评价机制的改革，淡化了第一课堂与第二课堂的界限，在时间和空间上将理论教学与实践教学紧密结合为一体，明确形成了鼓励创新的文化氛围。这种培养模式使广大毕业生具有"能吃苦、上手快、业务精、后劲足"的优点，得到了公司领导的好评，并成为基层创新的骨干力量。

第四节 以创新基地为依托，搭建自主创新学习平台

创新基地的实践体系具有工程针对性、多样性和多层次性，以教师的科研项目、教研项目、工程项目、实验室设备改造等为主要内容，可以营造有利于激发创新热情、发扬团结协作精神、促进学科融合、平等竞争的健康活泼的学术氛围，有利于充分发挥学生的个性，挖掘学生的创新潜能。2002年，北华大学机械工程学院在吉林省高校中率先创建了大学生机电集成技术科技创新实践基地，并创造性地招收优秀本科生担任科研助理，取得了一系列令人瞩目的成绩：先后获省级以上奖项103项，其中连续获得第八、第九届"挑战杯"全国大学生课外学术科技作品竞赛一等奖，第二届全国大学生机械创新设计大赛一等奖，第三届全国青少年科技创新奖。2006年，因创新教育成效显著，该基地被吉林省教育厅确定为省内第一个也是当时唯一一个省级示范基地，并将其建设规范作为吉林省质量工程项目中遴选大学生科技创新实践基地的标准和依据；2008年以创新基地为主要依托，北华大学机械

工程学院被吉林省科技厅确定为省内高校第一个科技创新科普基地,同年由于机械工程学院成绩突出,北华大学被遴选为国家大学生创新性实验计划项目学校。2008年,该基地再度被吉林省教育厅评为吉林省大学生就业创业实践基地,为大学生创业提供了一个优异的平台。

科技创新实践基地是实施大学生素质教育的重要依托,是大学生开展自主性学习和科技创新活动的重要平台。按照"在时间上要留有余地,空间上要有足够场所,机制上要有充分自由度,条件上要有足够保障"的原则,建立将科研项目、工程开发项目引入创新基地的良性发展机制,在管理上营造"公司化"真实氛围,形成"教师与学生融为一体、不同年级学生融为一体、不同专业学生融为一体"的"本科生科研助理"培养模式。科研助理有着完整的培养流程。通过公开招聘、技术培训、业绩评定、项目招标等流程,全方位培养了学生的综合素质。整个培养过程在教师的宏观指导下,全部由学生自主完成,形成了"以学生为主体,以教师为主导"的管理运行模式。科研助理采用动态聘任制度,定期进行业绩评价,依据评价结果决定升降级,激发了学生自主学习的源动力。基地实行项目征集制和项目招标制,学生根据自己的兴趣特长,申报项目,组成攻关团队,依照规范的流程进行项目实施,在实践过程中塑造崇尚科学、严谨求实、大胆创新的优秀品质,使学生在踏入社会之前就学会了公司的运行模式。

学院的特色培养模式取得了以下效果。

一、学风明显提高

学生刚入学就接受上届科研助理的科技创新实践启蒙教育,因而从起点就有比较明确的学习目的;学院制定的各种引导机制在体制上引导鼓励学生学好基础课程、抓住机会积极从事各层次课内外科技创新实践活动;已形成的丰富的实践活动体系,能够保证广大学生找到适合自己特点的实践活动内容;跨年级模式的实践活动体系,提高了学生交流沟通能力、团队合作意识等综合素质;高年级科研助理的业绩榜样与毕业生的就业事迹,都激励着在校学生的学习积极性。因此,近几年机械工程学院大学生的学习风气明显向好,学生利用业余时间从事课外实践活动的比例明显增加,出现了"努力学习专业技能,力求择业"的上进氛围。

二、大学生创新实践能力明显加强,各类竞赛成绩显著

近几年,我院大学生共参加各级比赛60余项,获得了省部级以上奖项103项。其中:在特种机器人、智能化医疗康复领域所获得的成绩较为突出,连续获得了第八届、第九届"挑战杯"全国大学生课外学术科技作品竞赛一等奖,"挑战杯创业计划书"大赛全国铜奖,首届机械创新设计大赛东北地区一等奖等殊荣。2006年,我院大学生的科技作品又获得了第二届机械创新设计大赛一等奖3项,获得了代表吉林省参加国家决赛的机会(全省共选送两件）：多功能护理床推荐到国家参加决赛，获国家一等奖。就是这些获奖，为北华大学增添了光彩，提高了我校的社会影响，鼓舞了我们继续深化教育教学改革的决心。2009年至2014年创新基地又先后被确定为机械工程省级实验教学示范中心，能力核心型人才培养模式实验区，机械类吉林省高等学校本科品牌专业建设点。

另外，对于机械工程学院机械类大学生的就业来说，近几年就业态势良好，就业率连年达到98%以上。出现了如焦宏章（第三届全国青少年科技创新奖获得者）、孙海亮（宝钢某厂技术部长）、吴宣以及田立思（韩国岭南大学研究生，业务能力突出）、任周灿（上海龙创汽车设计公司CAE部门经理）等一大批优秀毕业生，这些学生的突出表现，印证了机械工程学院所倡导和推行的理论与实践并重的培养模式的有效性和科学性。

三、科研促进教学效果明显、形成良性互动氛围

在机械工程学院大力推广科研助理培养模式之后，短短三年之内，学院的科研事业也得到了长足的进步。从2003年开始，机械工程学院在特种机器人技术的研究领域已经形成特色，承担了3项863子项目、1项教育部重点研究项目、5项科技厅资助项目。出现了科研助理推动科研项目的实施，科研项目促进学生的实践技能，教师与科研助理之间形成良性互动的局面。

学院本着"过程育人"的理念，注重培养流程的科学化、规范化，对学生的实践能力、创新能力、综合素质进行全面培养。同时学院从项目的提出、立项申请，到项目实施和结题验收，都是模拟工程项目、科研项目来实施，目的在于锻炼学生的综合素质和能力，培养学生对工作进行科学规划、严谨执行、规范总结的能力。在实施过程中，还通过公开论证、答辩等环节，强化学生的表达能力，实现基地培养模式的辐射效应。经过几年来的建设与发展，创新基地在培养学生创新意识、锻炼学生实践能力方面已初步显示出了自身的特色与优势，初步构建起了"主动寻找差距、敢于承认差距、努力缩小差距"的创新基地文化。

第三章　科技创新实践能力培养平台
——省级大学生科技创新实践示范基地

北华大学大学生科技创新实践基地,是以北华大学机电集成技术创新基地为技术核心,以机械工程实验室、数控实验室、工程训练中心的硬件资源为依托,以引导大学生参与实际工程项目、科研项目、实验设备改造项目、科技竞赛项目等为目的,全方位培养大学生创新精神、实践动手能力、协作能力、沟通与表达能力、组织管理等多方面的综合能力,为培养高素质、复合型机械类人才创新性应用人才服务。

北华大学大学生科技创新实践基地按照规范化的流程招收、培养本科生科研助理(通过招聘流程考核,课余时间按创新基地人才培养模式进行培养的学生),同时按照规范化的方式开展层次多样的科技创新实践活动,并通过广泛开展公开性技术培训与学术讲座的形式发挥基地的辐射作用,引导广大学生参与科技创新实践活动。创新实践基地内的大学生将秉承"主动寻找差距、敢于承认差距、努力缩小差距"的奋进精神,以"能力受益于交流、创新根植于实践"为理念的务实态度开展工作,按照公司化运行模式进行动态业绩管理,使学生学会并适应面对压力、竞争状态下的合作与沟通技巧等,为培养快速适应工作岗位需求的高素质人才提供全面的、真实的模拟训练环境。

目前,大学生科技创新实践基地共有24个研究室、1个研发基地、多个工程依托基地,可容纳190多名科研助理同时开展创新实践活动。在创新基地内接受培养的本科生第一梯队科研助理有187人、第二梯队科研助理有500余人。专兼职指导教师36人,涵盖工科类机械、电气、计算机共12个本科专业。所形成的"指导教师——高年级学生——低年级学生"交叉融合的团队攻关模式,已经被规范化实施。形成了独特的地方性普通高校培养高素质本科人才的创新型培养模式,2006年唯一一个被吉林省教育厅确定为"吉林省大学生机电集成技术科技创新实践示范基地"。

第一节　北华大学大学生科技创新实践基地的发展历程

一、大学生科技创新实践基地发展及建设

北华大学机电集成技术研究中心成立于2002年3月,2003年被学校正式命名为"北华大学机电集成技术创新基地",是一个隶属于机械工程学院的科研机构。创新基地是一个

以"机电一体化技术、特种机器人技术、机械设计、虚拟样机技术"为研究方向的高技术研发机构。从创新基地成立之初,在学校"科研促进教学"的指导方针下,创造性地实施了"招收优秀本科生作为创新基地科研助理"的大学生课外科技创新实践能力培养模式。

从2002年开始,创新基地的骨干教师便带领大学生开始了有关机电一体化、特种机器人、机械设计等方向的科研项目预研工作。主要是利用科研助理的业余时间(工作日的晚上、周六周日、寒暑假等业余时间),从学习现代设计软件开始,到跟随学长辅助完成一定量的设计任务,全程跟踪、感受科研项目的完成过程;当新科研助理掌握了基本设计方法、设计工具的使用及拥有足够的设计思想后,便可以申请独立地完成某一设计任务,设计题目由创新基地根据科研任务分解或学生自选,这个过程叫作项目预研。

学生从进入创新基地实践学习,一直到大四毕业,每个人大约都能参与3~4个科研项目研发的全过程,这对锻炼学生的综合能力有巨大的促进作用。在创新基地运行的前四年中,在指导教师、学生科研助理的共同努力下,在机电一体化、特种机器人、虚拟样机方向上,基地共完成了50余项科研项目的预研工作。当预研项目获得了较为理想的基本成果后,创新基地便主动与周边企业进行接洽,申请企业横向科研项目,为地方经济建设服务;另外,创新基地所做的预研项目的另一个目标是:申报上一级主管部门的纵向科研基金的资助。通过这种运作模式,实现了培养和锻炼队伍、获得资金支持、提高科研层次、充实和完善研究条件的目标。2006年,学院改革加大了科研助理模式的投入,创新基地重新整合扩建为北华大学大学生创新实践基地,下设14个研究分室,容纳136名科研助理。创新基地科研助理培养模式更加完善,在很大程度上进一步激发了全院教师和学生的创新意识,到2010年,北华大学大学生科技创新基地逐步完善扩大到拥有24个研究分室,充分地调动了全院师生投身科技创新实践的积极性,近年来,以科研助理为主体,完成科研项目100多项,通过这些项目的执行,锻炼了学生的创新实践能力,并且改善了课题组的科研条件。

近几年,我院大学生共参加各级比赛获奖625余项,获得省部级以上300项。其中:在特种机器人、智能化医疗康复领域所获得的成绩较为突出,连续获得了第八届、第九届"挑战杯"全国大学生课外学术科技作品竞赛一等奖、"挑战杯创业计划书"大赛全国铜奖、首届机械创新设计大赛东北地区一等奖等殊荣。2006年,我院大学生的科技作品又获得了第二届机械创新设计大赛一等奖3项,获得了代表吉林省参加国家决赛的机会,全省共选送两件,多功能护理床推荐到国家参加决赛,获国家一等奖,截至2014年,我院在国际大学生产品设计毕业作品竞赛,"挑战杯"全国大学生课外学术科技作品竞赛,全国大学生机械创新设计竞赛等比赛中也取得了优异的成绩,共获奖625项,其中国际级10项、国家级72项、省部级218项。正是这些获奖,为北华大学增添了光彩,提高了我校的社会影响,鼓舞了我们继续深化教育教学改革的决心。

科技创新实践基地按照时间上要留有余地、空间上要有足够场所、机制上要有充分自由度的原则进行建设,以"科研助理"的长期培养和"兴趣班"形式的短期技能培训相结合的方式,开展大学生科技创新实践能力的培养,创新基地在运行过程中拥有一整套科学合理的运行及管理机制,能够最大限度激发指导教师的积极性和学生主动参与的积极性,充分发挥创新实践基地的各项功能。

学校采取了以项目认定方式评估教师工作量的办法,激发了指导教师的积极性。鼓励教师以兼职身份参与大学生的课外科技创新实践指导活动,同时还聘任了12名教师作为创新实践基地的专职指导教师。每学期末,创新基地收集学生的研究报告,报告中列出指导教师及其实际指导工作量,由科技创新实践基地指导委员会根据项目的难易程度核算出该教师的当量学时,以实验室开放津贴的形式给予补贴。另外,教师在指导过程中可以优先将自己的项目科研、教研等分解安排学生来完成,这样就进一步激发了教师的指导积极性。对于学生科研助理的积极性调动,创新基地采取加分制,当科研助理每完成一个项目,提交研究报告,经学院专门机构认定后,可以获得创新学分和大学生素质综合测评加分。学生在创新实践基地内的工作,完全是以兴趣为驱动的主动性学习与实践,他们渴望自己的设计能够变成实际的模型或样机。对于优秀的设计,学院大学生创新基金会还会给予资金支持,这样极大地调动了本科生以工程化思想完成日常实践的积极性。

大学生科技创新实践基地以"科研助理"的运行模式对学生的实践能力、创新能力进行培养,注重贯彻"过程培养人"的理念。从科研助理的招收、选拔、培养、升级、退出机制等方面建立了完整的实施流程。每年新生入学时,学生会组织新生到大学生科技创新实践基地、教师课题组、实验室等处参观,让学生从一入学就树立科技实践及创新意识,建立明确的学习目标。同时,还安排由骨干教师和高年级优秀学生共同主讲的"专业认识教育"活动,进一步强化新生对大学生科技创新实践基地的向往。

科技创新实践基地每年分春季、秋季两次招生。招生对象是大二、大三的学生,其中以大二学生为主。对于所招收的学生,经过严格的考核,根据个人的能力及培养前景的不同,分层次进行培养。一种是短期培训,由第一梯队的科研助理担任教师,以培养学生掌握先进的现代软件、现代设计方法为目标,大部分的学生参加的是这种培训班。这种培训班每学期举办两期,迄今为止已举办了六期;另一种是长期培养,主要是针对有特长并对科研、教研项目、实验室设备改造等感兴趣的学生,学生首先经过基础性学习,然后进入基地的课题小组做项目,再到自己主持小课题,最后参加教师的实际科研、教研及实验室改造项目。第二种模式培养的学生被称为"科研助理"。一般科研助理能够在教师的课题组学习一年到两年的时间,经历辅助学长完成项目的"C级科研助理"、直接参与科研项目的"B级科研助理"、独立完成科研项目的"A级科研助理"三个阶段。经过培养的科研助理能够独立完成课题的申报、执行及验收等工作。

与此同时,规定在创新实践基地内工作的科研助理必须指导基地外的三名同学进行专业知识学习、参与科技创新活动,这样就把创新实践基地的培养模式进行了放大,带动了更多的学生关注专业学习、参与各类科技实践活动,从而促进了学风建设的稳步推进。

针对科研助理的日常工作,基地也制订了规范化的实施流程。从项目的提出、立项申请、项目实施到结题验收,都是模拟工程项目、科研项目的实施办法而制定。在实施过程中,还通过公开论证、答辩等环节,强化学生的表达能力,实现基地培养模式的辐射效应。在实施过程中,即使是非常小的一个项目,基地也严格按照上述流程进行,指导教师只是在方向性等重要问题上进行把关,其他过程全部由高年级科研助理指导低年级科研助理、科技创新基地内科研助理指导基地外学生的方式进行,保证了培养模式的推广实施。

创新基地在科研助理培养模式下,在培养方案内设置创新与素质拓展学分。本部分学分主要通过在课外实践参与科技创新活动并获得成果,经科技创新基地认定后获得,从而把课内与课外有效结合起来,采取创新实践成果顶替选修课学分的制度。培养方案中规定学生在创新基地内获得的科技成果主要是独立完成某一专业方向的自主性实践,设计任务量、完成质量达到要求,并有规范性报告,最多可以免修学分的专业方向选修课,从而实现了个性化培养的目标。同时,进行专业方向强化实践学分的设置。培养方案规定,第六学期的学生与第八学期的毕业生同步完成毕业设计项目的设计工作。这一环节形成了指导教师、大四与大三学生为一体的项目组,大三学生弹性跟踪一学期,在学期末大四毕业答辩后进行成绩评定,分数由指导教师、大四学长、答辩小组共同给出。其好处是使学生在大三就认识到专业学习方向选择的重要性,提前接触了毕业设计的基本形式及基本要求,为今后的学习确立了明确的方向,增强了学生的学习主动性。

为了保证以科技创新实践为特色,倡导个性化培养为目标的培养模式能够有效开展,在学生管理部门的支持下,学院针对基地的运行特点对传统的综合测评体系进行了大胆改革。设立了单项奖学金制度,包括学习成绩奖、创新实践奖、综合素质奖三类奖项。特别是以创新实践基地为依托,建立了定期评定大学生课外科技创新实践成果的制度,只要是学生在课外时间完成了某一科技实践项目或者参加了某一科技创新活动,就可以撰写报告,提交到创新实践基地进行认证后,便可获得相应的加分。充分肯定并规范化认定学生课外实践成果和进步过程,在引导机制上形成了"鼓励创新实践"的格局。与此相适应,有关学院在评优过程中,规定了学生的课外创新实践加分的最低标准。

为了鼓励并引导教师利用业余时间广泛开展大学生实践活动的指导工作,有关学院制定了《大学生课外实践指导教师管理办法》,在教师的个人教学工作量、评优晋级等方面给予了充分量化考虑。根据教师的实际指导数量和质量核发相应的实验室开放指导津贴。

北华大学探索形成的以科研助理培养为特色的大学生科技创新实践基地的建设与运行模式使大学生的科技创新实践能力得到明显加强,形成了科研与教学互相促进的良好氛围,使学生的培养质量明显提高、学风明显好转。

二、大学生科技创新实践基地的功能

(一) 大学生科技创新实践基地对大学生的功能

大学生科技创新实践基地是培养学生自主创新精神以及自主研发能力的摇篮,学生自进入创新实践基地成为一名科研助理后,基地都会对其未来的发展做一个合理的规划与安排。将从不同方向全面地培养创新型人才,使学生毕业之后不仅能够找到一份对口的工作,以最快的速度适应工作,并且能够很快地在工作岗位上成为公司的领跑者。由此大学生科技创新基地的功能归纳如下:

1. 大学生科技创新实践基地具有提高科研助理的工程设计和实践创新能力的功能

借助大学生科技创新实践基地,教师选择一些与工程实际、与高科技领域前沿研究密切相关的开放性课题,充分发挥学生的想象力和创造力,采用产学研相结合,提高了大学生课程设计、毕业设计的效果。并且借助该平台,开设工程设计类课程,让学生亲身参与机械、机电类装置的设计、制作、编程和实验活动。这对于融合其所学知识,激发创新思维,培养动手能力、创造能力和协作精神具有明显的作用,促进了工程素质教育。创新基地近几年来,先后组织学生参加了省大学生机器人比赛,省大学生机械创新设计比赛,省大学生机械创新制作比赛,国家、省、校三级的"挑战杯"大学生课外科技作品竞赛等。多件学生科技创新作品荣获全国"挑战杯"一等奖、二等奖、三等奖,以及省、校各类竞赛奖项。这些活动具有实践性强、探索性强和综合性强的特点,有利于提高学生的工程设计能力和实践创新能力。

2. 大学生科技创新实践基地具有培养科研助理自主学习能力的功能

科研助理进入创新基地后开始会有一段培训时间,培训期过后除了每周的学术讲座就不会再有集中的培训学习时间,因此获得知识就要靠科研助理自己,其做项目所用到的软件、知识都是自身通过学习获得的。由于科研助理具有较强的自学能力,因此其毕业参加工作之后的发展将会非常好。

3. 大学生科技创新实践基地具有提高科研助理规划能力的功能

做任何事情都应该有规划,只有有规划后去做事情才会将活干得漂亮,但是每件事都能够坚持做规划是非常不易的,而创新基地培养的科研助理就具有这种能力。由于在创新基地接触的项目很多,有可能在同一时期同时接几个项目,并且每个项目都有限制日期,要想把项目做完,还要做漂亮,让人一目了然,就必须要求科研助理对每个项目都要有规划,计划出每一步该怎么走,在什么时候应该完成哪些项目都规划好,这样不仅能够按时完成任务,而且还能把项目做得让人"赏心悦目"。由于这样的工作方式,使从基地走出去的科研助理做事非常有条理性,工程项目完成效果自然会很乐观。

(二)大学生科技创新实践基地对教师的功能

1. 培养了教师精湛的业务水平

大学生创新实践基地是一个强化实践教学,倡导创新教学,老师和学生共同学习的平台,在做项目的同时不仅促进了学生的成长而且促进了指导老师业务水平的提高。一个好的科研项目的指导老师不仅对高校学分制管理模式有充分的了解,而且对学生所学专业的人才培养方案、课程设置和选修课情况等方面有深入的思考,还要能掌握该专业各学科的前沿信息及其在社会生活中的实际应用和未来的发展趋势。老师指导学生做项目,做项目过程本身就是一种师生互动、交互式指导与学习的过程。老师的悉心指导,既有利于学生学识、能力等方面素质的提高,同时也能促进老师加强自我学习和再教育,渐渐地使自己的知识体系得到更新与充实,提高了自身能力和指导水平。其实质是起到了教学相长和优化师资的作用。

2. 提高了教师的实践科研能力

我国传统的教育形式即为课堂讲授为主,而在大学生科技创新实践基地,是需要师生相互配合,相互辅助,共同参与去完成项目的,教师和学生融为一体,没有层次高低之分,就像孔子所说:"师不必贤于弟子,弟子不必不如师。"在这种氛围中,教师脱离了纯理论的讲授,在实践中取长补短,这不仅增强了对实践教学必要性的意识,也提高了自身的科研实践能力,克服了传统课堂式教学的弊端,充分激发了教师的实践积极性,特别是培养了一批具有高度动手实践而且具有指导能力的青年教师,这会为一个学院的发展增添新的血液和动力。

(三)大学生科技创新实践基地是连接社会的纽带

要想提高科研助理的创新实践能力就必须亲自参与几个项目的研发过程,然而这些项目的来源除了参加各种比赛外,就是与外面公司合作的项目,这些项目都是工人在劳动过程中发现和待解决的机械问题,通过做这种项目不仅提高了科研助理的发散思维和动手能力,同时也使科研助理了解社会现状,使科研助理在毕业之后将会很快地适应社会。

创新基地面向所有师生开放,同时也面向校外企业开放。以"互利互惠、资源共享"的合作原则,与校外的多家实习基地签订了中长期技术合作战略联盟协议,企业每年向基地提供一定数额的研发基地建设费,学生以企业的各类工程项目为实践对象,把实用性研究成果有偿提供给企业。形成了将企业课题引入学生实践体系,企业自愿为基地提供运行经费,并出"高价"竞相招聘基地内毕业生的良性运行机制。所以,从某种意义上说大学生科技创新实践基地也是大学生与社会连接的纽带。

(四)大学生科技创新实践平台促进自主创业

大学生科技创新实践基地旨在为大学生提供一个科技创新实践的平台,优化资源配置,全面提升学生综合素质,培养学生创新思维、团队精神、科技创新能力、创业能力和社会竞争力。然而在当今竞争如此激烈的社会中,创业能力成为一个大学生综合素质的一方面,近几年来国家也在提倡大学生创业,大学生科技创新实践基地也是一个引导大学生创业的平台。

机械工程学院大学生科技创新实践基地率先提出培养学生创业意识,使其在校就能与企业合作了解企业的运作模式。隶属于机械工程学院科技创新实践基地的工业产品设计研究室和制造工艺及CAM技术研究室分别与企业建立了合作关系,从实验室一个整体去了解创业,并使实验室在合作中取得相应的经费,使各个研究实验室在运营中达到一种不受自身经济限制并能为整个创新基地的发展提供相应的经费。在实验室整个创业过程中,科研助理全程参与,培养其今后自主创业意识。

三、大学生科技创新实践基地创新平台的构建(去留问题)

(一)创新能力培养的硬件平台体系

创新能力的培养首先必须有硬件平台作保证,并且其硬件环境必须与围绕创新能力培养目标所构建的知识框架相适应。针对机械类大学生的专业培养目标,我们构建了由课程实验、课程设计(包括毕业设计)、实习和学生课外应用技术培训与课外科技活动组成的实践教学体系。根据学生对知识掌握与应用的规律,该体系分为基础层、提高层、综合创新层三个层次。基础层实践环节主要目的是消化与掌握专业基础知识,了解本专业的特点,初步掌握本专业的基本应用理论与技术;提高层实践环节主要目的是消化与掌握广泛的专业知识,深入了解本专业的各种应用技术,并能动手解决本专业的基本技术问题,在基础层和提高层的训练中主要掌握"机械""电子电气""计算机"三方面应用技术;综合创新层实践环节主要目的是掌握多学科的专业知识,深入了解本专业的各种应用技术现状与发展方向,综合"机械""电子电气""计算机"等方面的知识解决实际问题,并对新方法、新技术、新工艺进行探索。

根据上述实践教学环节体系,我们着重在设计性综合性实验条件、工程实训中心的加工制作条件、创新设计基地、机械CAD,CAM培训基地等几方面进行硬件环境建设。结合当今先进的应用技术,首先增设先进制造技术、CAD/CAM技术、数控与伺服技术、创新设计等实验室,其目的是拓宽实验教学内容,使学生全方位地接触与掌握先进的应用技术。其次是自主研制先进、实用便于学生动手的实验设备,促使教师将理论知识与实践应用融合,提升专业理论知识,提高技术开发能力;促进学生参与先进设备的研制,培养学生对知识的综合应用能力和创新能力,拓展学生的知识面。第三是可以安排学生进行设计、实验、加工制作等课外创新实践训练。第四是开放研究实验室,在"因材施教,讲求实效"的原则下,以综合实验、设计实验和学生自主实验为主,努力培养学生的创新意识和实践能力。

(二)创新能力培养的软件平台体系

大学生创新能力的培养需要营造一个综合、系统的活动氛围,必须在教与学两个层面上建立可操作的运行平台,建立监督保证的制度体系,为创新能力的培养提供活动空间。

我们通过在学院设立大学生创新能力培养基金、成立院大学生科学技术协会、设立院机械创新设计年度竞赛、在专业教学计划中增设"学科及工程技术前沿"实践学分以及在教职工年度考核中增设指导大学生科技活动奖励工作量分等措施与制度,保证了大学生创新能力培养的有效推进。对于学生而言,通过参加各类科技活动和竞赛获奖,或在创新设计实验室完成规定工作量的创新实验可获得相应的创新实践学分,从而增强了学生参加科研和创新活动的意识。对于学校而言,通过组织设计制作、科技社团、科学实验、学术报告等课外科技实践活动,形成了大学生创新能力培养的氛围,促进了学风的根本好转,也使学生管理工作走上了良性发展的轨道。

第二节　北华大学大学生科技创新实践基地的组织机构

一、北华大学科技创新实践基地

目前,北华大学大学生科技创新实践基地拥有以北华大学机电集成技术研究所为技术核心的22个研究室(如图3-1所示),可容纳科研助理187人,拥有兼职指导教师36人,涵盖机械、电气、计算机等12个工科类本科专业。如此庞大的科研助理队伍,却能以"学生为主、老师为辅"井井有条地运行下去,得益于完善的科研助理管理制度。

二、创新基地管理机构设置

北华大学大学生科技创新实践基地是培养学生创新实践能力的平台,是机械工程学院的重要组成部分。为了能够使创新基地能够顺利地运行,创新基地设置了专门的管理机构。因工作需要,机械工程学院大学生科技创新实践基地管理机构下设创新实践基地科研助理总负责人1人,各研究室组长1人、项目部主管1人、日常事务总管1人、创业部主管1人、秘书处秘书长1人;根据业绩认证,通过民主选举,产生大学生科技创新实践基地组织机构成员(如图3-2所示)。该管理机构行使下列职权。

辅助创新基地主任管理创新基地所有事物,维持创新基地正常的秩序,确保日常事务、科研项目等顺利进行。

(1)组织协调创新基地各研究分室间的项目、技术沟通,增进各分室之间的友谊关系;

(2)组织引导科研助理自主创新意识的培养,有计划有目的地组织学术报告会,邀请各个分室人员进行学术交流,以提高学院的学术氛围;

(3)定期组织检查,完成对科技创新项目的认定和学生课外科技创新成果的认定,按照规定对科研助理给予晋级或者降级、清退处理;

(4)组织安排创新基地的招生,做好科研助理的面试、培训、考核工作;

(5)做好对低级科研助理的培养工作;

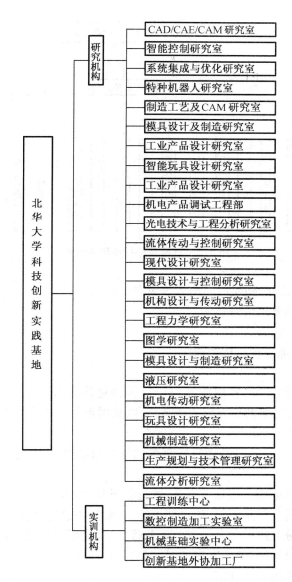

图 3-1 北华大学科技创新实践基地

（6）定期对财务进行清理核算上报，对设备进行清点，及时补充所需设备；
（7）组织检查创新基地各分室的安全卫生工作；
（8）建设创新基地的网站，及时报道创新基地活动或者重大事情，解决创新基地论坛上

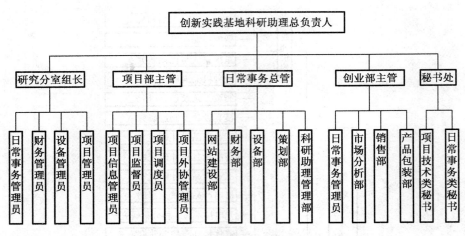

图 3-2　创新基地管理机构设置

学生提出的技术难题,同时确保网站内容健康向上;

(9)建立健全创新基地管理体制;

(10)定期召开例会;

(11)筹备创新基地管理机构换届工作。

(一)职位职能

为了创新基地顺利运行,各职能部门应互相沟通协调处理日常工作,开展科技活动。随着基地规模的扩大、科研助理人数的增多,可以根据需要讨论修改管理机构设置。

1. 创新基地总负责人

创新基地总负责人是科研助理日常事务的学生最高管理者,主持整个基地管理工作,其主要职能如下:

(1)辅助老师管理创新基地日常事务,维持创新基地正常秩序;

(2)直接管辖各研究分室组长、项目部主管、日常事务总管、创业部主管、秘书处;

(3)督促各研究分室组长做好分室的事务管理,并定期召开例会检查分室日常事务;

(4)定期检查项目实施进度、完成情况并及时组织验收;

(5)审核科研助理的晋级评定;

(6)定期组织检查清算财务、设备;

(7)建立完善创新基地制度。

2. 研究分室组长

研究分室组长是该分室科研助理学生负责人,主持整个分室管理工作,其主要职能如下:

(1)负责该分室的安全、卫生；
(2)及时检查项目进度，及时汇报项目遇到的难题；
(3)负责科研助理的晋级评审工作；
(4)定期递交财务、设备报表；
(5)组织分室的学术交流活动。

3. 项目部主管

项目部主管，是组织协调管理创新基地项目的学生负责人，是项目能否顺利运行的保障，其主要职能如下：
(1)负责组织创新基地项目的立项、审核、进度审查以及结项；
(2)根据项目实施情况给予科研助理业绩认定，作为科研助理申请创新学分，晋级的重要参考标准；
(3)组织项目人员的协调，特别是跨分室项目人员协调；
(4)派遣人员跟踪项目，及时反馈项目进行中遇见的难题，并上报及时解决；
(5)定期召开项目总结；
(6)负责组织协调创新基地与外协工厂直接的合作关系。

4. 日常事务总管

日常事务总管是创新基地日常事务的学生负责人，是创新基地所有活动能否顺利运行的保障，其主要职能如下：
(1)负责创新基地的安全、卫生工作；
(2)组织人员建设创新基地网站，及时报道创新基地新闻；
(3)定期清算创新基地财务、设备，及时上报；
(4)管理科研助理档案，负责业绩录入；
(5)策划组织科研助理的人事招聘；
(6)负责创新基地大型活动的组织；
(7)辅助完善创新基地制度。

5. 创业部主管

创业部主管是负责创新基地研发设备、产品面向市场的学生负责人，其主要职能如下：
(1)组织调查市场产品动向需求；
(2)负责创新基地作品、产品的外观包装及设计；
(3)负责创新基地设备、材料的购买；
(4)负责与创新基地合作单位的技术沟通与反馈。

6. 秘书处

秘书处辅助创新基地总负责人管理创新基地的学生负责人，其主要职能如下：
(1)负责管理创新基地的项目文件、制度文件、日常事务文件；

(2)负责记录创新基地的日常会议以及重大事情;
(3)及时总结创新基地工作;
(4)报道项目进展成果;
(5)安排创新基地会议;
(6)管理创新基地历史文件。
(二)组织机构人员素质

创新基地科研助理是学院的精英,代表了学院的形象,创新基地的组织机构人员必须具备较高的综合素质:

(1)思想积极向上,表达流畅;
(2)组织机构人员必须是 A 级科研助理以上(科研助理级别业绩评定制度下文有详细阐述);
(3)学习上名列学院前茅(前30%);
(4)具备一定号召力、组织能力。
(三)下届组织机构人员产生
(1)创新基地下届组织机构人员由学院领导、创新基地主任、创新基地总负责人联合提名公开选举产生;
(2)采用对应师徒培养下届组织结构人员;
(3)如果发现某职位的下届负责人不具备该素质,及时召开会议,重新选择(提议人必须递交详细的书面材料备案);
(4)下届组织机构试用期为 2 个月。

三、大学生科技创新联合会

大学生科技创新联合会是为了进一步完善大学生科技创新实践基地的管理制度,使大学生科技创新活动朝着良性的方向发展,经学院领导班子研究决定成立的,负责大学生科技创新实践基地的管理工作。

(一)创新基地与其他机构的关系图(如图3-3所示)

(二)组织性质和机构

1. 组织性质

机械工程学院大学生科技创新联合会是依托北华大学大学生科技创新实践基地,发扬求是学风,弘扬科学精神,营造科技氛围,培养创新意识的学生组织。接受共青团北华大学机械工程学院委员会指导,在具体业务上保持相对独立性。

2. 组织机构

(1)本会按照民主集中制原则,在学院党委领导下,学院团委指导下,依照国家法律及本组织章程,独立自主地开展工作;

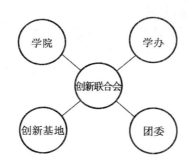

图3-3 创新基地与其他机构的关系图

(2)机械工程学院大学生科技创新联合会会员代表大会是本会的最高权力机关,它的常设机构是机械工程学院大学生科技创新联合会;

(3)会员代表为各班创新委员及基地各研究室负责人。

(三)主席团职能

主席团是机械工程学院大学生科技创新联合会的领导机构,因工作需要,机械工程学院大学生科技创新联合会新一届组织机构下设主席团,并设主席1人,副主席2人,部长5人,经多方征求意见,根据提名选举产生大学生科技创新联合会组织机构成员。主席团行使下列职权:

(1)组织引导学生自主创新意识的培养,有计划有目的地组织学术报告会,邀请科技创新方面的教授、专家、学者给全院师生做报告,以提高学院的学术氛围;

(2)聘请有关教授、专家、学者成立大学生课外科技创新学术指导委员会,完成对科技创新项目的认定和学生课外科技创新成果的认定;

(3)做好创新学分认定工作的宣传咨询;

(4)筹备主席团换届工作;

(5)会员代表大会每年举行一次,由主席团召集。在特殊情况下,由主席团提议,可以提前或延期举行。

(四)各职能部门职能

各职能部门为联合会处理日常工作,开展活动的常设职能机构。设有业绩认定部、技能培训部、项目规划部。若因工作需要,经主席团讨论可增减有关职能部门。各部实行部长负责制,由部长主持工作,对主席团负责。

1. 业绩认定部职能

业绩认定共分为三步:初级认定、中级认定、高级认定。

(1)初级认定。

科技创新联合会各部长负责本部成员(会员)的初级业绩认定工作。各部长应定期对

所管辖成员做初级业绩认定工作,具体内容如下:

①定期收缴本部所有成员的科技创新成果(论文、著作、产品、报告),并对成果的相关信息作详细统计;

②根据上交成果形式,对项目进行初级认定,并将认定结果详细统计;

③把认定结果上交会长。

(2)中级认定。

科技创新联合会会长负责所有成员(会员)的中级业绩认定工作,具体内容如下:

①定期收缴部长初级认定的详细资料,协助项目认定委员会成员对项目进行中级认定,并将认定结果详细统计;

②根据认定要求,对需要以公开答辩形式认定的项目,应及时组织相关专家和教师对项目认定;

③核实业绩认定结果,上交相关老师。

(3)高级认定。

老师接到会长上交的认定资料进行审批工作,将最终审批结果由科技创新联合会一副部长进行备案,另一副部长进行张榜公布。

2. 项目规划部职能

科技创新联合会各部长负责本部所管辖范围内的所有科研项目管理工作,其主要工作内容如下:

定期征集与本部相关的科技创新、科研项目;项目征集对象包括全院所有教师、科技创新实践基地、机械基础实验室,并对所征集的项目做出详细统计与分类,上交会长;会长负责整体的项目管理工作。主要工作内容如下:

(1)定期将部长上交的项目进行汇总;

(2)将征集的科技创新、科研项目面向全院公示,负责项目征集的信息发布工作;

(3)组织召开全体成员大会,公布项目征集、统计情况,组织、协调和动员全体成员根据个人能力选择项目,并对每个项目运行情况作详细记录;

(4)定期进行项目统计、备案。

3. 技能培训部职能

科技创新联合会长负责所有成员的技能培训工作,其主要工作内容如下:

(1)制订详细的技能培训计划;

(2)根据计划组织相关人员定期召开学术交流活动,每次学术活动指派一名代表作为主讲人员,每次学术交流要突出主题,力使每个参与学术交流的成员有所收益;

(3)定期对所有成员作技能培训工作,主要负责相关软件讲解、动手实践能力培训工作。

第三节　北华大学大学生科技创新实践基地的管理与运行

一、科技创新实践基地管理总则

(一)科技创新实践基地宗旨

创新基地内的科研助理将秉承"主动寻找差距、敢于承认差距、努力缩小差距"的奋进精神,以"能力受益于交流、创新根植于实践"为理念的务实态度开展工作,按照公司化运行模式进行动态业绩管理,使科研助理学会沟通技巧并适应面对压力、竞争状态下的合作,为培养快速适应工作岗位需求的高素质人才提供全面的、真实的模拟训练环境。

通过科研助理培养模式树立典范,营造全院师生高标准要求自己学习和工作的氛围,养成自主学习、创造性学习的习惯,树立自觉向上、完善自我的生活理念。

1. 科研助理的意义

科研助理在学院起到了模范先锋的作用。作为一名合格的科研助理必须具备严格的时间观念和不怕吃苦的精神;作为一名合格的科研助理能够肩负起创新基地理念宣传与发展,能够影响并引导其他同学朝着积极向上的方向发展;作为一名合格的科研助理,无论时间长短,都能够迅速地接受科研助理的培养模式、学习和工作的方式。803精神是不甘堕落,勇于拼搏的科研助理迈向成功的星星之火。它会不断地蔓延开来,使越来越多的人受益。

(1)科研助理角度。

①在大学期间,得到更多的动手锻炼的机会,能够合理地运用时间,使自己的大学生活充实而富有意义,不会虚度自己大学时光;

②科研助理培养模式是大学生理论与实践相结合的平台,在这个平台里会学到一般在同一阶段学生无法学到的知识;

③这个平台是显示能力的地方,是锻炼真功夫的地方,经过努力会获得很高的奖项以及创新学分。

(2)指导老师角度。

①教学相长,老师带学生,学生促进老师,学生学习课本知识并运用于实践,老师将实践知识传授于课堂,相互促进、相互发展;

②带领和指导科研助理做项目,是自身价值的体现,也是自我能力提升的一个平台,将自己对理论的把握有效地运用在实际的工程项目中,提高自己的教学水平。

(3)学院角度。

①"以点带面"端正学风;

②在各类比赛中,为学院、学校争得声誉和荣誉,扩大影响力和知名度;

③真才实学的毕业生,在以后的工作岗位上,必将崭露头角,为学院、学校争得荣誉,提高学院、学校在社会上的认可度。

2.科研助理的使命

(1)起到带头作用;

(2)学好专业知识;

(3)完成科研任务;

(4)吸纳和培养身边适合进入基地的人才;

(5)带动身边的人去学习、以实际行动影响身边的人;

(6)走在学院的改革和基地建设的前沿,引导正确的前进方向。

(二)日常管理

(1)日常要求。

(2)卫生、安全。实行卫生、安全值勤日负责制。

(3)应酬外务。购物、旅游、聚餐、展示、比赛以及接待参观人员、记者、领导等,一般由总负责人安排处理。对于资金的支出必须经领导小组批准,凭发票报销。

(4)项目的分工与协调以及科研助理招生及业绩评定由领导小组商议。

(5)指导教师。分配给指导教师一定的任务,如项目或培养学生对象,要明确到所承担的具体任务和内容。

(6)科研助理。高、中、低级科研助理均有自己不同的使命。

(7)设备使用和管理。所有的财产均归基地所有。如办公桌椅、工作站、打印机、刻录机、扫描仪、DV以及其他的工具和零件,正确使用后一定要放到原处,由设备员管理。

(8)科研攻关。攻关以课题组形式由高、中、低级科研助理交叉组合,教师指导,在攻关的过程中进行技术的传承。

(9)新旧交接。"传、带、帮"的传统一定要具体落实到实际的学习和工作中。例如,高级科研助理与低级科研助理合作做同一件事情,每个人根据自己的实际情况,发挥自己特长找到合适自己的事情。

(三)落实办法

1.负责责任制度(责任分配制度/共同管理)

管理不是一个人的事情。通过领导小组商议、全体会议讨论以及建议信箱提出的建设性的提议来优化制度和决策。各司其职,各尽其能;分工明确,权责分明;避免一窝蜂,效率低下的状况。毕竟自觉性的约束不具有可操作性和控制性。

2.业绩评定方案

采用晋级积分制,科研助理参与项目工作按照规定,根据其工作态度和工作质量以及工作总结进行加分。业绩评定的等级波动,以项目为参照,以日常付出为主体,以项目总结报告为参考,给一个成绩加分。如果说长时间懒惰、散漫,不进研究所或进研究室不学习

（不工作），上网聊天、玩游戏、看电影，做一些无关紧要的事情，或把研究资料流失，一经确认减分或直接要求退出，情节严重的将追究相应的责任。

3. 学院监督评定

所做工作可申报创新学分，并与综合测评挂钩。

(四) 应急预案

1. 中途退出/介入

如果行为不端，多次违反公约或长期没有进展的成员可经领导小组商议给予观察、警告或开除处分；因特殊情况无法继续工作的成员可申请退出，一定要有退出申请并经批准方可退出，若无缘无故地离开或消极执行任务，会经学院给予相应的处分。当业务繁忙，项目很多的情况下，除每年指定的招生时间外可中途招聘相应的人员，与正常招生一样进行面试、考核等，也可有在职科研助理引荐身边优秀的人员。若弄虚作假，一经核查属实，被引荐人和引荐人一并处分。

2. 临时课题组组建

临时应急攻关小组。平时有各带队老师指导学生做相应的工作，如有新的重要课题需要尽快完成，可由领导小组商议，进行人员调配和重组。项目结束，临时团队失效，各成员依然归带队老师旗下，辅助老师做相应工作或进一步的学习。

3. 其他

若出现特殊情况如生病、事故等，根据具体情况具体处理。

二、科技创新实践基地活动日程表

创新基地经过八年的发展，初步形成了一些固定的制度、模式、活动，为了更为规范地组织创新基地内部事务，特制定我们创新基地内部活动日期安排表，将一些规范的活动以制度的形式规范起来。

一月：

(1) 元旦组织活动；

(2) 召开年末总结，财务、设备清算；

(3) 组织科研助理复习；

(4) 对上一年的创新基地事务进行总结。

二月：

(1) 组织科研助理寒假创新基地加班工作；

(2) 组织好假期活动；

(3) 策划机械创新设计大赛及挑战杯，讨论出方案。

三月：

(1) 竞赛类比赛确定题目、方案，开始做结构设计；

(2)组织科研助理晋级。
四月：
(1)组织科研助理招聘、收取简历、面试、考试；
(2)组织学院内部竞赛；
(3)准备创新实验计划验收。
五月：
(1)组织科研助理培训；
(2)设计制作竞赛作品；
(3)创新实验计划验收。
六月：
(1)组织科研助理培训考核；
(2)组织参加吉林省竞赛；
(3)组织大四科研助理照毕业相、制作毕业视频；
(4)传承项目技术资料；
(5)创新基地聚餐；
(6)科研助理晋级评审；
(7)选举下一届创新基地科研助理管理机构人员。
七月：
(1)新招科研助理进入创新基地；
(2)组织科研助理复习考试；
(3)召开学期总结暑假加班会议；
(4)组织财务、设备清算；
(5)组织项目成果鉴定；
(6)筹备电子竞赛。
八月：
(1)举行假期活动(乒乓球、篮球比赛)；
(2)完善竞赛作品设计；模拟电子竞赛；
(3)总结加班工作,考核新进入创新基地科研助理；
(4)组织科研助理晋级。
九月：
(1)组织迎接新生参观；
(2)加工竞赛作品；
(3)参加电子竞赛；
(4)购买新设备。

十月：
(1)组织国庆组织活动；
(2)调试参加国家竞赛作品；
(3)筹备创新实验计划申请项目；
(4)迎接创新实验计划中期检查。
十一月：
(1)国家竞赛总结；
(2)申请创新实验计划。
十二月：
(1)组织复习考试；
(2)组织科研助理晋级。
注：
(1)创新基地每周周六晚上举行学术交流会议；
(2)创新基地每周周日晚上举行基地日常事务会议；
(3)每月1号举行创新基地安全、卫生检查；
(4)端午节、中秋节举行茶话会。

三、科研助理日常事务管理条例

创新基地在职科研助理近189人，是一个较强的团队。为了使研究所能够有序的运行，创新基地科研助理必须遵守北华大学科研助理日常事务管理条例。如有违反，根据情节严重程度给予相应的处分。

第四节　北华大学大学生科技创新实践基地的文化

一、北华大学大学生科技创新实践基地的标志
二、北华大学大学生科技创新实践基地的旗帜
三、北华大学大学生科技创新实践基地的宣传手册和宣传片
四、北华大学大学生科技创新实践基地的基地之魂

沸腾的时代，飞扬的青春，有梦想就该去追寻；科技是自强之本，创新乃发展之魂，挑战自我是永恒的精神。差距意识，铭记你我心间，直面困难，奋勇向前，不惧艰险，勇敢登攀；创新基地，我们的家园，师生同心，携手攻关，抓住机遇，共创明天。

五、"803"精神

2002年3月,3名教师、6名学生组成了一个团队,成立了"北华大学机电集成技术中心",地点就在北华大学的第三教学楼803房间。这是一群非同寻常的人,他们有高昂的斗志、远大的理想、踏实肯干的作风。创新基地的科研助理,只要有知识、有能力、有技术就可以做各种项目,参加各类赛事,例如大学生"挑战杯"、电子竞赛、大学生创新实验计划等一系列赛事,但想要把项目做好,想要在比赛中获得优异的成绩,就必须要有技术和项目的实践经验,正所谓技术是第一生产力。想要拥有精湛的技术和丰富的项目经验不是一朝一夕所能办到的,这需要长期的积累和不断地摸索总结,所以在这过程当中就要求科研助理们还必须要有吃苦耐劳精神,在基地里称之为"不睡觉精神",即"803"精神。

作为科研助理的学生每天都有必修的课程,比赛的准备时间也有一定的限制,而且,在项目研发时会用到一些不熟悉甚至没有接触过的软件,再加上做出项目的实物之后需要进行调试,仅仅利用白天的时间是远远不够的,所以,晚上的时间对于科研助理来说,是非常难得的时段去提高自身的实践水平,加强各种技术能力,从而使负责的项目更加完美,做到最好。时间就像海绵里的水,只要愿挤,总还是有的,科研助理们一直坚持积极向上,不畏劳苦的精神,面对艰难的任务,从不退缩,而是更好利用每一秒可以提高的机会,使得"803"精神很好地传承下来,成为科技创新实践基地的优秀文化,激励着每一位新老科研助理。

六、差距意识

很多人用不同的方法激励和指导自己如何走向成功。"主动寻找差距,敢于承认差距,努力缩小差距"的差距意识是科研助理一直秉承的精神。他们试图用差距意识来描述自己取得成就的大小和通往成功的距离。

在创新基地的科研助理来自不同学院、不同专业、不同年级、不同班级,他们在知识储备、做实际工程项目经验以及社会阅历上都有很大的差距。即使是同年级的同学在能力上也有一定的差距,在他们当中,每个人所擅长的技能各有千秋,都有自己的优点但同时与其他的科研助理相比总能发现自己在某方面与别人的差距,但是他们从不逃避差距,而是去主动寻找,敢于承认,并且会努力地缩小差距。这正是创新基地自建立以来一直坚持的信念"主动寻找差距,敢于承认差距,努力缩小差距"。历届科研助理一直秉承这个信念,并且把它传承得很好,因为他们坚信始终保持"差距意识"就会保持人生的高标准。

人生标准就是一个人设定的奋斗目标,以及为实现这个目标所坚持和把握的基本准则。标准是每个人成长路程中的选择,选择什么样的标准,就会有什么样的成就,乃至形成什么样的人生。每个人在刚刚懂事的时候,基础大体是差不多的,之所以在成人之后差距越拉越大,除去个人天赋和能力方面的差异,最根本的还是对自身标准要求的高低以及努力的程度。一个人如果因为自己的标准不高,完成工作任务的质量不好,那就是对自身不负责任、对自己的无情否定。因此,做事情如果不能始终倾尽全力,确定标准时随意敷衍,还时不时地打个小小的折扣,即使拥有聪明才智,也定会影响事业的成功。

"差距意识"也可以理解为"人往高处走"的精神。如果能够始终保持"差距意识",就能够始终保持人生的高标准,处处严格要求自己,认认真真做好每一件事。始终保持"差距意识"就会坚持精益求精的工作态度。"精益求精"是一种品质、一种能力、一种素养。一个人无论做什么工作,只要干一行爱一行钻一行,勤于学习,勇于实践,就能成为行家里手。尤其对广大党员干部而言,无论从事什么工作,敬业是第一位的要求,工作要做出成绩,得想学会走,再学会跑,不能只想飞,要打好扎实的基础。要立足本职岗位,把岗位职责牢记心中,把工作现状搞清楚,存在什么问题,有哪些经验,再研究怎样干好这个工作,钻研进去,深入下去,不断精进,力争成为本专业的"第一"。

"差距意识"也可以理解为不满足精神。为了追求更高的标准,就必须坚决反对心浮气躁、急功近利、见异思迁、得陇望蜀的心态和情绪;就必须坚持耐得住寂寞,受得起委屈,顶得住诱惑,经得起考验,锲而不舍、精进不止的精神。"业精于勤而荒于嬉",芸芸众生,成就事业,实现价值,必须勤奋和敬业。始终保持"差距意识"就会获取人生无穷的动力。

"差距意识"决不同于自卑心理。自卑心理是建立在低估自我的基础上,是一种不健康的心态,也是人生奋斗之大忌。而"差距意识"是建立在自信的基础上,是一种在准确评价自己基础上的自我信任,是一种激励自己奋发进取的良好心理素质,也是人生奋斗的基石与追求成功的动力。尤其是对年轻的同志来说,要想有所作为,在人生的道路上就应该有理想、有抱负、有目标。一旦在工作中取得了成绩,在事业上获得了进步或成功,千万要注意不能孤芳自赏,不能得意忘形、自以为是和盲目乐观,否则,这将是一个人停滞不前和落后的开始。现实中应该说这种情况还是不少的。

"差距意识"也可以理解为"谦虚意识"。为了防止和减少这种情况的发生,始终保持"差距意识"就会获取无穷的动力,就会保持不衰的"谦虚使人进步的势头"。

七、团队精神的培养

北华大学科技创新实践基地是一个凝聚力强、积极向上的团队,多少年的文化传承造就了这样一个充满活力的平台,在这里,有着一支团结向上的师生队伍。由于学生的广泛参与,推进了教师的科研进程,极大地激发了教师参与科研助理指导的积极性,提高了教师团队的科研水平,在运行过程中营造了学生协助教师做科研、教师指导学生完成课题,从实战中使师生共同提高。

无论在学习、工作或生活中,我们都要发扬团队精神,提高团队的工作效率。为此,北华大学科技创新实践基地以团队和组别的形式进行项目的研发,培养在工作中分工合作,互相配合,积极高效的学习和工作作风。另外,基地内部还组织丰富多彩的课外活动,如体育类的篮球比赛,春游等野外活动,以及各种文艺活动,丰富了学生的学习生活,重要的是从中真正体会到了团队的力量,合作的意义,如图3-4和图3-5所示。

图3-4 气球大比拼

图3-5 拔河比赛

北华大学科技创新实践基地的发展、建设及成就,是与基地所有的教师息息相关的。北华大学科技创新实践基地,具有强大的教学队伍,有对实践指导的专业老师,也有对理论教学的骨干力量。在这教师与学生融为一体,他们同为北华大学科技创新实践基地的一分子,拥有同样的目标:提高每个人的创新实践能力,加强团队合作的精神,为大学生科技创新实践基地做贡献。

挑战了一个个高难度的项目,接受了一次次竞赛的洗礼,经历一幕幕欢乐与辛酸,最终北华大学科技创新基地逐渐地走向了成熟。通过各种形式的培养与锻炼,它积淀了作为一个团队最有价值的财富,即团队合作精神。

"国家兴亡,我有责"。每当国家有喜有难时,北华大学科技创新实践基地这个团队就会组织一些有纪念意义的活动,共同为祖国呐喊,为祖国祈祷。

下面是在基地举行"5·12"哀悼会上,张其久老师发表的演讲,牵动每一个师生的心。

人就这么一辈子

日出总有日落,花开总会花谢,太阳也有终点,我们都会告别,但我要告诉你们,我爱你们,爱生命,爱这个世界,我会选择坚强,只要我还有选择!

我不知道究竟有没有灵魂,因为没有真实地体验过,但我知道,我需要阳光、需要空气、需要水、需要关爱,我知道我们的体内都流淌着温暖的血液,我们活着,我们有明天、有希望,我们还有很多的选择。

我们有意识、有心灵、有智慧,我们必须做出选择。我从来不反对人们自主地选择结束生命,但我希望那是一种淡定而从容的抉择,而不是一种逃避和草率的冲动。看《读者》曾登载过中国台湾有一位医学教授,癌症晚期,作为医生他非常明白自己的病情,他觉得给自己用药不过是延长一段垂死的生命而已,不如把有限的资源留给更需要的人们,所以他选择了停止治疗,从容地离开。这是把爱留给世界,他的离开是为了蓬勃的生命更好的活。

我们没有理由不快乐,因为生命就是一场庆祝,多少个世纪,自然才孕育出生命,多少个偶然,我们才降临在这个世界,我们必须成长,我们必须开花,因为宇宙有阳光,因为我们是父母生命的延续,因为在这个地球上,我们曾经来过。

我们必须坚强,因为世界上总有困难坎坷,总有雨雪冰霜。我们坚强,是因为我们有力量,是因为我们的心在跳,是因为我们在传递前辈的火炬,是因为我们勇敢担当。英雄儿女,互相鼓励,相互温暖,尽管未来总有太多的不确定,但我们携手并肩,选择坚强。

我们必须努力,我们必须加油,因为我们在路上。祖先的血泪,未来的希望,我们要付出我们所有的力量来传递生命,看不到起点,终点也在远方,但我们手持火炬,我们就要让她燃烧,不管狂风海啸,任他巨浪滔天,我们手拉手,用勇气捍卫生命的尊严,兄弟姐妹倒下了,我们擦干泪,我们昂起头,只要有我们,未来就有希望!

悼念四川大地震中离去的所有生命,悼念我的学生,悼念我战友的亲人!

写于2008年5月19日中华人民共和国为四川地震离去同胞的哀悼日!

创新基地是教师和学生共同组成的家,他们的情感超越师生,胜于兄弟。欢乐的相聚,不舍的别离。张其久老师为2010年毕业的北华机械科研助理赠别,作《创新基地——我们永远的家》。

第四章 科技创新实践能力培养模式
——科研助理培养模式

第一节 科研助理培养体系

一、科研助理模式的综合素质培养体系及内涵

科研助理模式的综合素质培养体系共包含申报、学习、发挥三个阶段。在申报阶段是帮助科研助理全面认识自我的时期;学习阶段是锻炼科研助理学习能力及团队交流合作意识的时期;发挥阶段则是培养科研助理独立完成项目全过程的能力。根据每个阶段特点配合以相应的培养模式,最终将科研助理培养成全面发展的科技型人才。具体流程如图4-1所示。

二、科研助理的培养过程

在科研助理进行培养的过程中主要分为三个阶段,分别是优秀本科生的招聘及培训、准科研助理的选拔及其试用期的学习以及对正式科研助理的培养。创新基地经过层层选拔培训,选出有能力在基地发展的科研助理,并保证每个科研助理在职期间都有机会参与完成几个科研项目研发的全过程,提高科研助理做项目的能力,使他们在毕业之后即具备独立完成项目的能力。并且创新基地管理部门还会及时调查反馈市场人才需求及专业发展动态,这样就可以有针对性地调整培养方向及培养机制,以培养出社会需求的全面发展型人才。具体培养流程如图4-2所示。

三、研究项目的征集及实施流程

(一)项目的征集

为了使科研助理能够朝正确的方向发展,更快更早地适应社会,并带动基地以外的同学积极参加创新项目,创新基地设计制定了项目征集及招标条例。其主要内容是同学到社会上去与公司或工厂进行交流以寻找项目,帮助外界免费解决他们需要解决的机械方面的问题。这样不仅提高了大学生与外界沟通的能力,得到了做项目的机会,同时能够了解到现在社会上需要什么样的人才,朝着社会需要的方向不断地进步,为未来打下坚实的基础。

第四章 科技创新实践能力培养模式——科研助理培养模式

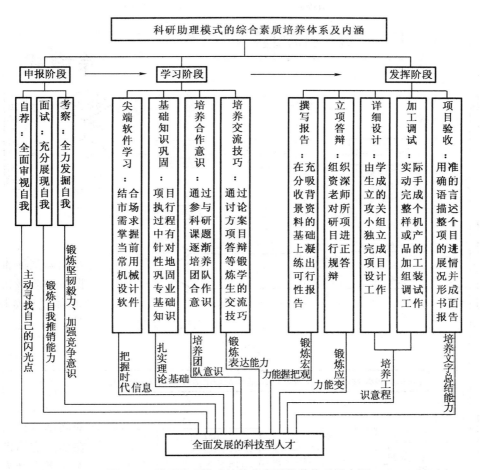

图 4-1 科研助理模式的综合素质培养体系及内涵

(二)项目的实施流程

创新基地对科研助理主要的培养方式是以做项目为主,自科研助理进入创新基地开始,基地就开始培训他们做项目的能力,由浅入深,循序渐进,使科研助理在跟项目、做项目的流程中不断地了解做项目的具体流程,到毕业时都具备独立完成项目的能力。具体的项目实施流程如图 4-3 所示。

四、科研助理的动态考核、淘汰及退出机制

(一)动态考核

通过培训考核的学生,我们将定位创新基地后备人才。按照考核结果,选择需要人数

基于科研助理培养模式的大学生科技创新实践导引

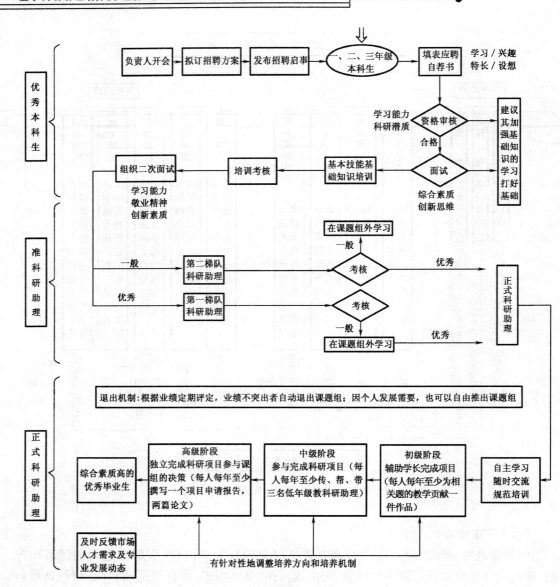

图 4-2 科研助理的培养过程

（即招收人数）作为第一梯队人员，直接进入创新实践基地工作，为准科研助理；其余人作为第二梯队人员。他们将同步进入考核试用期。期限为两个月，主要任务是自主学习、跟随学长完成部分科研任务或创新竞赛任务。当试用期结束时，由指导教师和小组成员共同决定第一梯队的人选的去留，如果合格转为正式科研助理，如果不合格将转入第二梯队；若第二梯队人选表现突出，可直接转为科研助理。

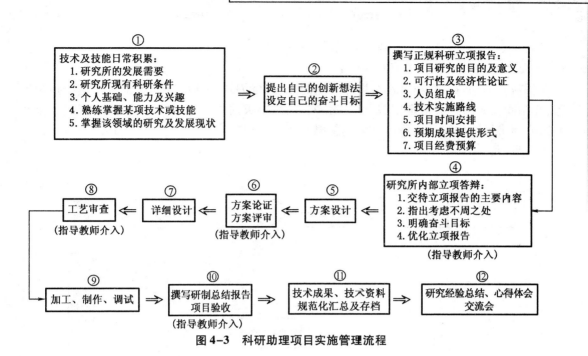

图 4-3 科研助理项目实施管理流程

(二) 淘汰制度

经过多轮培训考核成为科研助理后还要面对动态考核制度,该动态考核制度主要是考察科研助理平时在基地的表现,主要是做项目的情况、软件学习情况、网络利用情况、卫生值日情况、团队协作能力等。通过科研助理自己的表述加上老科研助理及老师的认定来决定该科研助理是否适合基地的培养模式,从而更全面、更准确、更公平的对每位科研助理进行业绩考核,优胜劣汰,给予业绩考核优秀者更大的发展空间,对于考核不合格者让其自动退出基地,这样可以更好地集成和优化科研队伍,使科研基地的建设朝着良性的道路发展。

通过这种方式,虽然只招收了有限名额的科研助理,但是直接影响了一批人。另外,将科研助理分层次、分阶段、分梯队进行培养的模式,使得学生能够切身感受到竞争的氛围,强化了学生充分利用业余时间努力学习、勇于实践的热情和紧迫感。

(三) 中途退出/介入

如果行为不端,多次违反公约或长期没有进展的成员可经领导小组商议给予观察、警告或开除处分;因特殊情况无法继续工作的成员可申请退出,一定要有退出申请并经批准方可退出,若无缘无故地离开或消极执行任务,会经学院给予相应的处分。当业务繁忙、项目很多的情况下,除每年指定的招生时间外可中途招聘相应的人员,与正常招生一样进行面试、考核等,也可有在职科研助理引荐身边优秀的人员。若弄虚作假,一经核查属实,被引荐人和引荐人一并处分。

第二节 本科生的招聘

创新基地的每一届招聘都会遵循一定的流程,自创新基地成立起就拟定了整个招聘流程,在招聘伊始时都会拟定招聘方案,对一、二、三年级的本科生进行招聘,通过资格审核及面试成绩来挑选出综合素质高并且创新思维活跃的在校本科生进行培训,具体招聘流程如图4-4所示。

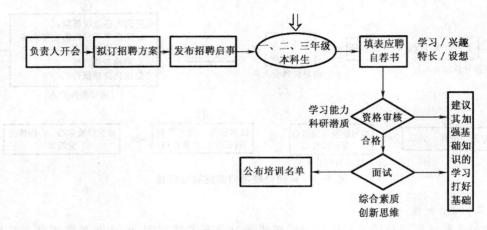

图4-4 招聘流程图

一、拟订招聘方案

在创新基地招聘新一批科研助理之际,为了招聘工作能够有条不紊地进行,将由创新基地各研究室负责人组成临时工作小组,召开负责人会议,由工作小组讨论研究拟订新一批科研助理招聘方案。拟订的招聘方案如图4-5所示。

二、发布招聘启事

按照统一制作的招聘流程,工作小组将在创新基地网站上发布招聘信息,并通知各个班级科技创新委员传达科研助理招聘信息。同时在学校校园内张贴版上张贴科研助理招聘启事。招聘启事必须说明招聘的方向、人数、要求、自荐表收取人以及收取自荐的截止日期,具体的招聘如图4-6所示。

三、提交报名表

学生看见科研助理招聘启事后,如果有意向报名应该做以下几个方面的工作:

> **北华大学机电集成技术科技创新实践基地**
> ——2007 年新科研助理招聘方案
>
> 　　根据北华大学机电集成技术科技创新基地的发展和建设需要,继续推行大学生"科研助理"的培养模式,经研究决定,以北华大学科技创新实践基地为依托、面向北校区招聘 2007 届新科研助理,结合科技创新实践基地的现有资源,本次招聘主要分为以下四个大方向:
> 　　·机械设计方向;
> 　　·智能控制方向;
> 　　·数控、模具方向;
> 　　·工业工程(项目管理、策划、科技创新实践基地对外信息发布)、工业设计(产品设计、包装方向)。
> 　　以上方向为本次招聘的主要参考方向,新科研助理正式进入实验室可以根据个人兴趣和特长选择小方向。
> 　　◆招聘流程:
> 　　(1)招聘信息宣传。科技创新实践基地组织并制作本次招聘的宣传材料,负责本次招聘信息的宣传,3月25日(星期天)前宣传板制作完毕。
> 　　(2)动员大会,组织一次院的宣传活动,介绍大学生创新与素质实施过程及本次招聘方的相关信息宣传(PPT 文件)。定于3月27日(星期二)晚6点在三教报告厅举行。
> 　　(3)根据应聘人的选择方向,将至相应方向负责人处,统计名单并核实应聘人自荐信息,3月30日(星期五)晚截止。
> 　　(4)3月30日(星期五)晚通知符合面试条件的同学,4月1日之前面试结束,面试地点各组自定。
> 　　(5)统计面试结果,各组根据面试情况决定参加培训新科研助理名单,截至4月5日。
> 　　(6)各个招聘方向负责新科研助理的培训工作,培训内容按照以上方向分期分组进行,培训时间各组自定。
> 　　(7)确定最终新科研助理名单。各个方向的新科研助理名单(第一梯队和第二梯队)由各方向负责人及组长确定,同时将名单上报科技创新实践基地总负责人处,截至 2007 年 6 月 30 日。
>
> 　　　　　　　　　　　　　　　　　　　　　　　北华大学大学生机电集成技术科技创新实践基地
> 　　　　　　　　　　　　　　　　　　　　　　　　　　　　　　　　　　　　2007-3-21

图 4-5　机电集成技术研究室招聘方案

　　登陆创新基地网站(www.bhcxjd.com.cn),阅读招聘的具体事项;进入创新基地招聘页面,如实填写网上招聘自荐书;下载自荐表填写或者直接打印(如图 4-7 所示),并于规定的日期上交创新基地招聘人员;最后准备面试材料。

四、审核自荐书

　　在截止收取科研助理自荐书后,创新基地工作小组将对其进行审核,根据科研助理相关招聘条例选拔出一批优秀的本科生进行初次面试,对于没有进入面试环节给予意见与指导,并记录在案,以便日后查询。对审查合格的同学,创新基地将于学院教科办、学生处协商调出该批学生的档案以及学生成绩信息,所需学生成绩信息如图 4-8 所示。

2010年夏季北华大学生创新实践基地·科研助理招聘启事

招聘简介：北华大学机电集成技术科技创新实践基地是吉林省首批以示范性大学生科技创新实践基地，以引导大学生参与实际工程科研项目、实验室设备改造、科技创新竞赛为手段，全方位培养大学生创新精神、协作精神，培养动手实践、组织管理等方面的综合能力。创新实践基地按照规范化的流程招收、培养本科生科研助理，同时按照规范化的培训流程开展多层次公开公平性技术培训与学术讲座，发挥基地的辐射作用，引导大学生参与科技创新实践活动。创新基地现有14个研究室，面积共736平方米，专兼职教师28名。科研助理将参与基地的简基地后，将参加的主要活动有以下几个方面：

1. 利用业余时间自主学习基本设计软件（在学生的指导和帮助下）；
2. 参与定期召开的小组内学术活动（由学生自主组织软件学习经验交流、项目进展、汇报总结、创新实践基地任务分配、项目审查等活动）；
3. 独立完成学生或指导教师指定的预研任务；
4. 参与或参与课题组工程开发或科研任务；
5. 独立参与科技创新大赛、电子设计大赛、机械创新设计大赛等专项赛事；
6. 参与科技创新大赛、加挑战杯、电子设计大赛、主要锻炼项目包括规划、项目总结、项目升华（指撰写论文、申报专利、撰写研制报告的综合能力）；
7. 担任某个项目的总体策划及监指导人员，电气学院对计算机学院面向计算机学院所有大一、大二和大三在校生进行，下面此次参与招研助理分室的简

招聘方向：2010年夏季招聘面向北校区机械工程学院、电气学院对计算机学院所有大一、大二和大三在校生进行，下面此次参与招研助理分室的简介及报聘要求：

招聘方向	方向介绍	招聘要求	信息咨询
CAD/CAM/CAE研究室	利用先进的机械设计计算机专业软件，对新产品（机器人等）的方案设计，结构分析，加工工艺等过程进行可预测性参数优化建模，系统动力学仿真及优化分析，校核等一系列研发工作。应用软件包括AutoCAD，CAXA，UG，Pro/E，CATIA，SolidWorks，ADAMS，ANASY等	1. 学习成绩良好 2. 对机械有浓厚的兴趣（工程制图基础较好，熟习AutoCAD） 3. 有较强的三维空间想象能力，对三维建模想有一定认识 4. 有较强的自学和动手能力	指导教师：李建永，姜生元 负责学生：王国伟 联系电话：66674115 地 点：1210
光电技术与机械CAE研究室	在熟练掌握AutoCAD，UG等CAD软件的基础上，学会利用Ansys等有限元软件对机械系统进行结构分析和温度场分析。在光电技术方面应熟练掌握微机原理，并会利用Protel DXP（99SE），Keil等开发工具设计计算机电控制模块	1. 有较强的识图、绘图能力 2. 学习成绩良好，有较扎实的工程制图基础知识 3. 对CAD软件有浓厚的兴趣，有一定的平面软件基础 4. 具备自学能力和团队精神，熟悉office应用软件	指导教师：甘新基，耿欣先 负责学生：宋艳峰 联系电话：13180621908 地 点：3503
流体传动与控制研究室	利用先进的三维CAD软件（UG，CATIA，Pro/E）完成三维模型的创建，熟练利用adams/Recur dyn软件进行动力学仿真分析，利用Fluent等软件进行流体流场数值计算和分析	1. 学习成绩良好 2. 强烈的团队协作意识 3. 熟悉常用的三维CAD软件，UG，Pro/E其中一种即可 4. 对新型软件的接受能力强，善于钻研	指导教师：梅亚旭，王开宝 负责学生：张晋魁 联系电话：15843215275 地 点：3803

第四章 科技创新实践能力培养模式——科研助理培养模式

招聘方向	方向介绍	招聘要求	信息咨询
现代设计研究室	利用先进的机械设计相关软件（AutoCAD、UG、Pro/E、ADAMS）完成机械系统的方案、结构设计，并对其进行三维数字化建模及系统动力学仿真、分析、校核等一系列的项目研发工作	1. 学习成绩良好，熟练使用office办公软件 2. 对机械设计具有浓厚的兴趣和一定的创新思想 3. 有较强的三维空间想象能力，对三维建模思想有一定认识 4. 有较强的自学和动手能力	指导教师：孙丽霞、张占国 负责学生：邱向阳 联系电话：13614320231 地 点：工训中心405
模具设计与制造研究室	研究室研究方向：冲压模具设计与制造、塑料模具的设计与制造、金属压力加工及有限元模拟、塑料成型工艺及有限元模拟	1. 熟悉AutoCAD的应用，熟练使用office办公软件 2. 熟悉三维建模软件UG，能实现三维建模及简单动画制作 3. 对有限元分析感兴趣 4. 要求学生有上进心，具备较强的独立思考能力，成绩良好	指导教师：贾建波、崔永存 负责学生：崔阳 联系电话：15948656752 地 点：1501
工业设计	应用相关软件对机械设计产品进行外观包装、形象设计，能利用专业软件对机械运动做仿真动画	具有较强的自学能力和创新意识，熟悉Photoshop、3DMAX、Flash等图形、图象处理软件，具有初步的设计研究、产品开发及管理能力	指导教师：国帅 负责学生：王飞 联系电话：15043269062 地 点：工训中心404

应聘须知：1. 应聘人应打印并填写《北华大学机电集成技术科技创新实践基地科研助理自荐表》，并于2010年5月19日晚上8：00前，将填写的自荐表交到1210室薛伟伟同学处；
2. 自荐表下载地址：www.bhcxjd.com.cn，如无法下载，可直接到1210室找薛伟伟同学；
3. 参加过以往科研助理培训人员优先考虑，招聘面向所有大一、大二、大三同学进行，如有不明事宜，可与相关研究老师、学生负责人联系，或直接到各研究室咨询；
4. 招聘日期：2010年5月12日～5月19日；

备注：此次招聘计划根据各研究发展需求制定，请各位应聘者认真阅读招聘启事，并根据兴趣爱好专业发展方向综合填写《自荐表》，自荐表中的自荐组别只能一个方向！部分研究室根据自身的特点这学期不招聘科研助理，招聘时间另行通知！

北华大学机电集成科技创新实践基地
2010.5.11

图4-6 科研助理招聘启事

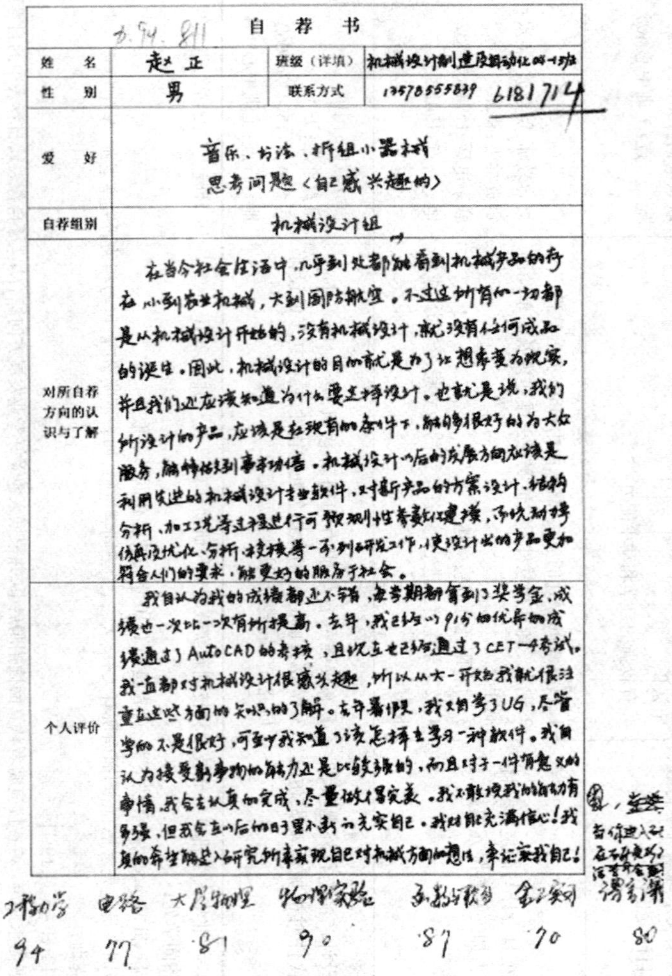

自荐书			
姓名	赵正	班级（详填）	机械设计制造及其自动化08-1班
性别	男	联系方式	13578555839 6181714
爱好	音乐、书法、拆组小器械 思考问题（自己感兴趣的）		
自荐组别	机械设计组		
对所自荐方向的认识与了解	在当今社会生活中，几乎到处都能看到机械产品的存在，小到农业机械，大到国防航空。不过这所有的一切都是从机械设计开始的，没有机械设计，就没有任何成品的诞生。因此，机械设计的目的就是为了让想象变为现实，并且我们还应该知道为什么要选择设计。也就是说，我们所设计的产品，应该是在现有的条件下，能够很好的为大众服务，能够起到事半功倍。机械设计以后的发展方向应该是利用先进的机械设计专业软件，对新产品的方案设计、结构分析、加工工艺等过程进行可预测性参数化建模，系统动力学仿真及优化、分析、校核等一系列研发工作，使设计出的产品更加符合人们的要求，能更好的服务于社会。		
个人评价	我自认为我的成绩都还不错，每学期都拿到了奖学金，成绩也一次比一次有所提高。去年，我已经以91分的优异的成绩通过了AutoCAD的考核，且现在也已经通过了CET-4考试。我一直都对机械设计很感兴趣，所以从大一开始我就很注重这些方面的知识的了解。去年暑假，我自学了UG，尽管学的不是很好，可至少我知道了该怎样去学习一种软件。我自认为接受新事物的能力还是比较强的，而且对于一件有意义的事情，我会去认真的完成，尽量做得完美。我不敢说我的能力有多强，但我会在以后的日子里不断的充实自己。我对自己充满信心！我真的希望能进入研究所来实现自己对机械方面的想法，来证实我自己！		

工程力学	电路	大学物理	物理实验	[illegible]	金工实习	[illegible]
94	77	81	90	87	70	80

图 4–7　科研助理自荐表

审查完毕后，创新基地将在基地网站上公布面试时间以及面试名单，供学生查询。同时，创新基地也会组织人员通过飞信或者打电话的方式通知需要参加面试的人员。

五、组织初次面试

创新基地按照面试的时间安排，组织各个分室进行集中面试。招聘小组将根据需要，邀请不同专业方向的老师并根据学生自荐书上填写的方向进行分组，每个方向成立面试小组进行面试。面试小组由专业方向指导教师、该方向高级科研助理、相关方向高级科研助理、该方向中级科研助理以及信息传达员组成,以上提及组成人员一类至少有一人出席。否则招聘无效。

北华大学学生学业成绩表

系所: 机械工程系		专业名: 机械制造及其自动化				学制:	4年	学历:	本	
姓名	薛伟伟	出生年月	19890408	性别	男	籍贯	江苏	民族	汉族	
学号	20072001013ϵ	入学日期	2007年09月01日	毕结业			毕业日期	2011年07月01日		
课程名	学分	成绩	属性	学期	课程名	学分	成绩	属性	学期
计算机程序设计(C语言)	2.5	94	必修	2007-2008-2	大学计算机基础	3	88	必修	2007-2008-1
入学教育与军事理论	1	中	必修	2007-2008-1	大学体验英语一册	3.5	72.70	必修	2007-2008-1
大学应用语文	2	良	必修	2007-2008-2	工程图学	2.5	81	必修	2007-2008-1
中国近现代史纲要	2	62	必修	2007-2008-1	高等数学	4.5	100	必修	2007-2008-1
基础制造技术	3	及格	必修	2007-2008-2	证券投资	2	及格	任选	2007-2008-2
大学物理	3	87	必修	2007-2008-2	工程图学	4	优	必修	2007-2008-2
思想道德修养与法律基础	3	良	必修	2007-2008-2	公共体育课	2	75	必修	2007-2008-2
大学物理实验	0.5	良	必修	2007-2008-2	线性代数	2	93	必修	2007-2008-2
劳动	1	良	必修	2007-2008-2	高等数学	3.5	92	必修	2007-2008-2
多媒体制作技术	2	中	任选	2007-2008-2	大学体验英语二	3.5	75	必修	2007-2008-2
科技创新方法	2	良	任选		大学物理	2	85	必修	2008-2009-1
理论力学	4	92	必修	2008-2009-1	公共体育课	1	75	必修	2008-2009-1
制图测绘	2	优	必修	2008-2009-1	复变函数与积分变换	2	94	必修	2008-2009-1
大学体验英语三	3.5	76	必修	2008-2009-1	电工技术	2.5	94	必修	2008-2009-1
电工工艺	1	良	必修	2008-2009-1	CAD/CAM软件实习	1	中	必修	2008-2009-1
社交礼仪	2	良	任选	2008-2009-1	三维实体造型设计基础B	2	优	限选	2008-2009-1
大学物理实验	0.5	良	必修	2008-2009-2	工程材料	1.5		必修	2008-2009-2
机械原理	3.5		必修	2008-2009-2	材料力学	3.5		必修	2008-2009-2
公共体育课	1		必修	2008-2009-2	机械原理课程设计	1		必修	2008-2009-2
概率论与数理统计	2.5		必修	2008-2009-2	马克思主义基本原理	3		必修	2008-2009-2
虚拟样机技术基础	2	中	限选	2008-2009-2	大学体验英语四	3.5		必修	2008-2009-2

已获总学分数	78.00	平均学分绩点	2.34	获得学位:	————	教务处长签字:	
第二学位专业	————————————————			获得学位:	————		
统考记载		应取学分		备注:		制表人: 张爽	制表日期: 2009-06-29

第 1 页/共 1 页

图 4-8 科研助理学习成绩表

招聘过程中,根据被面试人员的自述,以及回答招聘人员的问题,对该面试者几个方面的素质做出客观的评价,并记录在案。招聘结束后,根据招聘小组每位成员的意见合成出总体的面试成绩。按照招聘人数扩大比例,决定出参加培训的人员。

六、公布培训名单

面试结束后,招聘小组将对各个面试小组上交的面试信息进行核实,并进行讨论审核。审核通过后,将在创新基地网站上公布通过面试有资格参加培训的人员名单,供面试者查询。同时招聘小组会指派专门的人员通知参加培训的人员做好培训准备。

在面试名单公布后,招聘小组还会将培训的时间,培训人以及授课的相关内容上传到创新基地的网站上,以便于查询。

第三节 优秀本科生的培训

为了使优秀本科生能够以更快的速度适应创新基地的生活并得到最好的发展,在他们刚进入创新基地时将对他们进行一段时间的培训,培训人员主要由在职的老科研助理担任,通过培训不仅能够帮助新科研助理更快地适应基地生活,了解掌握他们的创新思考能力,还能够锻炼老科研助理的语言表达能力、团队意识等。

一、优秀本科生培训的目的及意义

培训应该是引发思考,增强动力的过程。
培训应该是统一思想,减少内耗的过程。
培训应该是开阔视野,激荡思维的过程。
培训应该是节省时间,加速成长的过程。
培训应该是传授方法,减少摸索的过程。

实际上,如何明确职责,如何很好地履行自身的职责,对任何人而言,都存在一个学习与培训的过程,需要通过实践,不断总结与提高,才能真正实现组织的执行力提升。一般情况下,我们把不同组别的培训看作是业务技能培训,这在某种程度上并不错,因为我们可以把所有为完成业务工作的任何技能都归结为业务技能。事实上,对于很多组别的人员而言,其能力应包括这样几个方面:接受与理解任务的能力、独立完成业务工作的能力、团队合作的能力、总结与提高的能力、领导与组织团队工作的能力。

开展内部培训工作,不妨从以上几个能力方面去分析一下,看看我们的人员,到底缺少哪一方面的能力,再针对具体问题,实施相应的培训,同时,对于新进人员,也要对他们各方面进行培训。

（一）接受与理解任务的能力

这种能力可以通过日常安排工作加以测试与训练。最初采用复述的方式，随着时间的推移，形成组委会与新进优秀本科生之间的共识，使新进优秀本科生能习惯组委会的表达方式，从而帮助新进优秀本科生能够快速正确理解组委会所下达的任务。组委会也要注意布置任务的表达方式，尽可能简洁明确，如果感觉自己表述不清，应重复说明，直到新进优秀本科生理解为止。

（二）独立完成业务工作的能力

对于既定的工作任务，多数人员都具有独立完成的能力。尤其是先进入创新基地的老科研助理，更应如此，如果新进优秀本科生还不具有这样的能力，组委会就有责任加强这方面的培训。一方面，要鼓励新进优秀本科生通过自学提升工作能力；另一方面，要指派一名熟练人员引领其学习，帮助其在实际工作中遇到具体问题时，加以解答。

（三）团队合作的能力

尽管我们说管理人员的工作是各司其职，但管理工作只通过自己是很难实现其管理目的的。只有通过与其他人员、其他负责人的交流沟通合作，才能实现其最终管理目标。而更多研究室的科研助理所做的工作，是需要团体协作的。在各个研究室的工作组制度，只有在各研究室负责人、工作组成员等的共同合作，才能起到安全互保的作用。学习团队合作，需要引导，并反复通过每次团队合作的实例分析，找出每个人在合作中存的问题，及时地加以改进。这个过程并不需要通过所谓的拓展训练，只是组委会应注意在本科生成长的过程中，细心观察其行为，耐心指导，直到其成长起来为止。

（四）总结与提高的能力

新进优秀本科生的最初成长需要有人不断地指导，直到当新进优秀本科生具有了自我总结与提高的能力时，才能实现新进优秀本科生的自我提升。因此通过前面的训练过程，组委会就应引导其自我总结，通过发现自己存在的问题，找出根源，提出解决措施，从而实现其自我能力的提升。到这个时候，组委会就完成新进优秀本科生培养的基本过程。

（五）领导与组织团队的工作能力

作为组委会，还需做最后一项培训工作，从新进优秀本科生中发现并培养接班人。当自己出差或外出有事时，能放心地将本组的工作交付给新进优秀本科生；当自己获得机会时，能及时找到接手的人。领导与组织团队的能力，需要通过实际工作任务完成的过程中去发现与培养。作为这类人员，必须具备前面几项能力，然后再通过不断的项目实施过程，由组委会加以引导，慢慢形成其团队指挥能力，培养其在新科研助理中的权威。

明确责任，是保证执行力到位的前提。组织者须通过明确的方式落实组织各级成员的职责,并赋予相应的权力,以保证其职责的履行。作为组织成员,应清楚地了解自身职责的内涵,而不仅仅是表象上的工作任务。通过对自身职责的分析与理解,学习与掌握实施自身职责的方式、方法,明确其中领导、督查、布置、落实、实施、分析等不同内容的区别。

在组织的总体上,也存在相应的问题,过多的将组织的注意力集中于具体的形式化的物象,而忽视了组织成员成长的培训。不能从长远的观点看到组织培训带来的对组织执行力的影响,只是想当然地认为明确责任,认真负责是理所当然的事。实际上,如何明确职责,如何很好地履行自身的职责,对任何人而言,都存在一个学习与培训的过程,需要通过实践,不断总结与提高,才能真正实现组织的执行力提升。

创新基地规模越来越大,科研助理人数越来越多,被辐射的同学也越来越多。创新基地是学生自主创新的平台,学生是创新基地发展的主力军。创新基地之所以能在短时间内迅速的发展,不仅仅是因为有着良好的管理制度,更重要的是科研助理的科研能力逐步在提高,科研助理的综合素质逐步在提高。历届以来,科研助理总是站在老科研助理的肩膀上开始新的学习、工作和生活,新科研助理从老科研助理身上学习专业知识,学习做事方法,然后在此基础上去探索新的知识。老科研助理尽力通过学术讲座、项目实施及生活交流去指导师弟、师妹,为了在自己离开创新基地之后,师弟、师妹能够完全成长起来,并且超越自己,于是潜移默化的便形成了"传承"。老科研助理也都在不同层面上对新科研助理进行培训。

二、优秀本科生培训的内容及方法

创新基地内部老科研助理采用授课方式对优秀本科生进行软件方面的培训,实际上为老科研助理进行相关软件的讲解作为优秀本科生入门讲解,优秀本科生课后练习,老科研助理负责答疑。

(一)表达能力培训

语言表达能力的提高非一朝一夕之功,它靠的是长年累月的积累和坚韧不拔的训练。要想培养杰出的语言表达能力及专业的术语能力,就必须在平时的工作、学习、生活中多听、多学、多练,特别是要有意识地写,只有反复进行写作训练,才有可能培养出出众的语言文字表达能力。

这里,我们仅谈谈语言表达与思维过程的紧密关系。

语言表达,就是按照一定的思路将所考虑的内容用文字符号固定下来。在这一过程中,一方面思维内容要寻求一定的形式与之相适应,另一方面表达形式又要求思维内容能够符合其规范。语言表达这种"形式"与思维过程这种"内容"的辩证关系如下:

1. 思维内容在付诸语言文字的过程中进一步深化

思维在人的头脑中具有快速、简洁的特点,它的作用主要在于达到自我理解;而语言文字的表述则要求准确、清楚,能够为他人所理解。所以思维内容在付诸语言文字形式的时候,语言对思维起着检验、过滤的作用。思维在语言的作用下,原先模糊的要变得清晰,原先杂乱的要变得有条理。思维根据语言文字表述的实际效果,内容单薄的再进一步充实,理解肤浅的再进一步加深,局部不合理的再进一步修正,形象不鲜明的再进一步突出其特征等。因此,思维的文字表述过程,是思维反复深化、思维内容进一步充实、思维过程进一步严密、思维质量进一步提高的过程。

2. 文章形式反作用于思维过程,使思维内容的表达能够符合文章形式的要求

文章的内容决定文章的形式,但文章形式又对文章内容起着制约的作用。在思维内容付诸语言文字的时候,思维内容总要寻求一种适当的形式来表达,而当这种形式一旦确定之后,这一形式便又反作用于思维,要求思维内容能够符合其形式的要求。例如,诗歌、散文、戏剧、小说等不同的体裁形式,即对思维有着不同的要求。一旦选定诗歌这一形式,思维的内容就必然受到诗歌语言、结构、节奏、韵律等方面的制约。在这一阶段,思维只有在文章形式的作用下对思维内容进行反复的改造,才能达到文章内容与文章形式的有机统一。

(二) 个性化培训

在课堂教学、课外实践、导师培养等环节中,通过合理设计教学环节的流程及评价机制,引入互动性鲜明的教学活动。在"学生-教师""学生-学生"之间形成师生之间、不同届学生之间相互促动的"利益共同体",在互动的学习、工作过程中达到教学相长、共同进步的目的;将学生分成不同方向进行培训,学习的方向完全取决于个人的兴趣和教师的个性化指导。

(三) 技能培训

1. 培训人员的自身素质

随着"以人为本"的培训理念为越来越多的管理者所接受,人力资源开发力度大大加强,对培训者的要求也越来越高。管理趋势的这种变化要求管理者必须充分调动培训者的积极性、开发被培训人员的潜能,培训机构必须找到一种比传统培训方式更有效的学习模式。要真正实现"以人为本"的管理,最终为被培训者赢得竞争优势,需要的不仅是理论知识,更需要实际操作指导。根据经验,我们发现为了使基地的知识储备不断得到提高和发展,需要有连续性的研讨交流。然而,不是每个人都能成为培训人员。虽然许多训练技巧可以通过培训和实践获得,但研究和经验表明,有9种个人素质是有效的、成功的培训人员的特征。

(1)自我感知的能力。

虽然并不主张基地的培训人员要进行缜密的分析,但要成为一个合格的培训人员,很明显需要有一定程度的自我认识和自我接受的能力。我们的自我感知能力越强,选择余地和自由就越多。与其他任何从事"帮助"他人的工作一样,能够意识到激励我们自己的因素很重要。

(2)激励他人的能力。

基地培训人员不能使被培训者在他的生活中做不能做或不愿意做的事情。培训人员能够意识到被培训者的发展需要并激励他们认同自己的情感和价值观,为获得和实现他们的最高目标而努力。成功的基地培训人员能激发被培训者内在的动力而不是使用外在的压力。培训人员的信念是使被培训者发展自己的潜能。基地培训人员可以使被培训者克服任何妨碍达成其目标的障碍和限制。不是每个人生来都有激励他人的能力。一些人善于教育和支持他人渡过他们认为困难或痛苦的生活。成功的基地培训人员激励和鼓励那些犹豫不决和失败的人勇于承担风险和建立安全网络。失败是一种反馈,是成长的机会。不愿意冒失败危险的基地培训人员和被培训者会停滞不前。

(3)建立关系的能力。

基地培训人员看起来应当是可接近的、友好的、值得信任的。他们把培训看作很重要的事。培训人员必须是乐于助人的、有办法的、并且能充分地表达自己的想法。他们必须全神贯注于他们的任务并不计较得失。培训的成功很大程度上取决于基地培训人员和被培训者之间的关系。

(4)变通的能力。

与有固定的课程安排的培训人员不同,培训的日程表是灵活的。培训人员与被培训者一起,确定优先考虑的事情和目标,并制订行动计划以实现行为的改变。然而,这一日程安排并不是固定不变的,出色的基地培训人员能够调整日程并且进行"课外"培训以适应个人的不同需要,是对被培训者重要的事情(而不是对培训人员重要的事)决定着日程安排。

(5)沟通的能力。

许多人在与合作者、同事和客户产生交流困难时常采用培训这种方式。还有一些人需要私人培训人员帮助他们度过不同的过渡期,包括亲人关系或伙伴关系的困难期。培训人员应该拥有广泛的人际交往和沟通的技能,并对他人的担忧表示出敏感和耐心。培训人员要能够对被培训者移情,表现出对他的世界观、价值观、恐惧和梦想的赞同和理解。培训人员要能够聆听,提出能激发热情的适当的问题,经常做出清晰的、直接的反馈。重要的是,培训人员必须愿意进行坦诚的交流,能够清楚地识别出不受欢迎的行为,而不要过于顾及被培训者的反抗情绪或担心使他们难堪或不喜欢。

(6)前瞻的能力。

培训意味着行动。自我剖析、洞察力和自我意识总是在行动中发生。如,我们如何达到某个目标或改变某种行为,被培训者会如何对待新观点,培训人员不能只是停滞在培训开始时的状态,或是陷入对情感、目标的关注或对失败的害怕中。如果被培训者最初是不成功的,好的培训人员能够让他们在保持活力的同时去寻找导致他们受阻和无效率的原因。培训人员相信人们有足够的智慧、创造力和动力发展以取得成功,但是他们需要帮助来达到目的。

(7)控制的能力。

改变有时是痛苦的。不管最终的结果和益处如何,被培训者经常抵制改变,害怕他们在这一过程中会失去一些东西。培训是与发展、成长和变化相关的,培训人员显示出的献身精神和毅力,以及关注于目标和行动计划的控制力,将最终带来其所期望的持久的行为变化。

(8)把握职业界限的能力。

培训不是对所有人都有效的灵丹妙药,不是所有人都适合被训练。选择被培训对象和建立培训人员和被培训者之间的"良好配合关系"十分重要。一些人也许不适合学习和改变,所以培训人员对他们也许不是最有效的方式。培训不可能对所有的人都是好东西,没有任何一个培训人员无所不知或可以帮助所有人。好的培训人员通常能够意识到他们的能力和局限。

(9)诊断问题并找出解决方法的能力。

培训人员应该收集被培训者的有关资料,以便决定他们的特定需求。虽然评估和会谈的技巧可以通过学习获得,但一个成功的培训人员会拥有一些特定的素质,这些素质使他们能够更有创造性地利用这些信息,诊断被培训者的问题所在,或提出令人振奋的解决办法。这些素质:真正了解所询问的问题;意识到什么是"错误"以及应该做什么;将理论运用于实际环境的能力;创造性——能提供新的观点和新的视角;独特的和新奇的解决问题的能力。

2. 培训课件的制作原则

培训人员在制作培训 PPT 时要注意以下问题:

课件制作也应遵循教学性原则,课件制作内容要讲究科学性,同时要注意适当艺术性。多媒体课件应用的目的是优化课堂教学结构,提高课堂教学效率,既要有利于培训者的教,又有利于被培训者的学。科学性无疑是课件评价的重要指标之一,尤其是演示模拟实验,更符合科学性。课件中显示的文字、符号、公式、图表及概念、规律的表述式力求准确无误,语言配音也要准确。优质的课件应是内容与美形式的统一,展示的对象结构对称,色彩柔和，搭配合理，有审美性。

课件制作要做到以简化繁，制作的课件要具有可操作性。课件的展示的画面应符合被培训者的视觉心理。画面的布局要突出重点，同一画面对象不易多，避免或减少引起被培训者注意的无益信息干扰。注意动物与静物的色彩对比，前景与背景的色彩对比，线条的粗细，字符的大小，以保证被培训者都能充分感知对象。避免多余动作、减少文字显示数量（有可能，尽量用语言声音表达），过多的文字阅读不但容易使人疲劳，而且干扰被培训者的感知。

课件的操作要尽量简便、灵活、可靠，便于培训者和被培训者控制。在课件的操作界面上设置寓意明确的菜单、按钮和图标，最好支持鼠标，尽量避免复杂的键盘操作，避免层次太多的交互操作。

信息量要适度，讲究画龙点睛、适度运用。适度运用原则就是利用认知学习和教学设计理论，根据教学设计，适当运用多媒体教学课件，创设情境，使被培训者通过多个感觉器官来获取相关信息，提高教学信息传播效率，增强教学的积极性、生动性和创造性。把一定的时间和空间留给被培训者，让他们理解，让他们思考，让他们交流，让他们质疑（不要满堂板书变为满堂电灌）。

多种方式、工具有机结合，同时课件要具有一定的开放性。"寸有所长，尺有所短"。教学媒体的采用也要根据教学内容及教学目标来选择，不同教学媒体有机结合，优势互补，才能收到事半功倍的教学效果。例如：数学的方程求解、物理的公式推导等，用多媒体课件教学就不一定比培训者与被培训者一起边推导边板书效果好；电脑实验教学用多媒体课件有时就比实际演示更直观更有说服力；理论问题、微观世界的活动、宏观世界的变化等，采用多媒体课件则有其明显的优势。制作的课件是否有开放性，能否稍加改造就可以为其他培训者所用，这在今后是重要的，需要大力提倡，这也符合开放共享的信息时代的要求。

总之，我觉得要想制作出有生命力课件必须要做到以下几个方面：熟知相关教育教学理念；选择功能强大的软件；多看适宜软件的教程；熟悉相关软件（图形图像处理软件、声音处理软件、视频编辑制作软件等）；然后多练习，加上自己的创意。

3. 基本技能培训流程

创新基地公布面试名单后，将在各个研究方向上成立培训小组。培训小组首先需要撰写本次培训计划（如图4-9所示）。该计划主要包括培训时间地点安排、培训内容、培训作业以及培训考核方式等。在规定的日期上交给创新基地，创新基地将统一审核培训内容，审核通过后，将会把培训计划在网站上公布。

机电集成技术研究所机械设计组
2005年度新科研助理培训安排

根据研究所目前的综合实力和现有科研助理目前的基础知识与实践能力,为使应届生在进入研究所之后能尽快适应研究所的培养方式,以便发挥更大的作用,我们决定对2005年度的新科研助理进行必要的培训工作,并通过此培训,选拔出一批对机械设计有灵感同时综合能力较好的科研助理,以利于研究所今后的发展。

一、本次培训分UG,Pro/E两部分进行。对参加培训的科研助理要求如下:分别由李春伟、王绍江和胡敬华负责UG培训,焦宏章和谢加呈负责Pro/E培训。

具体培训:
◆ 每两周的周日上午8:00于2教404培训,UG,Pro/E一起进行,特殊情况另行通知;
◆ 每次按UG、Pro/E顺序进行,需用时间各为40~45分钟;
◆ 除特殊情况外,所有组员必须参加培训,且应提前3~5分钟到场;
◆ 每次培训结束后,由主讲人布置与本节培训有关的一定数量作业;
◆ 各参加培训人员应尽最大努力按时完成指定作业,并于下次培训前提交各培训人。

对软件要求如下:
根据自己的爱好和专长进行选定,在培训过程中可以针对一些特殊情况进行调整,在培训阶段以选定软件为主,但是其他软件培训也需参加。

二、UG培训安排,培训工作大概需要6次进行。具体安排如下:
(1)由李春伟介绍UG软件的各个基本工具命令并进行基本的建模培训,使组员熟悉UG各个工具条的基本工具命令进行基本的建模培训,使组员熟悉UG各个工具条的基本功能并能应用这些工具条建出一些简单的模型;
(2)进行上机训练,由李春伟、王绍江和胡敬华负责指导,各组员练习使用电脑建立三维模型,对上一次的建模培训进行巩固;
(3)由王绍江介绍UG的装配模块,使各组员掌握UG的装配功能;
(4)进行上机训练,由李春伟、王绍江和胡敬华负责指导,各组员练习使用UG的装配模块,对上一次装配培训进行巩固;
(5)由胡敬华向组员介绍UG的工程图模块,使各个组员能够熟悉应用UG出工程图;
(6)进行上机训练,由李春伟、王绍江和胡敬华负责指导,各组员练习使用UG出二维工程图。

三、Pro/E培训安排,培训工作大概需要分6次进行。具体安排如下:
(1)由焦宏章介绍Pro/E软件的各个基本工具命令并进行基本的建模培训,使组员熟悉Pro/E各个工具条件的基本功能并能应用这些工具条建出一些简单的模型;
(2)进行上机训练,由焦宏章和谢加呈负责指导组员练习使用电脑建立三维模型,对上一次的建模培训进行巩固;
(3)由谢加呈介绍Pro/E的装配模块,使各组员掌握Pro/E的装配功能;
(4)进行上机训练,由焦宏章和谢加呈负责指导,各组员练习使用Pro/E的装配模块,对上一次的装配培训进行巩固;
(5)由焦宏章向组员介绍Pro/E的工程图模块,使各个组员能够熟练应用Pro/E出工程图;
(6)进行上机训练,由焦宏章和谢加呈负责指导,各组员练习使用Pro/E出二维工程图。

附表:

科研助理培训时间表

次数 组别 日期	第一次	第二次	第三次	第四次	第五次	第六次
	4月3日	4月17日	4月24日	5月1日	5月8日	5月15日
机械组	周日: 8:00~9:30 多媒体	周六: 8:00~11:00 上机	周六: 8:00~11:00 上机	周六: 9:00~11:00 多媒体	周六: 8:00~9:30 多媒体	周六: 8:00~11:00 上机

图4-9 科研助理培训计划事例

培训计划在网站上公布后,各个培训小组必须严格按照培训计划实施。创新基地在培训期间将会组织培训监督小组,监督培训工作。监督小组由创新基地专业指导教师和部分高级科研助理组成。

监督小组的职责:
(1)随时抽查各个培训小组的培训情况,监督培训人员,提高培训人员的授课质量;
(2)根据培训的情况,向培训人员提出一些建设性意见;
(3)观察参加培训的学生,是否有符合创新基地发展人员要求;
(4)听取参加培训人员对培训的意见和建议;
(5)对培训人员的培训情况打分,最后评出创新基地优秀培训人员,并给予奖励;
(6)根据督察情况向创新基地汇报,提出以后培训改进意见。

各个小组按照培训计划实施,基本培训的时间长短可以根据自身研究方向合理安排,但是都应该保证2个月的基本技能培训。基本技能培训主要包括该研究方向的一些基本知识、所需要的基本软件工具、一些基本的动手操作能力,等等。例如,机械设计小组主要培训三维设计软件(UG,Pro/E,ADAMS);智能控制小组主要培训单片机、PLC、电路设计软件等基本知识;数控、模具设计小组主要培训 AutoCAD,CAXA,UG(CAD,CAM)等软件;工业工程方向主要锻炼其组织管理等方面的综合能力;工业设计方向产品外观包装、形象设计,利用专业软件对机械运动做仿真动画的能力。目的主要考核学生的新知识接受能力、自我约束能力、创新学习及工作能力,从中筛选出20%的科研预备助理。

培训过程中对培训人员的要求:
(1)培训人员必须写培训计划上交培训小组审核(如图4-10所示);
(2)培训人员所做的 PPT 要经过培训小组审核合格后才能使用;
(3)培训人员可以根据自身培训的需求,要求培训小组提供硬件设施;
(4)培训人员需要维持培训的秩序,以及参加培训人员的安全。

2005 年 Pro/E 第二次培训——装配命令

题目：曲柄滑块机构

作者：机自 03-2 班　王佳欣

作品图片如下：

运用到的命令：匹配、对齐、刚性连接、销钉连接、圆柱连接。

整体过程：

1. 首先调入上箱体用刚性连接来定位。
2. 调入曲柄用销钉连接，并保证其至少有一个自由度。
3. 调入连杆也用销钉连接保证其自由度。
4. 调入滑块用圆柱对其进行约束，保证其自由度。
5. 下箱体用匹配和对齐进行约束就行。

到此装配完毕。

感悟：

(a)

2005 年 Pro/E 第一次作业——基本命令

题目:底座建筑
作者:机自03-2班 王佳欣
作品图片如下:

运用到的命令:拉伸、孔、倒角、镜像等命令。
建模过程:
1. 该例子巧妙地运用了拉伸命令。
2. 拉伸的步骤是从下向上,首先建立下面的部分再以此为基准向上面建立。
3. 运用打孔命令和镜像命令的结合简化了这些重要操作。
4. 用倒圆角命令完善了模型的建立。
感悟:
　　在学习中我遇到了很多问题,但是我没有放弃,每一个问题我都认真地去思考,不懂的地方向师兄们请教,这样也就慢慢上路了。刚开始学习进步不是很快,但是我有一颗奋斗的心。相信在以后的日子中我会进步更快。

(b)

2005 年 Pro/E 第一次作业——基本命令

题目：铣刀支架
作者：机自 03-3 班　李永鹏
作品图片如下：

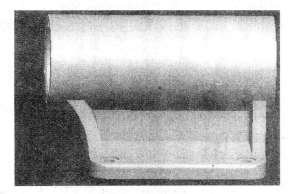

建模过程：
1. 用简单的拉伸命令完成支架底座的建立。
2. 用旋转命令铣刀支架上部的回转体。
3. 用阵列命令建立出两端面的螺纹孔（用阵列简化了建模）。
4. 用筋命令完成中部的加强筋的建立。
5. 再用合并、实体化命令完成左面那段圆弧筋。
6. 通过圆角、倒角命令修缮了模型。

感悟：
　　在 Pro/E 学习过程中感觉进步很快，很容易就进入了状态。对这些软件的学习也越来越感兴趣，相信在以后的学习中会取到更好的成绩。

(c)

图 4-10　培训人员授课计划事例

第四节 准科研助理的选拔

经过了两个月的培训,这批优秀的本科生无论是在使用软件的技术上还是理解项目的能力上都应该有一定的提高,为了考察他们在培训期间的学习情况及学习能力,将对他们采取培训考核并进行二次面试,具体的选拔流程如图4-11所示。

一、培训考核

为了检验为期两个月的培训情况以及所培训这批优秀本科生的能力,基地将对他们进行培训考核,通过考核成绩外加上以前的面试成绩、平时表现等方面来选拔出有资格成为准科研助理的本科生。

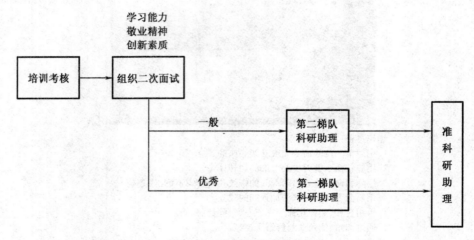

图4-11 准科研助理的选拔

随着创新基地培训制度的日趋正规化,创新基地的培训考核方式也逐步完善,凡是有意想要进入创新基地人员,有特殊情况可以不参加培训,但是必须通过创新基地培训考核。创新基地培训考核分为笔试、上机操作、实践动手能力三个方面。上述三个方面如有一个方面不合格者视为培训考核不合格。只有培训考核合格人员,才有资格接受创新基地的强化培训。为了使创新基地的考核也日趋正规化,基地专门设计制作了准科研助理选拔的考核题库。有关题库的具体内容介绍如下:

(一)题库的制作

创新基地要实现考核制度的正规化,就必须建立强大的考核题库,创新基地题库题目来源主要有以下几个方面:

(1)创新基地历届科研助理培训讲座题目内容;
(2)科研助理学习过程中收集总结题目内容;
(3)创新基地学术交流过程中所出现的题目;
(4)在实际工程中,遇到的难题,包括方案设计、加工调试,等等;
(5)专业指导教师根据专业方向提供一些试题。

创新基地建立的题库跟其他类别的题库有所不同,它是创新基地选拔人才的重要组成部分,具备如下特点:

"厚专业基础"。创新基地题库的基础试题库(如图4-12所示),注重的是专业基础知识的学习,创新源于知识,这就要求学生必须具备专业方面的基本素质才能浅谈创新。同时这也是考察督促应聘人员学习专业基础知识。与学院的教学相呼应,提高学院的教学水平。

"重实践技能"。创新基地所建立的能力提升试题库,主要是从实际项目中抽象出试题背景,重点让培训人员锻炼结构设计和方案设计的能力。考核培训人员在参加培训时对项目的把握程度。通过考核了解参加培训能否具备设计方案、设计结构的能力。让他们对项目前期工作有一个宏观的认识。

"实践动手能力"。创新基地建立了实践动手能力题库,该题库分为两个部分,一是上机操作软件部分(如图4-13所示),通过上机操作了解参与培训人员的软件水平,这是进入创新基地后,每一位科研助理必备的工具。另一部分是实际动手能力,创新基地将会提供题目所需要的硬件设施,让参加培训人员,亲自动手操作。如拆卸组装部件、加工零件、调试设备、测绘零件、检验零件是否合格、按照功能设计搭建机构,等等。这些都是实践环节我们需要考核的,目的在于培训学生动手能力,了解实践问题,只有了解实际问题后对设计才能够有理性的认识。

(二)题库制作规范

1. 试题的分布结构必须合理

试题数量要足够多,每一个研究方向题库试题数要求不少于1 000题。在各指标属性区间内均衡分布,核心属性有基本知识点、实际问题难度与思想方向认知分类,以这三个属性为核心,形成三维立体交叉网络,网络上的每个交叉结点上都有合理的试题量,在保证这个核心结构的基础上,还应注意试题在题型和区分度上的合理分布,要处于基本的均衡状态。

2. 试题质量必须过关

试题内容要科学,无学术性错误;无歧义性,表述简单明确;无关联性,试题之间不能有相互提示,不能相互矛盾;试题参数标注要尽可能符合客观实际。

试题命题人,必须审核试题给出相应的答案,交于修改组负责人审核后,统一上交创新基地相关人员备案。

2009 年创新基地暑假培训期中测试

姓名：　　　　年级：　　　　班级：

一、作图题

1. 请补全图1、图2的内、外螺纹(每小题3分，共6分)。
2. 补全图3的俯视图(8分)。

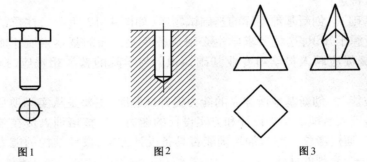

图1　　　　　图2　　　　　图3

3. 补全下列剖视图中的缺线(每小题3分，共15分)。

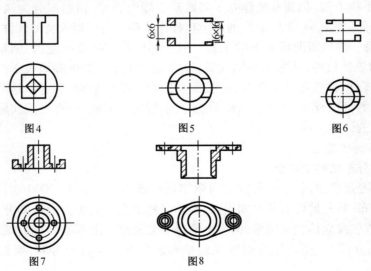

图4　　　　　图5　　　　　图6

图7　　　　　图8

二、填空题(每空2分，共24分)

1. 在剖视图中，剖切面后方向的可见轮廓线应_____画出，一般不画_____轮廓线，只有当不足以表达清楚机器的结构时，才画出必要的虚线。
2. 零件图的技术要求主要包括：_____、_____、_____、热处理以及其他相关制造的要求。
3. 国际中规定，孔的上、下偏差分别由 ES、_____表示，轴用 cs、_____表示。

4.根据机器的设计要求、工艺要求和生产实际的需要,国家标准中将配合分为三大类分别是:_____、_____、_____。
5.形状误差是指线和面的_____对其_____的变动量。

三、看图填空(每空 2 分,画零件图每个 5 分,共 29 分)

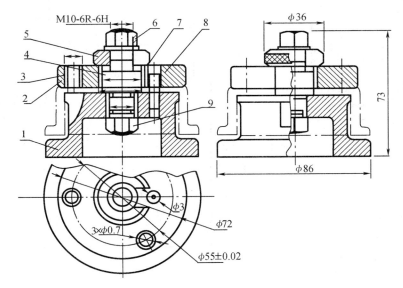

(1)主视图为_____剖线,左视图为_____剖,俯视图系_____视图。
(2)件 2 与件 3 是_____配合,件 4 与件 7 是_____配合。
(3)为取下工件壳松_____,再取下_____与件_____即可。
(4)钻模。工件装夹一次能钻_____个孔。
(5)装配图中的双点画线表示_____。
(6)钻模的总体尺寸为_____。
(7)拆画 1、2 的零件图。
(8)钻套的主要作用是_____,件 7 的作用是_____。

四、主观题(限定 100 字内)
1.你对团队合作的认识。(限定 100 字内)

2.你觉得应该怎样做一个项目。(限定 100 字内)

图 4-12　培训考核笔试基本题库事例

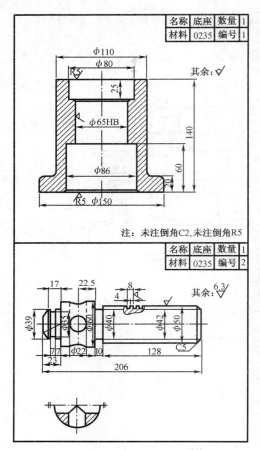
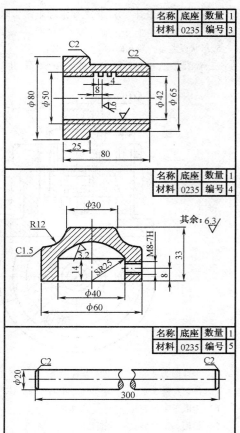
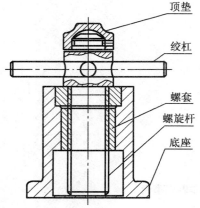

要求：
1. 用 UG 或 Pro/E 画出零件三维图。
2. 装配零件图。
3. 对装配图进行仿真。
4. 利用 UG 或 Pro/E 画出零件螺旋杆的工程图。

图 4-13　培训考核上机基本题库事例

(三)考核制度

本次考核时对参加培训人员在培训过程中的表现给予一个客观的评价,并且按照招聘计划人数120%分化,进入创新基地下一次强化实践培训。在本次培训中将根据培训期间的表现及作业情况进行主观评价,按照考试成绩做出客观评价。参加培训人员的主观评价成绩占总成绩的50%,客观评价占总成绩的50%。

培训过程不仅仅是培养了科研助理的后备人才,同时也锻炼了在职科研助理的综合素质,通过培训与被培训使得创新基地新老科研助理无论是在技术上还是在思想上都有了突飞猛进的提高,为以后基地更快更高的发展奠定了坚实的基础。

二、组织二次面试

根据培训考核评审的结果确定有资格进入二次面试的人员名单,公布在创新基地网站上,并组织人员以打电话形式通知参加二次面试的人员。面试小组由创新基地主任、学院领导、专业指导教师、创新基地科研助理负责人、高级科研助理组成。对参加二次面试的人员进行面试考核(如图4-14)。

图4-14 科研助理招聘二次面试现场

三、公布准科研助理名单

根据最后每位考核成员的成绩进行汇总排名,决定准科研助理名单,并下发准科研助理聘书(如图4-15,4-16所示)。

2005年机械组新科研助理面试总结

序号	姓名	班级	性别	表达能力	软件基础	有何特长	综合素质	投票数	初定人员	备注
1	戴冰	机自04-2	女		✓			2		
2	邓文斌	机自04-1	男	✓	✓	✓	✓	5	✓	数学应用能力强
3	郭栋梁	机03-3	男	✓	✓		✓	5		软件基础好
4	郭恩航	机自04-2	男	✓			✓	3		
5	何炽洪	机03-1	男	✓				3		
6	季必宏	机自04-4	男	✓		✓		1		
7	瞿李凯	机自04-4	男	✓	✓	✓	✓	5	✓	
8	李永鹏	机03-3	男	✓		✓	✓	5	✓	制作基础不错
9	刘文珍	机自04-4	男			✓		1		
10	秦朋	机自04-3	男			✓		1		
11	王锋坦	机04-3	男		✓		✓	5	✓	
12	王佳欣	机03-3	女	✓			✓	5		
13	夏小川	机03-3	男					2		
14	王玉良	机自04-2	男		✓			3		
15	谢刚	机械03-1	男			✓		1		
16	邢琦	机03-1	男	✓	✓		✓	5	✓	理论知识较强
17	徐登峰	机03-3	男		✓			2		
18	叶锐汉	机自04-2	男	✓	✓	✓	✓	5	✓	有色彩感觉
19	于启富	机械04-3	男		✓			1		
20	于松岩	机自04-4	男	✓	✓	✓	✓	5	✓	编程能力较强
21	曾德坚	机自04-3	男					2		
22	张亮	机自04-4	男					2		
23	张启宽	机自04-4	男			✓		2		
24	张晓松	机自04-4	男					3		
25	朱忠广	机械04-3	男		✓			1		

图 4-15 科研助理面试成绩表

聘　　书

__吴慧__ 同学：

在北华大学大学生科技创新实践基地培训中，表现突出，综合能力符合科研助理的招聘要求。兹聘为北华大学机电集成技术研究所机械组科研助理。在2个月试用期间，如果发现该科研助理不符合基地的要求，基地有权随时解聘。试用期结束后，如果表现优秀将正式聘为C级科研助理。

图4-16　准科研助理聘书

第五节　准科研助理试用期的学习

一、了解创新基地

对于准科研助理来说想要了解创新基地首先则需要理解创新基地的文化，因为文化是基地的灵魂，是基地的精髓之所在。其次则应了解科研助理的培养模式，因为这关系到自己未来的发展，如果想要成为一名真正的科研助理，那至少知道自己将来将会朝着哪个方向发展，这种发展方向是否是自己所追求的，如果是，那接下来应该规划一下在这两个月的试用期时间里将如何去做来提升自己，使自己成为一名正式的科研助理。

二、提升自身学习能力

在作为准科研助理这一段时期里最主要的目的就是学习，要不断提升自身的学习能力，所谓学习能力，通俗地讲就是指获取知识、增长才干的本事。首先，要强化学习意识，切实做到想学、真学、能学。其次，要掌握学习的方法，切实做到会学、学好。第三，要善于挤时间学，要克服"工作忙没时间学"的思想观念。在学习的过程中"绝不找借口"，不能强调忙而不学。学与干是一对矛盾，两者关系处理得好，就会做到"两促进""两不误"。第四，要重视知识的更新。目前，随着知识更新的速度加快，"知识的保鲜期"相应缩短。对于学习来说也应与时俱进，既要强化继续学习的理念，树立终身学习的意识，自觉地增长知识，又要不断更新知识，创新学习。当然，学习的目的主要在于运用。学习运用与运用学习则是最为重要的学习能力。学习以及提高学习能力,重要的在于理论联系实际,学以致用和用中学习。时刻审视自己知识折旧的程度,养成闻风而动的习惯,是提高学习能力的真谛。

准科研助理在创新基地的学习包括硬件及软件两方面的学习,硬件方面主要包括理论知识的拓展,及动手能力的锻炼,并熟悉各个机械零件的形状及尺寸;在软件方面主要包括基地文化及运行模式的了解,做项目的流程,学习应用软件的能力,以及理论与实际结合的能力。

三、培养准科研助理做项目能力

准科研助理进入创新基地后在职科研助理会带领准科研助理一起完成各类项目(科研类、工程项目类、科技竞赛类、创新发明类),通过在实践中学习来培养他们做项目的意识并了解做项目的整个流程,其中包括对背景资料的检索,方案的设计及运用所学知识做方案的设计(运用二维软件表达出自己对结构的设计)。在这里,准科研助理首先要熟悉并了解做项目的整个流程并试着独立自主地完成对结构的分析,准科研助理在此期间要不断地培养自己的自学能力,不能依赖任何人,要具有解决问题的能力。

第六节　对科研助理的培养

经过两个月试用期学习的准科研助理,经观察考核后为优秀者方可成为科研助理。对科研助理的培养是创新基地培养人才的核心,它关系到在职科研助理未来的发展方向,所以在对科研助理培养的过程中,创新基地采取了循序渐进,由浅入深的策略。首先是科研自主学习阶段,紧接着又分为初、中、高三个阶段进行培养,最终培养出综合素质高的优秀毕业生。具体的培养流程如图4-17所示。

一、科研助理的培养机制

科研助理进入创新实践基地后,将参加的主要活动有以下几个方面:
(1)利用业余时间自主学习基本设计软件(在学长的指导和帮助下);
(2)参与定期召开的小组内学术活动(由学生自主组织的软件学习经验交流、项目进展汇报总结、创新实践基地任务分配、项目审查等活动);
(3)辅助老师或学长完成指定的科研任务;
(4)独立完成学长或教师指定的预研任务;
(5)独立或参与课题组工程开发或科研任务;
(6)参与科技创新大赛,如挑战杯、电子设计大赛、机械创新设计大赛等专项赛事;
(7)担任某个项目的总体策划及监督指导人员,主要锻炼项目规划、项目总结、项目升华(撰写论文、申报专利、撰写研制报告的综合能力)。

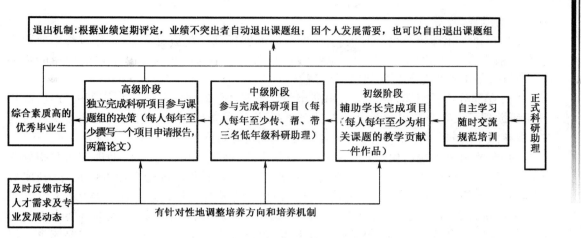

图 4-17 正式科研助理培养的流程图

通过这些层次多样的活动,全方位培养学生的自学能力、表达沟通能力、创新实践能力、协作组织能力,并在学习工作中不断培养强化奉献精神、敬业精神和不断进取的上进精神。

到目前为止,我们已经直接培养了科研助理 436 名,间接培养预备科研助理 322 余名,因此而受到培训人员 243 余名。所毕业的近百名优秀科研助理在实践能力上非常突出,多数都成为所在单位的技术骨干,还有一部分人因为创新能力很强,正在攻读硕士、博士学位。同时,研究所这种学习和工作作风又感染了学院的其他学生,引导了学习方向、净化了学风,起到了引导示范作用。

二、对科研助理培养内容及方法

(一)科研助理"师徒"传承模式

1. 模式推出背景

创新基地规模越来越大,科研助理人数越来越多,被辐射的同学也越来越多。创新基地是学生的创新平台,学生也是创新基地发展的主力军。创新基地之所以能在短时间内迅速的发展,不仅仅是因为有着良好的管理制度,更重要的是科研助理的科研能力在逐步提高,科研助理的综合素质也在逐步提高。历届以来,科研助理总是站在师兄的肩膀上开始新的学习、工作生活,师弟从师兄身上学习专业知识,学习做事方法,然后在此基础上去探索新的知识。而且师兄尽力通过学术讲座、项目实施及生活交流去指导师弟,为了在自己离开创新基地之后,师弟能够完全成长起来,并且超越自己,于是潜移默化的便形成了"传承"。在过去关于本科生培养模式的运行过程中,也开展了各方面的传承工作,具体体现如下:

(1)在新科研助理进入创新基地以后,基地给每个新科研助理分派一个老科研助理,进行各方面的指导。目的在于使新科研助理尽早地适应基地生活,熟悉基地的运行模式。在新科研助理进来的一段时间里,高年级科研助理将组织学术讲座,传授一些软件方面知识,做项目的流程,等等。

(2)在每学年即将结束的时候,大四的科研助理将自己在基地学习、工作过程中所积累下来的东西通过讲座的形式传授给低年级的科研助理。同时将自己从事过的项目的资料集中整理,传承给指定的低年级科研助理。

(3)在部分项目组建过程中,采用高年级科研助理与低年级科研助理搭配的方式,高年级科研助理不仅充当项目主要设计人员,同时还扮演着指导老师的角色。在项目实施过程中,指导低年级的科研助理如何从事项目工作、如何分析问题、如何解决问题等。

(4)创新基地实施科研助理"一带三"培养模式,即每一位在职科研助理带领并指导三名或三名以上非科研助理同学,科研助理对所带的非科研助理进行专业方向指导、技术疑问解答、专业软件及技术培训、布置考核作业及成绩考核等工作,让更多的学生受益。

可以说,正是因为创新基地开展了这些传承工作,才出现了科研助理综合能力逐步提高,创新基地规模迅速扩大。但是在工作开展过程中,也暴露出了一些问题,主要体现在以下几个方面:

(1)因为没有明确的规章制度,所以在传承工作开展过程中,部分科研助理不知道该如何进行传承工作,导致了没有将自己学到的东西通过合适的途径将其传承下来。而且在传承过程中没有注重低科研助理的意愿,有很多资料都是强加于人,以至于低科研助理没有注重对资料的消化吸收利用。

(2)本着对基地负责、对学弟负责的态度,部分科研助理从事了部分传承工作,负责任的科研助理将认真整理的资料传给学弟,在传授过程中,将应该注意的内容给予特别的说明(包括书面说明或者口头说明)。但是由于没有明确的规章制度进行约束,一些科研助理就直接将文件拷贝给低年级科研助理,这样的做法,导致了传承效果大打折扣,一些资料经几届科研助理后丢失。

(3)在每学年结束的时候,大四的科研助理将项目资料传承给低年级科研助理,由于低年级科研助理没有直接从事该项目,所以不能真正地理解和掌握其核心知识,这不仅使低年级的科研助理失去了一次提升的机会,也为项目后续工作的开展带来了困难。

(4)历届科研助理都会或多或少地提到"一带三"培养模式,但是这种制度实施力度严重不够,很难在基地真正地运行,没有使基地真正受益。

基于这些不足,在基地指导老师和科研助理的探讨下,特推出了"师徒"传承模式,以此来完善基地的传承工作,促进科研助理综合能力的提高,加快创新基地科研水平的发展。

2. 模式实施的意义

通过在科研助理之间建立完整的"师徒"制度,完善管理制度体制,规范奖惩制度,提高基地的资料、能力传承的力度,真正地做到科研助理站在前届科研助理的肩膀上,使一届比一届强。同时,也使基地实现又好又快的发展。

(1)"师傅"采用申请制度,一是对师傅能力的认可,促使高级科研助理更加奋进。师傅为了能保住自己的地位、得到"徒弟"的认可、得到主委会认可、创新基地的认可,不得不通过各种渠道对"徒弟"进行全面指导,这本身就是一个锻炼的过程,既提高了师傅的能力,也提高了徒弟的能力,在基地的发展中实现双赢。

(2)"师傅"尽力对"徒弟"进行指导,促使"徒弟"获取更多的知识。而且师傅具有对徒弟表现认可的权利,这直接关系到徒弟的业绩。因此,"徒弟"为了能得到"师傅"的认可,为了能继续留在创新基地,不得不努力地去学习,去处理好与"师傅"的关系,这样就对"徒弟"进行多方面能力的培养,不仅使徒弟的能力提升了,也使整个基地的实力提升了。同时也为将来科研助理适应企业"师徒"制度打下坚实的基础。

(3)因为有"师徒"关系的存在,科研助理的综合能力将逐步得到提高,为创新基地各项工作的开展打下坚实的基础,为创新基地的良性发展提供保证。

(二)以做项目为依托的培养

创新基地自成立以来,一直秉承着"主动寻找差距、敢于承认差距、努力缩小差距"的奋斗精神,一直把理论与实践相结合作为自己的育人理念;其中主要以科研项目、科技竞赛、工程项目、发明创造为依托,培养科研助理的动手能力、创新能力、独立思考能力等;在做项目过程中老科研助理通过一带三的模式来带领新进科研助理完成项目,通过项目的整个实施流程来学习、培养自身的能力。

在做项目过程中需要了解要研究的内容,如何研发并做好对外联系,一位在职科研助理带领并指导三名非科研助理同学,让更多的学生受益。一带三的具体实施方法如下:

以院办、院团委、科技创新联合会为依托,负责科研助理"一带三"模式的宣传、实施工作,以科技创新实践基地的科研助理为载体,启动科研助理"一带三"模式实施;院团委负责科研助理"一带三"模式的宣传工作,将"一带三"模式的意义对学生进行宣传,并使每个学生对现有科研助理的资料基本了解;学生按照自己的兴趣和发展方向选择科研助理,并将个人的基本情况交至所选的科研助理手中,同时科研助理也可以自己选择自己所带的三名同学,最终由指导教师和科研助理协调确定所指导的三名同学名单;科研助理有义务和责任对所带的三名非科研助理进行专业方向指导,技术疑问解答,专业软件及技术培训、考核,作业制定及考核等工作,在指导过程中不得有技术保留、故意指导错误等不良现象发生。并且在做项目过程中,要把自己知道的、能传授的教给新进科研助理,使科研助理的"一带三"模式能辐射到更多人。

三、对科研助理规划总结能力的培养

做任何事情都应该有规划和总结,如果科研助理在做项目之前没有认真地做好规划,那么在项目真正实施的时候就会手忙脚乱无从下手。在完成项目的过程中就会感到非常的吃力,结果也不会非常可观。只有有规划地去做事情才会将事完成的既有速度又有质量,如果在项目做到一定时期写一次总结,那么日积月累就会积累很多总结的经验,在以后遇到类似问题时就会少走很多弯路。而规划与总结也是创新基地对科研助理培养的核心内容之一,不仅使其对项目有规划与总结,而且对自己的发展方向也有规划与总结。科研助理养成这种规划、总结后,使其在将来做人、做事都非常的有条理,工程项目自然会做得很漂亮,生活也很有目的(如图 4.18,4.19 所示)。

假期总结

　　假期即将结束,我所负责的课题——64 路开关量监控系统的设计也基本完成,通过对真实课题的设计来进一步学习软件和运用软件,我觉得效果很好,自己在软件的学习和有关科研知识方面都得到了提高。和假期开始之前相比,感觉自己的能力在各个方面都有了一定的提高。

　　在接到自己的课题时,感觉压力很大,初次做课题,虽然课题不是很大,还是对自己没有很大的信心,也对自己掌握的软件水平没有把握,只能是边学习软件边设计课题。在对课题背景逐渐熟悉后,接着就要设计方案,特别是在方案设计时,真正学到了很多知识,学会了如何去设计方案和论证方案的可很性,学会了如何真正地做科研项目。在方案设计出来后,就着手进行详细设计。详细设计是我们按照方案逐步把课题设计具体化、详细化。

　　64 路开关监控系统的详细设计主要分成了三大块:数据接收与处理、状态的界面显示、数据库和报表的设计。

　　在做数据的接收时用到了 VB 中的串口通信控件 Mscomm,对这个控件以前也没有接触过,所以就开始学习这个控件的属性和使用方法,在对这个控件有了一定的认识和掌握后,就开始对接收数据程序进行设计,并通过键盘模拟数据来检测程序的可用性。

　　在掌握了数据的接收程序后,接下来就是把一定的数据信息反映到界面上,在做这一块遇到的困难不是很大,所以这块的程序处理起来比较顺手,在这块用的时间不是很多。在这块主要是用到了图形的处理,比如图形的颜色变化等。

　　做这个监控系统时,遇到最大的困难就是数据库的设计,当时我们想了很多数据库的设计方案,但是模拟数据接收时,达到的效果不是很理想,没有达到预期的效果,之后我们在数据这一块花费了大量的时间。先后设计很多数据库的方案,但是在模拟数据接收时,达到的效果不是很理想,没有达到预期的效果,之后我们在数据库这一块花费了大量的时间,最终我们找到了一种比较好的方法来实现数据的接收和保存,而且效果很好。

　　在做以上三点设计时,我们遇到很多以前不曾遇到的困难,但是我们都一一解决了,在解决这些困难的同时,我也学到了很多知识,包括所用的软件方面,程序设计构思方面和解决一些问题的思路方面都有了一定的提高。

　　在做这个监控系统的同时,需要很多的辅助功能,比如时间控件 Time、文本控件 TextBox、标签控件 Lable、单选框控件 Option、命令按钮 Command 等。这就需要能较好地掌握 VB 编程知识,并能够运用。我们在设计程序的同时又将 VB 的相关知识又系统地学习了一遍,这就更好地掌握和运用所学的软件。

　　通过一个假期的学习,我感觉在软件的学习和应用上还是有一定的提高,没有浪费这个假期的时间,同时在研究的学习过程中,通过和其他师兄的接触,感觉到了研究所的学术氛围和学习的气氛,在这里能够学到很多知识。在这一个多月里,从中学到了很多以前没接触到的知识,特别是在磁石方面的知识,这从很多方面都使自己得到了锻炼和提高,这个假期过得很充实,开学后要继续保持这种状态来学习软件和参与研究所的相关活动。

许飞
2005-8-25

图 4-18　假期总结

个人学期规划

本学期,我将学习重点放在了单片机硬件控制方面,并着重学习了软硬件接的相关知识。现在对单片机方面的知识有了具体的了解和掌握,并能设计简单控制电路和执行程序,但综合水平仍需锻炼和加强。

◆ 个人学期规划实施

(1)MCS-51单片机的系统学习。现已掌握其硬件结构和内部资源有关知识,并能实现单片机的软件编程。

(2)对硬件电路的学习。通过实际工程学习硬件控制技术、硬件电路的设计原理及其设计方法,现主要通过升级后康复床的硬件电路学习其硬件方面的知识。

(3)电子竞赛训练。前期已重点学习各硬件的相关知识,如8279芯片、AD、DA和串口通信等,近期将统一联合调试。

(4)组织组内学术交流活动。现已准备完毕第一次交流内容,待张公平等师兄回来立即实施,并有规模、有组织、有气氛地实施下去,争取在大四师兄毕业之前最大容量地吸收其精华。

(5)管道机器人跟踪学习。对机械机构有所了解,主要对其控制方面(硬件电路和软件程序)重点学习。

(6)新型的增强型单片机C8051F040学习。本学期达到对其硬件资源、内部控制寄存器熟练掌握,并能初步编程,争取在准备下一届挑战杯之前熟练应用。

◆ 研究所今后发展建议

(1)规范管理制度,将管理条例真正实施。立项已对研究所日常管理规范条例做出合理、必要的修改,搬入新实验室后应当根据情况重新规范管理条件并逐条实施。

(2)学术氛围的培养。各组长应履行职责,监督和管理本组成员的学习风气和氛围,并做好学术交流的前期工作。

(3)个人负责制(仅用于对某个项目的实施过程中)。具体事情落实到个人,实施个人负责制,一方面便于学习,其次有利于项目进展,三则可以锻炼个人的综合素质。

许飞
2006-10-21

图4-19 个人学期规划

第七节 科研助理培养模式的拓展

一、实行"本科生科研助理、实验助理、教学助理"培养模式

机械工程学院从2002年开始试行"本科生科研助理"的培养模式,取得了突出成效。在"挑战杯"中国大学生课外学术科技作品竞赛、"挑战杯"中国大学生创业计划书竞赛、全国大学生机械创新设计大赛、吉林省大学生电子设计竞赛等项赛事上一直处于吉林省高校的前列,共获得国际级奖 5 项、国家级奖 12 项、省部级奖 53 项,对于一个规模不大的学院来说确实是一件值得骄傲的事情。

如今,我院本科生培养模式已经扩展到科研助理、实验助理、教学助理的培养模式,受到全院教师和广大学生的欢迎,目前学生助理的总容量已经达到 189 人,专兼职指导教师已经达到 36 人。在短短的四年之内,这种培养模式的实施培养了一届又一届的优秀毕业生,同时,这种培养模式也是对应用型本科培养模式的一次全方位总结,也是对地方普通高校培养高素质人才的有益探索,将对我校深入开展教育教学改革起到积极的促进作用。

(1)已经形成规模:跨年级、跨专业、跨学科、个性化、弹性制;
(2)形成体系:招聘、培训、选拔、业务培训及技能实践、竞争淘汰机制;
(3)科研促进教学:教师—学生联合体,相互促进良性氛围。

二、科研助理、实验助理、教学助理的招收与录用

创新实践基地按照规范化的流程招收、培养本科生科研助理,同时按照规范化的方式开展层次多样的科技创新实践活动,并通过广泛开展公开性技术培训与学术讲座的形式发挥基地的辐射作用,引导广大学生参与科技创新实践活动。创新实践基地内的大学生将秉承"主动寻找差距、敢于承认差距、努力缩小差距"的奋进精神,以"能力受益于交流、创新根植于实践"为理念的务实态度开展工作,按照公司化运行模式进行动态业绩管理,使学生学会并适应面对压力、竞争状态下的合作、沟通技巧,为培养快速适应工作岗位需求的高素质人才提供全面的、真实的模拟训练环境。目前,在基地内接受培养的本科生第一梯队科研助理有 189 人、第二梯队科研助理有 600 余人。专兼职指导教师 30 余人,初步形成了涵盖机械工程学院 4 个本科专业在内的 24 个研究方向,学科梯队完整有序。所形成的"指导教师—高年级学生—低年级学生"交叉融合的团队攻关模式,已经被规范化实施。

从 2002 年 3 月份开始,便陆续招收了若干批本科科研助理,每年春季(3~4 月)、秋季(9~11 月)各招收一次。其中,大一的占 10%、大二的占 30%、大三的占 60%。科研助理的招收和聘用采用笔试、面试、培训考核、试用期考核等方式进行。所有环节都由高年级科研助理独立完成,指导教师审定后实施。按照以下流程进行:

(1)张贴海报,公布招收专业及人数。
(2)应聘学生填写申请表,主要考核学生的基础知识掌握能力、文字表达能力。按照 50%比例初步筛选出符合面试条件的人选。
(3)组织面试:主要考核学生的学习能力、应变能力、对课外科技创新实践的热情和决心。按照 30%比例筛选出培训人选。
(4)基本技能培训:按照组别进行为期一个月的基本技能培训。机械设计小组主要培训三维设计软件(UG,Pro/E,ADAMS);智能控制小组主要培训单片机、PLC、电路设计软件等基本知识;数控、模具设计小组主要培训 AutoCAD、CAXA、UG(CAD、CAM)等软件;工业

工程方向主要锻炼其组织管理等方面的综合能力;工业设计方向产品外观包装、形象设计,利用专业软件对机械运动做仿真动画的能力。目的主要考核学生的新知识接受能力、自我约束能力、创新学习及工作能力。从中筛选出20%的科研预备助理。

(5)试用期考核:在科研预备助理人选中,按照考核结果,选择一半(即招收人数)作为第一梯队人员,直接进入创新实践基地工作;另外一半人选作为第二梯队人员。他们将同步进入考核试用期。期限为两个月,主要任务是自主学习、跟随学长完成部分科研任务或创新竞赛任务。当试用期结束时,由小组成员决定第一梯队的人选的去留,如果合格转为正式科研助理,如果不合适将转入第二梯队;若第二梯队人选表现突出,可直接转为科研助理。通过这种方式,虽然只招收了有限名额的科研助理,但是直接影响了一批人。

另外,将科研助理分层次、分阶段、分梯队进行培养的模式,使得学生能够切身感受到竞争的氛围,强化了学生充分利用业余时间努力学习、勇于实践的热情和紧迫感。

第五章 科研助理培养模式的评价及激励机制

第一节 大学生创新能力评价的意义

一、大学生创新评价是激励大学生创新培养的重要制度基础

大学生创新评价体系是指通过一系列的有关指标来全面地衡量大学生创新意识和创新能力的评价方法。所谓指标,指的就是被评价的因素,而被评价的全部因素的集合便是评价的指标体系,一般包括评价项目(指标)、评价的要点(标准)以及各项指标的权重系统与标准的文字描述。广义的评价指标体系还包括评价的方法、技术及其有关说明。假若没有指标体系,评价工作就会无从入手。人们就不清楚评什么、不评什么,应该重视什么、忽略什么。

建立大学生创新性评价指标体系的目的在于揭示我国高等教育系统中目前大学生创新水平的发展变化以及我国相关鼓励创新政策的落实情况和各项推进创新教育措施的相关性。通过量化的大学生创新性评价指标体系使我国的教育行政管理部门和有关的研究者能够在全面、准确、客观地了解我校大学生创新性评价运作和发展状况的基础上衡量、监控和评价我国高等教育的发展,保持其优点和长处、克服缺陷和不足并逐步完善有关大学生创新活动方面的政策和措施,提高大学的整体创新水平,建立良好的创新氛围。

二、合理的创新评价体系能有效推进创新培养

我国的传统教育对于学生学习成绩的评价准则,通常以学科和知识为中心,而不是以社会需要为标准。这种对大学生创新素质评价是不科学的,一定程度上阻碍了创新的进程。

任何教育评价所进行的价值判断,特别是针对学生做出的判断,都必须依从于教育目标和人才培养标准——培养学生的综合素质。但是长期以来,我们的教育评价指标的选用不能良好地反映学生的综合素质。《中华人民共和国高等教育法》第一章第五条明确规定"高等教育的任务是培养具有创新精神和实践能力的高级专门人才,发展科学文化,促进社会主义现代化建设"。我们的教育评价偏重于评价的鉴定、甄别选拔和筛选的功能。评价的目的是为了把学生分等与分类,把学生区分为失败的、成功的和过得去的。评价的尺度就是成绩、分数、升学率,并且评价的对象自教育局长、校长一直到教师和学生,正是这把尺子,迫使整个教育内容、教育方法、招生考试制度等都围绕成绩、分数、升学率转。学生考试不及格、上课不守纪律,就可能受到处分或降级乃至开除学籍。教师完不成教学任务或提前下课,就要受到批评甚至扣除奖金。由于评估体系中缺乏对教师创新型教学和学生创新才能发挥的肯定和奖励,这就影响了教师和学生对创新的热情和动力。

有鉴于此,设计出一套新的适合社会发展需求的大学生创新性评价指标体系来有效地推进大学生创新能力的培养已是教育界必须解决的一个重要问题。只有让有效的评价体系加以引导,我们才能挖掘出每个学生的潜力,也只有这样,才能真正地从根本上解决目前出现的所谓大学生"就业难"的问题。合理的高校大学生综合素质评价体系在激励大学生自我管理和自我教育方面发挥了积极的作用,是促进学生德、智、体全面发展,培养有理想、有道德、有文化、有纪律的社会主义建设者和接班人的重要手段。

三、大学生创新评价为大学生及企业提供参考

随着科学技术的日新月异,企业招聘人才也已出现了一些新的动向,社会对人的评价标准也发生了新的变化。变化主要体现在以下两方面:其一,为适应当今社会需要,要求人才有迅速掌握新知识的能力,这种能力比掌握较多已有知识更加重要;其二,这种人才必须能够运用已经掌握的知识去进行创新。

高校毕业生就业将在一个相当长的时间内处于"买方市场",在社会需求总量不足的时间内,毕业生挤占岗位的现象将是一个越来越强的趋势,要求高校毕业生要有正确的自我定位和社会定位,需要适当地降低期望值、拓宽就业渠道等。毕业生首先要努力打造自己的核心竞争力,使自己具有普遍的适用性和广泛的可迁移性,让自己在表达交流能力、数字运算能力、革新创造能力、自我学习能力、与人合作能力、解决问题能力、信息处理能力、外语应用能力等方面都具有优势。通过进行大学生创新评价,既可以使学生对自己的能力有清楚的认识,明确自己努力的方向,同时也为用人单位在招聘时提供了参考,用经济学术语来讲也就是缩小了"交易成本"。

第二节 大学生科研助理培养模式的评价与激励机制

北华大学机电集成技术科技创新实践基地在培养科研助理的过程中采取了科研助理的业绩晋级、创新学分认定及课程免修等方式来评价及激励科研助理,使其在创新基地更好的发展,科研助理的发展目标如下所示:

力争"三个优秀":
学习成绩优秀
技术水平优秀
综合素质优秀

以上目标的具体含义为：学习成绩理论水平、综合素质、技术水平共三项构成A级别科研助理的必备条件，如果只达到其中的两项为B级别科研助理，如果只满足其中的一项，根据具体情况分为第一梯队中的C级别科研助理和第二梯队预备科研助理，如果能力在满足"三个优秀"的前提下，某方面出类拔萃则晋升为S级别科研助理。

各级别的科研助理使命不同，S级别科研助理可以独立承担某项重大任务；A级别科研助理协助老师完成科研任务，并担负技术的传承及后续人员的培训，发挥"师徒"培养模式的辐射作用；B级别科研助理具有提升自己的能力和发挥"一带三"培养模式；C级别科研助理及预备科研助理处于学习的阶段。

一、科研助理的业绩晋级

科研助理晋级所有环节由现有高年级科研助理组成选拔委员会，选拔委员会将对面试、培训、试用阶段的选拔工作负全部责任，并采用分梯队的模式和竞争的机制招收和培养新科研助理。所有环节都由科研助理独立完成，经指导教师审定后实施。

介于大学生科技创新基地的发展和机械工程学院的教学改革需要，科研助理的规范化管理有利于科研团队整体素质的提高；有利于科技创新实践基地的建设和发展；有利于学院教学改革的执行。

科研助理综合信息管理规范化可以将每位科研助理的信息集中管理，信息的透明化和科研助理业绩考核机制在很大程度上可以促进科研助理向更高的层次结构发展，从而推动整个科研团队的发展。

科研助理的业绩考核信息全部记录在库，更加方便管理人员对每位科研助理的信息跟踪，从而更全面、更准确、更公平地对每位科研助理进行业绩考核，优胜劣汰，给予业绩考核优秀者更大的发展空间，对于考核不合格者让其自动退出基地，这样可以更好的集成和优化科研队伍，使科研基地的建设朝着良性的方向发展。

此外，为了便于基地的人员管理，现将科研助理统一编号，并做相应的任职牌（如图5-1所示）并统一放到科研助理桌上的相应位置。

图5-1 任职牌

编号规则确定如下：

编号例：JX 04I 01 033 045 A

编号释义：

JX 研究方向(工业控制 KZ；制造工艺 ZG；模具设计 MJ；工业设计 GS；创业创意 CY)。

04I 正式成为基地科研助理的时间。04 为年，I 为春季，II 为秋季。

01 所学专业(机械设计制造及其自动化 01；工业设计 02；材料成型 03；工业工程 04；电气自动化 05；计算机 06)。

033 所在年级班级信息。此为 03 级 3 班。

045 基地管理委员会给定标号。为成立机电集成技术研究所以来累计编号。

A 基地对本人业绩考核情况，水平为 A(共分三个等级，每三个月一次考核。三个月中有获得校级以上科技奖，发表过科技论文、完成两个项目以上，培训低年级科研助理内容多三种情况之一者，评定为 A；完成一个项目以上，培训低年级科研助理贡献较大者，评定为 B；协助老师或学长完成工程，参与日常事务，评定为 C)。

通过对科研助理设立不同的等级进而来对科研助理进行评定与激励，科研助理的级别设定是对科研助理能力的认可，同时对于新科研助理将给予业绩评定方面的动力，使其尽快地融入创新基地这个大家庭中，全面地培养自己；对于老科研助理将给予业绩评定方面的压力，促使他们更好地完成各项工作，而不会在业绩评定时被降级，同时在工作中提升自己的能力。

北华大学大学生科技创新实践基地
科研助理级别评定申请表

姓　名	张春来	性　别	男	
专　业	机械设计制造及自动化	班　级	机自07-3	
研究方向	机械设计制造及自动化	现任职编号	KZ08 II 014073243B	
申请等级(A、B、C)	B	联系电话	15044268226	

(续)

申请情况	基本情况(参与创新实践基地项目、比赛、活动概况): 1. 2009.3—2009.4 完成国家级教学成果奖申报专题网站的制作 2. 2009.3—2009.6 参与流体驱动速度可控式管道机器人获吉林省挑战杯一等奖 3. 2009.4—2009.6 参与取样样机上位机(组态王)的制作 4. 2009.7—2009.8 暑假期间对新招的科研助理进行培训 5. 2009.9.2 参加全国大学生电子竞赛 6. 2009.9—2009.10 参加全国大学生创新性实验计划 7. 2009.9—2009.10 参加"流体驱动速度可控式管道机器人"调试
	项目、活动中所承担的工作: 1. 国家级教学成果奖申报专题网站制作中,在刘晓勇老师,曾德山师兄等的指导下完成网站专题的建设 2. 挑战杯中,辅助大四师兄完成各项实验 3. 取样样机项目中,在罗荣能和曾德山师兄的指点下独自完成上位机(组态王)的制作 4. 在对新科研助理的培训中担任组态王的培训 5. 全国电子竞赛中,与曾德山及韩春锁同组完成比赛 6. 完成"全国大学生创新性实验计划"项目的申请、答辩 7. 在张坛师兄的指导下完成备用控制箱体的制作及调试工作

指 导 教 师 情 况

指导教师意见:

　　　　　　　　　　　　　　　　　　　　　　　　指导教师签字:
　　　　　　　　　　　　　　　　　　　　　　　　　　年　　月　　日

评 定 流 程

每3个月评定一次:
1. 考核期间每位创新实践基地科研助理提交科研助理级别评定申请表,并提交相应级别评定材料
2. 创新实践基地成立级别评定考核小组
3. 考核小组客观给予评定,及时公布结果并存档备案

考 核 小 组 讨 论 记 录

　　　　　　评定等级:　　　　　　　　　　　　考核小组签字:

最终评定编号等级:

　　　　　　　　　　　　　　　　　　　　　　　　评审组组长签字:
　　　　　　　　　　　　　　　　　　　　　　　　　　年　　月　　日

二、科研助理的创新学分认定

为了在引导和激励机制层面促进大学生创新实践能力的培养质量,学院在培养方案上进行了深入的改革,创新学分申请方面做了细化的、系统的改革,由开始的纸质申请改为网上申请,并有一套严格的、细致的创新学分网上申请流程及申请细则,创新学分申请细则见附件16,网上的申请流程如下所示:

创新学分申请模块如图5-2所示。

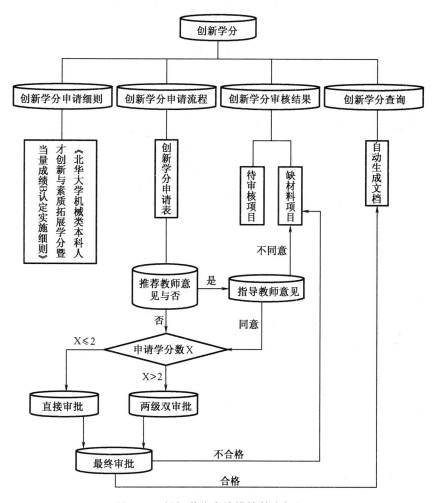

图5-2 创新学分申请模块基本框架图

创新与素质拓展学分申请表

学院：机械工程学院　　　　专业（年级）：

姓名			学号	
班级		是否为科研助理	申请学分	
申请学分项目类别				
申请依据：依据《北华大学机械类本科人才创新与素质拓展学分暨当量成绩B认定实施细则》第_____章，第_____条，第_____款，申请创新与素质拓展选修课程学分 申请事由： 附件（证明材料）： 年　　月　　日				
推荐教师意见（以下内容教师手写）： 签字：　　　　　　　　　　年　　月　　日				
主管领导审核意见： 签章：　　　　　　　　　　年　　月　　日				
学院教学工作委员会意见： 公章：　　　　　　　　　　年　　月　　日				

三、科研助理的课程免修及毕业设计免修

科研助理的课程免修包括选修课免修及毕业设计免修，学生在大学期间根据自己在创新方面获得的成果而申请创新学分，根据创新学分累积的多少可以申请相应的选修课免修

及毕业设计免修,以此来评价并激励科研助理在创新方面的能力,科研助理通过各类赛事及活动获得创新学分,进而做到了培养科研助理的个性化发展。

1. 选修课免修

学生根据已选修的下学期课程,且创新学分符合下述条件的同学,可申请相应课程免修:

申报课程免修应同时符合以下两个条件:

条件1:$A-14>2C$

条件2:$B>2C$

其中:$A=$已获得创新与素质拓展总学分;$B=A$中的科技创新类学分;$C=$申请免修课程的学分。

注意:创新学分满足免修条件的学生需本人提出书面申请(免修申请表在创新基地网站http://bhcxjd.com下载),免修申请表于每年7月16日下午15时之前交到1208王老师处审核(工业设计由于实习,故截止到7月13日下午15时)。通过后,再经过学院组织于7月22日下午的公开答辩(工业设计答辩则安排在下学期开学第一周),答辩合格者才可免修相关申请的课程。

2. 毕业设计免修

毕业设计(论文)是学生在校学习期间的最后一个重要的实践性教学环节,是四年来的学习过程,尤其是专业课学习的系统总结。其目的是:

(1)培养学生综合运用所学理论知识和技能的能力,提高分析、解决工程实际问题的能力,使学生懂得工程设计、生产及管理工作的一般程序和方法;

(2)培养学生树立工程意识,在解决技术工作中所必备的全局观点、生产观点和经济观点,树立正确的设计思想和严肃认真的工作作风;

(3)培养学生调查研究,查阅技术文献、资料、手册进行工程计算、绘制图样、编写技术文件及撰写技术、管理类论文的能力;

(4)培养学生理论分析、试验设计、仪器设备的使用及对试验数据做出正确分析与评价的能力;

(5)培养学生在设计、科研工作中的独立工作能力及整体合作意识。

一系列的科研助理评价与激励机制目的是要实现创新型大学生应具备的能力。毫无疑问,我们研究科研助理创新能力的评价与激励体系的目的不是体系本身,而是想要最大限度地激发大学生的创新欲望,把大学生身上的潜在能力都调动起来,为创新服务。我们不仅要培养大学生的创新能力,同时也要培养大学生的检索文献和收集资料的能力、阅读文献资料并加以鉴别的能力、归纳综述能力、发现和提出问题的能力、逻辑思维和分析综合能力、文字表达能力及口头表达能力等。

北华大学专业选修课(限选)免修申请表

学院：　　　　　　　　　　　　　　专业：

姓名		学号		班级	
是否为科研助理		已得创新学分			
申请免修课程					
个人经历及成绩					
申请理由					
答辩总评成绩		答辩组长签字			
学院审批意见： 　　　　　　　　　　　　　　　教学院长签字： 　　　　　　　　　　　　　　　公章：　　　　　　年　　月　　日					

第六章　科研助理培养模式的实践成果

北华大学机电集成技术科技创新实践基地自2002年成立以来,培养出了一批又一批杰出的科研助理,大家的科技创新能力、团队精神、综合素质都受到用人单位的好评。在创新基地里通过自己的努力及学校的支持,他们取得了各类科研成果,并发表了多项作品。

第一节　优秀科研助理

时佰明：

毕业年份：2003年

工作单位：浙江飞亚电子有限公司

工作职称：总经理助理

个人简介：2002年3月至2003年7月在研究所担任科研助理。个人综合素质较高,进入公司后,很快被领导任命为总经理助理,主要完成公司的所有日常事务、公司策划、技术管理、业务管理工作。在工作过程中表现突出,深得公司董事信任。

孙海亮：

毕业年份：2003年

工作单位：上海宝冶建设有限公司

工作职称：技术部部长

个人简介：2002年3月至2004年7月在研究所担任科研助理。现任宝冶建设钢构分

时佰明

孙海亮

公司钢构二厂技术部部长,主要从事项目管理工作。曾负责:"上钢一厂不锈钢厂房扩建工程""深圳前湾电厂""华能玉环电厂工程""南昌会展工程""郑州新郑机场工程""浦钢搬迁COREX炼铁工程""CCTV新址主楼工程"等项目的项目管理。

田利思:

毕业年份:2004年

深造单位:韩国岭南大学

学位情况:硕士

个人简介:2002年6月至2004年7月在研究所担任科研助理。擅长于机械结构CAE分析。2004年毕业后,前往韩国岭南大学深造,主攻精密磨学方向。个人在外语方面有较高的自学能力,在韩国攻读硕士学位期间,曾用英语为同学和老师讲授UG软件。

任周灿:

毕业年份:2004年

工作单位:上海龙创汽车设计公司

工作职称:CAE部门经理

个人简介:2002年6月至2004年7月在研究所担任科研助理。目前在公司任CAE部机构工程师,负责汽车运动部件的运动学仿真和整车操稳动力学仿真。由于业绩突出到公司半年后其月薪就已经达到七千多元,并成为CAE项目部负责人,目前月薪已达到万元以上。是国内知名CAD/CAE/CAM论坛ICAX论坛的版主,多次在网上发表文章和演讲。

刘利:

毕业年份:2005年

工作单位:东莞厚街科技电业厂

工作职称:CAE部门技术骨干

田利思

刘利

个人简介:2003 年 6 月至 2005 年 7 月在研究所担任科研助理。个人在机械设计方面有较深的领悟,熟练掌握了 ADAMS、ANASYS 等尖端机械设计软件。一直担任 SIMWE 论坛 ANASY 版版主。在公司主要负责零部件的强度、振动、冲击等 CAE 技术分析。电动工具产品的有关跌落实验,零部件的强度,整机振动等的 CAE 分析。

李恩来:

毕业年份:2006 年

工作单位:浙江飞亚电子有限公司

工作职称:助理工程师

个人简介:2004 年 6 月至 2006 年 7 月在研究所担任科研助理。现就职于浙江飞亚电子有限公司,在研究所经过了近两年的锻炼,个人综合素质得到很大提高,进入公司后很快被领导赏识,负责摩托车电子系统的总体设计。在校期间曾获得第九届"挑战杯"一等奖等两项国家级奖和 3 项省部级奖。

王绍江:

毕业年份:2006 年

工作单位:三多乐精密注塑(深圳)有限公司

工作职称:助理工程师

个人简介:2004 年 6 月至 2006 年 7 月在研究所担任科研助理。目前主要从事机械设计、动力学仿真方面工作。在工作不到 5 个月时间内先后完成了"自动插端子机械手的开发""轴承自动装配机的开发""出模自动分号机构的研制"三项工程项目研究。

李恩来

王绍江

焦宏章:

毕业年份:2006 年

工作单位:北华大学

工作职称:实验员

个人简介:2004年6月至2006年7月在研究所担任科研助理。现留校任教,主要从事结构设计和动力学仿真方面的研究。曾荣获第三届中国青少年科技创新奖,第九届"挑战杯"大学生课外学术科技作品竞赛全国一等奖,首届全国大学生机械创新设计大赛东北赛区一等奖,2004年获得国家一等奖学金;发表论文1篇,申请专利4项。

苏小波:

毕业年份:2010年

工作单位:深圳维纳精密机械

工作职称:助理工程师

个人简介:2007年6月至2010年7月在研究所担任科研助理。目前主要从事机械设计、动力学仿真、机械控制等方面工作。在校期间获得国家级奖项一项,省级奖项两项,并组织参与多项工程项目,第六届"全国青少年科技创新奖"候选人、发表国际会议EI检索论文一篇、获北华大学科技创新标兵、"北华大学优秀团员"、"北华大学优秀三好学生"称号,并多次获得校级一等奖学金。

焦宏章

苏小波

缺少07~09科研助理资料。

第二节　典型项目解析

北华大学大学生创新实践基地自成立以来,一直把理论与实践相结合作为自己的育人理念;其以科研项目、科技竞赛、工程项目、发明创造为依托,注重培养学生的动手能力、创新能力、独立思考能力等;从成立至今创新实践基地在老师和科研助理的共同努力下完成了许多项目,其中科研助理的部分项目作品如下:

一、科研类

科研项目包括研究内容、产品开发、对外联系、教师或研究生发表论文等。目前北华大学大学生创新实践基地的科研项目主要有：与哈尔滨工业大学共同完成的国家 863 计划，省杰出青年基金项目，教师发表学术论文等。北华大学大学生科技创新实践基地迄今为止已完成的典型科研项目约有 20 余项，在此期间积累了丰富的科研经验，这对于创新基地今后发展具有重要的指导意义。这些经验主要包括对科研项目的提出，对科研项目的方案优化、如何在整个方案设计的过程中运用 CAD\CAM\CAE 软件以及如何应对其在加工调试过程中出现的一些未知状况等，其中典型的科研项目如下所列。

1. FL-9 增压风洞试验驾车动力学模拟（如图 6-1 所示）

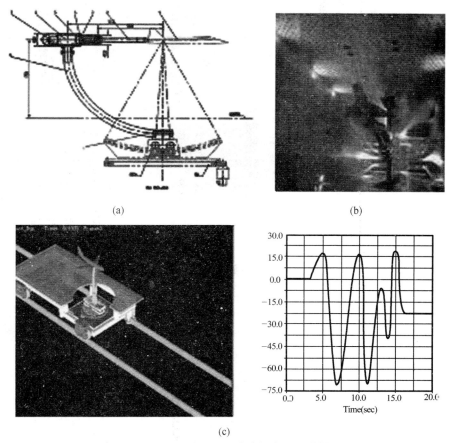

图 6-1　FL-9 增压风洞试验驾车动力学模拟

（a）测试机构模型原理；（b）风洞照片；（c）测试机构模型在虚拟样机 ADAMS 中的动态仿真

作　　者：任周灿、吴宣、唐永文
班　　级：机械99级、00级

作品简介：本项目是与哈尔滨空气动力研究院协作的课题。它始于2001年,由于当时测试样机在风洞中的参数一直困扰着哈尔滨空气动力研究院的工作人员,为了解决该问题他们专门成立了一个课题组,并找到了创新实践基地,与基地协作共同完成了实验参数的测定。在参数测定的过程中,创新基地的科研助理利用先进的机械设计软件UG、动力学仿真软件ADAMS对其按照真实环境进行模拟分析,并求解相关速度、加速度、受力等关键数据。此项目于2002年通过了哈尔滨空气动力研究院的工作人员的验收并得到了肯定。

2. 海底管道内爬行器及其检测技术(模拟样机)(如图6-2所示)

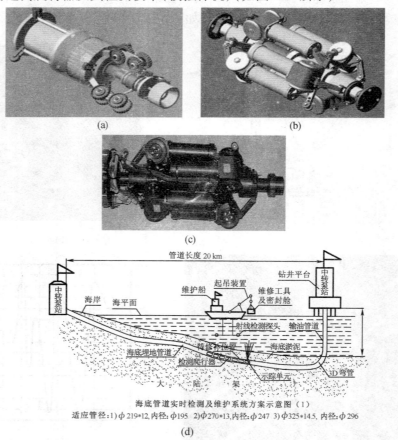

图6-2 海底管道爬行器
(a)单电机刚性驱动管道机器人虚拟样机模型;(b)六电机并联驱动管道机器人虚拟样机模型
(c)实物样机照片;(d)方案图

作　　者：任周灿、范红强、田利思、唐永文、吴暄、吴克利、王海会
班　　级：机械00级

作品简介：本项目属于国家863重大专项子课题。创新实践基地主要负责"海底管道内爬行器及其检测技术"一块。由于该机器人需要携带多种检测装置在海底管道内爬行完成监测任务，因此需要较大的拖动力，但在姜生元院长的带领下，课题组成功研制了六电机并联驱动管道机器人实物样机，整个爬行器共携带六个驱动电机，空间上呈圆周分布，在保证拖动力的前提下，大大减小了机器人体积。在方案设计及后续优化过程中我们采用了设计软件UG、PRO/E建立三维数字化模型来确保设计的科学性并避免装配地干涉。在机械设计完成之后我们借助先进的动力学仿真软件ADAMS在电脑中对真实环境进行模拟，即在设计阶段就对未来实物样机的性能有了明确的预见性。本项目于2003年年底结题并通过验收。

3. 经济型多功能管道机器人实用化技术研究（如图6-3所示）

图6-3　经济型多功能管道机器人三维数字化模型

作　　者：韩高青、李春伟、王绍江、胡敬华、焦宏章、谢加呈
班　　级：机械01级、02级

作品简介：本项目是2004年吉林省杰出青年基金项目。本项目主要完成以下几个方面的工作：(1)系统研究实现管道无损探伤、管道内壁防腐喷涂、管道清淤、内壁视觉检查等功能的自动化装备所涉及的关键技术。(2)从技术成熟性、经济实用性、使用及维护的方便性等角度，建立管道机器人产品的经济适用性定量评价标准，确定出能够适应当今管道施工状况的机器人产品所应该遵循的设计标准。(3)从功能实现的角度出发，研究管道机器人核心功能的模块化划分方法。以产品化为目标，对各核心模块的关键技术进行技术集成。(4)制作一套机器人模型样机，并以其为平台，研究管道机器人的拖动力、驱动效率、弯管通过性、越障能力、控制系统的实时性与柔顺性等关键性能指标的定量数学模型。(5)以虚拟样机（ADAMS）技术为核心，构建机器人本体的全数字化三维动力学模型，在此模型上进行仿真测试。

4. 三角联动陪护椅（如图 6-4 所示）

图 6-4　三角联动陪护椅数字化模型

作　　者：焦宏章、韩高青、祝新良、刘利、胡敬华、谢加呈

班　　级：机械 01 级、02 级

作品简介：本项目属北华大学机电集成技术创新基地自主研发项目，属于陪护椅系列产品。该床能够实现床—椅的转换，而且能够充分折叠，占地空间小，外形美观大方。而且已经系列化，经过试用顾客十分满意。整个椅子由背板、腰板、腿板三折构成。椅子状态时三部分呈三角形，变成床时三部分成一字形，椅子两条腿呈 U 形并通过连杆与椅身相连。设计过程中充分利用四杆联动机构，使得床-椅的转换变得十分简便，而且视觉效果较好，体现了人与物的和谐。本项目已申请国家专利（200620028872.X）。在整个项目中主要运用了 UG、PRO\E 对其进行三维建模来检查其是否有干涉。

5. 海底管道内爬行器及其检测技术（工程样机）（如图 6-5 所示）

作　　者：王绍江、李春伟、胡敬华、谢加呈、焦宏章、郑跃君、郭栋梁、李永鹏、叶锐汉、邓文斌、高翔、韩景宇、刘国祥、王祖程、窦义康、许飞

班　　级：机械 02、03、04 级

作品简介：本项目属于 863 项目"海底管道爬行器及其检测技术"的专项子课题。

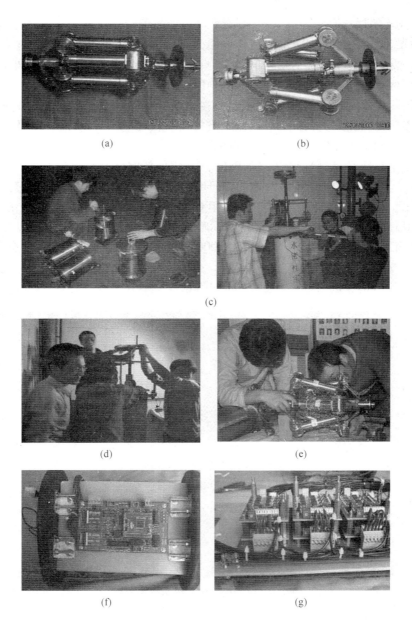

图 6-5　海底管道内爬行器

(a) 195 爬行器实物照片；(b) 297 爬行器实物照片；(c) 在工厂安装、调试；(d) 水密性实验现场；(e) 爬行器与控制箱的接线和调试；(f) 示踪定位控制板；(g) 爬行器控制板爬行器实现的功能有：
（1）六杆式驱动臂结构，周向60度等间距分布，首尾交替布置，六轮驱动；
（2）驱动臂分布在爬行器外层空间，端部直接安装驱动轮，径向占用空间小，结构紧凑；
（3）前后两个驱动截面，输出拖动力达800 N；
（4）力封闭可调式的结构，由调整电机直接驱动，调整简单，可靠；
（5）解锁后，即解除与管臂的封闭力，由支撑轮可被动拖动行走，便于救援；
（6）更换不同的支撑杆即可适应不同的管径；
（7）采用了车氏密封，爬行器在2 MPa下运行仍保持完好的水密性。

为了实现以上功能，创新实践基地的科研助理们在姜院长的带领下开始对爬行器的机械本体进行设计，在此期间科研助理熟练运用CAD\CAE\CAM软件进行现代化设计并且在最后运用ADAMS进行动力学仿真，得到实际爬行中的运动参数，确保了样机的可行性，此项目于2005年底送工厂加工工程样机，于2006年5月底工程样机的机械部分包括2 MPa的密封性都已完成。

6. 基于VB与单片机的智能监控系统（如图6-6所示）

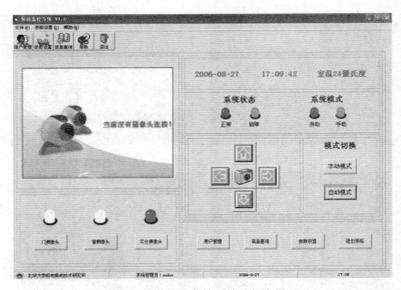

图6-6 该智能监控系统运行主界面

作　　者：许飞、王祖程
班　　级：机械04级
作品简介：本项目是北华大学大学生创新实践基地的科研项目，该智能监控系统主要应用在室内。其对室内环境、门窗安全和某些突发事件实时监控并作出相应的报警处理，通过上位机监控界面观察室内情况,并能通过监控软件对云台进行旋转操作,改变摄像头的拍摄视角并抓拍图片。

根据监控系统软件和硬件相结合的特点,本系统配有自主研发的监控软件一套,同时满足以下功能点:

室内图像抓拍;

室内视频监控;

报警信息采集;

环境温度监测及显示;

远程智能监控;

信息数据库处理,信息报表。

二、科技竞赛类

北华大学大学生创新实践基地成立至今一直很注重比赛类项目,其中气动蠕动式缆索机械人的研制成功是北华大学大学生创新实践基地创新型人才培养的一个里程碑。目前北华大学大学生创新实践基地主要参加的比赛有:全国大学生挑战杯、全国大学生机械创新设计大赛、吉林省大学生挑战杯、工业设计大赛、大学生创业计划大赛、全国大学生电子竞赛、飞思卡尔大赛等。在国家、省级各项比赛中都相继取得了优异成绩。并且经过国内的各种大小型比赛的洗礼后,每一届的科研助理都会给创新实践基地留下非常宝贵的竞赛经验。从创新实践基地成立至今共参加全国比赛达30余项,正是由于历届科研助理的经验才使我们每一届科研助理针对各种比赛都具有不同的应赛经验,针对不同的竞赛题目,制作不同的参赛作品以及在比赛中应该怎样应对各种复杂的比赛状况等。创新实践基地的科研助理依靠现代机械设计软件结合历届科研助理留下的丰富的竞赛经验顺利地完成比赛任务。

1.气动蠕动式缆索机器人的研制(如图6-7所示)

作　　者:吴暄、任周灿、唐永文、田利思、范红强、陈勇、陈泽军

班　　级:机械00级

作品简介:本项目属于北华大学重点科研项目。同时代表北华大学参加第八届"全国大学生课外学术科技作品竞赛"获得一等奖。该项目主要针对目前人们对斜拉桥的维护是依靠人力,这不仅效率低下,而且极不安全这一问题,我们希望能够利用机器人完成这一危险任务而开展的项目。经过近一年的时间,课题组终于设计出这一款气动蠕动式缆索机器人,该机器人跟国内其他类似产品相比,具有科技领先性。除了能够检测斜拉桥缆索外,机器人的潜在应用领域也非常广泛,比如高空桅杆类物体顶部彩旗条幅的收放、高压线的无损探伤等。在设计中科研助理除了运用现代化机械设计软件(UG、PRO/E)建立三维数字化模型外,还应用动力学仿真软件ADAMS对其按照真实环境进行模拟分析,求解相关速

度、加速度、受力等关键数据。这对整个缆索机器人的性能及可靠性在真实样机加工完成之前作了客观的分析,确保了加工的准确性,方案的可行性。

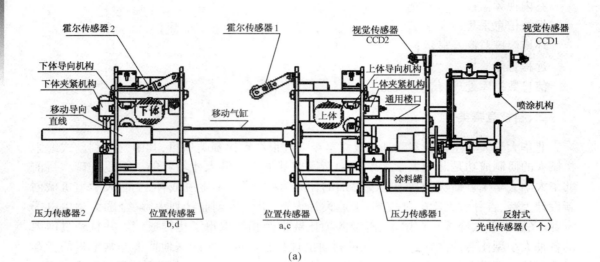

(a)

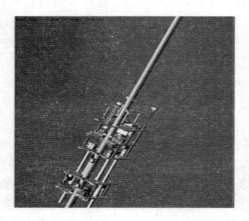

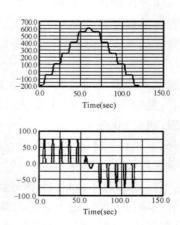

(b)

(c)

(d)

图 6-7 气动蠕动式缆索机器人

(a)缆索机器人原理图；(b)缆索机器人的虚拟样机仿真；(c)缆索机器人的实物照片
(d)缆索机器人受到社会各界关注与好评

2. 经济型多功能电动康复床(如图 6-8 所示)

作　　者:祝新良、刘利、韩高青、胡达、赵立昌、焦宏章

班　　级:机械 01 级

作品简介:本项目是吉林市杰出青年基金资助课题。代表北华大学获得第一届机械创新大赛东北赛区一等奖,该项目是从第一届机械创新设计大赛提出康复床出发设计的一款为中风、偏瘫、截瘫、骨折、腰肢行动不便、昏迷、大手术及其他坐卧、翻身困难等生活不能自理的病人设计的一款新型康复医疗器械。其具有以下功能:(1)电动轮椅;(2)床身直立;(3)体位调整;(4)大小便自理;(5)按摩。康复床设计合理,据有很好的市场前景,并且在设计过程中运用了现代化的机械设计软件(UG,PRO\E)。在当时具有一定的先进性,这也成为经济型多功能康复床在设计过程中的一个亮点。

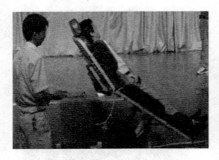

(a)

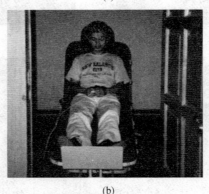

(b)

图 6-8 经济型多功能电动康复床

(a)经济型多功能电动康复床实物；(b)经济型多功能电动康复床穿过门口

3. 高压输电线缆检测机器人的研制(如图 6-9 所示)

作　　者：焦宏章、李恩来、李春伟、谢加呈、胡敬华、王绍江、高翔、张公平

班　　级：机械02级、03级、电气03级

作品简介：本项目属于北华大学重点科研项目。同时代表北华大学参加第九届"全国大学生课外学术科技作品竞赛"获得一等奖。针对高压输电线自动检测和自动巡线的工程需要，创新基地自主开发了"吊臂式高压输电线检测机器人"。该机器人同国内外同类产品相比，主要有以下创新点：(1)提出了吊臂式高压输电线机器人创新传动原理，利用两个驱动电机即可实现机器人轮式移动、越障、摆臂平衡、联动压紧、主电池箱在线收放等多个动作；(2)设计了以 X 型杆机构为核心的越障驱动机构；(3)设计了联动四杆机构为核心的平衡机构，有效抑制了俯仰失稳、侧摆失稳，结构简单，动作可靠；(4)首次提出在线补能方案，可以在不从高压线上取回机器人的前提下，给机器人更换电源，使机器人的作业距离达到无限远。

第六章 科研助理培养模式的实践成果

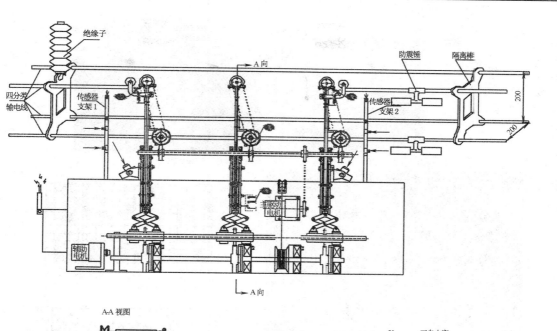

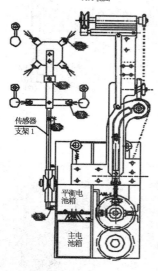

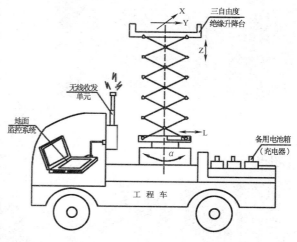

(a)

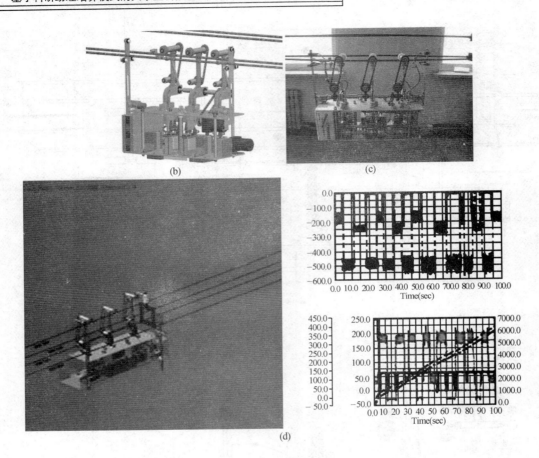

(e)

(f)

图 6-9　高压输电线缆检测机器人

(a)高压输电线检测机器人原理图;(b)高压输电线检测机器人数字化模型;(c)高压输电线检测机器人实物照片;
(d)高压输电线检测机器人虚拟样机仿真;(e)参赛选手给专家讲解机器人结构;(f)凯旋的参赛选手

为了确保在整个机械本体的设计中不出现尺寸的问题,除了合理的设计,更重要的是运用现代的机械设计软件来确保其尺寸不发生干涉现象,并且为了验证加工的样机能像设计过程中的运动路线,我们运用 ADAMS 进行真实的模拟,来得到各个环节的运动参数。

4.介质流管道机器人(如图 6-10 所示)

图 6-10　介质流管道机器人实物样机

作　　者:万鹏、罗荣能、高照曾、陈盛发、叶锐汉、许飞
班　　级:04级、05级

项目简介:本项目是重点科研项目,曾获得全国大学生挑战杯三等奖,介质流驱动能源自给式管道机器人样机实现了长时间远距离作业,并且具有结构简单,行进速度平稳可控,可靠性高,扩展性好,机动性强,性价比高等优点。其主要应用于石油天然气输送主干线的管道焊口探伤、补口、管径测量、管道清淤等工作,也可应用于长距离输水、排污管道的检测。在整个设计的过程中,我们利用作业的环境提出了压差驱动,并且能在线补给能量的环境下,将远距离作业变为可能。在整个设计的过程中,首先用AUTOCAD提出我们自己的方案,然后运用先进的三维建模软件UG,PRO\E构建三维数字化模型,最后我们利用动力学仿真软件去测量出介质流管道机器人在行走过程中的动力学参数。

5.双齿条传动无侧力燃油发动机(如图6-11所示)

图6-11　双齿条传动无侧力燃油发动机实物样机

作　　者:陶海风、余兴、李忠伟
班　　级:05级、06级

项目简介:本项目是我校科研项目,曾获得全国大学生课外挑战杯三等奖。本项目主要在分析曲柄连杆式发动机传动特性的基础上,以消除活塞侧向力、提高发动机的传动效率、减小速度波动性为目标,提出的一种以齿条、不完全齿轮为核心的双齿条传动无侧力燃油发动机系统。该系统能够提高发动机的传动效率,它是创新实践基地对发动机行业进行的一次"革命"。在整个项目的进行过程中,创新实践基地的科研助理对这种想法提出了不同的方案,并用先进的机械设计软件对其进行三维建模,动力学仿真软件对其进行动力学仿真,从理论上分析其可行性,使这项"革命"的想法变成了实物。

6. 流体驱动速度可控式管道机器人（如图6-12所示）

(a)　　　　　　　　　　　　　　　(b)

图6-12　流体驱动速度可控式管道机器人

(a)流体驱动速度可控式管道机器人调试完成；(b)流体驱动速度可控式管道机器人实物样机

作　　者：孔庆龙、苏小波、张坛、李兴楼、陈登云、姜来、王国伟、张春来

班　　级：06级、07级

项目简介：本项目是创新实践基地科研项目，也是北华大学大学生创新实践基地参加全国大学生"挑战杯"大赛二等奖的作品。本机器人是一种利用流体驱动、机械式在线获取电能及速度可控的新型管道机器人。该机器人由以径向尺寸可控的驱动气囊为核心的新型恒速驱动单元、摩擦轮式在线取能单元、双闭环实时调速单元及变径支撑单元等组成。其中驱动单元通过控制气囊的径向尺寸，从而改变气囊外径与管道内壁所形成的环形溢流间隙，调节和控制机器人前后两端的流体介质压差，实现恒速行进；同时，新构建的在线取能单元以摩擦轮组、发电机为核心，通过传动及运动合成机构将摩擦轮的转速及转矩传递给发电机，将流体动能以机械取能方式转化为控制系统所需电能，使管道机器人的长距离作业成为可能。在完成整个设计的过程中，科研助理运用的软件主要有：AUTOCAD、UG、PRO\E、ADAMS、3D、Photoshop等现代化设计软件，最终使其在比赛现场具有很好的演示、宣传效果。

三、工程项目类

工程项目是北华大学大学生创新实践基地的一个特色实践环节，通过工程项目使科研助理具有一定的工程实践经验，使创新实践基地毕业后的学生能够更快地适应岗位的需求。北华大学大学生创新实践基地经过历年的发展，其毕业的科研助理在上岗之后被企业称为"技术业务通""上手快、后劲足"等称号，这也是北华大学大学生创新实践基地的培养方式得到社会认可的体现。其中大部分科研助理在校期间都参加了一定的工程项目，部分工程项目如下所列。

1. 普通机床的数字化改造（如图 6-13,6-14,6-15 所示）

图 6-13　CA6140 普通车床数控改造

图 6-14　CA6250 普通车床数控改造调试现场　　　图 6-15　PLC 控制界面

作　　者：孙海亮、魏云红、时佰明、任周灿、唐永文、田利思
班　　级：机械 99 级、00 级
作品简介：本项目属于长春春城汽车配件厂技改项目,本项目也是北华大学大学生创新实践基地成立后第一个工程实际项目。其改进后要实现：
（1）可以加工出传统机床加工不出来的曲线、区面等复杂零件；
（2）可以实现加工的自动化、柔性化,效率可以提高 3～7(2～3)倍；
（3）加工的零件精度高、尺寸分散度小（加工精度的一致性好）；
（4）可实现多工序的集中,减少零件的频繁搬运；
（5）可以实现自动报警、自动监控、自动补偿等多种自律功能；派生出的好处：降低工人的劳动强度、节省劳力、避免对人的过分依赖。

经过近一星期的努力,最终于 2002 年通过该厂的验收并交付使用。在整个改造的过程中科研助理主要运用了 PLC 对其进行控制,实现了普通车床的数字化改造。

2. 制动梁闸瓦托挡圈液压切除机(如图 6-16 所示)

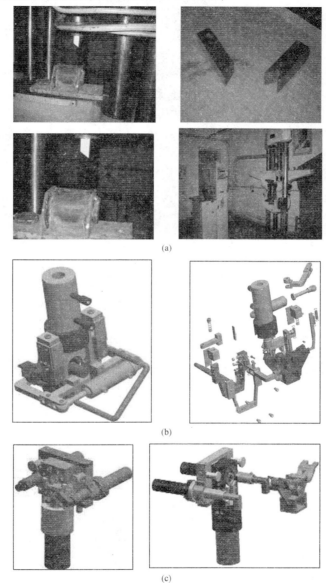

图 6-16 制动梁闸瓦托挡圈液压切除机
(a)制动梁闸瓦托挡圈液压切除机实用化现场;(b)上切式切垫机三维模型;(c)下切式切垫机三维模型

作　　者:韩高青、刘利、祝新良、胡达、李云明、赵立昌、王绍江、李春伟
班　　级:机械01级、02级
作品简介:本项目属于吉林市民营企业重点科研项目。目前我国铁道部管辖的货车机车每年都要检修,依靠人工不仅劳动强度大,效率低,而且分解后的挡圈不能重新利用。针对这一情况,我们设计了挡圈液压切除机,采用分解机进行挡圈分解相比原来的手工作业方式,除降低劳动强度,节省人力资源以外,还大大提高了挡圈重新利用率(分离机切除挡圈完好率95%以上,扣除15%报废挡圈,挡圈从新利用率80%左右),所设计的切垫机目前正在吉林市龙潭区铁路段使用。在项目研发的过程中主要使用的机械设计软件有:AUTOCAD,PRO\E,UG等。

3. 锅炉煤耗智能计量系统(如图6-17所示)

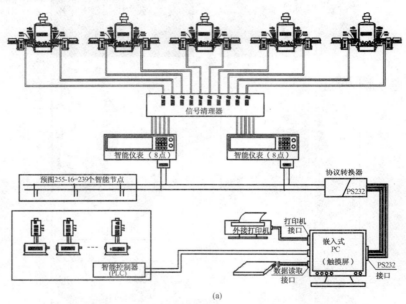

(a)

(b)

图6-17　锅炉煤耗智能计量系统

作　　　者：李云明、赵立昌、李恩来

班　　　级：机械01级、02级

作品简介：本项目来源于吉林轻型车厂技术改造项目。于2004年完成。整个系统由两级计算机系统构成，现场级包括两套8路智能数据记录仪，完成10路现场信号的实时采集、记录及显示等功能。管理级由高可靠性嵌入式工控机完成日、月、年的煤耗数据统计、存储以及打印等管理功能。两级计算机通过485网络进行通信，并预留239个485子站，便于系统的升级改造。并为上一级管理系统预留了TCP/IP通信接口。该项目主要由组态王6.53，PLCS7-200控制软件完成。其主要实现的功能如下：

（1）日煤耗统计表、月煤耗统计表、年煤耗统计表；

（2）煤耗动态监视；

（3）Excel报表生成；

（4）分权限安全管理功能；

（5）操作记录；

（6）日、月煤耗管理功能；

（7）煤耗统计分析；

（8）报表输出打印与数据备份；

（9）系统升级冗余功能。

4．玉米粉基一次性餐具生产线（如图6-18所示）

(a)

(b)

 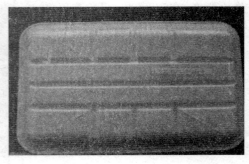

(c)

图6-18 玉米粉基一次性餐具生产线

(a)玉米粉基一次性餐具生产实验现场;(b)玉米粉基餐盒模具照片

(c)玉米淀粉餐盒产品照片

作　　者:姜生元、李建永、张玉峰、罗春阳

作品简介:此项目受北京广博信环保有限责任公司委托,设计一条餐具生产流水线。整体的生产线设计包括配料、定量分切、热压成型、内侧涂膜、外侧涂膜及杀菌、码垛等环节。创新基地主要承担项目生产线规划、厂房布置、餐具模具的设计制作。在整个设计过程中,科研所采用先进的CAD\CAE\CAM软件完成了餐具的模具设计,并完成整个生产线的方案、规划设计,最终该项目于2005年完成。

5.便携式扩频天线支架(如图6-19所示)

作　　者:钟英金、万鹏、陶海风、李照刚、陈盛发

班　　级:05级

项目简介:本项目是与白山移动公司合作的项目。扩频天线支架具有体积小、重量轻、分装方便、操作简单等特点,便于携带运输,轿车后备箱内即可携带,可作为移动公司架设临时扩频天线支架、会馆国旗升降支架以及公安、消防部门野外临时照明支架等用途,也可用于布展公司作为悬挂条幅支架,其具有良好的市场前景。目前北华大学大学生创新实践基地已经成功地销售了近10台,并拥有自主知识产权,此项目在设计过程中科研助理运用了先进的机械设计软件(UG、PRO\E)自主设计加工,完成设计任务。

图6-19 便携式扩频天线支架工作现场

6."痔疮膏药灌装机"的机械主体的设计(如图6-20所示)

作　　者:万鹏、高照曾、余兴、李忠伟、梁九州、张云飞、苏小波

班　　级:05级、06级

项目简介:本项目是为哈尔滨天地人制药有限公司研发项目,痔疮膏药灌装机的设计,弥补了市场对小口径膏药灌装的空白,提高了生产效率,减少了生产成本,降低了工人劳动强度,实现半自动化生产,操作简单,维修方便。在整个设计的过程中,科研助理主要运用现代化设计软件(AUTOCAD、PRO\E、UG),完成灌装机本体的设计,并运用ADAMS对其进行动力学仿真,确保其具有可靠的工作性能。此项目于2008年结题,并交付哈尔滨天地人制药厂投入使用。

图6-20　痔疮膏药灌装机工作现场

四、创新发明类

北华大学大学生创新实践基地为了推动科研助理的创新能力及整个学院创新建设的发展,搭建了创新平台,并组建北华大学创新联合会。其根本目的在于培养全院学生的创新能力。通过模拟工程项目、竞赛项目让学生发挥自己的特长,在自己所学专业的基础上进一步发展。经过多年的实践证明,北华大学大学生创新实践基地的创新平台具有良好的发展前景,能够培养一批又一批具有很强的创新思维的人才。

1.高校科研机构信息管理系统

作　　者:李志刚、张延忠、徐海军、胡达、赵立昌、高青云、郑跃君

班　　级:工业设计02级、机械01、02级

作品简介:本项目是科研机构管理系统,其由科研信息管理、图书信息管理、人员管理和物资管理这四大部分组成。该系统是为了实现高校科研业务的数字化管理,提高科研业务管理人员以及科研人员的工作效率,减少不必要的重复劳动;加速信息的记录、查阅以及传播速度;与"数字校园"中的其他系统相配合共同实现无冗余的统一信息管理而开发的。其技术核心在于(1)自动取值的算法;(2)数据库动态连接与更新;(3)在Access中实现库存取数据的模糊查询;(4)信息报表的自动生成;(5)借书期限的算法等。科研助理经过方案的讨论后,最终于2006年11月运用程序设计软件Visual Basic 6.0完成界面的开发任务。该高校科研机构信息管理系统软件实现了系统用户、人员、图书、物资、财务、科研课题、参赛获奖等信息管理和报表打印管理等功能,从而实行数据库动态更新和管理,其详细

功能如下:
(1)系统用户信息管理:添加用户、删除用户、修改密码、权限设置、退出使用;
(2)人员信息管理:教师信息管理(添加教师信息、查询教师信息、修改/删除教师信息)、成员信息管理(成员基本信息管理、成员学习信息管理、成员科研信息管理);
(3)物资信息管理:物资信息管理、借出物资信息、还入物资信息;
(4)图书信息管理:书籍类别管理、书籍信息管理、借书信息管理、还书信息管理;
(5)财务信息管理:预支信息、报账信息、收入信息、支出信息;
(6)科研课题信息管理:科研课题信息、详细课题信息;
(7)参赛获奖信息管理:作品参赛获奖信息;
(8)报表打印管理:人员信息管理(教师信息报表、成员信息报表)、图书信息管理(书籍种类信息报表、现有书籍信息报表、借出书籍信息报表)、物资信息管理(现有物资信息管理、借出物资信息管理)、财务信息管理(预支信息报表、报账信息报表、支出信息报表、收入信息报表)、科研课题信息管理、参赛获奖信息管理;
(9)窗口排列:水平、垂直、层叠三种排列方式;
(10)帮助:包括帮助文件和关于软件两部分。

2. 智能化英语考试系统

作　　者:李立桩、高青云、李志刚、郑跃君、詹永

班　　级:机械02级、03级

作品简介:本项目属于科研模拟项目,开发英语考试系统主要是为了实现英语考试的计算机化,充分利用计算机强大的数据库管理功能,通过计算机来完成考生信息的管理、考试、阅卷、成绩统计、试题编辑等操作,尽量减轻人的工作负担,提高工作效率。科研助理通过运用Visual Basic 6.0完成程序开发任务,本系统于2004年11月完成。该系统主要实现的功能如下:
(1)只有数据库中存在的特定考生和教师才可以登录;
(2)系统界面友好美观,操作简单易行,查询灵活方便,数据存储安全;
(3)系统维护方便可靠,有较高的安全性,满足实用性、先进性的要求;
(4)实现多点操作的信息共享,相互之间的信息传递准确、快捷和顺畅;
(5)通过英语智能化考试管理系统的实施,使考试更加高效、迅捷。

3. 64路开关量监控系统设计(如图6-21所示)

作　　者:许飞、王祖程、郑跃君、李恩来

班　　级:机械03级、04级

作品简介:本项目属于工程模拟项目。在一些工厂或车间,会有很多的控制开关,每一个开关都将控制一个系统或电路,但是控制技术人员只能在控制区才能了解到当时的控制状态,而且每一种控制状态持续的时间也不能很好的掌握。再者,这种控制没有日志表记

第六章　科研助理培养模式的实践成果

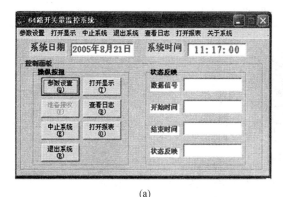
(a)

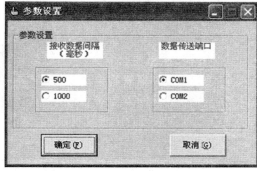
(b)

(c)

图 6-21　64 路开关量监控系统

(a)64 路开关量监控系统主界面；(b)串口通信参数设置界面；(c)数据报表生成界面

录,当天的一些控制信息也不能保留下来,这给将来的查询也带来了很大的不便。基于这种现状,我们设计开发了一种监控软件,并设计了 64 路开关,用监控软件来实现对 64 路开关量的监控,模拟对工厂的控制开关的监控。该监控系统的开发主要用到 VB 编程软件的 Mscomm 控件(串口通信)、数据库和报表控件以及其他一些辅助控件。用 Mscomm 控件来完成计算机的 CPU 端口和单片机的端口的连接,以完成数据的采集和接收。用数据库和报表控件来完成控制日志表的设计。还用到一些辅助控件(文本控件 Text,命令控件 Command,时间控件 Time)来完成监控系统功能的进一步完善。完成后的监控系统会将监控信息反馈到监控界面,监控人员可以通过监控界面来了解到监控时间段内的信息。

4. 机械工程学院院徽设计作品(如图6-22所示)

黑白稿

设计说明：本设计综合考虑学院的办学理念。具轮意指着机械又象征着太阳。暗示机械学院就像一枚冉冉升起的太阳，绽放光芒。同时巧妙的加上两笔，与齿轮很好的组成一张笑脸。预示着学院的办学质量使您满意。旁边的书籍说明学院注重文化培养，注重理论实践相结合。

设计：刘洪敏　　班级：工业设计03-1　　指导教师：田帅

图6-22　机械工程学院院徽设计

作　　者：刘洪敏

班　　级：工业设计03-1 班

作品简介：此项目是北华大学机械工程学院本院院徽征集比赛。北华大学机械工程学院在学院领导的建设下，发展越来越迅速，其中创新性工程人员的培养模式已经成为近年来国内各高校学习的典范，在这种氛围下创造出具有别具一格的院徽对北华大学及机械工程学院是必要的，因此工业设计科研助理使用设计软件 CorelDRAW 进行制作，其齿轮意指机械又象征着太阳，暗示机械学院就像一枚冉冉升起的太阳，绽放光芒，同时又巧妙地加上了两笔，与齿轮很好地组成一张笑脸，预示着学院的办学质量使您满意，旁边的书籍说明学院注重文化培养，注重理论实践结合，体现出北华大学机械工程学院的办学特色。

5. 鱼尾图(如图6-23所示)

作　　者：薛淼

班　　级：工业设计04-1 班

作品简介：北华大学机械工程学院鼓励学生利用课余时间进行创新设计，来提高学生的创新意识。本设计属于课外个人创作，其运用 Photoshop 进行设计，并且运用了大量的技巧，细节之处处理得比较精细。主要用于壁画装饰等。

图6-23　鱼尾图

第三节 创新竞赛成果

一、近年来获奖统计

自 2002 年开始至 2014 年 7 月 31 日科技创新获奖情况（获奖 625 项，其中国际级 10 项、国家级 72 项、省部级 218 项）。

No.	参赛作品名称	获奖名称	获奖日期	项目等级
国际级奖项（10 项）				
1	数学建模	国际大学生数学建模比赛	2007.03	二等奖
2	中彩柜员一体机造型设计	第二届国际大学生产品设计毕业作品竞赛	2008.03	二等奖
3	3C 洗衣机造型设计		2008.03	三等奖
4	概念电磁炉造型设计		2008.03	优秀奖
5	多功能理疗床	第三届国际大学生产品设计毕业作品竞赛	2008.12	二等奖
6	可拆组益智玩具设计		2008.12	优秀奖
7	"书生"便携式扫描仪造型设计		2008.12	优秀奖
8	公共充电设备造型设计		2008.12	优秀奖
9	数学建模	国际大学生数学建模比赛	2011.03	二等奖
10	数学建模		2011.03	三等奖
国家级奖项（72 项）				
1	气动蠕动式缆索机器人	第八届"挑战杯"全国大学生课外学术科技作品竞赛	2003.11	一等奖
2	吊臂式高压输电线检测机器人	第九届"挑战杯"全国大学生课外学术科技作品竞赛	2005.11	一等奖
3	双齿条传动无侧力燃油发动机	第十届"挑战杯"全国大学生课外学术科技作品竞赛	2007.10	三等奖
4	介质流驱动能源自给式管道机器人		2007.10	三等奖
5	流体驱动、速度可控式管道机器人	第十一届"挑战杯"全国大学生课外学术科技作品竞赛	2009.10	二等奖
6	基于水压马达的中水回用系统		2009.10	三等奖
7	缝隙救援生命索	第十二届"挑战杯"全国大学生课外学术科技作品竞赛	2011.10	一等奖
8	智能化多功能电动康复床	第二届全国大学生机械创新设计竞赛	2006.10	一等奖

续表

9	缝隙救援生命索的研制	第四届全国大学生机械创新设计竞赛	2010.10	一等奖
10	可遥控益智球形玩具	第五届全国大学生机械创新设计大赛	2012.05	二等奖
11	图学三维投影仪	第六届全国大学生机械创新设计大赛	2014.07	二等奖
12	基于落体法的转动惯量测试实验教具		2014.07	二等奖
13	多功能康复床	第四届"挑战杯"中国大学生创业计划竞赛	2004.11	铜奖
14	多功能护理床	第五届"挑战杯"中国大学生创业计划竞赛	2006.10	银奖
15	根茎作物收获机	第八届全国"挑战杯"大学生创业计划竞赛	2012.11	二等奖
16	焦宏章	第三届中国青少年科技创新奖	2006.08	个人奖
17	倒立摆	全国大学生电子设计竞赛	2011.09	二等奖
18	根茎作物收获机	第一届全国网络虚拟运营专项竞赛	2012.11	三等奖
19	风扇设计	"美迪"杯风扇设计大赛	2005.05	三等奖
20	多功能小型抢险工具	全国工业设计大赛	2012.11	优秀奖
21	自动医用安瓿开启器	全国工业设计大赛	2012.11	优秀奖
22	医用输液测速仪	全国工业设计大赛	2012.11	优秀奖
23	戴在眉毛上的眼镜	"李白杯"眼镜设计大赛	2007.03	二等奖
24	中药贴剂旋压制饼工艺的实验研究	2008年国家大学生创新性实验计划项目	2008.09	
25	逆向自洁式清洁车的设计研究		2008.09	
26	水压马达及其中水回用冲厕系统的设计研究		2008.09	
27	经济型自主移动机器人实验平台的设计研究		2008.09	
28	介质压差驱动、速度可控式管内移动载体的设计研究		2008.09	

续表

29	玉米收割机		2009.09
30	缝隙救援生命索		2009.09
31	气动轻型车动力机构	2009年国家大学生创新性实验计划项目	2009.09
32	长途列车环保节约型厕所的设计与研究		2009.09
33	基于DEFORM的挤压模具模块化分析系统开发		2009.09
34	新型蜂王浆提取机		2009.09
35	便携式松塔采集装置		2010.09
36	自洁式鞋底清洁器		2010.09
37	基于擒纵原理的高楼循环逃生器的设计与研究		2010.09
38	膝内外翻振动矫形康复仪	2010年国家大学生创新性实验计划项目	2010.09
39	紧急刹车综合安全系统		2010.09
40	基于手机Java平台的智能家庭保姆		2010.09
41	洪灾污泥清除机		2010.09
42	便携式松塔采集装置		2010.09
43	多体位电脑椅		2012.07
44	可遥控益智球形玩具——球形飞机		2012.07
45	"蜗居时代"新型家具		2012.07
46	灯具安全装卸手		2012.07
47	农用机井抢险救援设备	2012年大学生创新创业训练计划项目	2012.07
48	全自动家用擦鞋机		2012.07
49	三自由度运动平台的优化设计		2012.07
50	外挂式绿化带草皮铺植机		2012.07
51	全自动医用安瓿开启器		2012.07
52	蜂王浆挖取机		2012.07

续表

53	北华艺彩设计工作室		2013.05	
54	脑瘫儿四肢康复医疗椅		2013.05	
55	轮式爬楼路行两用电动车		2013.05	
56	蜂王浆拣虫机		2013.05	
57	高压线除冰机器人	2013年大学生创新创业训练计划项目	2013.05	
58	基于颜色传感技术的新型血沉仪		2013.05	
59	手摇式水稻插秧机		2013.05	
60	吉林蜂具		2013.05	
61	根茎作物收获机		2013.05	
62	浮力调控负压吸附式泳池清洗机		2013.05	
63	视图投影工具的研发		2014.05	
64	全自动菌种封装装置的设计与研究		2014.05	
65	浸渍无毒酒精棉签盒的研制		2014.05	
66	可重构柔性模具市场推广		2014.05	
67	液压顺序阀性能实验台的研制	2014年大学生创新创业训练计划项目	2014.05	
68	渐开线齿廓啮合特性教具		2014.05	
69	脑瘫儿运动康复椅		2014.05	
70	内置式全自动汽车防护伞翼		2014.05	
71	链动升降式立体车库控制系统的研究		2014.05	
72	微循环煎药包装一体机的研制		2014.05	

续表

省部级奖项(218项)				
1	气动蠕动式缆索机器人	第八届"挑战杯"吉林省大学生课外学术科技作品竞赛	2003.06	一等奖
2	吊臂式高压输电线检测机器人	第九届"挑战杯"吉林省大学生课外学术科技作品竞赛	2005.06	二等奖
3	医疗信息服务平台	吉林省大学生课外学术科技作品竞赛	2005.09	优秀奖
4	大学生与中小学互动构建科学人生观实践探索	吉林省大学生课外学术科技作品竞赛	2005.09	三等奖
5	介质流驱动能源自给式管道机器人	第十届"挑战杯"吉林省大学生课外学术科技作品竞赛	2007.05	二等奖
6	双齿条无侧力燃油发动机		2007.05	三等奖
7	流体驱动、速度可控管道机器人	第十一届"挑战杯"吉林省大学生课外学术科技作品竞赛	2009.06	一等奖
8	基于水压马达的中水回用系统		2009.06	二等奖
9	逆向自洁式地面清洁车		2009.06	三等奖
10	便携式生命救援索	第十二届"挑战杯"吉林省大学生课外学术科技作品竞赛	2011.06	特等奖
11	多功能电动康复床	第一届"全国大学生机械设计大赛"东北赛区	2004.07	一等奖
12	高度可调式医用转运车	第二届"全国大学生机械创新设计大赛"吉林赛区	2006.07	一等奖
13	智能化多功能电动康复床		2006.07	一等奖
14	联动式折叠床椅		2006.07	一等奖
15	力可控型颈椎牵引器		2006.07	二等奖
16	逆向自洁式地面清洁车	第三届"全国大学生机械创新设计大赛"吉林赛区	2008.06	一等奖
17	隔离式水压马达中水回用系统		2008.06	一等奖
18	脉冲式弹跳群刷空调管道清洗装备		2008.06	一等奖
19	小型浮铲式清雪机		2008.06	二等奖
20	家用多功能清洗机		2008.06	二等奖
21	可自动倾翻液压开盖式垃圾桶		2008.06	二等奖
22	室内地面自动清洁器		2008.06	二等奖

续表

23	缝隙救援生命索		2010.06	一等奖
24	基于擒纵原理的高楼循环逃生器		2010.06	一等奖
25	小型多功能液压抢险设备		2010.06	一等奖
26	农用机井抢先救援设备		2010.06	一等奖
27	折梯式应急逃生防护栏		2010.06	一等奖
28	离心式破冰清雪装置	第四届全国大学生机械创新设计大赛吉林赛区	2010.06	二等奖
29	横动高能越障探测机器人		2010.06	三等奖
30	便携式手动破障器		2010.06	三等奖
31	伤员运输机		2010.06	三等奖
32	高楼循环逃生器		2010.06	三等奖
33	高楼逃生滑索的研制		2010.06	三等奖
34	可遥控益智球形玩具		2012.05	一等奖
35	灯具安全装卸手		2012.05	一等奖
36	蜗居时代新型家具		2012.05	一等奖
37	家用数码清洁器		2012.05	二等奖
38	新概念游乐场		2012.05	二等奖
39	全自动带式新型擦鞋机		2012.05	二等奖
40	家用智能鞋柜	第五届全国大学生机械创新设计大赛吉林赛区	2012.05	二等奖
41	休闲机械玩具马		2012.05	三等奖
42	面对面双人手摇碰碰车		2012.05	三等奖
43	E时代多体位工作站		2012.05	三等奖
44	多功能家用清洁器		2012.05	三等奖
45	趣味水族箱		2012.05	三等奖
46	寝室多功能挂衣架		2012.05	三等奖
47	无叶飞行器		2012.05	三等奖

续表

48	图学三维投影仪		2014.05	一等奖
49	基于落体法的转动惯量测试实验教具		2014.05	一等奖
50	升降式多媒体绘图桌		2014.05	一等奖
51	视图投影工具		2014.05	一等奖
52	"随机韵动"人机互动机械专业综合教学区		2014.05	一等奖
53	轨迹逆向四杆机构设计尺规		2014.05	一等奖
54	基于四杆机构在防爆罐开关机构的应用	第六届全国大学生机械创新设计大赛吉林赛区	2014.05	二等奖
55	无形的手——立体科氏加速度演示仪		2014.05	二等奖
56	渐开线齿廓啮合特性教具		2014.05	二等奖
57	齿轮泵原理演示教具		2014.05	二等奖
58	便携式典型机械原理教具演示模型		2014.05	二等奖
59	轴承载荷类型及其配合关系演示实验装置		2014.05	三等奖
60	设计类绘图专用桌创新设计		2014.05	三等奖
61	凸轮机构综合实验教学平台		2014.05	三等奖
62	多功能康复床	第四届"挑战杯"吉林省大学生创业计划竞赛	2004.05	银奖
63	多刃剁馅刀		2004.05	铜奖
64	玉米基一次性可回收餐具	第五届"挑战杯"吉林省大学生创业计划竞赛	2006.05	优秀奖
65	多功能护理床		2006.05	银奖
66	中药贴剂自动生产机	第六届"挑战杯"吉林省大学生创业计划竞赛	2008.05	金奖
67	洁美中央空调清洁有限公司		2008.05	铜奖
68	中水回用冲厕装置		2010.05	金奖
69	无极调向双铧犁灭茬起垄机	第七届"挑战杯"吉林省大学生创业计划竞赛	2010.05	铜奖
70	双e—多体位工作站		2010.05	铜奖
71	地源水源热泵系统		2010.05	优秀奖
72	便携式林木秋果采集器		2010.05	优秀奖

续表

73	蜂王浆挖取机	第八届"挑战杯"吉林省大学生创业计划大赛	2012.06	银奖
74	根茎作物收获机		2012.06	铜奖
75	《脑瘫儿运动康复椅》创业计划	第九届"挑战杯"吉林省大学生创业计划竞赛	2014.06	银奖
76	《永正科技有限公司》创业计划		2014.06	铜奖
77	《可重构柔性模具》创业计划		2014.06	铜奖
78	中水回收冲厕装置	全国大学生优秀创业团队大赛吉林省赛区	2010.06	一等奖
79	智能巡轨小车	吉林省大学生电子设计竞赛	2002.11	三等奖
80	智能移动小车	吉林省大学生电子设计竞赛	2004.12	二等奖
81	简易无线竞赛系统	吉林省大学生电子设计竞赛	2006.09	一等奖
82	液体转移监控装置		2006.09	三等奖
83	跷跷板平衡小车	吉林省大学生电子设计竞赛	2008.09	三等奖
84	窗帘控制系统		2008.09	二等奖
85	电动货物搬运车		2008.09	三等奖
86	声音导引系统	吉林省大学生电子设计竞赛	2009.09	二等奖
87	声音导引系统		2009.09	三等奖
88	智能小车	吉林省大学生电子设计竞赛	2010.09	二等奖
89	智能小车		2010.09	二等奖
90	智能小车		2010.09	三等奖
91	倒立摆	吉林省大学生电子设计竞赛	2011.09	一等奖
92	倒立摆		2011.09	二等奖
93	小车超车		2011.09	三等奖
94	电子竞赛	吉林省大学生电子设计竞赛	2012.09	二等奖
95	电子竞赛		2012.09	三等奖
96	电子竞赛		2012.09	三等奖
97	乒乓球自动升降装置		2012.09	三等奖
98	电子竞赛		2012.09	二等奖
99	机器人足球	2004 北华大学杯 GDCN'S 国际机器人足球友谊赛	2004.09	冠军

续表

100	张庆宝	第二届吉林省数控技能大赛数控车	2006.07	第五名
101	俞正才		2006.07	第六名
102	周永立	第二届吉林省数控技能大赛数控铣	2006.07	第六名
103	杜妍		2006.07	第七名
104	大学生创业设计大赛项目	第四届"江城学生文化艺术节"大学生创业项目成果展——创业总决赛答辩	2009.06	第一名
105	飞思卡尔智能车	2010飞思卡尔全国大学生智能汽车竞赛东北区	2010.10	三等奖
106	飞思卡尔智能车	2011飞思卡尔全国大学生智能汽车竞赛东北区	2011.08	三等奖
107	飞思卡尔智能车竞赛	2012飞思卡尔全国大学生智能汽车竞赛东北区	2012.08	二等奖
108	飞思卡尔智能车竞赛	2013飞思卡尔全国大学生智能汽车竞赛东北区	2013.08	三等奖
109	飞思卡尔智能车竞赛	2014飞思卡尔全国大学生智能汽车竞赛东北区	2014.08	优胜奖
110	无碳小车	吉林省工程训练综合能力竞赛	2012.10	二等奖
111	S型无碳越障小车	吉林省工程训练综合能力竞赛	2012.10	二等奖
112	数学建模	大学生数学建模竞赛吉林赛区	2004.09	二等奖
113	数学建模	大学生数学建模竞赛吉林赛区	2005.09	二等奖
114	数学建模	大学生数学建模竞赛吉林省赛区	2006.09	一等奖
115	数学建模		2006.09	二等奖
116	数学建模	大学生数学建模竞赛吉林赛区	2007.09	一等奖
117	数学建模		2007.09	一等奖
118	数学建模		2007.09	二等奖
119	数学建模		2007.09	三等奖
120	数学建模	大学生数学建模竞赛吉林赛区	2009.08	优秀奖
121	数学建模		2009.08	优秀奖
122	数学建模		2009.08	优秀奖
123	宠物自动喂养机	"飞信杯"产品设计大赛	2007.09	一等奖
124	音乐罗盘CD设计		2007.09	一等奖

续表

125	自动医用安瓿开启器		2012.06	一等奖
126	多功能小型抢险工具		2012.06	一等奖
127	能"吃"的小兔子		2012.06	一等奖
128	"BROM"微波炉		2012.06	一等奖
129	"同心同行"新概念公园游乐车		2012.06	二等奖
130	灯具安全装卸手		2012.06	二等奖
131	随行箱包自行车设计		2012.06	二等奖
132	腿部振动矫形康复仪		2012.06	二等奖
133	应急逃生防护栏设计		2012.06	二等奖
134	家用挫冰机设计		2012.06	二等奖
135	诺亚方舟——灾区全地形越野救护车		2012.06	二等奖
136	洗衣机造型设计		2012.06	二等奖
137	多功能自动旋转电视架		2012.06	二等奖
138	中彩柜员一体机设计		2012.06	二等奖
139	水色狂想	2012年全国大学生工业设计大赛吉林赛区	2012.06	二等奖
140	多体位工作椅设计		2012.06	二等奖
141	快乐成长宝宝车		2012.06	三等奖
142	可遥控益智球形玩具		2012.06	三等奖
143	小型离心破冰清雪机		2012.06	三等奖
144	小型多功能环卫车		2012.06	三等奖
145	多功能电动康复床设计		2012.06	三等奖
146	休闲滑板车		2012.06	三等奖
147	"禅"灯		2012.06	三等奖
148	G便携式迷你户外用音响		2012.06	三等奖
149	新型肩挂式喷雾器设计		2012.06	优秀奖
150	"灵动玩偶"台灯设计		2012.06	优秀奖
151	个性化手机设计		2012.06	优秀奖
152	时尚生活多功能鞋柜		2012.06	优秀奖
153	多功能办公座椅		2012.06	优秀奖

续表

154	丽舍农田——家用组合养殖器皿		2014.06	一等奖
155	蜗居时代多用家具设计		2014.06	一等奖
156	轮式爬楼路行两用电动车		2014.06	一等奖
157	测温、易饮儿童奶瓶		2014.06	一等奖
158	多功能绘图桌		2014.06	一等奖
159	工程制图投影教学仪		2014.06	二等奖
160	脑瘫儿运动康复椅		2014.06	二等奖
161	城市过山车		2014.06	二等奖
162	儿童体温计（带录音）		2014.06	二等奖
163	点滴监测报警器		2014.06	二等奖
164	新概念扩音器		2014.06	二等奖
165	华腾小型休闲赛车		2014.06	二等奖
166	指尖上的路	2014年全国大学生工业设计大赛吉林赛区	2014.06	二等奖
167	Baby 的吻		2014.06	二等奖
168	"爱无限"家用远程智能餐桌		2014.06	二等奖
169	高压线除冰专家——迪艾斯		2014.06	二等奖
170	背负式墙面打磨机设计		2014.06	二等奖
171	室内园艺桌		2014.06	二等奖
172	变色暖水瓶		2014.06	二等奖
173	家庭打印终端产品设计		2014.06	二等奖
174	家用数码产品清洁器		2014.06	二等奖
175	LightHouse		2014.06	二等奖
176	座响非凡		2014.06	二等奖
177	立式三指操作鼠标		2014.06	二等奖
178	杯中情画		2014.06	二等奖
179	旅行气垫		2014.06	二等奖
180	城市过山车		2014.06	二等奖

续表

181	点滴监测报警器		2014.06	三等奖
182	新概念扩音器		2014.06	三等奖
183	指尖上的路		2014.06	三等奖
184	"爱无限"家用远程智能餐桌		2014.06	三等奖
185	高压线除冰专家——迪艾斯		2014.06	三等奖
186	餐饮用双循环送餐电梯		2014.06	三等奖
187	EasyMark		2014.06	三等奖
188	高效石材切割机		2014.06	三等奖
189	"算盘"硬币暂存器		2014.06	三等奖
190	儿童洗衣机概念设计		2014.06	三等奖
191	"会唱歌的机器人"——自动吸尘器		2014.06	三等奖
192	江韵		2014.06	三等奖
193	自主式U盘	2014年全国大学生工业设计大赛吉林赛区	2014.06	三等奖
194	"时间管家"智能闹钟		2014.06	三等奖
195	简易地开关		2014.06	三等奖
196	触感防烫水杯设计		2014.06	三等奖
197	方便归类标签		2014.06	三等奖
198	天圆地方 一骑绝尘		2014.06	三等奖
199	站不累		2014.06	三等奖
200	Horse 代步车		2014.06	三等奖
201	医用一次性输液器分类回收装置		2014.06	优秀奖
202	高楼循环逃生器		2014.06	优秀奖
203	商务自行车		2014.06	优秀奖
204	天圆地方 一骑绝尘		2014.06	优秀奖
205	站不累		2014.06	优秀奖
206	Horse 代步车		2014.06	优秀奖
207	儿童输液支架		2014.06	优秀奖

续表

208	便携式哑铃		2014.06	优秀奖
209	颈椎牵引仪		2014.06	优秀奖
210	简单运动——便携式羽毛球运动套装		2014.06	优秀奖
211	试卷集成与装订设备		2014.06	优秀奖
212	菌种封装装置	2014年全国大学生工业设计大赛吉林赛区	2014.06	优秀奖
213	雪地清道夫		2014.06	优秀奖
214	真爱之"吻"相框		2014.06	优秀奖
215	水杯方便把手		2014.06	优秀奖
216	"红绿灯"室外垃圾箱		2014.06	优秀奖
217	曲线盒		2014.06	优秀奖
218	新式保鲜袋		2014.06	优秀奖

校级奖项(145)(略)

二、部分获奖证书集锦

图 6-24 2002—2010 年北华大学科技创新实践基地所获奖杯集锦

图 6-25　2002—2010 年北华大学科技创新实践基地所获荣誉证书集锦

三、代表性奖励介绍

1. 中国青少年科技创新奖

图 6-26　科研助理的优秀代表——焦宏章荣获了第三届中国青少年科技创新奖
（全国大、中、小学生共 100 名）

焦宏章,于2006年8月获得第三届中国青少年科技创新奖。(备注:全国共评选出100名,大学组40名、中学组40名、小学组20名;其中吉林省共有2人获奖,另一名为东北师范大学的学生)

该奖是邓小平同志亲属在邓小平同志100周年诞辰之际,按照他的遗愿,捐献出邓小平同志生前的全部稿费142万元,经党中央批准,由共青团中央、全国青联、全国学联、全国少工委共同设立了中国青少年科技创新奖励基金,专门用于鼓励青少年的科技创新。基金设中国青少年科技创新奖,主要奖励在校的大、中、小学生,每年奖励100人左右。

2."挑战杯"全国大学生课外学术科技作品赛

图6-27　2003年11月,科研助理的科技作品"气动蠕动式缆索机器人"参加了第八届"挑战杯"全国大学生课外学术科技作品竞赛,获得了全国一等奖

第八届大学生课外学术科技作品竞赛获国家一等奖1项(2003年);
第九届大学生课外学术科技作品竞赛获国家一等奖1项(2005年);
第十届大学生课外学术科技作品竞赛获国家三等奖2项(2007年);
第十一届大学生课外学术科技作品竞赛获国家二等奖1项、三等奖1项(2009年);
第十二届大学生课外学术科技作品竞赛获国家一等奖1项(2011年);
第十三届大学生课外学术科技作品竞赛获国家三等奖1项(2013年)。

"挑战杯"全国大学生课外学术科技作品竞赛是由共青团中央、中国科协、教育部、全国学联主办的大学生课外学术科技活动中一项具有导向性、示范性和群众性的竞赛活动,每两年举办一届。被誉为全国大学生课外学术科技作品竞赛的"奥林匹克"。

大赛的宗旨:崇尚科学、追求真知、勤奋学习、锐意创新、迎接挑战。

竞赛的目的:引导和激励高校学生实事求是、刻苦钻研、勇于创新、多出成果、提高素质,培养学生创新精神和实践能力,并在此基础上促进高校学生课外学术科技活动的蓬勃开展,发现和培养一批在学术科技上有作为、有潜力的优秀人才。

竞赛的基本方式:高等学校在校学生申报自然科学类学术论文、哲学社会科学类社会调查报告和学术论文、科技发明制作三类作品参赛;聘请专家评定出具有较高学术理论水平、实际应用价值和创新意义的优秀作品,给予奖励;组织学术交流和科技成果的展览、转让活动。

3. 全国大学生机械创新设计大赛

图6-28 "智能化多功能电动康复床"获得了第二届"全国大学生机械创新设计大赛"全国一等奖

"首届全国大学生机械创新设计大赛"东北赛区一等奖(2004年);

"第二届全国大学生机械创新设计大赛"全国一等奖1项、吉林省一等奖3项、二等奖1项(2006年);

"第三届全国大学生机械创新设计大赛"吉林省一等奖3项、二等奖4项(2008年);

第四届全国大学生机械创新设计大赛全国一等奖 1 项,吉林省一等奖 5 项,二等奖 1 项,三等奖 5 项(2010 年);

第五届全国大学生机械创新设计大赛全国二等奖 1 项,吉林省一等奖 3 项,二等奖 4 项,三等奖 7 项(2012 年);

第六届全国大学生机械创新设计大赛全国二等奖 2 项,吉林省一等奖 6 项,二等奖 5 项,三等奖 3 项(2014 年)。

全国大学生机械创新设计大赛是经教育部高等教育司批准,由教育部高等学校机械学科教学指导委员会主办、机械基础课程教学指导分委员会、全国机械原理研究会、全国机械设计研究会联合著名高校共同承办的一项大学生机械学科知识创新与设计大赛,大赛每两年举办一次。

大赛的目的是:培养大学生的创新设计能力、综合设计能力和协作精神;加强大学生动手能力和工程实践的训练;提高针对实际需求进行创新思维、设计和制作等实际工作能力;推动大学生课外科技活动的深入开展,促进学生基础知识与综合能力的培养、理论与实践的有机结合。

大赛的基本形式:大赛分三级赛事,即高校选拔赛、赛区预赛、全国决赛三个阶段。各参赛高校自行组织学校作品参加选拔赛,选拔作品参加各赛区预赛。在预赛的基础上推荐优秀作品参加全国决赛。

4."挑战杯"中国大学生创业计划竞赛

第四届"挑战杯"中国大学生创业计划竞赛铜奖(2004 年);

第五届"挑战杯"中国大学生创业计划竞赛银奖(2006 年);

第五届"挑战杯"吉林省大学生创业计划竞赛金奖(2006 年);

第五届"挑战杯"吉林省大学生创业计划竞赛铜奖(2006 年);

第七届"挑战杯"吉林省大学生创业计划竞赛金奖 1 项,铜奖 2 项,优秀奖 2 项(2010 年);

第八届"挑战杯"吉林省大学生创业计划竞赛银奖 1 项,铜奖 1 项(2012 年);

第八届"挑战杯"全国大学生创业计划竞赛二等奖 1 项(2012 年);

第九届"挑战杯"吉林省大学生创业计划竞赛银奖 1 项,铜奖 2 项(2014 年)。竞赛由共青团中央、中国科协、教育部和全国学联共同主办。

创业计划又名"商业计划"(Business Plan),是一无所有的创业者就某一项具有市场前景的新产品或服务向风险投资家游说,以取得风险投资的商业可行性报告。由共青团中央、中国科协、教育部、全国学联主办的"挑战杯"中国大学生创业计划竞赛不但是一种创新活动,更是一种科技创业的启蒙教育。

目前,创业计划竞赛已与课外学术科技作品竞赛一道,成为"挑战杯"旗帜下的重要赛事,并形成两赛隔年举办的格局。且从 2002 年起,教育部也成为主办单位之一。作为学生

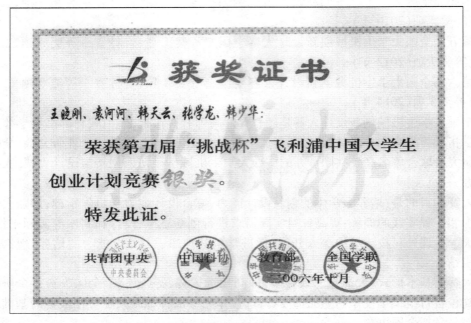

图 6-29 第五届"挑战杯"大学生船业计划书大赛获得国家银奖

科技活动的新载体,创业计划竞赛必将在培养复合性、创造性人才,促进高校产学研结合,推动国内风险投资体系建立方面发挥越来越积极的作用。

5. 全国大学生电子竞赛

吉林省电子竞赛一等奖 1 项、二等奖 4 项、三等奖 5 项。

全国大学生电子设计竞赛活动,由全国大学生电子竞赛组委会组办,是受教育部高等教育司、信息产业部人事司委托承办,两年举办一次。竞赛采用全国统一命题、分赛区组织,"半封闭、相对集中"的方式进行。

竞赛目的:在于推动全国普通高等学校促进信息与电子类学科面向 21 世纪课程体系和课程内容的改革,促进教育也要实现两个转变重要思想的落实,有助于高等学校实施素质教育,培养大学生的创新能力、协作精神和理论联系实际的学风;有助于学生工程实践素质的培养、提高学生针对实际问题进行电子设计制作的能力;有助于吸引、鼓励广大青年学生踊跃参加课外科技活动,为优秀人才的脱颖而出创造条件。

竞赛方式:全国大学生电子设计竞赛努力与课程体系和课程内容改革密切结合,与培养学生全面素质紧密结合,与理论联系实际学风建设紧密结合。竞赛内容既有理论设计,又有实际制作,可以全面检验和促进参赛学生的理论素养和工作能力。全国大学生电子设

第六章 科研助理培养模式的实践成果

图 6-30　学科交叉的成果：智能移动小车，获得 2004 年电子竞赛二等奖

计竞赛的组织运行模式为："政府主办、专家主导、学生主体、社会参与"十六字方针，以充分调动各方面的参与积极性。

6. 大学生数学建模竞赛

图 6-31　李光春等同学获得 2004 年国际大学生数学建模竞赛荣获银奖

大学生数学建模竞赛国际二等奖一项、国际成功参赛奖一项、吉林赛区一等奖3项、二等奖4项。

全国大学生数学建模竞赛是全国高校规模最大的课外科技活动之一。本竞赛每年9月第三个星期五至下一周星期一(共3天,72小时)举行,竞赛面向全国大专院校的学生,不分专业(但竞赛分甲、乙两组,甲组竞赛任何学生均可参加,乙组竞赛只有大专生(包括高职、高专生)或本科非理工科学生可以参加)。国际大学生数学建模竞赛是由美国举办,全世界大学生参与的一项国际赛事,每年的2月份进行。

主办单位:教育部高等教育司、中国工业与应用数学学会、美国

竞赛的宗旨:创新意识、团队精神、重在参与、公平竞争

7. 数控技能竞赛

图6-32 第二届数控大赛获得二等奖

第二届吉林省数控技能大赛数控车第五名;
第二届吉林省数控技能大赛数控车第六名;
第二届吉林省数控技能大赛数控铣第六名;
第二届吉林省数控技能大赛数控铣第七名。

竞赛采取由政府部门主办、社会力量参与、企业公益型支持的方式进行。竞赛以中国

制造业产业升级为主题,以数控技能竞赛为主线,配之以岗位实训、技术练兵的各种辅助活动,以竞赛为平台,着力培养和展现能同时掌握数控软件编程和机床操作技术的数控技师及技术工人。竞赛设数控车工、数控铣工及加工中心操作工三个工种,根据参赛对象的不同,设立学生组和职工组。

8. 工业设计大赛

第二届国际大学生产品设计毕业作品竞赛优秀奖3项;

"李白杯"眼镜设计大赛全国二等奖1项;

"美迪杯"风扇设计大赛全国三等奖1项。

工业设计大赛由中国工业设计协会主办,一般为不定期、知名企业冠名的全国大赛。比赛的主题一般由赞助企业确定,工业设计协会组成专家组进行评审。我院学生曾经获得了"美迪杯"全国工业设计大赛三等奖。

9. 大学生创新性试验计划项目

图6-33　余兴向高教司刘桔副司长汇报项目作品及论文

承担国家级大学生创新性实验计划项目5项;

承担国家级大学生创新性实验计划项目7项;

承担国家级大学生创新性实验计划项目6项;

承担国家级大学生创新性实验计划项目10项。

大学生创新性实验计划项目旨在探索并建立以问题和课题为核心的教学模式,倡导以学生为主体的本科人才培养和研究性学习教学改革,调动学生学习的主动性、积极性和创造性,激发学生的创新思维和创新意识,同时在项目实践中逐渐掌握思考问题、解决问题的方法,提高其创新实践能力,培养大批"一线创新人才"。

"大学生创新性实验计划"以党的十七大培养一批"一线创新性人才"精神为指导,以《国家大学生创新性实验计划指南》为依据,遵循"兴趣驱动、自主实验、突出重点、重在过程"的原则,推动以学生为主体的创新性实验改革,充分调动学生的主动性、积极性和创造性,尊重学生个性发展和兴趣取向。以大学生科技创新基地、实验教学中心为依托,大力倡导学科带头人和科研团队参与大学生创新性实验计划,促进科研与教学结合和互动。

思索与感想

高校是培养和造就创新人才的摇篮,培养创新人才是高校的根本任务。但在我国传统教育模式下培养出来的大学生普遍不具备创新人才的基本素质,特别是欠缺实践能力,毕业后,从事具有开创性工作的能力很差,不能适应知识经济时代的需要。胡锦涛同志在党的十七大报告中指出"提高自主创新能力,建设创新型国家,这是国家发展战略的核心,是提高综合国力的关键。要坚持走中国特色自主创新道路,把增强自主创新能力贯彻到现代化建设各个方面。"

从全球发展的趋势看,一个国家的自主创新将直接决定着该国的未来,中国要真正屹立于世界之林,摆脱贫穷落后的面貌,就必须走自主创新的道路。而当代大学生作为未来的建设者和接班人,其创新能力的强弱对我国建设创新型国家起着至关重要的作用。高等学校是培养创新人才的重要场所,应当将创新精神与创新能力的培养作为教育教学工作的重点,把培养创新型人才与社会的发展和进步紧密地结合起来。只有培养出大量具有创新意识和创新能力的创新型人才,才能改变我国一线创新人才严重不足、自主科学技术少、对外技术依存度高的现状,才能使我们有能力参与日趋激烈的国际竞争,并保持在竞争中立于不败之地。

基于该种大学生培养需要,北华大学机械工程学院提出了"厚专业基础,重实践能力,个性化培养""过程培养人""综合素质培养"的育人理念,并于2002年成立机电集成技术研究中心。在2006年被吉林省教育厅批为当时吉林省唯一一所省级示范性大学生科技创新实践基地;历经8年的发展,由最初的6名同学和3名指导教师发展到现在的187名科研助理及32名指导教师,共分成24个研究分室,每个研究室培养着不同年级不同专业的科研助理,以上足以印证了科研助理培养模式的科学性、推广性。通过我们在发展中不断地探索,总结出大学生科技创新基地科研助理的培养模式的4个发展阶段,这4个阶段高度概括了这种模式从无到有再到推广,科研助理从少到多,科研助理能力从弱变强的全过程。

一、教师为主,学生为辅

这个阶段出现在机电集成研究中心成立后的前两年,在这段时间内机电集成研究中心完成整个团队的技术、经验的原始积累,指导教师与第一批科研助理以"FL-9增压风洞试验驾车动力学模拟""海底管道内爬行器及其检测技术(模拟样机)""普通机床的数字化改造"项目为依托,展开机电集成研究中心的创建,在这个创建的历程中指导老师与科研助理生活在一起,老师带领科研助理共同完成项目,让科研助理了解自己所学专业的工作(做项目)流程,使科研助理具备一定的项目经验,并将其获得的学习方法、动手能力、技术经验通过讲座形式传承给下一届科研助理。

二、师生并行,共同完成

这个阶段出现在机电集成研究中心成立后的第三年到第五年,标志是机电集成研究中心更名为机电集成研究所。在这期间内,由于前两年学生知识和技术的积累,学生已经可以开始接触到一些项目,并且针对一些项目能够提出自己的方案及想法与老师共同探讨、完成。在这个阶段指导教师和科研助理共同完成老师的教研课题、竞赛课题、企业的横向课题,其中典型项目有"经济型多功能管道机器人实用化技术研究""三角联动陪护椅""气动蠕动式缆索机器人的研制""经济型多功能电动康复床""锅炉煤耗智能计量系统""玉米粉基一次性餐具生产线"等。在这个时期主要锻炼科研助理的个人能力,使部分科研助理能够对项目的整体进展有一个规划,并实现了科研助理的学生组织(各个实验室负责人)拥有自己的项目带头人。同时也在这个时期,机电集成研究所使科研助理培养模式更具系统化,并逐渐推广、扩大科研助理培养模式的规模,在学生中形成科研助理个人能力强、综合素质高的形象。

三、学生为主,老师为辅

这个阶段出现在机电集成研究中心成立的5年后一直到现在,标志是机电集成研究所正式命名为北华大学大学生科技创新实践基地。在这个阶段科研助理具有丰富的技术经验和较高的科研能力,并且科研助理的培养模式在整个学校工科学院得到大范围推广。大学生科技创新实践基地已经拥有以科研助理为主的、独立的管理机制与运行模式,科研助理在这个阶段已经形成在科研、竞赛、工程等项目中,借鉴指导教师的建议,自主完成项目、课题。目前大学生科技创新实践基地正处于这个阶段,并在这个阶段完成"在线取能式长距离输油管道内壁清洗装置""基于VB与单片机的智能监控系统""介质流管道机器人""双齿条传动无侧力燃油发动机""流体驱动速度可控式管道机器人""便携式扩频天线支架"等重大项目。学院已经形成以兴趣为驱动,学生个性化发展的良性发展机制。

四、学生选题,自主完成

这个阶段是科研助理培养模式高度"发达"阶段,也是北华大学大学生科技创新实践基地正在未来几年需要过渡到的阶段,在这个阶段,科研助理培养模式高度成熟。科研助理通过大学生科技创新实践基地的历届科研助理技术、经验的传承,使进入大学生科技创新基地的科研助理具有在校期间可以独立完成竞赛课题、科研课题、企业横向课题的立项—方案设计—结构设计—加工调试。形成科研可以脱离老师,学生组织(创新联合会)自主管理、运行,科研助理带动非科研助理共同科研的良好学术氛围。

经过数年的发展,在创新基地集体老师及科研助理的努力下,大学生科技创新实践基地如今桃李满天下,取得了累累硕果。这种培养大学生科技创新的模式已经形成了学院的特色,并且得到了教育界人士的高度认可,原教育部副部长周远清教授说:"北华大学创建了机电集成技术创新基地,带动了吉林省大学生科技创新基地的建设与发展,以基地为依托,机电类专业成为国家特色专业,北华大学也成为国家创新性项目的大学。"哈尔滨工业大学副校长、教育部机械基础课程教学委员会主任委员邓宗全教授,在考察北华大学大学生科技创新实践基地时说:"源于科研项目的合作,我曾多次考察北华大学大学生科技创新实践基地,我认为,本科生科研助理的培养模式具有原创性,具有重要的示范作用和推广价值。"

成绩属于过去,创新引领未来,"803人"会秉承主动寻找差距、敢于承认差距、努力缩短差距的差距意识,去创造谱写大学生科技创新实践基地的辉煌。我们真心地希望通过此书让更多的兄弟院校了解北华大学机械工程学院的育人理念、大学生科技创新实践基地的科研助理的培养模式;并使其得到相应的推广,为我国高校培养创新型人才提供参考,也真诚希望社会各界人士为科研助理的培养模式提供宝贵的意见!同时能起到引导我院更多的学子加入到创新实践基地这个团体(大家庭)中。

2024年哈尔滨市社科联学术著作出版资助项目

基于民间传统游戏的
幼儿哲学
教学活动研究

卢红博 著

哈尔滨工业大学出版社

图书在版编目(CIP)数据

基于民间传统游戏的幼儿哲学教学活动研究/卢红博著.—哈尔滨:哈尔滨工业大学出版社,2024.5
ISBN 978-7-5767-1445-6

Ⅰ.①基… Ⅱ.①卢… Ⅲ.①游戏课-教学研究-学前教育②哲学-教学研究-学前教育 Ⅳ.①G613.7②G613.3

中国国家版本馆 CIP 数据核字(2024)第 106429 号

策划编辑　李艳文　范业婷
责任编辑　王晓丹
封面设计　屈　佳
出版发行　哈尔滨工业大学出版社
社　　址　哈尔滨市南岗区复华四道街10号　邮编150006
传　　真　0451-86414749
网　　址　http://hitpress.hit.edu.cn
印　　刷　哈尔滨博奇印刷有限公司
开　　本　787毫米×1 092毫米　1/16　印张17.5　字数405千字
版　　次　2024年5月第1版　2024年5月第1次印刷
书　　号　ISBN 978-7-5767-1445-6
定　　价　98.00元

(如因印装质量问题影响阅读,我社负责调换)

前　言

　　"孩子的天性有哪些?"答案的寻求可问广大家长,也可以回忆自己的童年。相信结果不外乎有两个答案,那就是提问与游戏。正如亚里士多德所言,人由于惊奇开始哲学思维。胡适认为:凡研究人生切要的问题,从根本上着想,要寻一个根本的解决,这种学问叫哲学。但哲学一度被静态地理解,单纯地作为一门学科而存在。在哲学的源头,生活的问题先于哲学的问题,哲学的问题先于哲学的思考。① 李泽厚号召:让哲学主题回归到世间人际的情感中来吧,让哲学形式回到日常生活中来吧!② 幼儿期的发展关乎人一生的成长,哲学的亲民化回归理应在幼儿教育中大放异彩,滋养幼儿茁壮成长。民间传统游戏在中华民族童蒙历史长河中,是儿童用以理解自然、社会、人生的手段,更是儿童的基本生活方式。5～6岁是幼儿入学前一年阶段,是当前幼儿教育中最容易发生小学化倾向的阶段。5～6岁幼儿自身已具备哲学活动的天性基础,该年龄段是人一生中最有必要开启哲学启蒙教育的时期,以游戏活动为主的另一幼儿天性特质,使民间传统游戏、哲学、5～6岁幼儿,这三个当代备受瞩目与关切、影响幼儿一生发展的元素自然天成、顺理成章地交融在一起。

　　本书基于谷鲁司的内模仿理论,运用文献法、参与观察法、访谈式问卷法、访谈法、教育评价法等多种研究方法,试图从六大部分切入,全面开展了基于民间传统游戏的幼儿哲学教学活动研究。通过对幼儿哲学教学、游戏理论、幼儿园游戏教学策略三个维度,尤其是3～6岁幼儿哲学教学国内外相关文献的分析与阐述,捕捉到基于民间传统游戏进行幼儿哲学教学活动开展的突破口,并从语言学、心理学、脑科学等理论分析入手,运用大量的理论与事实依据论证认为,5～6岁幼儿哲学教学活动具有充分的可行性;运用游戏哲学得出民间传统游戏在幼儿哲学教学中的特有价值;并在前两点论据的基础上,根据费舍尔哲学教学经验,制定了本书的幼儿哲学教学目标;借鉴李普曼哲学教学范式的同时,结合文献研究中总结的相关经验以及本土文化建构了本书的幼儿哲学教学范式,以期明确践行基于民间传统游戏幼儿哲学教学活动的合理性、必要性与可操作性。

　　幼儿哲学教学是新时代幼儿成长、学前教育发展、哲学教学变革的应然诉求。依据当前幼儿哲学教学呈现出的理论与实践同步发展、以故事性文本为主流教学素材、以探

---

① 石中英.教育哲学导论[M].北京:北京师范大学出版社,2002:7.
② 李泽厚,刘绪源.该中国哲学登场了:李泽厚2010年谈话录[M].上海:上海译文出版社,2011:5.

究共同体和对话为基本教学范式等的实然状况,借鉴的同时进行了两届大班21名幼儿23次基于民间传统游戏的幼儿哲学教学活动尝试。尝试与分析发现,幼儿哲学教学存在研究条件两极分化、教学范式相对教条、探究过程忽视幼儿年龄特点等问题。从分析幼儿哲学思维特征和思维线索的现象入手,探寻影响幼儿哲学良性发展的规律性元素,主要来源于幼儿哲学联动机制尚未形成、对社会环境认知与利用失衡、学习目标喧宾夺主等因素。如何开展有效的基于民间传统游戏的幼儿哲学教学活动,本书提出应从教学决策、教学设计、教学互动、教学评价、教学反思五大方面着手:包括方针导向、目标内容等的决策策略;教学理念、对话环境等的设计策略;关注模仿、改善提问等的互动策略;注重过程与结果的双重评价策略;教学态度与宏观教育的反思策略等。

哲学是人类成长进程中所需所有文化的基石,是一切学科之母。民间传统游戏是人们最本真、最擅驾驭的生活学习方式之一。幼儿期是人一生中习惯养成、人格建立的重要阶段,5~6岁是幼儿教育中最关键的转折期。如果基于民间传统游戏的幼儿哲学教学活动能够真正成为呵护幼儿天性,促进幼儿心智健康、科学发展的重要教育力量,成为幼儿教育发展中的一种有力改革手段,那应该是游戏的幸福、教育的幸福,也是哲学的幸福,更是幼儿的幸福。

作　者

2024年5月

目 录

绪论 ·· 1
  一、问题的提出 ··· 1
  二、研究目的与意义 ·· 2
  三、概念界定 ·· 3
  四、本研究的理论基础 ··· 11
  五、研究方法 ··· 13
  六、研究的创新点与不足 ··· 16

第一章 国内外相关研究文献综述 ·· 17
  一、国外相关研究文献综述 ·· 17
  二、国内相关研究文献综述 ·· 32

第二章 基于民间传统游戏的幼儿哲学教学理论建构 ················· 51
  一、幼儿哲学教学的可行性分析 ·· 51
  二、民间传统游戏的哲学教学价值分析 ···································· 59
  三、基于民间传统游戏的幼儿哲学教学目标 ······························ 71
  四、基于民间传统游戏的幼儿哲学教学范式 ······························ 75

第三章 基于民间传统游戏的幼儿哲学教学应然、实然与尝试 ···· 89
  一、幼儿哲学教学的应然诉求 ··· 89
  二、幼儿哲学教学的实然状态 ··· 99
  三、基于民间传统游戏的幼儿哲学教学尝试 ····························· 105

第四章 幼儿哲学教学中存在的问题 ·· 132
  一、研究条件两极分化 ·· 132
  二、教学范式相对教条 ·· 134
  三、哲学经验准备匮乏 ·· 138
  四、探究过程忽视幼儿年龄特点 ·· 143
  五、过于强调没有问题答案 ·· 152

第五章 幼儿哲学教学中存在问题的成因分析 ·························· 156
  一、尚未形成幼儿哲学联动机制 ·· 156
  二、对社会环境认知和利用失衡 ·· 157

三、知识传授与习得目标观念深重 …………………………………… 160
　　四、存在原生家庭教育不当影响 ……………………………………… 168
　　五、新教育思想理解偏差 ……………………………………………… 172

第六章　基于民间传统游戏的幼儿哲学教学策略 ……………………… 175
　　一、基于民间传统游戏的幼儿哲学教学决策策略 …………………… 175
　　二、基于民间传统游戏的幼儿哲学教学设计策略 …………………… 188
　　三、基于民间传统游戏的幼儿哲学教学互动策略 …………………… 197
　　四、基于民间传统游戏的幼儿哲学教学成效评价策略 ……………… 216
　　五、基于民间传统游戏的幼儿哲学教学反思策略 …………………… 218

结　论 ………………………………………………………………………… 225

附　录 ………………………………………………………………………… 226
　　附录1　访谈式问卷 …………………………………………………… 226
　　附录2　访谈提纲 ……………………………………………………… 228
　　附录3　评估项目 ……………………………………………………… 229
　　附录4　研究开展过程性材料（选摘） ……………………………… 232

参考文献 ……………………………………………………………………… 252

绪　　论

一、问题的提出

教育,从最高意义上讲就是哲学。据文献记载,古希腊时期就已开始哲学教育。哲学是指导人们生活的艺术和智慧①,是对于人生道路系统的反思,是美好的有意义生活的向导,是爱智慧以及对智慧的不懈追求。哲学教育就是提升人生境界的教育实践活动。哲学思考源于生活问题,它不是自我的冥思苦想与固执己见。哲学教育是为了使人成为理想生活中理想的人,哲学教育的成果面向理想生活的需要。但自柏拉图后,哲学逐渐与生活脱离,成为一门借助于专门的范畴来穷究世界"本质"的学问,使哲学教育宗旨扭曲成为知识传授,而非智慧之启迪。哲学思考所使用的概念越来越抽象,哲学知识的体系越来越庞大,踏进哲学之门的时间越来越长,能够被认为具有哲学天赋接受哲学教育的人越来越少。这不仅与哲学教育传统有关,更与哲学教学模式息息相关,传统的哲学教学模式教授哲学知识而不是启发哲学思考,灌输哲学教条而不是提高哲学反思能力。②

现如今,哲学教育导向问题得到学术界广泛关注和重视,他们开始审视与重构哲学教育教学模式。当教育中的"意义缺席"现象日益严重之时,"童年的秘密"之教育学意蕴呼声正高之时,儿童哲学教育应运而生。儿童哲学教育所宣扬的应用性和生活性的哲学本质使哲学教育回归其本真的生活轨道。而且,哲学本身既不是自我封闭的苦思冥想,也不是固执己见的自我认同,而应以广阔的哲学视野为背景,以开放的哲学意识为基点,在各种各样的哲学观特别是当代的各异其是的哲学观的比较鉴别中,深化哲学的自我理解。③ 国际儿童哲学教育研究已涉及儿童哲学教育的性质、目标、内容、范式、评价等范畴,还拓展到心理学、文化学、文学、美学等多学科领域。中国的哲学教育开始于东周时期,儿童哲学教育研究在一段时间内处在借鉴与学习之中,以引介与描述为主。近几年来,随着中国儿童哲学研究中心的设立,儿童哲学教育在实践领域的扩展,其教育价值开始引起国内学术界的关注。

幼儿哲学教育作为儿童哲学教育的一部分,从李普曼创立儿童哲学至今,已经出现很多不朽的研究成果,使学术界越来越感受到包含其中的幼儿哲学教育对人一生心智发展具有的深远影响。游戏是幼儿的基本活动,让幼儿在游戏中学习,早已成为放之四海而皆准的教育信条。尤其是具有特殊文化特质和教育意蕴的民间传统游戏,是幼儿生活

---

① 胡军.哲学是什么[M].北京:北京大学出版社,2002:4.
② 石中英.教育哲学导论[M].北京:北京师范大学出版社,2002:7.
③ 孙正聿.哲学通论[M].2版.上海:复旦大学出版社,2005:20.

中极受喜爱的"精神植被"①。随着现代文明的冲击及幼儿教育的发展，这一信条面临严峻挑战，幼儿民间传统游戏的时空被压缩，面临文化失落的现实困境。5～6岁幼儿正处在幼小衔接的特殊时期，也是当前幼儿教育往往偏向小学化的时期。很多孩子如童话作家郑渊洁所述："孩子们规规矩矩地坐在那里，脸上挂着呆板的笑容，我感到悲哀。我觉得他们是一群八九岁的老头老太太。"②其实，这一阶段的幼儿最富有"爱智的激情"和大智若愚的智慧，具备做哲学的最好状态，是"最好的哲学家"。③ 其智慧与哲学思维的耦合，潜藏着人生后来的全部信息特征。④

幼儿的无数个"为什么？"常使内心有一种危机感。如若孩子问"'狼吃小羊'，狼很凶残。可人们'涮羊肉''烤全羊'不凶残吗？人类不是要保护小动物吗？动物不是我们的朋友吗？"这时候，我们该如何作答？每当看到大人们面对幼儿概念不清、逻辑混乱、语言失范的表述而付之以嘲笑时，常使内心有一种使命感。⑤ 选择此研究题目的缘由有三：其一是作为一名长期活跃在幼儿教育一线的工作者，有责任和义务依照幼儿教育具有最大限度的内在价值、意义、合理性及教学法的统一等标准，探寻和设计符合当代幼儿天性、对当代幼儿老师和幼儿家长有借鉴意义的新教学思路和模式；其二是作为母亲，对两个女儿成长历程中的生命惊奇与教育困惑，以及幼儿精神世界有着强烈的好奇心理与培育期望；其三是相信游戏与哲学对话过程一定会使幼儿从真正意义上拥有话语权和主动权，使幼儿自己成为自身文化的创造者和参与者，充分激发幼儿本源的灵感与探知需求，并有助于从小培养幼儿的哲学思维能力。

二、研究目的与意义

（一）研究目的

本研究通过对5～6岁幼儿哲学能力基础、差异类型与阈限的评估，确立此阶段幼儿哲学教学适宜的最近发展区。即幼儿与哲学教学相关的兴趣与困难，发展的可能与限度，可能触发的兴奋点和攀上新高必须跨过的台阶，以及幼儿的学习态度、习惯与能力基础，需要弥补的局限、克服的毛病、动力的激发和潜力的开发。将民间传统游戏内容智慧化，通过思维圈的探究经历、知识与智慧之间的转换过程，研究民间传统游戏中幼儿哲学教学的策略。

---

① 2000年，学者资华筠在人类学国际会议上提出，各国的民间民族传统文化犹如"精神植被"理念．引自何卫青．消逝的儿童文化：传统儿童游戏引发的儿童文化思考[J]．中国青年研究，2006(4)：48-52．
② 方卫平．思想的边界[M]．济南：明天出版社，2006：260．
③ 专访周国平：要让孩子学点哲学[EB/OL]．(2017-06-01)[2024-05-07]．https://baby.sina.cn/baike/2017-06-01/detail-ifyfuzym7513404.d.html．
④ 刘啸霆．童性的哲学[N]．光明日报，2011-06-01(11)．
⑤ 宋怀常．中国人的思维危机[M]．天津：天津人民出版社，2010．

(二)研究意义

1.理论意义

本研究首先通过对5~6岁幼儿哲学教学的最近发展区进行评估,认识到幼儿精神现象、语言成熟度、身心发展水平的本体价值,将在一定程度上丰富幼儿教育哲学、幼儿语言学、幼儿心理学等相关理论研究领域,研究主体部分通过幼儿哲学教学理论的建构、幼儿哲学教学现状与前景的分析、民间传统游戏中进行的5~6岁幼儿哲学教学策略研究,将对学前教育理论研究乃至儿童哲学教育研究领域的拓展具有一定的借鉴价值。

2.实践意义

本研究通过民间传统游戏与幼儿哲学教学的有机融合,民间传统游戏的哲学意涵在幼儿哲学教学活动中得以彰显,幼儿哲学思想在民间传统游戏的身心体验中得以生发,幼儿哲学教学策略也在其探索过程中得以生成。研究过程充分体现出科学性、普适性,将为幼儿哲学教学的研究者提供有实际借鉴价值的教学经验,为儿童哲学和民间传统游戏在幼儿教育领域的发展提供新的参考依据和启迪。

三、概念界定

本研究所需界定的相关概念主要有幼儿哲学教学和民间传统游戏。

(一)幼儿哲学教学

1.幼儿

《辞源》中的"儿"字有三种含义:"一指孩子;二是青年男女的自称;三作为名词、形容词词尾。"儿童,《辞源》界定为"凡未成年的男女皆称儿童"。①

《中国大百科全书·社会学》在儿童社会化概念界定中阐述,一个人在儿童阶段(通常指0~14岁)通过个人和社会的交互作用,获得语言、思维、情感等能力和最初行为的方式,逐步了解社会、掌握生存能力的过程。②

"儿童"有狭义和广义之分,从狭义上讲,0~8岁才可被称为儿童,8~14岁甚至到18岁称为少年,国内普遍将0~14岁视为童年,将14~18岁视为青春期。从广义上讲,《联合国儿童权利公约》定义18岁以下都可称为儿童。

幼儿,《现代汉语词典》(第7版)指幼小的儿童.一般指学龄前的儿童。③

《儿童文学辞典》中将幼儿期界定为三至六七岁的儿童。④

幼儿是儿童的一部分,本研究中的幼儿,指1周岁到6周岁儿童,是儿童发展的一个阶段。研究范围界定在5~6岁幼儿这一年龄阶段。

---

① 广东、广西、湖北、河南辞源修订组,商务印书馆编辑部.辞源[M].北京:商务印书馆,1987:283.
② 中国大百科全书总编辑委员会.中国大百科全书·社会学[M].北京:中国大百科全书出版社,2002:47.
③ 中国社会科学院语言研究所词典编辑室.现代汉语词典[M].7版.北京:商务印书馆,2016:1593.
④ 《儿童文学辞典》编委会.儿童文学辞典[M].成都:四川少年儿童出版社,1991:182.

2.哲学

有关何谓哲学,从古至今,国内外诸多著名哲学家各抒己见,可谓"仁者见仁,智者见智"。具体如下:

《辞源》中对"哲"有三种释义:一是明智。二是哲人。三通"折"。① 《中国大百科全书·哲学》作聪明、智慧之意。中国古代一般指聪明而具有智慧的人。"哲学"字意是智慧之学。中国古代曾称为"道""道术""玄学""理学"。19世纪日本西方哲学传播者西周首次用中国的"哲学"二字表达源于古希腊罗马的西方哲学学说,中国晚清的学者黄遵宪(1848—1905)将这一表述介绍到中国之后,中国学术界逐渐接受并开始用它来表述中外古今的哲学常说。在古希腊,哲学原词是"φιλοσοφια",拉丁化为"Philosophia",意为"爱智"。在古印度,哲学通常被称为"见"或"察",前者梵文的拉丁化拼音为"darsana",意为"见解""思想""观点",在哲学体系中视之为"有助于解脱的学科";后者梵文的拉丁化拼音为"anviksiki",意为"探究的学问",后来又用以专指逻辑。②

《辞海》中的哲学,意即"爱智慧",为社会意识形态之一,是理论化、系统化的世界观和方法论,是关于自然界、社会和人类思维及其发展的最一般规律的学问。③

《外国哲学大辞典》中,将哲学含义的变换发展进行了梳理。哲学起源于希腊语 Philos(爱)和 sophia(智),意为"爱智慧"。

苏格拉底认为:"对自我的知识和达到概念的明确是哲学的功能,从而把爱智者称为哲学家。"④

柏拉图认为:"哲学的目的就是达到对绝对真理,即理念世界的认识。"⑤

亚里士多德认为:"哲学起源于惊奇,哲学是考察事物的原因或法则,即质料因、形式因、动力因、目的因。哲学与人类知识的总体是等同的。"⑥

笛卡儿认为:"哲学就是澄清最后的真理。"⑦

英国哲学家洛克认为:"哲学就是分析经验概念,把概念分析到它的最简单的组成部分。"⑧

德国哲学家康德认为:"以前的形而上学所探讨的问题,由于人用有限的知性形式去认识无限的东西引起,这种更改的理念是虚幻的、谬误的、矛盾的。这种旧哲学应当通过对理性的批判而予以否定。"⑨

黑格尔认为:"哲学是由一切科学知识构成的统一的完整的体系。"⑩

---

① 广东、广西、湖北、河南辞源修订组,商务印书馆编辑部.辞源[M].北京:商务印书馆,1987:517.
② 中国大百科全书总编辑委员会.中国大百科全书·哲学[M].北京:中国大百科全书出版社,2002:1.
③ 夏征农.辞海[M].上海:上海辞书出版社,2000:897.
④ 冯契,徐孝通.外国哲学大辞典[M].上海:上海辞书出版社,2000.
⑤ 同④.
⑥ 同④.
⑦ 同④.
⑧ 同④.
⑨ 同④.
⑩ 同④.

马克思、恩格斯认为:"哲学是人们对整个自然界、社会和思维的根本观点的体系,是系统化、理论化的世界观,自然知识和社会知识的概括和总结。"①

英国哲学家斯宾塞认为:"哲学是一种综合学科,以各个领域的材料为基础,以普遍原则把他们联系起来。"②

德国哲学家尼采认为:"要锤子来进行哲学研究,以便击碎一切用破了的概念。"③

胡塞尔认为:"哲学是用现象学的分析方法以指导发现经验中的本质。"④

法国哲学家柏格森认为:"哲学基本上是一种直觉的学科,从直觉才能达到真,而理性只能得到片段的知识。"⑤

英国哲学家怀特海认为:"哲学是通过想象的概括,以提出可运用于一切经验的范畴框架。"⑥

海德格尔认为:"哲学是重新发现存在的意义。"⑦

英国哲学家维特根斯坦认为"哲学是一种分析,是一种疾病,也是对疾病的治疗",后又认为"哲学是对概念体系的分析"。⑧

中国哲学家冯友兰在《新知言》中明确写道:"假使我们只用一句话,说出哲学是什么,我们可以说:哲学是对于人生的有系统的反思的思想。"在《中国哲学史新编》的《绪论》中又指出:哲学是人类精神的反思。

孙正聿认为:"哲学是对'规则'反思,是对'思想前提'的追问,追问构成各种思想的根据。"⑨

本研究借鉴中国哲学家冯友兰对于哲学的界定,即哲学是对于人生的有系统的反思的思想。

3. 幼儿哲学

吴国平认为:"所谓儿童哲学其实并不是教儿童一套哲学理论,而是指引儿童认识世界的特点以及如何引导儿童正确地看待世界。前者主要反映儿童认识世界的特点和规律;后者主要反映教育引导儿童的智慧和科学。那种试图用一套哲学理论武装儿童的认识是肤浅的,儿童哲学课堂不只教会了儿童的认知和思维,也帮助儿童形成对真善美的价值追求。"⑩

刘晓东认为:儿童哲学包括儿童的哲学、儿童哲学探究计划和童年哲学。儿童的哲

---

① 冯契,徐孝通.外国哲学大辞典[M].上海:上海辞书出版社,2000.
② 同①.
③ 同①.
④ 同①.
⑤ 同①.
⑥ 同①.
⑦ 同①.
⑧ 同①.
⑨ 孙正聿.哲学通论.网易公开课[EB/OL].吉林大学公开课,https://open.163.com/newview/movie/free?pid=JHE4FO0S9&mid=LHEEGC606.
⑩ 吴国平.课程中的儿童哲学[M].上海:上海教育出版社,2018:8.

学是儿童关于世界的概念,包括儿童的好奇、困惑、探究,也包括儿童对世界的理解与阐释。广义的儿童的哲学应覆盖儿童的科学、儿童的伦理学、儿童的艺术、儿童的宗教、儿童的文学等,即涵盖整个儿童的精神世界。儿童哲学探究计划又可译为给儿童的哲学或儿童哲学思维训练。童年哲学是类似于科学哲学、历史哲学,研究童年概念、童年历史、儿童社会地位、儿童权利、儿童观等的哲学分支。①

高振宇认为,儿童哲学的内涵可以有狭义、中义、广义之分:狭义上讲,儿童哲学即以培养学生的思考技能、养成良好思维习惯为目标,有其自身独特的教学模式,即构建哲学教室,有特定的教材,立意融入现有学校课程体系,且形成从学前到高中的一条龙服务。中义的儿童哲学仅把思维训练视为其中的一部分,而更多关心儿童的哲学思想,突出哲学探究的过程体验,以提升儿童的整体哲学质素为己任。广义上的儿童哲学把哲学等同于整个精神世界,因此儿童哲学即是儿童精神(或精神哲学)的代名词。并概括道:儿童哲学是一个三位一体的综合体,狭义、中义和广义从不同侧面反映儿童哲学的真实面貌,最后一层级是对前一层级的扬弃、扩充和超越,三者之间是相辅相成的关系。②

儿童哲学,中文译名在英文中有多个版本,如:philosophy for children,philosophy with children,philosophy by children,philosophy of children,philosophy about children 等,它们的中文译名皆为儿童哲学。③

philosophy for children,即"为儿童的哲学",以培养儿童哲学思考能力为中心,促进儿童全面发展的方式、方法,可以等同为儿童哲学教学,以李普曼开创的儿童哲学为代表。

philosophy with children 即"陪伴儿童做哲学",如杨茂秀先生与儿童做哲学的过程,强调成人与儿童的互动方式,没有严谨的教材。

philosophy by children,即"源自儿童的哲学反思",如毛毛虫儿童哲学基金会出版的妈妈书系列,讲述家长与儿童进行哲学对话的观察与心得④;再如马修斯在 IAPC 出版的杂志《思考》专栏中对于儿童哲学思想的分析理解。⑤

philosophy about children,即"关于儿童的哲学",是如何看待儿童哲学现象的问题,涉及儿童哲学的地位、与其他学科的关系等等。

本研究中的幼儿哲学是指幼儿的整个精神世界。

4. 教学

"教",《辞源》中有六种释义:①政教,教化。②教育,训诲。③文体的一种。④宗教。⑤传授。⑥使,令。⑥

---

① 刘晓东.儿童哲学:外延和内涵[J].浙江师范大学学报(社会科学版),2008,33(3):48-51.
② 高振宇.儿童哲学的再概念化—对李普曼与马修斯"对话"的再思考[J].学前教育研究,2010,(6):8-11,24.
③ 高振宇.儿童哲学论[M].济南:山东教育出版社,2011:17.
④ 同③:18.
⑤ 同③:18.
⑥ 广东、广西、湖北、河南辞源修订组,商务印书馆编辑部.辞源[M].北京:商务印书馆,1979:1343.

《现代汉语辞海》中"教"有四种释义：①（动）教导；指导；教育。②（名）宗教。③（名）姓。④同"叫"。"教学"（名）指教师把思想、知识、技能传授给学生的过程，是教师教和学生学的共同活动。①

《中国大百科全书·教育》中"教学"指教师的教和学生的学的共同活动。学生在教师有目的、有计划的指导下，积极、主动地掌握系统的文化科学基础知识和基本技能，发展能力，增强体质，并形成一定的思想品德。②

5. 幼儿哲学教学

根据以上概念的界定，本研究中的幼儿哲学教学是指教育者从尊重、保护和启发幼儿的哲学天性出发，通过一系列的教学策略开启幼儿的哲学智慧，并陪伴幼儿进行哲学思维训练，引导幼儿认识世界，帮助幼儿形成对真善美价值追求的一种教学活动。

6. 活动

《汉字古今形义大字典》中"活"，本义流水，假借义：①生命。②使存活；救活。③活动；灵活。④生动；活泼。⑤逼真的。⑥泛指工作。⑦制成品；产品。⑧副词。非常；简直。③

《汉字古今形义大字典》中"动"，本义劳作；泛指活动。引申义：①改变原位置或静止状态。②使用；运用。③吃。④流露。⑤触动；感动。⑥往往。④

"活动"在《现代汉语词典》中意为：①（肢体）动弹；运动。②为某种目的而行动。③动摇；不稳定。④灵活；不固定。⑤为达到某种目的而采取的行动。⑥指钻营、说情、行贿。⑤

本研究中"活动"义为《现代汉语词典》中为达到某种目的而采取的行动。

7. 幼儿园教学活动

在中国知网中以"教学活动"为关键词进行搜索，与教学活动相关的文献有数百条，但对其概念界定鲜而有之。百度百科中"教学活动"通常指以教学班为单位的课堂教学活动，是学校教学工作的基本形式。教学活动是一个完整的教学系统，由一个个相互联系、前后衔接的环节构成。

周洪宇认为，教学活动作为幼儿园教育活动中重要的组成部分，是为发展幼儿的智力，培养幼儿日常生活的基本技能和行为习惯等，在幼儿园中教师通过情景对话、讲故事、现场示范、教学游戏等方式向幼儿传授一些简单的知识与技能，培养幼儿积极向上的态度，养成正确的行为习惯，促进其健康成长的教学活动。⑥

---

① 刘振铎. 现代汉语辞海[M]. 延吉：延边教育出版社，2001：509-510.
② 中国大百科全书总编辑委员会《教育》编辑委员会，中国大百科全书出版社编辑部. 中国大百科全书·教育[M]. 北京：中国大百科全书出版社，1985：150.
③ 吕景和，钱晔，钱中立. 汉字古今形义大字典[M]. 哈尔滨：黑龙江人民出版社，1993：92.
④ 同③：81.
⑤ 中国社会科学院语言研究所词典编辑室. 现代汉语词典[M]. 7版. 北京：商务印书馆，2021：571.
⑥ 周洪宇. 中国教育活动通史·第八卷[M]. 济南：山东教育出版社，2018：43.

刘光仁认为,幼儿园教学活动作为幼儿园教育活动的一种重要形式,是指幼儿园中为促进学前儿童身心和谐健康的发展,由教师有计划、有目的地组织实施的教与学的正式活动。幼儿园教学活动既是将教学计划从文本变为实践的具体过程,也是幼儿园课程实施的主要途径。①

张昭认为,幼儿园教学活动是幼儿园教育活动的一种重要形式,是教师专门计划、设计和组织的活动,也称正式指导活动。②

柳阳辉认为,幼儿园教学活动是对师幼双方教与学的目标、内容、实施与评价方法等进行选择与规划,提出具体活动方案并实施的过程。③

杜长娥认为,幼儿园教学活动是教师根据教育目的,有计划、有组织地指导幼儿学习知识、获取经验的过程,在此过程中,幼儿通过丰富多彩的游戏、动手操作等实践活动获得丰富感性经验和社会生活经验,是实现教师有效地教和幼儿有效地学的互动过程。④

8.幼儿哲学教学活动

基于以上关于幼儿园教学活动的界定,本研究中的幼儿哲学教学活动特指幼儿园哲学教育中有别于类似环境育人静态教育形式的一种动态教学形式,教育者从尊重、保护和启发幼儿的哲学天性出发,通过一系列的教学策略开启幼儿的哲学智慧,并陪伴幼儿进行哲学思维训练,引导幼儿认识世界,帮助幼儿形成对真善美价值追求的一种游戏教学活动。

9.策略

"策",《辞源》中有八种释义:①马鞭。②以鞭击马。③杖。④简。⑤策书,古命官授爵,用策书为符信。⑥文体之一种。⑦谋略。⑧占卜用的蓍草。⑤

《学会生存》中指出:"策略的概念包括三个观点:一是把各种要素组织成为一个融会贯通的整体。二是估计到在事物开展的过程中会出现的偶然事件。三是具有面对这种偶然事件而加以控制的意志。概而言之,即组合因素、概率因素、意志因素。"⑥

10.教学策略

施良方等人认为:"课堂教学策略指的是教师为实现教学目标或意图(指难以明确和无须明确的目标)所采用的一系列问题解决行为。"⑦

邵瑞珍等人认为:"教学策略是教师在教学过程中,为达到一定的教学目标而采取的

---

① 刘光仁,游涛.学前教育学[M].4版.长沙:湖南大学出版社,2016:88.
② 张昭.爱在人生伊始:幼儿教师培训指导手册[M].重庆:西南师范大学出版社,2017:125.
③ 柳阳辉.学前教育学教程[M].上海:复旦大学出版社,2015:96.
④ 杜长娥,刘宏,诸葛绪彩,等.农村幼儿园家长工作指导[M].北京:教育科学出版社,2015:150.
⑤ 广东、广西、湖北、河南辞源修订组,商务印书馆编辑部.辞源[M].北京:商务印书馆,1979:2353.
⑥ 联合国教科文组织国际教育发展委员会.学会生存:教育世界的今天和明天[M].上海师范大学外国教育研究室,译.上海:上海译文出版社,1979:210.
⑦ 施良方,崔允漷.教学理论:课堂教学的原理、策略与研究[M].上海:华东师范大学出版社,1999:27.

相对系统的行为。"①

张大均等人将教学策略定义为:"在特定教学情境中为完成教学目标和适应学生认知需要而制订的教学程序计划和采取的教学实施措施。"②

黄高庆等人则将教学策略定义为:"关于有效地解决教学问题的方法、技术的操作原则与程序的知识。"③

和学新认为:"教学策略是为了达成教学目的,完成教学任务,而在对教学活动清晰认识的基础上对教学活动进行调节和控制的一系列执行过程。"④

刘国俊指出,教学策略就是"对教学的系统决策与设计"。⑤

张兆芹认为,教学策略就是"在特定的教学情境中,为实现教学目标而制定并在实施过程中不断调适、优化以使教学效果趋于最佳的系统决策与设计"。⑥

蔡淑兰认为:"教学策略是教师为了实现教学目标,根据教学情境的特点,对教学的实施过程进行系统决策的活动。"⑦

梁惠燕认为,从动态的维度上看,教学策略是由教师根据特定的教学目标对各种教学因素进行创造性选择的行为,以及在面临具体的教学情境时自觉地对这些行为不断进行监控和调整的动态过程。从静态的维度上看,教学策略是在教学的不同阶段、不同情境中形成的相对静止的决策方案。⑧

肖刚认为,教学策略是教学设计的有机组成部分,是在特定教学情境中为适应学生学习需要和完成教学目标而诊察作出,并随情境变化而进行调整的教学谋划和采取的教学措施。⑨

李康认为,教学策略,就是为了实现教学目标,完成教学任务所采用的方法、步骤、媒体和组织形式等教学措施构成的综合性方案。⑩

本研究借鉴和学新、刘国俊、梁惠燕的观点,将教学策略定义为:为实现教学目标,对教学活动进行创造性选择和调适的一系列执行方案,即对教学活动的系统决策与设计,包括教学思想、步骤组织、方法模式、具体措施等。

基于民间传统游戏的幼儿哲学教学策略,即根据幼儿当前的哲学能力水平,依托民间传统游戏,通过团体诘问、互动对话等多重有效的方式以实现保护幼儿的哲学天性,激发幼儿进行深入的探索和思考,使幼儿增强探索自身与世界的勇气与活力,提高推理与

---

① 邵瑞珍.教育心理学[M].上海:上海教育出版社,1997:80.
② 张大均,余林.试论教学策略的基本涵义及其制定的依据[J].课程·教材·教法,1996,16(9):6-8.
③ 黄高庆,申继亮,辛涛.关于教学策略的思考[J].教育研究,1998,19(11):51-54.
④ 和学新.教学策略的概念、结构及其运用[J].教育研究,2000,21(12):54-58.
⑤ 刘国俊.有效教学策略的制定[J].教育研究,1988,9(10):9-12.
⑥ 张兆芹.现代教学策略的制定及运用[J].教育导刊,1994(7):6-10.
⑦ 蔡淑兰.论教学策略的结构[J].内蒙古师范大学学报(哲学社会科学版),2000,29(2):81-84.
⑧ 梁惠燕.教学策略本质新探[J].教育导刊,2004(1):7-10.
⑨ 肖刚.教学策略的内涵及结构分析[J].高等师范教育研究,2000,12(5):48-52.
⑩ 李康.教学策略及其类型探析[J].西北师大学报(社会科学版),1994,31(2):75-78.

判断的能力,乐于追求真、善、美,转识成智的幼儿哲学教学目标而设计的、付诸教学活动过程实施的决策系统和整体方案,包括幼儿哲学教学活动的思想理念、步骤组织、方法模式、具体措施等。

(二)民间传统游戏

1. 游戏

《说文解字》曰:"游,锦旗之流也。"即锦旗下沿飘动的饰须,可观。风无影无形自由流动,可谓无牵无挂的游戏"精灵"。风之外,流到哪里形哪里(所谓"随物赋形")的是水。借助想象力引申,水波和物体在水中浮动。复曰:"戏,三军之偏也。"三即左、中、右,偏军就是配合主力(中军)的,是打游击、做些服务工作的,女佣们还有笙歌舞蹈。古人打仗旌旗如云,还讲开战休战的规则,当然不是游戏,但有游戏成分。

印度梵文中"kridati"一词,既指风的拂动、水的流动,也指动物、成人的游戏,还指人的跳跃、舞蹈。

《现代汉语辞海》中游戏有两种释义:①(名)娱乐活动,如捉迷藏、猜灯谜等。某些非正式比赛的体育活动,如康乐球等也叫游戏。②(动)玩耍。①

《辞源》中游戏为游乐嬉戏,《史记·庄子传》:"我宁游戏污渎之中自快,无为有国者所羁,终身不仕,以快吾志焉。"或嬉笑娱乐。《韩非子·难三》:"或曰:管仲之所谓言室满室,言堂满堂者,非特谓游戏饮食之言也,必谓大物也。"《乐府诗集》中西晋绿珠的《懊侬歌》中有:"黄牛细犊车,游戏出孟津。"②

哲学家维特根斯坦(Wittgenstein)和罗素(Russell)将游戏譬喻为一根由许多纤维组成的绳索,离析出各条纤维,即游戏的几条主要特征,以便对游戏概念进行整体的把握。

加维等人研究(Garvey,1977;Rubin,Fein & Vandenberg,1983)认为,游戏通常具有以下五个本质特征——内在动机(自身原因而自发地从事)、积极情感(积极的情感体验和表达)、自由选择、过程导向(强调过程甚于结果)以及非真实性(模拟或者假定一个针对现实的装扮场景)。③

2. 民间传统游戏

乌丙安界定,民间游戏是指流传于广大人民生活中的嬉戏娱乐活动,俗称"玩耍"。游戏是游艺民俗中最常见、最普遍、最有趣的娱乐活动。④

朱淑君在《民间游戏》中认为民间游戏是产生流传于人民群众,主要是青少年儿童日常生活中,具有一定形式、规则、内容又可因时因地发展变化的,以玩耍为目的的小型嬉

---

① 刘振铎.现代汉语辞海[M].延吉:延边教育出版社,2001:1273.
② 广东、广西、湖北、河南辞源修订组,商务印书馆编辑部.辞源[M].北京:商务印书馆,1979:1837,3072.
③ 约翰逊,等.游戏与儿童早期发展[M].华爱华,郭力平,译校.2版.上海:华东师范大学出版社,2006:5.
④ 乌丙安.中国民俗学[M].2版.沈阳:辽宁大学出版社,1985:343.

戏娱乐活动。①

陈连山在《游戏》一书中认为民间游戏指在广大民众中广泛流行,成为代代传承的文化传统的游戏。强调民间游戏的参加者至少有两个,游戏通常具有独特的规则和稳定的表现形式。②

刘丽娜认为,传统民间游戏是游戏的一个重要分支,主要是以口头形式传授,以直接参与为目的的竞技和演示活动,是通常流传于广大人民生活中的嬉戏娱乐活动,是被人们所认可的一种活动方式,在民间俗称"玩耍"。③

综上所述,研究者对民间游戏的界定存在以下几点共识:第一,民间游戏具有传统性,产生于现实生活中;第二,民间游戏具有娱乐性;第三,民间游戏传播的媒介是人;第四,民间游戏具有规则性。

本研究中的民间传统游戏从广义上讲,凡是蕴藏着流传于广大人民群众生活中的、中华优秀传统文化的嬉戏娱乐活动都可称之为民间传统游戏。狭义的民间传统游戏是指在广大人民群众生活中流传已久的、已约定俗成为一定稳定模式的嬉戏娱乐活动,如老鹰捉小鸡、丢手绢、欻嘎拉哈、滚铁环、捉迷藏等。

3. 幼儿游戏

《中国大百科全书·教育》中幼儿游戏,即 infant play,指儿童运用一定的知识和语言,借助各种物品,通过身体运动和心智活动,反映并探索周围世界的一种活动。幼儿游戏是 3~6 岁儿童的基本活动形式。④

本研究中的游戏即指《中国大百科全书·教育》中的幼儿游戏。

四、本研究的理论基础

本研究借鉴德国著名的哲学家、心理学家和美学家谷鲁司的内模仿理论,把它作为始终贯穿于整个研究过程的理论分析与提升的基础,实施过程中运用其理论开展基于民间传统游戏的幼儿哲学教学尝试。谷鲁司的内模仿理论指导下的教学活动设计,为幼儿意愿的表达、情感的表现、实现自我的理解和创造提供激励环境与条件,幼儿通过意欲模仿的游戏以实现新的自我认知与自我理解。在充分的自我认知与自我理解基础上进行哲学对话,运用启发式提问、开放式讨论等方式进而在游戏共同体与探究共同体的氛围中相互模仿。再一次实现的内模仿,使幼儿超越原有的现实水平。整个研究过程在此理论的指导下,前期预设的教育教学目标得以实现,并提出基于民间传统游戏的幼儿哲学教学策略。

(一)谷鲁司内模仿理论的主要观点

德国哲学家、心理学家和美学家谷鲁司从心理学和生理学的角度研究美学,受席勒

---

① 朱叔君.民间游戏[M].郑州:海燕出版社,1997:2.
② 陈连山.游戏[M].北京:中央民族大学出版社,2000:18.
③ 刘丽娜.传统民间游戏与园本课程建设研究[J].陕西学前师范学院学报,2014,30(6):15-18.
④ 中国大百科全书总编辑委员会《教育》编辑委员会,中国大百科全书出版社编辑部.中国大百科全书·教育.北京:中国大百科全书出版社,1985:500.

"游戏冲动"说的影响,以"内模仿"为一切审美欣赏活动的核心,提出"内模仿说"。他认为在审美欣赏活动中,伴随有一种模仿性的运动过程,这是外物的姿态在欣赏者内心的再现。审美欣赏是同情地分享旁人的生活和情绪的产物。他把内模仿的运动知觉(包含了动作和姿态的感觉,特别是平衡的感觉、轻微的肌肉兴奋以及视觉器官和呼吸器官的运动)看作是审美活动的核心,围绕着这个核心,过去的经验的记忆和当前对形象的知觉才融为一体。由于内模仿的作用,审美主体会产生一种特殊的幻觉(tauschung),把自我加以变形,投射到外物中去。这种审美幻觉有不同于日常幻觉的自觉和主动的特点。这种幻觉有三种:一是附加幻觉,感觉随着对象的变化而变化,即内模仿;二是模仿原物的幻觉,把自己混同艺术作品及其所表现的事物;三是同情的幻觉,把旁人的行为和我的行为等同起来。其"内模仿说"是建立在"游戏说"基础上的,从动物的游戏本能揭示艺术的起源,认为内模仿是人的天生本能。在继《动物的游戏》之后,谷鲁司在《人类的游戏》一书中指出,人类的自然选择体现在人类小孩喜欢观察成人的活动,并把它们运用到自己的游戏中。如果来自每一种文化的孩子都能自由地游戏的话,他们不仅会在游戏中运用到各地的人普遍需要的技能,还会用到每一种文化中特有的技能。他主张游戏并不是与实用生活无关的活动,而是将来实用活动的准备和练习,游戏就是学习。

(二)谷鲁司内模仿理论在本研究中的运用

本研究运用该理论在整体教学活动中主要体现在两个方面:一是体现在本研究教学活动中,幼儿参与其中的民间传统游戏体验过程。荷兰J.胡伊青加在《人:游戏者》中说:"文化是以游戏的方式产生出来的,即文化从一开始就是以游戏的方式来进行的。甚至那些目的在于直接满足生存需要的活动,比如狩猎活动。……社会生活也被赋予了超生物学的形式,即被赋予了游戏的形式。通过游戏,社会表达了它对生活与世界的解释。"胡伊青加认为,文化是历史评判附着于某一特殊事例的术语,而游戏才是可以加以客观认识的、具体确定的东西。① 幼儿游戏是对生活与世界的模仿与重演,民间传统游戏特点尤为突出,文化就在幼儿游戏的形式与态度中进一步发展。幼儿在模仿与重演中获得的运动知觉(包含了动作和姿态的感觉,特别是平衡的感觉、轻微的肌肉兴奋以及视觉器官和呼吸器官的运动)与过去经验的记忆融为一体,产生一种特殊的幻觉,又将这种感觉投射到游戏当中去。这种与克里斯托夫·武尔夫在《教育人类学》中论述的教育中的模仿不谋而合,正如瓦尔特·本杰明所述"孩子扭动自己以双臂扮作风车,同时嘴里又发出相应的响声"的过程。通过这种做法,孩子明白了风是如何使风车转动的,感受到了风的某种力量和人类使用自然的能力,理解了人类创造性的神奇。幼儿在模仿行为中扩展体验,获得一定的社会认知。以这种机械的游戏形式和人类身体的机械特征认识自己,用自己的力量征服自然。幼儿会哲学地感悟到:身体可以作为一种表达和表现的工具,以及为了一定的目标如何使用自己的身体。

二是本研究教学活动中,幼儿参与其中的幼儿哲学探究共同体内部榜样模仿。幼儿总是希望有个学习效仿的榜样,对话过程中的相互影响与激发,清晰地展示幼儿喜爱的

---

① 胡伊青加.人:游戏者[M].成穷,译.贵阳:贵州人民出版社,2007:43.

探究过程。幼儿在公开对话中会意识到,自己遇到问题与困惑的解决需要,可以以这种方式得以解决;意识到自己问题的背后还有那么多有趣的事。模仿是幼儿早期的生活方式。尤其在集体中,模仿表现得格外活跃,个人的发展和责任感都是由集体的权威所表达的。好问是孩子的天性使然,使他们具有哲学家的气质。但有时孩子的问题是由于缺乏生活经验而提出的问题,不能视之为哲学思考,或者说是没有正确的生活体验而导致的错误判断,这也不能视之为一种哲学思考。幼儿没有更多的机会去参与真实的生活体验,由此,游戏,尤其是与生活密切相关的民间传统游戏便成为幼儿参与生活实践的最好方式。

在本书中,倡导教育者给幼儿创造最安全的游戏环境和对话环境。教育者和幼儿一样,作为游戏共同体和探究共同体中简单质朴的一员,为幼儿提供良好的榜样,创造让幼儿切实体验的模仿条件与环境。幼儿通过模仿,扩展了体验,感受到身体的某种力量和人类使用自然的能力,理解人类创造性的神奇。正是幼儿的这种游戏形式,使其体验到自己与他人、与社会、与自然的连接,从而获得一定的自我认知与社会认知。对教育者来说,帮助幼儿以正确的方式去思考这种连接,跨越其哲学思维能力的最近发展区,从开始的"不能"变为最后的"能"。提供的最重要的帮助是让幼儿在恰当的时间、以适宜的方式表现出更高的智力水平或问题解决水平,把幼儿当前尚未掌握的高级心智功能及其运作过程完整、正确地展示出来,为幼儿的模仿和内化提供可以直接感知和学习的对象。只有这样,幼儿才有可能从中获得高级心智功能的发展。任何高级心智功能的获得都要经历两个阶段,首先是在与人合作过程中使用这种高级心智功能共同解决问题,然后才有可能内化为个体的心理品质,由个体在需要时独立使用。对幼儿来说,这是其高级心智功能获得的重要源泉。模仿、内化的前提是模仿者能够清楚地感知或观察到被模仿的对象。在具体教学过程中,根据幼儿游戏内容,积极创设对幼儿具有挑战性且必须解决的真实问题情境,提供合适的模仿榜样,促进幼儿积极思考,解决问题,发现自己现有能力的不足之处,从而激发幼儿主动模仿范例处理问题的策略,内化为自己的更高思维方式,获得高级心智功能和个体积极的心理品质。

五、研究方法

本研究以哈尔滨市A区某幼儿园两届大班,共21名5~6岁幼儿为研究对象,其中男孩A—E5名、女孩A—D4名为重点研究对象,并辅以对21名幼儿家长、6位在职幼儿教师、48名准幼儿教师的研究进行。其中与9名幼儿的家长、9名幼儿所在班级的2位老师进行了深度访谈,与48名准幼儿教师进行了2次观摩后集体讨论。研究者L老师为主持人共进行了11次基于民间传统游戏的幼儿哲学教学活动,并辅助另外6名教师开展了8次基于民间传统游戏的幼儿哲学教学活动,辅助12名准幼儿教师开展了4次基于民间传统游戏的幼儿哲学教学活动。研究者L老师与其他6名幼儿教师共组织了8次集体备课与实践活动后讨论,与48名准幼儿教师进行了4次实践活动后讨论。幼儿和家长(由两个字母来标识,前一个字母B代表男孩家长,字母G代表女孩家长;后一个字母代表幼儿,例如男孩A家长为BA。)分别是:

男孩A,2013年9月26日生,家长BA;

男孩 B,2013 年 11 月 2 日生,家长 BB;
男孩 C,2013 年 11 月 7 日生,家长 BC;
男孩 D,2013 年 11 月 30 日生,家长 BD;
男孩 E,2013 年 9 月 26 日生,家长 BE;
女孩 A,2014 年 3 月 8 日生,家长 GA;
女孩 B,2013 年 11 月 8 日生,家长 GB;
女孩 C,2013 年 10 月 20 日生,家长 GC;
女孩 D,2013 年 2 月 28 日生,家长 GD。
男孩 M,2014 年 3 月 11 日生,家长 BM;
男孩 Z,2014 年 5 月 20 日生,家长 BZ;
男孩 H,2014 年 4 月 2 日生,家长 BH;
男孩 L,2014 年 6 月 5 日生,家长 BL;
男孩 W,2014 年 2 月 11 日生,家长 BW;
男孩 X,2014 年 6 月 18 日生,家长 BX;
女孩 J,2014 年 6 月 20 日生,家长 GJ;
女孩 S,2014 年 2 月 25 日生,家长 GS;
女孩 F,2013 年 11 月 24 日生,家长 GF;
女孩 Y,2014 年 2 月 21 日生,家长 GY;
女孩 W,2014 年 2 月 4 日生,家长 GW;
女孩 N,2014 年 6 月 29 日生,家长 GN。

其他 6 名幼儿教师分别是教师 A、教师 B、教师 D、教师 X、教师 K、教师 H。其中教师 A 与教师 B 是重点研究对象 9 名幼儿的主配班教师,教师 D、教师 X、教师 H 是其他幼儿的主配班教师。主要运用了以下 5 种研究方法,展开了基于民间传统游戏的幼儿哲学教学活动研究。

(一)文献法

本研究通过中国知网、台湾学术期刊数据库、哈尔滨师范大学图书馆、超星图书馆、万方数据库、维普期刊网、学习通、IAPC 等网络平台,对著作、期刊等儿童哲学教育相关文献进行搜集与鉴别,将国内外的大量权威、适切的,融汇在儿童哲学文献中的幼儿哲学部分进行系统的研读与整理,使幼儿哲学教育的特点与趋势更加明朗化。尤其是对美国、法国、韩国等国家关于幼儿哲学教育的文献进行了更加深入的研究与分析,使本研究获得了极为珍贵的参考资料。进行大量文献研读、分析、梳理,获取已有研究动态、存在的问题、研究空白及研究趋势等,为本研究提供前提和基础。

(二)参与观察法

本研究基于老鹰捉小鸡、捉迷藏、拍啪唧、网鱼、过家家、射柳、打马球、翻绳、欻嘎拉哈、说绕口令、编花篮 11 个民间传统游戏开展了相应的幼儿哲学教学活动。设计民间传统游戏观察记录表和幼儿哲学教学活动观察记录表,观察记录主要采用叙事法,观察了包括对象、主题、情境、观察者的角色、记录方法、背后隐藏的意义和价值等内容。同时为了呈现完整的观察记录,运用选择观察目标、撰写目的和目标、记录客观事实、总结行为表现、评价幼儿与教师行为、分析背后隐藏的意义和价值等方法,为本研究提供丰富的第一手资料。

(三)问卷法

本研究所采用的问卷法是运用访谈式问卷的半结构性访谈。问卷分为访谈式问卷(教师卷)和访谈式问卷(家长卷)。访谈式问卷(教师卷)是专门针对教师 A 进行的问卷调查,揭示幼儿平时在班级的幼儿哲学思想表现,了解教师对幼儿哲学的教育观念与教学建议等。(附录 1-1)访谈式问卷(家长卷)是针对 21 名幼儿家长进行的问卷访谈,其中与男孩 A-E,女孩 A-D 家长进行深度访谈,揭示幼儿平时在家庭中的幼儿哲学思想表现,了解家长对幼儿哲学的教育观念与教学建议等。(附录 1-2)问卷本身能体现诸多信息,帮助家长和教师在不知如何回答的情况下,能够根据实际情况在选项之间进行有针对性的衡量,给出相对客观的表述。但仅有选项的问卷往往对问题的观点只是点到为止,且都是封闭性的问答,不够灵活,不能做到深入、详尽地了解实际情况。本研究采用访谈式问卷,与每一位被测者进行"一对一"的、灵活细致且开放性的问卷访谈,在访谈提纲的基础上可不断生发新问题。这样尽量做到最优化地利用问卷与访谈的优势,有效地获取家长、教师传递的真实客观、详尽而深入的资料。问卷在编制过程中,在借鉴了李军的儿童问卷、陈游恩和易卜拉辛问卷调查的经验、林师宇和王慧静的质性研究经验、邵艳楠的问卷调查等前人研究成果的基础上,设计本研究的问卷、课堂评估表。本研究设计 21 名幼儿的"幼儿哲学能力水平家长问卷"21 份,21 名幼儿所在班级教师 A 的"幼儿哲学能力水平教师问卷"21 份。

(四)访谈法

本研究的访谈是专门针对教师 B 而进行的非结构性访谈。(附录 2)通过访谈揭示每一位幼儿平时在哲学思考方面的总体表现、幼儿哲学思想的影响因素,以及教师对幼儿哲学的教育观念与教学建议等。设计 9 名幼儿所在班级教师 B 的"幼儿哲学能力水平教师访谈提纲"1 份。

(五)教育评价法

本研究设计运用多种评价手段,通过"三角互证法"[①]对幼儿哲学教学实践案例进行分析、评价与总结,以期为幼儿哲学教学的推广提供可靠的凭借和依据。本研究中的所谓三角互证法是指使用访谈式问卷、访谈式和课堂评估等多种收集资料的办法相互佐证,提升本研究的信效度,以表明所提供信息的相对客观性。本书将通过该研究方法,运用丰富客观的描述展现幼儿哲学探究的历程,揭示研究者与幼儿在此过程中所经历的困境、发生的变化,围绕这一课程中所涉及的相关人士的反应,力求呈现一幅基于民间传统游戏幼儿哲学探究的全景。

本研究通过参与式观察、问卷调查、非结构性访谈所获得的第一手材料作为分析及

---

① 高振宇.儿童哲学论[M].济南:山东教育出版社,2011:198.

立论的依据。借鉴李普曼课堂评估项目和高振宇等专家经验而设计运用评估项目，通过翔实深入的描述来展现师幼之间进行哲学探究的情况，平时上课与幼儿哲学课的表现对比、转变情况。本研究中的课堂评估共分为六个部分，参照张诗亚、邓鹏主编，李尚武编译的李普曼和夏普所著《思思》教师辅导用书《寻找意义》中教师自我评估项目设计而成。① 包括幼儿哲学对话环境评估项目、幼儿哲学行为检核评估项目、研究者幼儿哲学教学自我评估项目、幼儿平时与幼儿哲学教学活动对比评估项目、幼儿哲学教学前后效果对比项目、幼儿自我评估项目。其中研究者幼儿哲学教学自我评估项目根据中华人民共和国教育部印发的《幼儿园教育指导纲要（试行）》与《3~6岁幼儿学习与发展指南》中，将其五大领域给出的目标、要求、教育建议等与幼儿哲学能力进行一一对照，根据三者之间的契合点编制而成。幼儿自我评估项目借鉴夏威夷大学儿童哲学创始人 Dr. Thomas Jacksond 在教育评价方面提出的反思纲领和年龄适应性评价方法。② 幼儿哲学对话环境评估项目 6 项（附录 3-1）；幼儿哲学行为检核评估项目 16 项（附录 3-2）；研究者幼儿哲学教学自我评估项目 12 项（附录 3-3）；幼儿平时与幼儿哲学教学活动对比评估项目 8 项（附录 3-4）；幼儿哲学教学前后效果对比评估项目 8 项（附录 3-5）；幼儿自我评估项目 12 项（附录 3-6）。

六、研究的创新点与不足

本研究的创新点主要有两个方面：一是试图将中国民间传统游戏老鹰捉小鸡、丢手绢、网鱼、过家家，尤其是地方经典游戏射柳、鞠球、翻绳、欻嘎拉哈引入到幼儿哲学教学活动中，尝试幼儿哲学教学本土化，提升幼儿哲学教育的文化自觉性，培养幼儿的民族自信、文化自信。二是借鉴谷鲁司的内模仿理论，研究过程从一而终，尽可能地体现科学性、完整性、发展性、人文性、生态性，为幼儿哲学研究拓展新的研究视角。

本研究存在的不足有以下两点：一是由于对哲学界定视角不同，目前国内幼儿哲学领域探索性研究成果屈指可数，因此尚未对国内外幼儿哲学教学领域进行相应的比较研究，虽尽力去立证，阐述问题仍相对局限。二是虽然采用了多种教学研究方法，但调查、评价研究仍会存在考虑不周，或因某些教学现象的不确定性而影响结果分析，因此，把研究重点更多地放在对幼儿哲学思想的启蒙和激发方面。

---

① 李普曼,夏波.寻找意义[M].李尚武,编译.太原:山西教育出版社,1997:42-43,69,93,123,149-150,182-183,208-209,225-256,241,259,268-269.

② 古秀蓉,冷璐.儿童哲学探究活动的教育评价研究[J].上海教育科研,2018(1):28-32.

第一章 国内外相关研究文献综述

幼儿哲学作为儿童哲学的一部分,诞生于 20 世纪 60 年代,从美国推展成为具有国际性的学术研究。其研究对象年龄包括 0 到六七岁儿童,课程包括幼儿园阶段。代表人物有美国哲学家马修·李普曼(Matthew Lipman),美国当代哲学家、麻省理工学院哲学教授葛瑞斯·马修斯(Gareth Matthews)、儿童哲学促进协会(the institute for the advancement of philosophy for children,IAPC)的副主任安妮·夏普(Ann Margaret Sharp)。幼儿哲学一直活跃在哲学界和教育界两大学术圈中,哲学界以其自身的哲学教育背景能够在儿童的思考中迅速捕捉到哲学思维,凸显出哲学服务于生活的价值;教育界以其自身的教育理论与实践经验为提升儿童教育质量设计理想的教育方案。两大领域都在以自身优势积极进行幼儿哲学教育探索,为哲学和教育学领域提供更为广阔研究视野的同时,最大限度地使哲学与教育的内在价值(相对于工具性的和外在的价值而言)、意义、合理性和教学法达成了统一与一致。

一、国外相关研究文献综述

国外相关研究文献发现,幼儿哲学研究早已开始,或作为其中的一个阶段融汇到儿童哲学研究中,或是研究者进行的专门研究。幼儿哲学通常以哲学工作坊的形式存在,教师与幼儿围坐在一起面对面就某一主题展开哲学对话,组织形式多以课堂为主。目前,已有少部分研究者在尝试以儿童最喜爱的游戏方式组织儿童哲学活动。下文将主要从幼儿哲学教学和幼儿游戏两大方面进行阐述。

(一)国外幼儿哲学教学研究文献

目前,国外学者已经在不同年龄阶段进行了卓著的幼儿哲学教学研究。例如美国的牛津大学心理学博士、加州大学伯克利分校心理学系及哲学系客座教授艾莉森·高普尼克在《宝宝也是哲学家:学习与思考的惊奇发现》(2014)一书中,通过观察自己三个孩子的成长,用贝叶斯算法解释了婴儿对因果推理的娴熟。艾莉森·高普尼克重点关注 5 岁以下儿童,她认为,孩子"装备"了哲学家的思考能力和科学家的观察能力,把他们放到适当的环境里就会了解真相。可见,儿童哲学教学的研究对象不仅包括中小学生,早已延展至幼儿,甚至婴儿阶段。因此,本研究从前人研究成果中,依据年龄差异所体现的研究趋势分两个部分进行阐述:一是专门梳理 3~6 岁幼儿哲学教学的相关文献;二是虽没有明确年龄界限,但包含幼儿哲学教学的相关文献。

1. 有关 3~6 岁幼儿哲学教学的研究文献

诸多学者通常受皮亚杰认知发展理论影响,将 3~6 岁幼儿的认知发展划分到前运算阶段,认为这一阶段幼儿具有泛灵论、自我中心主义、不能理顺整体和部分的关系、思维的不可逆性、缺乏守恒等特点,这使得诸多研究者对幼儿阶段进行哲学教育持怀疑态度。认知发展理论的四个基本概念是图式、同化、顺应和平衡,它体现的是认知发展从量变到质变的过程,是按照生物模型来构想人类的心理发展模式的。针对3～6岁幼儿进行哲学教学的研究者通过一系列的理论与实践研究,论证了幼儿哲学思维发展和开放地讨论基本问题的能力与认知发展是不相矛盾的,充分证实了幼儿哲学教学的可行性。

葛瑞斯·马修斯出版了三部儿童哲学方面的专著,包括《哲学与幼童》《与儿童的对话》《童年哲学》。前两部收录了大量富于哲学意趣的幼儿言论,在《童年哲学》的引言中写道:"六岁的蒂姆问:'爸爸,我们怎样才能确定这一切不是一场梦呢?'这一时刻,他便提出了最古老也最让人萦绕于心的哲学难题之一。'如果这是一场梦的话,那我们是不可能对一场梦做出提问的。'蒂姆用这一推理来说服父亲,他对这一问题的解答与柏拉图和笛卡儿的解答大有可比之处。"马修斯认为,如此自发的哲学探究在3～7岁儿童那里绝非罕见,年龄稍大的儿童(甚至是八九岁的儿童)的哲学探究反而少见,至少是很少被提到。他的假设是:一旦儿童适应学校,他们便知道学校只期待提"有用"的问题,于是,哲学要么走入地下——或许这些孩子会隐秘地继续在内心思索而不与他人分享。

20世纪70年代末至80年代中期,儿童哲学促进协会就已经建立起覆盖学前教育到高中三年级的一条龙服务式的课程体系和教师手册,在全美国甚至全世界进行推广。李普曼等人合作编写的IAPC文本是目前世界范围内最常使用的教材,包括从幼儿园到高中三年级的整个非高等教育阶段。这些教材根据不同年龄阶段学生的认知特点以及哲学发展的需要,在不同年级的教材中力图呈现不同的哲学内容,每部分内容之间有极为密切的联系和明显的梯度性。如从幼儿园到小学四年级,教材注意生活对话中隐含的推理形式,以加强语言的获得与使用,并强化知觉、感情的运用。如适合幼儿园的幼儿用本《玩偶医院》(The Doll Hospital),教师用本 Making Sense of My Word;幼儿用本 Geraldo,教师用本 Discovering Our Voice。1997年,李普曼在为由山西教育出版社出版的《儿童哲学》(中译本)所做的序中,主张在儿童的早期教育里加入哲学。而哲学唯有在付诸实践时,才能提高思维水平;只有在实践中的哲学才能增强人们推理和判断的能力。李普曼认为,一个人可以独处研习哲学,但是若要从事哲学活动,就必须有他人参与,必须加入探求哲学的群体。当把课堂变成这样的集体,学生就开始学习倾听别人的意见,尊重别人,学习如何发展自己的想法,如何发展别人的想法;如何补充别人的思想,如何在探求答案的过程中互相配合。哲学课堂上的热烈的讨论(它在学龄前儿童的哲学课堂上都可能出现)不仅能够增强思维能力,而且能够陶冶性格。教育应该自始至终通过真、善、美的形式,在孩子们的头脑里树立一整套伦理、审美、逻辑和认识方面的价值观念,而唯有哲学才能帮助他们提炼这些认识。美国的卡琳·摩瑞丝(Karin Murris)在《儿童能学哲学吗?》(2000)①一文中的观点是,幼儿能够做哲学,从更深远的意义上来说,成年人不仅应学习怎样教育孩子,而且对他们来说怎样做哲学的促进研究是迫不及待的要求。美国的迈克尔·帕瑞查德(Michael Pritchard)在《儿童有能力进行哲学思考吗?》一文中认为,学龄前儿童有能力表达哲学困惑,不仅表现出对复杂概念的把握能力,甚至能够深

---

① MURRIS K. Can children do philosophy? [J]. Journal of Philosophy of Education,2000,34(2):261-279.

入而持续地讨论定义问题。并用马修斯和李普曼著作中记录的很多例子证明其观点。①

英国BBC广播电台1990年录制的长达一小时的电视纪录片《苏格拉底与六岁孩童》,讲述的是美国新泽西州的李普曼教授和他的同事历时25年,设计的一个适合5～16岁孩童的哲学课程。该纪录片是幼儿哲学发展壮大的显著标志之一。

法国巴雅尔青年出版社儿童新闻编辑苏菲·孚尔罗(Sophie Furlaud)的《小小哲学家》(2012)一书中,"小小哲学家"是指四个小动物:天真的小猪、实际的小猫、爱幻想的小鸟以及爱怀疑的小狼。四个小动物,代表的是三岁以上的幼儿。四个小动物在日常生活中碰到事情时,会相互询问、思索,就像哲学家一样。法国著名哲学家、心理学家、儿童哲学专家雅克·莱维纳(Weina)认为,每个孩子"生下来"就是哲学家。从三四岁开始,就能提出诸如"什么是死亡""人出生之前是在哪里""什么是幸福"等成年人始终在思索的有关人生的问题。法国应用哲学院院长、联合国教科文组织哲学顾问奥斯卡·博尼菲认为,小孩到了四岁,就具备参与哲学思辨(philosophizing)的能力,相比成人的固化思维和对结果的重视,孩子更容易把它当作一个思维的游戏,去享受过程中的思维碰撞。② 法国人从三四岁开始,就为孩子开设儿童哲学工作坊,几乎每个幼儿园都有哲学工作坊。③ 奥斯卡·博尼菲在《儿童哲学在幼儿园实施的可能策略》一文中认为,跟孩子做哲学讨论有两个最大的困难:一个是灌输式的,老师只是信息的传递者。另一个就是很难自由地畅所欲言。讨论虽然是很自由的,可以说想说的事情,有一点点的限制,但不会很多。要把对话变成哲学对话的话,必须要把它的高度提高一点儿。奥斯卡·博尼菲在举手回答和问题方面都给出了一些小的步骤和实践案例,并阐述在做法上重要的是让孩子区分三个重要的功能——倾听、理解、同意或者不同意;问问题时的一个重要原则是,请做好收到任何答案的准备,不然就不要问问题;老师要尽量避免去重复,重复是一个很糟糕的办法;在所有的讨论中,总是有限制的,即有一个具体的任务要完成,老师要保证这个结构,并不是要保证内容,产生的内容由孩子们决定,老师只是一个哲学的裁判,不是评委。④

英国的圣安德鲁斯大学哲学教授贝里斯·高特和英国圣安德鲁斯幼儿中心教师莫拉格·高特的《幼儿哲学》(2011)是一本简明实用的幼儿哲学教学操作指南。书中包含公平、环境、友谊、包容、分享、正确与错误、礼仪、情爱等36个哲学问题的详细的会议计划,并已经在3～6岁(有时包括大点儿的孩子,最大的11岁)幼儿中得以成功地尝试和测试。英国的克莱尔·卡西迪和唐纳德·克里斯蒂的《与孩子一起的哲学:一起说话,一起思考,一起学习》,通过对5～11岁儿童哲学对话的分析,认为发生谈话的主要特点有:

---

① 帕瑞查德.儿童有能力进行哲学思考吗?[J].柴伟佳,译.译自斯坦福哲学百科《面向儿童的哲学》一文.

② 郭晓莹,查敏.对话法国哲学家Oscar Brenifier:18岁开始学哲学思辨,太晚了[EB/OL].(2018-05-31)[2024-05-07]. https://baijiahao.baidu.com/s?id=160194-3389233025889&wfr=spider&for=pc.

③ 朱永新.儿童的哲学情怀就像花儿一样,需要阳光滋润和赋能[EB/OL].(2017-07-02)[2024-05-07]. https://www.sohu.com/a/153880390_372503.

④ 博尼菲.儿童哲学在幼儿园实施的可能策略[EB/OL].(2017-07-09)[2024-05-07]. https://mp.weixin.qq.com/s/e8nNSMuRgLPGO79tlEXC4g.

参与者不需要给出自己的意见；不允许使用技术语言或行话，只能使用日常用语；参加者不得以电视节目、书籍、祖父母等作为同意或不同意的理由；不寻求共识或共同的结论；并不是说没有正确或错误的哲学答案，重要的是给予想法和概念探索的机会。①

德国的 Krisina Calvert 在 Creative philosophizing with children(2007)②一文中认为盖勒斯·马修斯(Gareth Matthews)在他影响深远的著作《与孩子的对话》(1984)中以强有力的证据表明，6 岁的孩子能够也应该参与哲学讨论这一观点。并以这一观点为基础，用理论和实践指导家长和教师寻找尊重和创造性的方式来鼓励孩子们如何看待哲学。讨论的方法包括使用寓言产生具有强烈哲学内涵的隐喻。

澳大利亚的菲利普·卡姆(Philip Cam)在 Matthew Lipman(1923—2010)③一文中调查发现，应在哲学上吸引幼儿。李普曼的观点呼应了教育家杰罗姆·布鲁纳半个世纪前的名言：只要你教得正确，任何学科的基础知识都可以在任何年龄教授。澳大利亚的 Fiona CM Ling、Andrea Farrow、Damian Farrow、Jason Berry 和 Remco CJ Polman 的文章 Children's perspectives on the effectiveness of the playing for life philosophy in an afterschool sports program(2016)中通过 97 名 5～12 岁儿童运用生命哲学游戏(P4L)，评估验证了 P4L 哲学在促进享受和鼓励持续参与方面的有效性。

意大利的哲学家、心理学家皮耶罗·费鲁奇的《孩子是个哲学家：重新发现孩子，重新发现自己》一书，从自己的 5 岁和几个月大的两个儿子写起，发现对寻常问题提出新奇、独特看法的往往是孩子，认为孕育、抚养、关爱呵护，教育者应教育孩子适应这个世界的生活法则，帮助他们发挥潜力。

瑞典的塔尔图大学教授埃格勒(Egle Säre)在 Improving pre-schoolers' reasoning skills using the philosophy for children programme(2016)一文中对学龄前幼儿进行了 P4C 的实证定量研究。5～6 岁的幼儿参与了一项准实验(N = 125)，其中 58 名幼儿被纳入干预组，67 名幼儿在对照组。探讨了哲学小组讨论的影响，运用儿童哲学(P4C)方案和语言推理技巧，数据通过对单个儿童进行的前后测试来收集。干预组在 8 个月的时间里参加了每周一次的哲学小组讨论。结果表明，干预组的幼儿能够给出更多的理由，其中包括比较、类比、理由，"因为这样"的措辞，如果被要求解释他们的观点，则与对照组中的幼儿有因果关系。研究结果表明，每周在学前进行的以 P4C 为基础的哲学小组讨论对于通过培养语言推理技能来促进四项基本语言技能和学术成就具有重要意义。④

瑞士的伊娃·佐勒·莫尔夫(Eva Zoller Morf)的《小哲学家的大问题：和孩子一起做

---

① CASSIDY C, CHRISTIE D. Philosophy with children: talking, thinking and learning together [J]. Early Child Development and Care, 2013,183(8):1072-1083.
② CALVERT K. Creative philosophizing with children [J]. Theory and Research in Education, 2007,5(3):309-328.
③ CAM P. Matthew Lipman(1923—2010) [J]. Diogenes,2011,58(4):116-118.
④ SÄRE E, LUIK P, TULVISTE T. Improving pre-schoolers' reasoning skills using the philosophy for children programme [J]. Trames Journal of the Humanities and Social Sciences,2016,20(3):273-295.

哲学》一书,其成果中的一部分是由伊娃老师在过去30年里与幼儿的对话以及为家长、幼儿园老师提供的培训资料积累而成的。书中列举了3~9岁的孩子围绕大问题进行对话的实践案例和指导。全书的三分之一内容专门针对幼儿阶段的孩子,试图对孩子的问题种类进行区分,以及学会如何较好地处理它们。文中认为,小孩子不像青少年或成人那样总想要知道生活的意义,但4~8岁的孩子总是会关注在他们的生活中所遭遇或发生之事的意义。要鼓励自我反思,与幼童进行哲学探究是对他们独立思考的鼓励,即使对话不涉及高深的哲学内容。在幼儿园,有很多孩子不敢说话,教师要建立舒适、安全的对话文化。在"哲学"对话中,关心的是共同寻求知识而不是通过竞争来判定谁是"正确的"或谁是聪明人。①

南非的乔安娜·海恩斯、卡琳在《意义领域:幼儿哲学探索中的想象、叙述和嬉戏》一文中,从发展的心态出发,以符号学为启发,考虑了教育工作者在与儿童的讨论中所扮演的角色,提出了倾听儿童的道德承诺与支撑教育学的认知形式信念之间的联系。在专业发展工作中,注意到儿童对绘本的反应会引起成人的情感反应。这种多愁善感使成年人与儿童疏远,错过哲学探索的机会。②

综上所述,在美国、法国、英国、德国、澳大利亚、意大利、瑞典等国家早已开展幼儿哲学教学研究,并已取得实效。目前的研究趋势主要表现为三个方面:一是普遍经过实证研究认为,幼儿哲学教学具有可行性、可操作性。二是研究对象的年龄不仅局限于幼儿,已扩展至婴幼儿,即0到六七岁儿童。三是研究领域不仅限于哲学、教育学、心理学,已延展至脑科学。

2. 无明确划分年龄段的儿童哲学教学研究文献

研究发现,西方各国众学者通常将幼儿作为儿童哲学教学对象的一部分,关注其教学目标、教学范式、教学内容等,尚未明确划分其研究的年龄阶段,而且研究成果较为丰富。因此,本研究试图通过展现以下研究文献,进一步阐释目前国外幼儿哲学教学的研究渊源及发展动态。

(1) 儿童哲学的性质。

关于儿童哲学性质的研究中较具代表性的有皮亚杰的《儿童的哲学》(1983)一文,认为儿童的哲学是一种内隐的、含蓄的、隐喻的哲学。③ 挪威作家乔斯坦·贾德在童话体著作《苏菲的世界》一书中提出,儿童没有先入为主的观念,在探求事物的真相时比一般人更率直、更有勇气,幼小儿童很像哲学家,哲学家很像幼小儿童。美国当代儿童哲学家马修斯强调,儿童有自己的哲学,它是儿童对理解世界的最好方式的理性重构,④儿童完全

---

① 莫尔夫.小哲学家的大问题:和孩子一起做哲学[M].杨妍璐,译.北京:中国轻工业出版社,2019:1-75.
② HAYNES J, MURRIS K. The realm of meaning: imagination, narrative and playfulness in philosophical exploration with young children[J]. Early Child Development and Care, 2013, 183(8): 1084-1100.
③ 皮亚杰.儿童的哲学[J].谢循初,译.中华教育界,1936,23(7):21-29.
④ 刘晓东.儿童精神哲学[M].南京:南京师范大学出版社,1999:102-111.

可以自然而然地从事一系列提出问题、发表评论、进行推理等哲学行为，儿童哲学的意义在于欣赏儿童。同时认为，儿童那些自然、自发的哲学行为会随着年龄的增加而不断减少。①

澳大利亚的弗兰克(1991)②、法国的丹尼尔(2011)③、罗马尼亚的屋大维(2011)④、澳大利亚的詹妮弗(2011)⑤、芬兰的里库·瓦里塔洛(2016)⑥等研究者契合了李普曼将儿童哲学教育作为一门思维训练项目的主张，强调运用儿童哲学教育能够帮助他们形成正确的世界观和方法论，为人的发展提供源源不断的精神动力和活力。李普曼先后有7本儿童哲学小说问世，倡导和推动了当前儿童哲学界影响力最大的组织 IAPC。⑦ IAPC 长期开展儿童哲学的理论与实证研究，主要集中在认知技能、情感与社会技能、综合技能和关于方法论等理论层面的研究。⑧ 他与夏普、奥斯肯扬合著的《教室里的哲学》(1996)从重新设计教育的必要性出发，探讨了思维技能和推理技能之于学校课程的渊源，进而阐述了儿童哲学教学的可行性，为儿童哲学教育工作者提供儿童哲学教学的方法、讨论技巧等。安妮·夏普认为儿童哲学提供结构化的有次序的哲学课程，通过哲学小说和指导手册建构哲学史，使儿童沉浸在各哲学家所提出的普遍性问题中，进而掌握实践的精练的哲学探究技能，同时也是社会的、情感的、道德的以及政治的教育。另一国际儿童哲学组织儿童哲学国际委员会(ICPIC)建立了网上交流中心和会刊。1993年，欧洲儿童哲学促进基金会(SOPHIA)宣告成立。SOPHIA 的三大项研究计划充分体现其学术导向：一是 MENON，其最终成果包括一个针对欧洲教师儿童哲学课程的《关于对话的对话》小册子、针对对话培养的 DVD、教师手册以及一个国际工作坊。二是 PECA，此项目主要意图为运用哲学对话和美学激发小学生的艺术感和创造的过程，同时应用当代艺术作为哲学反思的资料。三是 ECOSOPHIE，其目的是要巩固基础教育的欧洲维度，鼓励学生通过哲学对话思考自然和环境，提出批判性问题。⑨ 21世纪教育研究院 LIFE 教育创新受探月学院刘琼的邀请，对奥斯卡教授进行专访，当奥斯卡被问及什么是儿童哲学时，他认为，不存在儿童哲学这回事，本质上它就是哲学。这就好像在问：什么是儿童音乐？它和

---

① 钱雨.儿童哲学的意义：马修斯与李普曼的"对话"[J].全球教育展望,2009,38(8):22-24.
② SOFO F, IMBROSCIANO A. Philosophy for children[J]. Educational Review, 1991, 43(3): 283-305.
③ DANIEL M F, AURIAC E. Philosophy, critical thinking and philosophy for children[J]. Educational Philosophy and Theory, 2011, 43(5): 415-435.
④ GRUIONIU O. The philosophy for children, an ideal tool to stimulate the thinking skills[J]. Procedia - Social and Behavioral Sciences, 2013(76): 378-382.
⑤ BLEAZBY J. Overcoming relativism and absolutism: Dewey's ideals of truth and meaning in philosophy for children[J]. Educational Philosophy and Theory, 2011, 43(5): 453-466.
⑥ VÄLITALO R, JUUSO H, SUTINEN A. Philosophy for children as an educational practice[J]. Studies in Philosophy and Education, 2016, 35(1): 79-92.
⑦ 高振宇.儿童哲学论[M].济南:山东教育出版社,2011:117.
⑧ 同⑦:118.
⑨ 同⑦:123.

其他的音乐并没有本质上的区别，只不过它可能根据儿童的发展阶段，在情感表达和交流程度上稍微做了些调整而已。作为法国"实践哲学"领域的开拓者，苏格拉底对雅典民众提问的形象更符合他对哲学家的定义：哲学应该更加贴近普通人的生活。他感兴趣的不是不同的哲学流派和它们的主要思想，而是思考本身。他把哲学拉下精英教育的神坛，主张每个人都应该学习哲学思维，掌握思考的艺术，认识世界，认识他人，认识自己。①

综上所述，以上研究对儿童哲学性质的界定主要有两个倾向：一是以马修斯为代表，认为儿童哲学是儿童的哲学，指儿童所具有的哲学天性。另一个是以李普曼为代表的也是最普遍的，将儿童哲学作为一项思维训练项目，以培养儿童的哲学探究技能。其共识是认为，儿童是天生的哲学家，应尊重儿童的哲学天性，儿童哲学是哲学的一部分。

（2）儿童哲学教学的目标。

有关儿童哲学教学目标研究，既有从宏观层面阐释整个社会发展的，也有从微观层面注重个体成长的。其中聚焦于培养儿童思考技能目标和情感态度价值观目标，因此，下面重点围绕这两方面研究文献进行阐释。

①思考技能目标。

这类研究文献既突出促进儿童思考，又引导儿童思考的方法的选择、开发与利用。其中较具代表性的如下。

美国的李普曼（1995）②认为，高阶思维的培养，要求学生成为批判性、创造性和有爱心的思考者。他在《教室里的哲学》一书中将这一观点具体化，提出儿童哲学的总目标是让儿童学会独立思考，为自己而思考，以及思考思维自身，并提出提高推理能力、发展创造力、推动个人的成长和人际交往能力的发展、增进对道德的理解、培养获取生活经历之意义的能力等五个目标。李普曼等人认为，哲学可培养和提高儿童观察了解他人的能力，从儿童可掌握获取事物意义的多种方法来理解，这些方法包括发现多种选择、理解公正无私、辨识一致性、学会全面地考查问题、理解和应对各种情境、认识部分与整体的关系。③布鲁诺（2008）④、马里奥（2012）⑤等也是思考技能目标的倡导者。法国应用哲学大师、联合国教科文组织哲学顾问奥斯卡·伯尼菲在世界范围内组织开展应用哲学讲座和研讨班，主要致力于通过儿童哲学课程提高儿童思考能力。

---

① 郭晓莹，查敏. 对话法国哲学家 Oscar Brenifier：18 岁开始学哲学思辨，太晚了[EB/OL]. (2018-05-31)[2024-05-07]. https://baijiahao.baidu.com/s? id = 160194-3389233025889&wfr=spider&for=pc.

② LIPMAN M. Moral education higher-order thinking and philosophy for children[J]. Early Child Development and Care，1995，107(1)：61-70.

③ 李普曼. 教室里的哲学[M]. 张爱琳，张爱维，译. 太原：山西教育出版社，1997：60-75.

④ ĆURKO B, KRAGIĆ I. Philosophy for children: the case study of little philosophy[J]. Life and School，2008，54(20)：61-68.

⑤ BIGGERI M, SANTI M. The missing dimensions of children's well-being and well-becoming in education systems: capabilities and philosophy for children[J]. Journal of Human Development and Capabilities，2012，13(3)：373-395.

高振宇将思考技能目标进一步细化,如逻辑思考技能、批判思考技能、创造思考技能、关怀思考技能。他认为逻辑思考技能是儿童哲学思考技能目标系统中的核心,由于研究者专业背景的限制,其具体的种类及数量表述如下文中其所做综述,各有千秋。①

美国的凡隆(2004)②认为批判思考开始于个人经验,进行于开放的但却直接的讨论,高潮于普世的或哲学的思虑,返回于丰富的个人经验,是一种人们在日常生活中处理诸多思维过程的觉醒意识和武器,以便人们从事感知、想象、理智化、做决断、评估、思考等活动。强调批判思考具有情境的生成性,来源于积极的、共有的和相互依赖的活动,聚焦于特定情境之中的特定议题,涵纳对口头及视觉材料、绘本的响应,对通过小组讨论及其他活动之原初应答的响应。英国的吉尔伯特·比尔赫(2005)③则认为所谓批判思考即仔细审视我们自身以及他人之思维以明晰和改善对世界之理解的过程,它通常与应用分析法则相连。比利时的南希·范斯莱赫姆(2005)④指出批判思考是将儿童从独断中解放出来以及将他们塑造成民主自由公民的必要条件,是民主和自由的组织性原则之一;不是要达成一个普遍的真理,而是要塑造一种尊重他人、质疑那些可疑问题的精神。以上研究者对于批判思考技能所做的论述皆有其理论视角,但尚未给出具有可辨识性、可操作性的目标。

创造思考的定义和内容,李普曼在《教室里的哲学》一书中提出三个观点:一是逻辑思考能力与创造力相辅相成,互为促进。二是IAPC文本中设置的各种富有创造性的活动能直接或间接地增强儿童表达自己感受及体验的能力,协助儿童探索自身语言所具有的内在意义及可能结果。三是强调在教学中有意设置适当的场景,激发儿童的想象力。⑤

关怀思考技能,夏普在《关怀思考的另一维度》(2004)一书中提出,关怀思考表达了对人格及教育过程的新理解,它暗示了培育思维的特殊情境。夏普赞成内尔·诺丁斯的看法,指出这里的关怀更多的不是情感意义上的、公众视野中的关怀,而是具有教育意义的关怀。查斯特斯也认为,将关怀界定为教育学的维度而不是情感层面具有重要意义,且有助于探究的进程。李普曼的哲学教室遵循互惠原则,关注他人的观点及兴致,包含信任、忍耐及公平观念;关怀是对话成功不可分割的一部分,关怀使得参与者接受不同观点成为可能;充满关怀的哲学教室,参与者相互之间即便没有一致的信念或价值观,但仍能依照自己及他人的视角推动对话进程;关怀作为哲学教室中的一种思维形式,包含行动和倾向两个层面的含义。

---

① 高振宇. 儿童哲学论[M]. 济南:山东教育出版社,2011:133.
② VALLONE G. A practical guide to fostering critical thinking in first grade through graduate school:using children's literature,in particular picture books[J]. Analytic Teaching and Philosophical Praxis,2005,24(2):78-85.
③ BURGH G. From socrates to Lipman:making philosophy relevant[C]. Oxford:Inter-Disciplinary Press,2005:25-31.
④ VANSIELEGHEM N. Philosophy for children as the wind of thinking[J]. Journal of Philosophy of Education,2005,39(1):19-35.
⑤ 同①:139.

②情感态度价值观目标。

很多只具有表现性的特征,使研究者无法进行明了、精确的界定。所以文献□通常只是表征性地论述,没有可量化的目标体系。李普曼、夏普等提出两个主要目标:一是要推动个人的成长和人际交往能力的发展,包括儿童哲学意图提高儿童的自信心,促进情感的成熟,增强对自我了解的能力;二是增进儿童对彼此性格、兴趣、价值观、信念和癖好的了解。增进对道德的理解,李普曼在《教室里的哲学》一书中认为,让儿童置身于逻辑推理之中,了解形而上学、认识论、美学以及其他方面的人类经验,有助于克服从伦理学视角解决道德问题的局限,帮助儿童更好地了解道德判断的性质。① 丹尼尔(1996)重在为所有人提供重新建构自身对世界理解和表征的机会,为社会创造一个公正而有意义的生活世界。② 卡姆希(1998)提出了一种培养人对异己观点、冲突意见的接纳、尊重、理解及获取新知的方法。罗杰·萨特克利夫与史蒂夫·威廉姆斯(2000)提出要协助孩子倾听和理解他人,并尝试为理解寻求适当的理由。特瑞基和托平(2004)提出能够帮助实现人建立自尊自信、提高情绪智商的目标。③ 联合国教科文组织则指出,儿童哲学意在将儿童培养成为一个民主的理智的公民。④ 罗伯特·费舍尔(2007)提出儿童哲学教育旨在提升儿童自尊、智力自信的能力,让儿童学会探索个人关心的话题以及更广泛的哲学问题,培养拥有自己的观点,探索并挑战他人的观点,倾听彼此,互相尊重,体验思考和反思的静谧⑤;英国的卡西迪(2018)⑥认为,儿童哲学是自我调节和参与儿童情感行为与社会沟通的需要。

综上所述,思考技能水平通过儿童的问话来体现,而不同年龄阶段儿童的语言发展自然有其自身的规律与特点,只有在了解其规律与特点的基础上,才能拟订适宜的培训方案。有问题就必然有期待地应答,针对儿童的问话期待,该如何制定教育目标呢?这在目前有关儿童哲学教学研究文献中尚未涉及。

(3)儿童哲学教学的范式。

通过相关研究文献发现,探究共同体和对话教学法是儿童哲学教学的基本范式,代表着作为一门独立科学成熟的标志,以下为涉及这两个方面的研究文献。

---

① 高振宇.儿童哲学论[M].济南:山东教育出版社,2011:131.

② DANIEL M F. Teacher training in physical education: towards a rationale for a socio-constructivist approach[J]. Analytic Teaching and Philosophical Praxis,1996,16(2):90-101.

③ TRICKEY S, TOPPING K J. "Philosophy for children": a systematic review[J]. Research Papers in Education, 2004, 19(3): 365-380.

④ SUTCLIFFE R, WILLIAMS S. The phylophy club: an adventure in thinking [M]. Reigate: Dialogue Works,2000.

⑤ 费舍尔.教儿童学会思考[M].蒋立珠,译.北京:北京师范大学出版社,2007:44.

⑥ CASSIDY C, MARWICK H, DEENEY L, et al. Philosophy with children, self-regulation and engaged participation for children with emotional-behavioural and social communication needs[J]. Emotional and Behavioural Difficulties, 2018, 23(1): 81-96.

①探究共同体。

李普曼主张变课堂为探索的群体。在《教室里的哲学》一书中提出探索群体要注重探索的过程和有效的探索技能,而且坦诚欢迎说明问题的证据和理由,强调持不同意见是一种权利,目的是促使儿童认真思考和促使自己的对立方也认真思考,教师对探索技能的运用和探索进程的发展起主导作用。进行哲学思维教学的4个条件包括参与哲学探索的意愿、避免硬性灌输、尊重儿童意见和争取儿童信任。进行哲学思维的方法,李普曼强调:讨论必须始终与主题相关;提问要讲究艺术;鼓励提问题,但并不排除鼓励学生找出答案;善于倾听,善于引导;注重师生间的非言语交际的作用;儿童需要可信赖的榜样作用。

此后,实践中的儿童哲学课程几乎都是通过探究共同体进行的。但在如何推进哲学思考,以及探究共同体中角色定位等方面,研究者们各持己见。苏珊·加德纳(1996)认为,哲学教室的中心既不是儿童,也不是教师,而是真理。如果未有朝向真理的进步,则哲学教室这个词本身亦应被判定为使用不当,正是此种进步,才使得参与者最终信服探究过程能结出丰硕的果实。① 就其基本的教学程序而言,露丝·西尔弗(1997)提出了阅读故事、提出问题、选择问题、课堂管理及促进讨论,最后总结5个教学步骤。② 海恩斯(2007)将哲学教室的程序划分得更加细致,包括9个步骤:开启阶段——一段轻松练习,对互动规则的声明和认同;分享一段材料;暂停以让同学们沉思;提问——学生想出有趣的或者令人困惑的问题;联系——在问题之间建立连接;选择问题开始探究;建立各自的观点,教师务必鼓励学生在他人意见基础上建立自身观点,且同时允许探究沿着一定的开阔度挺进;记录讨论过程;回顾与总结——得出结论,反思探究进程本身,学生观念是否改变。③

②对话教学法。

关于对话,李普曼在《教室里的哲学》一书中认为,会话聚焦于在参与者之间制造均衡,而对话则在于打破均衡,引入对某个话题的新认识、新理解,会话受个人分享信息之过程的驱动,而对话依循逻辑的道路。④ 同时李普曼运用对科学讨论、宗教讨论、哲学讨论的辨析,对什么样的讨论是成功的讨论,以及什么是哲学讨论进行了说明,同时给出了开展成功的哲学讨论的要义,这为儿童哲学课程实施起了一定的指导作用。

---

① GARDNER S T. Inquiry is no mere conversation[J]. Analytic Teaching and Philosophical Praxis,1996,16(2):102-111.

② SILVER R E. Working with the graduate students at the I. A. P. C. [J]. Analytic Teaching and Philosophical Praxis,1997,17(1):11-16.

③ TRICKEY S, TOPPING K J. Collaborative philosophical enquiry for school children:participant evaluation at eleven years[J]. Thinking:the Journal of Philosophy for Children,2007(18):23-34.

④ DAVEY S. Creative, critical and caring engagement:philosophy through inquiry[C]. Oxford:Inter-Disciplinary Press:2005.

美国的肯尼迪(1999)①、莱尔(2012)②,南非的文特尔(2014)③、威尔玛(2015)④,法国的玛丽(2017)⑤从理论与实践层面着重探讨了在儿童哲学探究共同体中对话的经营策略。南希(2006)⑥提出对话强调倾听的观点,即聆听世界如何向我们显现,以及我们如何对自己显现。费舍尔(2007)强调利用课堂研究,描述对话的理论和实践如何应用于"你的认知"和"自我认知"。

综上所述,探究共同体和对话已经成为儿童哲学教学稳定的教学范式,其形式要素主要包括:作为一种原则体现个人表达的自由;把批判性真理推理而不是认可的传统作为道德判断的标准;它是有机的组织,其工作程序和观念依真理推衍改变。但研究少有涉及在探究共同体中如何更好地把握向真理推进的节奏,如何策略性地保护幼儿探索的激情,以及非言语交际的作用等领域。

(4)儿童哲学的教学内容。

儿童哲学组织所进行的儿童哲学教学实践,教学内容的选择通常以故事为主,同时也在尝试使用其他体裁的文本,对不同教学内容的优劣进行了研究分析,呈现以下两大趋势。

①以儿童哲学的经典教材为主。

目前世界范围内最常使用的教材,是由IAPC的主要成员李普曼、夏普、奥斯肯扬、斯宾列特等人合作编写的IAPC教材。李普曼区分了儿童的三种需要:一是字面意义的需要,通过科学解释可以满足;二是象征意义的需要,这在童话、虚构故事和民间故事等文本中可得到满足;三是既非字面又非形象,而是形而上的、逻辑的或伦理等的哲学意义上的需要。他认为,儿童小说在字面意义和象征意义两方面是适宜的,但不适合儿童进行哲学探究,只有IAPC研发的哲学小说才能极好地满足儿童第三方面的需要。⑦ 夏普认为,带给孩子的哲学应该具有结构感、连续性、全面性甚至是深刻性,仅仅通过一本图画书或一般儿童文学作品或是某些孤立的儿童经验而发现一系列的哲学主题或概念,是绝

---

① KENNEDY D. Philosophy for children and the reconstruction of philosophy[J]. Metaphilosophy,1999,30(4):338-359.

② LYLE S,THOMAS-WILLIAMS J. Dialogic practice in primary schools:how primary head teachers plan to embed philosophy for children into the whole school[J]. Educational Studies,2012,38(1):1-12.

③ VENTER E,HIGGS L G. Philosophy for children in a democratic classroom[J]. Journal of Social Sciences,2014,41(1):11-16.

④ BARROW W. "I think she's learnt how to sort of let the class speak":children's perspectives on philosophy for children as participatory pedagogy[J]. Thinking Skills and Creativity,2015(17):76-87.

⑤ DANIEL M F,BELGHITI K,AURIAC-SLUSARCZYK E. Philosophy for children and the incidence of teachers' questions on the mobilization of dialogical critical thinking in pupils[J]. Creative Education,2017,8(6):870-892.

⑥ VANSIELEGHEM N. Listening to dialogue[J]. Studies in Philosophy and Education,2006,25(1):175-190.

⑦ 费舍尔.教儿童学会思考[M].蒋立珠,译.北京:北京师范大学出版社,2007:96-97.

无可能达成目的的;以其他文本引发哲学探究对教师是一个更大的考验,而 IAPC 文本则提供了明确的教学程序与方法,教师很容易上手;其他文本没有像 IAPC 文本提供做哲学所必需的推理技巧、概念形成技巧及探究技巧,它们也极少关注概念的分析、开放性质疑和对话生成有关事物本质的创造性假设、鉴别论证的结构和推理的谬误,或者将反思的自我纠正的方法编入主题探究的程序中,然而这些元素恰恰是哲学探究所关注的焦点,无法确保教师和学生能够从分析其他文本中轻易地开拓出这些因子。① 基于以上原因,研究者们通常更多地首选 IAPC 文本。

②儿童哲学教学素材的多元化。

关于教学素材的选用,高振宇认为体现出了不同文化背景下的文化自觉和择取优势,并在如下列举中说明其所呈现出的多元化倾向。②

A. 民间故事。

美国的马克·博伯罗(2005)通过在儿童哲学课上运用民间故事《一个土耳其人和他的驴子的故事》,非洲民间故事(实际上是一个两难故事),传说《美德和恶习的形成》《格鲁吉亚王国》《一位美国土著老人写给当地人的信的摘录》《格鲁吉亚王国的隐性哲学家》等认为,民间故事应用于哲学探究有其自身的优势,主要体现在它的教育功能、多样性、文化认同、含义丰富、趣味性等方面。③ 布鲁纳(1999)也指出,民间传说镶嵌于我们每一个人的整体存在之中,每一个读者主动响应真实世界,化身成文本的作者,从而实现接受美学所倡导的"视界融合"。④

B. 艺术作品。

英国的莎拉·李普泰(2005)认为,艺术作品具有传统的哲学文本所缺乏的美学质量,有利于引导儿童开展美学探究。⑤ 如工艺品、舞蹈、戏剧、音乐、与习俗有关的服装,包括自然发现的物品都可以作为刺激材料进行儿童哲学探究。费舍尔也指出了艺术作品作为哲学探究材料的必要性和可行性,认为艺术作品包含了思想、概念、理由、问题和困惑,对人的情感和判断是一种挑战,把教育对象与艺术家的生活、文化思考联系起来,使两者处于一种关系之中,关系之中可能包含社会的主题、存在的疑问、令人迷惑的形式及结构、个人的忧虑以及历史文化模式等,进而引入思考与质疑,发展哲学的好奇心。⑥

---

① 高振宇.儿童哲学论[M].济南:山东教育出版社,2011:224-241.
② 同①:242-245.
③ BOBRO M. Folktales and philosophy for children[J]. Analytic Teaching and Philosaphical Praxis,2005,25(2):80-88.
④ JOYCE I, FIELDS K. Is it really a question of preference: philosophy specific or non-philosophy specific teaching materials [J]. Analytic Teaching and Philosaphical Praxis,1999,19(1):54-68.
⑤ LIPTAI S. What is the meaning of this cup and that dead shark? Philosophical inquiry with objects and works of art and craft[J]. Childhood & Philosophy,2005,1(2):537-554.
⑥ 费舍尔.教会儿童思考[M].蒋立珠,译.北京师范大学出版社,2007.

C. 绘本。

费舍尔①、菲尔兹②、雷克③等,对儿童绘本作为哲学探究起始点的有效性和适宜性方面相应的论述,譬如由于对视觉刺激的响应,能创造和发展儿童自身的理解;能够激发思考,让儿童自由想象,以添加自己的内容或情境等。他们用亲身实践研究说明,如古典的大卫·麦基的《贝纳德,并非现在》,桑达克的《野生动物在哪里》,以及雷克和毛瑞斯的图画故事,特别是雷克的《勇士布里尔》等均为哲学探究的上好材料。较具影响力的有奥斯卡·柏尼菲(2009)的儿童哲学智慧书系列,包括:《我,是什么》《知识,是什么》《生活,是什么》《幸福,是什么》《好和坏,是什么》《自由,是什么》《艺术和美,是什么》《情感,是什么》,书中采用了连续问答、反复追问结合的方式,一步步引导儿童逻辑思考、多角度质疑、发散式思维,培养儿童独立思考求解、全方位创意思维的能力。

D. 诗歌。

费舍尔在《教儿童学会思考》(2007)一书中列举了课堂讨论的基本思路和实例,将诗人罗伯特·弗罗斯特,如《一棵作证的树》《山间》《新罕布什尔》《西去的溪流》《又一片牧场》《林间空地》等诗中所诠释的始于愉悦、终于智慧的诗歌优势引入儿童哲学教育中来,旨在通过诗歌进行哲学探究,培养儿童的思考能力。④ 他认为,任何虚构形式的文本皆可以作为哲学探究的基本材料,任何文本皆有意义,阅读这些文本,就等于开辟了思考的智力空间,任何优秀的小说都能够激发儿童的大脑行为,如假设、猜测、判断等;且重要的不是单个儿童独立的阅读活动,而是通过讨论扩展并延伸文本所蕴含的意义,通过探索共同体使阅读变成社交活动,变成对文本的共同思考,由此培养儿童成为良好的思考者。他认为:古典的儿童小说《爱丽斯梦游仙境》《绿野仙踪》,包括当代儿童小说泰德·休斯的《铁人》、斯坦贝克的《珍珠》都可作为儿童哲学探究的文本。⑤

综上所述,以上研究大多局限在单一教学材料的应用层面,尚未涉猎在儿童哲学教学中不同材料的比较研究。

(5)儿童哲学教学成效评价。

本研究通过对典型案例的梳理发现,儿童哲学成效在测量对象上,集中在小学三、四、五、六年级及初中一、二年级,加西亚、雷沃略、克罗姆(2005)⑥总结实验对象的平均年龄为 11.54 岁。在研究工具方面,虽然适用于幼儿园阶段,但实践案例却相当匮乏。如加利福尼亚成就测验(简称 CAT)、都市成就测验(简称 MAT)、教育成就系列测验(简称 STEP)适用于幼儿园到 12 年级的学生;托兰斯创造思维测验适用于幼儿园到研究生的

---

① 费舍尔. 教儿童学会思考[M]. 蒋立珠,译. 北京师范大学出版社,2007.

② JOYCE I, FIELDS K. Is it really a question of preference: philosophy specific or nonphilosophy specific teaching materials [J]. Analytic Teaching and Philosaphical Praxis,1999,19(1):54-68.

③ 同①.

④ 同①.

⑤ 同①.

⑥ GARCÍA-MORIYÓN F, REBOLLO I, COLOM R. Evaluating philosophy for children[J]. Thinking, 2005, 17(4): 14-22.

广泛群体。高振宇经梳理认为呈现以下特点:

测量时间上面,最长时间为2年,最短为7周,平均时间为8个月。卡拉斯于1979年做了长达一年的实验,而实验儿童的阅读测验分数始终没有明显改善;而谢勒弗、露比斯和卡农于1987年只进行了半年的实验,实验组儿童在推理测验上的表现明显优于控制组。可见,实验的成效与时间的长短通常并不存在较强的相关性,主要还是取决于研究者对实验的设计和具体的实施把握。[①]

考查的项目主要包括逻辑推理能力、阅读理解能力、数学能力、批判思考能力、创造思考能力、语言表达能力等,其中以逻辑推理能力最为突出,其次是阅读理解能力。李普曼模式的研究所侧重的是考查逻辑推理能力,而对于不遵循李普曼模式的国家或地区来说,尤其是欧洲国家,重在继承悠久的哲学传统,如阅读理解能力、创造思考能力、批判思考能力是其实验研究的重点。[②]

在实验结果方面,绝大部分的实验表明,儿童哲学确有助于提升学生推理能力,只有海斯1975年的实验例外。李普曼、比尔曼、海斯、希普曼、伯恩斯、伊索尔、艾伦、斯莱特里等研究表明,阅读理解能力通过儿童哲学的教学有明显改善。在批判思考能力和创造思考能力方面,海格、新吉科、希普曼、斯通海克等做实验从个别测验的分数,如概念形成、观念的流畅或变通性、考察信息的可信度等方面表明,儿童哲学对学生的确有积极的影响,但不是在所有的测验分数上皆能有明显的改善。在数学方面,因其与逻辑推理能力有密切的关系,希普曼、艾伦、新泽西教育测试服务、马姆海斯特、斯莱德和克里斯汀娜所做的实验大多数都表明儿童哲学对学生数学能力的提升有显著的影响。[③]

综上所述,对儿童哲学成效的考查,更加侧重于结果性评价,尤其集中在对开设儿童哲学课程前后态度和认识上的变化,而对于过程性评价研究尚未深入。

美国儿童哲学侧重训练儿童的理性思考和逻辑推理能力。法国的儿童哲学更看重儿童对智慧的喜爱和人际互动。英国的儿童哲学更加重视培养儿童的"批判性思维"与"创造性思维",而且英国的儿童哲学相较于其他几个国家,更加具有实证性气质。澳大利亚的儿童哲学深受美国和欧洲的影响,儿童哲学课程不仅强调儿童分析与推理方面的训练,也重视儿童的学习兴趣和社会性发展,同时还关注儿童人格特质和道德品质的形成。但所有的研究中,对儿童哲学之间的行为发生、发展规律尚未涉及,如问题背后的动机、目的、影响因素、思维基础、思想经验等。尤其是幼儿哲学教学,在遵循儿童哲学教学机制原理的同时,应根据其年龄的特殊性,进行科学的规划与设置。

(二)国外有关游戏理论的研究文献

国外有关游戏理论的文献,根据本研究涉及内容的需要,重点从以下两个方面进行梳理。

---

① 高振宇.儿童哲学论[M].济南:山东教育出版社,2011:188.
② 同①.
③ 同①:189.

1. 游戏的从属性研究

所谓从属性研究,是指不把游戏本身作为论旨,或虽作为论旨但却只是体系的一个次要部分。①

古希腊著名的哲学家柏拉图在《法律篇》中说:"孩子从 3 岁开始玩游戏。让孩子发明自己的游戏是最好的。"②他还在其著作《理想国》中提及:"我们的孩子必须参加符合法律精神的正当游戏。"③古罗马的哲学家昆体良说:"我不会因为学生爱好游戏而感到不高兴,那是天性活泼的标志。"④德国哲学家康德肯定游戏的自由性内涵,另一位哲学家席勒主张游戏就是人的充裕精力无目的消耗的一种自由活动,和审美一样都超越了功利活动的范围。康德与席勒都是在论述艺术与美学时涉及游戏,将其研究提升到一定的思想高度。席勒剩余精力的游戏思想影响了英国哲学家斯宾塞,他将游戏推到了生物进化当中,其主张的游戏学说是进化能够导致均衡,生理和心理的发展是适应环境的结果,动物与人类都需要适应环境,但人类不用耗尽所有精力去生存和发展,因而也就会有"过剩的精力"。为了达到均衡,这些过剩的精力必须找到排解和发泄的出口,那么它就会选择那些无所作为的活动,因此产生游戏。⑤ 格鲁斯主张游戏是对那些与生俱来但不完善、成熟的本能行为的"练习",它能帮助孩子准备与适应未来的生活。美国心理学家霍尔认为,儿童的游戏是对人类祖先生活的"复演"。拉察鲁斯与柏屈克认为,现代人的游戏是由于工作所造成的"松弛"的需要,儿童游戏是由"种族习惯"和"种族记忆"驱动的。⑥ 精神分析学派的心理学家弗洛伊德认为,游戏主要是儿童满足自己愿望和解放活动限度的一种途径,游戏的对立面是生活当中真实的东西。认知心理学家皮亚杰主张游戏只是智力活动的一个方面,其本身并非一种特殊形式的活动,游戏的本质是同化超过了顺应。皮亚杰的游戏理论提出了游戏发展的阶段性,为研究游戏与儿童智力、情感以及社会性等方面的发展关系奠定了基础。社会文化历史学派的维果茨基认为,在儿童发展过程中出现大量超出其实际能力但又不能立即满足的愿望时,游戏就产生了,游戏可以创造儿童的"最近发展区"。游戏唤醒理论认为,游戏是一种内在动机性的行为,是内驱力作用的结果;而游戏的元交际理论是把游戏看作一种"隐喻",一种意识与信息的"意义"交流和理解的过程。这些都为游戏的理论研究提供了新的视野。

荷兰文化学家胡伊青加从文化学的角度论述了游戏,认为人是游戏的人,将游戏的研究提升到了本体论的高度。诠释学研究者伽达默尔认为,游戏的主体不是游戏者,而是游戏本身,"游戏并不是在游戏者的意识或行为中具有其存在,而是它能吸引游戏者进入它的领域中,并且使游戏者充满了它的精神"。卢梭在《爱弥儿》中说:"为了使游戏做得成功,就不能不着重说明做游戏时一定要快快乐乐的。"他认为儿童最好是在游戏中学

---

① 崔英锦.朝鲜族传统游戏传承的教育人类学研究[D].北京:中央民族大学,2007:3.
② 泰勒.柏拉图:生平及其著作[M].谢随知,苗力田,徐鹏,译.济南:山东人民出版社,1996:683.
③ 柏拉图.理想国[M].郭斌和,张竹明,译.北京:商务印书馆,2024:140.
④ 昆体良.昆体良教育论著选[M].任钟印,选译.北京:人民教育出版社,2001:27.
⑤ 侯会美.游戏精神观照下的创造性教学[D].曲阜:曲阜师范大学,2004:3.
⑥ 刘焱.儿童游戏通论[M].北京:北京师范大学出版社,2004:91-96.

习,这样的学习才有趣易懂,对生活有用。捷克教育家 J. A. 夸美纽斯认为,游戏是母育学校时期对儿童进行全面教育的手段。德国教育家福禄培尔认为,游戏是具有一种内在机制且能够促进幼儿身心发展的活动,游戏是幼儿园教育的基础。苏联教育家 H. K. 克鲁普斯卡娅说:"游戏对于他们是学习,游戏对于他们是劳动,游戏对于他们是重要的教育形式。"苏联一些学者认为,游戏是儿童有目的、有意识的社会活动,它的内容具有社会性和历史性。儿童教育家蒙台梭利认为,游戏是一种儿童自发冲动下的活动,通过这种冲动儿童的生命力得以体现,反对假装游戏与象征性游戏忽视儿童创造性的培养。现代教育理论认为,游戏是幼儿时期的主导活动,是促进幼儿身心发展的最好活动形式。它是对幼儿进行德、智、体、美全面发展教育的有力手段,在幼儿教育中占中心地位。

综上所述,各理论流派的游戏思想虽为从属性研究,但跳出了生物学的狭窄视域,肯定了游戏对于儿童发展的价值。他们从各自的研究领域出发,为游戏在儿童教育中的应用提供了理论基础,思想的学科烙印相对明显。

2. 有关游戏与儿童哲学教学的研究

南斯拉夫的布鲁诺(2009)[①]则介绍了一些正被用于儿童计划的哲学游戏,认为玩耍是人类的一个特征,是人类的一种仪式,它是用来娱乐的,有趣的,也是为了学习的。加拿大儿童哲学协会会长、加拿大渥太华儿童哲学研究所所长 George A. Ghanotakis 在其题为《应 21 世纪学习者之所需:审辩式思维与基于游戏的儿童哲学研究》的专题中介绍了适应 21 世纪人才发展的核心素养,包括审辩式思维、创造性思维、协作性探究和良好的判断能力等,进而分析了游戏式儿童哲学活动的相关理论背景、儿童观、游戏观以及实施儿童哲学之后的效果评价方法,倡导通过使用儿童哲学游戏——"玩智",进行哲学思考与哲学对话的观念。

综上所述,教育学家与哲学家早已充分认识到游戏的价值,主张在教学中大力发挥游戏的作用。但有关游戏与儿童哲学教学的研究相对太少,仅有的研究也是利用游戏外在形式趣味性角度而进行的儿童哲学教育研究。而对于游戏的本体性哲学探究价值、游戏过程中哲学意蕴的体现,尚未涉及将以游戏为基本生活方式的幼儿群体作为研究对象,基于游戏的幼儿哲学教学等方面的研究。

二、国内相关研究文献综述

1976 年,台湾首次引入儿童哲学。1987 年,乔寿宁在《美国儿童哲学教育评介》一文中,首次对儿童哲学的诞生背景、发展历程、学理依据、教学方式等做了简要的介绍。20 世纪 90 年代后期,逐渐引起我国学术界关注。近 30 年来,已在一定范围开展了理论与实践研究。

(一)国内幼儿哲学教学的研究文献

目前我国的儿童哲学,研究范围从幼儿园到高中阶段,年龄跨度为 3~14 岁;教学内

---

① ĆURKO B, KRAGIĆ I. Play:a way into multidimensional thinking aiming philosophy for children[J]. Filozofska istraživanja,2009,29(2):303-310.

容以故事体裁为主;以李普曼儿童哲学思维训练为主要目标;沿循探究共同体和面对面对话教学模式;注重过程中对儿童提问兴趣的引导,倾向于美国的儿童哲学。

1. 有关 3~6 岁幼儿哲学教学的文献研究

3~6 岁幼儿,虽然是儿童的一部分,但因其特有的年龄特点所带来的幼儿哲学教学与研究的难度便不言而喻。根据长期对幼儿的观察与理解和已有文献的研究,可以看出其实幼儿期是整个儿童最接近宇宙、人生等哲学大问题的时期,幼儿是儿童哲学家中的哲学家。对此,国内一些研究者已经从哲学、心理学、教育学等角度出发,通过生活观察、理论解析、课程建构等教育实践给予了证实。

(1) 幼儿哲学教学的可行性与必要性研究。

魏润身曾以"儿童哲学课还是不开好"为题,反对在小学和幼儿园开设儿童哲学课,认为当要求把一个概念放在另一个概念之中加以辩证思考的时候,孩子就不再是天真的、赤条条的儿童了。[①] 而儿童哲学研究者,尤其是活跃在幼儿哲学领域的研究者,以丰富的实践案例验证了幼儿哲学教学的可行性与必要性立场。

云南民航儿童哲学实验幼儿园幼儿哲学教学开创者彭琨认为,3~6 岁是一个人形成思维的关键时期,在这个阶段进行哲学教学,会对其一生的思维成长打下很好的基础。[②] 国内首部亲子对话哲学智慧书是周国平的《女儿四岁了,我们开始聊哲学》,整部书四册分别为《真有圣诞老人吗?(审美)》《长大是怎么回事?(生命)》《你为什么爱爸爸妈妈?(爱)》《世界的一辈子有多长?(认识)》。这部作品是哲学家周国平与女儿啾啾幼时亲子互动中温情对话的实录。作者认为,儿童如果没有与他人的互动经验,长大后就很难理解他人的想法和感受。亲子对话是儿童获得互动经验的重要来源之一,而具有哲学智慧的亲子对话,不仅能够成为孩子爱智的起点,赋予亲子关系一份高质量的爱,还能引导孩子成为丰富、善良、高贵的人。幼儿是天生的万物有灵论者。在孩子眼中,万物都是伙伴,都可与之促膝对话。父母只要仔细观察,就会发现孩子各种各样的奇妙表现。鼓励孩子提出问题,并用心与之讨论,他们就能慢慢感受到爱思考、爱提问的好处。其实,孩子都是天生的哲学家。[③] 周国平在其《宝贝,宝贝》一书中《爱智的起点》一章,专门写幼儿期的智力发展,讲述幼儿在四五岁的时候,提了很多问题,其中有一部分是真正的哲学问题。书中表达了作者从女儿出生到上小学这一段时间里的观察与感受。作者认为,哲学让人们想的问题主要有两大类:一类是宇宙的大问题,一类是人生的大问题。许多人觉得哲学讨论的问题很抽象,很玄虚,其实不然,孩子会提出许多哲学性质的问题。在新浪育儿网专访中,周国平表示:孩子是最好的哲学家,婴儿和孩子的状态是人生的一种理想的状态。

王煜全在艾莉森·高普尼克《宝宝也是哲学家:学习与思考的惊奇发现》(2014)一书的推荐序中写道:研究孩子可不只是为了了解孩子,还为了帮助孩子们更好地成长。幼教领域的蒙台梭利教育坚信儿童有个心灵胚胎,成人的任务就是守护心灵胚胎的成长,

---

① 高振宇.儿童哲学在大陆的理论争议与实践困境[J].哲学与文化,2017,44(12):75-92.
② 高振宇.儿童哲学论[M].济南:山东教育出版社,2011:77.
③ 周国平.女儿四岁了,我们开始聊哲学[M].北京:电子工业出版社,2016:扉页.

不要用自己的所谓教育使心灵胚胎长成畸形。这种崇尚给予孩子自由的教育体系已经被今天的西方普遍采用,而高普尼克的研究实际上是对这种教育体系最好的理论支持。孩子们本来就具有科学地探索世界、自己找到答案的能力,我们需要做的,只是在他们探索的不同阶段,把可以探索的目标和问题放在他们的生活环境中系统性地呈现出来。

李素梅、格日乐在《儿童观的哲学意蕴及对幼儿教育的反思》(2004)[1]一文中提出,要把儿童看作是小小的哲学家,幼儿教育应该从关爱生命的层面,爱护幼儿智慧的双眼和充满哲理思维的头脑,用饱含哲学意蕴的爱心教育理念去审视儿童、关注儿童。史爱华(2005)[2]从学前教育的角度,透过实际的案例去发现幼儿"原声音"和"代声音"里的人性的真、善、美,进行了无能儿童观的有力批判。胡爱民在《对幼儿话语智慧的哲学思考》(2009)[3]一文中,通过对3~7岁幼儿日常生活中的表现分析,得出幼儿话语智慧的哲学特点,进而认为幼教人员要树立新的儿童观,形成新的教养态度,珍视幼儿话语智慧对人的终身发展具有重要意义。金玲(2009)[4]认为,以尊重儿童为出发点、以发展儿童智慧为目的、以提升儿童生命为归宿的儿童哲学可更深刻地解读儿童的发展和幼儿教育,幼儿教育者能够据此为幼儿提供他们需要的教育。陈怡(2011)[5]通过在以上海市徐汇区紫薇实验幼儿园全体大班幼儿为对象的幼儿哲学实践中发现,大班幼儿已经有了最基本的认识论。如在形而上学的哲学内容上,提出了近似于"我思故我在"的观点,认为幼儿对虚无问题、存在问题有着浓厚的兴趣,不仅具有哲学思维,而且能学好哲学。研究者在实践中发现,幼儿往往执着于某个固定的答案,讨论中具有排他性,建议对3~6岁的幼儿进行哲学思维训练,要多进行一些创造性的提问,增强幼儿问题意识,提高幼儿提出问题的能力;要区别于传统的教学模式,以"探究群体"的方式进行,通过教师良好的控场能力,为幼儿哲学课程营造最合适的氛围。李雪莹在《论儿童哲学适用于幼儿及对学前教育的启示》(2017)[6]一文中认为,儿童哲学对学前教育有三点启示:一是要在游戏中培养幼儿的哲学思维;二是要运用哲学故事启发幼儿的哲学思考;三是要在日常生活中渗透哲学思想。张晓蕾在《基于绘本的幼儿哲学启蒙教育研究初探》(2017)[7]一文中首先通过对李普曼和国内学者对儿童哲学内涵的梳理,对幼儿哲学启蒙教育进行了界定,并从六个方面论证了进行幼儿哲学启蒙教育的必要性和可能性,同时以基于绘本的幼儿哲学启蒙教育方法为例,阐述了幼儿哲学启蒙教育对幼儿的影响及意义,认为幼儿哲学启蒙教育对于改变当前的教育问题有着显著的意义,它不仅能在很大程度上纠正和补救教育中扼杀幼儿哲学天性的弊端,弥补当前教育中的一些缺陷,完善教育的方式、方法和内容,还能

---

[1] 李素梅,格日乐.儿童观的哲学意蕴及对幼儿教育的反思[J].内蒙古师范大学学报(教育科学版),2004,17(10):22-24.

[2] 史爱华.在幼儿的声音中探索意义:无能儿童观批判[J].南京晓庄学院学报,2005,21(2):66-70.

[3] 胡爱民.对幼儿话语智慧的哲学思考[J].中国科教创新导刊,2009(33):190-192.

[4] 金玲.用儿童的哲学解读幼儿教育[J].皖西学院学报,2009,25(6):142-144.

[5] 陈怡.幼儿的哲学思维能力训练:基于实践的探索[J].教育导刊(下半月),2011(10):20-23.

[6] 李雪莹.论儿童哲学适用于幼儿及对学前教育的启示[J].皖西学院学报,2017,33(1):153-156.

[7] 张晓蕾.基于绘本的幼儿哲学启蒙教育研究初探[J].特立学刊,2017(4):24-28.

够改变人们对幼儿的观念,从一个新的视角来看待儿童,使人们树立一种新的儿童观,并使哲学与人们的生活形成更紧密的联系。此外,诸多相关研究,例如杨小英(2011)[1]对幼儿的哲学天性进行观察研究;陈俊(2014)[2]对哲学对于幼儿教育的重要性进行论述;盛人云(2017)[3],余保华、刘晶(2015)[4]等均对幼儿园开设哲学课给予肯定,希望幼儿哲学能够成为大众教育的常态。

杨茂秀在《重要书在这里》第二部分"'陪哲思小孩做实验'之爱思考的青蛙"中的一段记录,可窥见李普曼和杨茂秀有关幼儿哲学的观点。

1967年,杨茂秀在哈佛大学参加美国东部儿童哲学评议会,曾问儿童哲学之父李普曼博士:"有幼儿哲学吗?幼儿会有哲学思想吗?"李普曼博士摇摇头,表示他没想到杨茂秀会问这个问题。李普曼的同事夏普博士点点头,表示李普曼听清楚杨茂秀的问题了。在1983年杨茂秀应聘为其同事时,IAPC的哲学教材里面已经有了幼儿哲学的教材,而杨茂秀正是负责实验幼儿哲学教材的教授。

在教学的现场,杨茂秀观察到很多孩子的思维现象,他不再怀疑幼儿有像德国哲学家雅斯贝斯(Karl Jaspers)所认为的"哲学思维的种子"。他们会用最简单的问题来问一切的意义,不管是复杂的还是单纯的。[5]

钱宥伶《儿童哲学在台湾:毛毛虫儿童哲学基金会发展史(1976—2010)》(2011)[6]提出,儿童哲学在台湾呈现的"开放性概念"是重要发展特色,却同时也是最大挑战,以致较难在短时间内成功培训出具有儿童哲学思维的教师。建议教师应通过不断尝试、观察、自省、检视、修正,跳出观念的既定框架及对权威的倚赖。文章第五部分题目为"原来,幼儿园的孩子更容易谈哲学",记录了1984年杨茂秀应成长儿童学园倪鸣香的邀请,首次进行幼儿哲学课的情况。杨茂秀在《零零》(1996)及其教师手册的序中认为,孩童的思考多样、敏锐,深度也不输大人,稍加提点,便容易反省思想本身,进入哲学的领域。走进幼儿园,发现儿童哲学不只适用于小学的孩子。

综上所述,以上研究以幼儿为本位、以幼儿发展为立足点,从幼儿话语智慧、幼儿思维特点、亲子教育、脑科学等多角度进行研究与分析,突出体现了幼儿天赋哲学思维能力的可行性和幼儿思维能力发展的必要性。

(2)幼儿哲学的教学范式。

杨欢笙、蒋文飞在《苏格拉底"对话法"对培养幼儿哲学思维的借鉴》一文中阐明,幼儿哲学思维能力的培养是幼儿园教学的重要内容,认为苏格拉底"对话法"对于培养幼儿哲学思维具有重要的启示:一是要建立平等的师幼关系;二是对话内容要以幼儿已有经

---

[1] 杨小英.幼儿"哲学"教育初探[J].辅导员,2011(9):15-17.
[2] 陈俊.幼儿教育与哲学[J].商周刊,2014(20):84-85.
[3] 盛人云.别急着否定"幼儿园开哲学课"[N].广元日报,2017-11-19(A4).
[4] 余保华,刘晶.学前教育或小学阶段应设置儿童哲学课程[J].中小学德育,2015(5):95.
[5] 杨茂秀.重要书在这里[M].北京:首都师范大学出版社,2011:102.
[6] 钱宥伶.儿童哲学在台湾:毛毛虫儿童哲学基金会发展史(1976—2010)[D].台北:台湾政治大学,2011(5):49.

验为基础;三是要通过适宜性的引导来推动幼儿哲学思维。

幼儿哲学教学,其难点往往是如何在探究共同体中运用对话教学推进哲学思维的发展,幼儿哲学教育者需要具有针对性的指南和详细的推进策略、实践案例,明确苏格拉底对话法的要义。目前这一领域的研究,理论层面占主流,缺乏广泛且具有实效性的实践经验。

(3)幼儿哲学的教学素材。

故事、绘本是幼儿阅读的主要素材,国内外文献中幼儿哲学教学素材的选择也以故事、绘本居多,为研究者提供了丰富的范例与指导。

陈怡在《幼儿的哲学思维能力训练:基于故事的实践探索》(2013)一文中,运用故事进行幼儿哲学思维能力训练实验,认为幼儿具有独特的哲学观,具体表现为原始性、形象性和缺乏抽象性。通过分析幼儿的行为,发现哲学思维包括思维能力和思维技巧两方面,且这两者都是可教的。两者之间存在内在联系,思维能力本来就有,需要后天的引导,而提升思维能力的途径便是提高思维技巧。

张晓蕾在《以绘本为载体的大班幼儿哲学启蒙教育实践研究》(2016)一文中,通过幼儿哲学启蒙教育活动的剪录与分析,认为要将不同内容的绘本划入不同的哲学门类,通过对内容进行分析后再实践,使得活动目标明确、逻辑清晰,开阔大班幼儿哲学的探究主题,避免"重复建设"。

庄瑜(2012)①通过大班幼儿绘本阅读中进行哲学思考的教学实践,给幼儿教育工作者提供了三点建议:一是通过阅读提供充分的提问机会;二是通过阅读融入辩证的思维方式;三是通过阅读尝试粗浅的逻辑推理。刘娜(2013)②认为,我国的幼儿哲学教育实践大多是对中小学哲学实践的复制,幼儿思维的特殊性决定幼儿哲学教学的独特性。基于儿童文学与幼儿哲学及幼儿思维特点的契合,幼儿园的哲学教学可以借助儿童文学作为其中介和桥梁。

连珮君在《缝补专业行动的裂痕:探究儿童哲学在幼儿园实践的形迹》(2010)一文中,通过与12位5岁幼儿对故事进行思考与讨论,重构对孩童的理解。孩童在实际生活中做哲学的思考样态体现了儿童哲学之本质,有以下特征:一是为自己思考且能把玩思想的孩童;二是对生活做出纯粹反省的孩童;三是善于在未知中探寻意义的孩童;四是自然展露思考技巧的孩童。

2019年《教育发展研究》第15～16期《儿童哲学》专栏新鲜出炉,其中孙丽丽发表的《在故事中看见孩子:演说故事在儿童哲学中的运用》一文,研究分析了美国幼儿教师裴利带领儿童以"故事说演"或"故事表演"做哲学的方式,认为教师应更重视儿童说演的故事,提供孩子可以将故事视觉化的说演空间,经由故事理解孩子。③

---

① 庄瑜.绘本阅读牵手哲学思考:大班幼儿在绘本阅读中学习哲学思考的几点尝试[J].教育教学论坛,2012(38):261-263.
② 刘娜.儿童文学视野下的幼儿园哲学教学[J].新课程研究(下旬刊),2013(1):174-175.
③ 《教育发展研究》的《儿童哲学》专栏新鲜出炉![EB/OL].(2019-10-30)[2024-03-27].http://mp.weixin.qq.com/s/FSNY9MFQPbSpx2xLrDJ6Iw 思考拉儿童哲学研究中心.

研究发现，以上研究者多以故事、绘本作为一种媒介来进行幼儿哲学教学，其结论也适用于其他教学材料，对于其他教学素材的拓展性研究较为罕见。台湾学者以故事教学为中心，从多角度深度挖掘儿童哲学教育在品德教育、生命教育等领域的价值。以对话记录为事实依据，更加注重孩子与家长之间的互动，以中国古代哲学经典为载体，传承中华优秀传统文化的精髓。

(4) 幼儿哲学的课程实施。

国内幼儿哲学课程在实践领域主要以两种方式开展：一种是个别研究者在相对自由的地点、相对灵活的时间，给随机组成的幼儿开展的哲学教学活动；一种是在幼儿园，与幼儿园五大领域课程和一日生活流程相结合，相对系统化的幼儿哲学教学融合课程。有关具体课程实施的文献分析如下。

王文文在《幼儿哲学精神培养的现状与问题研究》(2012)一文中认为目前哲学精神培养存在幼儿教养者主观认识不够、幼儿园和学前教育专业的哲学知识结构体系薄弱等问题，并提出要正确认识，加强宣传与研究，在《幼儿园教育指导纲要》中培养哲学精神的观点。

刘薇在《提升中班幼儿的哲学思维能力：课程开发与实践方案研究》(2017)中，通过幼儿园中班教学实践，证实了这一年龄段的幼儿已经有活跃的哲学思维和学习哲学的能力。她运用已取得实效的课程方案，号召教师注重幼儿哲学思维发展的引导技巧。

四川省成都市第五幼儿园"基于儿童哲学的幼儿园教育活动的实践研究"课题组(2008)[①]通过教育实践总结认为：教师要沉下心来，倾听儿童的原声音，幼儿园可以建立儿童的问题资料库以开展丰富多彩的教育活动；教师要物化儿童的想法与疑惑；儿童哲学的理念应渗透在一日生活中。这一课题组在实践中摸索出了有效提问的几种类型：换位思考型问题，即让幼儿学会跳出自我的圈子，从他人的角度去看待事情，用新的眼光去思考，甚至是重新评价自己；矛盾冲突型问题，包括幼儿认知矛盾、生活经验矛盾和带有评价性质的两难问题；生活经验与感受型问题，即把幼儿已有的经验放到具体背景中加以讨论，这样能打开孩子的话匣子，让他们对自己的理由进行充分的阐述，并梳理自己的已有经验；关怀性思考型问题，即带有关怀性思考的问题，表达了对生命、生活、人性的关爱和呵护。

幼儿园教师王海英(2012)认为，可以在文学故事活动、游戏和一日生活流程中实施哲学教学。付宝琦在《幼教视域下的儿童哲学教育探究》(2014)[②]一文中提出，幼儿哲学教育应遵循不否定的原则、破除学科拘囿的原则、适可而止的原则。张娜娜(2014)[③]从儿童哲学视角入手探索学前儿童死亡教育，认为对学前儿童进行死亡教育要回归自然、归

---

① 四川省成都市第五幼儿园"基于儿童哲学的幼儿园教育活动的实践研究"课题组.基于儿童哲学的幼儿园教育活动实践探索[J].学前教育研究,2008(11):57-59.
② 付宝琦.幼教视域下的儿童哲学教育探究[J].贵州民族大学学报(哲学社会科学版),2014(5):201-204.
③ 张娜娜.儿童哲学视角下的学前儿童死亡教育[J].天津市教科院学报,2014(1):83-85,96.

位生活,通过游戏满足幼儿对于死亡的好奇,形成正确的死亡观。尹若琳(2017)①把健康比作儿童哲学的种子,把语言比作儿童哲学的根基,把社会比作儿童哲学的枝干,把科学比作儿童哲学的绿叶,把艺术比作儿童哲学的花蕊,认为儿童哲学与幼儿园五大领域之间是不可分割的关系。张政、王赪(2018)②认为,幼儿园辩论活动对幼儿哲学素养具有积极意义,培育幼儿哲学素养也是幼儿园辩论活动的核心功能。

综上所述,目前国内幼儿园哲学课程主要体现出两种倾向:一是儿童哲学专家面向幼儿进行的幼儿哲学教学活动,受时间、空间以及身份之限,教学对象不固定,教学时间不稳定,教学内容不系统。二是幼儿园教师进行的有计划、有目标的相对系统的幼儿哲学教学活动。幼儿园哲学课程通常是与幼儿园五大领域课程和幼儿一日生活流程相结合的融合课程,即在教学内容上借鉴五大领域课程的内容,在课堂组织形式上借鉴儿童哲学教学范式。

2. 没有明确年龄划分的儿童哲学教学研究文献

查阅国内儿童哲学文献,研究者通常将研究视角放在译介传播、教材研发、教学模式几个方面,对于儿童哲学接受年龄方面并没有进行严格划分和深入研究,其研究结论适用于各个年龄段儿童。下文将从发展状况、内涵研究、教育目的、教学范式、教学内容五个方面,对没有明确年龄划分的儿童哲学教学文献展开分析。

(1)有关儿童哲学发展状况的梳理性研究。

儿童哲学发展的梳理性研究,主要体现在译介传播、现状考察、脉络梳理、实践反思几个方面。儿童哲学能够得以在中国生根发芽,研究者们为儿童哲学在中国的广泛传播和理性反思做了不可磨灭的贡献。如方红(2011)③、汪颖慧(2015)④、骆明丹、汤广全(2017)⑤等以文献研究的方式,进行了中国儿童哲学研究的缘起与现状考察。乔寿宁(1987)⑥、王文静(2002)⑦、徐湘荷(2005)⑧、黄彬(2006)⑨、罗兴刚(2012)⑩、孟昊博(2013)⑪、陈荟(2013)⑫等研究者对儿童哲学进行了系统、理性的梳理、推介与反思。

高振宇在《儿童哲学论》(2011)一书中从横向和纵向两个维度,全面地揭示了儿童哲学作为一个学术领域和一门学校课程的基本面貌,详尽地阐述了儿童哲学怎么教、用什

---

① 尹若琳.哲学源于生活:浅谈儿童哲学与幼儿五大领域的关系[J].当代教育实践与教学研究,2017(3):742.
② 张政,王赪.幼儿园辩论活动与幼儿哲学素养的培育:基于儿童哲学视角的探讨[J].早期教育(教科研版),2018(1):2-5.
③ 方红.儿童哲学研究的回顾与前瞻[J].湖南师范大学教育科学学报,2011,10(1):102-105.
④ 汪颖慧.儿童哲学研究述评[J].基础教育研究,2015(7):14-17.
⑤ 骆明丹,汤广全.儿童哲学课程中国化研究文献综述[J].基础教育研究,2017(15):11-14.
⑥ 乔寿宁.美国儿童哲学教育评介[J].山西大学学报(哲学社会科学版),1987,10(3):74-76.
⑦ 王文静.儿童哲学课研究[J].天津师范大学学报(基础教育版),2002,3(3):45-48.
⑧ 徐湘荷.李普曼的儿童哲学计划[J].上海教育科研,2005(1):53-55.
⑨ 黄彬,魏桂军.儿童哲学教育中国化进程的思考[J].科教文汇,2006(9):35-36.
⑩ 罗兴刚.李普曼儿童哲学教育的奠基性反思[J].外国教育研究,2012,39(10):26-34.
⑪ 孟昊博.论儿童哲学及其教育启示[J].现代教育科学,2013(8):16-44.
⑫ 陈荟.儿童哲学本土化困境及其对我国教育研究的启示[J].四川民族学院学报,2013,22(2):80-84.

么教等一系列问题,为儿童哲学研究者和教育者提供指南。在《儿童哲学在大陆的理论争议与实践困境》(2018)一文中,从儿童哲学的内涵界定、儿童的形象理性还是感性、儿童哲学的价值与意义三个方面阐述了儿童哲学在中国的理论争议;从课程设置、课程资源的开发、课程实施的模式与方法、师资培育四个方面阐释了儿童哲学在中国的实践困境,认为目前的研究主要局限于对欧美学者研究成果的引介,应逐渐形成具有中国特色的儿童哲学理论体系。钱雨在《儿童文化研究》(2008)一文中,从研究儿童文化的视角来关注马修斯和李普曼的儿童哲学区别之处。顾英洁在《李普曼的儿童哲学教育思想研究》(2016)一文中分析了李普曼儿童哲学教育思想在儿童哲学小说插图缺席和儿童哲学教师培训不完善方面的两个局限性,并给予中国儿童哲学教育发展几点启示:一要高度重视儿童哲学教育的独特教育价值;二要积极开发儿童哲学教育的本土化教材;三要重视专职儿童哲学教师的培养;四要尝试建立专门的儿童哲学教育机构。徐容容(2015)的观点是教学进程中还存在忽略儿童知性的参与,教学内容知识化和工具化;教学过程中忽视男女思维发展上的差异;课程评价主体单一,以口头形式为主,侧重师生互动、生生互动,缺乏老师之间的互动等局限性。① 汤广全(2016)的观点是儿童哲学教育实践探索的区域与推广的年龄段还非常有限,尚处于模仿、单面化的阶段。② 马佳丽、卢清(2016)的观点是对儿童哲学内涵的研究不够深入和全面;儿童哲学中国化研究要建立在对国外研究比较、反思的基础之上;没有统一的或者权威性的机构对儿童哲学研究进行管理和资助。③ 以上研究者对于儿童哲学实施现状的深度剖析和合理建议,为儿童哲学在中国的进一步发展提供了一定的理论指导。

白倩在《马修斯儿童哲学的要旨与用境》(2017)一文中分析,儿童哲学的理论困境是如何证明儿童具有哲学能力和如何证明儿童的哲学能力是持久且有质量的。她认为解决其困境首先需要儿童理论与方法论的批判,进而在哲学对话中研究儿童哲学,以思想实验方式评价儿童做哲学的能力。④

以上研究突出表现为理性化特点,在援引、借鉴、效仿的同时,开始对儿童哲学研究的性质、内容、方向等进行审视、重构,在努力寻找儿童哲学的中国化方式和中国教育改革发展的契合之路。既总结了中国儿童哲学研究实践过程在课程开发、教材本土化等方面的创新与成功之处,也总结了评价单一、推广年龄有限、忽视个性差异等需改进反思的问题。

(2)有关儿童哲学的内涵研究。

国内对于儿童哲学内涵的界定主要体现出两个视角:一是心理学角度,从儿童思维方式出发,认为儿童哲学是儿童的哲学;二是教育学角度,从教育价值考虑,认为儿童哲学是给儿童的哲学,是一种思维训练。具体如下:

---

① 徐容容.儿童哲学研究文献述评[J].教育实践与研究,2015(2):9-12.
② 汤广全.儿童哲学研究文献综述[J].信阳师范学院学报(哲学社会科学版),2016,36(4):57-63.
③ 马佳丽,卢清.儿童哲学研究现状与展望[J].陕西学前师范学院学报,2016(7):134-137.
④ 白倩,于伟.马修斯儿童哲学的要旨与用境:对儿童哲学"工具主义"的反思[J].全球教育展望,2017,46(12):3-11.

林德宏(1999)①、袁宗金(2007)②、高振宇(2008)③、刘翠和于丹(2012)④、庞学光(2014)⑤等研究者透过生动活泼的实例论证了儿童提问中的朴素哲学思维,认为儿童的提问是儿童认识世界、把握世界的一种方式,是儿童存在的一种方式,在某种程度上就是人类哲学的胚胎。

刘晓东在《儿童哲学:外延和内涵》(2008)一文中认为,儿童哲学包含:其一,即儿童的哲学;其二,是人们常说的美国哲学家李普曼提出的儿童哲学教育计划,或者称"给儿童的哲学""儿童哲学思维训练"或"儿童哲学探究计划"。⑥ 华党生、金永生在《儿童哲学的内涵及其哲学预设》(2014)一文中认为,儿童哲学的内涵应包含"儿童的哲学""儿童哲学课程形态(包括显性课程和隐性课程)""儿童哲学研究"三个部分,并提出:儿童哲学根源于儿童惊讶的情绪,是一门创造概念的艺术,也是一门实践哲学,它的内容应归于政治哲学和道德哲学。⑦

高振宇在《儿童哲学的再概念化:对李普曼与马修斯"对话"的再思考》(2010)一文中,认为儿童哲学的内涵可以有狭义、中义、广义之分:狭义上讲,儿童哲学即以培养学生的思考技能、养成良好思维习惯为目标,有其自身独特的教学模式,即构建哲学教室,有特定的教材,立意融入现有学校课程体系,且形成从学前到高中的一条龙服务。中义的儿童哲学即儿童哲学仅把思维训练视为其中的一部分,而更多关心儿童的哲学思想,突出哲学探究的过程体验,以提升儿童的整体哲学质素为己任。广义上的儿童哲学把哲学等同于整个精神世界,因此儿童哲学即儿童精神(或精神哲学)的代名词。他概括道:儿童哲学是一个三位一体的综合体,狭义、中义和广义从不同侧面反映儿童哲学的真实面貌,最后一层级是对前一层级的扬弃、扩充和超越,三者之间是相辅相成的关系。⑧ 钱雨(2009)将马修斯与李普曼的儿童哲学观进行了深入的辨析研究,概而言之,李普曼认为哲学应该走进儿童的世界,而马修斯认为哲学本就是从儿童的世界里款款行来的,它早已经在那里。这是二者观点在儿童哲学的意义上的本质差别,共性之处是二者都提醒必须尊重儿童的文化。⑨

刘啸霆在《童性的哲学》(2011)一文中,从现代生物学、精神科学,以及现代科学的分形理论和全息科学视角看,认为儿童智慧与哲学思维的某种耦合,是个体对种系某些基

---

① 林德宏.儿童的哲学世界[J].南京大学学报(哲学·人文科学·社会科学),1999,36(4):149-155.
② 袁宗金.儿童提问中的朴素哲学思维[J].学前教育研究,2007(5):19-22.
③ 高振宇.儿童哲学诞生的哲学基础[J].学前教育研究,2008(7):34-41.
④ 刘翠,于丹.儿童有自己的哲学吗[J].文学教育,2012(8):62.
⑤ 庞学光.相信儿童"爱智慧"的能力:对儿童哲学教育之可能性的论证[J].天津市教科院学报,2014(2):5-9.
⑥ 刘晓东.儿童哲学:外延和内涵[J].浙江师范大学学报(社会科学版),2008,33(3):48-51.
⑦ 华党生,金永生.儿童哲学的内涵及其哲学预设[J].学前教育研究,2014(6):45-49.
⑧ 高振宇.儿童哲学的再概念化:对李普曼与马修斯"对话"的再思考[J].学前教育研究,2010(6):8-11,24.
⑨ 钱雨.儿童哲学的意义:马修斯与李普曼的儿童哲学观辨析[J].学前教育研究,2009(9):52-56.

本特性的重演关系。儿童智慧的机理与特性,不仅有助于再现人类哲学发生发展的早期面貌,勾画人类史前思维的踪迹,同时还潜藏着人生后来的全部信息特征,也能够反过来透过哲学视角深入研究儿童,开发儿童的智慧和潜能。①

潘小慧在《儿童哲学简论》(2011)一文中,从李普曼之儿童哲学、马修斯之儿童哲学、欧美儿童哲学比较三个角度分析了儿童哲学的三重意涵。作者认为儿童哲学是一门如同政治哲学、教育哲学的应用哲学,三重意涵的差异无损于对儿童哲学的重视与发扬,应该根据不同的实际需求有所侧重与取舍。②

综上所述,国内研究者对儿童哲学内涵的界定,从理论上体现出儿童的哲学、给儿童的哲学、童性的哲学、童年哲学等不同倾向。其虽有三位一体的综合性表述,但在实践研究领域更倾向于把儿童哲学作为一种思维训练课程,即给儿童的哲学。

(3) 有关儿童哲学教育目的的研究。

文献研究发现,中国研究者关于儿童哲学的教育目的主要集中在培养哲学思维、观照儿童率性成长两个方面。

郅庭瑾在《为何而教:超越知识与思维之争》(2001)第四章思维课程中认为接受思维训练是儿童的内在需要;思维有助于获取快乐,可以提高道德品质、养成美德;思维训练是人类生活的社会本质。邓俊超(2009)从犹太人的教育和儿童哲学的诉求中思考教育的旨归,提出:第一,教育要引导儿童思考,将问题作为认识的逻辑起点,通过思考获得理性自觉;第二,要转识成智,强调认识活动中,由迷到悟、由知识到智慧的转化。③ 庞学光(2013)④主张要敬重儿童的声音、捕捉儿童的声音、了解儿童的意愿、发现儿童的哲学、关注儿童的成长、奠基儿童的幸福人生。褚士莹(2019)认为,思考有七个误区,分别是以为思考就是想象力,以为思考就是想太多,以为思考会带来忧虑,以为思考越快越好,以为思考会影响决断力,以为思考就是表达自己的意见,以为思考是一种约束。如果能避免这七个错误,思考的幼苗就更有机会茁壮成长。⑤

综上所述,我国学者对儿童哲学教育目的的首要共识,即培养儿童的思考能力,尚未深入研究可操作性、可观测的具体的子目标,大多为提纲挈领性的教育目的。

(4) 有关儿童哲学教学范式的研究。

文献研究发现,国内学者大都沿袭国际上公认的教学范式,即探究共同体和对话教学法。

袁宗金(2006)在《回归与拯救:儿童提问与早期教育》第五章第四节中,通过儿童哲学的个案研究,发现哲学教学是促进儿童问题意识发展的有效途径,是可能的问题教学

---

① 刘啸霆.童性的哲学[N].光明日报,2011-06-01(11).
② 潘小慧.儿童哲学简论[N].光明日报,2011-06-01(11).
③ 邓俊超.知识·思考·智慧:从犹太人的教育和儿童哲学的诉求看教育的旨归[J].井冈山大学学报(社会科学版),2009,30(2):118-121.
④ 庞学光.善待儿童"爱智慧"的天性:儿童哲学教育的意义初探[J].教育研究,2013,34(10):10-17.
⑤ 褚士莹.天马行空的想象力就等于孩子会思考?思考的7大误区,你中招了吗?[EB/OL].(2019-08-21)[2024-05-07].https://www.sohu.com/a/335273226_125025.

模式。李军在《儿童哲学课程的教学模式研究》(2000)一文中,运用系统分析方法,探讨了包括要素构成、操作程序、过程评价等在内的儿童哲学课程的教学模式;认为儿童哲学课程的操作程序为"对教学内容的呈现—诱惑—辨惑—演惑—解惑—对成果变量的评价";通过半个学期的教学实验,得出在提高学生的思维推理能力方面具有一定成效的观点。邵燕楠在《儿童哲学对话教学法及在中国推广的启示》(2000)一文中,强调对话是儿童哲学的基本教学方法;探讨了对话形成的条件、对话规则、对话指导等内容,并用实证研究分析了儿童哲学对话法在中国推广的启示。赵君心的《儿童哲学课程范式构建》(2016)从新童年社会学的视角,依据库恩的"范式"定义,认为应从整体和元素两个层面构建儿童哲学课程范式。

王凌、曹能秀(2003)[①]认为,在探究共同体中以平等合作、多向互动的方式做哲学的过程是对杜威做中学体系的发展,同时在儿童哲学教学中培养学生的批判性思维、创造性思维、关爱性思维也是对杜威关于教学与思维发展理论的继承和发展。冯周卓(1994)[②]、邵燕楠和张芝亚(2002)[③]、高振宇(2007)[④]、林静(2010)[⑤]、张志敏(2013)[⑥]、卫春梅(2015)[⑦]等也从不同角度介绍了儿童哲学的基本教学范式。方展画、吴岩认为李普曼以对话为核心的儿童哲学课程对现代教育学的启示:一是要还原以意义发现为目的的教育;二要诠释主体间性领域;三是批判性思维能力培养要具体化。[⑧] 吴岩(2005)认为,儿童哲学要强调探究群体的常态性、递进性;哲学对话应基于生活经验,强调语言的问询能力及逻辑思维能力的获得,不必强调伦理学、美学及形而上学的深度;注重以故事或小说的形式进行对话激发和柏拉图式对话的道德教学,要建立以意义追寻为目的的德育观和以对话为基础的道德生成环境,以及理解基础上的精神共享环境。[⑨]

综上所述,目前我国学界研究涉及两个方面:一是分析探究共同体和对话教学法对儿童哲学教学的作用;二是运用探究共同体和对话教学法的教学模式研究。这些研究更多地触及理论层面,极少涉及哲学对话的技巧、策略,尤其是从实践层面的案例指导等内容。

---

① 王凌,曹能秀.从"儿童中心"到"探究群体":李普曼儿童哲学对杜威教学理论的新发展[J].比较教育研究,2003,25(6):40-44.
② 冯周卓.儿童哲学与教学改革[J].外国教育研究,1994,21(1):48-51.
③ 邵燕楠,张芝亚.在对话中学习:儿童哲学对话学习法浅见[J].辽宁教育学院学报,2002,19(1):37-39.
④ 高振宇.儿童哲学批判思考教学法[J].教育科学论坛,2007(11):12-14.
⑤ 林静.儿童哲学教育理念及实践方法综述[J].山东理工大学学报(社会科学版),2010,26(2):94-97.
⑥ 张志敏.儿童批判性思维培养的两种模式[J].延安大学学报(社会科学版),2013,35(1):13-21.
⑦ 卫春梅.儿童哲学咨询方法例析[J].池州学院学报,2015,29(2):9-10.
⑧ 方展画,吴岩.李普曼以对话为核心的儿童哲学课程及其启示[J].教育研究,2005,26(5):70-76.
⑨ 吴岩.李普曼的以对话为核心的儿童哲学课程观及启示[J].教育评论,2005(1):96-99.

(5)有关儿童哲学教学内容的研究。

我国学者对儿童哲学课程内容的研究,呈现出多元化、特色化、数字化发展趋势,尤其是在与中国传统文化结合方面做了有益尝试。

孙琪在《李普曼儿童哲学教材对话自我的建构》(2017)一文①中,对 IAPC 的 13 本儿童哲学教材译本做了描述性阐述后,分析了我国部分儿童哲学教材的情况,为开发儿童哲学教材提供了新的思路。

张红(2002)②、张丽芳(2004)③、陈红(2009)④、高妍妍(2013)、付宝琦(2014)⑤、吉苹(2015)、王梅(2015)⑥、于伟(2017)⑦从课程实施中各板块出发,对东师附小、六一小学、南站小学、瓦市小学等儿童哲学课程的实践案例进行了理论的探索,为课程研究提供了先验条件。吕绍娴(2004)的李普曼儿童哲学中学校德育理论与实践探析、刘乃华(2007)⑧将儿童哲学与伦理教育有机结合、张蕙(2014)⑨家校互动式儿童哲学微课程的构建、陈蕊(2015)将儿童哲学融入数学学科、顾新佳和王振强(2015)⑩基于陶行知"六大解放"为核心儿童哲学观点的课堂教学思考、张铜小琳和赵嘉涵(2017)⑪对我国台湾儿童哲学教材的分析借鉴等研究相继对儿童哲学课程的实施,尤其是教学模式的推敲进行了多维度、多角度的探索。

张建鲲、庞学光(2009)认为,儿童哲学课程在中国的普及依旧面临着以下问题:西方的儿童哲学主要表现为学科课程,缺乏相关的必要性和可能性研究;中国缺乏追求理性和培养未成年人理性的传统;各级教育机构在校本课程开发上缺少合作等问题。⑫高振宇在《儿童哲学的中国化:问题与路径》(2009)、《儿童哲学 IAPC 版教材及多元文本的分析》(2010)两篇文章中的观点是:目前在中国,课程形态灵活多样,但其创新的基础还不牢靠,对 IAPC 这套应用最广泛的教材分析不足,甚至是无知,所以儿童哲学的传统教材没有在中国获得应用,草率地搬出"中国国情论",代之而起的是各国自行研发的教材,但

---

① 孙琪.李普曼儿童哲学教材对话自我的建构[D].长春:东北师范大学,2017.
② 张红.由儿童哲学活动课引发的思索[J].天津师范大学学报(基础教育版),2002,3(3):49-52.
③ 张丽芳.儿童哲学课程开发与教师专业成长[J].上海教育科研,2004(8):46-47.
④ 陈红.我们是这样开发校本课程的:《儿童哲学》教材开发的实践研究的十年历程[J].上海教育科研,2009(7):61-63.
⑤ 付宝琦.幼教视域下的儿童哲学教育探究[J].贵州民族大学学报(哲学社会科学版),2014(5):201-204.
⑥ 王梅."儿童哲学"课程:照亮孩子的心灵[J].中小学管理,2015(6):57-59.
⑦ 于伟.儿童哲学走"第三条道路"的可能与尝试:东北师范大学附小探索的历程与研究[J].湖南师范大学教育科学学报,2017,16(1):27-33.
⑧ 刘乃华.儿童哲学与伦理教育[J].学前教育研究,2007(12):7-9.
⑨ 张蕙.一种新课程的诞生:构建家校互动式儿童哲学微课程[J].上海教育科研,2014(8):60-62.
⑩ 顾新佳,王振强.基于陶行知儿童哲学观点的课堂教学思考[J].生活教育,2015(9):115-116.
⑪ 张铜小琳,赵嘉涵.质疑、转换、关联:论台湾儿童哲学教材对自我认识的启迪[J].课程教学研究,2017(1):35-39.
⑫ 张建鲲,庞学光.论儿童哲学课程在中国的普及[J].全球教育展望,2009,38(1):18-21.

效用性值得怀疑。①②

　　杨茂秀在《谁说没人用筷子喝汤》中提供了20个儿童哲学的真实案例,并深入探讨了故事背后的叙事智慧和思考实验。潘小慧(2017)的《真实与谎言——以〈思考舞台〉第5章第10节〈三头巨人〉为据的讨论》③中以儿童小说《思考舞台》第5章第10节《三头巨人》为内容,讨论真实与谎言的问题。借由陈明宜爸爸的亲身经历,分析不同情况的伦理性;也借由多玛斯的名言"恶是来自于任何一个个别的缺点,而善是出于整体完全的原因"得出结论:唯有当三头巨人——三项考量即行为或行动的三个面向,也就是说的事是真的、说话的用意是善的及后果对人是没有害处的,方可确信所做的行为在伦理上是善的,是正确的。

　　蒋建智在《儿童故事中的隐喻框架和概念整合:哲学与认知的关系》(2001)一文中,从Lakoff和Johnson的隐喻理论(二领域模式)与Fauconnier和Turnerr的概念整合理论(多空间模式)来分析儿童故事中的隐喻框架和概念整合这两种认知活动。如隐喻是如何拟订故事的主旨、如何编织故事的思考架构,从哲学和认知的观点来讨论故事思考的重要性以及故事如何建构自我概念。陈毓书的《做儿童哲学:我思故我笑》(2009),研究参考柏格森的《笑》和弗洛伊德的《诙谐与潜意识的关系》,将学生发笑后的文本分析归类为三种幽默类型,学生在发笑后,会将发问的焦点集中于引起荒谬矛盾笑点的叙事段落,以推理的方式让荒谬的叙事情节合理化。在这一观察分析的过程中,研究者找寻到促使主动思考的因素和团体中教师的转变。此外,还有陈静姿的《绘本、教育学与哲学》(2012)书评,李岗和王宜宣(2017)的李普曼之儿童哲学课程理念探讨,林师宇(1993)的教室中故事叙事智慧的探讨,徐超圣(2015)从儿童哲学观念出发对于推动生命教育方案的构想,其他关于图画书、IAPC教材、儿童自编故事与儿童哲学教育的对比,寓儿童哲学于品德教育的研究,等等。

　　吕健吉(2017)的《问题取向的儿童哲学讨论:以奥斯卡·柏尼菲〈哲学·思考·游戏〉为例》④一文,将"问问题"视为一种思考游戏,强调对话与思考对于标准答案的重要性,剖析"5W1H"的问题形式,以问题导引的架构去呈现柏尼菲儿童哲学的基本架构和使用技巧,借以使学界重视问题在思考上的意义与讨论技巧。尹锡珉与李溱熔(2017)的《论道家的儿童哲学与人性教育的方法论:以〈老子〉和〈庄子〉为主》⑤一文中,围绕儿童哲学、针对儿童的哲学、儿童参与的哲学三个层面,试图论述传统哲学能够在儿童哲学的建构中发挥作用,进而从道家哲学的视角讨论儿童哲学与人性教育方法论的可能性。古秀

---

①　高振宇.儿童哲学IAPC版教材及多元文本的分析[J].浙江师范大学学报(社会科学版),2010,35(2):41-45.

②　高振宇.儿童哲学的中国化:问题与路径[J].全球教育展望,2009,38(8):25-29.

③　潘小慧.真实与谎言:以《思考舞台》第5章第10节《三头巨人》为据的讨论[J].哲学与文化,2017(12):21-36.

④　吕健吉.问题取向的儿童哲学讨论:以奥斯卡·柏尼菲《哲学·思考·游戏》为例[J].哲学与文化,2017(12):5-20.

⑤　尹锡珉,李溱熔.论道家的儿童哲学与人性教育的方法论:以《老子》和《庄子》为主[J].哲学与文化,2017(12):59-74.

蓉在《聚焦原生于儿童的哲学问题:P4C 探究评价的主题维度》(2017)一文中,基于儿童哲学活动中"是否是哲学问题"的担忧,从分析 IAPC 的儿童哲学探究群体评价表出发,提出儿童哲学探究主题通常在文本之外、包裹在作为论据的生活事件当中的观点,认为儿童哲学探究主题与一般的谈话主题之间的区别在于思考的自觉,在于是否有效推进合理性思考。① 林文琪(2009)的《哲学教学的行动化转向:一个通识美学课程规划的反思性实践》②是作者对其在大学通识教育中对哲学教学经验的批判性审视,记录作者试图协助学生把哲学理论与生活经验相联结的课程规划与教学试验。除了提供以儿童画为例探讨美学理论的行动学习方案外,还展示课程规划过程中的思想转折,以及进行年度教学实践的反思,提出本课程下阶段进行行动研究时自我观察与反思的议题。

综上所述,教学内容研究值得注意的有两点:一是教学内容的多元性是故事的多元性,如寓言、童话、传说等,而在体裁上没有明显突破;二是教材的本土化研究在时机上不够成熟,在理论与实践方面的研究基础还相对薄弱。

(二)有关幼儿游戏的研究文献

国内研究文献倾向:一是把幼儿游戏与学习对立起来,将游戏视为有目的、有意识的活动。二是认为游戏是幼儿与生俱来的本能活动。游戏既适应幼儿身心发展的需要,同时又促进幼儿的身心发展,不是简单地"重演""复制",或消极地适应生活的过程。游戏的内容具有社会性和历史性,不只是"精力过剩""情绪发泄"的表现。游戏的心理机制是想象力和象征性思维的表现。游戏的内容是对客观现实的一种特殊的反映。游戏的作用是学习和劳动的前奏,是对幼儿进行全面发展教育的有力手段。③

1. 有关游戏与幼儿教育的研究

陈鹤琴认为游戏有简单与复杂之分,他把游戏分为:发展身体的游戏、发展社会性的游戏、发展语言的游戏、发展手部动作的游戏以及有关人生观等教化功能的游戏。陈鹤琴认为游戏具有教化的功能,认识到不同种类的游戏对于儿童的发展价值不一样,应该有针对性地运用。刘焱在《儿童游戏通论》(2004)一书中认为,游戏是一类行为的总称,包括的行为范围很广;人们基本上采取三种态度或策略来解决游戏的定义问题:毋庸定义、直觉判断以及特征列举。特征列举法是解释游戏的基本策略。游戏对于学前儿童的教育是一个占有特殊地位的重要问题,幼儿园主要通过筛选、改造和再造三种策略对游戏进行运用。④ 黄进在《游戏精神与幼儿教育》(2006)一书中强调游戏是儿童的一种存在

---

① 古秀蓉.聚焦原生于儿童的哲学问题:P4C 探究评价的主题维度[C]//东北师范大学.第三届全国儿童哲学与率性教育高峰论坛 儿童经验、思维与有过程的教学论文集.长春:东北师范大学,2017:39-45.

② 林文琪.哲学教学的行动化转向:一个通识美学课程规划的反思性实践[J].全人教育学报,2009(5):115-146.

③ 中国大百科全书总编辑委员会《教育》编辑委员会,中国大百科全书出版社编辑部.中国大百科全书·教育[M].北京:中国大百科全书出版社,1985:500.

④ 刘焱.儿童游戏通论[M].北京:北京师范大学出版社,2004:142.

方式,也是儿童教育的一种存在方式。① 丁海东在《学前游戏论》(2001)一书中指出,游戏是一种广泛存在的现象,儿童游戏是"游戏的最纯粹形式"。他认为游戏的教育价值分为工具价值(形式价值)和本体价值(实质价值)。② 华爱华在《幼儿游戏理论》(2015)、曹中平在《儿童游戏论:文化学、心理学和教育学三维视野》(1999)中都对游戏有所论述。

陈益在《游戏:放松的智慧》(2003)一文中从脑科学的角度分析,游戏状态和高峰体验、禅定、静心、冥想、灵感、心悟、放松性警觉、最佳学习态、最佳情绪态是相通的状态,认为游戏状态是潜能喷涌、最具创造性、身心最健康、自我实现、具有最佳学习态的状态,尤其是儿童的游戏状态是人存在的最佳状态,得出游戏对于教育具有重要价值。

彭海蕾在《幼儿园游戏教学研究》(2002)一文中,认为幼儿园游戏教学是将游戏的机制引入教学活动中,不是游戏与教学的简单相加。在游戏与学习的联结点上,将游戏与学习统一起来,以幼儿的主动学习和主体性发展为主要特征,体现生动活泼、积极、主动、兴趣与能力并重的具有时代特色的教学活动范式。邹海瑞在《基于游戏的幼儿园教与学研究:以三所幼儿园的三类游戏实践为例》(2017)中认为,自发性游戏、探索性游戏和规则性游戏构成了我国幼儿园课程实施的重要途径。各种游戏中都有教学的契机,学习主要发生在陌生游戏材料特性的探究中,在重复操作熟悉材料时的自我挑战中,以及解决问题时的尝试错误中;游戏中的经验获得覆盖课程学习的所有领域,学习价值在于经验获得的领域整合性和个体差异性。教学主要创设渗透教学目标的游戏环境,敏感于游戏中幼儿经验获得与课程领域的关系。三种游戏对教师的共同要求是对幼儿游戏行为的观察、分析和教学判断。自发性游戏只需开放性地投放材料,探索性游戏和规则性游戏必须依据教学目标对游戏进行不同结构化程度的设计。许丽珍在《教育即游戏:教育游戏论》(2012)一文中认为,教育作为一种特殊的游戏,要求课程应该以游戏为生长点,也即是以教育对象的生活为生长点。教育作为一种特殊的游戏要求教育中的教师和学生具有高度的平等,这种高度的平等主要以师生之间以对话的形式进行教学来体现。王后玉在《游戏精神的回归:幼儿园游戏异化现象的批判》(2013)一文中认为,幼儿园游戏活动存在目的外在化、缺乏自由性、内部非对话以及缺少体验性等。若要幼儿园游戏异化现象消解应做到促使自由精神的回归,确立"游戏人"的教育目标;倡导对话精神的回归,构建"游戏场"的教育情境;体验精神的回归,实施"做游戏"的教育过程。杨晓萍、李传英(2009)③认为,作为人之存在的儿童与作为一种现象之存在的游戏之间有着复杂的关系,儿童游戏不能理解为儿童与游戏的简单相加。循着文化哲学之视角,人是一个活生生的有机体,是一种铭刻着人类文化印记的存在,其生活方式或生存方式标示了一种带有自觉精神和价值观念的文化模式。毛曙阳(2010)④认为,孩子通过与经典游戏的对话,可以找寻其内在的意义和价值。好的游戏给人以智慧的启迪。从哲学层面对儿童游戏进行思考,有助于我们更深刻地理解游戏的特质,并引发我们对日常行为的反思。游戏具有

---

① 黄进.游戏精神与幼儿教育[M].南京:江苏教育出版社,2006:前言.
② 丁海东.学前游戏论[M].济南:山东人民出版社,2001:6.
③ 杨晓萍,李传英.儿童游戏的本质:基于文化哲学的视角[J].学前教育研究,2009(10):17-22.
④ 毛曙阳.关于游戏的哲学思考及其教育启示[J].学前教育研究,2010(1):41-46.

不可替代的、内在的和生发性的价值。幼教理论和实践工作者可通过追问和思考,收集整理游戏案例,形成更全面和更适宜的儿童游戏观,从而以更有效的方式支持和指导儿童的游戏。周文杰在《游戏:通往希望哲学之途》(2011)①中认为,游戏其实就是人与世界之美深层交往、相融互生的自由的精神实践。游戏的终极目标不在于创造一个希望的世界,而在于生成"理想的自己",源于人的爱智本性,人类所有的努力不是为了获得知识和理性,而是为了认识自己、寻找精神家园。张志丹、张少禹(2014)②认为,游戏和运动是启蒙教育的主要方式,儿童在游戏和运动中可以开发归纳潜能。

吴航的《游戏与教育:兼论教育的游戏性》、王银玲的《游戏的秘密与美好的教育:泛游戏理论及其教育意义》、陈益的《游戏:放松的智慧》等论文都对游戏与教育的关系做了详细的论述。陈维霞(2009)、高祥(2014)、郑丽(2009)、王姚臻(2017)、范元涛(2011)都认可游戏的功能与教育价值,认为当前幼儿园教育中存在游戏性缺失、游戏价值误解等一系列问题,并给出了创设游戏性环境、提升教师"游戏化教学"的专业素养、建立发展性评估系统等策略。

上述研究虽视角不同,但都一致认可幼儿游戏的教育价值,认为游戏是幼儿的一种存在方式。强调自由的精神实践,但实践仍更多地涉及科学认知领域,倾向于知识性学习,对于情感和学习品质,教育策略的实用性方面尚需进一步细化。

2. 有关幼儿教育与传统民间游戏的研究

文献研究发现,民间传统游戏具有朴素的哲学智慧和浓郁的生活趣味,国内学者积极倡导与幼儿教育活动相结合,充分发挥其教育价值。尤其体现在建构中国化、科学化的幼儿园游戏课程方面,具体分析如下。

邱学青《学前儿童游戏》(2008)认为,民间传统游戏可以促进儿童的感知能力、社会性以及良好意志品质的形成与发展。向凤玲在《张雪门幼儿游戏思想研究》(2014)一文中认为,游戏思想包括基于实践的新的游戏观,要探索并建构中国化、科学化的幼儿园游戏课程;研发有教育价值的经济的中国化游戏设备,中国化、科学化的幼儿园游戏体系应结合国情与时代特征。陈茜茜在《近十年来我国学前儿童游戏的研究综述》(2018)③中,认为传统游戏在现代生活中逐渐消逝,研究者应积极寻找原因,对如何在实践中处理好传统游戏与现代游戏的关系、如何真正发挥传统游戏的价值仍需加强研究。巩玉娜在《传统民间游戏与幼儿园课程构建》(2012)一文中,基于民间传统游戏独特的文化特质来揭示其独特的教育意蕴,对于开发与运用民间游戏课程建设及实施的思考,立足于现代文明背景下传统民间游戏的文化困境,把握根本,大处着眼。

戴月华在《儿童哲学的思想魅力及其发生方式》(2008)一文中阐述,儿童思想的优势正是在游戏中直感式的把握和创造性的联想达到常人难以企及的境地。④ 李庆明在《"风

---

① 周文杰.游戏:通往希望哲学之途[J].江海学刊,2011(5):67-73.
② 张志丹,张少禹.古希腊哲学中的启蒙教育[J].内蒙古民族大学学报(社会科学版),2014,40(4):56-58.
③ 陈茜茜.近十年来我国学前儿童游戏的研究综述[J].基础教育研究,2018(5):73-77.
④ 戴月华.儿童哲学的思想魅力及其发生方式[J].兰州学刊,2008,(4):1-4.

乎舞雩,咏而归":游戏哲学畅想》(2010)①一文中表明,游戏是儿童生命存在的本真确证。自由性和自足性是儿童游戏的根本特征。作为儿童"精神植被"的大量传统儿童游戏被现代人唾弃,抢救恢复传统儿童游戏文化,构筑健全的儿童文化生态,关乎民族国家的今天与未来。李颖的《儿童民间游戏融入幼儿园课程的机制研究:以宁波市北仑区J幼儿园为例》(2010)、吴昊东的《民间游戏在幼儿园课程中的应用研究:以山东省临沂市沂水镇S幼儿园为例》(2015)、胡芳强的《幼儿园传统民间游戏开展的现状与策略研究:以山东省两地市幼儿园为例》(2017)、杨清平的《幼儿园民间游戏选材与运用研究》(2016)、孙小小的《幼儿园传统体育游戏的开发与应用》(2016)主张在游戏设计中要加强幼儿对民间文化的认知和认同感,挖掘民间游戏内容价值,积极进行改编与创新,有效促进民间游戏的开展与发展。刘丽娜在《传统民间游戏与园本课程建设研究》(2014)一文中表示,将传统民间游戏融入幼儿园课程既利于幼儿园园本课程教学内容的改善,又利于启发幼儿的智力,游戏是幼儿学习的主要方式,是幼儿生活的重要组成部分。幼儿园可以将传统民间游戏融于健康、科学、语言、艺术、社会五大领域中,在实施课程的过程中以综合课程为主。冯鲸丹和李思娴(2015)、罗红辉(2016)、刘丽(2018)认为民间传统游戏蕴含着丰富的教育智慧,应巧妙地融入幼儿园一日生活过渡环节、区角活动、户外活动、集体教学活动等一日活动及幼儿园亲子、家园共建等多种教育活动之中。

综上所述,国内有关幼儿教育与传统民间游戏的研究趋势体现在:一是价值观角度,充分挖掘了民间传统游戏对幼儿发展的教育价值。二是课程观角度,倡导民间传统游戏与幼儿园课程的有机结合。尚未涉及民间传统游戏哲学教育意蕴的挖掘和指导性策略等研究。

(三)有关幼儿园游戏教学策略的研究文献

国内有关幼儿园游戏教学策略的研究比较欠缺,尤其是幼儿民间游戏教学策略的研究更为薄弱,且研究的学者范围多集中在一线幼儿教师层面,鲜有学术研究者进行此方面的研究。研究基本建立在幼儿园常规的教学实践方面,多以大量的具体实例在文中进行论述,但理论提升略显单薄。

查银燕(2017)认为民间游戏活动中,教师要在目标层次性、游戏情境的创设方面给予有益的指导,做幼儿民间游戏的合作者和引导者。她提出了在游戏活动中要运用启发式指导、参与式指导、示范讲解式指导、发现式指导等教学策略。② 康广琳以民间童谣为载体,提出了"说""画""演""编"四个游戏化教学策略。③ 季海萍认为,可以在各种教学活动中融入民间童谣游戏,通过整合童谣与民间游戏、师生创编童谣游戏、运用童谣游戏规则等策略培养幼儿的发散性思维,帮助幼儿摆脱自我中心,寓教于乐。④

陈艳(2013)认为,游戏化教学策略是一种高效、科学的教学策略。学前教育应利用

---

① 李庆明."风乎舞雩,咏而归":游戏哲学畅想[J].江苏教育学院学报(社会科学版),2010,26(9):1-10.
② 查银燕.幼儿园户外活动中民间游戏的实施及教学策略的研究[J].考试周刊,2017(45):175.
③ 康广琳.幼儿民间童谣的游戏化教学策略[J].开心素质教育,2012(12):7-8.
④ 季海萍.童谣在幼儿民间游戏活动中运用的策略研究[J].才智,2015(25):167-168.

游戏化教学创设轻松的教学情境,提高教学的趣味性,增强幼儿的学习主动性,通过不断提问,提高幼儿的创造性思维能力。① 李丹(2018)认为,各类游戏能够让幼儿在轻松愉快的氛围下学习和成长,促进儿童创造思维的发展,培养个性品质,提出游戏教学要切合生活实际、尊重个体差异、坚持幼儿学习主体性的策略。② 邵葛萍(2017)提出使用区域游戏、开展课外活动、完善教学方式三方面策略以达成幼儿园课程的游戏化。③ 张燕英(2018)提出了满足不同幼儿需求、完善体验内容、拓展开展范围、引导实时参与、发挥幼儿主体作用、提高游戏趣味、信息技术辅助等几项策略。④ 王卉(2016)针对幼儿音乐游戏提出了引奇激趣、凝神倾听、交换游戏、游戏示范等教学策略。⑤ 冯蕾(2016)基于音乐游戏提出了选择适合活动材料、提高教师素质、结合幼儿特点、以负责的态度教学、游戏过程中进行有针对性的指导和规则设定等策略。⑥ 马胜男(2017)从创设情境、教学手段、家园合作三个方面分别提出了创设富含游戏性的教学物理环境、健全积极的制度环境、富含游戏性的人文制度、建立家园互动平台、向家长科普游戏等策略。杨瑛(2017)、葛晓东(2013)、罗桂珠(2016)、陈娟萍(2017)、张倩(2018)等人的相关研究认为幼儿游戏的教学策略,主要应侧重于三个内容:一是游戏环境的创设;二是游戏过程中教师角色的定位;三是游戏进程中的观察、指导与评价。论述中所运用的大量的一线教学案例,体现出对于年级特点与幼儿个性特点的精准把握,但对于游戏价值的挖掘、学术理论的提升、教学策略的有效性等方面缺少有力的科学依据。

纵观国内外相关研究发现,幼儿哲学作为儿童哲学的一部分,至今已经普及到世界上许多国家。其研究的成果证明,幼儿不仅能学哲学,而且能学好哲学。中国自古以来就重视对幼儿进行哲学教育,从《三字经》到《千字文》,再到《幼学琼林》等等,蕴含着世界观和人生观的最初启蒙。近年来,杭州、上海、北京、天津、成都等地的研究者们更是首先开展了一系列专门的幼儿哲学教学活动。通常借鉴西方幼儿哲学以故事性素材为载体,对幼儿进行思维训练,发展幼儿的思维能力。美国儿童哲学的创立者李普曼,把儿童哲学定义为一种运用到教学中,目的在于培养具有高水平的、熟练的推理和判断能力的儿童的哲学。因此,西方的幼儿哲学是以训练幼儿的形式逻辑思维方法为主要目的的,在继承各国优良文化的基础上,以富含哲理的故事为主、艺术作品等其他素材为辅,通过探究共同体、苏格拉底对话教学法的基本教学范式,引导幼儿思考的教学活动。当前幼儿哲学的发展,从幼儿的心理发育、生理特点和认知能力出发,将幼儿哲学的学习年龄拓展到 0 岁;将幼儿从狭窄的课堂空间引申到对世界的关注,致力于给予幼儿的哲学天性以最大化的保护。

游戏是幼儿流连忘返的乐土,也是幼儿学习最好的学校。幼儿在游戏中学习,锻炼

---

① 陈艳.学前教育游戏化教学策略实践探析[J].考试周刊,2013(A3):193-194.
② 李丹.学前教育专业数学游戏的教学策略[J].现代职业教育,2018(20):138.
③ 邵葛萍.探究幼儿园教学中课程游戏化策略[J].学子(理论版),2017(24):50.
④ 张燕英.基于游戏活动下的幼儿园学前教育教学策略研究[J].中国校外教育,2018(23):155,160.
⑤ 王卉.例谈幼儿音乐游戏教学策略[J].亚太教育,2016(12):7.
⑥ 冯蕾.幼儿园音乐游戏的现状及教学策略[J].教育科学,2016(6):191.

着身心、语言、认知、思考等各项能力。通过游戏,幼儿创造了一个想象的世界,在这个世界里,过去可以重演,现在可以改造,未来可以预期。① 然而基于游戏进行的幼儿哲学教学研究,目前在国内外的文献研究中还不多见,或仅是借鉴游戏的形式来进行幼儿哲学教学活动。深入挖掘幼儿游戏的哲学内涵,并引导幼儿在游戏中通过对游戏哲学价值的思考,培养幼儿进行分析、判断等良好的思维品质和能力成为本研究的落脚点。

---

① 刘焱.儿童游戏通论[M].北京:北京师范大学出版社,2004:634.

第二章 基于民间传统游戏的幼儿哲学教学理论建构

本章从哲学、生物学、语言学、心理学、人类学、脑科学分析入手,基于5~6岁幼儿的先天潜能和后天游戏与教育依据,运用游戏哲学论述民间传统游戏进行幼儿哲学教学的特有价值,并在此基础上根据费舍尔哲学教学经验,制定本研究中幼儿哲学教学目标,借鉴李普曼哲学教学范式的同时,结合文献研究总结的相关经验及本土文化,试图建构幼儿哲学教学理论范式,以期明确践行基于民间传统游戏幼儿哲学教学的合理性、必要性与可操作性。

一、幼儿哲学教学的可行性分析

5~6岁是面向幼儿进行哲学教学的最佳时期。幼儿哲学的诞生与存续是幼儿先天潜能、游戏本性、哲学本质、教育初衷四者呼应、合力作用的结果,是幼儿成长、哲学进步、游戏文化传承、教育生态科学发展进程中的一种必然。下文将分别从以上维度所涉及的各交叉学科理论借鉴分析入手,论证其可行性。

(一)哲学进步呼唤幼儿哲学家的出场

哲学起源于惊奇,哲学问题不能在哲学史的梳理中发现,只能在现实生活的思考中发现。20世纪奥地利哲学家、现象学家胡塞尔说:"我们并不能通过哲学史而成为哲学家。一味地沉浸在历史事物之中,对它们作出一些历史批判的证实,并且想在折中的消化或错误的消化中,达到科学的哲学,所有这些都只能是毫无希望的努力,研究的动力必定不是来自各种哲学而是来自实事与问题。""唯有经验到了哲学如何以及以何种方式成为哲学,我们才认识和知道哲学是什么。"[1]幼儿的无数个"为什么"就来源于其自身的生活体悟与认真思索,孩子们以最纯真的激情,用身体与思想与这个世界的美妙和谐相处,他们对它充满无限的好奇与接纳。哲学正是这种情感体验性、实践经验性、思想实验性、智慧超验性的探索与悟察过程。当代中国学者杨适在《哲学的童年》中表示,那最初的思想本身却有原始的丰富性,往往在单纯中蕴含着后来发展的各种萌芽和因素,有它特别的机制和有机结构,粗心大意的人不注意这一特点,对最初的东西以为一看就知道了,不过如此而已,便一掠而过,然而我们看到真正的科学家却从不轻易放过它们,他们总是对开端的东西不厌其烦地翻来覆去地加以研究。[2] 马修斯在其儿童哲学三部曲之一——《哲学与幼童》中就已开始使用"儿童哲学思想"一词,前言中写道:"我在想着怎样教好大

---

[1] 戴月华.试说儿童哲学的思想魅力:兼析马修斯《哲学与幼童》[J].中国儿童文化,2005(00):21-29.
[2] 刘晓东.童年研究:"根"的探寻[J].中国儿童文化,2005(00):1-7.

学生的哲学导论课时,开始对幼童的哲学思想发生了兴趣。……一旦开始对儿童哲学思想进行深思苦索,我发现这个主题相当地吸引人。"并在为儿童哲学三部曲中文版写的序言中写道:"我还是个5岁的孩子时,和我的朋友一起挖地,我们自以为挖了个很深的洞,计划是要挖成一个游泳池。我还能记得当时我们很好奇:要是我们继续不断地挖下去,我们将挖到哪里?'你将挖到中国',我被告知。我们一直挖就能直达中国这个念头引起了我的兴趣。我确信我童年时和朋友一起挖的洞实在并不很深——可能仅是一米,当然不可能超过两米。现在引起我兴趣的想法是什么?是我当年挖地时绝不可能做到的事,那就是我的关于儿童哲学思想的著作,将在中国出版。我希望这将有助于引起新的重视,如果不是为了发掘,至少是为了幼童的思想。"马修斯用亲身经历昭示天下,5岁孩子具有哲学思维,并已经达到哲学思想的境界。

自然对人类心灵的影响,从时间上看是最早的,从重要性上看是最大的。这里的自然包含两层含义,即人生命之外的自然和人生命之内的自然。人生命之外的自然指我们生活的自然界,是人类生存所依赖的对象;人生命之内的自然是指人本真生命内部的自然状态,是精神之所在。① 幼儿,是人最自然的群体,是天生的哲学家,也只有人生命之外的自然与人生命之内的自然有机结合,才是回归其幼儿之哲学天性,是对幼儿本性最大的尊重。

(二)幼儿哲学思维语言的发展水平分析

国内荧屏上播出过一档成人与儿童之间的快乐脱口秀节目——《人小鬼大》。节目中有关"真理""修养"等这些看似严肃的话题,经过孩子们奇思妙想的解读,令观众忍俊不禁。但在笑过之后,作为成人应该反思,孩子们的奇思妙想是经过理性对已知思考后的解读,还是无知状态下纯真无邪、不假思索地答非所问,抑或是敏而思而知后的知而不会的表达?

无知状态下的纯真无邪:

> 正如3岁的妹妹(36个月)懂得姥姥累了,不让姥姥背;知道天天哄她辛苦,当姥姥提出要出去溜达一圈时,妹妹虽不情愿但欣然同意。而当7岁的姐姐训斥她:"你晚上哭闹,都把别人吵醒了,这倒是行,那要是上学了呢?你能不能有点同情心,尽顾着自己,你也太自私了!"妹妹面对这么一大段训斥,只是闪着亮晶晶的眼睛看着,然后道:"嗯嗯嗯!啥呀?"妹妹是有同情心的,且不自私的,但她真的不明白什么是"同情心",更不理解"自私"是个什么东西。此时的妹妹不作声地一直看着姐姐,只是对姐姐认真严肃的样子很着迷。

敏而思而知后的知而不会的表达:

> 当妹妹(37个月)目睹了姐姐用布娃娃装扮的小丑,且向大人问过"什么是

---

① 吴航.论幼儿游戏的"野趣"价值取向[J].幼儿教育,2016(Z6):13-16,24.

小丑?"后的第二天,妹妹把她的小卡通眼镜给毛绒小熊戴上后,开心地说道:"熊熊是小丑啦!"这时问她"什么是小丑?",她说"不知道",又追问她:"小丑是什么意思?"她说:"小丑就是小丑呗!"

孩子绝不是给成人以精彩逗趣、哗众取宠、令人开怀不已的笑料。这诚然不是节目举办的初衷,更不是成人期待的成果。妹妹不懂什么叫作"同情心",但行为却表现出有同情心,即无知状态下的纯真无邪。妹妹心里明白"小丑是什么样的",但目前用语言还表达不出来,只能无奈地说"小丑就是小丑呗!",即敏而思而知后的知而不会的表达。因此,有必要从语言学的角度分析幼儿的语言发展水平,以确立幼儿哲学教学的立脚点。

语言是思维的反映,思维是语言的本体。语言是对思维的再创作,语言能够促进思维的发展。对幼儿实施教育的语言是否合适,离不开对幼儿理解语言能力的研究,对幼儿实施幼儿哲学教学的方式是否合适,离不开对幼儿语言发展水平的研究。对幼儿思维的解读,离不开对幼儿语言主要是有声语言的观察和研究。幼儿哲学应根据幼儿期语言发展的普遍规律,采用适宜的教育方法,通过调整输入、输出、反馈和环境,利用幼儿语言素质中的积极因素,以达到高速度、高质量的思想内化。

幼儿词汇量的发展和词汇语义的发展是衡量幼儿语言发展的指标,也是衡量幼儿认知发展的重要指标,更是本研究中5~6岁幼儿能否接受哲学教学、以什么方法进行幼儿哲学教学的衡量指标。根据李宇明《儿童语言的发展》研究,幼儿5~6岁时的词汇量大体上为3 500左右,其中实词的比例在90%左右。在实词中,以名词的比例为最高,其次是动词,再次是形容词。名词和动词在整个词汇中占大多数,为60%~70%。名词中具体名词的比例约占80%,抽象名词比例在20%以下。抽象名词比例一直较低,但比例随着年龄、思维水平的提高而逐渐增加。这说明名词、动词、形容词这类意义实在而又具体的词,更适合于5~6岁幼儿把握和学习。幼儿4岁以后,形容词的使用数量迅速增长,5.5岁159个,6.5岁206个。描述物体特征的使用率最高,为32.89%,描述动作的使用率为28.57%,人体外形的为25.71%,机体觉的为29.76%,描述个性品质的为13.22%,表达情感的为12.44%,描述事件情境的为5.98%。形容词的迅速发展,是幼儿句子复杂化的一个标志,也是幼儿对事物的性质认识迅速发展的一个标志,同时说明外显性的特征容易被幼儿所认识。需要注意的是,5.5岁时幼儿才能使用"年轻"这一类具有复杂特征的形容词。幼儿获得颜色所遵从的顺序是红(2岁),黑、白、绿、黄(2.5岁),蓝(3岁),紫、灰(5.5岁),棕(6.5岁)。幼儿第一人称代词的发展优于第二和第三人称,近指代词的发展优于远指代词。这说明,幼儿的"自我中心"观察视点和话语表达支点决定了他们往往是以自我为中心来看待世界的。当幼儿所理解的词义出现泛化、窄化、特化现象时,成人不应抱以认为有趣和可笑的态度,因为在幼儿看来是顺理成章的。否则就会造成两种不良的后果:一是幼儿认为,这可以哗众取宠、变本加厉;再一种就是幼儿认为,成人是在笑话自己,从此再也不愿意表达。5~6岁幼儿说的多数句子都能达到7~10个词,还可能出现11~16个词的句子。学前幼儿的自我中心言语和社会化言语逐渐逆转,近于13.5%和86.5%的比例。他们依然会使用语言和非语言的体态与声音两种交际媒体。语言系统能力已经发展到一个相当的水平,但他们的语言运用能力却相对较低,说话不得体的情况随处可见。与幼儿的语言交际是千变万化的,受上下文、交际意图、交际媒体、交谈话题、交际对象、交际情景,以及话语交际文化、时代背景等多重因素的影响。而且他们对言外之意的理解比较困难,并不见得对所有的语言输入都进行解码活动,也不一定在有输入的情况下才能进行语言输出,交际可能是一个话轮完成或终止,也可能多个话轮连贯进行,不一定必有反馈活动。①

以上对5~6岁幼儿语言运用能力的分析,表明这一阶段的幼儿已经具备做哲学的语用能力,这为本研究提供诸多有价值的参考依据,进一步明确了若要顺利实施幼儿哲学教学,需在5~6岁幼儿语言交际特点的基础上进行的立论基础。

(三)幼儿哲学何以存在的现象解读

哲学的生命显现无非"思"与"问"。只有置身于鲜活的"思"与"问"的生存状态中,哲学才能到场。哲学思维作为儿童生来具有的一种天性本能,在其生长到幼儿期时便达到了高峰期。"思"与"问"由人之初的存在性打开,进而发展为聚集性绽放。5~6岁这一年龄阶段的幼儿,哲学之问最多、最奇、最妙,成为"智慧"的涌动之源。这一观点除了在马修斯的儿童哲学三部曲中得到有力证明,作者两个女儿日常生活中的无数实例也足以作为例证。根据艾莉森·高普尼克在《宝宝也是哲学家:学习与思考的惊奇发现》一书中的结论,作者结合对两个女儿的观察发现,幼儿在3岁前是有哲学之思的,而哲学之问的突出表现是在满3岁以后,尤其大女儿在5~6岁时更为明显,姐妹俩充满哲学智慧的语句数不胜数,所记录的哲学之思与哲学之问如下。

小女儿2岁时探究生活常识:

爸爸:"尿裤子为什么不吱声呢?"
妈妈:"她在外面不尿,有尿都和大人说,回家就尿!"
这时小女儿说:"家里有裤子,外面没有裤子。"
妈妈让小女儿把新买回来的奶粉拿进屋,她居然把奶粉在自己屋门口摆了一排。妈妈问为什么,她答道:"爸爸刚才擦我屋地了,怕滑倒,该哭啦!"

小女儿3岁时探究生活本领与习惯、探究人与自然:

小女儿:"为什么妈妈会开车,爸爸不会开车,等我长大了开车,妈妈坐后面。"
小女儿:"妈妈,为什么喝完奶要喝水?"
在超市看见大人扮的招财娃娃问:"那个娃娃是怎么出来的啊?"在亲自去看了之后又问:"为什么那个娃娃一直站在那儿?"当第二天妈妈当着姐姐的面问妹妹:"为什么那个娃娃一直站在那儿?"姐姐不知情,还以为是超市里卖的毛绒玩具,给妹妹讲解说:"因为她是娃娃,是假的,所以一直站在那儿。"妹妹回应

---

① 李宇明.儿童语言的发展[M].2版.武汉:华中师范大学出版社,2004:113-246.

道:"不是,那是人,是娃娃人!"
小女儿:"天为什么是蓝色的?"
妈妈:"妈妈也不知道,你觉得呢?"
小女儿:"我觉得是画的吧!"
妈妈:"看什么呢?"
小女儿:"看蓝天啊,蓝天蓝天真美丽!"

还有很多诸如"姥姥,你为什么要拿钱?""妈妈,你为什么要工作?"等与社会和自然相关的各种问题。这时候大人如果说,天蓝是因为世界上有多少面积是海水,因为海水的反射,那孩子是不会明白的。

小女儿3.5岁时探究社会人与事物之间的关系:

小女儿:"谁倒的水啊?"
妈妈:"是饭店吧。"
小女儿:"是,应该是!"
妈妈:"为什么应该是?"
小女儿:"因为是脏的。"

小女儿:"妈妈,这是什么车?"
妈妈:"卡车。"
小女儿:"卡车是干什么的?"
妈妈:"拉货物的。"
小女儿:"沙子?"
妈妈:"对,可以拉沙子。"
小女儿:"那得有个勺子。"
妈妈:"为什么得有勺子?"
小女儿:"因为得用勺子把沙子盛上去。"

小女儿:"妈妈,姐姐打我了!"
妈妈:"那一会儿妈妈说(责怪)姐姐。"
小女儿:"别说了,姐姐只不过是个大孩子!"

大女儿4岁时探究性别意识:

"为什么世界上有男孩和女孩啊?"
"为什么男孩是站着小便,女孩是坐着的呀?"

大女儿5岁时探究事物发生发展的内涵、意义、原理:

"风是不是一种空气?"
"云彩钻进去是不是没什么感觉,就像棉花糖一样,吃着没什么感觉?"
"大嘴船长,表面意思是嘴大,内涵意思呢?是说话让大家喜欢听。"

大女儿6岁时分析、反思、判断与归纳:

"我怎么能像爸爸呢?爸爸的肚子上又没有刀口?"
"在月球上怎么飞呢?他又没有翅膀。"
"美国在地球的另一端,那他们现在是不是在睡觉啊!"
"我是妈妈生的,妈妈是姥姥生的,姥姥是谁生的?……"
"为什么人的皮肤一挠就红了呢?"
"为什么人的血管是绿色的呢?可人的血是红色的呀!"
"辫子是用三根绳子编的,为什么我们眼睛看着是两根绳子呢?"
"小丑是逗人笑的,为什么叫小丑呢?丑不是说人长得不好看吗?"
妈妈:"太冷了,姑娘快点走!"大女儿道:"走得越快,风不是越大吗?"
"为什么下过雨后才会出现彩虹呢?"
"彩虹的颜色不是红橙黄绿青蓝紫吗?为什么在书上看到的都是六种颜色呢?"

综上可知,幼儿3岁前就已经开启了哲学之思,但这种哲学思考更多地隐含在其无意识的语言与行为之中,他们还不会用语言直接表达自己的思考与困惑,因此成人较难察觉,往往"视而不见"。待满3周岁后,幼儿开始有意识地问"为什么",成人才体会到孩子对世界充满好奇。而且这种趋势随着幼儿的长大与日俱增,直到幼儿5~6岁,达到头脑风暴的状态。

与本研究9位家长和教师的访谈当中,关于"孩子现在经常向您问问题吗?"一项结果显示,只有1位家长回答为"偶尔",其他8位家长都毫无迟疑地回答"是"。而2位教师的18份访谈中,只有2份回答为"是",有4份回答是"偶尔",其他12份的回答均为"几乎没有"。

这一访谈结果给予本研究两点启示和警示:第一,启示是幼儿天生好问,是天生的哲学家。这一点从家长的回答中显而易见,幼儿具备做哲学的基本条件。第二,警示是幼儿哲学之问,这种积极的表现更多地体现为在家长和教师面前截然相反。当前的幼儿教育现状需要幼儿哲学,教师的教学方式需要幼儿哲学教学。

访谈中关于"现在比起一年前向您提问的次数多吗?"一项的提问,9位家长异口同声答"比从前多"。可见,5~6岁幼儿是哲学的天才,更具备做哲学的条件。

关于"您能理解孩子问的问题吗?"一项,只有1位家长回答"能",其余8位家长的回答均在"大多数时候能"和"有时候能"之间。在回答"能"和"大多数时候能"的家长中,多数在回答"在您作答后,孩子会由一个问答牵出很多个问题吗?"一项中,也回答"会",而在上一题中回答"有时候能"的家长回答这道题时多为"偶尔会"。尤其在进一步追问家长"是什么样的问题您不理解呢？您不理解的时候怎么办了呢？"时，家长都表示幼儿的很多问题天马行空，都是些奇思妙想，回答不上来时就会变得很不耐烦了，借口"忙着呢"，让孩子"上一边儿去"。而对于态度相对积极的家长在回答"您认为，您的回答能让孩子满意吗？您能具体举例说说吗？"这一题目时，家长们大多时候自认为是让孩子满意了，而其方法是通过网络查询等方式，终极目标是给孩子"一个标准的答案""让孩子懂得更多的知识"。

如此循环往复，幼儿好奇会追问好几个"为什么"，当幼儿实在得不到积极的回应时，也就不了了之了。幼儿对待好奇的态度极其认真，甚至较真，几乎所有的哲学问题和对这个世界的探求都在他们的思维领域当中。然而通常情况下，成人的模糊性思维、默会性经验不仅满足不了孩子们的求知欲望，甚至会误导孩子的思想方向。不了了之会让孩子失望，被动与消极的态度会让幼儿提问的热情因此日减。父母是孩子的第一任教师，幼儿园教师是孩子的第二任教师，这两者的回应对孩子来说便是真理，所以敷衍、误导更可怕。幼儿，尤其是5～6岁幼儿，好问、会问、多问，思善、思勤、思敏。蒙台梭利在《童年的秘密》中说："儿童不仅作为一种物体的存在，更作为一种精神的存在，它能给人类的改善提供一个强有力的刺激，正是儿童的精神可以决定人类进步的进程，它还能引导人类进入更高形式的一种文明。"海德格尔说"意义是某某东西的可理解性的栖身之所"，研究儿童之问，便是在寻找儿童的生活意义，而"可理解性的栖身之所"就在儿童成长的生活之中。

（四）幼儿哲学得以存在的学理解读

通过对幼儿生活中进行着的种种具有哲学意味思考现象的解读，已得出幼儿哲学存在的现实。然而幼儿初谙世事，何以具备如此能力，其内心的精神世界何以如此丰富多彩？诸多研究者已经从生物学、心理学、人类学等角度做了大量研究。

从冯·贝尔到达尔文到海克尔的"重演律"，生物学界认为人类在发育过程中重现其祖先的主要发育阶段。心理学家和人类学家按照个体与类的一致性研究，认为儿童的精神发生也是对种系精神发生浓缩的扬弃的重演。维柯、黑格尔、马克思都对此持赞同观点，恩格斯曾说："孩童的精神发展是我们动物祖先、至少是比较近的动物祖先的智力发展的一个缩影，只是这个缩影更加简略一些罢了。"霍尔、施太伦、鲍德温、格塞尔、皮亚杰、泰勒、列维—布留尔、弗洛伊德都从各自不同的角度论证并推进了个体与类的生物发生的一致性到个体与类的精神发生的一致性学说。科学哲学家波普尔、生物学哲学家迈尔、哲学人类学家蓝德曼认为，人类的基因编码具有双重性，即人类的DNA编码一部分具有特异性和封闭性，另一部分具有未特化性和开放性。基因的开放性部分需要在与后天环境的相互作用下完成编码，其中特异性编码可以遗传，非特异性编码则不能遗传。[①]

---

① 刘晓东. 个体与类精神发生的一致性：历史线索与理论分析——兼论儿童的成长是对种系发生浓缩的扬弃的重演[J]. 华东师范大学学报（教育科学版），2000，18(4)：14-20，36.

由此人的发展具有生物性和文化性,先天禀赋在文化和精神系统中占根基地位,幼儿哲学的存在也就具备了先天潜能;基因编码的开放性使幼儿精神内部的哲学空间为后天游戏生活、教育环境所激活。①

(五)幼儿思维"神经窗户"打开的脑科学分析

艾莉森·高普尼克在《宝宝也是哲学家:学习与思考的惊奇发现》一书中,从脑科学的角度展示了婴幼儿学习与思考的惊奇发现。大脑的前额叶皮层与"抑制功能"紧密相关,这种抑制有助于停止大脑其他部分的活动,限制并集中经验进行行动和思考。当论及想象和学习时,孩子尚未成熟的前额叶让他们可以超越成人,孩子会呈现出前所未有的新想法。另外,前额叶皮层也是在童年期最为活跃的大脑区域,它不断发生变化,其最终的形态在很大程度上取决于童年的经验。童年时的想象和学习为成人提供了明智的计划和控制行为所需要的信息。有证据表明,较高的智商与晚熟与更具可塑性的大脑额叶相关。在一定程度上,保持思想开放的时间越长,人就越聪明。②

科学研究发现,人脑有 50 种以上具有不同功能的神经递质,它们可以组合成 800 种以上的神经信息。当外界信号刺激大脑启动思维时,脑物质会发生深刻有序的变化,由突触神经纤维传布的兴奋所引起的脑生化电流能在神经元之间形成精确的、抽象的、模糊的、形象的等一系列综合信息的接收、传递、创新的神经回路,人脑也因之而具有观察力、感知力、记忆力、判断力、创造力等综合思维的能力。由此可见,外界有益的信号刺激是触动人脑思维的重要引擎。人脑综合思维网络是由人的思维经纬线联结的。经线代表人的思维方向,纬线代表人的思维印迹,经线愈长而纬线愈增,不同纬线相互衔接就形成人脑综合思维发展的智慧带。美国著名数学家哥德尔、杰出画家艾舍尔和古典音乐大师巴赫三人,曾从各自经历得出关于人类智慧带的相同结论。他们认为,人的认识经历着不断形成怪圈—跳出怪圈—再形成怪圈—再跳出怪圈的无穷过程,每跳出一次,都是对原来思维范围的扩大和思维层次的递进,而一个又一个思维之圈互相衔接就结成了人类思维发展的智慧带。形成智慧带的思维网四通八达,思想以其为载体,可任意做纵向、横向或反向运动。现代科学研究表明,人脑在瞬间接收的信息有一个最高限度,即每秒 25 波特的信息量。假设一个人什么也不会忘记,以这个最高速度在 70 年内每天用 10 个小时往自己的脑子里猛输入各种信息,那么人的一生也仅接受了人脑本应能接受信息的 1%。人脑 99% 的思维潜力无异于潜在的巨大空间,只有朦胧意向境界的张力能使人脑综合思维张力发挥到极限,让人脑信息接受量的"极限"去填补人脑尚待拓展的思维空间。③ 刘晓东在《儿童精神哲学》一书中也通过有关研究表明,儿童脑的发展有其严格的程序性。它的发展基本上是逐渐的与连贯的,但不是等速的与直线的。对 4 岁至 20 岁

---

① 刘晓东.儿童精神哲学[M].南京:南京师范大学出版社,1999:1-9.

② 高普尼克.宝宝也是哲学家:学习与思考的惊奇发现[M].杨彦捷,译.杭州:浙江人民出版社,2014:引言.

③ 汪海东.综合思维方式论[M].北京:人民出版社,1999:14-23.

的众多个体进行脑电检测,发现其间大脑有两次显著加速发展的时期,第一次就是在5～6岁。①

幼儿时期的经历对脑结构的形成有极大影响。脑发育过程中有几个特定时期,分别有利于运动、视物、音乐、语言、情感能力的学习,科学家称之为"神经窗户"。在"窗户"打开期间,脑各部分能迅速建立起"信息高速公路",且毕生受用。运动"窗户"开启的时间为自胎儿期至4周岁止。情感"窗户"开启的时间,约自出生6个月至青春期。音乐和逻辑"窗户"开启的时间,为3岁至10岁。语言"窗户"开启的时间,约自出生后至10岁。日本科研人员的结论是,人脑在3岁以前完成60%的发育,6岁以前完成90%。综合科学家关于"神经窗户"开启时间可以推论,幼儿5岁之前大脑已经发育完成一大半,具备一定的逻辑推理能力,且在5～6岁期间是其"神经窗户"打开,并能近乎全部完成大脑发育的关键时期。②

中国杭州大学,日本大阪教育大学、筑波大学曾联手进行了"中日两国3～7岁幼儿认知能力18类指标的比较研究调查",得出一致结论:中国幼儿分辨数的概念、序列等方面的能力较日本幼儿强,而在运动、组合、容积、空间转换等方面的能力则比日本幼儿弱。由以上脑科学研究可以得出共识,幼儿教育不可忽视"大脑两半球分工差异"和"大脑两半球分工不分家"的科学观点,对幼儿过早进行以数学、拼音、文字类为主的知识性学前教育,而不注重空间转换、形体感知、想象力、创造力的形成,结果使其左脑的智力发展比右脑超前,从而影响幼儿左右脑的均衡发展。③ 目前我国学前教育中,尤其是5～6岁幼儿严重的"小学化"现象,与科学家的研究结论是完全背离的。所以,以游戏为载体,从脑科学角度对5～6岁幼儿实施哲学教学,是极为合理和必要的发展途径。

二、民间传统游戏的哲学教学价值分析

洛克主张成人应采用规劝或讲理的方式与儿童沟通,儿童有能力学会用理智克制欲望,以培养其道德观念。尽管洛克承认儿童还不是完全具备理性,但他认为儿童的心智很可能与成人平等,只不过儿童需逐步获取各种经验和观念,才能学会更好地运用自己的理性能力。或许洛克是基于"毕竟儿童长大成人后,最终要负责的人首先是自己"的忧患意识而考虑。或许是基于现象,卢梭提出,儿童有自身的性情、需要和兴趣,童年正是因为自身的纯真、好奇和非理性才变得美好且关键。不仅不应该以成人为模板亦步亦趋,反而应凭自然的天性令成人汗颜。洛克强调理性,认为儿童要规规矩矩地学习文法、历史和自然哲学;卢梭崇尚自然,认为儿童应投入大自然的怀抱,靠丰富的体验调动起向学的兴趣。基于二者观点的矛盾之处,许怡婷在《儿童哲学是现代的产物》中,从杜威的视角给出了折中的答案。杜威把儿童从洛克的书桌和卢梭的树林里拽回现实,在实践的世界里,将二者的矛盾以实用主义融合并集大成。由于幼儿没有十成的机会参与整个生活世界,所以游戏是实践世界最美好的表现形式。它能够让儿童带着一些特定的难题在

---

① 刘晓东.儿童精神哲学[M].南京:南京师范大学出版社,1999:13.
② 汪海东.综合思维方式论[M].北京:人民出版社,1999:8-10.
③ 同②.

游戏替代的实践世界里,从亲身回应这些问题的过程当中受到真正的教育。杜威一方面带着洛克的希冀,相信儿童本身具有一定的抽象、推理和归纳的能力,只要教材选择和方法得当,儿童就能很好地发展自身逻辑。同时,他又在某些方面回应着卢梭,在《学校与社会》中写道,"儿童变成了太阳,而教育的一切措施则围绕着他们转动""如果我们了解和同情儿童期真正的本能和需要,并且探求它的充分的要求和发展,那么,成人生活的训练、知识和文化,在适当的时候就都会来到"。查阅中外幼儿哲学文献,多以故事性的文本作为幼儿哲学教学的素材,这些前人的成功经验,为后续幼儿哲学研究者提供了大量有价值的参考依据。本研究通过长期在幼儿园工作的经验和作者对自己两个女儿的观察,发现幼儿对游戏的依恋如同孩子与母亲之间的情结,而游戏对幼儿的影响也是伟大而无私的,且游戏中的民间传统游戏较其他游戏而言,更能让幼儿沉醉其中,享受民间传统游戏带给他们的乐趣和启迪、自由度与成就感。

(一)幼儿游戏的存在

幼儿的游戏无处不有,无时不在,正如哲学家谷鲁司将游戏看作人的本能。幼儿,只要成人没有严格的约束,那么,除了睡觉时间,孩子几乎一直在游戏。或者说,幼儿即便按照成人的要求在做事,也是游戏地做着。比如吃饭,如果孩子自己不吃,那么大人喂,那是孩子为了不让吃饭影响自己的游戏。如果她决定自己吃,那么一定是她觉得自己吃很好玩儿,或者觉得大人对她的夸奖很好玩儿;孩子在地上打滚儿,大人们嫌脏强行制止,但孩子其实是在体验美人鱼的自由。幼儿在游戏中获得快乐,在游戏中增长本事。皮亚杰认为,游戏的主要副产品之一就是愉快或纯粹的乐趣。在游戏中,孩子并非为了追求游戏的结果,而是为了在游戏过程中使自己的认知、情感、动作等方面得到充分地、自由地发挥,不受现实的、成人的约束,从而获得兴趣、需要以及情感上的满足。① 幼儿可以自发地游戏,也可以有组织地游戏。幼儿可以一个人游戏,也可以和同伴、家人,甚至与陌生人游戏。幼儿明知游戏是假的,却依旧以最严肃的心态对待。显然,幼儿就是游戏的存在。然而,幼儿一旦进入到成人所规定的学习范畴中,就被强制而残忍地脱离游戏。其实所有的教育行为都可以尝试以游戏的方式进行,这才是对幼儿最大的尊重,教育者也会收到意想不到的成效。

(二)游戏体验的思维触发机制

荣格在自传中描述自己回忆童年游戏的感受:"这些东西仍然具有生命力呢。那个小孩仍然就在不远处并具有我所缺乏的一种富于创造性的生命。不过我怎样才能找到通向这种创造力的路呢?"后来的荣格每天都抽时间像孩子一样游戏,以至"我的思想变得清楚了""我正走在发现我自己的神话的路上"。② 儿时的游戏让每一个人在快乐中成长、成人,潜移默化中成为诗人精神世界的地基,成为成人面对、认知内外纷繁世界的勇气与信念支撑。游戏,无论是孩子抑或是成人,只要你如儿时一般加入到游戏的行列中来,便是开启了探触深层精神蕴藏的大门。

---

① 杨一帆.浅析皮亚杰认知发展游戏理论[J].科技经济导刊,2016(32):116-117.
② 刘晓东.童年研究:"根"的探寻[J].中国儿童文化,2005(00):1-7.

1. 以身体为准绳的思维

民间传统游戏是以身体参与为突出优势的游戏,幼儿生活是以游戏为基础的身体生活。在民间传统游戏中,有的是以大肌肉群参与的,有的是以小肌肉群参与的,使幼儿在手眼协调、体智能力等多方面得到发展,不像现代游戏多以桌面静态的智力游戏居多。尼采在《权力意志》中说:"要以身体为准绳……因为身体乃是比陈旧的'灵魂'更令人惊异的思想。"法国哲学家莫里斯·梅洛·庞蒂认为身体同时是理解的起源和中心,是人类与其工具建立关系的基础。并在《知觉现象学》中定义身体为:"身体始终和我们在一起,因为我们就是身体。应该用同样的方式唤起向我们呈现的世界的体验,因为通过我们的身体在世界上存在,因为用我们的身体感知世界。"① 民间传统游戏能够充分调动幼儿的各种感官,使幼儿在与同伴的游戏互动中动口、动手、动脚、动脑。一般而言,人脑物质在外界信号刺激下,思维能量以某种"生物能"运动的方式,进入被激活的工作状态。而由思维能量运动所决定的人脑中枢神经细胞之间的信息传递现象绝非脑物质所独有,遍布人体周身的神经系统网络包括脑神经、动物性神经、植物性神经以及经络系统等同样可以接受、感知并同步向大脑传递信息。美国人类学家爱德华·霍尔研究发现,在各种不同的距离范围内,人们不仅用语言,而且用触觉、嗅觉、躯体感应交流信息。② 可以想见,幼儿在游戏学习共同体中,通过各种感官的交互作用与思维能量、运动能量的相互转换,意识中的原动力即幼儿游戏的现实兴趣持久不衰、乐此不疲。这一过程便为幼儿进行哲学思考提供了潜在兴趣,成为接下来进行幼儿哲学教学活动的思维触发点。

2. 模仿作为思维萌发的温床

根据谷鲁司的"内模仿说",幼儿游戏中充斥着模仿与想象。如在老鹰捉小鸡游戏中,幼儿张开双臂扇动翅膀扮作老鹰,同时嘴里又发出相应凶狠的叫声。通过这种模仿,幼儿扩展了自己的内心体验:他明白了老鹰是以什么样的情态吃掉小鸡的;他感受到了动物本能的某种力量和使用自己能量的能力;他理解了动物本性的神奇。将自己扮为一只老鹰的模仿行为,正是孩子游戏的模仿性体验,他用自己的力量征服了小鸡。就在孩子的身体成为老鹰的那一刻,孩子以一种机械的基本形式和人类身体的机械特征认识到自己。同时也体验到,自己的身体可以作为一种表达和表现的工具,而且能体会到为了一定目标如何使用自己的身体,从而获得一定的社会认知。这种模仿过程伴随着对符号的解释,与此同时,语言和思维也在其中得到了发展。③ 它是人的类本能,是人类探索未知、寻求理解和文化繁衍的关键认识能力和行为方式。模仿不纯粹是一种动作的重复或形式的复制,它也是一种意愿的表达和情感的表现、宣泄,还是一种通过外在接触以实现自我的理解和创造的方式。作为一种本能活动,模仿是人们在与事物的接触过程中,自然而然萌生的,继而自我表现的,在相似与差异之间交互关照,在换位思考、角色扮演、价值审思中发现自我和认识世界的方式。与此同时,这种游戏体验总是能够在有意无意

---

① 朱自强.童年的身体生态哲学初探:对童年生态危机的思考之二[J].中国儿童文化,2005(00):8-20.
② 汪海东.综合思维方式论[M].北京:人民出版社,1999:138-142.
③ 武尔夫.教育人类学[M].张志坤,译.北京:教育科学出版社,2009:94.

间点燃思维的导火索,因为游戏创造了适度紧张或适度松弛的场。这种张中有弛、弛中有张,一张一弛,正是思维灵感萌发的温床。有助于凝聚思维力,进行深度的分析、整理与贯通。

(三)民间传统游戏的教育优势

儿童游戏是对进化史上人类种种活动形式的复演。如黑格尔所讲,成人的知识在经过无数代的沉积后会沉降为儿童的知识、儿童的游戏。刘晓东认为,进化过程中能最终保留在个体生物学层面(基因)的人类精神,肯定是最有利于种族生存与发展的,最灿烂、最有价值的合规律性和目的性的精神文化,所以儿童携带着的这部分潜能在现实文化的冲击下,表现出神奇的美、巨大的创造性和无尽的可塑性。真正的创造都是基于文化史基础上的创造,都是冯友兰之所谓"接着讲",都会汇入真理的长河,也会汇入生命的长河。黑格尔所谓"沉降"乃是"萃取与提升",并不断修炼成为代代更生的肉身,进入真理的境界,文化创造与生命进化皆是如此。① 民间传统游戏有着悠久的传承经历,是一代又一代中华儿女成长的见证。民间传统游戏中所凭借的道具,不似现代社会的玩具那么花哨、精巧,却简便易操作、绿色环保。游戏赖以组织和开展的玩法,来源于世世代代劳动人民对生活实践的不断改编和加工。游戏中所运用的道具也是来自人们的生活,质朴、随意,同时又赋予孩子们以无限的民族认同、文化传承、想象创造的空间。哲学无论是以高雅、深邃的面孔示人,还是以极具亲和力的表情与人沟通,它的基本格调确起源于人类的物质与精神生活实践活动。民间传统游戏的教育价值、文化品位、哲学内涵、野趣味道都不知不觉地隐含在游戏过程中,较少有明确的功利性,其育人指向也是全方位的。清代蒙师崔学古在儿童教育古籍《幼训》中撰写道:"愿为父师者,教子弟,只费自己口舌之烦,讲贯之详,督课之勤,兼以自己持身之庄,出话之正,子弟见之,自然知悚,断不在恐吓责扑间也。""毫不放空,亦不逼迫,优而游之,使自得之。自然慧性日开,生机日活。""在六七岁时,不问知愚,皆当用好言劝谕,使知读书之高,勤于教导,使不惮读书之苦,若徒事呵斥而扑责,不惟无益,且有损也。"② 如幼儿在"丢手绢"的等待中学会自控;在"老鹰捉小鸡"的角色替换中懂得责任;在"编花篮"中建立集体观念;在"跳房子"中体验对立面的监督;在"弹溜溜"中设计步步为营。在传统游戏规则中,经常会有一个或几个孩子被选出来,选择往往以石头、剪刀、布或手心、手背的方式,被选出来和没被选出来的孩子都需要凭努力获得替换角色、从单枪匹马到回归集体的机会。幼儿在游戏过程中了解生活、学会适应集体、懂得行为规范、建立自己崇尚与摒弃的社会价值观。所以,本研究选取民间传统游戏作为幼儿哲学教学的媒介与素材,为充分考虑其研究的信度与效度,选取了民族传统游戏中比较有代表性的含有个人游戏与团体游戏、娱乐性游戏与竞技性游戏的16个民间传统游戏。

(四)游戏作为哲学探究的价值

苏格拉底用生命诏示人们:自由的生命比自然的生命更可贵。怀着对自由的美好向

---

① 刘晓东.童年研究:"根"的探寻[J].中国儿童文化,2005(00):1-7.
② 王晫,张潮.檀几丛书[M].上海:上海古籍出版社,1992:245.

往,柏拉图告诫世人:每个男人和女人都应该相应地过生活,都应进行最高尚的游戏并禀有与他们目前不同的另一种精神……生活必须作为游戏来过,玩游戏,唱歌跳舞。亚里士多德同样对游戏一往情深,他认为休闲也就是游戏,是一切事物的中心,是哲学艺术和科学诞生的基本条件之一。

1. 游戏的精神之美

康德在《纯粹理性批判》中提出三个命题:我可以认识什么?我应该做什么?我可以希望什么?二十年后,康德又提出了前三个问题最根本性的追问:人是什么?由此康德对第一个问题的回答:人是有限的存在,可以认识现象界,但永不可能认识真正的"物自体"。第二个问题,康德的回答是:人应该做道的倾听者,做德的承担者。那么在这纯粹理性与实践理性之间何以连接?在其《判断力批判》中康德认为:"在审美的游戏中连接。只有在审美游戏中,人才能站在他者的立场思考,才能实现道德的完善,人也因此获得真正的自由和解放。"① 海德格尔最喜欢荷尔德林,因为诗人的"游戏"最能领悟生活的真谛。他认为,生存作为存在方式,本身就是有限性,而作为有限性,它只有基于存在领悟才是可能的。而这种领悟形成的策略就是走入"天地人神四方"的审美游戏。胡伊青加认为,游戏中有某种超出了直接生活需要并将意义赋予的东西在运作,一切游戏都意指着这种东西。然"这种东西"无异于是游戏所带来的精神之美。正如马克思所言,美既是"物的尺度"又是"人的尺度",只有美最真,"人也按照美的规律来塑造"。席勒告诉人们:只有当人在充分意义上是人的时候,他才游戏;只有当人游戏的时候,他才是完整的人。如庄子的《逍遥游》为人们提供了实现最美好精神境界的办法,孔子也说"游于艺","成于乐",文化生成与人类生存的最好状态就是游戏。② 最喜且最善于游戏的儿童,内在于身心那种无限牵引的力量,会同儿童最真且最善的尺度或许就是人最高意义上的美。

2. 游戏的顿悟之"箭"

幼儿游戏的痴迷与忘我、自由与自信,就好像美国心理学家詹姆斯·希尔曼所述:"似乎迟早会有某个东西把我们召唤到一条独特的道路上。你可能会把这个'某个东西'记作童年的一个标志性时刻,在那一时刻,一股莫名的冲动、一种迷恋,或事态发展的独特转变,就像一种号召一样震响在你耳畔:这就是我必须做的,这就是我必须拥有的,这就是'我'。"③顿悟,是人脑所能达到的一种自由思维态。作为人的一种思维现象,它能够让人对事物的认识透辟明彻,抓住本质结论,令人心旷神怡、豁然开朗。对于幼儿而言,其对生活最朴素、最丰富的经验来源于幼儿本身的游戏。而在游戏中建立的丰富又持久的经验是顿悟产生的根基,游戏活动的自由空间与形式也是顿悟生成的有利条件。在促成人的综合性思维能力形态趋于完备的同时,使人的智慧爆发能量随时处于"箭在弦上""引弓待发"的状态,一旦有准备的头脑被所需要思考的问题所触动时,其智慧爆发力就会以顿悟的形式自然迸发出来,这无疑是哲学探究最令人兴奋的状态之一。④

---

① 周文杰. 游戏:作为哲学研究的阿基米德点[J]. 学术研究,2011,(7):32-37.
② 同①.
③ 朱自强. 童年的身体生态哲学初探:对童年生态危机的思考之二[J]. 中国儿童文化,2005(00):8-2).
④ 汪海东. 综合思维方式论[M]. 北京:人民出版社,1999:71-73.

(五)几个民间传统游戏的哲学意涵

本研究中的幼儿哲学,实质上是教育学意义上的幼儿哲学教学,幼儿哲学教学的目标并不仅仅是思维训练,即思考技能目标。如果幼儿哲学教学仅仅是要训练幼儿的思维,那么幼儿园的健康、科学、艺术、语言、社会五大领域课程等都可以叫作"哲学课"。哲学课,必须具有实质性的哲学意涵,比如,"我从哪里来?""天上的云彩为什么掉不下来?""英雄是什么?""人为什么要上学?"等等,这些问题基本都是哲学教科书的经典议题。幼儿虽年纪尚小,却是天才哲学家,他们最喜爱的生活学习方式无外乎游戏。因此,幼儿哲学课的任务应该是,以幼儿最乐于接受的游戏方式,与幼儿探讨最具有哲学意涵的话题,开启其哲学思想启蒙的大门,进而促进幼儿各方面能力的发展。民间传统游戏因其与生俱来的文化底蕴与经验积累,自带镶嵌着丰富哲学价值的光环,可成为幼儿哲学教学的可贵哲学意涵来源。

1. 老鹰捉小鸡

(1)起源与玩法。

①起源。

旧日,乡民们大都养鸡。而鸡的繁殖,又大都靠家中的老母鸡抱窝孵化。阳春三月,村头巷尾,一只只老母鸡踱着方步,咕咕咕领着一群群小鸡游逛觅食,往往为整个村庄平添了无穷的生机和乐趣。然而,看似闲庭信步的老母鸡,其肩上的担子并不轻松。它除了要教会小鸡觅食外,还须时时防范天敌对自己儿女的侵袭。小鸡的天敌,除一些调教不到位的家猫外,主要有两个。大白天,是老鹰,它常在空中盘旋,一有机会,便俯冲下来,扑向鸡群,迅速抓起一只小鸡冲天而去。一旦空中出现老鹰,机警的老母鸡便会发出惊恐的咕咕声,小鸡们闻声便迅速围拢过来,钻到老母鸡翅膀下躲避。"老鹰捉小鸡"的游戏和名称,大约由此而来。而到夜晚,小鸡最大的敌人是黄鼬。由于这种动物体形像鼠,而乡民又认为它如狼般狡猾狠毒,故而也叫它黄鼠狼。它喜食老鼠、小鸟,也喜偷食小鸡。由于它昼伏夜出,而鸡一到夜间则视力极弱并要进窝睡眠,如果鸡窝不严实,黄鼠狼往往乘虚而入,这时的老母鸡则毫无防范能力。人一旦睡梦中听见老母鸡的惊叫而披衣下炕,已经晚了。由于对这种动物的厌恶,加上它有点神秘,晋源一带的乡民便将这种动物叫作"黄妖"。当夜间听到老母鸡的惊叫时,第一反应便是"有黄妖"。这个游戏便有了另一个名称"黄妖吃鸡"。①

②玩法。

这个游戏,无论男孩女孩都可以玩,少则五六人,多则十几人,甚至一个班的孩子都可以参与进来。玩时,先确定一个灵活的孩子扮老鹰,再选一个稍大点儿有力气的孩子来扮老母鸡。在幼儿园玩时,往往就由教师当老母鸡。小鸡要一个拽一个的后衣襟,排在老母鸡身后一长串。游戏的规则是,扮老鹰的孩子要突破老母鸡的防线,冲进小鸡群中,并成功地将其中一只抓住,使其从队列中分离出来。被抓的小鸡则来扮演老鹰,游戏

---

① 郝妙海.老鹰捉小鸡,几代人共同的童年游戏[EB/OL].(2017-03-25)[2024-05-07]. https://www.sohu.com/a/130319341_197494.

重新开始。

(2)哲学意涵分析。

新时代的孩子有些缺乏责任意识,他们在"衣来伸手,饭来张口"的环境中长大。大人们等孩子真的长大了一些,就无法容忍孩子再继续"衣来伸手,饭来张口",进而告诉孩子:自己的事情要自己做。当大人要求孩子参与家庭劳动时,让孩子去做,孩子也回一句:自己的事情要自己做。在孩子看来,这不是自己的事情,而是大人的事情。新儒家代表徐复观曾指出:"只有自己担当起问题的责任时,才有忧患意识。"孔子在面对春秋那个礼崩乐坏的时代时就认为"德之不修,学之不讲,闻义不能徙,不善不能改,是吾忧也。"(《论语·述而》)老鹰捉小鸡游戏中,老母鸡有保护孩子的责任,鸡群也有配合作战的责任。孩子作为社会人,在游戏中体验社会角色,在社会角色中担当、有责,培养家国情怀,树立民族责任意识,从小立志,长大做一个对社会有用的人。

哲学探究的主题:责任、时机、随机应变、应时而动。

2. 过家家

(1)起源与玩法。

①起源。

过家家是一种儿童模仿成年人的角色扮演游戏,其产生年代久远。游戏的方式和称呼由于时代和地区不同有较大的差异,但其实质都是模仿现实生活中成人日常家庭活动的场景,如做饭、照顾孩子、结婚等。我国台湾小孩称这种游戏为"扮家家酒",其扮演的内容略有不同。除模仿家庭场景外,还会模仿邮局、医院、餐厅等,彼此互动,或进行一个虚构的故事。

②玩法。

参与人数两人以上。玩过家家时,几名幼儿分别扮演爸爸、妈妈、爷爷、奶奶等。游戏的方式主要是模仿大人过日子,如做饭、洗衣服、买菜等。游戏的道具大多都是用方便找到的一些东西来代替,比如大人们不用的破布片、孩子手里的布娃娃、路边的花花草草等。

(2)哲学意涵分析。

小时候会"过家家",长大了或许就更懂得恋爱的意义,更爱惜家的珍贵。现代都市生活中邻里关系普遍漠然,家庭文化色彩渐趋黯然,人类不能在实现个人独立意识觉醒的同时以共同体利益的损失为代价。修身、齐家、治国、平天下,微言大义,"小把戏"中有"大智慧",幼儿教育价值具有自身的滞后性,越是如此越要做好扎根教育,以小家建大家,从小培养民族大家庭的自豪感,树立民族自信心,长大才能自觉维护、传承社会主义核心价值观。

哲学探究的主题:家、家族、邻里、和谐。

3. 翻绳

(1)起源与玩法。

①起源。

翻绳是流行于中国民间20世纪60—80年代的传统游戏。在中国不同的地域有不同的称法,如线翻花、翻花鼓、挑绷绷、解股等等。这是一种利用绳子玩的游戏,只需灵巧的手指,就可翻转出许多的花样。

②玩法。

可以一个人玩,也可以两个人玩。用一根绳子结成绳套,一人以手指编成一种花样,另一人用手指接过来,翻成另一种花样。通过手指灵活地支撑、勾、挑、翻、收、放等动作,相互交替编翻,直到一方不能再编翻下去为止。

(2)哲学意涵分析。

翻绳是一种来自"手上的智慧"。所谓"心灵手巧",蕴藏着从观察到思维、从认识到操作、从想象到创造等多重教育契机。一根绳子在变换的过程中有如纵横交错的道路、有如当今社会的互联网。老子道德经上说:"穷则变,变则通,通则久。""条条大路通罗马",做成一件事的方法不止一种,人生的路也不止一条。

哲学探究的主题:变通。

4. 啪唧

(1)起源与玩法。

①起源。

东北儿童古老的玩具。在东北土语里读作"pià ji",据说是满语的译音。"啪唧"即带有各种图案的一种小圆纸片。

②玩法。

两人或多人游戏,一种玩法是用自己的啪唧扇打对方的啪唧,打翻过来为胜。另一种玩法是双方在课桌上,将手拍在对方啪唧旁边,用气流把啪唧扇过来。后来其娱乐方式有很多变异,有甩击,有拍击,有磕打,有用嘴吹,有单张玩,有成摞玩,等等,不一而足。

(2)哲学意涵分析。

人往往本能地想要摆脱束缚与义务,喜欢自由自在的生活。卢梭说:"人是生而自由的,却无所不在枷锁之中。"难道轻就快乐、重就悲惨吗?生命既有其不能承受之重,亦有其不能承受之轻。叠啪唧、扇啪唧的过程也是一个把握轻与重的过程。

哲学探究的主题:轻与重。

5. 网鱼

(1)起源与玩法。

10~20人,指定两个小朋友当"渔网",他俩到一边各自悄悄地定下名字,一个叫"大海",一个叫"大河"。他们的名字要对"鱼"保密。其余的小朋友当"鱼"。听到开始的信号后,当"渔网"的小朋友互相把手架起来,让"鱼"排成纵队,按顺序从"渔网"下穿过,同时当"渔网"的小朋友还要说歌谣:"一网不捞鱼,二网不捞鱼,三网捞一条小尾巴,小尾巴,小尾巴……鱼。""小尾巴"三字可以任意重复。当说完最后一个"鱼"字时,当"渔网"的小朋友就扣住一条"鱼",并把他拉到一边悄悄地问:"去大海还是去大河?"如果他回答"去大海",就让他站到叫"大海"的小朋友的后面;如果他回答"去大河",就让他站到叫"大河"的小朋友后面。然后,游戏继续进行。最后看哪一边人多。

(2)哲学意涵分析。

人总是想要织更大的网,捕更多的鱼,就像渔网的故事。有一个渔夫贪图省事,织的网只有一张桌子那么大,他出海一天也没有捕到一条鱼,垂头丧气地回到了家。邻居对他说:"你织的网实在太小了,哪能捕得到鱼?还是把网织得大一点儿再出海捕鱼吧!"渔夫听了邻居的话,就认真地在家织网,几天下来,把网织得和邻居的网一样大。渔夫带着他的大网出海捕鱼,一天下来,捕到了许多鱼,他唱着歌,高高兴兴地回了家。渔夫想,看来,捕鱼多少的关键是网的大小,如果我把网织得更大,那捕到的鱼一定还要更多。渔夫不再出海捕鱼,一天接一天在家织网,几天下来,他把原来就很大的网又扩大了几倍。巨网织好后,渔夫就带着它出海捕鱼去了,他花了好大的工夫才把巨网撒入大海。渔夫想,这一网收起来,鱼一定可以装满一船,想着想着,他乐得出了声。渔夫准备收网了,一拉网,觉得好沉好沉,拉了半天也拉不上来。网中确实有许多鱼,鱼儿们拼命地向大海深处游去,把渔夫的小船也拉得翻了身。渔夫这才知道,网并非越大越好,贪得无厌,往往会得到相反的结果。表面上看是网大——外因的作用,其实主要是内因——贪心的缘故。外因是事物变化发展的条件,内因是事物发展的根本,外因通过内因起作用。

哲学探究的主题:贪心、控欲。

6. 捉迷藏

(1)起源与玩法。

过去,农村小朋友常玩一种蒙瞎的游戏。大多在晚饭后,孩子们聚集在街上,将其中一人的双眼蒙起来,由他去摸别人,摸住谁谁就替下自己。其他伙伴在附近,在被蒙者的前后左右你拍一下,我捅一下,故意挑逗、招惹他。性子急的被蒙者,往往东一把、西一把,乱抓一气,结果是次次扑空,自己累了一身汗,老半天也抓不着人。而爱动脑筋的被蒙者有时假装往前摸,忽然回头去捉,往往能抓住人。这就是兵书上说的声东击西或者叫欲擒故纵法。有的被蒙者不动声色,默默静听,哪个方向没有动静就扑向那一方,也往往会奏效。因为要前来招惹他的人往往是悄悄地行动,这种心理被他猜到了。还有的被蒙者故意做出一些逗乐的动作,引起孩子们的哄笑,然后选准笑得最厉害的方向扑过去,还没等大笑者反应过来他就被捉住了。正如兵书里讲的事先麻痹对方,然后出其不意,攻其不备。

(2)哲学意涵分析。

若想要捉住他,却先去放纵他。你想攻打西方,却在东方故作姿态。这正是哲学中的矛盾能够在一定条件下转化的原理。有一天,四个盲人坐在树下乘凉。有个赶象的人走过来,大声喊着:"象来了,让开点!"其中一个盲人便提议说:"象是什么样子的呢?咱们来摸一摸好吗?"另外三个人齐声说:"好,摸一摸就知道了。"一个盲人摸了摸象的身子,就说:"我知道了,象就像一堵墙。"第二个盲人摸着象的牙,说道:"象和又圆又滑的棍子一样。"第三个盲人摸着象的腿,就反驳他们说:"你们俩说得都不对,象跟柱子差不多。"第四个盲人摸着象的尾巴,大声叫起来:"你们都错了!象和粗绳子一模一样。"四个盲人你争我辩,都认为自己说得对,谁也不服谁。告诫人们不能只看到事物的一部分是《盲人摸象》本身的寓意,同时也为发现幼儿自我意识教育价值提供了有益参考。加拿大现象学教育家马克斯·范梅南认为,在捉迷藏时看不到对方,对幼儿来说是一种令人激动的经历。此游戏能教给孩子们身份和身体之间关系的某些方面,孩子在游戏中能进一步探索身份和身体的关系,对幼儿的自我感、责任感、自主性以及人际关系亲密性的形成具有重要影响。①

哲学探究的主题：声东击西、以点代面、以偏概全。

7. 打马球

(1) 起源与玩法。

①起源。

打马球，也是端午之戏之一。击鞠亦即打马球，也是北方端午节的主要娱乐活动之一。相传，唐玄宗李隆基便是这项运动的爱好者。三国曹植《名都篇》中有"连翩击鞠壤"之句。唐代长安，有宽大的球场，玄宗、敬宗等皇帝均喜马球。章怀太子墓中《马球图》，画出了唐代马球的兴盛：画上，二十多匹骏马飞驰，马尾扎结起来，打球者头戴幞巾，足蹬长靴，手持球杖逐球相击。《析津志》记录辽国把打马球作为节日的传统风俗，于端午、重九击球。《金史·礼志》也记载了金人于端午击球的事。宋代有"打球乐"舞队。至明代，马球仍流行。《续文献通考·乐考》记载明成祖曾数次往东苑击球、射柳。明《宣宗行乐图》长卷中绘有宣宗赏马球之场面。当时的官员王直写的端午日观打球的诗："玉勒千金马，雕文七宝球。鞚飞惊电掣，伏奋觉星流。炎页过成三捷，欢传第一筹。庆云随逸足，缭绕殿东头。"

②玩法。

马球，是骑在马上持棍打球，古称击鞠，球小如拳，以草原、旷野为场地。游戏者乘马分两队，手持球杖，共击一球，以打入对方球门为胜。

(2) 哲学意涵分析。

独生子女一代有些特立独行，不会合作，不懂分享。目前一些人中流行"丛林哲学"的价值观，即所谓弱肉强食，优胜劣汰。为了达到个人目的，可以不择手段，这无疑是极不可取的。要知道，竞争以不伤害别人为前提，以共同提高为原则。竞争不排斥合作，良好的合作促进竞争，尤其在竞争中不能伤害别人。

哲学探究的主题：竞争与合作。

8. 欻嘎拉哈

(1) 起源与玩法。

①起源。

在东北农村，每当过年杀猪时，大人就会把后腿关节部位的那块骨头保留下来，再用旧布缝出一个小口袋，里面装上粮食，使布袋有重量。游戏时，先把小口袋抛向空中后，迅速把炕上的嘎拉哈改变方向，然后利落地接住掉下来的口袋。这样循环往复，直到炕上所有的嘎拉哈都翻成四个方向为止。相传嘎拉哈和金代的完颜宗弼有关。完颜宗弼少年时，父母让他进山打猎。克服重重困难后，他终于取下四种最凶猛的野兽的髌骨。从此，完颜宗弼的勇敢和强悍便成为当地的佳话。女真人为了让后代像完颜宗弼那样勇敢，便让孩子们抓玩野兽髌骨"嘎拉哈"。欻嘎拉哈（又称骨子儿）中，欻（chuā）本是象声

---

① 加拿大现象学教育家马克斯·范梅南在《儿童的秘密：秘密、隐私和自我的重新认识》中高度赞扬捉迷藏游戏对儿童发展的作用.引自王晓芬."捉迷藏"哪里去了：从社会学视角看民间儿童游戏的衰落[J].教育导刊(幼儿教育),2006(9):11-13.

词,如"欻地一下子"。在通辽的口语中它变成了动词。这"欻"反映了通辽的孩子极快地把嘎拉哈撒开的声音和动作,而且非常准确。因为,玩嘎拉哈这种游戏,就是要一次次"欻"地把其撒开,才能玩成。所以,"欻"字极妙地描绘出嘎拉哈是用怎样的动作来玩的。

②玩法。

欻嘎拉哈的规则有"大前进"和"小前进",大前进严格正规,小前进松散活泼。在规模上也不同,有的是越多越好,有多少放多少,不记分,抓起后不放回就算自己赢的,以赢得多少为标准。小规模的只用四个,抓起来要记分。一般都是玩小规模的,因为小规模的占地小,技术要相对高。记分各地也不同,一般到100分就得"搬针儿"了。"搬针儿"就是要把四个嘎拉哈的四面翻一遍最后把四个一面的全都抓在手上就算一个回合。欻嘎拉哈中难度最大的是抓四样。所谓抓四样,即四个嘎拉哈中坑儿、背儿、珍儿、轮儿各有一枚。因为四个不同位置的嘎拉哈很难在一起,在沙包抛起的一瞬间,要从不同位置上分别抓完四样嘎拉哈而又不准碰动其他嘎拉哈,难度相当大。

(2)哲学意涵分析。

孩子小时,大人们经常会问:"你长大了想当什么呀?"孩子们往往会回答"科学家、宇航员、画家、舞蹈家、歌唱家、警察"等等,这无疑都是孩子们心中的英雄形象。可是成长过程中,面对人生的考验,孩子会不会觉得自己成不了心目中的大英雄而萌生挫败感?如何理解英雄是幼儿从小立志的参照。

哲学探究的主题:英雄、勇敢。

9. 射柳

(1)起源与玩法。

①起源。

射柳是北方人民的端午节庆游戏。据说,这项竞技活动在辽时便已出现,一直延续至清末。《金史·礼志》:"金因辽俗,重五日插柳去地约数寸,削其皮而白之。先以一人驰马前导,后驰马以无羽横簇箭射之。既断柳,又以手接而弛去者为上。断而不能接去者次之。每射必发鼓以助其气。"

②玩法。

驰马射柳在端午节清晨举行,先将柳树干中上部削去青皮一段,使之露白,作为靶心。然后参赛者依次驰马拈弓射削白处。射断柳干后驰马接断柳在手者为优胜。至明代,是把鸟雀装入葫芦中射之。

(2)哲学意涵分析。

著名的"皮格马利翁效应"提醒人们,要重视孩子的自尊心和自信心。而很多教育者、家长过度放大这种期望效应,一味地表扬往往会让孩子的受挫能力下降,一旦稍遇困难,心理堤坝就面临崩塌。还有一种情况是,有的孩子接受的批评多了承受不了,就"破罐子破摔",好比射断柳干,钉多木烂。有一个人钉木板,先钉了一个钉,发现木板摇晃得厉害,于是又钉了一个钉,接着发现木板虽有摇晃但已经不明显了,后来他一口气钉了很多钉,当他去摇木板的时候,这块木板却散了。哲学教育应该让孩子学会像射柳游戏中的"弓"一样有韧性又有弹性地生活。

哲学探究的主题:钉多木烂、量变与质变。

10. 丢手绢

（1）起源与玩法。

①起源。

丢手绢，又叫丢手帕。丢手绢起源于公元1243年左右，由黎族人民所创，后来由黄道婆带到了上海，并很快传到中原地区。手绢也叫手帕，是随身携带的方形小块织物，用来擦汗或擦鼻涕等，由头巾演化而来，现在正被纸巾替代。20世纪七八十年代，手绢是每个少年的必备品。在孩子的袖口或者肩上，母亲总会别一块手绢，粗布做的，方方的。晚上，母亲会把它洗得干干净净，第二天起床时再别上。长大一些，手绢就从袖口和肩上转移到衣兜里，手绢也由自己来洗。一方小小手绢，像是时光和记忆送给一代人的小小仓库，珍藏着所有的欢乐。

②玩法。

传统玩法：开始前，大家利用"石头剪刀布"或其他的方法推选出一个丢手绢的小朋友，其余的人围成一个大圆圈蹲下。游戏开始，大家一起唱起《丢手绢》歌谣，被推选为丢手绢的人沿着圆圈外行走或跑步。在歌谣唱完之前，丢手绢的人要不知不觉地将手绢丢在其中一人的身后。被丢了手绢的人要迅速发现自己身后的手绢，然后迅速起身追逐丢手绢的人，丢手绢的人沿着圆圈奔跑，跑到被丢手绢人的位置时蹲下，如被抓住，则要表演一个节目，可表演跳舞、讲故事等。如果被丢手绢的人在歌谣唱完后仍未发现身后的手绢，而让丢手绢的人转了一圈后抓住，就要做下一轮丢手绢的人，他的位置则由刚才丢手绢的人代替。因此游戏是大家围成圆圈进行的，所以丢手绢的人和被丢手绢的人跑动时圈数不能太多，防止因跑动圈数太多而头晕跌倒。

创新玩法：在传统玩法基础上发展和创新的一种玩法。即请大家念儿歌，两个小朋友拿不同颜色的手绢一起丢。在以往的游戏中，都是单人单圈坐，为增加游戏的趣味性，可以双人双圈、三人三圈……游戏的过程中，有一些孩子往往只把手绢丢给自己的好友，这就会带来不和谐的因素，造成小朋友之间的不团结。多圈组合既增加了游戏的难度，又给小孩子提供了更多的游戏机会。

（2）哲学意涵分析。

从前中国的父母面对孩子的失败，有一部分人是以简单、粗暴的讽刺与挖苦来伤害孩子。如今大多数父母，面对孩子的失败往往能够理解、心疼孩子的苦处，以"虽然你失败了，但你努力了就好"来抚慰孩子。但从另一个层面理解，似乎也在告诫孩子"你的水平如此，努力也不过如此，只是不再逼迫你而已"。容易导致孩子失去兴趣，消尽动力。然而，事物是运动的，事物的内在矛盾、对立面的统一和斗争的辩证运动的结果是：向自己的对立面转化。被统治者转化为统治者，劣势转化为优势，失败转化为成功，困难转化为动力，黑暗转化为光明，谬误转化为真理，战争转化为和平，退却转化为前进，如此等等。① 丢手绢游戏，尤其是两组同时进行时所呈现的"你追我赶"现象，正是矛盾双方态势转化的体现。

---

① 韩树英.通俗哲学[M].3版.北京：中国青年出版社，2011：85-86.

哲学探究的主题：矛盾转化。

三、基于民间传统游戏的幼儿哲学教学目标

教学本身是科学性的，也是艺术性的。教学的科学性，是指教学必然要遵从幼儿的身心发展规律与特点，而艺术性体现在其目标、形式、效果的不确定性。这点对于幼儿哲学教学来说，显得尤为突出。尽管国内外的学者对儿童哲学的教学目标进行了诸多论述，但很难量化与细化的问题依然存在。多数是生成性的目标和表现性的目标，无法进行清晰、精确的界定。因此，本研究的教学目标，以李普曼思考技能目标为基础，在综合分析其他国内外学者的儿童哲学教学目标背景下，结合《幼儿园教育指导纲要（试行）》《3~6岁儿童学习与发展指南》目标，从以下几个维度对5~6岁幼儿哲学教学目标进行了划分，并作为本研究具体实施的指导性目标。它是一种发展性评估目标。

（一）思考能力目标

1. 思考能力

思考能力是指幼儿在亲身经验的基础上有效的、灵活的、积极的思维探索能力。包括逻辑推理能力、批判思考能力、创新思考能力、关怀思考能力、形象思考能力、人本思考能力。

2. 具体目标

（1）逻辑推理能力。

理解概念的内涵；

明白概念之间的关系，如兼容与不兼容的关系；

能够区分概念的不同种类，了解划分的方法与规则；

能够将概念具体化；

具有利用线索进行鉴定的意识；

初步运用模拟推理，理解内涵并有意识应用到日常生活中；

初步运用三段论进行推理，如小孩子都爱看动画片，我是小孩子，所以我爱看动画片；

初步运用假言推理，如以"只有"起首的假言推理；

初步运用关系推理，如手段与目的的关系、部分与整体的关系、因果关系等；

初步意识到自身违反同一律的谬误；

初步意识到自身违反矛盾律的谬误；

初步意识到自身违反排中律的谬误；

初步意识到自身违反充足理由律的谬误；

能够做到言语的一致、言行一致、行为一致；

能够识别意义模糊的字词；

有意识避免意义含糊的语词；

辨认言论对错的背景因素或条件，考察某些言辞的适用环境，在一种条件下为真，在另一种条件下就可能为假；

判断有标准，在提问与解答问题时，能够适当考虑标准；

发现或鉴别隐藏的假设，推想事先设定未经事实验证的假定；

　　提出和检验假设，面对困难问题搜集有关事实或资料以助了解，构思出问题的可能性解决方案，再付诸行动以验证其可行性；

能够准确地提出或阐述问题；

有意识地调整提问的技巧；

举例阐明、支持或反对他人的观点；

发现问题解决的多种方案或途径；

提出理由，并能比较好的理由与不好的理由；

顾及不同观点，不偏狭于自身观点或某一观点；

预测和评估可能后果。

（2）批判思考能力。

能够指出他人思考中的错误；

承认自己思考中的错误；

要求他人说出理由和标准；

指出别人想当然的想法是错误的；

鉴定讨论中的不一致现象；

指出别人的错误假设或无效论断；

区辨由个人观点或视角不同引起的意义差别；

体认到由生活环境差异引起的差别；

注意重点替换所导致的意义变更；

认识到因说话者意图或目的的变化所导致的意义变更；

注意到当前情境与过去相似情境之间的差异。

（3）创新思考能力。

对事物具有认知的新鲜感，如把熟悉的东西看成不熟悉的，把不熟悉的看成熟悉的；

能够冲破习惯性思维的束缚；

探寻多样可能的方式方法看待或解决问题；

不满足于事物的表面认识。

（4）关怀思考能力。

关心、爱护他人，具有同情心；

尊重他人的观点和立场，具有宽容度；

能够站在他人的角度进行换位思考；

接受他人对自己的批评或质疑；

公平地对待他人的想法，无偏见；

对公共环境的关心与关注；

对社会问题、现象的关心与关注。

（5）形象思考能力。

喜欢用直观形象的时空方法思考；

从初始形象感悟跳跃到另外一种相关或全然不同事物形象的联想；

从初始形象向任意方向大跨度超越探索、开拓新形象的想象。

(6)人本思考能力。

对美感体验产生最初的共鸣;

对人、事、物本质的顿悟;

对自己志向、经验、情趣的自我理解;

对自己缺点、错误的自我教育。

(二)感知能力目标

1.感知能力

感知能力是指幼儿通过感觉、知觉过程与环境互动以及检验与应用新概念来学习新概念的能力。当幼儿在本研究中所创设的游戏环境和哲学教室中,积极地参与活动和检验新想法时,其概念能够得到最好的发展。

2.具体目标

通过感知加工来了解环境;

理解物品间的关系和他们身体在空间中的位置;

能够回忆熟悉的物体和事件;

在模仿中建构新知识;

对事物进行匹配、分组、排序、分类等。

(三)社会交往能力目标

1.社会交往能力

社会交往能力是幼儿与同伴和教师建立社会认可的人际关系的交往能力。幼儿在本研究中所创设的游戏环境和哲学教室中,与同伴之间所进行的游戏互动、哲学对话,有助于提升处理冲突意见与问题的能力。

2.具体目标

能够以一种积极的、有感情的、信任的方式与人交往;

能够从互相帮助或帮助集体中获得满足感;

能够以被社会认可的方式得到自己想要的东西;

了解自己在集体中的位置;

能够认识到自己是集体中的一分子,并成功地融入集体生活;

能够主动担负起用适当的方式管理游戏材料和保护环境的责任。

(四)情感态度健康发展目标

1.情感态度健康

情感态度健康是指幼儿的情感态度在意识和表现上的健康发展。幼儿在本研究中所创设的游戏环境和哲学教室中,与同伴之间所进行的游戏互动、哲学对话,更能够让幼儿表达一系列的情绪,培养幼儿在情感态度上的胜任力。

2.具体目标

能够辨认情绪标识,并自然健康地表达、分享和接纳多种多样的情绪;

能够面对现实,适应学习生活上的变化,即接受不能改变的事或替代性补偿;

能够比较恰当地应对压力性事件和危机情况。

(五)对话能力目标

1. 对话能力

对话能力是指幼儿之间在意见共享时将想法转变成语言的能力。包括倾听语言(内心对他人语言的理解)、讲述语言(向他人表达自己观点的语言)、问答语言(为引导回答问题和刺激回忆而设计的语言)、对话语言(不一定有固定议题,不是长篇大论,而是互相倾听、分享想法、碰撞思想、交流见解。观点虽不一定保持一致,但却可以寻求共同的理解,为此而形成的条理清晰的思路表达语言)。此外,还包括书写语言、态势语言、绘画语言等形式的对话语言。幼儿在本研究所创设的游戏环境和哲学教室中,与同伴之间所进行的游戏互动、哲学对话,能够充分调动幼儿对话的积极性,培养幼儿运用各种对话语言的能力。

2. 具体目标

能够专注地倾听与回应;

能够比较清楚、流畅、声音响亮地面向他人或某一观点表达自己的想法;

能够清楚、流畅、声音响亮地提出明确的、有效的问题;

能够认真思考问题并及时、清楚、流畅、声音响亮、有效地回答;

能够有意识运用措辞得当的语言进行有分寸的对话。

(六)人格塑造目标

1. 人格塑造

人格塑造是指在幼儿哲学教学过程中,讨论主题在涉及"我是谁?""我能做什么?""我喜欢什么?""我应该怎么做?""是什么让我与众不同?"等有关人格问题时,无须成人提示,幼儿自己对号入座思考自己以及生活,对自身整体精神面貌的自我培养与塑造。[①] 幼儿人格独立存在于幼儿的精神文化维度里,哲学教学中的人格塑造是幼儿在一定社会中的地位和作用的统一,是幼儿做人的尊严、价值和品格的总和,是幼儿寻找自我以及构建起稳定的自我形象的过程。

2. 具体目标

能够有意识地对自己的特点和差异进行反思,如:我是谁?我是怎样的?我应该怎样生活?

能够在没有成年人进行道德灌输的情况下得出自己的结论和概括,如:我能做什么?我该做什么?

懂得什么是好的,什么是恶的;人们可以做什么,不可以做什么;我怎样与别的小朋友相处。

知道自己可以合理地希望什么,想要什么,尽管幼儿还不能给出任何证据来支持自

---

① 莫尔夫.小哲学家的大问题:和孩子一起做哲学[M].杨妍璐,译.北京:中国轻工业出版社,2019:49.

己的希望。①

意识到自己的情感态度，如：我的感受是怎样的？别人的感受是怎样的？能够正确地面对与处理。

学会全面地考查问题，发现多种选择，理解公正无私，辨识一致性，发现为信念提供理由的可能性，懂得生活经历的意义。

四、基于民间传统游戏的幼儿哲学教学范式

了解幼儿的哲学世界，最终是为反哺于幼儿，教育才是研究幼儿哲学的根本落脚点。学界一直以来，将探究共同体与苏格拉底对话作为幼儿哲学最基本的教学范式。本章将在幼儿哲学最基本的教学范式基础上，阐述本研究需要所创设的三个基于民间传统游戏的幼儿哲学教学范式：一是文化建构场的创设；二是思维游戏圈展开的基本程序；三是复式驱动对话教学法的特点。下文将以本研究教学实践中相关的具体案例进行详细分析。

（一）文化建构场

基于民间传统游戏的幼儿哲学教学，从文化的纵向发展角度来看，是一种运用游戏来对民间传统文化的传承；从文化的横向发展角度来看，是一种运用民间传统游戏来进行文化再创造的过程。因此，本研究是基于民间传统游戏的幼儿哲学教学，是一种文化反思、文化传承、文化创造的文化实践活动。从物理空间和心理空间去建构、营造一个师幼之间的文化自觉与幼儿哲学对话之"场"，是顺利开展基于民间传统游戏幼儿哲学教学活动的必要前提。这是一个充满文化磁性的"场"，吸引着教师与幼儿无意间地亲近、沟通、对话。

1．创设文化自觉的"场"

费孝通先生指出，文化自觉是指生活在一定文化中的人对其文化的"自知之明"，明白它的来历、形成过程所具的特色及其发展趋向。但要创设有利于基于民间传统游戏幼儿哲学教学活动文化自觉的"场"，就不仅是"自知之明"，还要在教师与幼儿生活、学习的园所内，逐步养成"知行合一""礼仁合一""爱智合一""情景合一""身心合一""表里如一""随风潜入境，润脑细无声"的文化自觉性。

（1）公共环境文化自觉性的养成。

环境育人是每一个幼儿园的工作内容之一。幼儿园的公共环境文化不仅包括自然环境，还包括幼儿教师创设的别具匠心的人文环境。幼儿园人文环境创设可以说，其阵地无所不在，在园所的硬件设施上，在学习和课程当中，也在幼儿的一日生活流程中。

通常幼儿园的公共环境包括大厅、户外游戏场地、走廊等。公共环境文化传递的是一种无言的提醒，教师要充分利用园内所有设施，创设一个时时刻刻会提醒每天在这里生活、学习、工作的幼儿和教师去反思"这是什么玩具？""这个游戏怎么玩？""还有没有其他的玩法？""这个人是谁？""他在干什么？""我们这里为什么要放他的照片？""他说了什么话？""那是什么意思？为什么？"的充满神秘而丰富色彩的公共文化环境。以下为幼儿

---

① 莫尔夫.小哲学家的大问题：和孩子一起做哲学[M].杨妍璐，译.北京：中国轻工业出版社，2019：51-73.

园A园的走廊环境。

情境一：A园大厅，有一棵郁郁葱葱的大树，上面各式各样的"礼"字分外耀眼。孩子们惊奇地问："这棵树上挂的是什么字？'礼'是什么意思？"穿过一楼的走廊，二十块展现中国古代发明创造的图板会引发孩子无数个"为什么？"和想要走进"发现室"去探索的强烈愿望。这时如果教师对孩子无法说清楚什么是"礼"，在走向二楼的楼梯网上，一个个写着文明礼仪童谣的画片会给出答案。在楼梯网的对面是一幅幅展现民间传统文化习俗、游戏的绘画作品。孩子们驻足观察宽敞的走廊角落，因为这里有民间传统桌面游戏、传统文化图书角。在二楼和三楼的走廊还有充满哲学意境的、最朴实的生活场景图，其中的对话启发着孩子们进入一系列的哲学思考中。

情境二：A园主楼门前的三个吉祥物——球圆圆、地方方、白天鹅也是民间传统文化的象征。球圆圆和地方方体现了"没有规矩，不成方圆"的规矩与创新的哲学观。白天鹅是A园所在区域金元肇兴地、塞外第一都阿城始祖的图腾，是女真尚白、净化民族心灵的"镜体"。"哈尔滨"的名字更是来源于女真语"天鹅"，是勇敢、仁爱的象征。A园不仅把这三个吉祥物作为园所的一种文化象征，同时以其为主角创编了一系列睡前故事，每天在午睡时间播放给孩子们听。而孩子们也常常会自发地将睡前故事的内容，呈现在角色游戏表演当中。在户外游戏场地中，根据地势的不同，有飞机格、迷宫等专用场地。在开放的户外游戏玩具陈列区里，夏天有滚铁环、弓箭、皮筋等，冬天有雪爬犁、抽冰尜等。将这些民族传统游戏玩具摆放起来，不仅起到衬托环境的作用，更激发和吸引孩子们探索的好奇心和勇气。在园所整体的环境中，随处都可见的是用布、线、扣缝制的标牌和网状的装饰，这不仅为了环保和安全，更是来自一生二、二生三、三生万物的哲学思考和点、线、面的思维方式。

上述A园的环境创设，都是教师和幼儿的原创和纯手工制作，在一针一线、一描一绘的创作过程中，自然会引发幼儿及教师对民间传统游戏文化的兴趣与热爱，不知不觉引发他们对游戏哲学的兴趣与探求。

（2）区角游戏哲学材料的投放。

活动区教育是幼儿园教育的重要组织形式。教师通过在活动区内投放不同活动类型的游戏材料，为幼儿提供了一个开放且充满创造力的广阔空间。幼儿园一般将班级教室划分成美术区、科学区、益智区、建构区、表演区、音乐区等。

A园各班级的不同区域内投放了相应的民族传统游戏材料，以供幼儿在区角游戏中自由选择。如在美术区投放陶泥、剪纸、编织等材料；在科学区投放活字印刷、扎染等材料；在益智区投放嘎拉哈、九连环、七巧板、象棋等材料；在建构区投放孔明锁等材料；在表演区投放民族服饰、彩绸、手帕等材料；在音乐区投放腰鼓、喇叭、锣鼓镲等材料。

每当区域游戏时,幼儿会根据各自的兴趣爱好自主选择、自由组合,三五成群地在各区域进行传统游戏。此时,教师会根据各区域游戏进展情况,随机深入,与幼儿进行随机应变式的哲学讨论活动。

(3)五大领域课程中的游戏与哲学。

五大领域课程是幼儿园教育活动的主阵地。A园教师通常会根据五大领域课程内容的需要,将民间传统游戏融入课程中,注重问题设计,将幼儿引向更深的哲学思考之中。例如L老师协助教师X组织的健康领域、基于斗鸡游戏的幼儿哲学教学活动(节选)。

  时间:2019年6月4日
  地点:A园多功能厅
  教师X:"今天你们玩斗鸡游戏有什么感受?"
  男孩W:"我的鞋有点大。"(工欲善其事,必先利其器)
  女孩S:"很开心。"
  女孩J:"累!"
  L老师:"很累,这是个体力活,那你们为什么还一直坚持?"
  男孩M:"因为坚持就能看到希望!"(坚持就是胜利)
  L老师:"你和谁一组?"
  男孩M:"我和男孩W一组。"
  男孩W:"老师,是男孩M找的我。"
  L老师:"你为什么选择和男孩W一组啊?"
  男孩M:"因为打小的没有意思,打大的才有意思。"(有志者勇于挑战不可能)
  教师X:"最后你们俩谁赢了?"
  男孩W:"1∶1平。"(挑战与应战的文明互动)
  …………
  L老师:"你给大家介绍一下,你是怎样夺取最后的胜利的?"
  女孩J:"躲!"
  L老师:"别的小朋友都是进攻,你为什么选择躲呢?"
  男孩W:"躲是防御的意思。"
  教师X:"你打算在什么情况下进攻呢?"
  女孩F:"我累的时候。"
  女孩J点头同意。(以退为进保存实力,把握时机出其不意)

再如L老师协助教师B组织的艺术领域基于过家家游戏的幼儿哲学教学活动(节选)。

时间:2019年6月3日
地点:A园山竹班
教师B:"刚才一家人包括爸爸(男孩D扮演设计师)、妈妈(女孩C扮演搬运工)、舅舅(男孩B扮演搬运工)、大哥(男孩E扮演建筑师)、二哥(男孩A扮演建筑师)一起设计、搭建自己的家,遇到什么困难了?"
男孩B:"我想在二楼设计个椅子,男孩A不让,还把二楼压塌了!"
男孩A:"一楼太矮了,住不下人,二楼太高了,搭不上去。"
教师B:"搬运过程中有没有遇到困难?"
男孩B:"我搬的东西,他们都不要。"
女孩C:"我们搬的时候,其实他们都看见我们搬了,等搬过来又说'不要'。"
L老师:"遇到这么多困难,怎么办呢?"
男孩D:"找我呗!"
教师B:"男孩D,你作为设计师有什么困难吗?刚才老师看你好像有点不高兴。"
男孩D:"都是他们惹的!"
男孩E:"你长这么小,还敢管我这个大哥!"(这时男孩D和男孩E站起来,用身体互相倚着较劲。女孩C也站起身怒视男孩E以示不满。)
男孩B:"男孩D是爸爸,是设计师,你们俩是大哥、二哥!"
女孩C:"对呀,因为爸爸是设计师,告诉咱们怎么搭,咱们得听他的!"
…………

通过艺术领域基于过家家游戏的幼儿哲学教学活动,孩子们了解了集体目标与个人责任的关系,集体目标的实现需懂得合作,合作顺利的前提是角色的明确、尊重与分工。

(4)一日生活流程中的游戏与哲学。

一般幼儿园的一日生活流程主要包括入园、晨检、区角游戏、吃早餐、学习五大领域课程、吃水果、户外活动、吃午餐、午睡、吃间点、学习园本课程、户外活动、吃晚餐,在流程中间还会穿插多次的如厕、洗手时间。幼儿生活中游戏无处不在,幼儿哲学的本源来自一日生活,幼儿的一日生活流程中隐藏着很多哲学探究的机会。

情境一:A园入园礼仪活动中,幼儿会扮演古代的君子与人问好。让幼儿在礼仪活动中切身体验如何做一个有"礼"的人。在三餐两点的时间,孩子和教师自编自演就餐童谣,以培养幼儿的餐桌礼仪。教师与孩子们探讨每日食谱中健康与营养的关系哲学。午睡时间不仅有好听的睡前故事,睡觉后的穿衣环节教师还会与孩子们探讨衣服搭配的哲学。如何穿得舒服、漂亮和方便?孩子们还会比赛谁穿得快,谁穿得好,探讨为什么他今天穿得又快又好。户外活动是民间传统游戏哲学探究活动的重要阵地,这里有宽大的操场、自然和谐的空气、日光和风光。孩子们总是能在老师们的带领下高高兴兴地游戏,畅快地对话。

幼儿园的一日生活流程是为了让幼儿养成良好的生活习惯,而习惯的养成单单靠教师的要求与约束是行不通的。人只有从心理上信服,才会由衷地配合。因此,贯穿于一日生活流程中的游戏式的哲学对话活动,让幼儿打心眼儿里欣然接受每一个习惯,在快乐游戏中默契配合,从而形成良好的行为品质。

(5)园本课程。

A 园的园本课程是幼儿园在五大领域课程以外,依据民族民间传统文化,尤其基于金源文化特色在第二课堂开设的、弘扬中华优秀传统文化、培养幼儿文化自信的游戏课程。

情境一:以班级种植游戏的方式,让幼儿在"蔬果园"中体验耕种、除草、浇水、收获。收获的果实经常会作为魔幻厨房的原材料。金源文化中的传统饮食文化一直盛行至今,如豆汁、黏豆包、玉米饼、豆面卷、年糕、火锅、大酱、酸菜以及猪肉炖粉条等等。A 园将这些传统饮食进行改良,融进园本课程——魔幻厨房和蔬果园中。孩子们在饮食的"好吃变、变、变"过程中,以游戏的方式体验耕种、食材搭配、餐具选配、烹饪制作、就餐环境布置、就餐礼仪、餐厅背景音乐选择,从源头品味中国传统饮食文化的哲学内涵,体验"民以食为天,食以土为本"的最朴实哲理。

此外,还有舞蹈课上充满童趣的东北秧歌,科学发现室里的活字印刷、扎染等等。在这些游戏课堂中幼儿表现出浓厚的兴趣和无限的好奇,他们总会开心地告诉教师:"这可真好玩儿!""好玩儿在哪里呢?"教师便会抓住时机不断追问,与幼儿共同开启哲学探究之旅。

(6)大型活动。

幼儿园的大型活动,通常是主题性比较强的活动,而且往往参与范围广、参与人数多,是在园方的精心组织下,能够反映一个团队的教育教学理念和精神面貌的集体活动。A 园精心设计组织多项有关民间传统游戏的大型主题活动。如民间传统游戏比赛、传统趣味运动会、端午节包粽子、中秋节做月饼等。参与的范围不仅是幼儿和父母,还有爷爷奶奶、姥姥姥爷等祖父母。这样一个充满和谐氛围的比赛队伍,其设计目的不仅是为了让家长更好地配合幼儿园的工作,更是因为老一辈人儿时的记忆、身上的本领是传承幼儿民间传统文化最好的教育资源和学习榜样。同时在家园合作活动中,孩子们不仅收获了快乐,也在不知不觉中建立对"家"的理解。

2.创设哲学对话的"场"

开展幼儿哲学教学活动,教师不仅要精心设计符合幼儿身心特点的哲学课程,也要为构建一个安全无阻、和谐共生的哲学对话"场"做足功课。

(1)改变传统的角色认知。

基于民间传统游戏的幼儿哲学教学作为一种文化反思、文化传承、文化创造的文化实践活动,在师幼之间要形成一个相互影响的哲学对话的"场"。首先要改变传统的角色认知,即摒弃传统的班级管理者和知识传播者的身份,而成为协助幼儿进行文化反思、文化传承、文化创造的支持者、合作者和引领者。

(2)幼儿亲人的引荐。

本研究通过长期的参与、观察,发现现如今由于家庭和幼儿园对安全教育的高度重视,其安全意识比较强。一个不熟悉的人要想与幼儿建立安全的关系,需要一段时间的适应过程,且要有幼儿亲人的引荐。不会像成人那样面对不熟悉的人,也会以最起码的礼仪、礼节迎合,幼儿可能会一言不发。这里的引荐所指的不只是用语言对对方身份的一种介绍,家长更要用与对方之间呈现的和谐关系来建立幼儿的安全感,解除其心理戒备。

(3)成为幼儿的同学、亲人、朋友。

作为亲身实践者的 A 园园长,每天早晨幼儿入园时,第一个把问候送给每一个孩子,而每一个孩子都会热情地问候:"L 老师早上好!"幼儿在家长的陪护下走进幼儿园,走进哲学对话的物理空间"场"。在一线教学实践中,每天深入孩子们每一个所到之处,和孩子们一起游戏、一起就餐、一起谈天说地,成为他们生活和学习的好伙伴,成为无所不谈、无所顾忌的好朋友、亲人般的教师。这种心灵的默契与沟通基础,帮助教师与幼儿在快乐中一步步走向哲学探究的佳境。

3.创设哲学思考的"场"

基于民间传统游戏的幼儿哲学教学活动,不管是在什么样的场合进行,只要需要展开讨论,教师要设法尽可能地创设一个有利于顺利进行哲学思考的"场"。

(1)排除外界干扰。

不同年龄阶段的幼儿可集中注意力的时间不等。通常 3~4 岁幼儿注意力能保持 10~15 分钟,4~5 岁幼儿注意力能保持 15~20 分钟,5~6 岁幼儿注意力能保持 20~25 分钟。教师必须掌握这一规律和特点,保障讨论过程中幼儿注意力的保持,不受场地等外部因素的干扰。

(2)把握哲学对话时机。

哲学对话的时机,要根据民间传统游戏的类型、运动量、活动时间和空间等灵活把握。如活动量较大的户外游戏,需在幼儿适当休息、待如厕、洗手之后进行,但又不能间隔时间太长,以免幼儿的兴趣点、兴奋点消失。活动量较小的室内游戏,既可在游戏结束后进行,也可游戏过程中同时进行。当幼儿正处在游戏的兴趣点和兴奋点时,更加有利于激发幼儿的灵感。

(3)提出参与规则。

为保证幼儿能够集中注意力倾听与思考,教师需提出参与哲学对话的规则。如当一位小朋友发表观点时,其他小朋友不能打断、插话、接话等,更不能与其他小朋友说话、打闹干扰。

(4)酌情处理内部干扰。

教师要经营好一个由幼儿组成的探究共同体,虽然排除了其他外部的影响,但还有可能随时发生来自共同体内部的诸多干扰。即使教师已经制定了严格的规则,小朋友们也表态会严格听从教师的要求,但仍有可能在讨论时,时常出现管不住自己的现象。如讨论高潮时,会不举手就争着说,抢着表达。若参照儿童哲学教室规则,准备一个规则球类的标志性防干扰物,而这办法对幼儿来说,不见得有效,反而极易让幼儿的灵感火花转瞬即逝。因此,幼儿哲学探究共同体,比其他哲学共同体更具有丰富性和随意性,面对容易生发的内部干扰现象,教师应放平心态,随机应变,酌情处理,切不可强令制止,需把握好尺度。

(5)创设优良时空环境。

教师要根据游戏的性质、类型选择适当的时间和游戏场所,并合理选择最有益于哲学对话的时间与空间。在空间上,不可选择幼儿过于陌生的环境,或过于纷杂的环境。幼儿面对陌生的环境会不愿表达,过于纷杂的环境也会分散孩子的注意力。有关科学研究显示,凉爽的天气有利于人脑的创造性思维。哲学对话的场地要尽量做到空气清新、干净整洁、温度相对适宜。

(二)思维游戏圈

幼儿哲学教学活动的过程,是一个思维游戏的过程。基于民间传统游戏的幼儿哲学教学过程本身是一个多层次多维度的思维游戏圈。本研究中的幼儿哲学教学思维"圈",不仅是指教师与幼儿在座位层面的"圈",也是哲学探究思维路径上回转交互的"圈"。虽然民间传统游戏活动结束了,但思维游戏还在进行,而思维游戏结束时思考仍在继续,且两种游戏都在幼儿喜爱的愉快氛围中进行,让幼儿在两个游戏所带来的回味与回想中,再次焕发游戏的冲动,再一次融入新的思维游戏圈中。

1. 位置圈

文献研究发现,一个成功的幼儿哲学教学活动,参与讨论的人数不尽相同。2人一组到16人一组均可,10人左右为比较理想的人数,座位以围成一圈为最佳座位安排。理想的人数与座位安排更加有利于讨论话轮的形成、有利于讨论问题的深入、有利于观点的广泛生成、有利于哲学思考场的稳定与和谐。

(1)苏格拉底式讨论座位安排。

理想的座位设计是苏格拉底式讨论的座位安排,幼儿围坐成一圈,参与者之间能够平等地相互对视交流。可以坐在椅子上,也可以坐在地板上。这种座位设计可以更好地进行示范,并能够营造鼓励参与的团体感。本研究中对9名5~6岁幼儿的座位设计是在苏格拉底式讨论座位安排的基础上进行了相应的调整,即以圆形座位为基本座位,还有马蹄形座位等。

(2)位置不必过于拘泥。

当幼儿在倾听或表达时,往往不仅仅是用耳朵听、用嘴去说,还用身体去体验和表达。如果充分做好文化自觉"场"、哲学对话"场"、哲学思考"场"的前期工作,那么,在幼儿哲学教学活动中的座位安排与身体姿态就不必过于拘泥。因为此时,幼儿之间、幼儿与教师之间已形成非常稳定、和谐、安全的亲近关系。有关科学研究显示,人在站立时的思维更加敏捷,其反应速度比坐着会提高5%~20%。长岛大学贝格尔博士和诸多科研实践证实,躺着思考效果最好。人在平卧时,情绪比较平静,易于联想和想象,考虑问题思路广阔且又周密细致,综合思维最为活跃,逻辑推理特别清晰,也容易得出较为中肯的结论。在幼儿哲学教学活动中,只要相互能够听清楚、不随意变换位置、没有噪声等其他干扰,座位安排、身体姿态完全可以因地制宜、趁热打铁,如幼儿不仅可以坐着讨论,还可以站着,甚至可以躺着参与讨论。既符合幼儿活泼好动、不喜约束的天性,又有益于幼儿灵感的生成。

2. 思路圈

基于民间传统游戏的幼儿哲学教学活动也是一次在教师精心设计下的思路旅程。根据李普曼确定的通过文本进行哲学诘问的三个要求——文学适宜性、心理适宜性和智力适宜性,本研究制定了在设计思路旅程时要认真遵循的原则——素材适宜性、身体适宜性、心理适宜性和智力适宜性。

(1) 选择一个合适的民间传统游戏。

中华民族是一个有着悠久的文化历史和56个民族的大家庭。其民间传统游戏种类繁多,形式各异。因此,本研究对民间传统游戏的选择,考虑的原则主要有:

一是要选择所有参与活动幼儿具有共同文化背景、共同经验的游戏,即在玩法、玩具、兴趣、经验等方面有着相对一致性。这样能够保证孩子们在做游戏和哲学对话时,在已有的文化背景下,容易生发各自的观点、想法,让思维得到拓展与升华。

二是要选择适于引发哲学讨论,又能让孩子们保持持久兴趣的游戏。事实上,一切生活现象与常规问题,都可以通过开放式提问,引导孩子做思维的延伸,带领孩子进行哲学的思考。民间传统游戏的文化根源是生活,同时又是孩子们最熟悉、最感兴趣的活动,这无疑是引发哲学讨论的较好素材。

三是要选择符合幼儿身心特点和智力水平的游戏。5~6岁的幼儿在角色类游戏中,已不在乎代替物的形象是否完全逼真,对物的逼真性的依赖性降低,可以不用玩具做出象征性动作,也可以对玩具或材料加以改造来构成一个新的代替物。他们还可以用语言来塑造想象的情境,用语言补充细节而不依赖实物。在这种游戏中,幼儿同时进行着两种交往,即以角色身份进行角色之间的交往,同时又进行真实的同伴交往。大部分幼儿能够提出共同游戏的目的,其目的的稳定性可达30分钟左右。这一年龄段幼儿的动作技能较为成熟,对追逐打闹类游戏表现出明显的兴趣,平行游戏、协同游戏、合作游戏、单独游戏的嬉戏水平都有相对较大的发展,与此同时,出现了代表着游戏发展高级阶段的规则游戏。这并不是说,在其他游戏中幼儿的行为不受规则的约束,而是指它往往受隐蔽于游戏角色中的行为规则的约束。幼儿也会根据游戏的需要,随着情境的变化来制定新的改变或者改造已有的规则。对于隐蔽的行为规则的理解和形成游戏规则的方法的掌握,有益于幼儿理解与掌握规则的意义和形成方法。

(2) 筛选一个适宜的哲学对话主题。

所有的游戏都是一个可以进行思考的精神空间。每一个游戏都可以有很多可以进行思考的哲学主题,每一个哲学主题通常都包括很多的问题,而且都会比第一次所想到的多,并且那些问题和回答在可能变化无尽的发问过程中,会引发进一步的问题。每一个可以进行思考的哲学主题都可以供5~6岁的幼儿来讨论,只是他们分析、判断的程度不同,其深度和广度未必不如年长的人。幼儿表达的方式是纯真而稚拙的,又充满了想象与创造力。那么如何筛选呢?本研究选用了当前幼儿敏感的事物、贴近幼儿每日生活的常规、幼儿自身普遍存在的问题等。

（3）对游戏抛出关乎主题的不同问题。

教师要开启良好的幼儿哲学对话，问题的设计是关键。问题的设计应当尽可能地是苏格拉底式的，应当在幼儿心中唤起回应的渴望。例如：

事实的或游戏本身的问题——对游戏本身的内容做出明确的提问，通常提一些名称和字面意思的问题。这类问题常常以"什么是……"开始。

推理的或游戏本身暗含的问题——提问一些隐含的意思、字面背后的意思和需要推断的问题。这类问题通常以"……怎样""为什么……""真正的意思是……"开始。

判断的或表达观点的问题——不必给出理由但必须给出判断的问题，比如对其他小朋友的观点或情感做出判断，并表明自己的观点。如"你赞成……的观点吗？""……说得对不对？你认为……"

分析的或表示疑惑的问题——读懂其他小朋友的观点，并对其他小朋友或自己的观点与经历提出疑问。

具体如下：

确认事实——你们做了什么？做的是什么？

对经历做出反应——过程中感受如何？

对个人或社会问题进行思索——对此有什么看法？你认为……

探索价值决定——你的选择是……你的打算是……

推理——为什么？你说说……

定义、分析、阐明——你的意思是……，谁能再说明一下？

生成选择性观点——谁还有其他的想法？

求真验证——你怎么知道的呢？

继续对话论点——谁同意或反对某某小朋友的观点？为什么？你的观点是……

概括——我们的观点、想法是……

（4）关注重要观点、问题或因素。

教师在讨论过程中，要注重围绕哲学对话主题，将孩子们的注意力集中在讨论过程中的重要观点、问题或因素上。再引导孩子们就重要的观点、问题或因素进行深入分析，具体如下：

提问——提出恰当的问题并将注意力集中在重要诘问问题上；

推理——要求给出理由或证据支持论点和判断；

定义——运用关联、区别和对比澄清、明晰概念。

（5）寻求对话主题每一步深入的意义。

寻求对话主题每一步深入的意义，是指将所提出问题升华为哲学价值的重要历程。比如询问幼儿想法所生成的理由，以及对想法的解释说明，具体如下：

沉思——运用想象力的思考生成思想以及选择性的观点；

求真证明——汇集信息、判断证据、范例和反范例；

想法延伸——激励并扩展各种想法和论点；

概括——从一系列的想法或范例中抽取关键点或普适原则。

(6)珍视哲学对话过程中的意义扩展。

关于哲学对话过程中的意义扩展,主要珍视两个方面的情况:

一是在哲学探究过程中幼儿想法的关注点,经常会聊着聊着就发生了转移,甚至是变换了主题。教师可以让幼儿展现各种想法的联系以及与新想法的联系,抑或是干脆就新的主题展开对话。

二是幼儿的表达不仅使用有声语言,他们还会在不知不觉中融入无声语言的表达。作为教师,对通过语言或非语言的表达促成的讨论都要认真对待,予以肯定。

(三)复式驱动对话教学法

本研究所提出的复式驱动对话教学法,其实是吸收借鉴西方苏格拉底教学法与学院派传统教学法的优势融合而成的、继承发展中国书院"讲会"之风的一种哲学教学法。对苏格拉底教学法与学院派传统教学法的看法,学术界一直是褒贬不一。而本研究所提出的"复式驱动对话教学法"是在苏格拉底教学法与学院派传统教学法之间所寻求的一种平衡。这种平衡是对中国书院"讲会"之风的传承与发展,是中国传统哲学中庸之道的体现,更是哲学教学科学发展的需要。

1. 苏格拉底式教学法

(1)原理。

人要学习哲学或者哲学地思考天、地、人,不是通过被灌输哲学的概念或是学术化的知识来得以实现的。而是通过自身对哲学情形的质疑,通过对自己的信念及其表达的语言做出思考性的再认识。哲学是思维的,也是语言的。苏格拉底式教学法试图建构或反映现实的方式是用语言来表达的。苏格拉底想要通过人们所说的言语来了解到人们的真实意思,通过找到真的定义来寻求真理。然而产生的问题是,任何定义使用的词语表达自身也需要定义,所以常常是一个真正的苏格拉底式对话还没有结论就结束了。苏格拉底相信,哲学对一切都是开放的,而且哲学的技能能够被任何有言语能力的人所掌握。

(2)定义。

苏格拉底式教学法是通过提问而促成的对话诘问。苏格拉底认为,哲学是一种活动,是你想要做什么,而不是你要学习一个成套的哲学真理。[①] 要学习哲学或者哲学地思考天、地、人,需要掌握哲学技能,需要知道如何哲学般地思考。为掌握哲学技能,需要与比自身掌握更好的技能的人一同训练,而不是自身训练。在苏格拉底看来,知识是可获得的,总是在实践过程中经过质疑后才产生,哲学是认知训练阶段的最高形式。

①产婆术式提问。

产婆术式提问包括两类最有区别性的问题,即封闭性问题和开放性问题。封闭性问题是指教师在知道答案的情况下所进行的知识性的测试。开放性问题是教师在不知道答案,或没有标准答案的情况下寻求答案或听取见解的发问。例如:

a.需要阐明的提问。

你能解释……?(解释)

---

① 费舍尔.教儿童学会思考[M].蒋立珠,译.北京:北京师范大学出版社,2007:120.

你说……是什么意思?(下定义)
你能给我举一个……例子吗?比如类似的……情况。(举例)
那怎么帮助我们……?对我们有……益处?(支持)
有谁要问……?(诘问)
b. 寻求理由和证据的提问。
为什么你那样认为……?(构成论点)
我们怎么会知道……?(假定)
你的理由是……?(给出理由)
你有……证据?你曾经……(给出证据)
你能举出个例子或不一样的状况吗?(相反的例子)
c. 探索选择性观点的提问。
你能用其他方式……吗?(重新阐述一个观点)
还有另一种观点……吗?(思索)
要是有人提出……会怎样?(其他观点)
假如不同意你的意见的人说……会怎样?(给出相反论点)
那些观点、想法的区别……是什么?(给出区别)
d. 验证潜在含义和结果的提问。
你对你说的……能进一步解释或我们能从你说的……中得出……吗?(表达隐含的意思)
你说的是同意刚才说的……?(一致性)
……的结果是什么?(结果)
……平时经常会这样吗?其他……也是这样吗?(一般性规则)
你怎么能证明……是不是真的呢?(求真证明)
e. 对问题、讨论的提问。
你对……有问题吗?(疑问)
……是个什么样的问题?问的是……?焦点在……?(分析)
刚才说的、那个问题怎样帮助我们……?对我们有……帮助?(关联)
到目前为止我们……,谁能总体……一下?(概括)
我们对……的回答、解决方法……怎么看?……更好吗?①(下结论)
② 产婆术式诘问。

教师通过一系列的提问来求真,这一过程就是诘问。这一诘问求真的过程,正如苏格拉底所认为的:求真,就是找出我们使用的词语和想当然认为的想法到底是什么意思。你不可能说出你自己的意思,除非你能用言语给出定义并一直使用这些词语。这不是简单地涉及词语意思的问题,而是作为一种形式,避免做出无知和混乱的概念思考,比如正义、理性等。② 作为面向 5~6 岁幼儿所进行的幼儿哲学教学,要避免让处在蒙昧时期的

---

① 费舍尔.教儿童学会思考[M].蒋立珠,译.北京:北京师范大学出版社,2007:130.
② 同①:132.

幼儿做出类似于善恶、美丑、正义、理性等无知和混乱的概念思考。所以，本研究中所运用的产婆术式诘问采用伦纳德·纳尔逊的观点，即不仅重视教师提出问题，而且不忽视教师给出答案。① 例如：

你所表述的是什么意思？（限定我们所要表达的意思）
你能用自己的话再重复一遍、明确一下吗？（保证不出现误解）
你能举出相近或相反的例子吗？（要求对某个说法举例证明）
回答与我们的问题有什么样的关联？（对论点进行核实）
大家弄懂了这个问题吗？是否赞成？（对讨论参与者是否理解论点进行核实）
你明白你刚才说的是什么意思吗？（对回答的一致性进行核实）
我们在讨论的是什么问题？（焦点集中在讨论的问题）

根据伦纳德·纳尔逊的参与人数最多不超过12人的观点，本研究在讨论中强调幼儿的体验和思考，而不是通过阅读和二手经验获得体验，所以仅选定了A园9名5～6岁幼儿作为本研究的重点研究对象。

（3）效用。

教师帮助幼儿生成自己的思想，这个类似产婆术的教学法，通过对话弄懂个人的理解以及知识是什么，然后才能追寻什么是真。一个人的理解，通过试图更清楚地确定在日常言语中所使用的概念而获得，并能帮助我们更好地理解这一世界，更多地了解自己，使其可以度过更美好的、有意义的生活。苏格拉底喜欢把好的等同于有用，所以其教学法能够培养智力和交际的技能。苏格拉底认为，言语的词语胜于文字的词语。对话是相互的，它迫使参与者表达出思考的内容并做出个人理解，参与苏格拉底式讨论的经历与阅读一个对话的感受，绝不相同。尤其是苏格拉底式诘问，正如伦纳德·纳尔逊所说："其好处在于它使大脑的智力自由动作。只有持续不断地强迫说出自己的想法，回应每一个反问，陈述每一种说法的理由，才能将那种诱惑吸引变成不可抗拒的动力。"②幼儿通过这一过程，达到教育教学之目的"理性的自决"。

2.学院派传统教学法

（1）原理。

学院派传统教学法是柏拉图学院派传统教学法，来自学院，为柏拉图所创建。柏拉图认为，哲学是可以学会并理解的一系列真理。作为专家的教师传授知识给学生，而学生成为这一教学过程中的被动学习者。对柏拉图来说，真理是客观的知识整体。

（2）定义。

学院派传统教学法是教师系统讲授真理、学生被动接受知识的传统教学模式。柏拉图认为，辩证法、哲学是经过多年训练并超过三十岁的人才适合学习的一门学术课程，它并不是一门适合在普通学校学习的课程，而是一门需要经学院专家教授、学习真理的课程。③

---

① 费舍尔.教儿童学会思考[M].蒋立珠,译.北京：北京师范大学出版社,2007:124.
② 同①.
③ 同①:121.

(3)效用。

教师有组织、有计划、有目标地教授幼儿成体系的知识与经验。学院的专业水准和权威的真理体系能够帮助幼儿理解世界,理解人生。柏拉图学院派与苏格拉底式教学法的最大不同在于,从开放性讨论到演讲和书写文本、从口头能力到读写能力的转变。这一学院传统,在今天的教育训练中表现为不但强调书面考试和书面功课,而且还强调个人或私人学习。学院传统强调的是,书写语言的价值在于它是思想的工具,个人书写的价值在于它具有强大的手段,能够使其获得缜密的意思解读,同时对自身的这种理解做出条理性的表达。

3. 复式驱动对话教学法的应用

(1)复式驱动对话教学法的原理。

在《菲德洛斯篇》中,苏格拉底强调写作和讲话(演讲)是教育的糟糕手段,因为它们只靠默诵,没能表达出相互诘问的过程。本研究认为,苏格拉底教学法相互诘问的过程,自然能不可估量地激荡出闪亮的智慧火花,但它往往是碎片化的、不成体系的,或可能是经不起验证与推敲的。所以,哲学也需要柏拉图学院派的个体训练与个人的冷静思考,抑或是用其他语言方式缜密地表达。而且理性的思考必须建立在一定的知识经验基础之上,思考不能总是漫无边际。知识与思考并不矛盾,各自的生成是一个互为支撑、互为补充、互为前提的良性循环过程。

自中国唐代开始的书院,即是学术讨论和学术辩论的专属之地。南宋的朱熹和陆九渊等讲为学之道,争辩甚烈,首开书院"讲会"之先河,"讲会"制度一直延至清初。明代学者吕楠说:"不同乃所以讲学,既同矣,又安用讲耶!"如东林会约规定:"有问则问,有商量则商量。凡在会中,各虚怀以听,即有所见,须俟两下讲论已毕,更端呈请,不必搀乱。"紫阳讲堂会约规定:"欲登讲尚为名高,挟浮说而取胜者,勿令入会。"已入者"在会不遵仪注,矛盾讪侮,散会后夸诞不经,欺诳流俗者,众议不许复入"。这种提倡虚心探讨学问,不徒务虚名的学风,是书院"讲会"的好传统。明中叶以后的书院"讲会",已成为地区性民间学术活动。参与者不限于书院生徒,官吏、士民、农夫、樵人、陶匠皆可参与。中国传统书院论道的优良之风,是华夏子孙的精神之源,理当成为今人传承发展的经典。

(2)复式驱动对话教学法的定义。

复式驱动对话教学法是指根据哲学对话生成的机制,借鉴吸收苏格拉底教学法与学院派传统教学法的优势融合而成、继承发展中国书院"讲会"之风的、有效驱动和促进幼儿哲学对话的教学法。本研究将苏格拉底式教学法结合幼儿教育特点进行了更加适用的具体划分,即包括产婆术、插嘴法、洋葱法。运用产婆术,引导幼儿深入思考主题,对各种观点进行质疑,为自己的观点寻找充分的理由,并清楚地演绎自己的观点,可以通过语言、动作、绘画来展示,这是就多个观点从广度上进行的教学法。插嘴法是指在对话过程中,允许幼儿有想法、有意见可以随时提出,以避免幼儿记得快、忘得也快,而失去最好的哲学灵感。但过犹不及,课堂上要尽量避免插嘴的过度发生。实际上,幼儿的特点决定了一点儿不让插嘴是不大可能的事。洋葱法,是就一个主题一层一层地剥开洋葱的心,让幼儿主动思考,会发现并讶异于最深处的秘密,这是就一个问题围绕核心进行层层盘剥的一种讨论法。

复式通常是有关房屋的概念，层高较普通房屋高，可在局部掏出夹层，安排卧室或书房等，用楼梯联系上下层。其目的是在有限的空间里增加使用面积，提高房屋的空间利用率，同时也增加了房屋的雅致与美感，更加时尚与大气。发现问题最为可贵，就好比复式的一层。解决问题也是意义上的必需，就好比二楼夹层。

本研究中的对话具有元话语、一致性、指导性、跨形式等特征。即对话可以任意地对他人的行为或解决问题的方法表示满意或不满意，幼儿也可在讨论过程中有情感或情绪的表现与感染。此时教师要不断地将注意力集中在被讨论的问题上，发挥教师的指导性，通过鼓励幼儿再次阐述观点或用自己的话阐述别人的想法，以达到讨论主题的一致性。通过长期对幼儿的观察和对曾观摩的几节小学儿童哲学课的分析，儿童有时在兴奋的状态下，知道教师、大人们喜欢自己当下的表现，便极易越发张扬这种表现，表现浮躁，失彼礼且失此理。这种现象用东北的方言来讲就是 chěng sài——调皮捣蛋、逞能、逞强。教师要充分重视发挥自身指导性，避免此类现象的发生，以更好地把控讨论的进程与秩序。口头语言、书面语言、绘画语言、体态语言都是思想的工具，都是思想的不同表现形式，无论哪种语言都应成为了解个人思想的凭据。对话的方式不仅仅是口头语言的交流，还可以是书信的往来、眼神的沟通、态势的互解。本研究借用复式一词，以苏格拉底式教学法为主、以柏拉图学院派教学法为辅来驱动幼儿展开哲学对话，以中国书院"讲会"之风来养成幼儿良好的讨论习气，这一教学范式称为复式驱动对话教学法。

爱因斯坦曾经在名篇《培养独立思考的教育》中说："用专业知识教育人是不够的，通过专业教育，他可以成为一个有用的机器，但不能成为一个和谐发展的人。"钱学森说，只有具备形象思维和逻辑思维的人，才能成为人才。幼儿哲学就是在培养具备形象思维和逻辑思维的人才，培养和谐发展的人。如爱因斯坦所言，用专业知识教育人是不够的，要通过专业教育培养人。通过文献研究等方式，在学习了有关幼儿哲学的知识、经验等以后，就要认真思考以什么样的方式、通过什么样的载体、按照什么样的目标去开展适宜本土的幼儿哲学教学活动。这是本研究始终贯彻如一的研究思路。为此，在本章理性阐释国内外已有研究成果的基础上，试图更为客观而科学地分析适宜本土幼儿的民间传统游戏的哲学价值，制定其教学目标，从多学科理论视角构建本研究的幼儿哲学教学理论范式，以便顺利开展5～6岁幼儿哲学教学探究活动。

第三章 基于民间传统游戏的幼儿哲学教学应然、实然与尝试

苏联教育家 B.A.苏霍姆林斯基的"相信孩子、尊重孩子、用心灵去塑造心灵"的思想是教育思想宝库中的瑰宝。他在《给教师的建议》中早就提出:"多年的经验表明,有必要给学生上一种专门的'思维课'。早在学龄前期,就可以上这种课。所谓思维课,就是生动地、直接地感知周围世界中的形象、画面、现象和事物,并进行逻辑分析,获取新知识,进行思维练习,找因果关系。"①幼儿成长的自然需求催生幼儿哲学,幼儿哲学的诞生是幼儿哲学天性的应然回归。许多国内外学界的哲学研究者与教育研究者致力于幼儿哲学研究,为幼儿身心健康开辟了簇新的发展路径,为幼儿知行和谐拓宽了智慧的成长空间。如此天、地、人俱合的发展态势,必然会引导越来越多的研究者投入其中。本研究担负幼儿教育生态化发展的使命,在文化自信的历史背景影响下,借鉴当前国内外幼儿哲学教育教学的成功经验,从体现幼儿生动、直接感知世界特性的民间传统游戏出发,为 9 名 5~6 岁幼儿开启了为期 2 年的幼儿思维练习之旅,进行了数十次的幼儿哲学教学尝试。

一、幼儿哲学教学的应然诉求

哲学是一切文化之文化。"文化是思想活动,是对美和高尚情感的接受。支离破碎的信息或知识与文化毫不相干。一个人仅仅见多识广,他不过是这个世界上最无厌且令人生厌的人。我们要造就的是既有文化又掌握专门知识的人才。专业知识为他们奠定起步的基础,而文化则像哲学和艺术一样将他们引向深奥高远之境。我们必须记住,自我发展才是有价值的智力发展。"②幼儿哲学教育本身正是对幼儿自我教育的培养,为幼儿自我发展奠基的教育。针对 5~6 岁幼儿进行幼儿哲学教学,既是幼儿天性发展的需要,学前教育教学改革发展的方向,同时也是哲学教学去教条化、实现通俗化,引领大众摆脱焦灼、高压节奏生活的迫切需要。

(一)新时代幼儿的成长需求

儿童的哲学思维是与生俱来的一种天性本能,但现实是学前一年的教育有些无视幼儿的天性,惯以填鸭式教育,小学化倾向极其严重。自 2018 年以来,教育部乃至学界"去小学化"的呼声极高,但违背幼儿天性的教育仍部分存在,个别幼儿家长和幼儿园教育者仍忽视幼儿成长的真正需求,或者是明白孩子成长的真正需求,却谁也不愿牵头、主动打破传统局限。当代青少年中个别存在体魄虚弱、思想匮乏、心理扭曲的某些现象不能说

---

① 苏霍姆林斯基.给教师的建议[M].杜殿坤,编译.2 版.北京:教育科学出版社,1984:99.
② 怀特海.教育的目的[M].徐汝舟,译.2 版.北京:生活·读书·新知三联书店,2014:1.

与长期以来自幼儿期开始的教育弊端没有关联。实际上,每个孩子都能用自身证明,他们也曾天真、活泼、思想活跃、积极向上,幼儿期尤其是5～6岁时的哲学思维表现是最突出的。伴随着知识经济、智能化的到来,新时代幼儿的成长不仅需要教育者去倾心保护其率真的哲学天性,更要在保护的同时设法避免现代科学所带来的各种不利因素的侵染。这不仅是百姓口头上、心理上的应然诉求,而且在国家幼儿教育总纲领《幼儿园教育指导纲要(试行)》《3～6岁儿童学习与发展指南》当中,也已经将幼儿哲学思维培养的合理期望具化到了幼儿发展的每一个阶段当中。

1. 幼儿精神哲学的本真回归

新时代,关乎幼儿精神哲学的几种现象引得无数教育者深思,力求通过一系列努力唤回幼儿精神哲学的本真回归。

(1)对幼儿不合逻辑模仿的无所适从。

逻辑是人类理解、把握世界的一种思维方式。儿童自从来到这个世界,就以其自有的逻辑方式开始与世界的双向互动。儿童的逻辑不同于严格的、科学意义上的概念性逻辑,它是一种泛化的、诗意的逻辑。如:

妹妹(27个月):"妈妈妈/妈妈妈/我爱她。"
妹妹(29个月):"姥姥/洗衣/去了!"
"妈妈/进来/了!"
"姐姐/睡觉/哪!"
"姥爷/厨房/做饭哪!"
"爸爸/上班/挣钱/买吃的!"
"一片两片三四片,五片六片七八片,九片十片千万片,飞入芦花看不见。"
"一气两气三四气,五气六气七八气,九气十气千万气,飞入芦花看不见。"
"一个两个三四个,五个六个七八个,九个十个千万个,飞入芦花看不见。"

再如姐姐(6岁)看到园丁正在给树叶剪枝,便脱口感叹一句:"真是不知细叶谁裁出啊!"

2岁幼儿看到姥姥画的太阳,便随即唱念:"太阳当空照,花儿对我笑。"

幼儿的逻辑是个体主观感性、事物直觉表象和具体情态处境浑然一体的逻辑。成人面对幼儿将人的自然生理现象与纪晓岚的诗放在一块儿,往往会觉得可笑,不合逻辑,便会做出类似台湾学者杨茂秀在《谁说没人用筷子喝汤》里的妈妈一样,横加阻拦孩子用筷子喝汤的行为。殊不知,这也许就是孩子最初由模仿而来的诗作,孩子已经对此中的韵律、节奏、意境产生了浓厚的兴趣。法国哲学家雅克·马里坦曾说:"如果事物以其被提供给心灵直觉的存在这一简单事实来美化心灵和给心灵以快感,那么理解这事物是善的,它就是善的,这事物就是美的。"① 当幼儿周围的每一个事物被赋予了个人感性主义的

---

① 丁海东.论儿童精神的诗性逻辑[J].学前教育研究,2005(Z1):8-10.

主体特征,就使得各种事物从它们共同所拥有的主体特征中获得联系或联结,世界由此获得了统一。正是这种联系或联结自然地演变为儿童判断或推理事物间逻辑关系的依据。因此在儿童的眼中,任何现象的发生都有其原因或目的,便开始刨根问底,期望得到最后的解释。所以,保护儿童的哲学天性,应该从发现儿童诗性逻辑的美开始。

(2)对幼儿"真爱"的误解。

新时代物质极其丰富、科技突飞猛进,几乎所有的幼儿园都会为每个年龄段的孩子准备丰富而先进的现代化玩具。每一位父母亲都会为自己的孩子对此不吝出资,以为这就是成人对孩子的真爱,以为自己给予孩子的就是孩子所需要的"真爱"。然而,这些贴着现代科学文明标签的玩具大都以塑料制品为主,玩法与样式层出不穷。如逼真的小超市、小邮局、各种益智类的桌游玩具、建构类的磁力片等。对此孩子们应该乐此不疲,但细心观察后发现,孩子们对这些东西永远都是三分钟热血。他们真正感兴趣的、刨根问底的永远是生活中的场景、大自然的奥秘和富于挑战性的游戏。比如很多妈妈都有同样的感触,孩子对家里的厨房、卫生间特别感兴趣;还有地面上的蚂蚁、四季的变化;玩藏猫猫、老鹰捉小鸡游戏等。但看护者和教育者们为了保障孩子的安全,避之不及。取而代之的是孩子对电视、手机、机器人等被动视听的现代传媒的沉迷。大量涌现的浅薄化、碎片化、马赛克式的信息,频频刺激儿童的感官,导致儿童形成一种"缺乏活力"的大脑活动模式,固化儿童的想象力,影响儿童的抽象思维能力和创新能力,弱化儿童的人际交往能力,使其变得不善于表达、内向、不合群,阻碍其社会性的发展,将儿童生命的活跃"吸收性心智期"白白浪费掉。

(3)对幼儿特权的过度保护。

新时代社会,幼儿特权感十足,并被过度保护着。布莱恩·罗素(2009)说:"善意的家长是特权意识最重要的灌输者和培养者。当他们不仅满足孩子所有的需求,也开始满足孩子所有愿望时,这些家长不仅仅是在象征性地溺爱孩子,也是在切实掠夺孩子学会如何负责地管理资源的机会。当孩子们懂得了过度期待,而不是预见稀缺,他们就学会要求需求和愿望二者被同等满足,而不是区别对待、确定不同的优先级。他们同样也学会了希望他人为自己做出牺牲,而不是自力更生。"生活中此类现象非常普遍,已经发展成为社会的一种常态。比如幼儿吃饭弄得杯盘狼藉时,家长就第一时间主动喂饭;当幼儿和同伴游戏过程中发生磕碰,家长就第一个站出来理论等。一次次小的宠溺,以为仅仅是爱的表达,其实会激变成孩子价值观的挫败。幼儿被掠夺了自己能够养成韧性、坚持、勇气、耐力和反思的每一个要素,自然也就体验不到经过努力获得成功的自我效能感。家长不希望孩子的自尊受到伤害,就夸大事实本真能动地赞扬与奖赏,如此匆匆地干预,必然占有儿童主动探索的时机,剥夺孩子积极进取的自我动力。待将来孩子衣来伸手、饭来张口时,家长开始埋怨儿童的各种不良习惯。幼儿不良思想的养成趋势亟待新的教育观来改变。

(4)对幼儿童年的误解。

意大利哲学家皮耶罗·费鲁奇一再证实"孩子是个哲学家",德国哲学家雅斯贝斯主张:人之初就具有很好的哲学种子,小孩会用最简单的问题去问宇宙大千、人情世故、一切的意义,那其实就是一种哲学的种子。儿童哲学之父李普曼用研究与经验显示了非常宝贵的看法：人最初最重要的思考能力、技巧和态度，并不是透过形式的学习而来的，而是经由童心面对语言的学习、生活规范的学习、世界的认知，慢慢地自己去理会矛盾律、同一律、排中律、肯前律、否后律等基本的逻辑规则，并且将它们运用在生活中。童年本如此，但当前教育的传统却与童年本性严重背离。"人从出生开始，一直通过观察、拆解、深化、概念化、问题化等等，这一连串的过程去理解世界，决定一个事物，甚至一个人的价值和作用。但随着逐渐长大，开始用学习取代了观察，用标准答案取代了思考，用'如何'解决问题取代了问'为什么'。"① 诸如"重知识传授，轻交往体验""重集体规范，轻个性自主""重灌输，轻启发""重权威，轻平等对话"等等，致使童年消逝，童年文化面临重重危机。生活中幼儿哲学的缺失与遮蔽，值得警惕。所以李普曼主张小孩最基本、最重要的东西不是经由大人教的，而是经由自发反省学会的，但是学会这些东西的同时，也可能沾染不良习惯、错误的认定，而造成自信或心灵发展的障碍，所以李普曼认为小孩可以学哲学、搞哲学、做哲学。

幼儿哲学教育能够让刚刚步入社会的幼儿，在探究共同体中慢慢学会分享与合作，自由平等地对话交换意见，慢慢养成在日常生活学习中思考、推理、分析、判断的思维习惯，为长大形成正确的世界观、人生观、价值观奠定基础。研究创造适宜的教育环境、运用科学的教育方法、精心把握教育的节奏来给幼儿学哲学、搞哲学、做哲学，既是幼儿身心发展、学以成人的自然需要，同时也是人类社会素养提升、和谐发展的时代诉求，更是对童年文化的尊重、让幼儿精神哲学的本真回归。

2.幼儿发展的合理期望

中华人民共和国教育部颁布的《幼儿园教育指导纲要（试行）》（以下简称《纲要》）和《3～6岁儿童学习与发展指南》（以下简称《指南》），分别从宏观和微观角度全面而细致地指引幼儿教育发展的总方向，指出幼儿在每个年龄阶段所应达到的发展目标，以及教育工作者对帮助幼儿达成目标的教育建议。本研究正是在这一背景下所进行的教育探索，其幼儿哲学教学理念、目标、内容等的设定，恰恰反映了《纲要》和《指南》中所拟定的幼儿发展的合理期望。

（1）《纲要》中的幼儿哲学期望。

《纲要》是根据党的教育方针制定的，着眼于所有幼儿的健康成长，是广大幼儿教师教育行为的纲领性文件。文件中指出："尊重每个幼儿的想法和创造，尊重幼儿身心发展的规律和学习特点。"促进教师与幼儿相互作用、共同成长的先进教育观念正是幼儿哲学教育的理念，其所规定的目标、内容要求更是处处体现本研究幼儿哲学教学的总体目标。同时《纲要》中五大领域指导要点也充分体现出与本研究幼儿哲学教学特点的不谋而合。例如以下表述：

《纲要·健康》方面：

"身体健康，在集体生活中情绪安定、愉快。"（目标）

"建立良好的师生、同伴关系，让幼儿在集体生活中感到温暖，心情愉快，形成安全

---

① 褚士莹.天马行空的想象力就等于孩子会思考？思考的7大误区，你中招了吗？[EB/OL].(2019-08-21)[2024-05-07]. https://www.sohu.com/a/335273226_125025.

感、信赖感。"(内容与要求)

"开展丰富多彩的户外游戏……用幼儿感兴趣的方式……培养幼儿坚强、勇敢、不怕困难的意志品质和主观、乐观、合作的态度。"(内容与要求)

"幼儿园……树立正确的健康观念,在重视幼儿身体健康的同时,要高度重视幼儿的心理健康。"(指导要点)

《纲要·语言》方面:

"乐意与人交谈,讲话礼貌。"(目标)

"注意倾听对方讲话,能理解日常用语。"(目标)

"能清楚地说出自己想说的事。"(目标)

"创造一个自由、宽松的语言交往环境,支持、鼓励、吸引幼儿与教师、同伴或其他人交谈,体验语言交流的乐趣,学习使用适当的、礼貌的语言交往。"(内容与要求)

"养成幼儿注意倾听的习惯,发展语言理解能力。"(内容与要求)

"鼓励幼儿大胆、清楚地表达自己的想法和感受,尝试说明、描述简单的事物或过程,发展语言表达能力和思维能力。"(内容与要求)

"语言能力是在运用的过程中发展起来的,发展幼儿语言的关键是创设一个能使他们想说、敢说、喜欢说、有机会说并能得到积极应答的环境。"(指导要点)

"幼儿语言的发展与其情感、经验、思维、社会交往能力等其他方面的发展密切相关……在丰富多彩的活动中去扩展幼儿的经验,提供促进语言发展的条件。"(指导要点)

"幼儿的语言学习具有个别化的特点,教师与幼儿的个别交流、幼儿之间的自由交谈等,对幼儿语言发展具有特殊意义。"(指导要点)

《纲要·社会》方面:

"乐意与人交往,学习互助、合作和分享,有同情心。"(目标)

"理解并遵守日常生活中基本的社会行为规则。"(目标)

"引导幼儿参加各种集体活动,体验与教师、同伴等共同生活的乐趣,帮助他们正确认识自己和他人,养成对他人、社会亲近、合作的态度,学习初步的人际交往技能。"(内容与要求)

"在共同的生活和活动中,以多种方式引导幼儿认识、体验并理解基本的社会行为规则,学习自律和尊重他人。"(内容与要求)

"幼儿社会态度和社会情感的培养尤应渗透在多种活动和一日生活的各个环节之中,要创设一个能使幼儿感受到接纳、关爱和支持的良好环境,避免单一呆板的言语说教。"(指导要点)

"幼儿与成人、同伴之间的共同生活、交往、探索、游戏等,是其社会学习的重要途径。应为幼儿提供人际相互交往和共同活动的机会和条件,并加以指导。"(指导要点)

《纲要·科学》方面:

"对周围的事物、现象感兴趣,有好奇心和求知欲。"(目标)

"能运用各种感官,动手动脑,探究问题。"(目标)

"能用适当的方式表达、交流探索的过程和结果。"(目标)

"引导幼儿对身边常见事物和现象的特点、变化规律产生兴趣和探究的欲望。"(内容

与要求)

"为幼儿的探究活动创造宽松的环境,让每个幼儿都有机会参与尝试,支持、鼓励他们大胆提出问题,发表不同意见,学会尊重别人的观点和经验。"(内容与要求)

"提供丰富的可操作的材料,为每个幼儿都能运用多种感官、多种方式进行探索提供活动的条件。"(内容与要求)

"通过引导幼儿积极参加小组讨论、探索等方式,培养幼儿合作学习的意识和能力,学习用多种方式表现、交流、分享探索的过程和结果。"(内容与要求)

"……重在激发幼儿的认识兴趣和探究欲望。要尽量创造条件让幼儿实际参与探究活动,使他们感受科学探究的过程和方法,体验发现的乐趣。"(指导要点)

《纲要·艺术》方面:

"提供自由表现的机会,鼓励幼儿用不同艺术形式大胆地表达自己的情感、理解和想象,尊重每个幼儿的想法和创造,肯定和接纳他们独特的审美感受和表现方式,分享他们创造的快乐。"(内容与要求)

"幼儿的创作过程和作品是他们表达自己的认识和情感的重要方式,应支持幼儿富有个性和创造性的表达,克服过分强调技能技巧和标准化要求的偏向。"(指导要点)

从以上摘录内容的表述中,清楚可见《纲要》在五大领域课程中,与幼儿哲学目标、内容等的相关契合点。本研究正是通过创设幼儿最喜爱的方式——民间传统游戏圈,选用灵活、多样、具体的教学方法和材料,与幼儿共同展开安全、信赖、宽松的团体诘问,运用对话、绘画等多重有效的方式以实现保护幼儿的哲学天性,激发幼儿进行深入探索和思考,使他们增强探索自身与世界的勇气,提高推理与判断的能力,乐于追求真、善、美,转识成智的幼儿哲学教学过程。这恰恰符合《纲要》在第三部分组织与实施中所倡导的,即幼儿园的教育活动,是教师以多种形式有目的、有计划地引导幼儿生动、活泼、主动活动的教育过程。幼儿哲学教学正是幼儿园教育活动创造性地开展、组织与实施的教育过程。幼儿哲学教学的目标、内容更是潜移默化地渗透在《纲要》五大领域中制定的目标、内容要求、指导要点中。

(2)《指南》中的幼儿哲学期望。

《指南》已经全面系统地明确了3~6岁各个年龄段幼儿在各学习与发展领域的合理发展期望和目标,也对实现这些目标的具体方法和途径提出了具体、可操作性的建议。其中仍不乏与幼儿哲学教学的目标异曲同工、不谋而合的内容。以下是5~6岁幼儿在各学习和发展领域,与幼儿哲学相关的合理发展期望和目标摘录。

《指南·健康》方面:

"表达情绪的方式比较适度,不乱发脾气。能随着活动的需要转换情绪和注意。"(目标·5~6岁)

"营造温暖、轻松的心理环境,让幼儿形成安全感和信赖感;以欣赏的态度对待幼儿;帮助幼儿学会恰当表达和调控情绪;允许幼儿表达自己的情绪,并给予适当的引导。"(目标·教育建议)

《指南·语言》方面:

"在集体中能注意听老师或其他人讲话;听不懂或有疑问时能主动提问;能结合情境

理解一些表示因果、假设等相对复杂的句子。"(目标·5~6岁)

"多给幼儿提供倾听和交谈的机会;成人要耐心倾听别人(包括幼儿)的讲话,等别人讲完再表达自己的观点;与幼儿交谈时,要用幼儿能听得懂的语言;对幼儿提要求和布置任务时要求他注意听,鼓励他主动提问;对幼儿讲话时,注意结合情境使用丰富的语言,以便于幼儿理解;根据幼儿的理解水平有意识地使用一些反映因果、假设、条件等关系的句子。"(《指南·语言·目标·教育建议》)

"愿意与他人讨论问题,敢在众人面前说话;能有序、连贯、清楚地讲述一件事情。"(目标·5~6岁)

"为幼儿创造说话的机会并体验语言交往的乐趣。每天有足够的时间与幼儿交谈。如谈论他感兴趣的话题,询问和听取他对自己事情的意见等。尊重和接纳幼儿的说话方式,无论幼儿的表达水平如何,都应认真地倾听并给予积极的回应。鼓励和支持幼儿与同伴一起玩耍、交谈,相互讲述……当幼儿因为急于表达而说不清楚的时候,提醒他不要着急,慢慢说;同时要耐心倾听,给予必要的补充,帮助他理清思路并清晰地说出来。"(目标·教育建议)

"别人讲话时能积极主动地回应。能根据谈话对象和需要,调整说话的语气。懂得按次序轮流讲话,不随意打断别人。能依据所处情境使用恰当的语言。如在别人难过时会用恰当的语言表示安慰。"(目标·5~6岁)

"成人注意语言文明,为幼儿做出表率;幼儿表达意见时,成人可蹲下来,眼睛平视幼儿,耐心听他把话说完;结合情境提醒幼儿一些必要的交流礼节;提醒幼儿遵守集体生活的语言规则。"(目标·教育建议)

《指南·社会》方面:

"知道别人的想法有时和自己不一样,能倾听和接受别人的意见,不能接受时会说明理由;能主动发起活动或在活动中出主意、想办法;与别人的看法不同时,敢于坚持自己的意见并说出理由;接纳、尊重与自己的生活方式或习惯不同的人;利用民间游戏、传统节日等,适当向幼儿介绍我国主要民族和世界其他国家和民族的文化,帮助幼儿感知文化的多样性和差异性,理解人们之间是平等的,应该互相尊重,友好相处;理解规则的意义,能与同伴协商制定游戏和活动规则。"(目标·5~6岁)

"结合具体情境,指导幼儿学习交往的基本规则和技能;引导幼儿换位思考,学习理解别人;能以平等的态度对待幼儿,使幼儿切实感受到自己被尊重;经常和幼儿玩带有规则的游戏,遵守共同约定的游戏规则。"(目标·教育建议)

《指南·科学》方面:

"对自己感兴趣的问题总是刨根问底;能经常动手动脑寻找问题的答案;探索中有所发现时感到兴奋和满足;能通过观察、比较与分析,发现并描述不同种类物体的特征或某个事物前后的变化;能用一定的方法验证自己的猜测;探究中能与他人合作与交流;能察觉到动植物的外形特征、习性与生存环境的适应关系;能发现常见物体的结构与功能之间的关系;能探索并发现常见的物理现象产生的条件或影响因素。"(目标·5~6岁)

"经常带幼儿接触大自然,激发其好奇心与探究欲望;为幼儿提供一些有趣的探究工具,用自己的好奇心和探究积极性感染和带动幼儿;和幼儿一起发现并分享周围新奇、有趣的事物或现象,一起寻找问题的答案;通过拍照和画图等方式保留和积累有趣的探索与发现;真诚地接纳、多方面支持和鼓励幼儿的探索行为;认真对待幼儿的问题,引导他们猜一猜、想一想;通过提问等方式引导幼儿思考并对事物进行比较观察和连续观察;支持和鼓励幼儿在探究的过程中积极动手动脑寻找答案或解决问题;鼓励幼儿根据观察或发现提出值得继续探究的问题,或成人提出有探究意义且能激发幼儿兴趣的问题;支持和鼓励幼儿大胆联想、猜测问题的答案,并设法验证;支持、引导幼儿学习用适宜的方法探究和解决问题,或为自己的想法收集证据;支持幼儿与同伴合作探究与分享交流,引导他们在交流中尝试整理、概括自己探究的成果,体验合作探究和发现的乐趣;帮助幼儿回顾自己探究过程,讨论自己做了什么,怎么做的,结果与计划目标是否一致,分析一下原因以及下一步怎样做等;引导幼儿在探究中思考,尝试进行简单的推理和分析,发现事物之间明显的关联。"(目标·教育建议)

《指南·艺术》方面:

"艺术欣赏时常常用表情、动作、语言等方式表达自己的理解;愿意和别人分享、交流自己喜爱的艺术作品和美感体验;能用多种工具、材料或不同的表现手法表达自己的感受和想象;艺术活动中能与他人相互配合,也能独立表现;能用律动或简单的舞蹈动作表现自己的情绪或自然界的情景。"(目标·5～6岁)

"理解和尊重幼儿在欣赏艺术作品时的手舞足蹈、即兴模仿等行为;当幼儿主动介绍自己喜爱的舞蹈、戏曲、绘画或工艺品时,要耐心倾听并给予积极回应和鼓励;创造机会和条件,支持幼儿自发的艺术表现和创造;营造安全的心理氛围,让幼儿敢于并乐于表达表现;在幼儿自主表达创作过程中,不做过多干预或把自己的意愿强加给幼儿,在幼儿需要时再给予具体的帮助;了解并倾听幼儿艺术表现的想法或感受,领会并尊重幼儿的创作意图,不简单用'像不像''好不好'等成人标准来评价;提供丰富的材料……让幼儿自主选择,用自己喜欢的方式去模仿或创作,成人不做过多要求。"(目标·教育建议)

纵观《指南》,全文中虽未提"哲学"字眼,但各个领域渗透着哲学教育的目标、价值和教育建议。《指南》中对各年龄段典型表现目标的描述,是经过严格、科学、准确的年龄效度检验的。因此,《指南》中对5～6岁幼儿所提出的合理期望,反映着这一年龄阶段幼儿群体大致的学习与发展水平、行为特点。对于本研究而言,既是5～6岁幼儿学习与发展"最近发展区"最有意义的参照,也是进行幼儿哲学教育教学的指引和导向,为开展幼儿哲学的有益性和必要性提供了科学依据。

(二)学前教育发展的需求

幼儿哲学,是哲学领域的一个分支。其在内容上不是要进行高深的哲学学术研究,不涉及哲学知识与概念的灌输;在形式上也不是哲学流派与理论枯燥而又严肃的说教;在结果上也不追求固定、统一的标准答案。其终极目标是运用幼儿哲学,启蒙和开启幼儿哲学思想和思维意识,从而改善幼儿教育局面。幼儿哲学教学将为幼儿教育发展开辟一条更生动、更适宜的教育途径,为幼儿成长提供更适合的学习与发展环境、条件等时空资源、文化资源。

1.幼小科学衔接的诉求

在工业时代以科学主义为特征的背景下,现代教育"以线性的培养目标、程序化的教学模式、教师代表已知与权威的刻板印象、对儿童心灵的白板式隐喻",①约束着教育的生态性发展。5~6岁幼儿正处于学前阶段,幼儿教育小学化,尤其是学前一年教育小学化,非科学衔接是学前教育的一大顽疾。盲目追求"提前学习""超前教育",严重违背了儿童身心发展的规律,强行占有孩子语言与行动的时间和空间、束缚孩子的思维、固化幼儿的想象力、影响幼儿的抽象思维能力和创新能力、弱化幼儿的人际交往能力,使其变得不善于表达自己,内向、不合群,阻碍其社会性发展,将幼儿生命的活跃"吸收性心智"期白白浪费掉。

作为一线的幼儿教育工作者,总是听到家长对孩子要求"听话""乖""好孩子",可究竟听谁的话?什么样的话可以听?听家长和老师的话就是乖吗?有自己的想法就不乖了吗?"好孩子"是如何定义的?生活和工作中,发现孩子们每天都会有许多问题,常常有许多违背大人意愿,甚至是"破坏性"的做法。也经常看到家长在幼儿园还没放学就急匆匆地接走孩子,带孩子去上各种各样的特长班,显然,至少目前哲学还不在大多数中国父母考虑范围之内——哲学是什么?这不是文艺青年的脑力游戏?我们大人也没太搞懂,那小孩子能学得懂吗?回答是肯定的,孩子比成人更接近哲学。孩子学哲学本就是学龄前幼儿本真的诉求、本性的回归。

2. 新学前教育价值观的倡导

新知识观认为,知识是一种关系体系,是"主体通过与其环境相互作用而获得的信息及其组织"。知识不仅是一种客观存在,也是个人头脑的创造物,当个人通过社会经验过程领悟到事物与事物之间的关联,并把这种关联加以分析、判断,进而与日新月异的信息链进行推论后,知识的真正意义才得以实现、再生和发展。②《纲要》和《指南》作为学前教育的总纲领,充分体现了新学前教育价值观。从上文的表述中,可以体会到其学前教育的情景化、过程化、游戏化、经验化,内容与环境、任务、幼儿身心特点的有机融合。幼儿哲学教学正符合当前的知识观,它不再是哲学知识传承过程,而是探求知识、建构新知的过程。教师不再作为知识的权威代言人,而是幼儿学习活动的支持者、组织者、帮助者、引导者。幼儿也不再是知识的接受者,被动地听从教师的指令,而是带着自己的好奇、经验与伙伴对话、与世界对话的发动者。

新的学习观在《指南》中有突出表述。《指南》在"说明"中明确指出:"幼儿的学习是以直接经验为基础,在游戏和日常生活中进行的。要珍视游戏和生活的独特价值,创设丰富的教育环境,合理安排一日生活,最大限度地支持和满足幼儿通过直接感知、实际操作和亲身体验获取经验的需要……"新的幼儿学习观认为:学习是每一个幼儿的权利,保障每一个幼儿的学习权利,是政府、社会以及每一个儿童家庭不可推卸的责任;早期的学习是奠基性的,其质量优劣对人一生的学习和发展都有重要影响;渴望学习是人与生俱来的倾向,激发、保持并发展幼儿的学习兴趣与动力是早期教育最重要的任务之一;幼儿的学习是有其规律与特点的,尊重幼儿的学习方式,创造一个充满爱和尊重的、富于理解和激励的、宽松而安全的、积极互动的环境,引导幼儿在生活与游戏中快乐地动手动脑、

---

① 郑敏希.儿童哲学的后哲学之思[J].上海教育科研,2018(1):15-19.
② 冯晓霞.新《纲要》的知识观与幼儿园课程内容[M].南京:江苏教育出版社,2013:96.

感知体验、交往合作、探索创造,是保证幼儿学习的最好条件。①

幼儿与生俱来的哲学天性,正是人渴望学习倾向的源头和出发点。"问渠哪得清如许,为有源头活水来。"这一时期若给予孩子科学的教育,保护好源头的活水,自会有绵延不断的清泉。然而,当前社会对幼儿学习观依旧有着较为严重的曲解现象,部分观点把幼儿的学习与中小学生的学习等同,违背幼儿的身心发展规律,将幼儿的学习狭隘化、学校化、功利化。把幼儿本应接受启蒙与潜移默化的、本应依赖直接经验与体验的、本应在生活与游戏中进行的、本该充满想象与创造的学习扭曲为唯学业至上的狭隘知识灌输或机械的技能训练,无视幼儿自身需要,造成长远的危害,这一现实与当前新学前教育价值观背道而驰。

(三)哲学教学变革的需求

1994年,屈凯的《论儿童哲学与逻辑心理教育:兼论科学哲学的人类生态学化》一文认为:"人类生态学化的哲学要求重视人,从而要求重视教育,教育的核心是逻辑心理教育,逻辑心理教育的起点是儿童哲学。"②文中阐释,中国有深远的儿童哲学经历,远至孔孟之道,近至毛泽东提出改造中国非普及哲学不可,钱学森建议在小学开设哲学课,于光远倡导学智慧学。但目前的现实是,中小学课程根本没有哲学,即便有少数教育机构开设儿童哲学也仅仅是作为一项教研特色而零散地存在。哲学并没被纳入正式的课程中,也没有成为教师的必备专业素养之一。根本原因并不是儿童不能做哲学,也不是因为教师没有专业的哲学背景,而是哲学的教条化。③ 哲学本质上就是客观、辩证、开放的,但一直以来在很多人的眼里却将其奉为只能是高深莫测的学问,非常人所及,使哲学在某种程度上自相矛盾,误入主观、执拗、封闭的歧途。

要克服哲学教条化,首先应当明确:教育是生产力,教育要面向现代化,面向世界,面向未来,幼儿就应当学习哲学。因为哲学教育是所有教育的浓缩、原型和核心。要克服哲学教条化,须把哲学重新界定。哲学是爱智慧,"智慧"与"道""逻各斯"对应。"逻各斯"与逻辑同源,为逻辑心理教育,乃是哲学的真谛。逻辑心理教育与传统的逻辑课程不同,传统的形式逻辑或数理逻辑是用来训练学生的思维的,往往效果不佳,原因是高级的、质的东西没有掌握,低级的、形式上的东西也就无从掌握,即便表面上掌握了,也是浅层次的,不能致用且很快消失。马克思认为,正确的科学——哲学的思维,是逻辑回溯历史,高级透视低级。在心理学中,"应用"是真正的理论,在"应用"中最明显的是心理分析,但最重要、最根本的是教育心理学,它是心理学的"原型"。皮亚杰的发生认识论虽然是心理学的革命,但仍属传统的学术理论,近年来,它已被"产生理论"所取代。产生理论重视心理研究中的"测不准原理",不再强调"测量",开始重视"教育"。在心理学领域中,心理学又在重新回到哲学上去。④ 再者,今天的哲学也不再是"解释世界"的哲学,而是实

---

① 李季湄,冯晓霞.《3~6岁儿童学习与发展指南》解读[M].北京:人民教育出版社,2013:24.
② 屈凯.论儿童哲学与逻辑心理教育:兼论科学哲学的人类生态学化[J].江西教育学院学报,1994(1):55-57.
③ 同②.
④ TERWE S J S. Hermeneutics in psychology and psychoanalysis[M]. Springer-verlag,1990:26.

践实证,即实作哲学。那么心理学和哲学的关系,即哲学的心理学化和在它背后的哲学、科学哲学的人类生态学化。人类生态学化强调的并不是生态本身,而是人类对生态的把握,重点不在"生态",而在于人。重视人,就要重视教育,教育的核心是逻辑心理教育,逻辑心理教育的起点便是儿童哲学,确切地说源头在幼儿哲学。①

世界观人人都有,无论婴孩与成人。区别只是在于自觉和不自觉,在于在自觉与不自觉之间有什么样的世界观。哲学是爱智慧,而智慧与聪明的本质区别在于,智慧不仅聪明,还拥有正确的世界观、人生观、价值观,并自觉地运用它来指导自己的行动。因此,幼儿期学习哲学具有迫切的意义,迫切地需要适合幼儿的非教条化的哲学教育。

二、幼儿哲学教学的实然状态

幼儿哲学或独立,或作为儿童哲学的一部分,伴随着儿童哲学的发展已经在世界各地悄然兴起。自李普曼创立儿童哲学起,幼儿哲学就作为其范畴之一随之发展。儿童哲学的另一位先驱马修斯更是运用大量幼儿哲学的实例证实了幼儿是儿童哲学家之一的命题。同时,更加强调幼儿阶段的孩子比入学以后的孩子更具哲学天性。随后,幼儿哲学在法国、英国、澳大利亚、韩国等许多国家生根发芽。同时我国台湾幼儿哲学蓬勃发展,并以江浙、京津、滇、沪等区域为前瞻,以刘晓东、于伟、陶志琼、高振宇等学者为先驱的幼儿哲学迅速兴起和发展。有关幼儿哲学的研究已经吸引越来越多的学者,幼儿哲学的名字已经被越来越多的幼儿园一线教师和幼儿家长所熟知。国内学界在吸收、借鉴国外先进经验的同时,结合中国孩子的特点在内容上有机地融入中国文化,逐渐形成了具有中国特色的幼儿哲学发展态势。

(一)学术研究与教学实践同步发展

幼儿哲学,无论是作为哲学,还是作为教育学,既要植根于系统的学术理论研究中,更要扎根在幼儿学习生活的实践研究中。当前在世界范围内,幼儿哲学在学术与实践研究领域,所辐射的地域与从事的群体都呈现出"星星之火,可以燎原"之态势。

1. 幼儿哲学教研活动多域兴起

在法国,儿童哲学教育已经实践了20多年,全法国有200多家儿童哲学咖啡馆,在儿童哲学咖啡馆中云集在一起做哲学的,也都是不同年龄段的孩子,而且法国几乎每个幼儿园都有儿童哲学工作坊。法国哲学博士基娅拉·帕斯托里尼于2014年创立了"小光芒"儿童哲学工作坊,她与33名项目成员共同为4~14岁的儿童提供哲学实践项目。其实践方式有两种:一种是以讨论的形式引导幼儿生成自己的问题和看法;另一种是运用绘画、写作、戏剧等文学和艺术形式调动幼儿身体感知,引导幼儿通过视觉、听觉、触觉来感受世界,形成概念。类似的还有1996年,由儿童哲学教育学家雅克·莱文于里昂创建的"AGSAS儿童哲学工作坊"和"小小柏拉图"等。② 在美国与加拿大,已有许多研究

---

① 屈凯.论儿童哲学与逻辑心理教育:兼论科学哲学的人类生态学化[J].江西教育学院学报,1994(1):55-57.

② 林佩.在人人都会点哲学的法国,是如何实践"儿童哲学"的?[EB/OL].(2019-08-19)[2024-05-07]https://www.canedu.org.cn/site/content/3776.html.

者借助与当地幼儿园的合作，在实践中进行幼儿哲学的教学研究。[1] 夏威夷儿童哲学研究中心与2019年中国赴美研修团队展开了东西方儿童哲学理论与实践的对话，中心人员介绍在幼儿园做一个P4C团体球花了3～4个星期的时间，可见夏威夷儿童哲学研究中心在幼儿园开展幼儿哲学探究活动时间不短，且态度认真、侧重点突出。[2] 2016年，联合国和法国南特大学合作创建了世界上第一个致力于儿童哲学实践的教育委员会。其下属14个合作机构，其中法国10个，瑞士1个，比利时2个，美国1个。[3] 1986年，韩国首尔教育大学哲学校友会设立，2003年儿童哲学教育研究所作为私设教育机构从校友会独立出来，长期致力于执笔、翻译、课程开发及授课等活动，开设从幼儿园至高中阶段的全年课程。幼儿部的课程主要为"读童话、做思考游戏""看图、做提问游戏"。[4] 儿童哲学已经在世界多地竞相发展。

1984年，杨茂秀应成长儿童学园倪鸣香的邀请，开启了台湾幼儿哲学的发展历程。在2003年云南民航儿童哲学实验幼儿园诞生以前，大陆幼儿哲学理论研究一直融汇在儿童哲学研究当中，实践研究多集中在小学阶段。而后，我国各地多所幼儿园相继开展了幼儿哲学的实践探索活动。同时，一些学术专家也将研究视角转向了幼儿这一群体。中国大陆继2003年云南民航儿童哲学实验幼儿园诞生之后，北京、天津、上海、成都、杭州、长春等地多所幼儿园进行了不同程度、各具特色的幼儿哲学实践探索。中华女子学院附属实验幼儿园、上海锦绣博文幼儿园、成都市第五幼儿园、杭州市协和幼儿园、天津市和平区第十一幼儿园等诸多幼儿园陆续开始了幼儿哲学教育的实践活动。同时学术界也随之进行了一系列的相关理论与实证研究。2011年，天津市和平区教育局申报了中国学前教育研究会"十二五"课题"幼儿哲学启蒙教育的实践研究"，并被获准立项。2017年6月，杭州师范大学首届儿童哲学与教育高峰论坛中，华东师范大学古秀蓉博士为杭州师范大学附属仓前实验幼儿园的小朋友上了一节"三个和尚"幼儿哲学课[5]；2018年7月，浙江大学外国哲学研究所博士研究生、即兴教育创始人杨妍璐在儿童哲学公益沙龙带领幼儿进行了"如何做好一只狗"的哲学活动[6]；2018年3月，由协和教育集团下属幼儿园和浦东教发院合作开展的幼儿哲学教学展示活动等，一系列探究幼儿哲学教学的实践活动为从事教育实践的研究者提供了诸多启示和借鉴。

杭州师范大学教育学院于2017年1月1日成立的儿童哲学研究中心，以儿童哲学为

---

[1] 张晓蕾.以绘本为载体的大班幼儿哲学启蒙教育实践研究[D].济南：山东师范大学，2016.
[2] 中国儿童哲学教师2019美国夏威夷研修活动纪实（一）[EB/OL].(2019-08-20)[2024-05-07]. https://mp.weixin.qq.com/s/UN5FHLNpkbZ3_5-OeJ0i_Q.
[3] 林佩.在人人都会点哲学的法国，是如何实践"儿童哲学"的？[EB/OL].(2019-08-19)[2024-05-07]https://www.canedu.org.cn/site/content/3776.html.
[4] 金海英.儿童哲学在韩国[EB/OL].(2019-02-23)[2024-05-07]. https://mp.weixin.qq.com/s/0O8a8u64bDlxc0McoLnanQ.
[5] 古秀蓉.幼儿园儿童哲学示范课"三个和尚"[EB/OL].(2017-09-04)[2024-05-07]. https://mp.weixin.qq.com/s/Ej6PprUYLZe9OGSXk2eIeA.
[6] 杨妍璐.儿童哲学是闹着玩的？：儿童哲学公益沙龙活动[EB/OL].(2018-07-22)[2024-05-07]. https://mp.weixin.qq.com/s/SCrTFgu4ScvLaw54R1QSgw.

主攻方向,致力于儿童哲学、童年哲学、教师教育研究,以科研带动实践,积极推动儿童哲学在幼儿园教育、中小学教育、民间教育等公共教育活动中的实施。其公众号也在大量宣传和介绍国内外儿童哲学的最新理论成果及实践资讯,提供该研究中心的研究、课程、培训和实践推广资讯,从而推动儿童哲学在我国的稳健发展。2018年12月,由儿童哲学研究中心携手杭州童乐亲子培训中心、协和幼儿园、宋都阳光幼儿园共同协办的首届"思考拉儿童哲学国际论坛"在杭州协和幼儿园举行,此次论坛的一个重要议题就是由杭州宋都阳光幼儿园韩晓丹园长和协和幼儿园任杰灵园长与与会人员所共同探讨的关于"如何开展幼儿与教师的儿童哲学实践活动"。儿童哲学研究中心主办的"思考拉"儿童哲学初级培训已经在2018年下半年开办了两期,有200多人拿到了儿童哲学初级证书。在2019年1月,为系统培育儿童哲学教师,更好地推动儿童哲学在幼儿园、青少年活动中心及其他教育公共空间的普及,杭州师范大学儿童哲学研究中心携手浙江天长差异教育研究院以及杭州协和幼儿园,首次推出思考拉儿童哲学教师进阶培训项目。思考拉儿童哲学教师进阶培训项目包括"种子教师培训项目""领航教师培训项目""荣誉教师培训项目"三大系列。这三大系列的培训项目对幼儿哲学师资的发展、壮大及其专业性的推进起到了良好的开拓性作用。2019年3月,儿童哲学研究中心在大屋顶工作坊开启了与6岁幼儿进行的以"为什么要上学?学外语是为了什么?动物可以去上学吗?"为主题的幼儿哲学探究活动。同期,中国首个社区共享育儿平台摩尔妈妈携手儿童哲学研究中心开展了一场极具特色的共享育儿活动——儿童哲学启蒙之"先有鸡还是先有蛋"。2019年2月,厦门大学人文学院哲学系将故宫小学设立为厦门市首家儿童哲学教育实验基地,并于2019年7月开展了为期一周的厦门大学"儿童哲学理论与实践"暑期夏令营活动。2019年9月,浙江大学哲学系将浙江大学幼儿园实验园设立为儿童哲学教研基地。2019年11月20日,浙江大学幼教服务中心以"看见儿童 发现成长的力量"为主题的学术月活动开启,学术月第一场活动内容即是看见儿童——儿童哲学专场。[①] 在第18个世界哲学日——2019年11月21日,思考拉儿童哲学中心和心阳教育集团联合授予了杭州市协和幼儿园"思考拉儿童哲学荣誉学校"称号。[②] 2019年11月27日,在天津市和平区"儿童哲学启蒙教育的实践探索"现场会上,天津市和平十一幼儿园和天津幼儿师范附属幼儿园分别展示了中班和大班两个年级"一样,不一样?""喂!小蚂蚁"两节儿童哲学示范课,与会的幼教同行同时展示了现场的教研成果。[③] 我国各地的幼儿哲学实践者和研究者们也将自己的成功经验,以论文、著作、绘本等多种方式进行总结提升,并且正在以有效的、有价值的、有操作性的教育教学经历感染与带动着各地更多的幼儿教育实践者和教育者加入到幼儿哲学的教育实践中来。

---

① 浙大幼教中心学术月儿童哲学专场[EB/OL]. (2019-12-22)[2024-05-07]. https://mp.weixin.qq.com/s/r5aUQO9cTnK4ROQkMq0D4g.

② 儿童哲学在幼儿园如何开展?杭州协合幼儿园做出了经验![EB/OL]. (2019-11-23)[2024-05-07]. https://mp.weixin.qq.com/s/fiDgngsrC2871QtLGYRnMg.

③ 天津市和平区"儿童哲学启蒙教育的实践探索"现场会【特别报道】[EB/OL]. (2019-12-02)[2024-05-07]. https://mp.weixin.qq.com/s/WxQyiCSo8pGlEmm7cNzAlg.

2.幼儿哲学教学师资多栖发展

幼儿哲学教学师资的群体从专业领域上看,主要来自哲学研究、学前教育研究、心理学研究领域;从执教领域来看,主要来自学术型大学、研究生院、幼儿园;从学术身份来看,主要来自大学教授、研究生、一线幼儿园园长、幼儿教师、社会致力于幼儿培训的教育机构从业人员等。不同的群体正在依据自身的学术优势、文化倾向、研究特点等积极地进行相关探索研究,为幼儿的健康、和谐发展寻求适宜的幼儿哲学教学方式与方法。

由李普曼、夏普、奥斯肯扬、斯宾列特等人合作编写,目前在世界范围内最常使用的IAPC教材,就已经将幼儿园阶段纳入儿童哲学教学的范畴当中。有记录显示,美国儿童哲学的负责人安妮·夏普曾报告了学龄前儿童做哲学的情况。① 马修斯也通过对幼儿阶段哲学思维的发现与解析,证明了幼儿是天生的哲学家。在过去20多年来,法国儿童哲学家奥斯卡一直在世界范围内组织思维训练工作坊,致力于提高儿童和成人的提问与思考能力,包括为教师们提供线上、线下的教师培训,教授"提问式教学法"并提高教师们的思维与认知能力。2017年受法国驻华大使馆邀请,奥斯卡访华并在全国范围内开展教师培训。杨茂秀与倪鸣香首次将幼儿哲学带到华人中间,开启了台湾幼儿哲学的写作、研究与教学实践,并与一些热心人士于1990年成立了"财团法人毛毛虫儿童哲学基金会",致力于研究儿童思考、翻译儿童哲学教材、开发本土教材,整理出版儿童思考资料,推广故事妈妈读书会,举办对外师资培训课程,出版毛毛虫通讯书籍等。为了让更多的人认识、了解儿童哲学,还创立了儿童哲学网站,以增进与儿童哲学有关的教学经验及相关的材料交流。幼儿哲学随同儿童哲学一并发展,基金会现已成为台湾地区儿童哲学最主要的推动者和实施者,横跨教育、文学、哲学等多个领域。② 随后,潘晓慧、王清思等诸多台湾学者开展了一系列的幼儿哲学探究活动,使幼儿哲学在台湾家喻户晓、活跃非凡。哲学家周国平用细腻的笔触深入到幼儿的哲学世界之中,并将对幼儿哲学的思考与实践通过一部部文艺作品传达给每一位读者。目前,刘晓东、高振宇、陶志琼、杨妍璐等一批又一批的学者、教授不仅亲身投入到幼儿哲学的理论与实践教学当中,还在通过会议、培训、工作坊、线上沟通等多种方式进行着幼儿哲学的推广、普及与培训工作,使越来越多的有识之士认知幼儿哲学的价值,懂得幼儿哲教育的重要性,学习幼儿哲学研究的方法,乐于投身到幼儿哲学教学的实践当中。

在诸多学术前辈的感召和引领下,已经有越来越多的学术后辈开始幼儿哲学的研究,如上海师范大学学前教育专业硕士研究生刘薇所在园所近年将儿童早期哲学列为重要的实施课程,在实践中证实了中班年龄段的幼儿已具有活跃的哲学思维及一定程度的学习哲学的能力,同时其本人也在所在幼儿园开展了提升中班幼儿的哲学思维能力的课程开发与实践方案的研究。山东师范大学的硕士研究生张晓蕾也展开了以绘本为载体的大班幼儿哲学启蒙教育实践。

(二)幼儿哲学教学内容以故事性文本为主

国内幼儿哲学研究生在教学素材的选择方面,除了选用国内外的幼儿哲学绘本以

---

① 高振宇.儿童哲学论[M].济南:山东教育出版社,2011:117.
② 张晓蕾.以绘本为载体的大班幼儿哲学启蒙教育实践研究[D].济南:山东师范大学,2016.

外,还进行了幼儿哲学中国化的有益探索,将传统民间故事、寓言故事等中国传统文化融入其中。但素材选取的类型相对比较单一,以故事性内容为主体。

1. 运用专门的哲学绘本教学

美国蒙特霍利约克学院教授沃特伯格在2009年出版的 *Big Ideas for Little Kids* 中提出,运用儿童文学进行哲学教育具有优越性,其中列举分析了一些为人熟知的绘本所涉及的哲学主题。并在2013年出版的 *A Sneetch Is a Sneetch and Other Philosophical Discoveries* 中,进一步细化了绘本中涉及的哲学主题,加深对哲学主题的分析,为增加哲学教育素材的覆盖领域,为施行幼儿哲学教育提供了新的思路。倡导以绘本为载体进行哲学对话的还有英国的凯瑞·毛瑞斯、乔安娜·海尼斯、罗伯特·费舍尔等。绘本本来在传统教育中就是儿童独爱的阅读书籍,尤其是其独特的亲幼儿、文字少、留白、哲理性强等优点,更成为幼儿教师进行幼儿哲学教学活动得心应手的素材。① 因此,虽然诸多儿童哲学研究者在艺术品、音乐、戏剧等多方面进行哲学教学材料的研究,但终归还是以绘本类素材居多。尤其是幼儿哲学更是以绘本为教学材料的首选。当前幼儿哲学教学多选用国内外的哲学绘本,如奥斯卡教授为孩子们写的《大问题》系列绘本以及《儿童哲学智慧书》;《大问题》系列绘本呈现了奥斯卡教授一贯的理念,要给孩子创造思考的机会。BBC也与其合作,推出了一套52集的儿童哲学专题动画片。这套儿童情绪探知绘本由魏舒翻译、读小库引进中国。

2. 将传统故事性文本改编后用于教学

幼儿哲学随同儿童哲学在世界范围内的推广,IAPC教材也在世界各地得到应用。起初的各国研究者们都使用这部教材作为幼儿哲学的权威文本。但后来使用过程中感觉到IAPC教材毕竟是北美文化背景和教育模式下的产物,生搬硬套过来势必会影响本土幼儿哲学教学的科学发展。所以,诸多研究者开始逐步探索符合本国国情的儿童哲学教学教材或读本。在素材的选择方面,虽力求形式的多样化,但仍多以童话、寓言、图画故事等故事性文体为主。如韩国儿童哲学教育研究所开发哲学童话、美国蒙特霍利约克学院的沃特伯格教授及学生共同设计的思考故事等。中国传统文化当中有着大量的富于哲学意蕴的文学题材,如儿童说理故事、寓言、成语、神话等等。我国有些学者在实践中将一些中国传统文化中耳熟能详的寓言、故事进行改编,使其成为适合中国幼儿发展的幼儿哲学教学内容。如华东师范大学古秀蓉博士为杭州师范大学附属仓前实验幼儿园小朋友上的一节"三个和尚"幼儿哲学课,由中国传统故事《三个和尚》改编。

(三)基本形成稳定的教学范式

只要提及儿童哲学,凡是稍有涉猎儿童哲学领域的人都会想到如此场景,一群人坐在一起探讨问题,有一位教师作为主持人一直在牵引着就某一个问题进行对话。国内外的幼儿哲学教学,基本上都沿用李普曼儿童哲学教学范式,即探究共同体与苏格拉底对话法。目前在我国,所了解到的幼儿哲学教学实践也同样如此。

---

① 张晓蕾.以绘本为载体的大班幼儿哲学启蒙教育实践研究[D].济南:山东师范大学,2016.

1. 探究共同体的构建

高振宇在《儿童哲学论》中论述到探究共同体时认为,早在学龄前,幼儿就已经充满了好奇和探究精神,而且这种探究的渴望比成人要强烈得多,且儿童的成长环境主要在家庭中,家庭乃是温暖、舒适的"交流共同体"(community of communication),父母与子女之间的交流几乎时刻都在发生。当幼儿进入到学前一年之后,近乎小学化的冰冷规则、结构和秩序使幼儿开始渐渐失去探究的兴趣。由此,在学前一年进行幼儿哲学教育的意义显得更为必要和重要。国内学者在幼儿哲学教学过程中,所构建的幼儿哲学探究共同体一般由 10 名左右的幼儿组成。幼儿围坐成一圈或半圆形,针对教师呈现给他们的故事性文本进行对话与交流。对话过程中,多运用发言球来规范课堂秩序。幼儿园内部构建的探究共同体,主要由本园教师与本园幼儿组成,群体相对稳定。由大学教授、研究生组建的幼儿哲学探究共同体往往是临时组成,群体相对零散、不稳定。高振宇综合国内外众多研究者的论述,认为探究共同体具有以下几个特点:一是课堂组织形式通常为圆形或方形的封闭形态。这样的课堂布局能够营造平等而开放的氛围。二是探究共同体一般是常态下的班集体,却又不局限于此。有的是以哲学咖啡馆、哲学工作坊等形式存在,其成员的组成相对零散。三是探究共同体内的对话遵循螺旋形上升的原则。哲学问题的对话永远没有终点,呈现出开放、连续、系统、关联等探究优势。四是探究共同体是一个智力安全(intellectually safe)环境,参与其中的每一个探究者在观点交锋上都既相互支持又相互质疑,辩驳与交锋可以在流畅安全的状态下进行;五是在探究共同体中,参与者进行"交互主体性连接"(inter-subjective connection)。每个成员都志愿贡献智慧,坦然修正他人意见。六是探究共同体以真理为中心,受真理所驱使。[①]

2. 苏格拉底对话法的运用

对话,是探究共同体的核心元素,这在儿童哲学研究领域是具有普遍共识的。探究共同体内的对话直接借鉴于古希腊哲人苏格拉底的哲学对话传统,即产婆术式苏格拉底对话。李普曼在《教室里的哲学》一书中阐述,苏格拉底及其对话体哲学是启发如何生活,而不是论辩。目的是通过反思式的探索净化反省,达到思想交流和思想探索的合一,从而过有意义的生活。李普曼所开创的儿童哲学教学的原初模式,除教学内容部分进行了本土化改革外,都是按照探究共同体、苏格拉底对话的模式来开展的。我国学者在幼儿哲学教学过程中,依然沿用李普曼的苏格拉底对话法,引导幼儿对故事内容和他人的观点进行思考。通常不追求固定的和标准的答案,重点在于激发幼儿思考的热情与兴趣。

在国际范围内纵观幼儿哲学的发展,从李普曼就已开始了幼儿哲学教育。尤以在世界上盛产哲学家的法国为典型,幼儿哲学在全球范围内迅速发展,得到了众多国家的重视。而目前在我国,幼儿哲学要经历从学院派哲学思想向通俗哲学思想的转变;要经历成人观念为主导向以幼儿为本位、尊重幼儿天性、认可幼儿是天生哲学家的思想转变。其发展仍处于起步阶段,只有部分专家、学者、幼儿园及相应机构在进行这一领域的探索

[①] 高振宇.儿童哲学论[M].济南:山东教育出版社,2011:146.

性研究。但可喜的是,无论兴起地域、学科领域,还是研究范围、实践群体,都呈现出"星星之火,可以燎原"之态势。幼儿发展需要幼儿哲学,幼儿哲学发展需要与幼儿园的学前教育有机融合,以最符合适龄幼儿天性、最适合幼儿身心特点、最适宜幼儿所属文化背景的学习内容、方式和方法,推动幼儿教育向健康、生态、科学的方向发展,推进幼儿哲学在中国生机勃勃的发展进程。这条符合幼儿本位、符合文化本位的教育发展之路,改变了诸多影响孩子发展前途、关于幼儿哲学理念的错误认识,让越来越多的哲学教育工作者、幼儿教育工作者看到了新的希望。

三、基于民间传统游戏的幼儿哲学教学尝试

关注幼儿的哲学世界,是为发现幼儿成长的契机;研究幼儿的哲学世界,是为找寻幼儿哲学教学的路径;体察幼儿的哲学世界,是为得到培养幼儿哲学思维的方法。恩格斯说:"一个民族要想站在科学的最高峰,就一刻也不能没有理论思维。"然而,哲学思维不能凭空提高,需要有计划、有章法地进行相关训练与培养。源于幼儿成长的天性使然、学前教育的责任使然,本研究开展了为期两年半的幼儿哲学教学探索,积累了丰富的一线素材,以下摘选其中四个教学个案加以展现。

(一)基于"老鹰捉小鸡"游戏的幼儿哲学教学活动

1. 教学设计

(1)教学思路。

游戏相关话题导入—讲述游戏规则与玩法—进行游戏—在游戏中发现问题—对话讨论—主题对话讨论。

(2)教具准备。

①"老鹰捉小鸡"视频。

②老鹰头饰一个,鸡妈妈头饰一个,小鸡头饰若干。

③音乐光盘《老鹰捉小鸡》。

④软垫若干。

(3)环境布置。

老鹰捉小鸡游戏是一项运动量较大的游戏,幼儿在"捉与躲"的过程中来回地奔跑,且幼儿一旦投入到有趣的游戏中,容易只顾着玩,而忽略安全和自我保护,所以此项游戏宜选择空间大小适宜、宽敞、四周无障碍且有软性保护的场地进行。

2. 游戏观察记录

日期:2018年11月2日

游戏时间:上午9:50—10:05

游戏时长:15分钟

成人数目与角色分配:主班教师1名与9名幼儿轮流扮演老鹰、老母鸡和小鸡。

目标儿童数目与概况:共9名幼儿,其中男孩5名,女孩4名。

观察方法:事件抽样法。

记录方式:先进行实况录像,然后通过反复回看录像以进行记录。

观察内容:在整个游戏时间内,所有幼儿在游戏中的表现与态度。

游戏规则：第一轮先由教师当母鸡，小鸡要一个拽一个的后衣襟，排在老母鸡身后一长串。第二轮先确定一个灵活的孩子扮老鹰，再选一个稍大点有力气的孩子来扮老母鸡。扮老鹰的孩子要突破老母鸡的防线，冲进小鸡群中，成功地将其中一只抓住，并使其从队列中分离出来。被抓的小鸡来扮演老鹰，游戏重新开始。

具体内容：

  首先讲述游戏玩法与规则，并让小朋友们自由地站成一排。随后请全体幼儿推荐一位小朋友来担任老鹰，小朋友们一致推荐了男孩A。男孩A立即爽快地答应，同时从队伍中走出来，边走边张开双臂扇动着跃跃欲试，其他小朋友也表现出害怕的神情，有的迅速躲到老师（老母鸡）的身后，有的向其他方向跑去。这时老师让小朋友们都站到老母鸡的身后，而且很自然地一个牵着一个后衣襟地准备着。当老师一声令下——"开始"，孩子们立刻投入到游戏的角色中，老鹰开始迅猛地向小鸡们扑去，小鸡们在老母鸡的保护下来回躲闪，所有参与的孩子都充满着紧张而又兴奋的神情，尖叫声、笑闹声响彻教室。男孩A动作非常迅猛，很快抓住了老母鸡身后的男孩B。接下来由男孩B扮演老鹰来抓小鸡，男孩B高兴得连蹦带跳，他虽不及男孩A动作灵活，但也很快就抓住了女孩A，被抓住的女孩也兴奋得手舞足蹈，这时老师问："有没有小朋友想当老母鸡来保护小鸡呀？"孩子们个个急切地举手示意，老师见状，便说："那小朋友们就轮换来当老鹰和老母鸡吧！"而后游戏如此循环，大约进行了15分钟，孩子们意犹未尽，但考虑孩子的身体承受能力，老师终止了游戏。

3.哲学讨论实录

日期：2018年11月2日

对话时间：上午10:20—10:36

对话时长：16分钟

  时间安排说明：因老鹰捉小鸡游戏的运动量相对较大，幼儿活动后需如厕、洗手，并稍事休息。但为让幼儿不失对游戏的兴致，趁热打铁，哲学对话时间在游戏后，过15分钟再进行。

  成人数目与角色分配：研究者A园L老师担任主持人，与9名幼儿进行哲学对话。

  目标儿童人数与基本情况：共9名幼儿，其中男孩A，2013年9月26日生；男孩B，2013年11月2日生；男孩C，2013年11月7日生；男孩D，2013年11月30日生；男孩E，2013年9月26日生；女孩A，2014年3月8日生；女孩B，2013年11月8日生；女孩C，2013年10月20日生；女孩D，2013年2月28日生。

  观察方法：事件抽样法。

  记录方式：先进行实况录像，然后通过反复回看录像以进行记录。

  观察内容：在整个对话时间内，所有幼儿的语言、行为、表现所呈现出的哲学思维等。

  具体内容：

L老师:"L老师先给你们看一张图片。"L老师正准备用一体机将图片展示给幼儿时,男孩B问老师:"老师,是什么图片啊?"当老鹰捉小鸡图片已经展示出来时,男孩A第一个发出了好奇的声音"咦?",脸上也呈现出惊讶的神情,其他小朋友也跟着发出"咦"的惊叹声,随后小朋友们都说:"是老鹰捉小鸡!是老鹰捉小鸡!"(形象思考)

　　老鹰捉小鸡,对孩子们来说是最熟悉不过的游戏了。虽然L老师在展示图片前设置了一个小小的悬念,不足以接二连三地引起所有小朋友的惊叹。主要是缘于男孩A的第一个好奇,其他小朋友便也跟着一起惊叹。在幼儿的集体活动中,经常会发生此类的跟随性表达或行为。孩子们以此为快乐,有一种集体归属感,但对于儿童哲学教师而言,针对这类现象,要避免幼儿因太多的"跟随"而没有自己的主见和想法,教师可以引导幼儿进行自我的思考。

　　L老师:"现在我们来看看刚才我们做老鹰捉小鸡这个游戏时的样子。"老师开始播放十多分钟前做的老鹰捉小鸡游戏视频。孩子们顿时兴奋起来,争着抢着指着视频里的自己说:"那个前面的是我。""那个穿红衣服的是我。""那个是老师""那个后面的是我。"(人本思考)

　　人要完整地看到另一个自己,可以通过三个途径,即镜子、照片、录像。每个人在集体照片中,首先最关注的必定是自己;人每天都要照镜子,关照自己的形象与内心。幼儿更是如此,孩子们喜欢照镜子,更会为电视中的自己而兴奋不已。生命教练的一个基本的方向是要实现生而为我的明觉,实践生而为我的力量。所以人们常常自我提醒要学会诚实地观察。不仅仅观察这个世界,重要的是观察自己的生命。观察自己从身体到精神的每一个层次,诚实地自我观照、自我探索、自我投射、自我升华和自我认同,人通过镜子、照片、录像的形式观照自我,是由"本我"向"自我""超我"进阶的形式,也是理解与自身同源的其他生命体的一种能力。

　　女孩D一直面带笑容专注地看着,一会儿右手的大拇指一直在嘴边吮着,一会儿把两只脚伸出很远不停地抖动,却不作声。过了一会儿,女孩D和身旁的两个女孩扮起了老鹰、小鸡的样子。(在模仿中建构)女孩D还拥抱两个女孩,努力去保护女孩。(关怀思考)这期间,男孩A两次组织纪律,大声地对全体小朋友说"别说了,别说了",随即现场安静了下来。(主动管理)
　　这时L老师说:"刚才小朋友在观看视频的时候呢,你也说,你也说,你也说,这样会怎么样啊?"小朋友们没出声。(推理)
　　L老师接着问道:"能不能清楚地听到其他小朋友说什么啊?"女孩C说"不能",其他小朋友也都跟着摇头。(生成选择性观点)
　　L老师说:"我们讨论的时候,老师问大家问题,你们想回答时应该怎么做呢?"女孩A说"举手",女孩C说"认真听",男孩A总结道:"举手、安静认真

听!"(建立规则)

弗洛伊德认为,在原始社会中,人是弱小的,为了抵御大自然的侵害及其他生物的威胁,人唯有群居才能生存。而人与人之间本能的满足是相互抵触的,因此,为了共同地生活下去,人们就需要订立契约,互相做出约束。文明其实是人类对自然之防御及人际关系之调整或累积而造成的结果、制度等的总和。这段表述看起来像是不得已而为之的结果,但幼儿从始至终,或许还不知何为文明的情况下,就已开始向往文明。《道德经》第二十八章指出:"常德不离,复归于婴儿。"在第五十五章说:"含德之厚,比于赤子。"子曰:"苟志于仁矣,无恶也。"(《论语·里仁第四》)经过上面的对话,幼儿由两次不得已的组织纪律进而制定集体的规则,这一进步便是幼儿自律与人际关系调整的结果。幼儿若能从小全心全意以"仁"为行道的依归,那么其行为因有"仁"做标准,自然不会做出乱事。

L老师:"刚才我们一共看了三段视频,有游戏开始时候的视频和游戏结束时候的视频,我们玩的有哪里不一样呢?"(思考差异)

男孩E:"我知道,就是一开始我们没散。"L老师:"后来呢?"(产婆术式提问)男孩E:"后来就散了!"(辨别差异)男孩B:"有的小朋友摔倒了!"(给出理由)紧接着,小朋友们都争着抢着说:"我也摔了!我也摔了!"

男孩A:"最前面我先抓男孩B了。"男孩B接着说:"我还抓到女孩B了哪!"紧接着小朋友们又开始争着抢着说自己抓到谁了,一时间难以安静下来,这时男孩A又站起来对大家喊道:"别说啦!别说啦!"这时小朋友们都安静了下来。(主动管理)

L老师:"为什么一开始没散,后来就散了呢?"(寻求理由)

女孩A举手回答道:"因为摔跤。"(给出理由)

男孩B举手回答道:"因为他动作太快了,我们有点整不开了,我们就有点散开了。"(利用线索鉴定)

L老师:"怎么样才能不散开呢?"(反向求真证明)

男孩B:"我们抓紧点儿!"(想法延伸)女孩A同时向前伸出双臂做抓紧的动作。(在模仿中建构)

L老师:"不抓紧就容易散开,看来我们在做游戏的时候得遵守……(这时L老师故意拉长声,没有急着往下说)"这时男孩A大声回答道:"规则!"(概括)

L老师:"什么是规则呀?"(下定义)

男孩A举手回答:"就是不能、不能玩、(这时男孩B调侃道:'不能玩啊!')不能玩儿赖!"

L老师:"什么叫玩儿赖呀?"(洋葱法)

女孩A:"就是不能走出区域!"(举例)

男孩B:"不能耍花招儿!"男孩A紧接着也说"不能耍花招儿"。(概念具体化)

男孩C:"我知道什么是耍赖,就是后出的!"男孩A应和道:"对,他就是想

赢!"(举例)

  L 老师:"怎么样算是耍花招儿呢?"(洋葱法)

  男孩 B:"就是想办法让别人输,自己赢。"(举例)

  我国学者吴国平说:"思维始于概念。"①然而,人们平素的思维往往不是以概念的形式存在的,而是体现为人们习以为常、约定俗成的传统价值观念,在语言表述上也是比较随意、通俗的话语。如上述对话中幼儿将"规则"定义为不能"玩儿赖"、不能"耍花招儿"之类,很少有认真、细致的思维分析和规范、标准的表述。法家之思想核心依法治国之术,为"循名而责实"。《管子·正第》:"守慎正名,伪诈自止。"《国语·晋语四》:"举善援能,官方定物,正名育类。"《旧唐书·韦凑传》:"师古之道,必也正名,名之与实,故当相副。"可见,概念之于思维的重要性。

  L 老师说:"咱们游戏开始的时候,××老师做鸡妈妈,后来都谁当过鸡妈妈呀?"有几个小朋友举手说:"我!我当过鸡妈妈!""那都谁当过老鹰呀?"L 老师问。(确认事实)同样有几个小朋友举手说:"我!我当过老鹰。""老鹰的责任是什么呀?"L 老师问。大家都说"抓小鸡"。"那鸡妈妈的责任呢?"L 老师又问。大家都说"保护小鸡"。(引导关注重要问题)

  这时 L 老师又问:"那小鸡有没有什么责任呢?"(探索价值决定)

  男孩 B 答道:"长大了保护妈妈!"(关怀性思考)

  L 老师:"那小鸡小的时候有没有什么责任呢?"(洋葱法)

  男孩 B 又举手说:"运动!"(继续对话论点)

  男孩 A 举手说:"吃食物!"

  L 老师:"鸡妈妈只有一个,它有那么多只小鸡,那这些小鸡有什么责任呢?"

  男孩 D:"保护责任。"(关怀性思考)

  L 老师:"保护谁呢?"

  男孩 A:"保护鸡妈妈!"(关怀性思考)

  L 老师:"哦!鸡妈妈只有一个,它要保护这么多只小鸡,鸡妈妈很辛苦,怎么才能不让鸡妈妈这么辛苦呢?"(反向求真证明)

  男孩 A:"长大了保护鸡妈妈!"(关怀性思考)

  L 老师:"你小的时候呢?"(反向求真证明)

  男孩 B:"保护自己!"(人本思考、自我教育)

  L 老师:"除了保护好自己之外,还有没有什么其他的责任呢?"

  男孩 B:"一起吃食,一起说话。"其他小朋友想了想,没有人说什么。

  L 老师:"鸡妈妈有这么多小鸡……"L 老师还没说完,男孩 B 抢着说:"都是

---

① 吴国平.课程中的儿童哲学[M].上海:上海教育出版社,2018:40.

鸡妈妈生的。"(插嘴法)

　　L 老师："这些小鸡之间是什么关系呀？"没有人回答。

　　L 老师："你们这些小鸡都是鸡妈妈的什么呀？"小朋友们都回答："小宝宝。"

　　这时男孩 C 说："L 老师，我有个问题，就是老鹰、小鸡、鸡妈妈都当过。"然后就看自己的手，不说什么了。

此时，L 老师一再激发之下，特别期待也以为男孩 C 会说出与众不同的观点，但结果不尽如人意。独生子女的一代，是众星捧月的一代，部分孩子只懂得接受爱，不太知道给予爱；独生子女的一代，是物质丰富的一代，也是孤独自我的一代，不大了解手足之情。这或许有些绝对，但诚然是社会普遍存在的现象之一。责任是一种使命，是对自己所负使命的忠诚和守信，是践行当代社会主义核心价值观的必备品质。每个人在一生当中，都会有很多承担责任的机会。但很多时候问题并非人们不具备良好的担当态度、敢于担当的信心和勇气，而是根本不知道自己有责任，不知道自己该承担什么样的责任，尚处在一种蒙昧状态。所以，在幼儿哲学教学活动中，从小树立责任担当的意识，势在必行。

　　此时男孩 A 接着说道："L 老师，就是我小时候看过功夫鸡！"（形象思考）

　　男孩 B："功夫鸡就是很帅的鸡！"

　　男孩 A："功夫鸡有很多功夫，还会变很多动物！"

　　L 老师："什么叫功夫啊？"（下定义）

　　男孩 C："打人的！"这时小朋友们便开始表演起"拳打脚踢"。（在模仿中建构）

　　L 老师："如果你们都成为功夫鸡的话，还会不会被老鹰欺负了？"小朋友们都说"不会"。（反向求真证明）

　　L 老师："我们今天玩的游戏是老鹰捉小鸡，那如果你们都成为功夫鸡了，我们这个游戏可不可以变换一个玩法呢？"（创新思考）

　　男孩 B："可以！"

　　男孩 A："功夫鸡打老鹰！"这时女孩 C 为男孩 A 鼓掌。（情绪辨认）

男孩 A 想到"功夫鸡打老鹰"，并且得到了女孩 C 赞扬的掌声。"落后就要挨打"命题，最早是斯大林在《论经济工作人员的任务》演说中提出的。弱肉强食、适者生存是自然规律，动植物都是如此。就人类而言，至少适者生存是不应全盘否定的，毕竟适应社会、适应人生是一种成熟的表现。人们可以用它来剖析社会各种现象的本质，指导自己的行动。

　　L 老师："随着你们这些小鸡一天天地长大，你们身上就会有（男孩抢答'肌肉'，其他小朋友说'功夫'），那老鹰也会一天天地（男孩 B 抢答'变老'），到那个时候，你们就能做到（男孩 A 说：'功夫鸡打败老鹰。'）。"（插嘴法）

（在以上的对话过程中，除了几个积极举手发言的孩子外，其他小朋友的注意力都集中在讨论的话题上，跟着大家回答。只有女孩D一直没对讨论话题发表任何看法，也不随着大家回答，要么自己玩儿，要么时而和旁边的小朋友打闹一下，但坐在她旁边的女孩A虽有时配合她打闹一下，但更多的注意力是在话题上，而且积极回答。）

4. 探索智慧

基于"老鹰捉小鸡"游戏的幼儿哲学教学活动，游戏简单、易行，幼儿在玩的过程中乐此不疲，是地方民间传统游戏中最为普遍的游戏之一。大道至简，大爱无疆，最简约而普遍的游戏当中蕴藏着儒家最伟大的仁爱之义。《论语·雍也第六》中子贡问仁，曰："如有博施于民，而能济众，何如？可谓仁乎？"子曰："何事于仁，必也圣乎！尧舜其犹病诸！夫仁者，己欲立而立人，己欲达而达人。能近取譬，可谓仁之方也已。"圣人之功，恐尧、舜也不能及，求仁之道不必舍近求远。仁是爱的补充，由爱自己而扩充到爱父母、爱儿女、爱兄弟，推而爱一切年老、年幼之人。教学活动从平易、寻常之处着手，先后对规则、责任、功夫等与仁爱相关的问题进行了探讨，且问题都是在探讨的进程中即思路圈中自然而然地产生。当语言的世界和现实的世界、游戏的世界联系起来的时候，一系列的哲学问题自然而然地生发出来。通过游戏过程中的"失误"懂得规则的重要性；通过角色体验明白责任是什么，懂得担当；通过"功夫"探索游戏的别样玩法，并一反传统意识中小鸡只是被保护的角色定位。仁，即是礼——规则；是爱——爱人；是义——担当。幼儿在扮演老鹰、鸡妈妈、小鸡的过程中，通过角色模仿有了初步的反差式体验，而后在哲学对话中有了更加明晰的角色意识。使"内模仿"经验进一步得到升华，尤其是幼儿在探究过程中，时常还会模仿角色动作，使其认知在模仿中再一次建构。需要值得注意的是，男孩C在热烈的讨论中，小小的心灵被激荡，当请他发言时，他的回答还处在"言之无物"的状态中；还有女孩D一直处在不发声的状态当中，但好在她的动作模仿似乎也在建构当中。

（二）基于"网鱼"游戏的幼儿哲学教学活动

1. 教具准备

渔夫头饰两个，小鱼头饰若干。

2. 环境布置

网鱼游戏是一项运动量适中的游戏，不会发生激烈的冲撞，也不会高强度地躲闪与奔跑，此项游戏选择在教室内进行。

3. 游戏观察记录

日期：2018年11月8日

游戏时间：上午9:50—10:00

游戏时长：10分钟

成人数目与角色分配：两位教师负责组织游戏，共有14名幼儿参加本次游戏，幼儿轮流扮演渔夫和小鱼。除本研究中的9名幼儿外，其他5名幼儿分别是男孩F，2014年10月21日生；男孩G，2014年6月4日生；男孩H，2014年4月6日生；男孩I，2014年9月23日生；女孩E，2014年11月18日生。

目标儿童人数与基本情况：共9名幼儿，其中男孩5名，女孩4名。

观察方法：事件抽样法。

记录方式：先进行实况录像，然后通过反复回看录像进行记录。

观察内容：在整个游戏时间内，所有幼儿在游戏中的表现与态度。

游戏规则：指定两个小朋友扮渔夫，其余的小朋友扮小鱼。听到开始的信号后，扮渔夫的小朋友相互把手架起来扮作渔网，小鱼们排成纵队，按顺序从"渔网"下穿过，同时当渔网的小朋友还要说着歌谣："一网不捞鱼，二网不捞鱼，三网捞一条小尾巴，小尾巴，小尾巴……鱼。""小尾巴"三字可以任意重复。当说完最后一个"鱼"字时，当渔网的小朋友就扣住一条小鱼，被抓到的小鱼可以自己选择来当渔夫，换下来的小朋友去当小鱼，也可以选择被放生，再次参加游戏，游戏继续进行。

具体内容：

老师首先讲解了游戏规则，并教唱歌谣："一网不捞鱼，二网不捞鱼，三网捞一条小尾巴，小尾巴，小尾巴……鱼。"第一轮游戏，老师先选择了女孩 D 和男孩 D 两位个子较高的小朋友来扮渔夫。当游戏一开始，两个渔夫就跃跃欲试，小鱼们也都有序地从渔网下穿过，每当渔夫唱到三网的时候，小鱼们就做出准备冲刺的架势，以便快速冲过渔网，避免自己被抓到。尽管小朋友们速度很快，但小鱼比较多，总是要抓到一条小鱼的。被抓到的小朋友被淘汰出局。

4.哲学讨论实录

日期：2018 年 11 月 8 日

对话时间：上午 10：10—10：26

对话时长：16 分钟

时间安排说明：网鱼游戏的运动量相对较大，幼儿活动后需如厕、洗手，并稍事休息。但为让幼儿不失对游戏的兴致，趁热打铁，哲学对话时间在游戏后，过10分钟再进行。

成人数目与角色分配：研究者 A 园 L 老师担任主持人，与 14 名幼儿进行哲学对话。

目标儿童数目与概况：共 14 名幼儿，其中男孩 A，2013 年 9 月 26 日生；男孩 B，2013 年 11 月 2 日生；男孩 C，2013 年 11 月 7 日生；男孩 D，2013 年 11 月 30 日生；男孩 E，2013 年 9 月 26 日生；女孩 A，2014 年 3 月 8 日生；女孩 B，2013 年 11 月 8 日生；女孩 C，2013 年 10 月 20 日生；女孩 D，2013 年 2 月 28 日生。除以上本研究中重点关注的 9 名幼儿外，其他 5 名幼儿分别是男孩 F，2014 年 10 月 21 日生；男孩 G，2014 年 6 月 4 日生；男孩 H，2014 年 4 月 6 日生；男孩 I，2014 年 9 月 23 日生；女孩 E，2014 年 11 月 18 日生。

观察方法：事件抽样法。

记录方式：先进行实况录像，然后通过反复回看录像进行记录。

观察内容：在整个对话时间内，所有幼儿的语言、行为、表现所呈现出的哲学思维等。

具体内容：

L 老师："看你们一玩起游戏来怎么那么开心啊？"

男孩A:"好玩儿!"(情感辨认)

L老师:"这个网鱼的游戏好玩儿在哪里呀?"(解释)

男孩A:"好玩在心里。心脏!"

L老师:"心脏有什么感觉呀?"(洋葱法)

男孩A:"好玩儿的感觉!"(情感辨认)

这时男孩H打断说:"不好玩儿。"L老师问为什么。男孩H说:"转得太晕了!来回转哪!"男孩F、男孩G也都跟着说有点太晕了!

男孩B接着就之前的话题说道:"我的心脏就是有点要蹦出来的感觉。"(情感辨认)这时其他小朋友也都七嘴八舌地抢着说:"我的也是,我的也是,我的心脏也要蹦出来了。"

过了一会儿,小朋友们逐渐安静下来,这时L老师说道:"我们制定的讨论的规则是什么?"这时小朋友们跟着说道:"回答问题要举手。"L老师继续说:"说到规则呀,今天你们在玩网鱼这个游戏的时候,有没有小朋友不遵守规则的?刚才在游戏中,我们说一网不捞鱼,二网不捞鱼,有没有二网被捞到的呀?"

小朋友们都摇头说:"没有。"(确认事实)

L老师:"那一网有没有被捞到的呢?"

小朋友们也说:"没有。"(确认事实)

L老师:"你们想不想被捞到呢?"(探索价值决定)

小朋友们也都说:"不想。"

L老师又问:"为什么不想被捞到呢?"(推理价值)

男孩A:"卖鱼,就把我们给卖了。"

L老师:"被卖了之后会怎么样呢?"(洋葱法)

男孩A:"就炒了、切了吃!"

男孩E:"我妈妈给我蒸过鱼,而且是活的。"(人本思考)

L老师:"啊,被捞到,就会被炒了、切了吃掉,那鱼儿就死了!"小朋友有的说"肚子都没了",有的说"什么都没有了"。(人本思考)

L老师见状说:"啊,你们是想像鱼儿一样在水里自由自在地活着,不想死,觉得还是活着好,对不对?"这时男孩A就站起来,双手并拢合掌,指尖朝前,弓着腰表演鱼儿游来游去的样子。(在模仿中建构)

男孩C:"我现在就活着哪!L老师也活着哪!赵老师也活着哪!"(人本思考)

孩子们的想法不禁让人想到孔子其入世哲学的表达,孔子曰:"未知生,焉知死?"生与死如此严肃的话题,在孩子们的言谈中具体而实在,轻松而生动,和他们的生活体验密切相关。表现当中没有沉重,只有对于哲学探求的内在渴望和对于"活着"的美好向往。梁漱溟在《东西文化及其哲学》中说:"'生'是儒家的核心观念,孔家没有别的,就是要顺着自然道理,顶活泼顶流畅的生活。"孔子的着力点在于要生时闻道,并体现于当下的生活。中国古代哲学从生入手而知死,由此而重新着落于生。孩子们一脉相承而来的、积极入世的人生态度,从人本出发,最后归于人本的哲学精神,直切生活的真实精神,具有特殊的高度和价值。

  L老师:"怎么样算活得好呢?"(探索价值决定)
  男孩C:"开心!"男孩A:"快乐!"(情感辨认)
  L老师:"怎样才能让自己开心呢?"(探索价值决定)
  男孩A:"玩自己喜欢的游戏。"孩子们开始七嘴八舌地讲述自己最喜欢玩的游戏。(人本思考)
  L老师:"看来只要让你们玩游戏,让你们开心,你们就觉得活着特别好,是吧?"
  男孩A抢着说道:"老师,还有功夫,功夫也让我开心!"(人本思考)
  L老师:"那还有没有其他的什么让你们觉得活着好呢?"
  女孩A:"和朋友一起玩儿!"(社交思考)
  L老师:"你有朋友吗?谁是你的朋友?"(探索价值决定)
  小朋友们都争着说有自己的朋友,只有男孩A非常明确地说:"我的朋友是男孩C、男孩D、男孩B、男孩E。我还有10个朋友哪!有100个朋友哪!"(社交思考)
  L老师:"你们都有朋友呀,有这么多的朋友有什么好的呀?"(探索价值决定)
  男孩A:"跟朋友一起玩儿!好玩儿,像玩具!"(情感辨认)
  这时L老师向正在说悄悄话的女孩D和女孩C说:"你们两个是朋友吗?"女孩D和女孩C都点点头。
  L老师:"怎样算是朋友呢?"两个女孩没说什么。
  L老师继续问道:"你们有没有互相关心呢?"两个女孩都点头。
  L老师又问:"当你们互相关心的时候,心情怎么样?"两个女孩没有作声。
  L老师追问:"你们互相关心的时候,开心吗?"两个女孩点头。L老师接着让两个女孩说一下什么是朋友,但两个女孩没有说什么。这时男孩A又说道:"我有80个朋友啊,在一起玩开心。我妈妈生了我和弟弟,先生了我,后生了弟弟!"(情感辨认)

  《论语·颜渊第十二》中司马牛忧曰:"人皆有兄弟,我独亡。"子夏曰:"商闻之矣:死生有命,富贵在天。君子敬而无失,与人恭而有礼,四海之内,皆兄弟也。君子何患乎无兄弟也?"在上段对话中,幼儿所表现出来近乎"四海之内皆兄弟"之友谊的渴望,与朋友乐游、互助的相处之道,与子夏以孔门义理慰勉司马牛所体现的忠告善道、以友辅仁有异曲同工之妙。

  L老师问男孩A:"为什么妈妈先生你呀?"(解释)
  男孩A说:"先生我,因为我想长大。"(推理)

L老师:"为什么想长大呀?"(给出理由)

男孩A:"能上幼儿园呀!"(推理)

男孩B:"老师,我弟弟还在我妈妈肚子里,我先生出来,我先长大,长大了保护妈妈!"(关怀性思考)

女孩C:"我们长大了,也能像妈妈一样生宝宝。"(给出理由)

L老师:"是吗? 为什么要生宝宝呀?"(探索价值决定)

女孩C回答道:"因为爸爸和妈妈组合在一起,就能生宝宝。"

女孩B:"爸爸妈妈结婚就能生宝宝。"(给出理由)

L老师:"什么叫结婚呀?"(下定义)

女孩B:"结婚就是爸爸妈妈一起跳舞,化妆,穿白纱裙。"(举例)

男孩D拉了一下L老师说:"L老师,我的妈妈不能生弟弟了。"男孩D的表情看起来有点凝重。(情感辨认)

5.探索智慧

基于"网鱼"游戏的幼儿哲学教学活动,选择的网鱼游戏同样简单、易行,幼儿在玩的过程中乐此不疲。教学活动先后对"活着""怎样活着""怎样开心""朋友""长大""结婚"等人生问题进行了探讨。每个人在小的时候都喜欢和大孩子玩儿,每一个小孩子都渴望长大,孩子羡慕大人可以穿高跟鞋,羡慕大人可以喝饮料,羡慕大人可以化妆穿婚纱,甚至羡慕大人可以生小孩。幼儿并不知道成人世界之烦忧,他们羡慕的其实是他们眼中的自由,正如他们所演示的像鱼儿一样在水里自由自在的样子。对于自由的真谛,每个人都会有不同的解释。幼儿对自由的理解,来源于成人对他们行为、语言上的约束,来源于他们与成人可以平等相处的渴望。自由,从存在主义角度说,人作为自在的存在,存在先于本质,人本身是自由的,或许这就是为什么幼儿感到被约束但同时又快乐的缘由。人作为自在的存在的同时,又是自为的存在。人拥有伟大的反思能力,人类的行动是为筹划未来而存在着无数的可能性,是在现在中孕育,并要在未来中找到结局。萨特说:"人是自己创造的东西……人不只是他自认为是什么,而是他自愿成为什么。"所以,孩子们在快乐的生活中,依旧期盼长大,渴望自由。①

(三)基于"欻嘎拉哈"游戏的幼儿哲学教学活动

1.游戏说明

"欻嘎拉哈"游戏的传统玩法比较多,而且相对复杂,需要较强的手眼协调能力。本研究中5~6岁幼儿的手眼协调能力、小肌肉群的发展水平还不能完成传统游戏中复杂的玩法,因此,在本游戏中降低了传统游戏玩法的难度。"欻嘎拉哈"游戏是一个桌面游戏,在玩游戏时小朋友们围坐在桌子四周,同时适于进行哲学对话。采用游戏与哲学对话相结合的方式进行。

---

① 王芳.哲学原来这么有趣:颠覆传统教学的18堂哲学课[M].北京:化学工业出版社,2013:93.

2.玩具准备

4张桌子、10把椅子、4副嘎拉哈、1个布口袋。

3.基于欻嘎拉哈游戏的哲学对话观察记录

日期:2018年11月21日

游戏及对话时间:上午9:50—10:22

时长:32分钟

成人数目与角色分配:L老师与9名幼儿,L老师作为主持人和裁判与幼儿进行基于欻嘎拉哈游戏的哲学对话。

目标儿童人数与基本情况:共9名幼儿,其中男孩5名,女孩4名。

观察方法:参与式观察法。

记录方式:先进行实况录像,然后通过反复回看录像进行记录。

观察内容:在整个游戏时间内,所有幼儿在游戏中的表现与态度。

游戏规则:幼儿先按照L老师的指令将16枚嘎拉哈翻成统一面,再将布口袋向空中抛起,同时用一只手去接住口袋,另一只手去抓嘎拉哈。小朋友们一个一个进行,一共进行三轮。最后以嘎拉哈翻面正确的数量、接住口袋的数量与手抓嘎拉哈的数量相加,总数最多为胜。

具体内容:

　　L老师:"现在老师手里有一堆很好玩儿的玩具,老师把它们装在了一个一个小布袋里。现在请你们来摸一摸,猜猜这是什么玩具。"小朋友都迫不及待地摸了起来。(引起兴趣)

　　女孩B:"好像里面有点硬硬的东西。"(分析)

　　男孩B:"好像大牙齿!"(想象思考)

　　女孩C:"哑铃!"(想象思考)

　　女孩A:"好像是糖!"(想象思考)

　　L老师:"你们觉得这是什么东西?"

　　小朋友们异口同声都说"糖"。(概括)

　　L老师:"现在咱们打开,来看看到底是什么东西?"(验证)

　　当L老师将布袋打开,拿出嘎拉哈的那一刻,女孩C说:"你看,我说是哑铃吧!"(下结论)

　　而男孩A说:"哑铃糖!"(综合)

　　可是再仔细一看,女孩C说:"这不是哑铃,也不是糖。"(对论点进行核实)

　　L老师:"现在你们再摸一摸,看看它的质地是什么?"

　　小朋友都说:"牙齿。"(想象思考)

　　L老师:"啊!你们是觉得这个质地像牙齿是吧?但是呢,它不是牙齿,它是骨头。"这时小朋友们都露出惊讶的神情。

　　L老师:"那现在你们猜猜这是什么动物身上的骨头呢?"

　　女孩A立即举手说:"我知道,我知道,是恐龙!"(想象思考)

L老师:"恐龙!太久远了!恐龙的骨头,我们要是像这样拿在手里随便玩儿的话,那恐怕不行,因为那是文物!"(学院派传统教学法)

男孩A:"大象的骨头!大象的。"(想象思考)

男孩B:"大象的牙齿。"

L老师:"大象的牙齿多长啊!这到底是什么动物身上的骨头呢?"

男孩C:"不是人身上的吧?!"(想象思考)

男孩A:"我也想是不是人身上的。"

有意识的想象是自觉的、有目的的,幼儿乐于为这种想象去付出努力、去触摸、去观察、去猜测、去创新,它就像一把钥匙能打开孩子智慧的大门。幼儿最善于想象,这种想象能够让孩子学习时,在知识间建立联系;讨论时,尝试用自己的话去表达;在玩耍时,更加多一些有新意、有趣味的玩法;在生活中,多一些解决问题的办法。同时,有时孩子的想象也是荒唐的、可笑的、离谱的。此时成人不能用自己固有的思维去束缚孩子的想象,要及时鼓励孩子继续思索、探求,或许结果会别有洞天。如果成人不去这样做,那么荒唐可笑的也许是成人自己。

L老师:"现在咱们把这些小布袋都打开,好好看一看、摸一摸。"

L老师:"L老师告诉你们,这个东西的名字叫作嘎拉哈。"

小朋友们都跟着惊叹道:"嘎拉哈!"

这时女孩B说:"我姥姥家里有。"

女孩C也说:"我家里也有。"

L老师:"这样啊!那刚才那么老半天,你们也没想起来,是因为你们从来都没玩过,是吗?"(确认事实)

小朋友们都说:"嗯!没玩儿过,我没玩儿过。"

L老师:"好,那一会儿我们就看看这个嘎拉哈是怎么玩儿的,在玩儿之前我们先来认识一下嘎拉哈。大家看嘎拉哈有几个面呀?"

男孩A:"四个面。"

L老师:"嗯!四个面,我们看看这面上面有个坑儿,那这个面就叫它'坑儿',在'坑儿'的反面像我们的肚子一样鼓起来的,这个叫作'肚儿'。在很久很久以前啊,我们的爷爷奶奶们就会玩嘎拉哈。他们为了填饱肚子,就要去打猎,打的猎物比如猪啊,羊啊,它们身上就有这个嘎拉哈。谁打的猎物多,谁的嘎拉哈就多,谁就被称为大英雄。(学院派传统教学法)为什么这样就被称为英雄呢?你们说说什么是英雄呢?"

男孩C:"能救人的!"(概念具体化)

男孩B:"还有保护人的!"

女孩B:"超人也是!"

L老师:"那要是保护的是坏蛋呢,也是英雄吗?"孩子们都摇头。

A园地处金源文化肇兴之地，园内处处体现金源文化的内涵。文化背后所蕴藏的民族精神、哲学意涵随时随地浸染着边疆文化孕育的幼儿。女真人"俗勇悍，喜战斗，耐饥渴苦辛，善骑，上下崖壁如飞，济江河不用舟楫，浮马而渡"。[①] 其淳朴简约、团结平等、奋发图强、积极进取的民族精神，是A园一直以幼儿哲学形式进行弘扬和传承的园所品质文化。英雄，是孩子们所向往追求并效仿的学习目标。古往今来，不同时代背景对英雄有不同的解读。教育教学机构既要担起民族传统文化的传承和发扬责任，也要引领新一代华夏儿女辩证、积极地看待与诠释民族精神。

　　男孩C："老师，我有个问题，他们很勇敢！"
　　L老师："那什么是勇敢啊？"
　　男孩A："就是有什么东西都不怕。"（概念具体化）
　　男孩C："就是什么事儿都难不倒他。"
　　L老师："保护别人很勇敢。还有什么情况也是勇敢的表现呢？"
　　男孩C："打狼，杀狼。"（概念具体化）
　　女孩A："保护大家。"
　　男孩C："还有保护园长。"
　　L老师："啊！还要保护我，我太幸福了，你们为什么愿意保护我呢？"
　　女孩C："长大了保护。"
　　男孩C："你不是给我们讲了吗？"
　　女孩A："等我们长大了保护。"
　　男孩C："小孩摞一起就长高了，就变高了。"
　　L老师："看来你们都愿意当英雄啊！"
　　男孩A："女孩不能当。"（提出异议）
　　L老师："为什么呀？"（给出理由）
　　男孩A："女孩胆子小。"（分析）
　　L老师："大家觉得他说得对不对？（小朋友们摇头）为什么不对？"（辨识一致性）
　　男孩C："因为女孩能当妈妈。"（反驳）
　　L老师："你们女孩赞成他的观点吗？"（辨识一致性）
　　几个女孩同时且坚定地回答："不赞成！"（反驳）
　　女孩C："我们女孩长大了还能生宝宝哪！"（给出理由）
　　L老师："女孩长大了生宝宝，很疼很疼，所以就是英雄。"
　　女孩A："我妈妈也是。"（举例）
　　男孩A："我妈妈拉两次刀。我妈妈先生的我，然后又生的弟弟。"（举例）
　　女孩A："老师，我妈拉四次刀。"（举例）

---

① 　王久宇，金宝丽. 金源文化史稿[M]. 哈尔滨：黑龙江美术出版社，2008：17.

男孩A:"我妈还拉五次刀哪!"(反驳)
男孩B:"我妈还有刀口哪!"
女孩A:"我妈还拉十次刀哪!"
女孩C:"切刀的时候,还和妈妈连着呢!"
男孩A:"医生都看见我妈妈的血了!"(想象思考)
男孩C举着手急切地说:"老师,老师,我有个问题。我妈妈拉了一个刀,然后就是我了。"(举例)

"什么是英雄?""女孩能否当英雄?""妈妈生孩子是不是英雄?"由教师的第一个问题引出孩子们自发的后两个问题。这一段对话紧张、激烈,温暖又动情,情节环环紧扣,情绪扣人心弦。在男孩A的价值体系中,男孩才能成为英雄。他并不是有性别歧视,而是完全出自他小小男子汉的护花情怀。男孩A的家庭是一个幸福的四口之家,爸爸、妈妈、他和弟弟,是国家放开独生子女政策允许生育二孩后,难得的第一代二孩家庭,宽松、和谐的家庭氛围造就了他敢说敢闯的性格。家里有三位男性、一位女性,他作为家里的长子,自然以保护妈妈和弟弟为傲。在班级当中,他同样是与男孩"肝胆相照"的朋友,与女孩之间融洽相处的"护花使者"。男孩A价值体系中小小的义气与柔肠是他"男孩才能当英雄"观点的来由。

男孩E举手后说:"我妈妈还做过手术呢!"(举例)
男孩A:"我也做过!"其他小朋友一边举手一边喊着"我也做过"。(联想)
女孩B:"我还住院哪!"(联想)
男孩B:"我在医院住过四天哪!"(联想)
其他小朋友都跟着说自己也做过手术。
L老师:"听你们这么说,说明你们都体验过被刀割的感觉,对吗?"小朋友都答"是"。(避免出现误解)
在L老师说这番话的同时,男孩C一个劲儿地说"很疼很疼"。(情感辨识)
L老师:"妈妈们在生你们的时候,要被割上一刀,很疼很疼,你们的妈妈勇敢吗?"小朋友们都异口同声说"勇敢"。(情感辨识)"那女孩能不能当英雄呢?"L老师再问。除了男孩A摇头说"不能"外,其他小朋友都说"能",尤其是男孩B大声强调说"能"。(鉴定)
L老师对男孩A说:"他们说能,你说不能,你能说说为什么不能吗?"(给出理由)
男孩A没能明确地说出理由,却遭到了女孩B和女孩C的质问。女孩们特意凑过来问男孩A:"我们女孩哪儿胆子小了?我们长大了还能生宝宝哪。"男孩B和男孩C也都在强调说:"能,我感觉能!"(举例反对他人观点)
这时女孩D说:"英雄都是男孩儿当的。"(支持)
L老师:"是吗?男孩和女孩有什么区别呀?"(产婆术式提问)
男孩B:"我感觉女孩也能当。"(阐述观点)

L老师对男孩B说:"嗯,你觉得女孩也能当,那你说说为什么。"(给出理由)

这时男孩C在一旁插嘴道:"女孩也能当。"

男孩B:"长大了会收到麻烦,就会自己解决。"

L老师:"就是能独自解决很多问题,是这个意思吗?"(避免出现误解)

男孩C:"老师,我有个问题,就是你知道为什么妈妈长大还能当英雄吗?"(反问)就是因为宝宝遇到小偷,就不敢惹他妈妈,妈妈尽力保护孩子。"(举例阐述观点)

L老师:"妈妈们总是在勇敢地保护孩子。"

男孩A:"爸爸也能当英雄。"

L老师:"对,我们不否认爸爸也能当英雄,现在我们就想知道女孩能不能当英雄。"(保护幼儿质疑天性)

男孩C:"女孩能,女孩长大了可以当妈妈。"

男孩A:"那我们男孩长大了还可以当爸爸哪!还能玩'吃鸡'呢!女孩根本就没玩儿过。"(举例反驳他人观点)

母亲是女性,对妈妈爱的情结是孩子们"女孩也能当英雄"这一价值判断的缘由。英雄体现为母爱之伟大,在孩子们眼里不只是妈妈生产他们时的坚忍与勇气,也是妈妈呵护他们每一天的涓涓之爱和劳苦之为。

女孩C说:"玩儿过。"(男孩A与女孩C正好挨着坐,这时两人开始用胳膊互相挤,好像谁也不服谁,女孩C有点被弄疼了,就不挤了,但嘴里念叨着"整死我了,整死我了"。(用肢体和语言反驳)

男孩C:"老师,就是男孩A说女孩不能玩'吃鸡',女孩也可以玩'吃鸡',男孩女孩都可以玩儿!"

女孩C:"我爸也玩儿过。"

L老师:"你们说玩儿的是什么?"小朋友们齐声说"吃鸡"。(确认事实)

L老师:"你们说的是一种游戏吗?"小朋友们都"嗯"了一声表示认同。(避免出现曲解)

女孩C嗯了一声说:"杀人的!"

L老师:"啊?!杀人的!"

女孩C:"但是,不是真正的人,是游戏里面的人。"(解释说明)

男孩A:"还能打死人呢!用枪,还能用剑。"(补充说明)

一说起游戏,小朋友们就开始兴奋起来,各自说自己玩这个游戏的状况,一时间就乱了起来。

过了一小会儿,女孩D说了一句话,声音特别小,L老师虽然没有完全听清她说的话,但知道她是说她玩过的一种游戏。所以L老师特地请其他小朋友听她讲她喜欢玩的一种游戏是什么。女孩D放大了一点点音量说:"是我姐姐手机里的一种游戏。"

L老师："是你姐姐手机里的游戏呀！也是那种很暴力的游戏吗？你们知道什么是暴力吗？"（下定义）

男孩C："老师，我知道，就是很勇敢。"（解释说明）

男孩D："还有坚强。"（解释说明）

男孩A："还有打猎。"（举例）

男孩A一提到"吃鸡"游戏，孩子便被挑起了兴趣，对电子游戏一无所知的L老师了解了好一会儿才知道那是个"杀人游戏"。令人诧异的是，孩子们不仅对这个"杀人游戏"特别熟悉又有兴致，而且还一度认为敢玩这个游戏的人就是英雄。分析其背后的原因，既有微观层次的家庭氛围所致，更有宏观层次的社会原因。电子游戏如潮水般涌来，它对于幼儿的危害已不仅仅是视力上的危害，最大的危害是对人思维的束缚、价值观的捆绑。教育不可阻挡，也不可回避，唯有以正确的方式去消解电子游戏带给孩子的负面影响，运用幼儿哲学不失为一个极佳的教育方式。

男孩C："老师，我们为什么一直讨论勇敢呢？"（创新思考）

男孩A这时把手举得高高的："老师，就是我有个问题，杀人。"

L老师惊讶道："杀人！为什么杀人？谁杀人？怎么回事？"

男孩C："英雄不杀人，英雄杀小偷。"（批判思考）女孩B表示赞成。（支持）

L老师："人是不能随便杀的，对不对？"小朋友们都说"对，没错"。（学院派传统教学）

男孩B："人只能是自己死。"（人本思考）

男孩A："杀了被警察抓。"（预测和评估后果）

L老师："你们知道什么叫杀人啊？"有的说"不知道"，有的说"知道"。（下定义）

男孩C："我知道，就是把别人整死。"

L老师："怎么样算死啊？"

男孩A："就是不能活了。"

男孩B："就是闭眼睛，这样（同时做出双手合十放在右脸旁边表示睡觉的姿势）。"（解释说明，在动作中建构）

L老师："睡着了也这样啊！"（产婆术式提问）

男孩C："就是像睡着了一样不能活了。"（举例阐明）

L老师："你们觉得人能不能这样做呀？"

小朋友们都说"不能"，男孩C还说"我都不想看"。（是非判断）

男孩E："闭上眼睛躲起来了。"

儿童哲学一向不追求确切的答案，但面对此情此景，教育者还是要给予正确的是非判断。有必要直接从人生观、知识观、道德观中的普遍真理出发，引导幼儿形成积极、恰当的哲学思维立场。

L老师:"我们得远离这样的事。要自己好好活着,也得想办法让别人怎么样啊?(小朋友们都接着说'好好活着')对!在自己好好活着的过程中,在帮助别人的快乐中体验活着的快乐。"(学院派传统教学)

男孩A:"我家院子里有一个人死了,埋在土里,前面还摆着吃的。"

L老师:"那是活着的人对死去的人表达的一种尊重,对他的一种怀念。人到老的时候,可能到了一百岁,老了老了,老到不能再老的时候就会自然地死去。"(学院派传统教学)

男孩C:"那个毕加索在你还没生出来以前,他早就生出来了,他早就死了。"(创新思考)

L老师:"我们讨论了这么长时间,我们大家觉得人都应该好好地活着,而且我们都想成为一名什么样的人呢?"小朋友们都回答:"英雄。"

L老师:"L老师刚才说过,从前人们都是谁打的猎物多,谁的嘎拉哈多,谁就是英雄,那现在我们没有机会去打猎,而且现在也不允许随便打猎,所以我们今天就看看谁玩嘎拉哈玩得最好,谁就是我们今天的英雄,好吗?"

L老师认真地向小朋友们讲述了游戏玩法与规则。听完小朋友们就都急不可耐地投入到了游戏当中。

女孩A:"我一定能抓10个。"

女孩B:"我一定能抓33个。"

当布口袋被扔起来的那一瞬间,全场都沸腾了。

4.探索智慧

根据游戏的来由,选择"英雄"作为本次探究的主题,在男、女性别中谁能成为英雄的问题上发生了分歧,在有分歧的讨论中孩子们体味妈妈的辛苦。探究的进程让孩子们的逻辑思维能力、人本思维能力、创新思考能力等都得到了不同程度的展现,激发出幼儿的智性思考。孩子们居然提到了"杀人"游戏,再一次说明传统学院派教学法的可贵之处。小朋友们都想成为英雄,所以游戏过程中,在一个小朋友进行自己的游戏时,其他小朋友的神情都非常专注。而且每次查面和查数的过程中,都是由小朋友们亲自来裁判,L老师对他们裁判的结果进行验收和记录。经过三轮的比拼,小朋友们都没能接住口袋,男孩A翻面的总个数是48个,抓取的个数是16,两项合计64个,最后男孩A取胜,L老师为他颁发了英雄帖。

(四)基于"绕口令"游戏的幼儿哲学教学活动

1.对话记录

日期:2019年1月9日

游戏及时话时间:上午9:50—10:22

时长:32分钟

成人数目与角色分配:L老师作为主持人与9名幼儿进行基于绕口令游戏的哲学对话。

目标儿童数目与概况:共9名幼儿,其中男孩5名,女孩4名。

观察方法:参与式观察法。

记录方式:先进行实况录像,然后通过反复回看录像进行记录。

观察内容:在整个游戏时间内,所有幼儿在游戏和哲学对话中的表现与态度。

游戏规则:要求幼儿从认读—读懂—读熟,能够快速念出,读起来使人感到节奏感强,富于音乐效果。

具体内容:

　　L老师:"L老师每次和小朋友们讨论的时候,我们都要遵守哪些规则呢?"
　　小朋友们:"举手回答。"(社会交往能力)
　　L老师:"当别的小朋友在说话的时候,你要怎样呢?"
　　小朋友们:"认真听!"(社会交往能力)
　　L老师:"当自己有想说的话的时候,怎么办呀?"
　　男孩A:"别人说完再说。"(社会交往能力)
　　男孩C:"老师,我刚有个问题,他就说了。"(提出问题)
　　L老师:"他说的问题是你想说的问题吗?"(确认事实)
　　男孩C:"我是想说,等别人说完,自己想说的问题就忘记了咋办呀?"(创新思考)
　　男孩B:"那就别人先说呗!"(批判思考)
　　L老师:"可以呀,等别人说完了,你再说行不行?"(假定)
　　男孩C:"那想不起来了,那根本就想不起来了呀!"(给出理由)
　　L老师:"那你什么时候想起来,就什么时候和老师说,你什么时候说,L老师都特别愿意听。"
　　男孩C:"那你已经走了呀!"
　　L老师:"走了,那你可以到老师办公室去找我呀!"
　　男孩B:"那你的办公室在哪呀!"
　　女孩C:"我知道,在那边!"
　　女孩A:"在咱们原来班级的旁边。"
　　这时,其他小朋友们也都七嘴八舌地说自己知道L老师的办公室,还站起来指示方向。
　　男孩C:"那万一你不在办公室呢?"
　　L老师:"你可以给L老师打电话呀!"
　　男孩A:"不知道电话号码。"
　　L老师:"可以问老师啊!"

男孩 C:"万一老师也不知道电话号码呢?"
L 老师:"那你想想,有没有什么办法找到我呢?"
男孩 C:"那万一又忘了呢?"
男孩 E:"我给我爷爷奶奶打电话,然后我爷爷奶奶骑摩托车来找你来了。"
男孩 B:"那我们就满学校跑呗!"
男孩 C:"那还不得跑到半夜去呀!"
L 老师对男孩 C 说:"其他小朋友给你提供了这么多办法,你觉得行不行?"
男孩 C:"就是容易找到半夜去。"
L 老师:"你们到晚上就该睡觉了。老师知道你们在找我,第二天来上班,自然就先来找你们了。"
男孩 C:"那万一放假了呢? 就永远想不起来了,就忘了那事儿。"(人本思考)

男孩 C 对"忘记"的担忧来自于哲学对话活动中规则的思考,即等别人说完了再说,"自己想说的问题就忘记了咋办呀?"。作为教师,不得不为孩子对于哲学探究的热情所感动。同时提醒每一位研究幼儿哲学的教师,要充分了解幼儿的身心特点,不可照搬他人的教学经验。哲学对话活动的规则固然对维持秩序非常必要,但面向幼儿不可过于严苛。

女孩 A 举手说:"L 老师,咱们今天不上课啦!"
L 老师:"好,有的小朋友都着急啦,但是咱们要做的不是上课,而是做游戏。"
L 老师:"今天 L 老师和大家一起玩一个语言游戏,这种语言游戏的名字叫'绕口令'。"说着 L 老师就把绕口令《赔钵钵》——"你婆婆借给我婆婆一个钵钵,我婆婆打烂了你婆婆的钵钵。我婆婆买来一个钵钵,还给你婆婆。你婆婆说什么也不要我婆婆赔钵钵,我婆婆硬要把买来的钵钵还给你婆婆"的 PPT 展现出来。小朋友们看着 PPT 上的文字,不由自主地念了起来。小朋友大部分字都能念下来,只有"借"字、"钵"字、"烂"字、"赔"字、"硬"字还不认识。于是,L 老师就先给小朋友们范读了一遍。(在模仿中体验,在模仿中生疑)
男孩 B 问:"啥意思呀?"(提出问题)
L 老师:"是啊! 我也想知道啥意思啊? L 老师也绕糊涂了,你们知道啥意思吗?"(假定)
男孩 B:"我知道啦,就是别人的婆婆借来了别人的钵钵,不小心给它打碎了,她去买了一个钵钵,然后还给了那个借的人,别人的那个婆婆不要那个钵钵,不让那个婆婆还给她钵钵。"
女孩 A 问:"为什么呀?"(提出问题)
男孩 B:"我也不知道呀!"(对话能力)
L 老师:"刚才男孩 B 最后说这个婆婆不让那个婆婆还钵钵,那接下来怎样

了呢?"(产婆术式提问)

　　男孩A:"非得要还。"

　　L老师:"大家觉得他说的是不是这个意思呢?"(支持)小朋友们没有出声。L老师就又范读了一遍,让小朋友们再熟悉、再思考一下男孩B说的意思对不对。

　　L老师在范读了一遍后,请小朋友尝试读一遍。这一次朗读,小朋友们都能够将刚才不认识的字的字形,与自己印象中的那个字义对上号了,基本上都顺利地读了下来。(在模仿中建构)

　　男孩C:"就是有一个婆婆借给一个婆婆东西,那个婆婆不小心把那个东西打碎了,她自己根本照顾不好,然后那个人她也不想自己照顾了,然后那个婆婆硬要还给她。"(创新思考)

　　L老师:"她为什么硬要还给她呢?"(构成论点)

　　男孩C:"因为她照顾不好。"(给出理由)

社会高度城镇化发展的今天,邻里关系已经是既陌生又熟悉的词语。《论语·里仁第四》中,子曰:"里仁为美。择不处仁,焉得知?"孔子教人应选择风俗仁厚的乡里作为住所。推而广之,邻里关系关乎环境育人的问题。"好借好还"是一种邻里相处之道,说到底涉及诚信的问题。"诚",是儒家为人之道的中心思想,立身处世,当以诚信为本。宋代理学家朱熹认为:"诚者,真实无妄之谓。"《说文解字》认为"人言为信",程颐认为:"以实之谓信。"可见,"信"不仅要求人们说话诚实可靠,切忌大话、空话、假话,而且要求做事也要诚实可靠。"诚"主要是从天道而言,"信"主要是从人道而言。故孟子曰:"诚者,天之道也;诚之者,人之道也。"《逸周书·官人解》中说:"父子之间观其孝慈,兄弟之间观其友和,君臣之间观其忠惠,乡党之间观其信诚。"千百年来,诚信被中华民族视为自身的行为规范和道德修养,在基本字义的基础上形成了其独具特色并具有丰富内涵的社会主义核心价值观中的诚信。然而,在本次与幼儿的哲学对话中,教师一再问"为什么要还?"的问题,孩子的回答却是"因为她照顾不好"。这种夹带着"自私"味道的价值观,听起来觉得很是荒唐,但的确是出自孩子们之口。幼儿哲学教育者要以哲学的眼光和思维去面对孩子们的问题,在幼儿哲学活动中积极正确地引导他们思考。

　　男孩B:"钵钵是什么呀?"(提出问题)

　　L老师:"你们猜一下,钵钵是什么东西?"(推想)

　　男孩A:"菠萝吗?"(推理)

　　L老师:"大家觉得是不是菠萝?能不能被打碎?"(支持)小朋友们都说"不能"。(推想)

　　男孩A:"玻璃!"(推想)

　　男孩B:"洗脸盆!"(推想)

　　L老师:"什么样的洗脸盆?"(解释)

　　男孩B:"玻璃的!"

男孩E:"鸡蛋!"

L老师:"鸡蛋的名字除了鸡蛋外,还叫钵钵吗?"(反问)小朋友们摇头。

男孩A:"钵钵哪能叫鸡蛋哪?"(反驳)

女孩A:"鸡蛋一打碎,黄儿就都迸出来了。"(想象思考)

L老师:"这个钵钵是不是鸡蛋?"(确认事实)

女孩A:"不是鸡蛋,是碗!玻璃做的碗!"

男孩A:"是玻璃做的碗,是玻璃!"(想象思考)

L老师:"为什么是玻璃呢?"(给出理由)

女孩C:"因为它主要是钵钵吧!那个钵(玻)姓钵(玻)。"(推理)

L老师:"啊!因为玻璃姓玻,所以才叫钵钵的!那玻璃的'玻'和这个'钵'是不是一个字呢?"(产婆术式提问)

男孩B摆着手说:"不是!"

L老师:"那它到底是不是玻璃呢?"小朋友们都说"不是"。

L老师:"除了玻璃之外,还有什么东西容易被打碎呢?"(产婆术式提问)

男孩E:"铁!"(想象思考)

L老师:"铁容易被打碎吗?"(产婆术式提问)小朋友们都笑着摇头说"不能"。

男孩B:"我知道,木头!木头用大锤子使劲一打,就能打碎。"(想象思考)

L老师:"那要是一根木头,或者一大块木头能不能被打碎?"(产婆术式提问)

男孩B:"能,能用锯子拉碎(手臂做着拉锯的动作)。"(模仿中建构)

L老师:"可是,用'大锤子使劲一打'这种做法是属于特意的行为还是婆婆的'不小心'的行为呢?"(区分)

男孩B:"特意的!"(对事物进行匹配)

L老师:"那还有没有什么材质的东西容易被打碎呢?"(产婆术式提问)

男孩D:"L老师,我觉得咸菜罐也能打碎。"(分类)

L老师:"说得好!刚才女孩A说到了碗,你们家里用的碗都是什么材质的呀?"

有的小朋友说是塑料的,有的小朋友说是玻璃的。(举例)

女孩A说:"是有图案的。"

L老师:"你们爸爸妈妈用的碗是什么材质的?"孩子们都说是玻璃的。

L老师:"你们爸爸妈妈用的都是玻璃的碗呀!透明的吗?"(洋葱法)

小朋友们都说"不对"。

陶瓷,是中国文化的代表,是中国传统农业文明带给世界的一份艺术瑰宝。几乎所有中国百姓家中的餐具都是陶瓷质地。但幼儿对于陶瓷与玻璃的概念是混淆的,通过教师一层一层地问题盘剥,孩子们才终于明白陶瓷与玻璃的区别所在。难道是"久居兰室不闻其香"了吗?其实不然,说简单点,就是大脑疲劳了。生活中最常见的碗让孩子们视而不见,他们已经习惯了饭来张口,对碗自然也是视而不见的,习惯往往让人看不到事物的美。在教师再而三的引导下,孩子们发现那个上面有图案的、五颜六色的碗是艺术化的瓷制品,易碎,要保护好它。

男孩A:"上面有图案的。"(分析)

男孩D:"上面有颜色。"(分析)

男孩C:"还有五颜六色的。"(分析)

男孩B:"还有喜羊羊的。"(分析)

L老师:"那L老师告诉大家,你们家里爸爸妈妈用的那种有图案的、不是透明的、易碎的碗的材质不是玻璃,它的材质叫陶瓷。"(概括)

男孩A:"L老师,我家装咸黄瓜的罐也容易打碎。"

接下来L老师就给孩子们展示了第二张PPT幻灯片。上面有"钵"的图片,同时也有"钵"的含义。L老师详细地为小朋友们讲解了"什么是钵"。随后又请小朋友们一起打着节拍朗读了两遍绕口令。(学院派传统教学法)

刚读完,男孩B就举手说:"L老师,我有个问题,就是她婆婆不在家,她一去找她,她开门,她寻思找错了,她寻思有小偷,就报警了咋办呢?"(创新思考)

男孩D:"啊?!报警干啥呀?"(反问)

男孩B:"我知道,就是因为她有她们家的钥匙,她进去找,哪儿都翻,没找着,她把门关上走了,寻思她来错了门,她就上别的人家去了。那个婆婆回来了,她看家里乱乱的,就报警了。"(解释)

L老师:"啊,就报警了,婆婆不知道她是来还钵钵的事吗?(男孩A点头)她为什么要开别人家的门啊?"(确认事实)

女孩A:"因为她没有钥匙。"

男孩A:"用铁丝来(边说边用手比画着撬门锁的动作)。"

L老师:"那进不去就进不去呗,等人家回来再去还呗!"(对论点进行核实)

男孩B:"她们认识的呀。"(给出理由)

男孩A:"她就用那个铁的长尖的东西捅一捅就能开了。"(关联)

L老师:"我们借人家东西,还的时候,人家不在家,锁着门,这时我们能不能开人家门呀?"(学院派传统教学法)

女孩A:"老师,用螺丝刀拧开。"

L老师:"说了半天,你们都在想办法撬人家门啊!"

男孩A:"老师,我不是要说撬门那个。那个婆婆用了一只那个钵钵,她要还给人家,她没有钥匙,门口放两个钥匙,然后她不知道用哪个钥匙,后来进去了,把钵钵还给人家了。"(给出理由)

讨论又重新回到了邻里关系的问题上面,这段对话看起来有点剪不断、理还乱,邻里关系在孩子们的眼里清晰而又模糊。

L老师:"可是那个婆婆让不让她还钵钵呀?"(构成论点)
女孩C:"不让。"
L老师:"可是为什么不让她还那个钵钵呀?"(寻求理由与证据)
男孩B:"不让她进去。"
L老师:"为什么不让她还啊?唉,你们借没借过别人的东西?"(求真证明)
女孩B:"借过,我借过别人的裙子,后来姥姥去还给人家的,我没去。"(举例)
L老师:"如果你穿的过程中,不小心弄坏了裙子怎么办呢?"(假定)
女孩A:"缝呗!"
L老师:"可是缝也缝不回原样了呀!"(产婆术式提问)
女孩A无奈地说道:"那怎么办呀?"
L老师:"我们这个绕口令里面的婆婆是怎么做的?"
大家都回答:"买了一个。"
男孩A:"老师,我知道这是啥意思。就是别人的婆婆送给她一个钵钵,然后我的婆婆打碎了那个钵钵,然后那个婆婆又给她买了一个新钵钵,然后那个婆婆不要她买来的钵钵,然后那个婆婆非得还人家。"
L老师:"那你们觉得这俩婆婆做得对还是不对呢?"这时候有说对的,有说不对的。有说这个婆婆对的,有说那个婆婆不对的。L老师又问:"为什么对呀?"(给出理由)
男孩A:"就是她把她做坏的事,整碎的事,想在自己身上,然后她想了想,买来一个新的,还给人家。"
男孩C:"她也用不了了。"
L老师:"可是为什么她不要呢?"
男孩C:"因为她知道自己看不好啦!"(创新思考)
男孩B:"因为她看别人保护不好,觉得自己也保护不好,还要给她,一直要给他。"(创新思考)
L老师:"啊!就是她们俩谁都保护不好这个钵钵了,所以谁都不想要了,是这个意思吗?"(保证不出现误解)
男孩A回答:"是!"
男孩B:"别人还给我一个玩具呢!"
L老师:"给你一个玩具,是借给你吗?"(确认事实)
男孩B回答:"不是,给我了。"
L老师:"给你了,用不用还?"小朋友们都说"不用"。
L老师:"那我们借人家的东西要不要还?"小朋友们都说"要"。
L老师:"但是玩的过程当中,不小心弄坏了怎么办?"
男孩E:"买一个新的给他。"
L老师:"对方有的时候,会不会要你还的这个东西?"(选择性提问)
男孩B:"有的会,有的不会。"

L老师:"为什么'不会'呢?"(产婆术式提问)
男孩A:"因为她生气啦!"(想象思考)
女孩C:"就是别人不要再还了,你不能自己还强迫人家,因为别人不想要了,你还给她干吗呀!"

孩子们把邻里之间的"好借好还"理解为"强迫""勉强",幼儿不能理解或者不能明确表述的原因,与中国人的处世哲学以及中国哲学的特点是息息相关的。就好似"一个开始学习中国哲学的西方学生,首先遇到的困难是语言的障碍,其次是中国哲学家表述自己思想的方式"。① 中国人邻里之间借东西,往往小来小去的东西若不小心损坏了是可以不还的,还了反而会显得关系生分了。这种处事方式往往只是意会,即便言传也不会像西方哲学那样用论说来彰显形式逻辑的推理性,是"中国哲学从来是与人的生命体会、宇宙经验以及自我颖悟而睿智的文理密切结合在一起的,是整体的深刻的心智活动过程纯化为简洁的语言的直接表露"。②

男孩A:"她回家也没有用了,就直接扔垃圾桶了。"(想象思考)
L老师:"这不是买来了一个新的吗?"
男孩C:"打烂它呗,等我换回钱呗!"(想象思考)
男孩A:"就扔垃圾桶去,然后别人还要钵钵的时候,就能直接上垃圾桶捡。"(想象思考)
男孩C笑着对男孩A说:"那也太聪明啦!"
男孩B:"他扔垃圾桶啦,那她还得赔人家买钵钵的钱,我觉得!"(批判思考)
L老师:"赔谁钱呀?"(确认事实)
男孩B:"那个婆婆。"
女孩C:"你婆婆!"
L老师:"那她会不会不要那个钱?"
女孩C:"不能勉强她。"(人本思考)
男孩B:"那就把钱接过来撕了! 我觉得。"(想象思考)
男孩A:"撕了,烧坏了!"
L老师:"为什么要这么做呀?"(给出理由)
男孩B:"因为她太生气了。"
男孩A:"对! 太生气了,都发火了!"
L老师:"为什么生气呀?"
男孩A:"因为她抢别人的东西,她就生气了。"
L老师:"她没抢啊,她是借的啊!"大家一时间都没有作声。

---

① 冯友兰.中国哲学简史[M].赵复三,译.北京:新星出版社,2017:12.
② 成中英,冯俊.本体诠释学、民主精神与全球和谐[M].中国人民大学国际中国哲学与比较哲学研究中心,译.北京:中国人民大学出版社,2011:2.

L老师:"要是你和男孩C借了一个玩具玩儿,结果玩着玩着不小心弄坏了怎么办?"(保证不出现误解)

　　男孩A:"那就赔呗!不对,是男孩C玩我的玩具。"

　　男孩C:"其实我喜欢的玩具不是他喜欢的玩具,我们俩不一样,人跟人都不一样。"(人本思考)

　　L老师:"老师是说假如,假如你玩男孩A的玩具,玩坏了怎么办?"

　　男孩C:"那就买一个呗!"

　　这时L老师问男孩A:"你要不要?"

　　男孩A回答:"要!"

　　L老师:"你想要,是吗?"

　　男孩C:"因为他喜欢玩具。"(情感辨识)

　　男孩A:"因为我不想弄坏我的玩具!"

　　L老师问男孩D:"如果是你,你想不想要?"

　　男孩D回答:"要!"

　　L老师:"有没有不想要的?"(学院派传统教学法)

　　这时男孩B举手说:"我不要!"

　　L老师:"为什么你不要呢?"

　　男孩B回答:"因为看别人挺喜欢玩的,我想送给他。"(给出理由)

男孩A、男孩C、男孩D天真而率直的表达与男孩B理性而温情的回答形成了幼儿处世哲学上的鲜明对比。男孩B在整个对话过程中,总是能够体现出他一向善于理智地思考与表达,这与他有着师范毕业背景的妈妈一直以来规范的教育方式有着密不可分的关系。男孩B的理性思考能力与表达能力较强,行事也比较规矩,但思考活力相对弱一些。男孩A、男孩C、男孩D理性思考能力相对较弱,但思考活力十足,总是会异想天开,没有缺失孩童的可爱。可见,在培养幼儿哪方面的思考能力以及培养到什么程度上,需要教师适切的思考和分寸的把握。

　　L老师:"啊,那你们两个之间是什么关系?"

　　男孩B:"因为是好朋友。"

　　L老师:"如果是一个陌生人的话,你会不会送给他。"

　　男孩A立即说道:"不行!"其他小朋友们也跟着说:"不行!"

　　L老师问男孩B:"你为什么要送给男孩C?"

　　男孩B看看男孩C说:"因为是好朋友!"

2. 探索智慧

这次基于民间传统游戏绕口令《赔钵钵》的幼儿哲学教学活动,已经是第十次。孩子们在多次的幼儿哲学教学活动后,对话能力、思考能力有了明显的提升。幼儿能够遵守规则,认真倾听,认真思考,在对话中常常出现多个话轮。值得注意反思的有几个问题探究的焦点:一是男孩C对不能及时说出自己想法而忘掉的担心。可见,哲学对话对幼儿而言,规则过于严苛是不符合幼儿的发展特点和心理预期的。二是全班幼儿对玻璃的"误解"。三是还钵时幼儿推想的错误举动。四是对"你婆婆"不让还钵钵的错误理解。五是对还不出去的钵钵的错误处理方式。六是对"我婆婆"还钵钵意图的错误判断。二、三、四、五、六的问题焦点都涉及伦理的是非判断问题。

通过以上四次的幼儿哲学教学活动,得出两点启示:一是作为幼儿教育工作者,面对幼儿这一心智尚未成熟、正处在习惯养成关键期的群体,有责任在每一个讨论议题结束时,给予幼儿以正确的、综述性的教导,将流动的对话性思考引向静默的自省式思考。本研究中汲取学院派传统教学法、苏格拉底教学法各自的优势并运用于幼儿哲学教学中,是可行且必要的。二是本研究一改学界以往通过阅读等二手经验获得体验的哲学教学方式,选择幼儿喜爱的民间传统游戏为载体,通过幼儿实践参与的切身体验,挖掘幼儿经过"内模仿"心路历程后的哲学思想。反观上述所有对话过程,幼儿通过教师复式驱动对话法和"内模仿"理论指引下的教学活动,充分体现出其哲学思考能力、思维活跃程度、情感、态度、品德等多方面的进步。

第四章　幼儿哲学教学中存在的问题

　　截至2019年6月底,本研究开展了基于民间传统游戏的幼儿哲学教学尝试24节,录像共计564分28秒;非基于民间传统游戏的幼儿哲学教学活动3次,录像共计105分55秒;访谈13人,32人次,录音共计350分12秒;发放75份问卷,收回有效问卷75份,回收率为100%;集体备课8次,录音88分17秒;集体反思8次,录音63分39秒;幼儿手绘图画9份,拍摄照片近2 300张。1987年,乔寿宁的《美国儿童哲学教育评介》一文,让幼儿哲学伴随着儿童哲学在中国落地,直到90年代后期,才开始真正在我国生根、发芽。幼儿哲学教学,是打破传统幼儿园课程教学的一种新的尝试。通过对国内外幼儿哲学理论与实践研究成果的对比提炼、探索得知,幼儿喜欢哲学教学活动,幼儿参与哲学教学活动之后,相关的思维能力、学习能力、合作能力等明显提高,教师与家长的认可度也逐渐提升。为此,本章通过归纳与梳理我国幼儿哲学发展现状与本研究的实践探索,理性反思和展现目前我国幼儿哲学教学理论与实践现实,以便更客观地审视不足与优势。

一、研究条件两极分化

　　目前从事幼儿哲学研究与实践的人员,主要来自学术研究机构和幼儿教育机构两大领域群体,学术研究与教学实践条件两极分化,在研究条件方面也必然体现出各自的优势与劣势。两大群体若不能很好地互相取长补短,将阻碍或延缓幼儿哲学的发展进程。

(一)学术研究一线教学条件不足

　　幼儿哲学学术研究一线教学条件的不足,主要体现在学识条件与时空条件两方面。致力于幼儿哲学研究的大学教授、研究生等掌握着国际最先进的学术理论,也有着非常强的学术研究能力,经常有机会组织和参加国内外相关学术会议,与国内外的学者共同研讨学习最前沿的学术理论。当中有的是哲学专业,有的是教育学专业。哲学专业的研究者,对万事万物都有着灵敏的哲学思维,能够准确把握幼儿哲学探究思路、方法、框架、进程。其优势令很多幼儿哲学追随者望尘莫及,也成为很多幼儿哲学爱好者望而却步的主要原因。但这一群体对幼儿教育的工作性质、幼儿的身心特点不甚了解,尤其是缺乏幼儿教育一线工作的经历,对幼儿生活、思想中很多复杂的现象无所适从,往往只能是按照儿童哲学教学惯常的模式进行,直接影响幼儿哲学教学效果。若要进行幼儿哲学教学实践,需要通过各种渠道提前联系幼儿园或在社会上招募幼儿哲学小爱好者,随机性较大,相对难以形成安全的幼儿哲学对话环境。幼儿年龄小,社会经验少,面对陌生人的自我保护意识较强。若没有机会与其进行前期的接触与了解,很难快速形成安全的探究共同体,哲学对话的效果也会大打折扣。而来自教育学专业的研究者虽熟悉幼儿的身心特点,但对哲学涉猎较浅,往往捕捉不到幼儿的智慧灵光,对哲学思想体现之处的把握与梳理也会无从下手。

(二)教学实践一线学术研究粗浅

致力于幼儿哲学教学一线工作的幼儿园教师,相比高校幼儿哲学研究者,具备与幼儿零距离接触的工作和学习生活条件,了解熟悉幼儿的身心发展规律,即具有开展幼儿哲学教学活动有利的时空条件,可随时随地进行哲学启蒙教育。从这一角度上看,幼儿园一线教师更有着得天独厚的安全对话环境,对幼儿来讲,教师就像妈妈一样,可以依恋,也可以信赖。但对于幼儿哲学教学的具体理论研究与实践,会感到十分的不自信。本研究中的6位教师每次结束基于游戏的幼儿哲学教学活动后,都会与L老师共同进行集体反思,审视教学组织过程中的困惑。例如以下老师的发言:

教师D:"我是想让幼儿探索打口袋的玩法,设计了打地鼠的游戏,但游戏设计考虑不周,只是还原了手机游戏的玩法,可游戏过程中总是需要我去干预提醒幼儿'站起来'或者'蹲下'。觉得很多问题应该是由孩子们来发现的,但实际上总得是我引导,孩子们就是等着回答'是'或'不是',只做选择题,老师要给选项。而且孩子们之间没有交流,全靠老师,老师挺累的。比如分组时,我一再提醒他们有什么办法分组,手心手背这个分组办法他们是玩过的,但他们就是想不到,头脑当中只是想着'我想当黄儿'或'我想当青儿',很自我,以自我为中心。"

教师X:"孩子回答的积极性不高,孩子们玩累了,对时间把握不好,前期考虑不周,不知在什么时候停止(游戏),什么时候进入(哲学对话)。而且激发不出来什么,只是我问,幼儿答。"

教师B:"有时候脑袋一片空白,不知道该从哪入手,不知道下一步该怎么办了。"

教师K:"不知道怎样在游戏中很少地分配任务,并让孩子们自主地按角色行事。比如孩子们每个人都很自我,游戏中需要有个总设计师,需要一个头狼,他能吸纳别人的意见,还能说了算。"

教师H:"我在游戏前没能把规则说清楚,导致游戏过程有点乱,中间再强调规则,孩子们就听不进去了。像男孩L因为游戏没成功就哭了,这种情况不知该如何引导。"

教师们的反思真切且具体,同时道出了她们做活动时的诸多困惑。她们能够第一时间反思自己在游戏组织上的缺憾,也能够在反思的同时找出解决问题的办法。但在哲学对话部分,总是担心"这研究的是哲学问题吗?"时常出现"不知该如何引导""脑袋一片空白,不知道该从哪入手,不知道下一步该怎么办""孩子们之间没有交流,全靠老师,老师挺累的""不知在什么时候停止(游戏),什么时候进入(哲学对话)"等状况。上述窘况不仅存在于在职的幼儿教师方面,在准幼儿教师方面表现更为突出。本研究中共有12名同学(3人一组)开展了基于老鹰捉小鸡、红灯绿灯小黄灯、抱团子、丢手绢4个民间传统游戏的幼儿哲学教学活动。准幼儿教师们以其饱满的朝气、活力与亲和力与孩子们的游戏非常成功,但在哲学对话环节却屡屡挫败,与孩子们"话不投机",总共用时才14分11

秒,幼儿也在"好没意思啊"的感叹声中结束了对话。正如准幼儿教师们在与 L 老师讨论时所反思"听不到想听的有创意的话""听不到意想不到的东西""甚至不知道想听到什么""不仅孩子们念叨'没意思',自己也觉得没意思"。准幼儿教师们面对如此种种,起初认为是因为"游戏是孩子们已经玩过的了,没什么新意"导致的,在 L 老师与她们的反复追问与剖析中才得出"我们不会引导,不知道该问什么"的归因结论。

二、教学范式相对教条

如上所述,研究幼儿哲学的学者因其缺乏幼儿教育一线的工作经历,缺乏对幼儿身心特点的了解,不易与幼儿之间形成信赖、安全、持久的对话伙伴关系,自然也就不容易收获最佳幼儿哲学对话效果。而幼儿园教学一线的教师,虽然占据着天时、地利、人和的条件,但因学术研究能力和学习背景的欠缺也较难把控幼儿哲学教学节奏,将哲学探究引向深入。两者因各自的劣势都容易教条地按照以往的经验或理论进行教学。主要体现在两个方面:一是忽视除有声对话语言以外的语言;二是不能创造性地根据幼儿的特点,及时变通,从而影响幼儿哲学向更适宜的方向发展。

(一)忽视非有声语言对话

对话是幼儿哲学的基本范式,幼儿哲学基本上都是在"苏格拉底对话法"的范式下开展的。对话的载体是语言,语言包括有声语言和无声语言。无声语言也是人与人之间对话的一种方式,甚至有时无声语言会传达比有声语言更有价值的内涵。这一点在幼儿期,表现更为明显。往往幼儿在听故事时,不仅是用耳朵在听,同时也是用身体在听;幼儿在表达自己的想法时,不仅是用自己的有声语言表达,也会用自己的身体来表达。幼儿是天生的哲学家,他们同时也是天生的画家。幼儿因其年龄较小,能够用来表达自己思想感情的词汇相对有限,他们有时边说边由动作来配合表达,有时喜欢用绘画方式表达自己内心更加丰富的内容。《纲要》中也明确提出,要"能运用各种感官,动手动脑,探究问题"。但幼儿教师往往会忽视幼儿的无声语言,认为与幼儿哲学无关,甚至还觉得是幼儿的无理取闹。生怕幼儿的表现会影响幼儿哲学对话的进程,强行制止。很多时候,幼儿看似无厘头的表现,或没头脑,或没分寸,或没准则,让人感觉或莫名其妙,或啼笑皆非,或哗众取宠,却是幼儿出其不意,直接触及事物本质的表象。例如与教师 A 关于幼儿哲学意义探讨的访谈:

时间:2018 年 10 月 10 日
地点:A 园 L 老师办公室
L 老师:"您觉得和孩子们讨论问题对他们有帮助吗?"
教师 A:"觉得帮助不太大,感觉他们说的那些都没有什么意义。"
L 老师:"如果你参与他们的讨论,给予一定的牵引,你觉得有没有意义?"
教师 A:"那就有意义了,比如今天男孩 A 提到功夫鸡,他一说起功夫鸡就兴奋,马上起身开始各种动作表演。别的小朋友没看过,可能回家就想看看。老鹰捉小鸡,本来就是一个简单的游戏,到最后他可能会想到会功夫的小鸡打老鹰。本来就是一个游戏,经过经验就会改变这个游戏的玩法,或者想到更多的玩法,脑袋里有功夫鸡打老鹰的画面,挺有意思的,还挺好玩儿的。"

"功夫鸡"的突然出现,使老鹰与小鸡敌对双方的势头发生了转变。唯物辩证法认为,事物的内部矛盾是事物发展的根本原因,事物的发展是事物自己的必然运动。我们常说,坏事可以变成好事,这当然有可能。但坏事本身并不是好事,变成好事需要创造一定的条件。这个条件就是要正确地总结经验教训,吃一堑长一智,从而在下一步的事态中变成好事。① "功夫鸡"正是小鸡在反复经历落后挨打的教训后,总结出来的经验,练就本领才成为"功夫鸡"。男孩 A 用动作传达出的"功夫鸡"的气概,不仅使游戏的玩法变得丰富而有趣,更重要的是让小朋友们感受到打一场"翻身仗"的痛快。

  L 老师:"您认为,您的孩子们喜欢现在的幼儿园上课方式吗?您想做出哪些改变?"
  教师 A:"不喜欢。觉得上课应该是比较活跃的,但有时候太活跃了,老师会控制不住,跑题太远,就掌握不好了。但是让孩子老实地坐在那接受知识的传授太没有意思,有时别说孩子不愿意听,自己都不愿意讲,觉得太无聊,太烦躁了。"
  L 老师:"那么,你有没有想出什么办法来改变现状呢?"
  教师 A:"不喜欢,想改变,但又想不出一个好的办法。如果太活跃了,课堂就把握不住了。"
  L 老师:"您认为,您的孩子们喜欢现在的教室布置吗?您想要对教室布置做出改变吗?"
  教师 A:"孩子能谈得上喜不喜欢吗?就是这个环境,他已经习惯了。觉得教室就是这个样儿的,没什么想法。"
  L 老师:"您知道儿童哲学吗?"
  教师 A:"第一次听到。孩子思维比较活跃,想象力比较丰富,不像平时上课那么死板地传授知识,他们是要传授知识,但是过程还不太一样。"
  L 老师:"您认为有必要开设幼儿哲学课吗?"
  教师 A:"有必要,觉得我们班男孩 A 是思维比较活跃的孩子,有个别孩子思维挺死板的,一板一眼的。"
  L 老师:"你认为这种思维死板的情况,是个性的原因呢,还是想表达被扼杀住了呢?"
  教师 A:"两者都有。可能是因为个性比较内向,有的时候孩子和妈妈、爸爸挺像的,妈妈不太爱沟通交流,孩子也有点像。"

"不喜欢,想改变,但又想不出一个好办法",害怕"控制不住";谈不上喜欢不喜欢,就

---

① 孙正聿.哲学通论(修订版)[M].上海:复旦大学出版社,2005:86-89.

是习惯了。教师A是无数个普通幼儿教师的代表,言语中体现出的矛盾心理是无数普通幼儿教师的无奈,长期无奈之后的麻木不觉,已经让很多大人们听不进去孩子的有声语言,更无从去体会孩子的非有声语言。

  L老师:"有的孩子不善于表达,但是否代表就没有想法?"
  教师A:"有想法。"
  L老师:"你怎么感觉到有想法的呢?"
  教师A:"通过平时观察,看幼儿不和家长、老师沟通,但是和小朋友之间会沟通交流,也挺活跃的。但是要说'你过来和老师说句话,和老师表达一下你的想法',孩子会不吱声。觉得他如果站在老师面前,走路都会觉得别扭,特别不自然。但是和小朋友之间不会,在一起玩儿,打打闹闹,说说笑笑,也挺活跃的。"

和小朋友们在一起会"打打闹闹,说说笑笑",而在老师面前却连"走路都会觉得别扭"。这一系列的动词生动地体现出幼儿的情态,也提醒老师要关注到幼儿无声语言的表达。每个孩子的潜力不同,表现方式也不同,教师不能简单地以一种语言来衡量其表达能力和思想水平的高低。

  教师A本身都感到自己上的课令孩子不喜欢,自己也觉得上课的时候很无聊,但却无力改变这样的现状。应该说教师A本身就没有哲学思考的意识,她上的课也只会是"当一天和尚撞一天钟",没有生机与活力。每一位幼儿教师都知道孩子在游戏时的状态是最好的,每一位幼儿教师必备的专业素养之一就是观察能力。但多数幼儿园教师依然继续着幼儿园"小学化"的进程,每天以知识性学习、传统课堂集体教学为基本教育教学模式,没能发挥幼儿游戏中学习的天才优势,更没能充分运用观察能力去挖掘幼儿哲学天性中无声语言的表达潜能。

(二)规则不当易引发消极等待

  所谓规则不当,主要指两方面:一是规则过于苛刻;二是规则过于严肃。过于苛刻,幼儿灵感爆发时会惮于规则而不敢发言,使灵感很快消失遗忘。过于严肃,会让探究共同体的探究氛围过于沉闷,没有生气与活力。这两个规则不当的表现,都严重背离幼儿的天性,影响幼儿哲学天性的发挥。几乎所有的幼儿哲学对话,教师都会给孩子们制定相应的规则。规则中最基本的就是运用"举手回答""发言球"等方式,约束幼儿在探究共同体中的行为,以形成安全有序的对话环境。制定这样的规则本身无可厚非,但幼儿天性活泼好动,哲学对话本身也是一种思维游戏,用过于严肃沉闷的游戏规则来约束幼儿,会影响幼儿探究的兴致与趣味。幼儿哲学思考是一种自由,在集体氛围中思考也确实需要纪律和方法,但这些纪律和方法,不是用来约束一个人的思考,而是为了让思考得到自由。① 例如在本研究基于绕口令游戏的幼儿哲学教学活动中,男孩 C 就表现出这方面的忧虑,他担心"别人说完后,我再说,可是忘了怎么办呀?"。他的记忆特点符合规律,因为幼儿时期的记忆以瞬时记忆为主,头脑中的想法容易转瞬即逝。如果教师不让幼儿立即表达,往往会错失幼儿头脑中已经形成的奇思妙想,而且容易挫伤幼儿思考与表达的积极性。如两者取其一,当然更要保护好幼儿思考与表达的积极性,更何况如果发生抢答的情况,教师还可以以其他方式弥补缺憾。每名幼儿的语言表达能力千差万别,教师对幼儿的规定如果过于严苛,幼儿有时会以一种消极的情绪对待,要么变得不介意,要么变得不在意,要么就是无声反抗。只有等待到那个乐于听她、懂她的人出现时,她才会敞开自己的心扉,张开自己的嘴巴。教师 B 关于女孩 D 的访谈记录中,所陈述的女孩 D 就是一个典型的案例:

  时间:2018 年 10 月 12 日
  地点:A 园 L 老师办公室
  教师 B:"女孩 D 做事不稳,什么事都能吸引她,做什么事都不专注。学东西学得还都挺好,不知道她是可以一心二用啊,还是她就是特别聪明。她爸爸妈妈肯定也教她,她妈妈是老师。这孩子不愿意说话,没有话,你要是一天都不和她说话,她一天都可以不出声。"
  L 老师:"她和小朋友之间也是这样吗?"
  教师 B:"没有交流。除非是户外玩儿的时候或者是玩玩具的时候,开心了,只跟几个孩子交流。玩儿的时候也是这瞅瞅,弄两下,那看看,弄两下,没有明确的想要做什么。不会专注下来玩儿,感觉好像特别成熟,像领导视察似的,好像觉得什么都小儿科、幼稚、没意思,不愿意玩儿似的。"
  L 老师:"表象上是这样,你觉得她是对什么事情有什么深刻的、成熟的思考吗?"
  教师 B:"咱不知道啊,她不吱声啊,你问她啥也不说,嘴都不张,从来不提问题,任何想法都没有。也许是心里有,不说,特别的安静,和谁都不交流,摸不着她的想法。不像有的小朋友不和老师交流,但和父母交流。她妈妈也是和人正常交流的,不张扬。典型的教育世家似的,你让弄什么就弄什么,她不会有创造性的思维和想法,深入的想法也许有,但她不说你也不知道呀。"
  L 老师:"有的人是嘴上不说,但心里有,在行为上会有所体现,她是这样吗? 比如特立独行地专注研究一件事啊之类的。"
  教师 B:"她没有专注的一件事,别说深入了,专注都没有。她容易溜号,但她是看着你的眼睛溜号,让你觉得她好像是在听你说话,但是看着你发愣,思想都不知道甩哪儿去了,但有一点是特别要强,什么都想做到最好。"

---

 ① 褚士莹.天马行空的想象力就等于孩子会思考? 思考的 7 大误区,你中招了吗? [EB/OL]. (2019-08-21)[2024-05-07]. https://www.sohu.com/a/335273226_125025.

教师B眼中的女孩D"啥也不说,嘴都不张""别说深入了,专注都没有",却能够做到"看着你的眼睛溜号……思想都不知道甩哪儿去了,但有一点是特别要强,什么都想做到最好"。依据教师B先前的介绍,会以为女孩D是一个没头脑、没思想的孩子,直到最后在"特别要强,什么都想做到最好"中发现,想要做得好本身就是幼儿哲学思想的表现。通过与女孩D妈妈的访谈得知,女孩D现在的表现缘于她的一句话,她总是对女儿说"你要这么说,别人该笑话你了",从而导致女孩D不仅说话声音小得像蚊子一样,甚至产生连"嘴都不张"的极端表现。女孩D的对话规则是她的妈妈给她制定的,她妈妈是一名教师,作为幼儿的母亲,应该说也是幼儿教育师资中的一员,让幼儿哲学"接上地气"的任务还相当严峻。

三、哲学经验准备匮乏

哲学经验准备匮乏,是指探究共同体中对话双方的哲学经验,都存在准备不足的现实表现。对话的幼儿一方,本就是初生牛犊,还未成熟,却又在现代网络媒体氛围的笼罩下孤僻而独立地生活,往往看不到,也无心于现实版的可以效仿和学习的榜样。而对话的成人一方,或许能在知觉感官上体会到孩子的智性灵光,头脑中固常的思维,往往还意识不到孩子与哲学的天然姻缘,那么就更谈不上以什么样的方式、方法来保护幼儿的哲学天性。

(一)模仿原型脱离现实

与幼儿进行哲学对话过程中,幼儿有着丰富的联想。但联想到的内容多来自动画片中的内容、多与电子游戏有关,幼儿生活经验媒体化趋向明显。

本研究在教学探索中也是如此。与幼儿进行哲学对话的过程中,孩子们总是说着说着就聊到动画片、电子游戏中去了,如男孩A提到的功夫鸡、蜘蛛侠、绿巨人等都是动画片中的内容,还有他们提到的电子杀人游戏等。这在下面一段与男孩A父亲BA的访谈中也深有体会。

与幼儿的关系:父子
职业:经营电子产品的个体业主
时间:2018年10月15日
地点:A园L老师办公室
L老师:"孩子现在经常向您问问题吗?"
家长BA:"是。"
L老师:"现在比起一年前向您提问的次数多吗?"
家长BA:"比从前多。"
L老师:"您能理解孩子问的问题吗?"
家长BA:"大多数时候能。"
L老师:"那少数不理解的问题都是哪些问题,您能举下例子吗?"
家长BA:"不理解的问题都是些奇思妙想的问题,都是和动画片、游戏有关的。"

在教师 D 组织的打口袋升级版游戏打地鼠中,有四名幼儿说:"喜欢玩打地鼠游戏,因为妈妈的手机里有这个游戏。"与教师、家长的访谈过程中,家长和老师们都反映幼儿平时和伙伴之间、老师之间的对话,也总是说着说着就跑到动画片中了,而且会兴奋至极,乐此不疲。在与幼儿长期接触的过程中发现,幼儿更喜欢超越现实的一些魔幻类的动画片,他们对动画片中的魔力羡慕不已,沉浸其中。在餐厅、医院等很多公共场所,凡是有孩子的地方,孩子往往都是在看手机动画片,玩手机游戏。唯独看不到孩子玩手机的地方,就是游乐园,因为那时孩子在进行真正的游戏。但你会发现,孩子不玩手机了,大人在玩。现代幼儿在生活中学习的经验越来越少,可模仿体验的原型也越来越不切实际,幼儿总是沉浸在幻想与模仿所带来的不切实际的超能力当中。动画片每 2~3 秒就变换画面,其连发炮式的信息使孩子的思考区无法参与。思考区常常代指"理智脑",当幼儿这部分脑区长期得不到有效刺激,未来孩子的思考能力、逻辑能力、专注力、自控力就会很差,学习力、情绪力等方面变差也就是自然而然、顺理成章的。

(二)哲学天性保护意识淡薄

在研究中更加得以证实,每一个孩子都有十万个"为什么",每一个孩子都是天生的哲学家,但现实中幼儿的"问"得不到他们想要的"答",他们所得到的"答"要么是他们听不懂的、更让他们糊涂的答案,要么就是以封住他们的嘴、不再问下去为目标的答案,缺乏哲学对话机会。家长、教师所提的问题往往都是封闭性的,以追求正确的答案为己任。教师们更多地喜欢那些在课堂上,能够和教师思路在同一水平线上,迎合她、配合她,不给教师出难题、不让教师出"洋相"的孩子。对于其他具有逆向思维、发散思维,一不小心就会让老师因没有准备而不知所措的孩子,是不给予肯定的,也是不给机会让孩子的思路继续往下延展的。如女孩 D 虽然什么都做得挺好,从少有的几次微弱声音的回答中看出,孩子的"从来不吱声",表面上会给人一种思想特别成熟、不屑一顾的印象,但其实女孩 D 做得好的地方,可以肯定的只是在知识学习的层面做得好,而思考能力、思维水平的发展情况还无从明确得知,这与女孩 D 家长注重知识的学习与规则的训导是分不开的。这一点从与男孩 A 的家长 BA 的访谈式问卷实录中,也可以得见。

L 老师:"(孩子提出的)少数不理解的问题都是哪些问题,您能举例吗?"

家长 BA:"不理解的问题都是些奇思妙想的问题,都是和动画片、游戏有关的。"

L 老师:"那您的态度怎样?"

家长 BA:"很多时候没有耐心。"

L 老师:"在您作答后,孩子会由一个问答牵出很多个问题吗?"

家长 BA:"会,每天晚上睡觉前问好多好多问题,问得他妈妈特别烦啊,他就'最后一个问题,妈妈最后一个问题'地央求。他妈妈对他的问题有的时候也会解释,但解释得不全面,不能够给他一个满意的回答。因为自己本身没有受过高等教育,也不会用适当的语言去解释。有时会选择回避,说一些别的问题。"

L老师:"有没有能够答上来孩子的问题,却不愿意、懒得回答的情况?"

家长BA:"那没有。有时对于孩子的问题会利用百度查找,会通过自己的感悟来给孩子解释。"

L老师:"孩子问的问题是发生在你们身边的事吗?"

家长BA:"是,总是十万个为什么。"

L老师:"孩子的问题能够经常被讨论吗?"

家长BA:"不会。"

L老师:"您认为,您的回答能让孩子满意吗?"

家长BA:"有时候满意。"

L老师:"你有没有继续想过您和孩子曾经讨论过的问题?"

家长BA:"有时候想过。"

L老师:"幼儿有没有对提过的问题再而三地进行深入提问的情况?"

家长BA:"偶尔有。"

L老师:"您觉得讨论问题对孩子有帮助吗?"

家长BA:"讨论的都是一些游戏呀、无足轻重的问题,感觉帮助不是很大。"

"讨论的都是一些游戏呀、无足轻重的问题,感觉帮助不是很大"一句中的"游戏"指的是什么游戏?"无足轻重"的到底是什么?更多的应该是电子游戏。如果是幼儿游戏,那么归结到第二个问题,"无足轻重"的是幼儿游戏还是幼儿的问题"无足轻重"?无论怎样解释,可以明确的是,男孩A的爸爸渴望与孩子之间进行的讨论,应该是体现人生价值与生活意义的内容,它一定要关乎幼儿的成长与发展。这就不得不回归到哲学的问题上来,不得不回归到幼儿哲学中来。意识到、捕捉到幼儿哲学的天性所在,并能够有章法地进行幼儿哲学对话,应当成为成长中的幼儿,锻造将来有能力面对人生、世界之重与轻的重要教育环节。接续上文家长BA的访谈式问卷实录如下。

L老师:"您知道儿童哲学吗?"

家长BA:"从没听过。"

L老师:"您从字面上理解呢?"

家长BA:"觉得应该是仁、义、礼、智、信,觉得现在的小孩,幼儿园、小学都应该学习我们中国的传统文化,现在的社会很浮躁,随着自身年龄的增长,与外国文化接触后,越来越觉得中国文化博大精深,特别是从小要关注孩子的成长,认为中国传统文化中的《三字经》《道德经》一定要植根于孩子的心灵底部。小时候接受人文道德的培养,长大就能是内秀的,独秀于林。中国的传统文化是能够从根部去培养的,长大后一定能够成才。"

L老师:"您认为有必要针对幼儿开设儿童哲学课吗?"

家长BA:"非常有必要。建议开设这个课要针对两个群体,一方面是针对孩子,另一方面主要是针对家长。一个家庭仅仅是孩子成长不行,只是大人成长也不行,应上下融合、贯通,彼此就像打电话一样。打电话是一定要通的,若打不通或打到别人的电话上,不在一个频率上,难以沟通。幼儿哲学非常关键,孩子自小的时候知道什么叫礼节、什么叫羞耻,仁、义、礼、智、信,包含其他所有的东西,特别好!一定要学,如果幼儿园办这个,非常赞同。一个人、一个家庭、一个国家,什么是长久不衰的,然后走向更远,只有一种文化,用文化才能塑造人,用文化才能激励和培养人,用文化才能把一个人带到更高的维度和空间上。"

关于幼儿哲学,一个仅有初中学历的个体电子产品经营业主父亲认为"一定要学"。所谓幼儿哲学就是要用中国传统文化"从根部去培养",是让"孩子自小的时候知道什么叫礼节、什么叫羞耻,仁、义、礼、智、信""用文化才能把一个人带到更高的维度和空间"的一门课程。他没听说过幼儿哲学,所以不知道如何从方式方法上去解读,但却给出了路径。相信还有无数家长从未听说过幼儿哲学,但他们都有共同的心声,就是希望能够有一门课程可以引领他们的子女首先成人。

从与男孩 A 家长的访谈中,可以看出男孩 A 的父亲是家长中难得的比较开明的父亲。虽然没有听说过儿童哲学,但很快就能够凭着自己的理解说出儿童哲学的价值与意义。这个家庭中有两个男孩,且两个男孩都在 A 幼儿园,通过与男孩 A 家庭的长期接触,时时处处都能够体会到家庭中氛围的宽松与自由。但在访谈中可以感受到,即便是这样的家庭,在平日里父母亲与孩子相处的过程中,面对幼儿的"十万个为什么"也会"特别烦",时常会"选择回避,说一些别的问题"。访谈的所有家长中,无一例外地对孩子提问表现出缺少耐心,然每一位家长都会极其有耐性地去花高价陪孩子上课外辅导班。原因不是他们耐不了性子,而是因为家长们没有或保护幼儿哲学天性的意识淡漠,没有或知之甚少地参悟到孩子"十万个为什么"的珍贵价值所在。哲学天性保护意识淡薄问题不仅出现在家长身上,教师也经常在无意识中泯灭幼儿的思考火花,以往的教学习惯导致甚至是在幼儿哲学教学活动中也不例外。如教师 A 组织的基于打口袋游戏的幼儿哲学教学活动(节选)如下。

教师 A:"男孩 E,在游戏中你接了一个口袋,救了女孩 C,你为什么要救她呀?要是我,我就不救她,我得把这个机会留给自己。"(先入为主,会使思考的宽度变窄)

男孩 E:"因为就一个人不能打败两个人。"(虽然是救了别人,但是从自己利益出发,也是自私的一种表现)

教师 A:"啊!因为中间的'鸡蛋黄'就剩你自己了是吧!要是女孩 C 被淘汰了,就你自己,你觉得你不能战胜'鸡蛋清'了,是吗?"(教师说得太多,几乎没有留给幼儿发言的空间)

男孩 E 点头表示同意。

再如教师 H 组织的基于抢椅子游戏的幼儿哲学教学活动(节选)如下。

教师 H："你们觉得抢椅子这个游戏能够取得胜利都有什么原因呢？"

女孩 S："加油！"（给谁加油？为什么加油？加油对取得胜利有什么作用？）

教师 H："啊！要给他鼓励，对不对！"（女孩 S 也是游戏者之一，自相矛盾）

男孩 M："快。"

教师 H："啊！要快，对不对！"

女孩 W："脑袋像火箭一样快。"

教师 H："啊！脑袋要转得快，时刻关注情况对不对？"

教师 H："还有什么呀？"

（孩子们没有回答）于是老师接着说："还要关注音乐，对不对？"

活动进行到这里就停止了，教师 H 不知道下一步该说什么。抢椅子考验的是幼儿通过自己的努力抢占一席之地的能力，幼儿想要成功既要思考成功的办法，也要分析失败的原因。教师没有激发幼儿的思考本身，是自己缺乏思考意识的一种体现，教师自己如此，又何谈保护幼儿的哲学天性呢？所以，哲学天性保护意识淡薄问题不只是家长的问题，也包括教师自我思考无意识的问题和无意识保护幼儿哲学天性的问题。

（三）教师面前表现拘束

师道尊严在幼儿心里往往是最神圣的，孩子们总是最听教师的话，教师的要求在孩子看来就是行为标准。即便是很淘气的幼儿，在教师面前也会变得拘束起来。但在本研究中，女孩 B 和女孩 D 两名幼儿是比较突出的个例，她们在哲学课上一般能够认真听、认真看，和大家一起分享讨论的乐趣，和大家一起开心地笑。但却不愿意发言，和教师在一起更是连嘴都不张。然而，在没有教师参与，与小朋友们之间游戏、对话时却判若两人，有说有笑。还能够切实地站在其他小朋友的立场，关心、爱护别的小朋友。例如关于女孩 D 的家长 GD 访谈式问卷实录如下。

与幼儿的关系：母女

职业：教师

时间：2018 年 11 月 26 日

地点：A 园 L 老师办公室

L 老师："孩子现在经常向您问问题吗？"

家长 GD："问呀！问题特别多。在熟悉的人面前能表达，在老师面前敬畏老师。我姑娘说：ّL 老师去我们班了，跟我们玩这玩那，可好了，我知道了很多很多……学这学那了。'能感觉到她可骄傲了，她会了这么多东西，她自己挺自豪的，她会这个了，她会那个了，我忘了具体什么了，就是问我'你知道……吗？'。昨天，我问她：'今天有没有让你最开心的事？'她说：'有呀！今天我们玩雪啦，我当守门员。'我问她：'你为什么当守门员呀？''因为我觉得我抢不到那个球，我就主动要求当守门员，我可聪明了，我把那个雪堆得很高很高，球就进不去了。'她说玩得特高兴，但是这些都是问她，她才说，她很少主动地说。"

L 老师："我在和她们接触的过程中，发现孩子不爱发言，即便发言了，声音也特别小,您觉得是什么原因?"

家长GD:"胆怯,不自信,想表现,但不敢,怕别人笑话。本来和小朋友玩的时候,说话也可以,只要老师叫到她,马上声音就变小。她小的时候,总是告诉她,你那样别人会笑话你。孩子特别怕别人嘲笑她。一次走路走着走着,摔了一个大跟头,羽绒裤卡了两个窟窿。我也没觉得什么,就发个朋友圈,说新做的羽绒裤,刚穿就卡了两个大窟窿。然后她马上就翻脸了,我朋友写了个'哈哈哈',她就说别人在笑话她。分不清嘲笑和好笑的区别。很敏感,自尊心特别强。有一次选主持人,我在家和她练得特别好,第二天告诉我没选上,我问为什么?她说她声音太小。我让她表演一下,真的是我都听不见她说什么。所以她爸爸说让她学口才,我没让,我觉得她就是一个安静的孩子,舞蹈她不学,但练钢琴不觉得枯燥,能学画画,她自己能掌控的东西能给她更大的安全感。在家教她识字、讲故事、做题,坚持一年半了,已经成习惯了。"

首先,以上实录内容可喜的是,从女孩D回家向妈妈的反馈中得知,在幼儿园L老师带领她们做的幼儿哲学活动,让她自己觉得自己"学这学那","知道学了很多很多"。妈妈也感受到"她可骄傲了"。但令人难过的是,女孩D在两位教师眼里都是一个特别不爱说话的孩子,教师提给她的问题,她"连嘴都不张",即便嘴张开了,但一点儿不夸张地说,声音真的就如蚊子一般,完全听不见她在说什么。还是小时候妈妈总挂在嘴边的那句"别人会笑话你",使孩子从此真的就变得敏感、自尊心强,不能接受别人的"笑话",极度害怕在他人面前出丑。本研究中的教师A与教师B已陪伴她在幼儿园走到了大班,却依然没能让她打开心结,敞开心扉。

四、探究过程忽视幼儿年龄特点

幼儿哲学,尤其注重与幼儿进行哲学探究互动的过程。幼儿哲学虽隶属于儿童哲学,但儿童哲学中每一个年龄阶段的儿童都有其特有的身心特点。幼儿是儿童当中最小的群体,儿童哲学研究者往往会考虑到幼儿语言、智力、经验等各方面能力还不成熟,而不愿涉足幼儿哲学教学领域。所以幼儿哲学教学,一定要基于幼儿的身心特点与发展规律。

(一)问答单向性、一次性与自问自答

幼儿哲学教学活动中,幼儿与教师之间的问与答,最常见的有三种情况:一是幼儿问,教师答;二是教师问,幼儿答;三是教师自问自答。最突出的特点是问与答总是单向的,没有来回,或一个来回没有往复地问答,甚至是没有回应的自问自答。要么问题不适合幼儿,幼儿无从回答;要么问题答案显而易见,幼儿多答无益;要么不给幼儿思考时间,盲目自答。根本谈不上沟通,谈不上交流,更谈不上对话。消极的回答不仅没能回答问题本身,久而久之还会让幼儿失去提问的兴趣。比如女孩A问及男女平等的问题:"为什么大人都不喜欢小女孩?家里聚会呀,爷爷奶奶对哥哥或者是弟弟比对我好,更喜欢。"教师只是简单地回答"男孩女孩都一样",接下来孩子不再问了。看似回答了幼儿的问题,但实际上她心里的疑惑还在,事实依旧存在,"为什么家人更喜欢男孩"的问题并没有

得到面对真相的满意答复。反而会觉得教师欺骗了她,在教师这里寻求不到帮助,当然不再问了。如准教师 B 说的"那是不是鸡宝宝们团结才能不被抓到啊！老师告诉你们,下次你们玩老鹰捉小鸡的时候,一定要紧紧地抓住前面小朋友的衣服。所以我们要团结是不是？"就是典型的自问自答。本研究中 6 位教师所进行的 8 节幼儿哲学教学活动中,除教师 B 组织的基于"过家家"游戏和"老鹰捉小鸡"游戏的幼儿哲学教学活动外,其他教师组织的哲学对话都还处在单向、一次性问答水平,而且还经常自问自答。如教师 K 组织的基于"抬花轿"游戏的幼儿哲学教学活动实录(节选)如下。

  游戏时间:2019 年 6 月 4 日 9:40
  游戏地点:A 园操场
  对话时间:2019 年 6 月 4 日 10:00
  对话地点:A 园多功能厅
  参加幼儿:男孩 M、男孩 Z、男孩 H、男孩 L、男孩 W、男孩 X、女孩 J、女孩 S、女孩 F、女孩 Y、女孩 W、女孩 N,共 12 名幼儿。
  教师 K:"老师的问题是你们谁和谁一组？你们是怎么选择的？我为什么要和他一组？明白吗？"孩子们没有作声。
  教师 K 接着说:"刚才男孩 W 和女孩 F 是一组的对不对？现在我想问一下女孩 F,你为什么选择和男孩 W 一组？"
  女孩 F:"我想选择男孩 W,男孩 W 也想选我！"
  教师 K:"你想选择男孩 W,男孩 W 也想选你,你们非常的默契,对不对？你们就非常想选彼此,对吗？女孩 F,你告诉老师,你为什么想选男孩 W 啊？"
  女孩 F:"因为男孩 W 力气大。"
  教师 K:"因为男孩 W 力气大,他长得结实、长得壮,是不是？那男孩 W,老师想问一下你为什么选择女孩 F 呀？"
  男孩 W:"因为我喜欢女孩 F。"
  教师 K:"你喜欢女孩 F,因为你们两个是好朋友是不是？"
  男孩 W:"有时候也不想和她玩儿,她总黏着我。"
  教师 K:"总黏着你呀,是因为她也把你当成是她的好朋友,所以她愿意跟你玩儿。男孩 X,你刚才是不是也跟他们一组呀？你为什么跟他们一组呀？"

  对话中的教师 K 一开口就连续抛出了四个问题,幼儿记不住,也反应不过来,当然不作声,所以教师只能自问自答。随后每提出一个问题只面向一名幼儿,还指定让这名幼儿回答。直至后来的"默契""朋友"也都是教师 K 给定义的。教师 K 无意中的叙述性陈述代替问题"你喜欢女孩 F,因为你们两个是好朋友",激起了男孩 W 的反对意见,似乎将对话点燃一个小的火花,但立即被教师 K 的一句"因为她也把你当成是她的好朋友,所以她愿意跟你玩儿"瞬间扑灭,最后连一点儿复燃的机会都没给,直接进入下一个话题。再来看看男孩 B 的家长 BB 访谈式问卷实录。

时间:2018 年 11 月 21 日
地点:A 园 L 老师办公室
与幼儿的关系:母子
职业:全职妈妈

L 老师:"孩子爱问问题吗？次数比从前多吗？"

家长 BB:"是。"

L 老师:"您能理解孩子问的问题吗？"

家长 BB:"大多数时候能。"

L 老师:"在您作答后,孩子会由一个问答牵出很多个问题吗？"

家长 BB:"偶尔会。"

L 老师:"孩子向您问的问题多是哪些事情？"

家长 BB:"什么都问。比如问：'为什么会下雪啊？'"

L 老师:"孩子的问题会被家人讨论吗？"

家长 BB:"是。"

L 老师:"您认为,孩子满意您的回答吗？"

家长 BB:"大多数时候满意。一般我回答完后都会问一句：'你懂了吗？你明白了吗？'他会说：'明白了,我懂了。'都是尽量让他明白,让他懂。不可能给他解释到咱们大人理解的状态,是解释到他能理解的状态。"

L 老师:"比如像您刚才说的,孩子曾经问'为什么下雪啊？'这样的问题,您能给他解答清楚吗？"

家长 BB:"我就是给他讲讲大气层啊,冷空气的原理啊,大概地说一下,说这是物理现象,然后他自己会问：'我懂了,我大了是不是还会学？'"

男孩 B 是 9 个孩子中最懂事、最明事理的一个小孩,他不会淘气到让老师生气,也能够有条理地讲述自己的想法。妈妈为了回答他"为什么下雪"的问题,百度后讲了物理原理。他听后说"我懂了",妈妈就觉得这个任务完成了。事实上,孩子怎么会懂呢？他懂的是妈妈已经尽力了。所以他补充问道："我大了是不是还会学？"

L 老师:"那像您刚才提到的物理,他能明白吗？"

家长 BB:"他其实不能真正地明白,像科学课上有一些小实验的东西,我和他说过有的东西是化学的,有的东西是物理的,他知道有这么个东西存在,但是不知道具体是什么,在脑海里有个印象。"

L 老师:"您有没有反问过孩子,就比如说他问个问题,您对他问的问题挺好奇的,您会好奇他怎么会问出这样的问题,有吗？"

家长 BB:"这个还真没有过。"

L 老师:"您就是总想办法给他一个正确的答案是吗？"

家长 BB:"对,想给他一个可以让他满意的、能接受的、他觉得他理解了的一个答案或者一种方式,或者领他去实践一下这样。"

人们从出生开始，就习惯了父母的给予。长大以后有了自己的儿女，也延续父辈的做法给予自己的孩子。为人父母者当面对孩子的叛逆时，总会把"这都是为你好"这句话挂在嘴边。却从没有问过孩子，自己所给予的是否是孩子内心真正想要的。盲目而习惯性地用"这都是为你好"来绑架孩子的思想。男孩B的妈妈是家长中非常优秀的妈妈，她用自己的教育观努力地培养了一个懂事的孩子，一个懂事的孩子往往也是一个受压抑的孩子。在回答完问题后，男孩B的妈妈还不忘确认一下"你懂了吗？你明白了吗？"，于是如此好的幼儿哲学对话时机就在男孩B的"我懂了"假象中，以妈妈单方的满意而草草结束。

    L老师："孩子有没有，您给他一个答案，但是他不太满意还继续追问的时候呢？"
    家长BB："有，他就会说妈妈你在手机上给我查查吧。有些他实在是不太理解，就是给他讲一些故事，从网上查完了，给他读完了，他就理解得更好一些。"
    L老师："您就是当孩子有问题的时候，力求给他一个正确的、明确的答案，想让孩子明白。那么您觉得他知道正确的答案重要一些，还是孩子虽然不明白但能提出这个问题更重要一些？"
    家长BB："我是觉得他的问题得到我的一个解释，然后他继续问问题，这样更好一些。一般都是我告诉完之后，他说懂了就不再问了，要是不懂会再问。比如现在我俩走在路上，他问我什么问题，我就想马上尽我能力去给他解决这个问题，让他把这个困惑解决了。我也不想拖到第二天或以后，都是尽量、尽早地去完成他的问题。"
    L老师："您觉得和孩子讨论问题对孩子有帮助吗？"
    家长BB："有。孩子跟我沟通多一些，总是问我'为什么'，或是遇到什么事会问我'妈妈我能不能干'。默契在讨论中产生，语言得到锻炼，性格会开朗一些。"

男孩B的妈妈认为，讨论能够使"默契在讨论中产生，语言得到锻炼，性格会开朗一些"。但他们母子之间多为单向的一次性的讨论，还不能称其为真正的讨论，正如她在上文中所述"去完成他的问题"。"完成"一词很好地诠释了她回应孩子问题的方式和态度，男孩B的妈妈是很负责任地把孩子的问题当成一次阶段性的任务来完成。但当前问题任务的完成和母子之间的默契存在以幼儿压抑性的懂事为代价的成分。

    L老师："您认为，您的孩子喜欢现在上课的方式吗？您希望对上课方式做出改变吗？"
    家长BB："喜欢，只要是孩子学的当堂都会，在他这个年龄段我就可以接受。不是非要让孩子学多么深的东西，只要今天老师讲的都能会就可以了。"

L老师:"您知道幼儿哲学吗?"
家长 BB:"从没听过。"
L老师:"从字面意义上理解呢?"
家长 BB:"可能是有心理学的基础,关乎各方面发展的。"
L老师:"您认为有必要针对幼儿开设幼儿哲学课吗?"
家长 BB:"这个新的课程可能会开发一些潜在的、父母发现不了的方面。我是学小学教育的,教自己的孩子和教别人的孩子不一样,孩子听老师的话。"

男孩 B 家长的学业背景是小学教育,在教育孩子方面有自己的方法与见地。从男孩 B 的日常和幼儿哲学课上的表现可以看出,男孩 B 的母亲很是注重给孩子问题一个满意的解答,有时会当成一个作业耗时几天去完成。但往往结果依旧无法让孩子满意,因为很多问题任何人都无法给予孩子一个标准的、完美无缺的答案。对于幼儿而言,孩子最为珍视的或许是和父母一起探究的乐趣,或许是万事万物存在的价值与意义。家长要珍视的不应是一味在百度搜索到的问题的答案,而应该研究如何保护孩子哲学之问的天性,如何让孩子的思考兴趣保持下来。

(二)高控阻止幼儿"七嘴八舌"

在与教师和幼儿长期的接触中发现,教师只要不板起脸来命令幼儿,幼儿就会无组织地仨一伙儿俩一串儿地"乱谈",那么此刻的教室是乱的,呈现出完全无序的状态。这从教师 A 的访谈实录中也可以看出。

时间:2018 年 11 月 14 日
地点:A 园 L 老师办公室
L老师:"在您作答或其他小朋友作答后,幼儿会由一个问答牵出很多个问题吗?"
教师 A:"会。"
L老师:"幼儿向您问的问题是发生在你们身边的事吗?"
教师 A:"都是些动画片里的事儿。"
L老师:"幼儿的问题能够经常被其他小朋友们讨论吗?"
教师 A:"能。"
L老师:"您认为,您或其他小朋友的回答能让幼儿满意吗?"
教师 A:"有时候满意。有的时候,感觉他也不是一定要什么答案,就是七嘴八舌地说上了,不会有一个明确的回答。你一句我一句的,说着说着从一开始的那个话题已经跑得很远了。而且经常是仨一伙儿俩一串儿地说,有的时候大家说的是一个话题,有的时候从大家的一个话题变成各说各的跑了的题。"
L老师:"这种情况下,您会怎么做呢?会继续让他们七嘴八舌地说下去吗?"
教师 A:"不会,会制止他们说'别说了'。继续让他们说,他们能说一上午,没完没了。有时不只说话,还会有动作,会显得很乱,就会及时制止。"

以上几个问题几乎以同样形式访谈过家长和老师,访谈的问题涉及幼儿与老师与家长之间,但这一次访谈的问题涉及幼儿与幼儿之间,结果截然相反,明显表现出不能与能、不会与会的巨大反差。幼儿关心幼儿的问题,幼儿对幼儿的事才感兴趣。本研究中其他6位老师在进行幼儿哲学教学活动中,都会用自己无意识的一种方式来控制幼儿"七嘴八舌"的现象。例如:

教师D面对孩子们的七嘴八舌会突然高声喊:"好了!听——我——说!听——我——说!"
教师H会皱起眉头道:"哎!哎!干什么哪!"
教师X会放声道:"都坐好了!"
教师K会要求:"×××和×××你俩换座,来!赶紧的!"
教师B会笑着问:"干啥呀这是?啊?干啥呀这是?"
教师A会面不改色地说:"好了啊!不要说话了啊!"

6位教师制止"乱谈"的方式各有不同,但目的都在于制止幼儿当前的行为。在幼儿园内实行的都是集体化教育教学,整齐划一是传统教育的特色性标志之一。幼儿教师往往为了这样的目标,通过高度的纪律控制来阻止幼儿的发散性思维谈话,以避免因教室、课堂的表面混乱而给自己班级带来无组织、无纪律的负面影响。教师们紧张自己班级的规范化形象,紧张孩子的安全责任,总是会胜于对幼儿思想情态的紧张程度。

(三)"内模仿"过程缺失

5～6岁幼儿处在幼小衔接阶段,尽管幼儿园会按照常规进行教学活动,但家长仍不满足于在幼儿园所学,总是会额外再为孩子选报园外的学前班。所以即便是刚5岁多的孩子,对10以内的加减法已不在话下。可学习算术是为了什么?这些加减法的算式有什么用?教师、家长从来没有和孩子认真探究,与生活严重脱节。幼儿或许对各种算式能够做到举一反三,却不会在数学生活中触类旁通。例如在一次幼儿园组织的"我是小小购物员"活动中,幼儿选好商品付款后,L老师一一问孩子们"买东西花了多少钱?",孩子们竟一致地都回答"花了10块钱"。L老师又问:"你手里买来的东西花了多少钱?"孩子还是回答:"花了10块钱。"可问到"10减8(当时幼儿手里拿着买到东西的价钱)等于几?10减6(当时幼儿手里拿着买到东西的价钱)等于几?"时,孩子们都能准确地说出结果。所以,在幼儿哲学教学中,当问到"10减2等于几"都能准确回答"8"。但被问到"钱是做什么用的?"时,虽知道能买东西,但对数字与生活的关系,数字的价值、意义何在,恐怕很难得到让人满意的效果。理解抽象概念最好的方式就是在做中学,在游戏中学,通过"内模仿"达到其外在形式在内心的再现,进而实现对符号的理解。然而在当前的学前教育中,这种"小学化"倾向的教育绝不是个例,是一种普遍现象。同时缺失"内模仿"过程的教育,对5～6岁幼儿来说是一个莫大的遗憾。再如本研究中与女孩D家长GD所进行的访谈中,也可以体会到幼儿"内模仿"过程缺失的一面。

L老师:"您能理解孩子问的问题吗?"

家长GD:"基本能。"

L老师:"孩子会由一个问答牵出其他的问题吗?"

家长GD:"会。"

L老师:"孩子问的问题一般都是哪些类问题?"

家长GD:"挺广的。"

L老师:"有没有关乎宇宙、人生等的一些大问题?"

家长GD:"那没有,都是生活中比较现实的、常识性的问题。"

L老师:"孩子的问题能够被家人讨论吗?"

家长GD:"会。"

L老师:"您的回答能让孩子满意吗?"

家长GD:"能接受。"

L老师:"为什么用'接受'这个词?"

家长GD:"她问的问题,有的我都不会回答。只能百度,但百度完了,她理解不了,所以就只能接受了。不能用简单易懂的话解释,孩子的知识也是有限的,所以听听就算了,她不继续问,也就拉倒了。"

L老师:"您反思过您和孩子曾经讨论过的问题吗?"

家长GD:"没有。"

L老师:"幼儿有没有对提过的问题深入追问的情况?"

家长GD:"有,刨根问底。这种情况下我就答不上来了。"

L老师:"接下来,您的态度呢?"

家长GD:"我答不上来,态度可能就不太好了。答不上来,就拒绝回答了。也会说,你长大了就明白了。"

本研究中女孩D的妈妈是一位老师,在孩子老师和其他家长眼中,对于孩子的教育相对更专业一些。关于"您的回答能让孩子满意吗?"这一问题,女孩D妈妈的回答是"能接受"。"能接受"三个字传达出了孩子对于妈妈回答的无可奈何,也传达出妈妈应对的敷衍。家长对"能接受"的解释是无法用简单易懂的话解释,孩子知识受限。这样的困境在一位老师家的孩子面前尚且如此寻常,那么在其他家庭则是更为突出的问题。难道家长就只有回答的资格,只能自以为是地回答,只能担当孩子家长和老师的角色?就不能降低身段与孩子做朋友吗?就不能自认无知与孩子一起讨论吗?就不能与孩子一起体验模仿吗?如果大人们能够和孩子一道在体验中感受、经历"内模仿"所带来的震撼,也许就会大大降低"能接受"的比例。

(四)"假问题"时有发生

在本研究的幼儿哲学教学活动中,如男孩C、男孩A比较活跃,也爱提问题。但提出的问题、发表的观点往往与问题相去甚远,似乎仅仅是为了引起别人的注意才举手发言,有哗众取宠之嫌。在观摩其他一些院校组织的不同年龄段的儿童哲学教学活动中,此类情况也比较常见,现场听课的人越多,观众越是发笑,孩子们就越想表现,这就造成孩子把发言当成是一次表演,进而提出的问题、发表的观点并不是真问题,也不是真观点,很多想法没有经过思考、分析与提炼。如果这种表现占据整个课堂,那么幼儿哲学课就极易变成一节表演课。例如关于男孩 B 的教师 A 访谈记录如下。

  L 老师:"幼儿有没有反复对同一个问题不断追问的情况?"
  教师 A:"偶尔有。觉得男孩 B 说的也都是挺有用的,不像男孩 A 说的都是我看过哪个动画片、我去过哪儿的琐事。"
  L 老师:"您的意思是说,男孩 B 所说的都是经过认真思考的,而男孩 A 都是因为他见过,经验丰富,他想到什么就说什么,并没有经过理性的思考。对于男孩 B 你能举下例子吗?"
  教师 A:"比如上课时老师讲一个故事,同时会提相应的问题,男孩 B 就会记住故事里的话,回答问题也在'点儿'上,明显看出来他记在脑子里了,他思考了,就不像别的小朋友回答的'不在一趟线'"。
  L 老师:"'不在一趟线'的小朋友是不是在往别的方向思考呢?还是就是在告诉您,自己曾经见过什么?"
  教师 A:"可能是在想别的。感觉就是告诉我,没经过思考,脱口而出了。"
  L 老师:"像男孩 B 的这种思考方式您比较认可吗?您觉得是什么原因塑造了他的这种能力?"
  教师 A:"对,比较认可。男孩 B 的妈妈对孩子比较上心,回到家还会针对今天学习的内容再补充学习,而男孩 A 回家完全没有人管他,就是扔那玩儿吧,怎么玩儿都行。男孩 B 的妈妈对孩子的管理比较细致,但是不会让孩子没有发言权,也会让孩子说。"
  L 老师:"所以男孩 B 就会理性思维,而不像男孩 A 看到什么就说什么,完全处于一种无序的状态。您认为是他父母对他的'不管'形成的,或者说是散着管的,没有在孩子的思想上进行引领,是吗?"
  教师 A:"是的,所以他们俩是完全不一样的。但是我觉得孩子思维开阔一点儿,无厘头一点儿,更像个小孩儿,像男孩 A 这样天真的、纯天然的表现还挺可爱的,我觉得孩子就应该这样。"
  L 老师:"您是觉得孩子过于理性就太成人化了是吗?"
  教师 A:"是的,就不太可爱了。"

  教师 A 口中男孩 B 的"有用的问题"与男孩 A 的"琐事,无用的问题"形成了鲜明的对比,这也恰恰是幼儿的问题当中真问题与假问题的体现。男孩 B 的思考通常是比较理性的,而男孩 A 的思考往往缺乏一定的关联性,随意且无序,但并不能认为这样思考的问题就是假问题,或许是由于成人思维的因循守旧、坐井观天也未可知。但在与幼儿长期的对话当中,包括曾经听过的小学阶段的儿童哲学课,甚至本研究中的男孩 A 确实有过像是为哗众取宠而漫无目地发言与表现,会带给人一种"逗赛"性质的表演感觉。所以幼儿哲学教育,还要区分幼儿的真问题与假问题,同时也不能矫枉过正,分辨不清什么是幼儿天性活泼的发挥,什么是哗众取宠的表演。

(五)角色期待革新思考不够

在本研究的幼儿哲学教学活动中,男孩与女孩体现出较为明显的性别差异,主要有两点:一是体现在参与的积极性方面;二是体现在思考的内容方面。在参与的积极性上,明显可以看出5位男孩的表现比较活跃,提的问题多,想问题的思路广,反应的速度快,注意力也相对集中。而女孩明显活跃程度弱于男孩,发言的积极性也不如男孩,经常会溜号。经过多次与L老师的哲学对话后,男孩们在幼儿园中遇见L老师,经常会问"L老师,什么时候还和我们聊天啊?",表达出哲学对话的热情愿望。女孩中C女孩虽然也问过L老师两次同样的话,D女孩也曾向自己妈妈反馈"和L老师聊天很开心"的感受,但其热情强度仍稍逊于男孩。而在思考的内容方面,如男孩D的妈妈所说,男孩总会异想天开,但女孩思考的全部都是生活中的事。下面列举本研究中家长和教师提供的幼儿近期向他们提过的问题。

男孩X:"为什么马儿要吃草?""为什么月亮会在晚上出来?"(教师H提供)

男孩W:"天空为什么是蓝色的?""海水为什么是咸的?""天上为什么有星星?"(教师H提供)

男孩Z:"老师,为什么我睡觉会打呼噜?"(教师H提供)

男孩L:"为什么会有人类?人类是从哪个时候才有的?"(教师H提供)

男孩M:"为什么牛奶是白色的?""为什么太阳是火红的?"(教师H提供)

男孩L:"为什么恐龙会灭绝?"(教师D提供)

男孩H:"为什么受伤会流血?"(教师D提供)

男孩X:"为什么蝴蝶会飞?""为什么人能直立行走?"(教师D提供)

男孩H:"为什么人的头发剪了还会长?""为什么要上学?"(教师H提供)

男孩M:"我能不能坐飞机到月球上?""父母为什么上班?"(家长BM提供)

女孩F:"这个动物为什么是这样的,我只能看到它的一个眼睛?""蜘蛛为什么会在网上,会咬人吗?"(家长GF提供)

女孩N:"几加几等于几?"(家长GN提供)

女孩J:"老师,我和妹妹一起来的幼儿园,妹妹今天没哭,她是不是进步啦?"(教师X提供)

女孩F:"为什么人有10根手指头?""我有可能现在就在做梦吗?"(教师H提供)

女孩N:"为什么地球上先有恐龙,后有人类?"(教师H提供)

女孩Y:"为什么老了头发会变白?"(教师H提供)

女孩S:"老师,今天我们户外活动玩什么游戏呀?"(教师X提供)

女孩Y:"为什么鱼生活在水里?"(教师D提供)

女孩N:"为什么天空是蓝色的?""为什么白天有太阳,晚上有月亮?"(教师D提供)

女孩J:"我为什么要上学?""恐龙是什么时候出现的?""这是什么恐龙?""我一天怎么要学这么多东西,为什么呀?"(家长GJ提供)

女孩N:"西瓜是怎么长出来的?""各种动物是怎么生活的?"(家长GN提供)

女孩W:"秋天为什么有的树叶不落下?"(家长GW提供)

在以上男孩提出的问题当中,多数是关于人类、宇宙的大问题,而女孩提出的问题当中多数是生活中具体的小问题,说明男孩、女孩的思维存在性别差异。那么,男孩和女孩思维差异的根源在哪里?难道仅仅是生理意义上的不同吗?社会对男孩和女孩有着不同的角色期待,男孩被认为是活跃和更加充满好奇的,其善于挑衅和竞争的行为通常也是被接受的。如传统对男孩的角色期待即是"好男儿志在四方",对女孩的角色期待往往是"女子无才便是德"。女孩被认为是合作的、富有同情心的,适宜接触与审美情趣相关联的事物。这种角色期待的差异虽在现代社会已有所改观,但一定程度上仍然存在。如在本研究的访谈中,一些女孩家长明确表示"我家是女孩,压力没那么大""女孩有个好脾气就行,得稳稳当当的",甚至有的家长调侃"男孩是建设银行,女孩就是招商银行",尤其是家中有小型家族式企业的家长,观点更是以生男孩儿为重,以后可以继承家族基业。家长这样的观念势必会影响并加剧男孩和女孩思考能力、思维方式的差异性表现。

五、过于强调没有问题答案

所有的幼儿哲学研究者和实践者,几乎都把培养幼儿的思考能力作为幼儿哲学教学的首要目标。以培养幼儿的思考能力为主要目标,就导致了一种没有问题答案的错觉。幼儿教育应以幼儿为本位,孩子究竟想要的是什么呢?有答案就完全背离了初衷吗?例如当成人给予幼儿问题回答后的反馈如下。

教师H:"他觉得老师非常的伟大,像'十万个为什么'一样。"

教师K:"对于孩子的问题,我会用幼儿能听得懂的语言来回答,幼儿会有一种认同感和满足感。"

教师A:"她会觉得又收获了新知识,是别的小朋友所不知道的,会觉得自己很厉害。"

教师D:"得到大家都认为正确的答案,就会有一种安心的感觉,就是知道自己该怎么做,可以安心地去做了。"

教师B:"当一个问题找到答案,他们会开心地分享出去。"

教师X:"幼儿会羡慕老师知道得多,还说'长大也要当老师'。"

家长BW:"只要对他问的问题解答清楚就比较满意。"

男孩M的家长曾告诉教师,孩子问过"父母为什么上班?"这个问题,大人回答说"上班挣钱给孩子交学费学知识",幼儿听了之后就说"那我好好学知识"。这样的答案若要消极地理解,认为会给幼儿带来心理压力;若要从正面积极地理解,认为会成为幼儿进步的动力,显然案例中的男孩 M 是处于积极的理解维度。由此可见,幼儿的需求并不仅仅满足于探究的过程,他们也渴望探究后得出的结果,收获带来的那份喜悦、自信与激励,或许也是幼儿继续探求的动力源泉。哲学当然不以追求确定性答案为目标,但也不能完全放弃对答案的认同,但现实中分寸的把握中总是搞"一刀切",对于幼儿特有的年龄特点和探索内容的学科特点顾及不多。

(一)忽视幼儿习惯养成关键期

幼儿正处在习惯养成、树立价值观的关键时期。初涉社会的孩童,大千世界的林林总总会让他们眼花缭乱、无所适从。幼小的孩子还不能进行最基本的价值判断与审美选择,作为幼儿的养育者与教育者,不仅有责任、有义务去帮助幼儿树立人生最初的价值观念,更是幼儿自然成长过程中的一种必须,而不能搞"一刀切",认为幼儿所有的问题都不能给予答案性质的解释说明。这一点在所有幼儿家长的价值观念上也存在共识,在与女孩 D 的妈妈访谈对话中可以证明。

时间:2018 年 11 月 22 日
地点:A 园 L 老师办公室
L 老师:"您知道幼儿哲学吗?"
家长 GD:"听过哲学,没听过幼儿哲学。"
L 老师:"从字面意义上理解呢?"
家长 GD:"理解不上去。本身我对哲学就不理解,也学不明白,里面的知识看不懂。"
L 老师:"通俗地讲,你觉得哲学是做什么用的? 对一个人有什么帮助?"
家长 GD:"不知道。"
L 老师:"从小学到大学,不是每学期都有哲学类的课吗?"
家长 GD:"对呀! 学不懂啊!"
L 老师:"但你总该知道开这个课是为什么吧?"
家长 GD:"应该就是树立正确的价值观、人生观吧!"
L 老师:"如果如你所说,你觉得有必要开设幼儿哲学课吗?"
家长 GD:"从这个角度来说,有必要啊! 现在好多小孩因为家里生活水平提高了很多,要求都能够被满足,每个家庭基本上都是一个孩子,甚至可以说四个人、六个人赚的钱全力以赴地培养他们。现在孩子存在问题,家长也占很大的一部分原因。现在的小孩无所畏惧,觉得没有什么事情是解决不了的,对什么要求没有什么概念,家长也没帮他们树立这样的概念,比如这个东西我打破了,这个东西很值钱,要付出代价的。但他觉得我买个新的就完了呀! 没有愧疚感、没有罪恶感,他们不觉得这是一个多么严重的事情。如果法律没有对他做出严厉的惩罚,那未来他会不会觉得,我杀人了也不过如此。所以我觉得,现在的孩子需要知道很多事情的重要性,不是打碎了东西用钱就能够解决的。真的要让小孩知道不是所有的事情都是应该的,现在小孩都认为父母给我买这个、给我买那个都是应该的。都说现在小孩'狼'、自私、不懂感恩,孩子是一方面,大人起主导的作用,大人没有从小很好地去引导孩子。中国把德育放在第一位,德育真的比学习知识重要得多,但现在不知道什么原因都把学知识放在首位,反倒把德育摆在后面。"

在20世纪七八十年代以前的中国式家庭中,几乎每个家庭都有两个以上的孩子,幼儿家庭教育往往可以通过在兄弟姐妹间耳濡目染完成。到每个家庭都只生一个孩子的时候,幼儿家庭教育的重任就只能通过长辈式教育来完成。这种形势演变到现在,现代幼儿在伦理、道德等方面的思想问题逐步突显出来,让每一位教育者、每一位家长深感焦虑。社会上从来没有像今天这样关注幼儿教育,大人们从来没有像现在这样重视幼儿教育,这说明幼儿教育中愈演愈烈的困惑与问题也到了最危急的时刻。

(二)忽视探究内容领域特点

幼儿是天生的哲学家,他们所关注的问题大至宇宙、人生,小至一粒沙、一朵花、一颗种子。可谓是上天入地,包罗万象。若要从学科领域去划分,应该包括所有学科的问题。若要问难易程度,难到世界上最伟大的科学家也可能束手无策,易到也许会让大人们忍俊不禁。或许有的问题真的没有答案;或许有的问题有答案,太深奥了,孩子也听不明白;或许有的问题,孩子并没有想要一个答案;或许有的问题,孩子就想有一个答案,就需要一个答案,也可以给一个答案,那就是涉及价值观的问题。生活中,孩子需要知道什么是善的,什么是恶的;什么是美的,什么是丑的。社会上最基本的道德价值判断,需要教育者予以正确的引导与答复。本研究中的男孩C就是一个善于提些超乎想象问题的孩子,由于家庭背景的特殊原因,导致幼儿对一些价值观的问题在思维方式上思考不当,从教师A关于男孩C的访谈记录中可以得见。

> L老师:"课上,幼儿会经常向您提问题吗?"
> 教师A:"几乎没有。他不是提问题,他是直接就说的。会根据以往的经验就直接说,不会问老师。他是妈妈和姥姥带大的,单亲家庭,和别的小孩儿不太一样,因为父母离异,妈妈和姥姥对孩子更宠爱,导致这个孩子脾气特别大。他也不会问问题,他和老师说的都是他妈妈和姥姥告诉他的,总会说'妈妈跟我说的,姥姥跟我说的'等等。他可能觉得妈妈和姥姥告诉他的都是对的,他妈妈会告诉他'如果谁欺负你,你就打回去',有的小朋友和他一起玩儿,不是谁真想打他,碰他一下,他就打回去了,然后说'妈妈说了,谁碰我,我就要打他,我就要揍他',有时候还会说老师都想象不到的话,他居然还会说'我会杀了你'这种话。虽然这孩子这方面这样,但是他做事特别认真,比如他一件事没做完,其他小朋友都去玩了,他不会被影响,会专注地把这件事做完。不管剩几个小朋友,别的小朋友在干啥,自己必须认认真真地把这件事做完,然后再去玩儿。"

男孩C若要从幼儿哲学思考能力方面去考查他,他是个比较优秀的孩子。若要是从道德观、伦理观方面去考查他,也许在很多家长眼里,他更像是个坏孩子。但不论从哪方面来考查,又都隶属于哲学范畴。所以幼儿哲学教育从哲学的角度看待哲学的问题,仍然要辩证地对待。

> L老师:"就是说这个孩子自我保护意识特别强,但什么事自己没什么想法,完全都是他妈妈、姥姥影响他、灌输给他的,是吗?他就没有什么疑惑吗?"
> 教师A:"对,没什么想法,很少有疑惑。而且他的想法和别人不太一样,别的小朋友可能联想到别的,他回答的话和你说的完全都没有关系,他会突然冒出'宇宙怎么样啊,天上怎么样啊',就是一点儿关系都没有。他妈妈和姥姥可能把他保护得太好了,特别纯真。"
> L老师:"他能想到宇宙这些异想天开的问题,他也许不是胡说,而是沉浸在自己的世界里。"
> 教师A:"对,可能是在动画片之类的里面看过。有时候听不懂、不明白他说的是什么,但孩子特别聪明。"
> L老师:"特别聪明,体现在哪些方面呢?语言上,还是行为上?"
> 教师A:"比如有一些开发智力的题,不用老师讲怎么做,他就会,可能是做过类似的题型。"
> L老师:"就是说他举一反三的能力特别强,是吗?"
> 教师A:"对!做过一个就知道同样的题怎么做了。"

本研究中的男孩C在做智力题时能够举一反三,思考问题也是天马行空,在教师眼里觉得他总是异想天开,说的和教师想要得到的答案总是背道而驰。男孩C在这些方面的表现,恰恰是幼儿哲学教育中提倡要珍视的精神品质。在探索这类问题时,或许永远也没有终结性答案,永远也不会停止思考。但男孩C身上的另一特质,就是他强烈、偏执的自我保护意识与行为。这类由家庭背景原因引起的偏执心理,并非幼儿天生就是如此暴烈不容忍,而是由外在原因所导致。因此作为教育者、家长需要有能力去鉴别科学探索问题、价值观导向等问题,并予以正确的引导与纠偏。

第五章　幼儿哲学教学中存在问题的成因分析

中国哲学崇尚道德的顿悟与领会，而西方哲学充满理性思辨的气息。幼儿哲学是西方文化的产物，在其自身发展进程中，尤其是在幼儿哲学中国化进程中，必然会显现出一系列的问题。但幼儿哲学的价值与意义是不言而喻且不容怀疑的，尤其是面对中国幼儿教育尚存在的诸多弊端，作为教育者，我们更加有必要加快幼儿哲学中国化进程。本章将从现象入手，深入阐释幼儿哲学教学研究中存在问题的成因并进行分析归纳，以期揭示幼儿哲学思维的一些基本线索和阶段特征，归纳分析影响幼儿哲学良性发展的规律性因素，试图为幼儿哲学大规模发展的前景提供参考资料。

一、尚未形成幼儿哲学联动机制

幼儿哲学，无论是从童年哲学的角度来定义，还是从幼儿哲学教育的角度来定义，虽然对话探究的内容为哲学议题，但对话探究的目的是挖掘幼儿的哲学天性所在，终究是以培养人作为终极目标的，是为培养人的教育教学而服务的。因此，在幼儿哲学的领域里，哲学必然要与教育学联姻。

（一）学术机构与教育机构缺乏合作

一般而言，对哲学的理解有两种方式：一种是静态的理解，另一种是动态的理解。静态的理解将哲学看成是哲学教科书和哲学著作，看成是由一系列专门的概念、范畴、命题和话语方式构成的知识体系。动态的理解将哲学看成是一处思维方式、一处寻根问底和不断反省的思想态度。[①] 中国大众目前还是更多处于静态的理解当中，认为哲学是一门专门的学问，一般人想要登哲学之堂，没有专门的学习和训练是比较难以做到的。尤其是面对幼儿哲学，除了感觉陌生之外，对于幼儿做哲学更觉是无稽之谈。基于这样的大众认识，目前幼儿哲学还没有在全国范围内、在各级各类职能部门、教育机构形成广泛的支持，也由此造成了学术机构与教育机构合作关系脱节的现象。从学术层面进行幼儿哲学研究的人员，他们要进行幼儿哲学教学研究与实践，必然要走进幼儿的生活，但往往他们与一些幼儿教育机构在合作上会遇到很多困难。没有对幼儿哲学价值意义的共识，没有职能部门的认可与接洽，研究人员难以与教育机构形成稳定的教育教学实践研究合作。儿童哲学，尤其是幼儿哲学，因其特有的年龄特点，没有长期稳定的合作研究基地，很难进行教学研究，或者很难达到良好的预期效果。并且国内目前在学术层面进行研究的人员以哲学专业出身居多，对幼儿教育的规律与特点了解相对较少，容易局限在理性

---

① 石中英.教育哲学导论[M].北京：北京师范大学出版社，2002：6.

猜想的层次,还需要扎根幼儿园进行系统化、信息度高的田野研究。作为新兴学术科目的幼儿哲学,其发展壮大需要更多更好的理论与实证研究成果及影响力,只有教育职能部门和各幼儿哲学研究力量通力合作,才能使幼儿哲学的研究与推广等工作顺利前行。

(二)学术人员与一线教师默契欠佳

探究共同体中的教师角色和作用,与传统教育中的教师角色与作用有着天壤之别。高振宇曾在《儿童哲学论》中总结了众多研究者眼中的儿童哲学教师角色特点,或者是对儿童哲学教师专业素养的界定:一是教师是引导者、指导者或启发者;二是教师是促进者或助动者;三是教师是共同探究者、合作者或参与者;四是教师是思维技术顾问;五是作为与儿童共同成长的大朋友。而幼儿哲学教师更应比其他年龄阶段的儿童哲学教师多一项角色定位,那就是呵护幼儿心灵的"妈妈"。对幼儿而言,教师不能是居高临下的传道者。幼儿需要的是了解他们、懂得他们、呵护他们、有着"母爱情结"的教师妈妈。然而从事幼儿哲学研究的学术人员在"像妈妈一样"这一角色定位上是不占优势的,而幼儿教师在"思维技术顾问"这一角色定位上也不占优势,这在某种程度上造成两者之间研究能力的断层。由于幼儿园工作的繁杂性和琐碎性的特点,加上平时工作压力较大,幼儿教师往往投入学术研究的时间与能力明显不足,相对缺少幼儿哲学培训机会以及学习提高自己的时间。同时他们缺乏较强的哲学与教育学学习背景和研究背景,也很难对已经完成的教学实践进行深刻的反思与总结,实践与反思水平较低,容易流于形式与表面。学术研究人员在哲学理论水平与专业研究能力上优势明显,但幼儿教育教学理论相对薄弱,面向幼儿学习生活现实的研究能力略显不足;幼儿园一线教师在幼儿教育教学理论与面向幼儿学习生活实践研究的经验优势突出,但哲学理论水平与专业研究能力相差较远。

幼儿哲学作为哲学的一部分,正如石中英教授所指,其最要紧的哲学意涵应是对哲学动态的理解,将哲学看成是一处思维方式、一处寻根问底和不断反省的思想态度。这并非极端地认为幼儿哲学就不需要静态的理解,不是说由一系列专门的概念、范畴、命题和话语方式构成的知识体系不重要,而是对幼儿哲学的教学难度提出了一个更高的技术层次要求,即要将概念、范畴、命题和话语方式构成的知识体系,以一种寻根问底和不断反省的思想态度,将其通俗化、大众化、形象化、生动化,通过适合幼儿接受的方式进行转换与提升,以达到保护幼儿哲学天性、激发幼儿做哲学的潜能、培养幼儿哲学思维能力、树立正确价值观念的目的。但这种转换与提升,对进行幼儿哲学教学实践的研究者来说或许是一种挑战。

二、对社会环境认知和利用失衡

幼儿哲学天性发挥的素材来源于幼儿的认知体验,幼儿的认知体验几乎都来源于模仿,尤其是游戏中的内模仿经历。对初涉社会的幼儿而言,社会大环境的理念传播如潮水般向所有人涌来。如何认知与利用环境中的精华与糟粕,将对幼儿的一生发展产生影响。如现代科学带来的智能化生活,已经成为当今人们生存发展不可或缺的一部分,新生代价值思想观念的导向也越来越彰显当下时代先进的特性。生活便利、快捷,其积极进步的一面不言而喻,但不利一面的发展态势也不容小觑,需引起社会的广泛关注。幼儿教育史上,从没有像当今时代一样如此重视幼儿教育,如此重视幼儿安全责任,安全第一当然无可厚非,但导向若过于偏激,保护方法极易失衡,后果会更加严重。

(一)幼儿生活经验媒体化

现在幼儿的业余生活,除了上兴趣班就是看电视、玩手机,户外活动已经被压缩得所剩无几。家长期待幼儿掌握的知识多、学习的技能多。幼儿园为了迎合家长的需求与缓解招生、创收压力,市场化经营,也多以知识性课程为主,各种特色课为辅。各类少儿教育机构尝试着市场上五花八门的课程,所谓的智力开发游戏多以动画的形式呈现。家长对孩子也是溺爱有加,舍不得让孩子参与劳动、参与真正的生活体验、社会体验。教育孩子的职责、陪伴孩子的时间更多地交给了电视、手机。孩子、大人全然进入到一种"没有电,什么都玩不转!"的生活状态当中。如教师D所感慨:

> "现在的孩子都不用思考,直接要啥有啥!比如说我儿子的'切水果'玩具,他就认为只能切水果,让他切点别的不行。看到的就是这样的,就像看动画片似的,看完了,模仿的全都是动画片里的内容。他不会加入自己的想象,模仿的就是那一集、那个角色。"

杜威在《我们怎样思维·经验与教育》第六章中曾论及,往往"不能使学生获得真正的思维的原因,也许是在不存在一种经验的情境,因而不能引起思维",①这种窘况在对动画片着迷阶段的幼儿来说更为突出。"生活即教育",游戏是幼儿最基本的生活方式,幼儿只有在游戏中才能促进粗大动作和精细动作的发展,同时促进幼儿大脑的发育。但现实是独生子女的一代缺少玩伴、缺少游戏的时间与空间。每天奔波于各种兴趣班,看着手机嚼着快餐的间歇时间,或许带给孩子们的往往是苦不堪言的疲惫经历,只有与动画片等电子产品的相伴才是他们当前所能享受的最美好体验。经验是幼儿思考、探索的基础,没有自然、健康的生活经验也难以成就生态发展的思想。幼儿生活经验的来源很大程度上取决于家长如何选择与自控、教师如何设计与给予。社会大环境中新鲜的视听内容层出不穷,令人眼花缭乱,但人心不能乱,尤其大人们要擦亮眼睛,给幼儿一个自然、纯净的美丽世界。

(二)自由与安全责任矛盾

曾经荣获四川国际电视节社会类纪录片"金熊猫奖"、中国广播电视协会纪录片委员会2009年度十大纪录片的纪录电影《小人国》,记录了一群2～6岁孩子在北京郊区一所名为巴学园的幼儿园的真实生活。在导演张同道和《中国少年报》首席专家卢勤眼里,"这是一所充满自由的""听起来好像不行,但看起来真的很好"的幼儿园。② 但当把它拿到一堂由48名准幼儿教师组成的大学课堂进行讨论时,却出乎意料地有47名同学认为:"如此自由的幼儿园是不行的。"如果不捆绑式、高控式地约束幼儿,尤其是5～6岁的

---

① 杜威.我们怎样思维·经验与教育[M].姜文闵,译.北京:人民教育出版社,2005:87.
② 引自纪实电视频道《经典重访》纪录片《小人国》.上映时间:2014年7月24日.

幼儿特别容易撒欢,甚至是撒野,出了安全问题"谁也负不起这个责任"。教育教学的氛围处在"严格,孩子就听话;不严格,孩子就出乱子"的两极分化状态。出的"乱子"还不仅是人身安全方面的"乱子",人的思维要是出了"乱子",会直接导致身心俱"乱"。教师处在课上与课下的无奈、责任与真爱的焦灼当中,教师在课上需要一个像男孩B这样能够配合教师的孩子,课下觉得男孩A才是孩子本该有的可爱状态。幼儿园所承担的安全责任、卫生责任是导致教师强加管控的主要原因。例如本研究中男孩D也是一个突出的案例,从教师B关于男孩D的访谈中可以得见。

教师B:"男孩D胆子小,不敢提问题,你问他,他都不大说,性子慢。这些孩子没啥想法,也不敢有啥想法。如果思维上发散的话,在行为上也会是发散的行为,但是现在行为上受限制,所以慢慢地在思维上肯定就跟不上。他们的行为在他们小时候已经被束缚得差不多了,到现在这个阶段,基本上已经定型了。因为发散性思维的探索过程在大人看来就是捣乱的过程,这个过程会被大人无限制止。如果每个孩子思维都发散了,这个班就不用带了,他们没有安全意识,比如从前带过的一个孩子思维挺发散的,他去玩咱们的荡桥,别的孩子都正常玩儿,他就想知道这个东西是怎么悠荡的,力量是哪来的,他把手指伸进去了。结果就是为了安全,都别玩了。老师问他:'为什么把手放进去?'他说:'我就想知道这东西疼不疼?'他是有发散思维了,咱们大人能受得了吗?所以没有办法,两边都兼顾上,后果承担不了。"

L老师:"那是不是孩子锻炼得少呢?越不玩儿越没有安全意识。"

教师B:"不是,孩子玩儿到那个兴奋点上,就什么都顾不上了。比如孩子想知道为什么电门有电,就用手去触摸。所以在幼儿园,到目前为止,我带的班不得已的束缚是挺多。"

每一位幼儿教师都从孩童长大,都曾从叛逆中走来,他们何尝不知道自由游戏对于幼儿发展的重要性。但自由多了,一旦发生安全问题,家长与社会的指责让他们承受不起。所以宁愿减少郊游、减少嬉戏,每天封闭在教室内,让一切在教师严密的守护观则下,以保障幼儿的绝对安全。

本研究在48名准幼儿教师观摩教师K组织的基于"抬花轿"游戏的幼儿哲学活动和教师X组织的基于"斗鸡"游戏的幼儿哲学活动之后,L老师与其进行了幼儿哲学是否有必要开设的讨论。与上文中讨论的结果相比,这一次只有两名同学担心游戏的安全问题。游戏在某种程度上的危险性会触动每一名幼儿教师绷得最紧的神经。但不游戏一定是不对的,幼儿教师要思考的是:如何安全地玩,如何有智慧地玩?怎样玩出聪明,怎样玩出智慧?以什么样的方式让幼儿学会保护自己的安全,以什么样的方式让幼儿通过游戏学到让自己一生受益的知识与能力?《小人国》纪录片导演张同道说:"儿童到六岁之前,把人这一辈子的事都模仿一遍。孩子不是为功利目的而做的这些行为,游戏出自孩子的本性，其所有的行为最接近生物本真的含意。"①孩子还是那个孩子，无论古代社会还是现代社会的孩子都一样喜爱游戏。所不同的是，现代社会带给孩子们的视听盛宴和成品仿真化的玩具，正在扼杀幼儿的游戏时间，削减幼儿的模仿天性，穷尽幼儿的想象空间。还有家长与教师对于安全责任的过度敏感，导致孩子只能在狭小的时空当中，进行有限度的生活体验，思考低维度的问题，模仿因循的榜样举止。

三、知识传授与习得目标观念深重

A 园幼儿大致是在以下几种类型的家庭哺育下长大：一是幼儿父母一边上班一边带娃，疲惫不堪型；二是幼儿父母上班，祖父母带娃，代际理念冲突型；三是幼儿父母自由放任，祖父母带娃，祖父母怨声载道型；四是幼儿父母带娃，祖父母接应，宠溺娇纵型；五是幼儿母亲全职带娃，父亲工作，培养焦虑型。幼儿成长环境无论属于哪一种类型，都能够在大人们的眼神中，感受到他们每天的焦躁与不安。每天奔波于上下班、接送孩子、上下辅导班的路上，习惯把教育的责任统统交给各级各类教育机构，大人们没有时间留心于幼儿的哲学天性，更不会把时间和精力浪费在看不见的哲学思维上，他们需要的是让孩子拥有摸得着、看得见的知识与能力，已习惯于喧宾夺主的知识性学习，导致幼儿阶段的学习目标偏离幼儿天性轨道。

（一）习惯喧宾夺主的知识性学习

在应试教育环境下成长起来的教师和家长，很少经受过自由的、开放的、充满创造性的教育。所以教育教学内容往往脱离不了原有的窠臼，教育教学方式也仍旧沿袭传统的教育教学模式。固有的思想使得应对幼儿哲学天性的能力有限，只能用自己的地位优势和权威身份，让孩子们固封在自己精心设计好的保温箱里。例如关于男孩 C 的家长 BC 的访谈式问卷实录如下：

  时间：2018 年 11 月 22 日
  地点：A 园 L 老师办公室
  与幼儿的关系：母子
  职业：房地局职员
  L 老师："您能理解孩子问的问题吗？"
  家长 BC："能理解，但有时回答不上来。"
  L 老师："对于回答不上来的，您能举例说明吗？"
  家长 BC："比如：'海水为什么是蓝色的，怎么不是白色的？'"
  L 老师："面对这样的问题，您是怎样处理的呢？"
  家长 BC："我会说：'有的东西妈妈也得学习之后才能告诉你。'他就不再问了，等过一段时间我看到了会给他讲。类似拼音之类的，我也忘记了，我会让他到幼儿园问老师，回来给妈妈讲，有时候第二天想起来了，就会和我再说一下。"

---

① 引自纪实电视频道《经典重访》纪录片《小人国》．上映时间：2014 年 7 月 24 日．

成人在孩子的面前，尤其是在孩子的问题面前，总是那么地自以为是，而且自以为是却浑然不知。这种自以为是主要表现在两个方面：一是表现在对知识掌握的自以为是，总以为自己什么都懂，在孩子面前扮演"英雄"形象。二是表现在对自己地位、身份的自以为是，总以为自己"走过的路比孩子走过的桥多，自己吃的盐比孩子吃的饭多"，在孩子面前扮演"师傅"角色。男孩C的妈妈虽然谦虚地说"有的东西妈妈也得学习之后才能告诉你"，没有扮演什么都懂的"英雄"形象，但也扮演了身份、地位不可撼动的"师傅"角色。为什么大人们总是要回答呢？难道对幼儿问题的由来没兴趣吗？也许孩子在问问题之前，自己已经有一个答案也未可知，成人不想知道吗？成人惯常的做法，不仅错过机会没能知道孩子已有的答案，而失掉向孩子学习的机会，反而经常会因为自身的自以为是，而让孩子误认为原有的想法是错的，大人们还有正确的答案，从而放弃陈述已形成的观点。即便有时家长给了孩子表达自己想法的机会，但往往成人长期创造的"压抑"氛围，先入为主的总体态势也会使孩子的思考宽度大大变窄。

L老师："在您作答后，孩子会由一个问答牵出很多个问题吗？"

家长BC："会。我家孩子问题挺多的，会问很多问题。"

L老师："对于孩子的问题，您反问过吗？例如您问过你怎么会有这样的想法呢？你觉得呢？你的这个问题是从哪里来的？"

家长BC："那没有。当他说什么的时候，我问过你怎么知道的，他会说：'在幼儿园学的，或是在动画片里看到的。'"

L老师："比如孩子问'海水为什么是蓝的？'这个问题，如果孩子是在大海边问，那么是很自然地问；但如果不是在海边，他是由什么引起的这个问题呢？"

家长BC："是这样，那天他画画，背景是蓝色的，我觉得是这个原因。"

L老师："画画的时候，当时您在场吗？"

家长BC："我不在场。后来我知道的。"

L老师："孩子向您问的问题是发生在你们身边的事吗？"

家长BC："大部分是。"

L老师："关于是与不是身边的事，您能举举例子吗？"

家长BC："比如问拼音、问地下停车场的—1是什么。我会给他讲0以下的一个数是—1，他就问：'那2减3就是—1吗？'我说'对'，他就会说'那5减8就是—3啦'，'还会说1减100就是—99'。有一天他舅舅问他：'北极熊吃不吃企鹅？'他说：'不吃啊，因为北极到南极太远了，它太累了！'"

当男孩C的舅舅放下身段向幼儿请教时，孩子的答案出奇地令人倍感温暖与钦佩。幼儿没有也做不到从生物学的角度去回答"北极熊吃不吃企鹅？"的问题，即便大人从生物学的角度给幼儿讲，他们也未必能明白，但孩子的一个"远"字，一个"累"字，简简单单地说清了常识性知识，道出了常态化的人文关怀。大道至简，简约的智慧中蕴藏着幼儿最本真的仁爱之情。

L老师:"您认为,您的回答能让孩子满意吗?"

家长BC:"大多时候满意。有时我忙的时候,会告诉他现在忙,一会儿再告诉他。孩子挺懂事的,挺理解的。"

L老师:"您觉得和孩子讨论问题对孩子有帮助吗?"

家长BC:"有。小孩的逻辑性很重要,理解别人语言的能力也很重要。我在公交车上会让他认真听报站名,从中汲取关键的信息。另外有一些地理的常识,他经常会说这是去哪儿的路,但是他不知道这是什么地方,简单地理解一下地理位置。小孩子之间讨论会让孩子思维发散一些,因为小孩的思维不像大人这么固定,对孩子的想象力会很有帮助。"

L老师:"您认为,您的孩子喜欢现在上课的方式吗?您希望对上课方式做出改变吗?"

家长BC:"挺喜欢的,孩子从二十七个月来这个幼儿园,现在已经五周岁多了,一直在这个幼儿园,这么长时间从来没哭过。在他很小的时候,路过咱们幼儿园,我就和他说:'这里面有个城堡,特别的漂亮,只有听话的小孩儿才能被送进来。'大家都说私立园比较好,能教东西,但我觉得我们家孩子会的东西不比别的园的孩子少。"

L老师:"你说的那个'会的东西'指的是会的什么呢?"

家长BC:"拼音、数字这些东西。我是一个对数字比较敏感的人,看一个电话号,一下就记住了,或是看到车牌号会有一些联想,觉得我儿子数学是没有问题的,但是语文这方面不知道。"

L老师:"你觉得孩子会的拼音、算术,是真正学会了还是只是记住了?"

家长BC:"我觉得是记住了。"

L老师:"那你觉得这样有意义吗?或者说意义很大吗?"

家长BC:"不太大。"

L老师:"你觉得幼儿5~6岁的年纪,是学习知识重要,还是培养他的逻辑思维能力、培养他的价值观更重要?"

家长BC:"培养思维能力、价值观更重要。培养孩子自主性,就是他想要学,他想要知道,他得喜欢,他才会觉得有成就感。"

L老师:"孩子是不能超前教育的,是吧?"

家长BC:"但是家长都不这么觉得。"

通过多年的接触发现,幼儿到了5~6岁这一年龄段,家长们就开始按捺不住"求知"的渴望,全然不顾幼儿的想法,而强行把他们拖入学前班学习。家长的做法主要分为三种情况:一种是不想"让孩子输在起跑线上",学前班是学年必经阶段。第二种是半推半就类型,对幼儿发展没有过多想法,别人一"吹风"就"跟风"。第三种是认为幼儿阶段应以游戏为主,但别人都上学前班学知识,不得不学。不论幼儿进入学前班学习的缘由如何,但结果都是在知识性学习传统的作用下,流于教育之时弊。

L 老师:"您听说过幼儿哲学吗?您怎么理解?"

家长 BC:"像大学啊就是学习马克思,应该小孩没有那么高深,大概是教孩子一种思维方式,一种思想、逻辑,告诉孩子什么是对的、错的,什么是正确的方向。"

L 老师:"您认为有必要针对幼儿开展幼儿哲学吗?"

家长 BC:"有必要。"

通过以上访谈的记录,可以认为男孩 C 的母亲深知培养幼儿思维能力、正确价值观的重要性,但仍旧会在劝导孩子进入幼儿园的时候,告诉孩子"只有听话的小孩儿才能被送进来",也明白孩子会的很多拼音、算术只是"记住了",意义也"不太大"。当被问道:"孩子是不能超前教育的,是吧?"她的回答是:"但是家长都不这么觉得。"这似乎在说明自己也是其中之一。可以表明,至少她的态度并不明朗,抑或是心里明白传统教育教学方式的弊端,却也不得不随波逐流。本研究中男孩 D 的家长 BD 与男孩 C 的家长 BC 对传统教育教学方法的弊端尚存在共识,但面对这种现象的处理方式却截然不同。

时间:2018 年 11 月 23 日

地点:A 园 L 老师办公室

与幼儿的关系:母子

职业:全职妈妈

L 老师:"您能理解孩子问的问题吗?"

家长 BD:"有的时候觉得他问得挺奇怪的呀!挺复杂的,能听明白,但是回答不上来。"

L 老师:"在您作答后,孩子会由一个问答牵出很多个问题吗?"

家长 BD:"会。有这种现象。电视中的环节、一般生活中的问题都会问。"

L 老师:"您一般是怎么回应孩子的问题的?"

家长 BD:"问得没准呀,我就是有一搭无一搭的,问过就拉倒了。"

L 老师:"孩子的问题能够经常被讨论吗?"

家长 BD:"没有。"

L 老师:"您认为,您的回答能让孩子满意吗?"

家长 BD:"还行吧,有的时候拉倒了,有时候会说'不会吧?',觉得我说的可能不对。"

L 老师:"那您怎么办了呢?"

家长 BD:"我说你再想想吧,我也不知道,你长大了就知道了,慢慢就知道了,你现在还小哪!然后就拉倒了。"

L 老师:"您有没有继续想过您和孩子曾经讨论过的问题?"

家长 BD:"没再想过。"

L 老师:"孩子有没有对提过的问题再而三地进行深入提问的情况?"

家长BD:"有时候会。我会说我也不知道啊,我还忙哪,我还有事哪,他就走了,他就做他的事儿去了。"

对待男孩D的问题,他的妈妈用了"有一搭无一搭""问过就拉倒""我也不知道,你长大了就知道了,慢慢就知道了""我还忙哪,我还有事哪"这些话来回应,其间一共出现三次东北方言"拉倒"。语言之随意、态度之轻便,足见其母对幼儿阶段教育的重要性是缺乏认识的。在传统教育观念中,还有很多人认为幼儿教育是非正规教育,不用太当回事儿,没有意识到幼儿阶段的教育对其一生发展的奠基性作用。不仅如此,幼儿时期正是习惯养成的重要阶段。男孩D妈妈对孩子问题的随意、轻便行为,也会成为孩子对人对事不认真负责的不良榜样,其负能量模仿的不良形象,也会在被模仿过程中给幼儿带来心理上的不良影响。

L老师:"您的孩子喜欢现在上课的方式吗?"

家长BD:"挺喜欢的。边玩边学的就行,幼儿园的孩子你不让他玩干什么呀,那么小的年纪学什么呀,我和他爸就想让他玩儿。想玩儿什么就玩儿,玩中能学点儿就学点儿,他到那个年龄,你不让他学他也会了。现在孩子五六岁就写啊,算啊,太早了。现在的幼儿园啥都学,孩子才多大啊!"

L老师:"您知道幼儿哲学吗?"

家长BD:"从没听过。"

L老师:"从字面意义上理解呢?"

家长BD:"我儿子名字有'哲',他的名字是我给起的,我觉得就是让他有智慧、聪明吧!有头脑、思维方式……挺广泛的,全方位的,但幼儿哲学不太懂,不是一句两句能说清楚的。"

L老师:"你觉得孩子有哲学吗?"

家长BD:"动脑筋,想什么事情那就是哲学吧!挺广义的,不是三句五句能说清楚的。开发智力,开发一切能开发的东西。不管是手、脑还是体力,全身心都得到发展。"

L老师:"你觉得这个比学知识哪个更重要?"

家长BD:"那肯定这个更重要。这个都会了,知识自然都会了,他有头脑了呀!我儿子我就是让他玩儿,别人说让孩子去什么认字班,我说'那不用',不去学也认了不少字,现在还小,何必给孩子那么大压力。尤其是男孩发育晚,后成,不像女孩儿发育得早,同样年龄都会差一些,我上学的时候就觉得自己比同年级同班的男孩子想的做的要成熟一点儿,上小学时候的班干部一般都是女孩。幼儿园不是小学、中学、大学,为什么叫幼儿园,像花园似的,'儿'字就证明孩子小,不用做大人该做的事,不用做学生该做的事,他不是学生,不然就叫小学啦。像念儿歌,那不就学了吗?写字就像用筷子似的,到时候手也好使了,自然就会了。"

男孩D的家长认为,有智慧、有头脑对孩子很重要,小孩子就应该玩儿,很多东西长大了自然就会了,尤其是在面对孩子的问题时,也采取的是"放任"态度,认为所有的一切等孩子长大了自然"就像用筷子似的,……自然就会了"。在这位母亲的世界观里,抵制传统教育教学弊病的方式又走向了另一个极端,似乎遗传决定论占了上风,完全忽视了学校教育、环境教育、家庭教育的重要性。

(二)重视学习结果而忽视思考过程

杜威在《我们怎样思维·经验与教育》第十九章中说:"教师能够激发热情、交流思想、唤起活力,但最后的检验要看能否成功地把这一热情转化为有效的力量。也就是说能否使学生注意事物的详细细节,以保证能够掌握实施的手段;或者是教师能够成功地训练学生的灵巧、技能及对技术的精通当然是好的,但如果不能扩大理智的视野,提高价值的辨别能力,以及增强对观念和原则的感受,这种训练即使能获得某些技能,也往往会与目的相差甚远。"[①]在教育实践中,人们更容易关注学习的结果,探索、思考的过程和过程当中隐性的进步,因为不明显或无暇顾及而备受冷落。被冷落就会错失幼儿哲学对话机会,错失机会源于家长、教师的哲学天性保护意识淡薄,"淡薄"来源于三方面原因:一是态度冷淡、无暇顾及;二是意识薄弱,厚知薄思;三是有意识,但哲学对话能力薄弱。家长、教师对于幼儿的哲学天性没有耐心,缺乏热心,总是以工作忙为由,用消极的语言和消极的方式回避。即使个别家长或教师不冷淡(这里只能用"不冷淡"一词),也仅限于一个来回的问答,一旦幼儿的问题多了,态度甚至可能会由"不冷淡"转变成"态度失色"。关于意识薄弱这方面,也包括两个层次:一类是不知道孩子是天生的哲学家;另一类是不知道如何应对小哲学家们的问题。例如关于女孩C的家长GC的访谈式问卷实录。

时间:2018年11月22日
地点:A园L老师办公室
与幼儿的关系:祖孙
职业:公司退休工人
L老师:"孩子现在经常向您问问题吗?"
家长GC:"问。问我的不多,她妈妈带她多。"
L老师:"您能理解孩子问的问题吗?"
家长GC:"有的我不明白,我说你明天问你妈。"
L老师:"您能举例说一下什么样的问题吗?"
家长GC:"不记得了。"
L老师:"在您作答后,孩子会由一个问答牵出很多个问题吗?"
家长GC:"有这样的情况,啥都问。"
L老师:"您认为,您的回答能让孩子满意吗?"
家长GC:"有不满意的时候。"

---

① 杜威.我们怎样思维·经验与教育[M].姜文闵,译.人民教育出版社,2005:233.

L老师:"您觉得和孩子讨论问题对孩子有帮助吗?"
家长GC:"有帮助。不明白的,讨论了之后就明白了,理解了。"
L老师:"然后呢?"
家长GC:"事情的来龙去脉明白了,就不再问了。"

本研究通过与所有教师和家长的访谈发现,突出地体现出一个"反差"和四个"一致"。幼儿的表现与家长、教师的表现形成了巨大的反差,而幼儿之间和家长、教师之间的某些表现却惊人的一致。幼儿都一致地爱问问题,教师和家长们却都一致地不曾讨论,也一致地不曾想过孩子的问题,答问的终点更一致地指向对答案的明白与理解。教师、家长们无论年龄大小、学历高低、与幼儿关系亲疏都一致地认为和孩子讨论问题有助于幼儿成长,但对待幼儿哲学天性的冷淡态度却与幼儿天性对哲学的热爱形成了巨大的反差。幼儿的奶奶陪伴幼儿的时间并不少,孩子与她想要沟通的机会也不少,但沟通的效果却不尽如人意。祖孙俩讨论的终点是"明白了,理解了",不明白的就"明天问你妈",对于幼儿哲学不理解的解释是"我也是没上过多少学"。人生处处是哲学,老人们已经用大半生去读懂了人生哲学,因其丰富的人生阅历,更有对哲学发言的权利。但他们的精气神往往难以应对孩子全部的探索渴望,因此,幼儿父母要担起为人父母的责任,负起为人子女的义务,权衡好教育之利弊,协调好幼儿谁来陪伴教育之关系。

幼儿缺少哲学对话机会,或者说幼儿哲学天性没能被接纳、被重视的原因一方面可能来自家长的"明知故犯",明知道应该保护孩子好问的天性,但却没有耐心去做,也不愿为此去投入精力;另一种就是不知道该如何与幼儿进行哲学对话,以什么样的方式与幼儿沟通才能更有利于孩子的成长,这往往与大人们难以更新的观念、社会的大环境有关。例如关于女孩A的家长GA访谈式问卷实录分析如下。

时间:2018年11月22日
地点:A园L老师办公室
与幼儿的关系:祖孙
职业:退休
L老师:"孩子现在经常向您问问题吗?"
家长GA:"都问。能答对的都答对。"
L老师:"在您作答后,孩子会由一个问答牵出很多个问题吗?"
家长GA:"是。回家的路上能聊一道儿。"
L老师:"孩子向您问的问题是发生在你们身边的事吗?"
家长GA:"是。"
L老师:"孩子的问题能够经常被讨论吗?"
家长GA:"没有。"
L老师:"您认为,您的回答能让孩子满意吗?"
家长GA:"有的满意,有时候会说:'姥姥你说得不对!'"
L老师:"那您怎么办了呢?"

家长GA:"我说姥姥说得对,不信你问问你妈妈。"

L老师:"你有没有继续想过您和孩子曾经讨论过的问题?"

家长GA:"没再想过,过去事就过去了。"

L老师:"您认为,您的孩子喜欢现在上课的方式吗?您希望对上课方式做出改变吗?"

家长GA:"喜欢,确实喜欢,不想放假,我看学不少东西。"

L老师:"您知道幼儿哲学吗?"

家长GA:"从没听过。"

L老师:"从字面意义上理解呢?"

家长GA:"教孩子学这学那的,开发智力的。你看我孙儿才5岁,10以内加减法、拼音都会了。"

L老师:"您觉得怎样上课的方式适合孩子呢?"

家长GA:"就你电视上那种边玩边学的,孩子可认真了。一边玩一边学比坐在那死个丁的好,接受得还快!"

女孩A的姥姥表达方式非常简洁、实在,谈吐中可见是一位关爱外孙女成长,并能够与外孙女很谈得来的老人。但话语中捕捉到的以下几个信息,仍然体现出其哲学天性保护意识的薄弱:一是对于对话中幼儿提出的反驳没有加以重视,但能够以委婉、亲和的方式对家长观念进行权威肯定,如"姥姥说得对,不信你问问你妈妈";二是认同"我孙儿才5岁,10以内加减法、拼音都会了"的学习结果,以学知识为荣;三是认为"边玩边学"的学习方式最适合幼儿。梳理出来的三条信息为研究提供的启示:一是即便有哲学天性保护意识的家长也仍注重讨论的结果,而不重视讨论的过程;二是家长普遍注重、满足于学习知识的结果,而非思考的能力与方式;三是玩、游戏的确是幼儿学习生活的方式,但是否边玩边学就一定好,值得反思。如边玩边学是否也会让幼儿做事不专心?是否有的学习也需要安静的专注力?玩与学的边界在哪里?玩与学的度如何把握?

本研究中男孩A是典型的第三种情况,家庭中的父母也像孩子一样和两个儿子一起玩儿,一起打闹,总是能够非常积极地迎合孩子的各种表现。但仅仅是停留在迎合、放养的状态当中,没有对幼儿的哲学天性进行有意识的引导与开发。以至于男孩A在教师眼中的表现是:

"爱说,爱表达,欻尖儿卖快,窝里横,到真正考验他的时候就表现不出来。胡乱说行,思维没有方向性,你和他随便说能说一天。典型的吃亏上当没有够,想法五花八门,想法顺嘴就溜出来,让人摸不着头脑。有广度,没有深度,缺乏引领。但讲义气,知道保护人,知道保护同班小朋友。比如自己班小朋友被别人欺负,他会上前保护。深入的想法不多,没有城府。"

本研究与重点研究对象9名幼儿家长进行了深度访谈,在访谈逐渐深入的过程中,会无意中带给家长对幼儿哲学先入为主的朦胧意识。而另外的13位家长通过问卷进行调查,他们在问卷中均表示从未听说过幼儿哲学,也没有与 L 老师面对面的访谈过程,但他们在第一次面对"幼儿哲学"这个字眼时,都认为有必要开设幼儿哲学课,例如有家长这样写道:

> 家长 GW:"对幼儿认知、探索未知事物有帮助,认识世界、认识自己,有良好的心态,正确看待万事万物的变化,帮助幼儿确立正确的世界观、人生观。"
> 家长 GY:"让孩子懂事、独立、坚强、上进。"
> 家长 GJ:"教孩子如何面对身边发生的事,如被小朋友打了、碰了,以及遇到其他问题时应该持一个什么样的心态,如何去处理自己的情绪。"
> 家长 BM:"锻炼孩子的思维,对不了解的事情有所知解。"
> 家长 BL:"在良好的氛围下,引导幼儿参与并表达自己的想法。"

上述内容可见,家长并非不知道幼儿哲学是什么,并非不了解应该给予孩子什么,只是不知具体该如何做。本研究中的男孩 E 在老师的眼中是:

> "惰性强,让人拽着才能走。像小木偶人似的,提一提就起来,你放下他就放下,不会自己个儿起来的这种孩子。交给他的任务必须是明确的,一步步设计好地要求他,他能够完成得很好,但自己不会去深入地研究,更是没有什么想法的孩子。"

在一个班级中,往往这样表现的孩子占大多数,更需要成人在教育教学活动中、在家庭教育环境中,有意识地、积极地、有章法地培养幼儿的哲学问题意识,捕捉、提供、支持开展更多、更好的哲学对话机会。幼儿哲学不能纸上谈兵,仅是口号喊得响或心里明白不行,要实实在在地运用各种技术手段贯彻到幼儿成长成才的历程当中去。

四、存在原生家庭教育不当的影响

传统观念中,为人父母的舐犊之情,令人感动,但其舐犊的方式有失理性,尚待改进。纵观中国的传统教育之弊,放纵者有之,溺爱者有之,强制者有之,自以为是者更多,存在原生家庭教育不当的影响。

(一)"补偿"教育问题突显

A 园的幼儿当中,有近三分之一的孩子来自单亲家庭,有 95% 的孩子是独生子女,而且很多是独生子女的子女,即父母是独生子女,一个孩子有 6 个人养育。单亲家庭的孩子要么属于家庭放养型,没有人过多地关注孩子的身心健康;要么就属于因家庭中某一角色缺失而形成的补偿式教育背景下成长的幼儿。如教师 B 眼中的男孩 C:

> 教师 B:"他家是老人带孩子,缺失父爱,所以对孩子比较娇惯,宠爱。男孩 C 有心理问题,有点不愿意和人说话,有点自我封闭,曾经看过心理医生,他不能受到批评。他妈妈说'这孩子自尊心特别强,一旦受到批评心理压力就会特

别大。导致生理性的问题,比如拧手,放松不下来',所以他妈妈才带他去看的心理医生。医生说'可能不是生理上的,是孩子紧张、压力大,心理上的问题'。看心理医生已经看了一学期了,家长的意思就是不让老师说(批评)他,不能点名说他'不好',就得说'好'。现在已经好多了,很久没有出现拧手的问题了,各方面活动做得挺好,而且很认真,不急不躁。原来他妈妈和姥姥姥爷太溺爱,比如坐电梯,他必须得是电梯里没有人才能上,或者很多人等电梯,他必须得第一个先进去。类似这种要求,一般家长来说不可能纵容,但是他的家人都做到了,去求别人,想尽办法把电梯上的人整下来。别的小朋友和他抢东西什么的,也会承受不了,我们觉得这孩子这样下去会愈演愈烈,他需要挫折教育,但是家长要求要顺着他,先把病态的手势改正一下。但是这种心理状态一旦形成定势,上小学了谁还能这样娇纵他呢?作为老师也不好多说,说多了家长会认为就这点要求还满足不了吗?家长就是觉得孩子缺少一份爱,就去补偿,但实际上会适得其反。每次提问题都会说'老师,我有问题',但说的都是没有多大意义的话,说半天也说不到点儿上,特别耽误时间,所以就不让他说。他现在的转变是在重重保护下的好,确实样样做得都好,本身有很大转变,但一旦上了小学会什么样,真的无法预料。"

本研究中男孩 C 由于家庭中父爱的缺失,导致家里其他亲人的补偿性教育方式。而独生子女的子女们,也会因为 6 个人培养一个孩子而娇生惯养,别人家孩子有的,我们家孩子也都得有,穷家也要富养。两种补偿性教育方式在无形之中,会抹杀孩子的自主探索与创造能力。在这种模式之下,不否认也有一些孩子有所成就,但更多孩子,却成为模具制造的产品,家长原形的克隆,人的独立思考能力、独立解决问题的能力与创造能力,在这些"克隆产品"中黯然消退。

(二)家庭问题导致童心封闭

本研究中女孩 D 本身并不是内向的性格,只因为妈妈灌输给她"你如果不听话,别人就会笑话你"的论调,仅仅一句话就给幼儿带来"嘴都不张"的巨大影响。女孩 B 在教师 A 和教师 B 的眼里,是一个由于父爱缺失、父母"不务正业",在充满"怨气"的姥姥看护下长大的孩子,心理自我封闭。该情况在与女孩 B 姥爷 GB 的访谈中隐约可见。

时间:2018 年 12 月 3 日
地点:A 园 L 老师办公室
与女孩 B 的关系:祖孙
职业:农民
L 老师:"孩子在家经常问问题吗?多是哪类问题?"
家长 GB:"都是问一些大人的事情,问(爸爸、妈妈)怎么回事,然后就给她解释了。"
L 老师:"您是经常和孩子在一起吗,还是就今天来接一下?"
家长 GB:"我女儿和孩子她爸离异,这孩子二十个月就抱过来,一直是我们老两口带她。"

  L老师:"在您作答后,孩子会由一个问答牵出很多个问题吗?"

  家长GB:"那没有过,问得都短。要么是家庭的事,要么怎么美的事,小姑娘就好美,问'好不好看?',就爱问这类事情。"

  L老师:"孩子的问题能够经常被讨论吗?"

  家长GB:"没有。"

  L老师:"你有没有继续想过您和孩子曾经讨论过的问题?"

  家长GB:"没有,告诉完、解释过就拉倒。"

  L老师:"您觉得和孩子讨论问题对孩子有帮助吗?"

  家长GB:"有帮助。不明白的,告诉她就明白了。"

  L老师:"有没有您回答完了之后,她还是没听明白,或者是您也觉得没太说明白的问题?"

  家长GB:"问得很少,问得简单,她在我家,她自己独立玩儿,要不就看电视。"

在这一访谈中,女孩B的姥爷在回答问题时,语言都是非常的简洁,似乎没有什么太多的话要与教师讲。这与其他家长的表现是截然不同的,其他家长会抓住机会和教师多多交流孩子学习生活的情况,探讨如何更好地教育孩子。但女孩B的姥爷只有在问及是否是偶尔来接孩子时,用比较多的话语说出了心中的郁结。而且女孩B平时问的问题也不外乎两类事情,一类是家里面大人们的事情;一类是女孩子爱打扮的话题。幼儿总是问家里面大人们的事情,可见大人们不合常规的事情和家中不和谐气氛的阴影,已经悄悄地在小女孩的心里扎下了根,这便是女孩B"自己个儿拿个大玻璃罩子给自己罩上了似的,你进不去,她也出不来"无声反抗的根源。这一点从教师A和教师B关于女孩B的访谈中也可以得到验证。

与教师A的访谈记录:

  L老师:"课上,女孩B会经常向您提问题吗?"

  教师A:"几乎没有。她平时就是和小朋友在一起的时候还挺活跃的。比如说她不高兴的时候,老师怎么问她,她一句话都不说,就是不张嘴。"

  L老师:"你认为是什么原因呢?"

  教师A:"认为和家庭有关。她是姥姥带大的,如果孩子有一点儿不对的地方,她的姥姥就开始骂人,大声呵斥、训斥。正常有人这样对自己吵、批评,应该会不开心,会哭,但是她一点儿反应都没有。也许是习惯了,像没事儿一样。作为老师听到孩子姥姥那样说她,心里都直翻个儿,很害怕,但孩子没有反应。"

  L老师:"你认为,女孩B不吱声是由于她家庭的因素吗?"

  教师A:"是的,她和小朋友玩的时候,她会沟通,会表达,很开心。"

对幼儿哲学而言,无声抵抗应该是最大的天敌。伦敦大学的一群神经科学家曾将框架效应研究和大脑不同位置的活动记录相联系,经过多次实验发现:在受试者的选择和框架相一致时,与情绪激发相联系的大脑区域(大脑扁桃体)会很活跃。因为情绪刺激词的缘故,大脑扁桃体可被快速访问,很有可能是因为系统1[①]的参与。在受试者没有顺从自己的意识时,和矛盾以及自我控制相联系的大脑区域(前扣带)会更活跃。拒绝系统1参与其中,显然会产生矛盾。[②] 由此可以得出科学依据,家庭氛围的不和谐,对大人们不合常理事情的朦胧印象是女孩B思维活动抑制的根源。

与教师B的访谈记录:

> 教师B:"女孩B这个孩子挺可怜的。孩子爸爸结婚时就类似'小混混',后来欠债不知去向。孩子妈妈也'不正经过日子',总是换交往对象,而且交往的对象都是不务正业的人。所以这个孩子是由她的姥姥来带,但是她的姥姥由于她妈妈的这个状况怨气特别重,带着怨气带这个孩子,导致孩子本身怨气就重。影响就是这个孩子抗挫能力非常强,你骂我就当没听见,你说我就当你唱歌,你怎么说就当听不见,什么都无所谓,你咋的都行,我该咋的就咋的。你打我一顿就打我一顿,特别皮实。关于想法方面,觉得她以前应该是一个有想法的孩子,活动课上偶尔会比较突然地提出一些比较有经验的问题,后来越大就越没想法了。可能是什么都让她挺失望的,没意思,无所谓。也可能觉得我说了也没有用,我说了也不受重视。主意正,我想做的事儿,老师说一千遍也没有用,她该干啥干啥,就去做。她姥姥来接她,她在屋里收拾得慢,她姥姥就在门口'嗷嗷'地骂孩子。这孩子就跟听不着似的,我该咋的咋的。因为'噘'时间长了,嘴型都是'噘'着的。老师知道这个孩子挺可怜的,想去喜欢她、爱她,但这孩子那'蛮'劲儿,让人都做不到啊!你没法走进她的世界,就好像她自己个儿拿个大玻璃罩子给自己罩上了似的,你进不去,她也出不来。太有自己的世界,那个世界什么样,谁也不知道。"

女孩B"因为'噘'时间长了,嘴型都是'噘'着的"。幼儿的嘴"噘"了多长时间,她的思想就封闭了多长时间。长此以往,无法想象会给幼儿的内心带来多大的伤害,会对她的成长带来多大的影响。家庭氛围不和谐的状况有很多种,有的家庭成员之间分歧大,总是吵吵闹闹;有的家庭总是充斥着冷暴力的基调,没有生活的色彩,本研究中男孩D和男

[①] 卡尼曼.思考,快与慢[M].胡晓姣,李爱民,何梦莹,译.北京:中信出版社,2012:序言中用系统1和系统2来描述人的思维活动。系统1和系统2分别产生快思考和慢思考。系统1是做出决策和判断的幕后主使。第一部分中认为,人们在审视自己时,往往更容易使用系统2……系统1为自主而初始的印象和感觉,这种印象和感觉是系统2中明确信念的主要来源,也是经过深思熟虑后作出抉择的主要依据。系统1的自主运作诱发了极其复杂的理念模式,但只有相对缓慢的系统2才能按部就班地构建想法。继而发生的系统2的环境条件,在此条件下,系统1中随性的冲动及其诱发的联想都会受到抑制。

[②] 卡尼曼.思考,快与慢[M].胡晓姣,李爱民,何梦莹,译.北京:中信出版社,2012:335-337.

孩 E 的家庭就属于这样的家庭类型。

  教师 A:"本来以为男孩 D 和男孩 E 是特别听话的孩子,你让他拿水杯喝水,他就会照做。但后来发现在自己不注意他们的时候,他们也会像男孩 A 等比较淘气的小朋友一样,疯一疯闹一闹。"
  L 老师:"意思就是说他们在放松状态下也会淘气,也会表达,但不会像男孩 A 那样在老师面前表现出来,是吗?"
  教师 A:"是的。"
  L 老师:"那这些孩子和他们的父母表达吗?表现吗?"
  教师 A:"从每天接送孩子的情况来看,表达也很少。觉得孩子们都是有想法的,只是不表达,不说。比如男孩 D,一天早上,他的妈妈让他吃早饭,他突然大声地朝妈妈喊'不行!不行!',这个孩子从来都是蔫蔫的,不大声说话,这一举动让老师特别惊讶,好像不是他了,简直换了一个人的感觉。平时他都是按部就班听话的孩子,就那一天和他的妈妈这样,但他的妈妈没什么反应。"
  L 老师:"这说明他的妈妈知道孩子为什么会这样,如果孩子一反常态,他妈妈也会感到惊奇,大概是平时压抑得太久了,你觉得是这样吗?"
  教师 A:"是的。压抑久了,所以那天早晨心情不太好,突然就爆发了。"
  L 老师:"男孩 E 会经常向您提问题吗?"
  教师 A:"不会。"
  L 老师:"在您提问题的时候,他回答的状况怎样?"
  教师 A:"还可以吧!男孩 E 是个挺懂事的孩子,当问他问题时,他都能回答得挺清楚,比如爸爸上哪儿上班去了?在具体什么地方?他都知道,还能说明白,但没有比较有创见的回答。"

  本研究中,男孩 D 和男孩 E 平日在教师眼中都是性格相对内向的孩子,其实他们和其他孩子一样也爱疯,也爱闹,只是这样的情况要看在什么样的人面前,在什么场合下。在教师与家长面前他们给人的感觉就是性格内向、不善表达,这与家庭氛围息息相关。小事尚且如此,长此以往可能会对幼儿的心智成长带来极大的危害。设想如果在家庭中,每个成员都有开展哲学对话的觉醒和意识,大人孩子之间也能如同幼儿与幼儿之间般平等地对话与交流,进行思想的碰撞与激荡,状况一定会大相径庭。

五、新教育思想理解偏差

  幼儿哲学的科学发展,需要厘清哪些是真理性的教育思想,或者厘清对真理性教育思想的认知思路。新教育思想倡导要让幼儿在玩中学、做中学。于是市场上就出现了大量可以让幼儿动手去操作的玩具、学具,有益智类、建构类、艺术类等仿品、半仿品的商品。教育者、家长们也趋之若鹜,带着孩子忙碌选择、盲目体验。新教育思想倡导鼓励教育,通过放大孩子的优点来催促孩子进步,可有失客观公正的鼓励会造成孩子的自以为是。如此理想的新教育思想,会在不知不觉中影响幼儿的思考方向与思考情趣。作为教育者要考虑如何做才能玩出水平、增长智慧？怎样鼓励才能恰到好处？而不是一味地鼓吹口号，现实需要扎扎实实的具体做法，或许哲学的思考教育、教育哲学化的思考是一条出路。

（一）忽视内模仿价值与实现过程

本研究中受访教师B坦言："有剧情、有发展、能让他们动，让他们感觉那不是在上课，但也不能像表演排练似的，天天在这练也不行，他们的感觉就是在做一次小活动，而且每一次活动还不能一样，这样孩子才能有兴趣。"但为什么不能大张旗鼓地这样做，与整个社会对教育价值的导向是密切相关的，应试教育比拼的是分数，是成绩。而幼儿哲学作为一种短期内效果无法明确展现的教学内容，教师辛苦付出的教学成果短时间内得不到家长和社会的认可，势必会让教师无奈地去选择孩子们并不喜欢的教学方式。本研究中女孩D就是一个典型的案例，教师妈妈对她培养有加，以至于幼儿学习知识的水平、某些学习习惯方面都强于其他幼儿。但教师妈妈为了激励孩子，总会说"如果你什么做不好，如果你怎样做，别人就会笑话你"。这样的话深深地印在孩子的脑海里，即使她什么都会做，有话想说，她也不敢，因为她害怕别人的笑话。

> 教师A："女孩D平时不怎么说话，更没什么问题，你问她，她回答都特别费劲，让她说话没声。因为她妈妈是老师，可能要求比较严厉，要求也比较多，所以孩子不敢说出自己的想法。她和女孩A总在一起，有一段时间女孩A不知为什么总说想妈妈，吃着饭就突然想妈妈，然后女孩D和她说'你别哭了，你别想妈妈了，没事，我陪你玩儿'，玩儿过之后也会说'你别伤心，你别难过，我在这陪着你'。这孩子是真的什么都不表达，和别的小朋友也玩儿，玩儿得还挺好，也会有交流，也会有沟通。我们班每个小朋友都有一个桌堂，就女孩D的那个桌堂收拾得特别整齐，大大小小排列摆放得特别整齐。"

女孩D是一个突出的个例，大多数孩子虽然不像女孩D一样表现如此明显，但也都在不同程度上被动接受着知识性学习的煎熬。学习者学习再多的知识，不回归实践、不服务于生活、不经历内模仿使知识得以体验与重塑的话，那么所学到的一切知识有如死水一般。女孩D学习好但表达不出来，这本身就是一个忽视内模仿教育价值的表现。还有一种表象是把内模仿过程当成是一种可以刻意模仿训练习得的过程，认为可以通过大量仿品、半仿品的操作快速、简便地获得真知。谷鲁司认为审美活动与模仿活动相联系，学习文化知识的过程是审美的活动过程，内心模仿外界事物的过程需要时机成熟。所谓时机成熟是指人只有当具备了理解此事物的能力且此事物适时出现时的机缘巧合，才能实现真正有意义的内模仿教育价值。如一个人在看跑马时，能心领神会地模仿马的跑动，享受这种内模仿所产生的快感，这份快感的产生需要天时、地利、人和的契机，不是一种单纯的美感欣赏，只有带着激动、赞叹、惊奇的地方，才能将人带入到更深层次的思考与体悟当中。

（二）鼓励教育有失分寸

哲学就是要勇于反思，学会辩证地看问题。但人们往往盲目地跟风于新出现的教育理念，不假思索，执迷于某些平台上的快餐文化、零散论调，偏狭地把一种理念绝对化，搞一刀切式地碾压个性，势必影响幼儿的心智发展。造成这种现象的原因有两个来源：一方面来自孩子渴望认可的心理特点；另一方面是来自成人非理性的思想观念。幼儿期的孩子都有一个特点，总是喜欢向亲近的人展现自己进步的成果。想要表现，其真正目的是引起大人的关注与重视，他们需要成人的鼓励，在大人们的认可中建立自信。每个家长和教师都渴望自己的孩子、自己的学生能够有出色的表现，在期望效应和鼓励教育的熏染下，偏狭地认为鼓励教育就是要一味地表扬，没有分寸地赞赏。以致让现代人本就浮躁、功利的心理失去了理性的判断与思考，不知道怎样对孩子的表现给予客观、公正的评价与引导。一味地鼓励与赞赏会使孩子自我陶醉于假想的理想状态中，一旦面临挫折与失败，将做不到辩证地思考与抉择。被假象蒙蔽的大人与孩子，往往很难情愿地接受不同的观点与想法，很难以客观、接纳的心态对待不同的声音与形象，这在某种程度上会阻碍幼儿哲学教学的顺利开展，但同时这也是幼儿哲学教学相长的目标所在。

第六章　基于民间传统游戏的幼儿哲学教学策略

幼儿教育是终身学习的肇始，幼儿哲学教育为一生人格塑造奠基。民间传统游戏所带给幼儿的不仅仅是一种生物性质的快感，更在于其与幼儿的心心相系、灵魂交融，难以言说的情感共鸣。幼儿教育工作者，有责任，或者说有必要，最大限度地挖掘民间传统游戏的幼儿哲学教育价值，并致力于探索最优化的幼儿哲学教学策略进行幼儿教育活动。幼儿哲学教学策略，应立足于我国的国情、社会制度和文化生存环境；应基于文明传承基础上的文化自信；基于对幼儿哲学天性的尊重；应基于幼儿教育的规律与特点。根据前两章幼儿哲学教学活动中存在问题的梳理与成因分析认为，当前中国的幼儿哲学教学在教学理念、课程构建、教学评价等方面较欧美等国家还存在一定的差距，需学习和借鉴这些国家的教育思想与教学经验，并在借鉴中吸收和发展，进行本土化融合与完善，逐步形成适合中国幼儿成长成才的幼儿哲学教学策略。一项课程内容的实施以及成功与否涉及整个与教学活动相关的各个层面，本章将从宏观与微观角度论述基于民间传统游戏的幼儿哲学教学策略。

一、基于民间传统游戏的幼儿哲学教学决策策略

教学决策是组织行为，也是个人行为。它涉及两个层面的决策力量，即学前教育教学组织机构（学前教育行政机构）和教学行为个人（一线幼儿教师）的教学决策。组织行为的教学决策引领、指导着个人行为的教学决策，是个人合理决策的可靠基础。个人行为的教学决策是教师教学活动有效进行的可靠基础。两个层面的教学决策似一条主线，串联起各自层面上教学策略的全部过程，分别应包括组织机构方面的方针导向决策、目标指向决策策略和教师教学方面的游戏内容决策、议题内容决策策略。学前教育教学组织机构（学前教育行政机构）和教学行为个人（一线幼儿教师）的教学决策都具有广泛的渗透性，其教学决策水平在任何程度上的提高与改变都会反映在教师教学实践的各个方面和每一个过程中。

（一）学前教育行政机构确立方针导向

通过对21名幼儿家长、6位在职幼儿教师、48名准幼儿教师的访谈，并与他们讨论后发现，这75位受访者在L教师第一次向他们提及儿童哲学前，无一例外地从未听说过儿童哲学，对幼儿哲学更是一无所知。从字面意义上理解、分析后，无一例外地认为，有必要在幼儿园开展幼儿哲学教学活动。尤其是6位在职幼儿教师、48名准幼儿教师实践教学、观摩体验了不同数量的基于民间传统游戏的幼儿哲学教学活动以后，更加经验性地阐述、表达了应在幼儿园开设幼儿哲学课程的建议。因此本研究认为，学前教育行政机构有必要尝试在政策制度上给予关注和支持，逐渐将适合于幼儿的基于民间传统游戏

的幼儿哲学教学活动推广开来。

1. 在《纲要》与《指南》中明确幼儿哲学的地位

《纲要》和《指南》是幼儿教育的总纲领,是一切幼儿教育教学活动的总方针。本文在第三章已经阐述,《纲要》和《指南》中已经在五大领域课程中有机地渗透了儿童哲学教育教学意旨。但这种渗透在当前的教育教学实践中,仅仅是作为一种目标、指导意见而存在。一是表现在一线的教学工作者还没有重视,还没有形成明确的教学意识,更没有可操作性强的方法将已经渗透了幼儿哲学的教学意旨带入到自己的实践教学活动中。教师 B 认为:"传统课堂上让孩子老实地坐在那儿传授知识太没有意思了,有时别说孩子不愿意听,自己都不愿意讲,觉得太无聊,太烦躁了。"当被问及是否想出什么办法来改变现状时,教师 B 坦言:"不喜欢,想改变,但又想不出一个什么好的办法。"对于教室布置方面,教师 B 也认为:"孩子们谈不上喜不喜欢,就是这个环境,已经习惯了。觉得教室就是这个样儿的,没什么想法。"教师 B 诚然不是千百位幼儿教师中的个例,近乎麻木的教学常态需要幼儿教育之总纲领《纲要》和《指南》中幼儿哲学地位的明确与突显,以提起幼儿哲学教学之精神,发起幼儿哲学教学之动力,激起幼儿哲学教学之意识,兴起幼儿哲学教学之行动。

本研究中,L 老师曾与 48 名准幼儿教师(即将顶岗实习的在校学生,下文中以某同学称)在观摩了教师 K 组织的基于民间传统游戏"抬花轿"的幼儿哲学活动和教师 X 组织的基于民间传统游戏"斗鸡"的幼儿哲学教学后,展开了一次关于"幼儿哲学教学活动有没有必要开设"的讨论。讨论内容大致如下:

时间:2019 年 6 月 4 日
地点:A 园多功能厅
L 老师:"你们已在两所以上幼儿园见习,见过今天的这种上课方式吗?觉得如何?"
大家异口同声:"没有。""好!"(通过大家举手确认后,具体有 38 人认为"好",认同此种上课方式。有 1 人认为"不好",表示不认同此种上课方式。1 人认为"有好有坏"。)
L 老师:"大家说一说,好在哪里?不好在哪里?"

认为"好",认可的同学观点如下:

同学 1:"孩子们比较自在。"
同学 5:"表达能力增强。"
同学 3:"游戏后再讨论,会增加孩子们的记忆,对游戏的印象更深刻。"

认为"不好",不认可的同学观点如下:

同学 2:"户外游戏中会受伤。"

认为"有好有坏"的同学观点如下:

同学 4:"'好'在幼儿比较自由,'坏'在游戏中会有安全隐患。"

讨论进行到此,有两名同学担心游戏中的安全问题。但同学 3 的回答在某种程度上回答了两名同学担心的安全问题。显然游戏对幼儿来说,是不能不进行的。教育者需要思考的是,如何让幼儿安全地游戏。同学 3 认为,游戏后与幼儿的对话让孩子们懂得了一些游戏中需要注意安全的方法,对游戏的玩法等印象更加深刻。

认为"好",认可的同学继续阐述观点:

同学 6:"让孩子多动脑,很多是有策略的游戏。"
同学 7:"对!有的孩子在游戏中懂得防守,有战术。"
L 老师:"但是,孩子们是否意识到那是种策略和战术了呢?或者说是在什么情况下意识到那是种策略和战术并把它表达出来的呢?"
同学们异口同声:"后来讨论的过程。"
同学 9:"对!其他孩子也在讨论中从其他小朋友那里学习到了战术。"
同学 8:"与以前见到的课堂相比,幼儿更自由,同时也是在规则当中,懂得遵守一些规矩,还能参与动脑。"
L 老师:"你们听说过儿童哲学课吗?"
同学们都回应:"没听说过。"
同学 11:"今天了解一点儿了。"
L 老师:"我一直都没有说今天的课是儿童哲学课,你们是怎么了解的呢?怎么会把儿童哲学与今天的课联系到一起的呢?"

在此同学们表示:她们看到孩子们在今天的课上"懂得了一些道理",如"团队协作""遇到困难的时候,迎难而上""坚持不懈,'坚持就能看到希望'""看到别人的长处"等等。对于"你们觉得今天的课和你们曾经见到的课相比,孩子收获的有哪里不一样呢?"的问题,同学们认为"意义更深刻""更形象"。

同学 20:"不是老师告诉他的,是孩子自己感受到的,他能够记住,以后也能记住。"
同学 25:"平时的课很枯燥,通过和小朋友们一起玩儿,更愿意去参与、去思考。"

仅仅是因为有游戏,并不足以证明此项教学活动的优势,在以往的课程当中,游戏并不少见。就此疑惑,同学们认真思考后给出了支持性依据。

同学33："但讨论之后会更深刻,会学到别的孩子身上的优点。"

同学31："他是自己去探索,自己去发现的。"

同学38："平时的课是先由老师去教,后来的游戏只是为了巩固一下,知识点已经教给孩子了。但在幼儿哲学课上,老师没有教,而是在老师的牵引下,孩子自己摸索出来的。"

同学们认为幼儿哲学的教学方式更能集中幼儿的注意力,更能发展孩子的专注力、探索与发现的能力。他们说:"在原来的课堂上,会有孩子陆续溜号掉队,注意力就不在老师身上了。别说孩子了,就是自己现在在课堂上,老师一开讲,就有30%的同学已经先行不在线了。"幼儿教师的工作就像人类生活一样,处处需要一双灵巧的手,心灵才能手巧。而点子和办法来源于人的思考,幼儿阶段培养幼儿思考品性的最好方式就是幼儿哲学。还未真正走上工作岗位的准幼儿教师,在通过两次基于民间传统游戏的幼儿哲学教学活动观摩与讨论后,就已初步认识到幼儿哲学教学活动的内涵、意义、价值,并渴望能够在自己现在正在学习的纲领性文化当中找到幼儿哲学的位置,将来在工作岗位上也可以像此次观摩的幼儿哲学课一样学以致用,名正言顺地在自己的教学活动中得以实施。

2. 在学前教育行政机构视导工作中强化幼儿哲学教育

1983年7月,教育部就已在全国普通教育工作会议上,提出《建立普通教育督学制度的意见》,并明确了督学的任务、机构的设置以及人员的职权和条件。因此,在我国各级教育行政机构都设有学前教育视导机构,并配有专职和兼职的视导员对教育工作进行视察、监督、辅导等活动。学前教育视导机构要根据国家制定的教育方针和政策,按照视导的原则和要求对下级教育行政机关和各级各类幼儿教育机构的各项工作,进行观察、调查和考核,做出审慎的分析和准确的评定,指出成绩和缺点,给予明确的指示和辅导,使其行政管理和教育、教学工作质量逐步得到提高的同时,反哺于国家教育方针和政策,提出改进意见与建议。学前教育视导机构工作不能仅仅停留在政策文件的传达与施令上,应充分观察到当前学前教育实践中存在的"小学化"、教学目标与教学形式内容貌合神离等现象,充分认识到这一系列现象给幼儿身心成长所带来的不利后果。开放、客观地接纳、学习、审视幼儿哲学教学的价值优势,将其理念、方法等内容引领、强化到幼儿教育教学实践活动当中去。逐步优化地调动被视导者的主动性和创造性,促进学前教育教学工作的改进和提高,与被视导者互动参与,通过合作的办法来共同研讨幼儿哲学教学活动实施的政策和方针制订、计划和程序设定,进行评价与反思等事项的决策。

(二)学术研究与一线教学衔接合作

幼儿哲学学术理论指导与一线幼儿哲学教学实践永远是分不开的,幼儿哲学教学的优化发展需要幼儿哲学学术理论指导与一线幼儿哲学教学实践的合作。学前教育行政机构要发挥其权威作用,牵线促进两者之间的合作,既要在教学条件上合作,也要在教学内容、方法等各方面展开合作。一线幼儿教育机构要在场地、环境、人力上给予学术研究人员支持,而学术研究人员要在学术研究方式方法上给予一线幼儿教育机构支持,以便建立稳定、安全的哲学探究共同体和素养匹配的幼儿哲学教学团队,实现教育教学资源共享、优势互补的学术机构、幼教机构、幼儿自身的三赢局面。建议可以在以下几方面具体合作：

一是学前教育行政机构要制定政策来支持合作，通过相关文件制度保障合作的有效实施。二是学前教育行政机构要给予经费上的支持与保障。三是定期举办共同参与的学习、培训活动，以期在弥补幼儿哲学教学业务素养方面双方之不足的基础上，提高双方的幼儿哲学教学能力和水平。四是制订研究计划，定期举办教学研讨，如合作开发课程体系等，逐步推进幼儿哲学教学良性发展。五是定期举办双方共同参与的幼儿哲学教学实践观课、评课活动，时机成熟可通过双方互聘方式推进深度融合。

幼儿哲学以其观照幼儿的忠实信条，其发展形势良好，幼儿教育迫切需要幼儿哲学教育教学的专业人才。同时，教育制度改革急需被提上议程，传统幼儿教育方式注定将被革新。幼儿教育机构的成长离不开学术人才的大力支持，幼教机构的发展壮大亦会反哺学术的发展。通过两者之间通力协作，不仅能够提高教育培养人才的力度，也有利于幼儿教育机构的发展壮大。在这一举措中，幼儿成为最大的受益者，一切都是为了孩子，为了孩子的一切，为了一切的孩子，这种"三赢"模式注定会在我国发展壮大起来。

（三）学前教育设定幼儿哲学教学目标

幼儿哲学教学的目标是对幼儿哲学教学活动的预期，也是检验幼儿哲学教学活动效果的标准，确定目标是教育教学活动中的一项重要决策。幼儿哲学教学目标决策涉及两个维度，包括学前教育总纲领《纲要》和《指南》中幼儿哲学教学目标的决策和幼儿教师在幼儿哲学教学中目标的决策。

1.《纲要》和《指南》中幼儿哲学教学目标的决策

幼儿的哲学天性是客观存在的，在幼儿教育总纲领中，目标制定上也应明确其哲学范畴，不应将哲学总是定义在高深莫测、谈哲色变、唯恐触及的层面上。其目标的决策要建立在幼儿、社会、文化三个维度的需求上，是保障幼儿哲学教学有效开展的明智抉择。

幼儿是蕴藏着巨大哲学潜能的群体，也是具有最大能动性的群体。《纲要》和《指南》中幼儿哲学教学目标必须满足幼儿发展的需求。国家社会对每一个生活在其中的成员是有公共要求的，幼儿也不例外。对不同类型的人才是有需求的，《纲要》和《指南》中幼儿哲学教学目标要服务于社会更迭进步的发展需求，负责任于幼儿成长成才的发展渴求。20世纪20年代出现的"文化本位论"认为：教育的本质是个人的文化陶冶。文化陶冶包括基础文化的陶冶、职业文化的陶冶、综合的完成陶冶三个阶段。[①]"文化本位论"强调个人必须学习经得起时间考验并具有普遍价值的文化。[②] 爱因斯坦认为，哲学可以被认为是全部科学之母。哲学是一切学科的基础和本源，在实践幼儿哲学教学的过程中，它不仅能够实现幼儿"基础文化的陶冶"和"综合的完成陶冶"，也能够实现教师"基础文化的陶冶、职业文化的陶冶、综合的完成陶冶"。以上三个维度的需求，不是孤立地起作用，会综合地对教学目标的决策产生影响。《纲要》和《指南》中幼儿哲学教学目标的决

---

① 陈桂生.教育原理[M].上海：华东师范大学出版社,1993:203.
② 李晓文,王莹.教学策略[M].2版.北京：高等教育出版社,2011:15.

策,应在综合思考、研究以上三个维度的基础上确定教学目标。①

2. 教师在幼儿哲学教学中目标的决策

教师在幼儿哲学教学活动中,应在学前教育总纲领《纲要》和《指南》中幼儿哲学教学目标决策的指引下,进行具体各层级教学目标的决策。教师幼儿哲学教学目标的决策是对各类各级教育理论和教学理论选择的过程,它受教师哲学素养、教师教育教学理念的影响。教师对幼儿哲学教学的价值、意义的认识,对学习理论、评价理论的认识,直接影响教师幼儿哲学教学目标的决策。幼儿哲学教师可以在理论学习和反复教学实践中,通过亲身体验充分认识到开展幼儿哲学教学活动的可行性和必要性;发掘到幼儿哲学教学呵护天性、塑造人格等方面的可贵之处;感受到幼儿哲学教学能够改变当前以知识性学习为普遍现象的不良局面的能力;发现幼儿哲学教学不仅重视结果性的教学成效,还注重过程性的教学成效的评价优势。幼儿哲学教学的全过程,恰恰处处与当代提倡的知识观、学习观、评价观相契合,这种教师亲历后所形成的幼儿哲学教学优越感,将反哺教师幼儿哲学教学目标决策能力的提升,促进幼儿哲学教学目标的适切性,推动幼儿哲学教学的良性循环发展。

(四)幼儿哲学教学内容的决策

基于民间传统游戏的幼儿哲学教学内容选择主要包括两大方面,即幼儿哲学对话议题的选择与幼儿民间传统游戏的选择。本研究关于幼儿哲学对话的议题主要为依据《纲要》、《指南》、访谈中幼儿提问、教师与家长关注的问题等,进行大致归类而得出的领域性问题。幼儿民间传统游戏的选择主要依据幼儿哲学对话议题内容,在具有民族性、地方性、深受幼儿喜爱的游戏中选择。

1. 幼儿哲学对话议题的决策

通过观察发现,当大人们满心欢喜地带幼儿去观山望水、想要开阔幼儿的眼界时,可幼儿并不感兴趣,他们无论去哪里,最喜欢的还是游乐场;当家长兴高采烈地带幼儿去各大商场,想和孩子一起逛一逛,想要给孩子买两件衣服,但幼儿最想要的永远是玩具。孩子关心孩子的事,孩子有孩子的兴趣爱好。选择的对话议题应该为幼儿所关心、关注,才能够最大限度地引起幼儿探讨的兴趣,并保持其对此议题的持续探寻。正如本研究中教师B所言:"孩子会对想不开的事一直纠结,要是把这个问题放到桌面上,大家一起来讨论讨论,她可能会发现,很多事可以换一种方式去做,换一种方式去表达,这样她本身的思想就转过来了,态度和世界观就慢慢地往正道上走了。比如有的孩子觉得打人就是我对你的一种喜欢方式,越是喜欢你,我就越想打你,他会问老师:'为什么我喜欢他,我就不能打他呀?'此时如果老师组织幼儿对这一问题进行探讨,幼儿就会发现,自己打别人,是别人不喜欢的啊!他就会思考,我喜欢你我怎么表示呀?别的小朋友就会说'你可以抱抱我,咱们可以一起玩儿,你亲我一下也行',他觉得这样也可以,慢慢知道自己该怎么做。他不知道'打'的概念,对情感的表达方式有偏差,所以就不能简单地告诉他'打人不对',咱们说是'打',但他不认为是他理解的'打',认为'我是喜欢你,是和你玩儿哪'。"幼儿的问题可以通过对话来解决,幼儿的纠结可以通过沟通来释怀。幼儿哲学对话的议题

---

① 李晓文,王莹.教学策略[M].2版.北京:高等教育出版社,2011:15.

应来自日常生活中幼儿表现的现象本身,教育者要善于发现日常生活中幼儿表现出的哲学对话资源,善于捕捉哲学对话资源中最值得探究的交锋点,按照哲学探究的思路进行哲学主题性归类,以便为下一步迫切地展开幼儿哲学对话铺垫基础。本研究通过对自己2个女儿的观察,与21位家长、6位老师关于21名幼儿的深度访谈中幼儿所问问题的梳理,将幼儿的哲学问题大致归纳为以下几类哲学探究议题。

(1)认知类探究议题。

3~7岁的幼儿有一个经常发生的"是什么"和"为什么"现象。这一现象中的"什么"多指向认知类主题内容,大致涉及如下范畴:

宇宙是什么;

宇宙如何形成;

宇宙的发展有无目的或原因;

宇宙对我们有何意义;

人是什么;

如何定义人;

人与机器人、与其他生物、动物有什么区别;

人从哪里来,又往哪里去;

昨天、今天、明天,过去、现在、未来的概念分析;

时间与空间的特性;

对原因的分析及其解释;

目标、原因和结果各是什么;

因果关系的本质是什么;

…………

关于宇宙、人、时空及因果关系的话题是幼儿在日常学习生活中普遍关心与关注的问题。① 仔细分析上述涉及内容主要包括两类:一类是带有科学学识性质的问题,它们需要教师要以幼儿能接受的方式,生动形象、深入浅出地回应幼儿。如为什么星星在天上,为什么汽车得加油等问题。一类是寻求目的、意义、价值的哲学问题,需分析幼儿问题的来由,是什么引起幼儿的问题,如人为什么活着,我为什么要学习等问题。

(2)道德类探究议题。

道德是对个体行为规则的规定,这一规定使个体之间相互协调,以形成一个有机的整体(社会)。这一有机的整体如此高效,单个的个体是无法达到的。如同人是自然进化、自然选择的结果,道德也是自然进化、自然选择的结果。② 这是刘晓东教授在《儿童精神哲学》中关于道德发生的秘密最好的诠释。根据刘晓东的观点,幼儿的道德认识是幼儿对"外部道德主体"之行为规则的构建。譬如,幼儿在进行哲学对话时,会在探究中发现一些规则,如本研究中英雄的界定、善恶的规则、生死的选择等。面对这些规则,幼儿并没有一视同仁,而是依这些规则主体的好坏来决定接受哪些规则。幼儿道德认识的来

---

① 高振宇.儿童哲学论[M].济南:山东教育出版社,2011:271.
② 刘晓东.儿童精神哲学[M].南京:南京师范大学出版社,1999:122.

源主要有两个方面：一是来自角色承担，即"推己及人"或"己所不欲，勿施于人"的换位体验，"公平的旁观者"的道德判断。另一方面是来自观察学习，即"内模仿"的初步阶段，通过仿效他人的言行举止而引起的与之类似的活动。美国心理学家佩克和哈维豪维斯特经过大量研究，把儿童的道德发展分为前道德的、自利的、顺从的、良心的、利他主义的。科尔伯格把个体道德发展分为3水平6阶段。

a. 前习俗水平。

阶段①　以惩罚与服从为定向：服从准则，避免惩罚。

阶段②　朴素的快乐主义：获得奖赏和别人的好感。

b. 习俗水平。

阶段③　以人际关系和谐或"好孩子"为定向：避免遭人谴责和惹人不悦。

阶段④　以法律与秩序为定向：避免执法当局的指责以及由此而产生的内疚。

c. 后习俗水平。

阶段⑤　维护契约的道德定向：遵从公正无私的执法者，不违反大多数人的意愿和幸福。

阶段⑥　坚持普遍原则的道德定向：避免受到良心的谴责。

根据当前对幼儿的长期观察与了解，幼儿阶段尤其是5~6岁幼儿的道德发展水平是无法用上述的水平与阶段进行明确划分的，也许幼儿还无法做语言的巨人，但他们在行为上有时不仅可以达到某些高等阶段，甚至超越成人做行动的巨人。

d. 审美类探究议题。

诺贝尔奖获得者杨振宁指出物理现象中存在着美，达尔文列举大量实例说明动物界存在着美，黑格尔说美是理念的感性显现，立普斯说美是主体的自我欣赏。刘晓东提出了两种美的概念：一种是本体论上的美，即本体之美；另一种是认识论上的美，即审美之美。审美作为幼儿把握世界的一种方式，是幼儿的天性。3岁的妹妹在5月里看到哈尔滨大街上盛开的桃红与丁香，会一路上不停地呼喊"好美啊！太漂亮啦！"，会根据自己的喜好选择自己想穿的衣服，还不忘在镜子前审视自己的美之所在；7岁的姐姐看着自己的小红花，在班级的荣誉墙上一路爬到了顶峰，她觉得那面墙是美的；女孩B的问题中除了关于大人们的问题，就是关于女孩子如何变漂亮的问题，美占据着她近乎一半的关注度；男孩A敢于保护弱者，勇当大哥的霸气时刻体现在他与别人的对话当中，他认为那是美的形象所在。本研究在组织了一系列的基于民间传统游戏的幼儿哲学教学活动之后，请9名幼儿画出自己最喜爱的游戏。当L老师还在犹豫是不是出的题有些超出了幼儿能接受的范围时，孩子们已经抄起画笔在纸上自然而然地画了起来，丝毫没有表现出为难的倾向。孩子们构思神速，绘画娴熟。幼儿不仅是天生的哲学家，也是天生的画家，他们喜爱的事物在他们的眼中是美的，他们也喜欢用绘画的方式去表达。

(4) 消费类探究议题。

"现在，孩子的钱最好挣。"这句话是当代社会现象在老百姓口中的一种反映。孩子本不挣钱，买单的是大人，但消费的却是孩子。孩子可以说是当今社会最大的消费群体。童装、玩具、儿童食品、兴趣班市场从来没有像现代社会这样形成如此大的规模，面对海量的商品与广告，无论家庭条件优越与否，家长们都依然趋之若鹜。在这种现象下，出现了两个问题:第一个问题是虽然所有的产品都是提供给孩子的,但其选择更多是父母的意愿与品位,而非孩子的需要与愿望;第二个问题是富裕家庭的家长更多担心的是享乐主义对孩子所造成的不利影响,而低收入家庭的家长更多考虑的是如何负担孩子需要的东西和如何避免孩子产生过度的虚荣心。这两个问题倾向,应该作为消费议题在幼儿哲学对话活动中树立正确的观念与态度。

(5)同伴类探究议题。

当今幼儿教育的对象主要是独生子女的下一代,有关同伴的友谊、分享、社会参与、处理同伴纠纷、异性同伴等主题内容对幼儿来说,越来越显得格外重要。下面列举几种幼儿同伴主题来源的现象:第一种现象,5~6岁幼儿要加入游戏小团体进行互动和交往是一项比较艰巨的任务。幼儿倾向保护彼此的共享空间、共享物品,抵制别人加入自己的游戏小团体。幼儿在抵制的同时,也是对自己互动空间的保护,互动空间的防御方通常会全神贯注地沉浸于营造的一种分享感。而且常常用提示亲密的方式,如"我们是朋友,对吧?"来标识。幼儿希望继续分享正在分享的内容,把他人视作是对他们业已建立的共同体的一种威胁。此种现象可以通过幼儿哲学教学活动,协商谁可以参加、谁不可以参加,谁是团队的一员、谁不是团队的一员,使他们逐渐了解自己日渐成形的社交身份,理解分享、友谊的真正含义。第二种现象,幼儿在发生冲突时,很少能自己协商解决,他们总是把解决纠纷的控制权交给权力更大、更有权威的老师和家长,"打小报告"在幼儿中间是一个极为普遍的现象。在一个班集体中,如果给予幼儿更多自己讨论、协商解决冲突的机会,幼儿往往会展示出非常复杂、优秀的协商解决方案,产生出对于友谊、同伴等更为宏大的理解,实现新意义上的和平局面。第三种现象,人类学家西格里德·拜耳尼特1967年观察研究了挪威一家幼儿园中5~7岁幼儿间的同伴交流和同伴文化情况,发现幼儿建构自身的同伴文化,主要从各自的性别特征出发。无论男孩、女孩,他们都遵守着自行设定的规矩——"女孩不和男孩一起玩,男孩不和女孩玩",很少有例外。童年社会学专家威廉·A.科萨罗对美国和意大利幼儿园进行调研时发现,稍微大些的幼儿(5~6岁)呈现出来的性别间现象要比更年幼的孩子(3~5岁)明显。[①] 这一现象在本研究中也是如此,孩子们有时会就性别话题进行讨论,甚至多次谈到成人关系问题,比如结婚、生宝宝、做妈妈的话题。

幼儿园是一个缩小版的社会,其同伴关系犹如社会关系,幼儿同时也在戏里戏外演绎着社会上形形色色的社会关系。以上几种现象在5~6岁幼儿当中,是极为普遍的表现。孩子们关心同伴的事,也要在游戏与哲学对话中,学习如何与同伴相处、如何看待与同伴的关系、感知自己在同伴中的地位和形象等。

2.民间传统游戏的决策

上文中对于哲学议题的大致归类,就是为方便在民间传统游戏中寻求与之议题内容相适应的游戏。游戏、教育、哲学有如三胞胎姐妹,对于幼儿的成长而言,她们之间亲密无间、血脉相连。当一个人刚出生时,仅仅是作为一个"自然人"而存在的,在接受了教育

---

① 科萨罗.童年社会学[M].张蓝予,译.4版.哈尔滨:黑龙江教育出版社,2016:120-174.

之后,才成为学者眼中的"文化人""社会人""符号人""制造人"等等,而无论是学者眼中的哪种人,人类都有一个共同的人性,那就是"游戏人"。20世纪荷兰文化史学家赫伊津哈提出,一个比我们更为愉悦的时代一度不揣冒昧地命名我们这个人种为 Homo Sapiens(理性的人)。在时间的进程中,尤其是18世纪带着它对理性的尊崇及其天真的乐观主义来思考我们之后,我们逐渐意识到我们并不是那么有理性的;因此现代时尚倾向于把我们这个人种称为 Homo Faber,即制造的人。尽管 Faber(制造)并不像 Sapiens(理性)那么可疑,但作为人类的一个特别命名,总不是那么确切,看起来许多动物也是制造者。无论如何,另有第三个功能对人类及动物生活都很贴切,并与理性、制造同样重要——即游戏。依我看来,紧接着 Homo Faber,以及大致处于同一水平的 Homo Sapiens 之后,Homo Ludens 即游戏的人,在我们的用语里会占据一席之地。人人都喜爱游戏,人人都生活在游戏之中,人人都是游戏者,人人也只有在游戏中才能"成为"与"看到"自己,才能避免司空见惯的"异化"危险。① 因此在教育中游戏、通过教育游戏、为了教育而游戏,游戏的精神应该渗透到教育活动的方方面面。

(1)民间传统游戏形式的决策优势。

本文在第二章即理论建构一章,已经论述了民间传统游戏的教育优势。研究在经过一系列的基于民间传统游戏的幼儿哲学教学活动之后,更从实践层面验证了民间传统游戏的教育优势。教师们在工作实践中深有体会:

> 时间:2019年7月2日
> 地点:A 园会议室
> 参加教师:L 老师、教师 A、教师 B、教师 D
> 反思议题:实践后认为幼儿更喜欢哪种游戏,为什么?
> L 老师:"你们觉得幼儿更喜欢民间传统游戏,还是现代游戏?"

现场五位教师不约而同表示,孩子们更喜欢民间传统游戏。那么,为什么更喜欢民间传统游戏呢?教师们一致认为会让幼儿更开心、更投入,玩起来更有趣。在诸位教师的眼里,究竟是什么对幼儿有如此大的吸引力呢?大家分析认为:

> 教师 B:"现代游戏趣味性不强,比较单一,几乎都是些动动手指就能完成的游戏。同时缺少让孩子与自然接触的过程。"

事实上,每个幼儿园都经常在户外组织一些如车轮滚滚、袋鼠跳等游戏。在《幼儿园工作规程》当中也规定幼儿户外活动时间在正常情况下每天不得少于2小时,"与自然接触"中的"自然"仅仅是指阳光、空气、草地吗?它应该还包括人文自然、社会自然等在民间传统游戏活动中能够体验到的内在品质。幼儿以其先天的游戏主角地位,在游戏中不

---

① 石中英.教育哲学导论[M].北京:北京师范大学出版社,2002:108.

仅仅是一个生理上的"自然人",同时也是自然天成的"文化人""制作人""社会人"。

教师B:"孩子们在民间传统游戏中自己探索,积累到一些经验,这些经验是他们以前从未接触到的,能在游戏逐渐深入的体验中丰富自身阅历。"

教师D:"现代游戏都有说明书、操作指南之类,但传统游戏是孩子玩着玩着,自己就给自己制定规则,就此能提升兴趣,觉得有趣味。比如现代的拼插游戏,说是激发孩子想象力,可是步骤说明书明明就是在让孩子固定思维。比如咱们玩的老鹰捉小鸡,你看着好像是没成功,有小朋友受伤。但其实是成功的,因为回来你问他,他们在想攻略了,在想下一次怎么玩,怎么不被捉住。"

教师B带领幼儿做的老鹰捉小鸡游戏以跑散、女孩C的摔倒而收场,做的搭建家的游戏也以房子的倒塌而结束。教师B惭愧地认为,自己开展的游戏没能组织成功。教师总是想要完成一个游戏成品,成为玩得多么好的一个成功作品。但其实,越是没有成功,就越是说明一些问题。比如以塌方而告终的过家家游戏(搭建家),现代幼儿园里的孩子几乎每天都在玩拼插、搭建游戏,居然没有搭建成功。原因在哪里?

时间:2019年6月28日
地点:A园会议室
参加教师:L老师、教师A、教师B、教师D、教师K
反思议题:过家家游戏(搭建家)搭建失败的原因

教师D在此次讨论中认为:原因在于孩子不懂得合作,现代游戏多是个人赛,讲合作的特别少,现在孩子越来越没有合作意识,长大后就会自私、唯我独尊,不会合作的孩子对自身发展非常不利。

教师B:"民间传统游戏大多是一个人玩不了的游戏,而现代游戏多数一个人就能玩儿。我小时候,就愿意扎堆儿,大家一起干点什么,小朋友之间也都不认识,玩着玩着就认识了,玩着玩着就扎堆了。不愿意自己在那儿抠,就喜欢有沟通、有交流,大家一起玩儿的游戏。"

教师K:"传统游戏有一股力量,提溜着孩子想要再玩下去。"

教师B:"对!有动力,就想往前冲。一个规则玩得差不多了,他们就想加大一点儿难度,在这个游戏基础上,再加大一点儿难度,逐渐往上攀升。"

教师A:"我们组织一些现代游戏时,前期若不进行长时间、大量的准备工作,这个游戏玩不了!"

正如教师们所担心的那样,当女孩C在玩老鹰捉小鸡游戏受伤时,作为教师真的害怕。教师们坦言:不玩儿更容易在生活中受伤,她们自己小时候都是在一次次受伤中磨炼出来的。现在孩子即便想要玩传统游戏,但也找不到玩伴,大环境就是如此。现在孩子生活很单一,每天就是幼儿园、家里、补习班,回家放松一下,也就是看会儿电视,玩儿手机。教师B不禁反问:"那咱们小时候是怎么会的这些游戏的呢?"教师D回答说:"大的带小的嘛!一代代这么延续下来的呀!"幼儿园是集体生活的地方,有条件,有能力,更有必要大规模地开展民间传统游戏活动。通过以上讨论可以认定,若在幼儿园进行幼儿哲学教学活动,民间传统游戏以其特有的形式优势,在幼儿哲学依托载体的选择上,当仁不让。既可以在开展中传承民族民间文化,还能够在民间传统游戏活动进程中,再度通过幼儿哲学教学活动开掘、发挥民间传统游戏的教育价值。

(2)民间传统游戏哲学内涵的抉择。

民间传统游戏哲学内涵的抉择,需要教师具备两项能力:一是捕捉、发现每一个民间传统游戏玩法所蕴含的哲学意涵的能力;二是将民间传统游戏玩法所蕴含的哲学意涵对应幼儿哲学能力发展的能力。本研究中,L老师与6名幼儿教师一共开展了8次游戏进行前的集体备课活动。在集体备课当中,老师们集思广益,群策群力,共同商讨决策了每一次基于民间传统游戏的幼儿哲学教学活动的内涵定位。(附录4—1)

民间传统游戏哲学内涵的抉择,需要教师具备的两项能力,是教师幼儿哲学素养和学前教育业务素养的综合体现。更需要教师对幼儿的发展需要、社会的发展需要等有深刻的认识和了解。在与教师B的访谈中,教师B深有体会:

> L老师:"您觉得孩子们喜欢现在上课的方式吗?您想要对上课方式做出改变吗?"
>
> 教师B:"不能说都喜欢,像咱们一些活动课喜欢,像数学啊,拼音啊,那肯定是不喜欢,可是没办法呀!像五大领域中偏语言的,需要他说呀,干说的这种就不喜欢,但是像艺术、健康这种连蹦带跳的、有情境的那种说的,孩子肯定就喜欢。比如有的课程第一节是情境式的,第二节得复习,复习就得一个一个小朋友说,其他的小朋友就得等待,等待的过程孩子肯定不喜欢,但是必须得有这个过程。"

多元智能理论认为,人的智能可以分成九个范畴,即语言智能、逻辑数学智能、空间智能、肢体运作智能、音乐智能、人际智能、内省智能、自然探索智能、存在智能。这九项智能除了肢体运作智能、音乐智能和自然探索智能外,似乎都是以大脑的运转为主要工作方式的。但据教师们对幼儿长期的观察,幼儿发展中的无论哪一项智能都是以整个身体运转为工作方式的,他们也喜爱这种工作方式。好玩好动是孩子的天性,似乎只要是动起来、玩起来,他们就从不觉得累。

> L老师:"有的喜欢,有的不喜欢,对于不喜欢的课程,你认为应该做哪些改变呢?"
>
> 教师B:"只能是说适当地加一些孩子感兴趣的东西,玩具类的东西,辅助一下课程,但是效果不大。因为孩子嘛!他只对他本身的身体大动作类感到有趣,好玩儿,但是课程是要学习的,一旦涉及课程学习的内容孩子不会,那么这

个课程孩子肯定不喜欢。孩子要是会了,还愿意坐在这儿听,老师一说啥就会,但有的孩子不会那就不喜欢。比如跳远,有的孩子就是不会跳,单腿跳就是跳不起来,那他就会觉得这个课程不好,但是课程是在这儿的,不可能每一节课程挑孩子来上,整体的孩子在这儿呢,个别的孩子肯定会出问题。有的是小肌肉群不行,有的是思维逻辑跟不上,个体发展不一样。"

"课程是在这儿的,不可能每一节课程挑孩子来上",在目前幼儿园的日常教学中,的确是没有办法挑孩子来上课的,但每个孩子的标准可以各有不同,未必一定要整齐划一。幼儿在游戏中表现出的体质能力是有差异的,在幼儿哲学教学活动中思考能力也是如此,但可以得出共识的是,所有幼儿都喜欢游戏,都善于在游戏中学习。对此教师应正确对待差异,辩证认识不同,充分发挥民间传统游戏对于幼儿哲学教学活动所具有的哲学意涵优势。

  教师B:"只能说是有剧情、有发展、能让他们动,让他们感觉那不是在上课,就是在做一次小活动,而且每一次活动还不能一样,这样孩子才能有兴趣。我不太知道幼儿哲学是什么意思,字面上理解是思想、世界观那方面的。现在孩子家长的认知、教育呀,有的确实是有偏差,一些孩子思想方向明显从五六岁开始往偏了走,人生观、价值观导向不对,所以幼儿哲学可能是培养这方面的吧!"
  L老师:"如果说你的理解是对的,幼儿哲学课就是起到这个作用的话,你认为有开设的必要吗?"
  教师B:"有必要,完全有必要!"

民间传统游戏有着深厚的哲学积淀,蕴藏着丰富的哲学意涵。民间传统游戏不像现代游戏,是为了发展幼儿的某一方面能力而特别设计的游戏。民间传统游戏来源于长期以来人民的劳动生活,游戏的道具也取材于生活,简易却不简单,经历了代代相传的磨合,已经成为中华民族精神文化中不可或缺的一部分。它的特点是:在假想的情景中反映周围现实和社会生活,具有社会性;幼儿自发地、自愿地从事游戏,具有主动性;形象、动作、语言相结合,在游戏中具有创造性;游戏中的行为是象征行为,具有概括性;没有外在的目标,是非生产性的,具有趣味性。而哲学来源于生活,生活中处处是哲学,哲学是一切学问之学问。因此,民间传统游戏也不像现代游戏那样,可以进行明确的分类.如归纳为规则游戏、角色游戏、结构游戏等等。几乎每一个民间传统游戏,都是多种功能、特点于一身的结合,它能够在哲学探究中,被生发、牵引、挖掘出丰富可贵的哲学意蕴。如老鹰捉小鸡游戏,它既在幼儿扮演老鹰、小鸡、鸡妈妈等角色的过程中,体验什么是责任;也在游戏本身的玩耍中,体验规则的重要性;更在反复游戏中经历角色换位,体验站在对方立场换位思考。再如编花篮游戏,能够让幼儿在游戏中参悟个人利益与集体利益的关系和团结力量大的哲学内涵。还有很多,如扔沙包、跳皮筋、踢毽子等等,有的需要协同进行,有的需要合作进行,有的单挑,有的集体打擂,哲学价值丰富且意蕴深刻,是幼儿哲学教学活动中教学内容决策绝佳的题材来源。

通过以上分析认为，基于民间传统游戏的幼儿哲学教学决策是一个决策连续体，学前教育行政机构的决策决定幼儿教师的决策，哲学议题的决策决定游戏内容的决策。但幼儿的思维与表现往往在可控与不可控之间，幼儿哲学教学活动也同样存在着可控与不可控情况。可控之处需要教育者做好理论与实践层面的各项准备，不可控之处恰恰极大可能是幼儿思维灵感爆棚的体现。因此，教师在进行幼儿哲学活动过程中，其教学决策既要做有选择的选择，还要做好无选择的选择储备。

二、基于民间传统游戏的幼儿哲学教学设计策略

基于民间传统游戏的幼儿哲学教学设计，是基于教学决策支配下的总体设计，发生在正式进行具体教学活动之前，主要包括教学计划、教学氛围、教学目标等。其设计应具有连贯性、整合性、延续性，同时既要有确定性，还要体现灵活性。

(一)创设安全对话环境，量身定做组织教学

幼儿哲学教学最基本的教学范式，就是要创建安全、和谐、有序的探究共同体。而一个优秀探究共同体的标志，应该是幼儿能否在幼儿哲学活动中，乐于平等、相互尊重地表达观点，能否积极乐观和相对持久地思考。实现这一理想状态的前提，就是要创设一个熟悉、和谐的探究团体。

1. 创建熟悉、和谐的探究团体

"熟悉、和谐"二词指的是双方，即教师与幼儿两者之间的熟知、接纳与互信。幼儿并不能够像成人那样，通过身份认同、形象辨别等方式对一个陌生人迅速识别，判断能否与之亲近。幼儿需要与陌生人交往较长的一段时间，共同生活、学习达到由陌生到熟知、到接纳进而互信的熟悉过程。在与本研究中的9名幼儿长期接触中发现，每个孩子在哲学对话中的外在表现、价值观念，都与其生活背后的家庭环境、父母态度等息息相关。可见与幼儿之间的哲学对话，不能流于表面形式上的言语对话，而是与幼儿之间真诚、互信的深层次心灵对话。也只有这样诲人不倦，才能够真正做到因材施教，从真正意义上为实现幼儿哲学教育的目标而精心设计组织教学。幼儿在幼儿园，不同于小学生、中学生在学校，幼儿在幼儿园生活与学习融为一体。作为即将与幼儿开展哲学教学活动的教师而言，需要教师能够做到与幼儿亲密接触，与幼儿一同生活与学习，在长期的交往过程中相互了解，彼此接纳。对于幼儿这一群体，唯有经历与幼儿由认识到熟悉、再到和谐相处的过程，才能建立一个安全的探究团体，这是进行幼儿哲学对话活动的必要前提。

2. 量身定做组织教学

经历了熟悉到和谐的过程，教师已了解了这一时期幼儿的成长需求，比如对什么事物感兴趣、对什么心理敏感，教师就知道该如何设计具体对话内容、拟定探究思路。如本研究中9名5～6岁的幼儿，通过观察了解得知，他们已经能够安稳地坐在椅子上二三十分钟进行对话沟通；基本能够听明白，并按照教师要求遵守探究规则；他们最沉醉其中的学习方式是游戏。他们当中有的对祖父母依恋，与父母疏远；有的是二孩家庭，有的是独生子女；有的健谈但不爱思考，有的爱思考却不愿表达。他们也会有自己的小心思，也会有自己的小爱好，作为教育者要选择他们有想法、有创见的主题内容进行探讨，选择他们最喜爱的方式进行学习，尊重他们的个性与天性，尤其是在由多人组成的集体探究中当

众对话,更要给予幼儿最大的尊重与呵护。

(二)提供积极模仿范型,设定过程与结果目标

苏联教育家维果茨基提出,教学应着眼于学生的最近发展区。他认为发展有两种水平:一种是现有水平,指独立活动时所能达到的解决问题的水平;另一种是可能的发展水平,也就是通过教学所获得的潜力,两者之间的差异就是最近发展区。教学,尤其是幼儿哲学教学,因其特有的年龄差异,更应立足于最近发展区,提供积极模仿范型,设定上限教学目标。找准最佳教学期,为幼儿提供带有难度的内容,调动幼儿的积极性,发挥其潜能,超越其最近发展区而达到下一发展阶段的水平,然后在此基础上进行下一个发展区的发展。

1.提供积极游戏模仿范型

维果茨基说:如果在最近发展区接受新的学习,其发展会更有成果。在这个区为,如能得到成人帮助,儿童比较容易吸收单靠自己无法吸收的东西。受现代游戏的影响,已经很少能看到孩子们玩儿民间传统游戏,有些游戏孩子们从来没见过,更不用说玩儿过。为了能够更好地让幼儿体验民间传统游戏的原生态特色文化,每项游戏的进行都可以先由老师进行基础性玩法的示范。流程大体如下:一是教师示范行为给学生看;二是幼儿模仿教师的行为;三是教师逐渐不再指导;四是教师对幼儿的表现给予反馈。需要注意的是,教师要在幼儿模仿过程中与幼儿共同探索、设计玩法上的创新,创造积极模仿范型,鼓励幼儿开展新型体验。如本研究中教师 D 就开展了一次基于"打口袋""打地鼠"(打口袋创新玩法)游戏的幼儿哲学教学活动。

游戏时间:2019 年 6 月 6 日 9:40
游戏地点:A 园百合班教室
对话时间:2019 年 6 月 6 日 10:10
对话地点:A 园百合班教室
教师 D:"那么,你们喜欢玩哪个游戏呢?"孩子们开始七嘴八舌地说起来,有的说"打地鼠",有的说"打口袋"。
教师 D:"现在请你们告诉我你们喜欢的理由。"
男孩 W:"我喜欢打地鼠'打'的那个部分。"
男孩 L:"我喜欢打口袋,因为能打到人。"
女孩 W:"我喜欢打口袋,打地鼠脖子很累。"
男孩 H:"我喜欢打口袋,因为打的时候特别好玩儿。"
男孩 X:"我喜欢打地鼠,因为我赢了!"
女孩 S:"我喜欢打地鼠,因为我和男孩 X 赢了!"

人们总是认为,成功源于感兴趣的事,喜欢把兴趣的功劳放在前面,倡导学习要从兴趣出发。却忘记了兴趣也可以来自一次成功的体验,兴趣也能够在成功的被认同感中建立,兴趣也是见到彩虹之前在风雨中磨炼意志的自省、自信精神之所在。因此,兴趣也是在自信中建立起来的。在中国文化传统里,历来倡导做人要谦虚和低调,但求成功,不事张扬。但因已然成功而建立的自信,理当成为幼儿悦纳自己、兴趣所致的动力源泉。

男孩 M:"打地鼠太好玩了,因为一直打!"(男孩 M 在说的同时,一直用手臂演示打的动作)
女孩 Y:"打地鼠疯狂又刺激。"
女孩 N:"我喜欢打地鼠,是因为妈妈手机里有。"
女孩 F:"我也喜欢打地鼠,因为我妈妈手机里也有这个游戏。"
教师 D:"刚才我们先玩了打口袋的游戏,我看你们玩得也很'嗨',当你是两边打的小朋友,你们怎样能打到中间的小朋友?"
女孩 J:"在他们没转身时,我要快点接住去打他。"
女孩 F:"看到他要过来时,我就马上打。"

有道是办法总比问题多,只要思想不滑坡。一旦思考趴了窝,遇到困难只得躲。通过创新的游戏玩法,幼儿不仅体验到创新游戏过程中的感性刺激,更在游戏中学会了思考多种解决问题的办法和勇于迎战的信心。如果教师不进行幼儿哲学活动,单单举行民间传统游戏活动,或许孩子们也会玩得很开心,也会乐此不疲,也会无意当中运用一些新的玩法和办法,但却没有整理过往知识与经验、进行自觉思考的过程。只有经历了在教师设计下的幼儿哲学探究过程,按照学习理论来分析,幼儿在上述过程当中,实现了加涅学习理念中辨别学习、概念学习、原则学习、问题解决等八个层次的学习,同时也是一种实现奥苏伯尔所定义的有意义发现学习的学习方式,即或观念变得清晰可辨,或观念更加巩固,或吸收了新观念的上位观念。

教师 D:"怎样能不被打倒呢?"
女孩 Y:"在中间转圈,就不容易被打倒。"
男孩 W:"当口袋打过来以后,要迅速转身,才能不被打倒。"
女孩 F:"我就在那儿一躲一躲地,他们就打不到我。"
教师 D:"躲开、转身、转圈,你们还有别的办法吗?"
女孩 J:"接住。"

通过以上分析,正如维果茨基所认为:"儿童的模仿与动物的模仿具有本质的差异。动物的模仿只存在于动物自己的能力区内,即动物只模仿它能够完成的动作,而人类儿童则能够模仿'远远超出他自身可能性界限的一系列动作'。人类的模仿能力是临摹和创造的复合体。"[①] 每一个年龄阶段幼儿都会体现出相对的发展水平,积极模仿范型的创造历程,成为新的游戏模仿"脚手架",为下一步幼儿哲学教学活动开展提供了新的"内模

---

① 李晓文,王莹.教学策略[M].2 版.北京:高等教育出版社,2011:46.

仿"体验,帮助幼儿获得上限的能力发展,提供了有挑战性但适宜的步骤。①

2. 设定幼儿上下限过程与结果目标

教学目标是教学过程与结果的预期目标,教师在具体设定每一层级的幼儿哲学教学目标时,首先要依据《纲要》和《指南》,通过观察,明确5~6岁幼儿在思维、表达、判断等涉及幼儿哲学能力方面的现有水平、个体差异,找出幼儿合适的最近发展区或教学最佳期,分析得出本研究核心上限和下限教学目标体系,为幼儿哲学发展适宜性教育教学的有效开展奠定基础。幼儿哲学教学活动不仅注重教学的结果,更注重教学的过程,因此应设定过程目标和结果目标。过程目标应强调在教学中,教师是如何引导与支持幼儿进行思考的,幼儿是如何分析推理的,运用了哪些智慧技能。结果目标注重教学活动的结果,通过教学活动幼儿有哪些可以观察到的行为变化。需强调的是,如何看待过程目标与结果目标的关系,以期为教学活动的实际开展而准确定位。过程目标与结果目标并不是相互排斥的,而是相互依存、相互补充的关系。在幼儿哲学活动的实际教学中,有的教学结果可以通过幼儿突出的外显行为变化反映出来,如表情、语言、动作等。但很多有关情感、思维过程等,尤其是短期内难以观察到明显的行为变化,有的结果性目标的实现体现在潜在学习当中。所以哲学教学活动的结果目标具有很大的局限性,需要过程目标的补充与配合。

需要注意的是,在教学目标实现的进程中,哲学教学目标体系在领域上、层次上可以与成人哲学水平比肩,甚至高于成人的哲学思维水平,但其目标的表述方式要保有童真,朴素稚拙而不失哲学风范。尽量做到目标陈述清晰、操作性强。注意要陈述幼儿可观察到的行为,建议以动词性表述方式为主;详细说明幼儿行为产生的条件;目标确定与陈述应秉承因材施教原则,设计具有可调控性的上、下限目标,既有可接受的最低行为标准,也有可实现的最高行为标准。

(三)了解幼儿生活经验,从幼儿模仿天性出发

1. 丰富幼儿真实生活经验

教育家陶行知在数年前所下的关于生活教育的定义,即 Life education means an education of life by life and for life。根据本研究实践、经验与了解,幼儿哲学教学要继承生活教育的思想,以幼儿真实生活教育为基础施行幼儿哲学教育,丰富幼儿实际生活经验,其内涵应该包括以下四个含义:

第一,是生活教育。

第二,是来自生活的教育。

第三,在生活中以游戏为主实施教育。

第四,为了生活向上而施行教育。②

第一点是肯定幼儿哲学教育不是高深莫测的教育,是生活客观的事实和真理的基本命题。第二点是指幼儿哲学教育不是凭空假想的教育,其教育内容是来自生活客观的现

---

① 西尔弗.激发学生的成就动机:引导学生迈向成功的策略[M].吴艳艳,译.北京:中国轻工业出版社,2016:16-29.

② 徐明聪.陶行知生活教育思想[M].合肥:合肥工业大学出版社,2009:112.

实与实践,要从生活中汲取教育养料,通过各种渠道丰富幼儿的真实生活经验。第三点是指幼儿哲学教育不能脱离幼儿最基本的生活方式,其教育形式应以幼儿最喜爱、最擅长、最了解的游戏为主。第四点是指幼儿哲学教育是为了幼儿树立正确的世界观、人生观、价值观,为幼儿生活向上而施行的教育。

2. 模仿联结生活与哲学

本研究在与幼儿的哲学对话中发现,幼儿对任何人、事、物所发表的观点、看法等,都来源于他曾有过的生活经验,同时也受限于其原有的生活经验。大人们曾经告诉他"那是什么",他就认为"那是什么";大人教他"应该怎么做",他就学着"怎么做"。幼儿在此过程中是眼界得以开阔,还是坐井观天,前提条件取决于幼儿是否有丰富的生活经验,是否在经验内模仿过程中得到正向发展。模仿是幼儿学习的基本方式,更是幼儿天性使然,教育者要保护好、发挥好幼儿模仿天性的价值所在。丰富幼儿的生活经验,是幼儿模仿价值得以发挥的素材源泉。而内模仿的内化过程,丰富幼儿的生活经验,是幼儿哲学思考、心智转化的基石。例如本研究中基于"捉迷藏"游戏的幼儿哲学教学活动(准备工作与游戏过程见附录4—2):

  L老师:"刚才我们玩游戏时,你们是怎么判断出来摸到的人是谁的呀?"
  男孩D:"得打鸣儿。"
  男孩E:"得摸摸是男是女。"
  L老师:"怎么判断出来是男还是女呢?"
  男孩E用手摸着自己的头说:"摸头发。"其他小朋友也跟着说:"摸头发。"

"人云亦云",是幼儿集体生活中一个常见的行为表现。不仅体现在语言当中,在动作行为方面亦会如此。这同样是幼儿的一种模仿行为,若从积极的方面考虑,是幼儿对他人观点的认同;若要从消极的方面考虑,极有可能是幼儿的一种惰性思维的表现。从当前案例情境的表现,幼儿当属积极的"人云亦云"行为。因为从后面的表现来看,幼儿一直在跟着老师的思路,认真思索、寻求判断的方法,即便没能得出太多的更有说服力的答案,但幼儿的思考却一直热情在线。

  L老师:"摸头发是怎么判断出来的,有什么不一样的吗?"
  小朋友们都说:"看短长。"
  L老师:"知道是男孩女孩了,但还是不知道是谁呀?接下来怎么判断呢?"
  男孩E:"再打个鸣儿。"
  男孩C:"老师,我知道,就是看看像谁的声音。"
  男孩E:"不能说名字。"
  L老师:"通过一个方面能否判断出是谁?"
  男孩A果断地说:"不能。"
  L老师:"那得通过几个方面能判断出是谁呀?"
  小朋友们都说:"两方面。"

男孩A又说:"十方面。"

L老师问男孩A:"刚才你说十方面,还有哪些呀?"

男孩A:"我忘了,不小心说出来的。"

男孩C:"老师,我还有第三个方面,就是得遵守规则。我来整体地讲一下,就是第一步得先遵守规则,先围成一个圈,再手拉手,然后再摆个造型;然后摸、抓。"

在日常与幼儿的接触过程中,经常能够听到幼儿说"我妈妈说,谁"怎样怎样、"我奶奶说,谁"怎样怎样、"我班老师说,谁"怎样怎样。可见,幼儿对于每天照料自己的人、生命中处于权威地位的人的信赖、依恋与效仿程度是无可替代的。但也是如此的信赖、依恋与效仿会导致幼儿经常出现盲目信奉成人的价值判断。比如妈妈认为哪个小朋友是什么样的孩子,不让孩子和她玩儿,那么孩子眼中的那个孩子就和妈妈眼中的那个孩子是一样的。现代很多家长对于孩子过度宠溺,往往只能看到自己孩子的优点,总是挑剔别人家孩子的过错,看不到或无视他人的优点,并且还会将自己不够理性与客观的价值判断强加给孩子,导致孩子的是非判断也盲从于大人。生活中处处是模仿,模仿是幼儿成长的天性,幼儿教育者要充分利用幼儿模仿的积极意义和价值,通过有效的哲学活动使幼儿的模仿效应朝向正能量的趋势发展。

(四)传统游戏常态化,在反复模仿中加深体悟

幼儿在发展中,有一种引人注目的寻找刺激营养的现象。[①] 即幼儿在一定阶段里会有意无意地寻找某种刺激,这种行为就好像在寻找着发展自己特定能力的营养。幼儿存在对有利于自身发展的某种刺激主动选择和操练的倾向,教师经常让他们接触的刺激也会因为熟识而引发幼儿的主动选择,成为促使其发展的营养。[②] 如果把民间传统游戏当作幼儿哲学探究的刺激物的话,那么幼儿内模仿的过程就是幼儿吸取刺激营养的第一阶段,而教师与幼儿进行的哲学探究活动就是承接内模仿刺激营养的第二阶段,而最后结果目标的达成以及潜在学习就是吸取内模仿刺激营养的最高阶段。民间传统游戏其存在的意义,不仅在于它独特的文化意蕴和教育价值,更加源于它本身令人永不生厌的玩耍形式和合作挑战、探求智慧的精神内核。民间传统游戏是幼儿教育中,能够让幼儿体智能全面发展的珍贵教育资源,能够让幼儿在最愉快的形式中,内化、体悟哲学的宝贵经验。因此,民间传统游戏的回归,不是为了传承而传承,应根植于幼儿的学习生活中,让幼儿在每天自然状态下的游戏生活中,在反复玩味中体悟哲学人生。

1. 民间传统游戏回归幼儿生活

正如著名的教育人类学学者崔英锦曾阐述:"游戏就是生活,生活就是游戏,教育渗透在游戏和生活之中。游戏通过生活这一桥梁与教育联姻,影响着每一个人,每一个群体,每一个国家,乃至整个世界,从而担负着培养人和教育人的目的。无论是孩提时期充

[①] 埃尔金德.儿童发展与教育[M].刘光年,译.上海:华东师范大学出版社,1988.

[②] 李晓文,王莹.教学策略[M].2版.北京:高等教育出版社,2011:44.

满游戏的童年,还是成年人忙忙碌碌中的各种休闲娱乐生活和活动动态,皆可发现我们的生活到处充满着游戏,成为人类掌握各种生存技能和知识经验的有效途径。游戏与教育的联姻更加突出地体现在儿童期的生活阶段,游戏是儿童成长过程中不可或缺的精神营养。"①幼儿教育者应通过创新玩法、游戏改良等多种形式开展传统游戏活动。将民间传统游戏纳入幼儿日常的学习生活中,并加以常态化、生成化发展。如本研究开展的基于"雪地打马球"游戏的幼儿哲学教学活动。(准备工作与游戏过程见附录4—3)

打马球亦即击鞠,从前是北方端午节的主要娱乐活动之一。相传,唐玄宗李隆基是这项运动的爱好者。马球,顾名思义是骑在马上进行的,持棍打球,球状小如拳,以草原、旷野为场地。打马球游戏,其原始的玩法若要照搬原样进行的话,显然是不合时宜的。持棍打球存在很大的安全隐患,球过小也会影响幼儿游戏的质量,草原与旷野更是不符合现代幼儿园的实际条件。所以,A园将打马球游戏进行了改良与创新。将棍变成了生活中常见的笤帚,草原与旷野因地制宜地利用了北方冬天的雪地,选择球类当中的足球替换掉了小如拳的球,大小适合。这样的游戏改良,其好处之一就是游戏选材便捷,同时又发挥了北方地域的雪地特色,最重要的一点就是能够保障幼儿在游戏中的安全。因此,经过改良、创新后的打马球游戏深得小朋友们的喜爱,并且老师也可以放心地经常带孩子们开展此项游戏活动。

2. 让内模仿螺旋式升华

幼儿在打马球游戏中,体验到骑着笤帚风一样地奔跑,感觉到自己像有了魔法一样在雪地上驰骋,充满能量。这一类模仿的过程在接下来的哲学对话中再一次得到了升华。

  L老师:"现在L老师想请大家说一说,刚才我们玩的是什么游戏?"
  女孩C:"玩雪。"
  男孩B:"踢球。"L老师追问:"踢了吗?"
  男孩B摇头说:"没有,用扫把扫了。"
  男孩A突然站起来边做骑扫把飞的动作边说:"还飞啦!"
  L老师:"你们刚才说了三个关键的词,一个是玩雪,但是我们仅仅是玩雪吗?(小朋友们摇头。)第二个词是踢球,可你们踢了吗?(男孩C说没用脚踢,用扫把扫。)第三个词……(还没等L老师说完,男孩B就抢着说:'就是把扫把用腿夹着跑。'这时男孩A说:'有魔法,飞,我说的飞。')"
  L老师:"魔法!什么是魔法呀?"
  女孩C:"我看过《冰雪奇缘》里有魔法。"
  男孩D:"'小魔仙之魔法海萤堡'里有魔法。"
  L老师又反复问道:"既然你们都知道魔法,那你们给L老师讲一讲什么是魔法呗!"

---

① 崔英锦.朝鲜族传统游戏传承的教育人类学研究[D].北京:中央民族大学,2007.

男孩C:"魔法,就是把别人整得很奇怪。"

L老师:"大家同意他的观点吗?他说魔法就是把人变得很奇怪的观点。"

男孩B和男孩D都点头同意。女孩A、女孩B和女孩C也都表示同意。

男孩E却说:"我不同意。"

L老师:"你为什么不同意?你说说你的观点。"

男孩E半天没有作声,没有说出自己的理由和观点。但在他考虑的时候,点头同意的两个男孩反驳道:"不同意就错了。"

"骑扫把跑"而"飞"的体验,让幼儿开始思考"什么是魔法?"。在多数幼儿的观点一致的情况下,男孩E提出了不同意见。最后,男孩E虽然没能说出明确的理由,也许是紧张,也许是还没准备好辩词,但其敢于说"不"的胆识,已是幼儿一个很大的进步。

紧接着男孩A说:"那都是装的,那都是假的。"

男孩C又举手道:"那些个动画片都是画的。"

L老师:"那都是假的,那你们怎么还那么愿意看呢?你们愿不愿意看真的呀?"

女孩C:"老师,我看过公主安娜演戏,就是真人假扮的。"

L老师:"他们有魔法吗?"

女孩C回答:"没有,那个蓝色的机器把那个公主打死了。"

L老师:"那这是魔法吗?"

女孩C:"不是,是机器。"

L老师:"那机器有没有魔法?"女孩C摇头表示没有。

这时男孩B说:"老师,机器有魔法,就是一摁,机器'嘎'一下子就动起来了。"

幼儿都好奇于飞机的穿越、小鸟的翱翔,根据"内模仿"理论,幼儿通过"骑扫把跑"模仿有魔法的"飞",扩展了身体的体验,感受到身体的某种力量和人类使用自然创造奇迹的能力,理解人类开拓性的神奇。正是这种借用生活实物模拟幻象的游戏形式,在其后的哲学对话环节中,使幼儿更加体验到自己与他人、与社会、与自然、与好奇世界的连接,从而获得一定的自我认知、社会认知,甚至是宇宙认知。

L老师:"那你们说什么是科学呀?"

L老师的话音还没落,男孩C就举手喊道:"啊!妈妈,不是,老师,就是,科学就是,那个机器一摁,就这样上来(同时还用手比画着),然后就飞了。"

L老师:"那这个是真的,还是假的?"男孩C回答"假的"。

L老师:"魔法是真的还是假的?"男孩C回答"假的"。

L老师:"那你刚才说的那个机器是真的还是假的?"这时一个临时加入的中班男孩突然回答道:"是真的!"

这时男孩C也说:"老师,就是机器能动是真的。"

L老师:"机器能动是真的,那这是魔法还是科学?"

男孩C:"是科学。"

L老师:"那什么是科学呢?"

男孩C:"老师,做的实验是科学。"

男孩B:"就是研究什么东西的,研究比较神奇的就是科学。"

"内模仿"的模仿不仅是外在形式、身体动作的模仿,它更强调心灵模仿,身未动、心却已神往的隐性模仿。幼儿一会儿模仿魔法,一会儿模仿科学,就在这懵懵懂懂之间,当正向的模仿在逐渐泛化的过程中,大量潜在学习随之发生。没有人愿意去重新学习已知或已会的东西,学习的发生需接触未知或一知半解的刺激物,而未知或一知半解的刺激物便是幼儿"内模仿"螺旋式升华的根本诱因。

男孩C又说:"老师,机器是铁的,很容易被吸铁锤吸到,然后它就很神奇。因为我感觉它本来就是铁做的,通过它的名儿就知道。"

L老师:"那这是一种魔法呀,还是科学呢?"

男孩B立即大声回答道:"科学!"

L老师:"那你们说说科学和魔法到底有什么区别呀?"

只见男孩C立即举手回答:"老师我知道,就是今天玩的扫把(有点迟疑),扫把不是铁的呀!(L老师说'那个把儿是铁的')老师我知道,今天讨论的就是科学和魔法有啥不一样啊(L老师说'对啊'),科学就是能用眼睛看,魔法不用眼睛看。"

L老师追问:"那你们看的那个《巴啦啦小魔仙》里面的魔法,你们不是用眼睛看到的吗?"

男孩C:"看电视不用手,但是做实验得用手。"

手、眼在动作模仿中产生身体上的微妙变化,和思考的内容无关,但影响人类的思考。正因为与思考的内容无关,往往人们注意不到它会影响人类的思考。"内模仿"过程也是一个想象的过程,思考受想象影响,同时又高于想象。孩子们由手、眼的想象到魔法、科学的思考,充分展现了"内模仿"价值升华的过程。

L老师说:"用手操作的这个是真的科学,你是这个意思吗?"男孩C回答:"是,就是魔法不用手,实验得用手。"

L老师说:"其他小朋友觉得他说得对不对,有没有不同的观点?"

这时男孩B举手说:"老师,我感觉实验也用眼睛看,也用手。"

男孩C这时又说:"我还有个观点,用魔法用眼睛,不用那两只手,要是科学的话,就得用眼睛和手啦!这两个都得用到。"

L老师:"你们的意思是说,科学不仅用眼睛看,还得用手操作,而魔法只能用眼睛看，用手摸只能摸到电视。（女孩C边说'对'表示赞成，边用双手来摸老师的手。）那你们说科学是真的还是假的？（大家都说是真的。）那魔法是真的还是假的？（大家都回答是假的。）"

"骑扫把跑"模仿有魔法的"飞"，正如原始打马球，感受的是骑在马背上驰骋疆场的快感。幼儿在哲学对话中，再一次重温打马球游戏所带给他们的欢乐与思考，这快感体验让孩子们的思维愈发地活跃与机敏。由魔法想到科学，将科学与魔法的能量进行了深入的分析与对比。魔法虽然是假的，但幼儿在游戏激烈的对抗中、在对话思想的碰撞与激荡中，体验到模仿后产生的"魔力"，感悟到人类的双手依然能够创造"魔幻世界"，孩子们喜爱的"魔幻世界"在现代社会中，可以在电视中用眼睛看到，这本身就是科学的运用。幼儿就在这种亦真亦幻的猜想与推测当中，追求更卓越的智慧。

三、基于民间传统游戏的幼儿哲学教学互动策略

幼儿哲学的教学范式是在探究共同体中进行哲学对话来得以实现，对话是一种形式，而对话的成功与否取决于教师与幼儿、幼儿与幼儿、幼儿与刺激物的互动效果。更确切地说，主要取决于教师在幼儿哲学教学实践进程中的互动策略。几乎所有的教学示范课都可以提前预演，重新再来。但唯有幼儿哲学教学活动同样的内容、同时间段内只能上一次，幼儿并不会陪你重新再来。老师永远无法完全预料孩子会问什么样的问题，更永远无法完全预知孩子会怎样回答。因此，幼儿哲学课的实施是一门遗憾的艺术，在幼儿哲学课教师与幼儿、幼儿与幼儿、幼儿与刺激物的互动之间，充满挑战的同时也带来无限的刺激和享受。教师要不断地积累、总结、提炼教育教学经验与策略，才能在幼儿哲学教学互动实践中以不变应万变。

（一）摒弃成人视角目标，促进幼儿学习改变

本研究之初，在调动其他教师开展幼儿哲学教学活动时，老师们总是有为难情绪。仔细探察发现，她们不是认为儿童哲学课不好，最大的心理障碍就是担心自己和幼儿之间探究的问题不是哲学问题，也担心自己费了半天工夫，却没有教给孩子们能让家长看得见的知识。教育改革的大旗已经举了多年，各种教育理念也层出不穷。对于知识学习与能力学习的争论从未停止，且有愈演愈烈之势。教育，难道只能从幼儿时期起，就偏激地滑向知识学习与能力学习的哪一端吗？难道哲学仅仅是成人眼中那只能在学院中考究的学问吗？从哲学辩证观角度上讲，是不应该的，从幼儿科学发展来看，更是脱离幼儿现实科学发展的目标。

1.摒弃两个成人视角目标

幼儿哲学探究活动，要摒弃两个成人视角目标：一是非成人所谓哲学问题探究不可的目标；二是非知识性学习不可的成人视角目标。

在IAPC的儿童哲学探究群体评价表中，包括四类问题条目：认知功效、社会品德、探究成效、教与学的反思。从评价表中可以看出，并没有关于探究的问题是否为哲学问题的评价内容。在本研究的幼儿哲学教学活动中，幼儿游戏经历的过程与体悟，其目的是通向游戏精神内核本身表征的思想，幼儿过往的见识与经验全部服务于基于当前民间传

统游戏的哲学解读活动。幼儿的哲学思想辽阔而神秘,甚至深邃而莫测。随着哲学探究互动的展开,话题经常在不知不觉中游移至主题之外或相关主题之中。此时的游戏和探究主题,或多或少地成为一个开启对话与思考的引子材料。那么,此时此刻对话更重要的目的取向在于探究者自己对文本引出的某一兴趣话题进行的深入思考,并自觉地整理自己过往的学识和生活经验,将刚体验到的游戏精神也作为引证纳入经验之中,从而让自己对这一探究主题的认识有所推进和更新。因此,幼儿哲学探究的互动过程是否为哲学对话互动过程,主要在于其是否具有思考的自觉。从人类哲学史而言,学科之母的哲学作为整体的世界观和方法论,蕴含着各门学科发生的源头,并伴随着社会和各门类具体科学发展进程而更新变化。[①] 可见,幼儿哲学探究的问题是否为哲学问题的问题,也是常谈常新,通常是没有明确答案和没有明确界限的问题。

  教育,到底是培养人的教育,还是培养机器的教育？当然是培养人的教育,答案毋庸置疑。但成人在面对幼儿的"为什么"时,总是以成人的学科知识问题视角来看待。例如幼儿问:"天为什么是蓝色的？"家长总是会想方设法,寻求标准答案。然而孩子无法理解标准答案,即便大致明白,成人也总是会叮嘱一句:"记住了吗？"乏味又无趣的过程,并不是幼儿好奇的天性旨归。孩子关心的不是已经被科学家所证实的"天是蓝色"之成因,或许是幼儿对人类已确证科学知识的怀疑与批判,对"天是蓝色"之意义价值的追问与反思。这并不是说知识性学习就不要了,人看待问题不能从一个极端又矫枉过正地滑向另一个极端,而是要在原来识记性目标观念基础上做出纠正。知识是死的,思考是活的,要让知识灵动起来,通过思考生成新的知识,如此往复良性循环,才能让知识为生活向上而服务。做到在知识性学习后要延伸、要扩展、要追踪、要溯源,今日所学与过去意义何在？与未来价值何在？与人生意义何在？与社会价值何在？与天地意义何在？与生命价值何在？与国家意义何在？与个人价值何在？"原来有时候,我们可能遵守了一些规则,但并不知道为什么要遵守;原来有时候,我们对学习感到厌倦,懂得了存在的意义和价值,学习就有意思多了;原来有时候,我们那么讨厌一个人,反思一下人活着是为什么,一切就都变得可爱了;原来有时候,我们想一想背后的理由,原本不开心的事情,也可能就没那么让人难过了。"幼儿教育实践中,有了幼儿哲学教育活动的实质性加入,一定会促进、加快幼儿教育合理化发展的进程,从真正意义上实现教育培养人的目标。

  2. 成就幼儿学习"两个改变"

  "两个改变",首先要改变的是知识无用论或知识不重要的论调。还要改变的是知识决定论和知识过于重要的论调。自我发展才是更有价值的智力发展,而幼儿哲学教育正是在所有文化之巅,从最基部培养人的大智慧,以期使人能够进行自我教育、自我发展的教育。人从一出生开始就在不断的惊奇中成长,体验发现的乐趣,幼儿必须成长,也必须发现。知识与发现,或者说知识与思考是怎样的关系？如本研究中基于"翻绳"游戏的幼儿哲学教学活动(准备工作与游戏过程见附录4—4):

  [①] 古秀蓉. 聚焦原生于儿童的哲学问题:P4C探究评价的主题维度[C]//东北师范大学. 第三届全国儿童哲学与率性教育高峰论坛 儿童经验、思维与有过程的教学论文集. 长春:东北师范大学,2017:39-45.

L老师:"你们说这个绳子有什么用途呢?"

男孩C:"绳子可以飞檐走壁!用绳子拴住这儿和那儿。"

女孩C:"我在电视上看见有的小朋友用绳子把别人的腿和自己的腿绑在一块儿跑。"

男孩A:"别人挖一个坑,有人不小心掉进去之后,就能用绳子拉他上来。"

男孩C:"解放军打仗,有那种脚踩下去再抬起来就炸死的炸弹,就得用绳子。"

男孩D:"可以把绳子绑在这边和那边,然后这样(双手抱拳做滑翔动作)。"

男孩C:"冬天有雪橇,用绳子拴在一头,这样……(做牵雪橇动作)"

男孩A:"还可以拔河。"

这时女孩B和女孩C互相扯着手拔来拔去,嘴里还唱着:"拔呀拔,拔萝卜……"

男孩C:"绳子还可以当假发。还可以把绳子系在萝卜上,然后拔呀拔,就能拔出来了,但是不能系在叶子上,一系在叶子上就两半了。"

提问—思考—回答—致用—提问,智力提升的过程是一个循环往复的过程。表现为人对世界的观点不仅能够解释世界,而且表现为是一种用自己的创造力来证明、确立知识的志向。① 只有把知识看作是发展认识力、创造力的思考手段时,知识的价值才得以实现。幼儿之于绳子用途的丰富把握,是知识生命力的体现。

L老师:"小朋友们都知道绳子有很多的用途,刚才有的小朋友说绳子可以用来救人。你们觉得行不行?"

男孩E:"不行,不结实,得用粗的绳子。"

L老师:"那怎样能把绳子变粗呢?"

男孩C:"用很多小绳子。"

男孩A:"用很多小绳子卷在一起,力量就大了,而且用剪刀剪也剪不动。"

L老师:"很多根小绳子在一块儿这样散着行不行?"

小朋友们都说:"不行,得合一起,绑在一起。"

男孩C:"还有一个更厉害的绳子,比如说钢铁绳子。"

孩子们列举了很多绳子的用途,这些想法都来自他们过往的经验积累和常识记忆。怀特海在《教育的目的》一书中开篇即写道:"文化是思想活动,是对美和高尚情感的接受。支离破碎的信息或知识与文化毫不相干。一个人仅仅见多识广,他不过是这个世界上最无用而令人生厌的人,我们要造就的是既有文化又掌握专门知识的人才。"由此,在

---

① 苏霍姆林斯基.给教师的建议[M].杜殿坤,编译.2版.北京:教育科学出版社,1984:119.

下面的对话互动中,着力进行的就是在幼儿原有知识与信息的前提下,而启动的对美和高尚情感接受的文化思想活动。

  L老师:"看来这绳子也像'拔萝卜'似的,一个人拔不动,大家一起拔就能拔动了,这就是团结的作用。什么是团结呀?"
  男孩C:"大家一起的力量就更大了。"
  男孩E:"老师,我们在后院,有人偷袭我们,我和男孩C,我们(男孩A这时搂住男孩E,嘴上说:'一起打败他们,他们攻击我们,我们就躲,躲。')打败他们。"
  L老师:"团结起来有力量,但团结起来打人可不可以?"
  女孩们都说:"不可以。"
  L老师问男孩E、男孩A:"你们是打架哪还是做游戏哪?"女孩A在一旁说"做游戏",但男孩A还是说:"给他们打晕了,把他们脸蛋子打红了,他们先整我们的,我们才打他们的。"
  男孩C:"老师,就是鞋带子松了,可以用绳子系上去。"
  L老师:"团结是好的,但团结起来打人要分什么情况。"
  L老师的话音还未落,这时男孩C举手说:"老师,团结起来打人不好,团结起来帮助人才好。"
  L老师:"对!团结起来打人要看打什么人,打好人行不行?(小朋友都说'不行'。)打小朋友行不行?(小朋友都说'不行',男孩C说'得打小偷'。),打你们的伙伴行不行?(小朋友都说'不行'。)"
  男孩A急得跑到L老师身边一边比画一边说:"要是小偷来了,我就这样先给他一个大嘴巴子。"
  男孩A:"我长大了学功夫打死小偷。"
  L老师:"啊,那也不能打死,你这样惩恶扬善的精神是好的,制服他就行了。然后有警察叔叔,有公安机关来处理他们。"
  女孩C:"可以用绳子把小偷绑起来。"
  男孩E:"先把小偷打晕了,然后用绳子绑上,然后再找警察。"

  儿童哲学一直强调没有标准问题答案,但并不是说不给孩子任何道德、伦理观念的指引,也不是说要偏执地对孩子的任何论调都给予支持。教师面对人、事、物时的客观、公正,也是幼儿不走极端、端正思想的效仿榜样。

  L老师:"我们都知道绳子有那么多的用途,绳子还有一个用途就是可以用来做游戏。今天我们就来玩一个翻绳的游戏。"

  接下来,L老师和另一位教师先为小朋友们演示了好多种翻绳的花样,如花手绢、面条、马槽等等。惹得小朋友们迫不及待地参与到游戏当中。于是L老师和另一位教师配合着带领小朋友们学习了翻绳花样中的两种。

　　当小朋友翻出了花手绢时，L老师问："看到这纵横交错的绳，你们能想到什么？"
　　男孩E："停车。"
　　L老师："为什么是停车？"
　　男孩E："过不去了。"
　　男孩A："就像路一样。"
　　L老师："那车停下了，这条路过不去了怎么办？"
　　男孩C："绕过去。"
　　L老师："绕道走也一样能过去，是吗？（小朋友们说'对'）就像这根绳子一样，现在是纵横交错的，还能变换，打开来是一个圈儿。"

"条条大路通罗马"被喻为：达到同一目的可以有多种不同的方法和途径。与汉语中的"殊途同归""水流千里归大海"相似。知识是思考的前提，也是思考的结果，是思考的工具，也是思考的沃土。幼儿活学活用的能力远不是成人所能想象的，但持久又善意的保护需要教育者思想与实践的双重努力。

　　女孩C："L老师你去过北京吗？（L老师回答'去过'。）你去过上海吗？（L老师回答'去过'。）我也去过，我还去过迪士尼。"
　　L老师："路能带我们去我们想去的地方。纵横交错的绳子还能让你们想到什么？"
　　男孩C："互联网。"
　　L老师："互联网是什么？"
　　男孩C："互联网能联通世界。"
　　L老师："为什么要联通世界？互联网有什么用？"
　　男孩C："互联网有很多东西可以卖，可是那边的人头都是长方形的。就是你想要什么东西，就可以买什么东西。原来有那个破坏大王游戏，现在没有了。"
　　L老师："你是觉得翻绳翻出的花样像网是吗？那网有什么用？"
　　男孩C："能接东西，能抓人，还可以不让那个羊跑到外面去。"
　　L老师："互联网和绳子编的网一样吗？"
　　男孩C："不一样，互联网那个不是网络。"

幼儿从游戏中编出的各种花样联想到了网，又由绳编的网联想到了互联网。互联网对于幼儿来讲，并不像绳编的网那样是可以用眼睛看得见的东西，但幼儿能够透过实物去联想到虚拟的空间，进行概念的互换与联结。可见知识有用，但不能唯知识有用，要活学活用，才是真正的有用。

(二)积极改善提问,利用两个时间

与幼儿进行哲学教学互动过程中,当主题内容已经确立,接下来最难、最重要的环节就是提问。面向幼儿的生活背景经验、幼儿的接受能力,如何有效地提问、如何艺术地提问、如何恰当地提问才是从真正意义上珍惜幼儿哲学天性的切实表现。下文将从积极改善提问和利用两个时间两方面进行阐述,其中积极改善提问包括改善教师提问和幼儿提问两个层面;利用两个时间指的是利用互动过程中的等待时间和即刻时间。

1. 积极改善提问技能

教师向幼儿提问,如果问的问题水平低,就会得到一个水平低的回答;如果问的问题水平高,那么相对就会得到一个水平较高的回答。同时幼儿总是处在高水平互动对话、高水平思想交流的环境里,幼儿的提问水平也必然会改善提高。幼儿哲学教学互动过程中提问技能的改善,可以通过一些实用的策略来得以实现。

(1)教师陈述替代提问。

刺激幼儿反应、引发幼儿思考的方法不只是提问,还可以采用提问的替代方式——陈述。陈述是一种潜在的提问,是一种隐性的提问。例如教师B开展的基于老鹰捉小鸡游戏的幼儿哲学教学活动摘录:

游戏时间:2019年6月28日9:40
游戏地点:A园操场
对话时间:2019年6月28日10:10
对话地点:A园山竹班教室
教师B:"男孩A和男孩E你们两个老鹰当得成不成功?"
男孩A和男孩E点头说:"成功!"
教师B:"那我也觉得挺成功。"
男孩B:"他们真的不成功。"
教师B:"为什么你觉得不成功?"
男孩B:"因为他们太直接了,直接就扑上去了!"
教师B:"那当老鹰的不就应该这样扑上去嘛!"
男孩B:"应该是抓、抱。"
教师B:"老鹰的责任是什么呀?"
女孩C:"抓小鸡。"
教师B:"那他们不是抓到了嘛!"
女孩C:"可是我受伤了呀!"

教师B在这里用了"那我也觉得挺成功""那当老鹰的不就应该这样扑上去嘛""那他们不是抓到了嘛"三句似乎为男孩A和男孩E辩护的陈述,激发了男孩B和女孩C的抗议,这种陈述为后续的提问和讨论提供了原始材料。

(2)培养批判性思考。

教师在互动过程中,可以采用对比、质疑等方式培养幼儿的批判性思考。接续上文

教师 B 开展的基于老鹰捉小鸡游戏的幼儿哲学教学活动摘录：

> 教师 B："受伤了，那是谁的责任呢？谁保护你们？"
> 女孩 C："妈妈。"
> 教师 B："妈妈呢？"
> 女孩 C："妈妈跑了。"
> 教师 B："对呀！妈妈跑了，所以失败了！这个时候，是不是妈妈的问题？"
> 男孩 B 对男孩 E 说："你失败了，我也失败了。"
> 教师 B："你们做妈妈的出现了什么问题？"
> 女孩 C："他没保护我，我得去抓他。"
> 教师 B："咱们探讨一下，如果你是鸡妈妈，你怎么样才能不被老鹰抓到？游戏一开始，鸡妈妈先跑了，那小鸡在后面不一抓一个准嘛！所以咱们好好研究一下，怎么才能不被老鹰抓到？"
> 女孩 C 走到男孩 B 面前，单手掐着腰问道："鸡妈妈，我想问问你，你先跑了，那老鹰不抓我们吗？"
> 男孩 B："老师，我应该跑得慢点儿，他们才能跟上。"

教师在此通过质疑鸡妈妈的做法，和小朋友们分析小鸡受伤结果产生的原因来培养幼儿的批判性思考能力。有时不一定高水平的提问就一定能得到高水平的回答，但却可以打开幼儿批判性思考的大门。

（3）及时提示思考。

当教师抛出一个问题，经常会遇到幼儿不回答或答非所问的情况，此时教师需要通过及时提示的方式帮助幼儿思考。教师可以以进一步澄清问题的方式，也可以就问题关键点给予提示的方式诱导幼儿回答问题。接续上文教师 B 开展的基于老鹰捉小鸡游戏的幼儿哲学教学活动摘录：

> 教师 B："你慢点儿跑，让小鸡能跟上你的速度，这是一个，那还有没有别的办法呢？"
> 男孩 B："我再掉个弯儿再跑。"
> 教师 B："你还是跑！"
> 男孩 B："嗯，我慢点掉个弯儿再跑。"
> 教师 B："我再问一句，那鸡妈妈的责任是什么呀？"
> 男孩 B："保护小鸡！"
> 教师 B："那你都跑了，你还保护什么呀？"
> 男孩 B："我慢点儿跑啊！"

教师 B 考虑到现代幼儿一般是没有养育小鸡的经验的，所以提示说："鸡妈妈不得想办法怎么保护吗？那你可以跟老鹰……（教师边说边张开双臂扇动着来演示阻挡老鹰进攻同时保护小鸡的动作）"同时还补充问道："这个（演示的动作）是什么呀？"

男孩B："飞呀！"
教师B："飞？这不是轰小鸡吗？"
男孩B："轰？老师，我以前没听说过'轰'。"

果真不出教师所料，"轰"小鸡对于现代幼儿来说，太过于陌生了。教师B此时不仅及时提示思考，也积极与幼儿互动来丰富幼儿的游戏体验。

教师B："就是往外赶小鸡，老师现在教你。"
女孩C："老师，要不你当老鹰，咱们比画一下子！"说完，孩子们就站起身来，和老师一起比画上了轰小鸡的动作。

当孩子们没有想到另外的办法时，教师B通过反复澄清鸡妈妈的责任问题来帮助幼儿思考。运用"那你都跑了，你还保护什么呀？""鸡妈妈不得想办法怎么保护吗？"等提示要点，还有模拟动作来提醒幼儿思考。也正是在一次次的提醒当中，鼓励幼儿逐步地去补充一个不完整的回答或修改欠缺考虑的回答。

（4）会聚提问与发散提问。

会聚提问和发散提问是相反的两个提问策略，也是幼儿哲学教学活动中使用最多的提问策略。会聚提问是一个范围比较小的提问，通常在对话之初，用来鼓励幼儿将回答集中在一个中心主题上。也常常是在经过一系列的分析与推理之后，为得出结论而设计的提问。发散提问不是为寻找一个焦点，而是要拓展幼儿的思考空间，诱导幼儿进行更高水平的思考和给出多样的回答结果。接续上文教师B开展的基于老鹰捉小鸡游戏的幼儿哲学教学活动摘录：教师B扮演鸡妈妈，男孩A扮演老鹰，教师B带领着小鸡们成功地演示了一次如何阻挡老鹰侵扰，用双臂主动出击保护小鸡的过程。一边演示还一边用语言指导着幼儿。

教师B："在做这个游戏前，你得琢磨你是干什么的，你的角色是什么，有什么任务，然后你怎么完成这个任务。咱们不能一个劲儿地疯跑啊！一会儿碰着这儿了，一会儿磕着那儿了！"（会聚提问）
女孩C："老师，那咱们想一个，咱们就做一个，看看这个合不合适，鸡妈妈！"说着，小朋友们就搬起椅子都来到了老师跟前，紧贴着老师坐了下来。
教师B又接着问道："刚才我们讨论了鸡妈妈怎么做，那现在我们来讨论一下老鹰怎样能抓住小鸡？"（发散提问）
男孩A："追！"
教师B："那要是遇到体格比较壮的鸡妈妈，用手一直这么挡着你，怎么办？"
男孩B："我知道，我就躲在小鸡后面，趁它不注意抓住它。"
教师B："假如我是鸡妈妈，我身后有好多小鸡，你说是我身后的这个小鸡好抓,还是最尾巴的那个小鸡好抓?"
男孩 B:"最尾巴的那个!"
教师 B:"为什么?"
男孩 B:"因为他在最后面。"
女孩 C:"没有守护。"
教师 B:"你们有没有办法把鸡妈妈身后这只小鸡抓住?"

孩子们有的说"我知道,一下子跑到鸡妈妈身后去",有的说"有两只老鹰,一只偷偷地跑到鸡妈妈后面去",有的说"一只老鹰,在这个口底下逃过去"。教师 B 首先用会聚提问的方式将孩子们聚焦到抓身后小鸡的事上,并鼓励幼儿发散思维,思考抓住身后小鸡的办法,孩子们思维都开始活跃起来,说了好几种方式。接下来,教师 B 又用会聚提问的方式,引导幼儿聚焦于事实或细节的要点之上。

教师 B:"这是个好办法,动脑筋了,可以从鸡妈妈张开的手臂下面去掏,(正说着,男孩 A 和男孩 E 就从老师的臂弯下钻了过去)不能只是跑。那小鸡应该做什么呢?"
男孩 D:"躲!"
男孩 B:"老师,我有个问题,老鹰就一个,那它的战友呢?"
教师 B:"不知道啊?"
男孩 B:"那飞上天啦?"
男孩 E:"老师,鸡妈妈把腿劈开,可以从底下钻过去。"
说着孩子们就起身开始操练起来各种抓、掏、钻、躲等游戏的战略。

发散提问引导出幼儿的创造性回答和新颖的解决问题方法,通过一些重塑幼儿行为的方式诱导幼儿进行了高水平的思考。不论幼儿的想法有多奇特,教师都要学会接受幼儿的各种回答,让所有幼儿感受到这是一个开放、包容、畅所欲言的课堂,知道自己可以大胆去思考,大胆去表达。

(5)支持互相提问。

传统课堂上,教师往往不知道如何帮助幼儿发问,大部分是不鼓励幼儿发问,甚至会因自己无法回答而迁怒于幼儿的提问。在幼儿哲学教学活动中,教师不仅要提问,还要鼓励幼儿向老师提问,向伙伴提问。当幼儿之间互相提问时,教师会从中发现引导思考的责任在不知不觉中迁移到了幼儿身上,这对实现幼儿哲学教学目标有着极大的益处。探究共同体的探究氛围,不仅仅由教师与幼儿的教学互动来塑造,更由幼儿与幼儿之间的互动提问来塑造。但如此高效的探究氛围的形成,取决于教师对幼儿情感和思考的支持程度。这就要求教师不仅要接纳幼儿的情感与观点,还要了解和理解幼儿的思想,注意保持自己眼神、行为、语言的一致支持表现,从真正意义上让幼儿体会到幼儿哲学教学活动中的归属感。

(6)"多样问"回答"多个问"。

教师、家长要珍爱幼儿的问题激情,珍惜幼儿的问题兴趣,珍视幼儿的问题邀请,珍存幼儿的问题思路。本研究中的21个孩子,每一个都是独立的个体,都有着自己的个性特征,但在一个方面是一致的,那就是在最亲近的人面前,都是个爱问问题的小孩。而且21位家长不约而同反映,幼儿到了五六岁这个年纪时,都比从前的问题多。而过了五六岁入小学后,问题就会逐渐减少,可以说五六岁是人一生中问问题最多的年龄阶段。儿童是天生的哲学家,五六岁幼儿是哲学家中的大家。例如男孩B曾告诉老师妈妈有小宝宝的事,老师没有问题意识,没有去进一步了解孩子的心理,比如孩子对于有个弟弟或妹妹的想法、观点、态度、意愿等,没有去关心幼儿为什么会认真地把这件事告诉老师。当今时代,正处在由独生子女向二孩、三孩过渡的时代,二孩对作为当事者的幼儿是非同小可的事。如果此时教师有意识去反问一下孩子的想法的话,一定会有所发现。幼儿的问题往往令大人们难以解答,一方面是真的不知道答案是什么;另一方面是知道答案却不知道以什么样的语言表述能够让幼儿听明白。面对此情此景,教师可以采取多种问来回应问题的方式以保护幼儿的提问兴趣,如设问、反问、追问、疑问等。大人们面对幼儿的"为什么"总是执着于"原因"性的解答,从而忽略了"目标"层面的意义。如小女儿曾经问"天空为什么是蓝色的?"这一问题,这时如果大人将阳光进入大气,波长短的紫、蓝、青色光,碰到大气分子、冰晶、水滴等时,很容易发生散射现象,被散射了的紫、蓝、青色光布满天空,使天空呈现一片蔚蓝的物理现象解释给孩子听,那孩子一定蒙了。当反问小女儿"你认为,天空为什么是蓝色的呢?",小女儿脱口而出:"我觉得是画的吧!你看天空多漂亮啊!哇!太美啦!"原来,在孩子的眼中,天空可以是为了美的目标才画成蓝色的,成人往往太过自以为是,总以为自己什么都懂,却看不到如此富有诗意的解释。

尊重与保护幼儿哲学天性绝不是喊口号,老师与家长空有一腔热情是不行的。要讲求问问题的艺术性,如教师A在谈到小朋友们关于"为什么喜欢自己的家"这个问题的回答情况时,认为只有男孩B能回答到"点儿"上,其他小朋友都只会顺着他的思路往下说。但其实在幼儿哲学课上,其他小朋友并不是没有自己的观点,而总是去顺着别人的思路回答。不仅如此,其他小朋友还经常提出非常独到、有创见的想法。仔细研究,是老师提问的技巧、提问的艺术性存在问题造成的幼儿摸不着头脑,理不出头绪。教师的提问不能仅仅是没有标准答案的开放性问题,还要具体地提,让幼儿有可操作性。例如问"为什么喜欢自己的家"。家是自然要爱的,难不成要教孩子不爱自己的家吗?所以无须问"为什么",可以问:"是什么让我们每一个人爱自己的家?哪些方面让我们爱自己的家?"正如怀特海在《教育的目的》一书中写道:"教育是教人们掌握如何运用知识的艺术,这是一种很难教授的艺术。我们是要与人的大脑而不是与僵死的物质打交道,要唤起学生的求知欲和判断力""人的大脑是一种工具,你首先要使它锋利,然后再使用它""人的大脑从来不是消极被动的,它处于一种永恒的活动中,精细而敏锐,接受外界的刺激,对刺激做出反应""不管学生对你的主题有什么兴趣,必须此刻就唤起它;不管你要加强学生什么样的能力,必须即刻就进行;不管你的教学给予精神生活什么潜在价值,你必须现在就展现它。这是教育的金科定律,也是一条很难遵守的规律。"①

幼儿教师是幼儿的第一任老师,幼儿阶段是幼儿行为习惯的养成阶段,幼儿会不由自主地模仿老师思考问题的方式方法。为帮助幼儿形成有效的提问技巧,教师本身要为幼儿示范有效的提问。教师通过一个问题的一般性问题转向一个具体的问题、从模糊性问题逐渐理出头绪的思路,将成为幼儿内模仿示范的榜样。本研究关于哲学对话活动的"脚手架":一是评估幼儿的知识、经验水平;二是关联幼儿已有的知识和能力;三是给出希望达成的成果榜样;四是将较大的成果分成小的、可达成的小任务,在过程中给予反馈;五是让幼儿用口头表达或绘画表达(有声思维或无声思维)展示自己的观点;六是运用幼儿可接受水平的"概念"引导帮助幼儿获得既定的知识与能力;七是经常让幼儿推测、预测接下来将会怎样;八是给幼儿充分的时间和机会探究更深刻的意义,说明与生活的关联等。

2.利用好两个时间

教师要想成为一个有效的提问者,不仅要能够提出高效、简明、清晰的问题,还要避免在互动过程中使用一些不良的口头语,同时还要利用好在幼儿哲学教学活动中典型的两个时间现象,即等待时间和即刻时间。

幼儿哲学教学活动中的等待时间有三种情况:一是教师提问和幼儿回答之间的等待时间;二是前一名幼儿回答后与下一名幼儿回答之间的等待时间;三是幼儿在回答问题过程中因语言发展水平差异而导致的表述不流畅、断断续续的间歇等待时间。很多教师在这种情况下,往往表现出不耐烦的情绪。教师要考虑到这是幼儿这一年龄段语言表达方面正常的现象,况且教师教学的目标之一就是培养幼儿的语言表达能力。因此,教师在具体实施教学互动过程中,要给予幼儿一定的等待时间,这既是对幼儿的尊重,也是实现幼儿哲学教学活动目标的必要策略。

幼儿哲学教学活动中的即刻时间,指的是当幼儿回答问题时,经常会出现大家争抢回答问题、即刻要表达的现象。面对这种情况,教师通常会提醒幼儿注意课堂纪律,遵守游戏规则,这种做法虽必要但不可过于强制和苛刻。教师过于强硬的打断会挫伤幼儿参与的积极性,阻断幼儿的智慧之源。有时也会听到小朋友抱怨"老师喜欢……""老师从来不叫我"的现象,当小朋友抢夺着回答问题时,教师往往会只选平时回答问题"在理"的幼儿来回答。这种负面的强化同样会极大地打击幼儿参与的乐趣,让其失去思考的兴趣。因此,教师也要珍惜幼儿哲学教学活动中的即刻时间,可以让小朋友们一个一个来回答,若参与的幼儿数量较少,不得已时可以允许幼儿"七嘴八舌",那么就需要教师认真倾听,或以回看录像的方式进行延迟理解和课后反思。

(三)避免旧习干扰视听,培养幼儿视听技巧

在幼儿哲学教学互动中,有效的提问不仅要依靠良好的策略,同时也需要良好的视听环境和适宜的视听技巧。如本研究中的基于编花篮游戏的幼儿哲学教学活动(附录4—5)进程中,教师细心经营,力图创造引人入胜的视听环境,培养幼儿和谐适宜的视听习惯。

---

① 怀特海.教育的目的[M].徐汝舟,译.2版.北京:生活·读书·新知三联书店,2014:8-9.

1. 避免旧习干扰视听效果

在幼儿哲学教学活动中,不仅要提升正面的教学行为水平,还要避免一些负面的教学行为影响教学活动的效果。例如,本研究中老师在进行探究活动时,经常会出现两种不良习惯而引起的负面教学行为:一种是重复问题与重复答案;另一种现象是自问自答。重复问题,指的是教师总是在提出一个问题后,又反复重复自己提出的问题,担心幼儿没有听清楚自己的问题。重复答案,指的是当幼儿给出一种回答后,或得出一个共性答案后,教师总是重复回答的内容或答案内容。这种不良的重复习惯会给幼儿养成不认真倾听老师问题的习惯,而且还容易给正在思考问题的幼儿带来视听干扰,使幼儿无法集中注意力去思考。自问自答的负面影响更大,有了教师的自问自答,久而久之,孩子们就可以不看、不听、不思考了,思维往往只能停留、固化在教师已经传递的思维僵团当中。

2. 培养幼儿适宜的视听技巧

培养幼儿适宜的视听技巧,可以从几个方面来进行:一是教师做一个认真视听的典范,如运用眼神交流、点头认可、身体前倾等方式表达教师对幼儿回答内容的兴趣。二是引导幼儿注意抓住问题中的关键词语而展开思考。三是空间距离上的亲近与时间等候上的沉默。教师可以走到幼儿面前,保持沉默注意倾听,让幼儿感受到关系的亲密和信赖。四是探究共同体可以在3~10人之间变化,但以6~8人为最佳。人数过多,反而会让幼儿间互动减少,中间会有人保持沉默或处于被动状态;人数过少,讨论中可分享的内容受限,难以激发共鸣与互动。

(四)正确处理跟随性表达,将幼儿模仿价值最大化

通过观察发现,幼儿在日常集体学习生活中,经常会出现一些跟随性行为。其行为有时表现在语言上,有时表现在动作上。这在幼儿哲学对话活动中也时有发生,这种现象也是一种幼儿间相互模仿的表现,教师要根据情况给予正确理解与引导。

1. 正确认识跟随现象

在哲学对话中,幼儿会经常出现跟随性表达现象。当一个问题抛出之后,其中一名幼儿说出一种观点或是一种现象的可能,总会有其他孩子也跟着回应"我也是,我也有"。作为幼儿哲学教师,面对在哲学对话中的这种普遍现象,要认真分析原因,给予正确的认识,从而进行有针对性的引导。通过对本研究幼儿哲学对话活动中幼儿跟随性表达现象的观察与分析,主要存在两种情况:一是幼儿对他人榜样言行的模仿,属于是为了模仿他人具有的优势而发生的跟随现象;另一种幼儿的表现是一种惰性思维作用的结果,幼儿懒得思考、懒得动脑筋,或者是根本没有任何想法的表现。如本研究中的基于扇啪唧游戏的幼儿哲学教学活动(准备工作与游戏过程见附录4—6):

  L老师:"今天啊,L老师先和大家一起来做玩具。"(制作过程略)叠好后,L老师向小朋友们演示了"扇啪唧"的玩法。讲完,小朋友们就热火朝天地玩了起来。小朋友们有的用手拍,有的用嘴吹,有的一个一个地玩儿,有的摞成一摞儿地玩儿,有的在地上玩儿,有的爬上桌子玩儿,玩儿得不亦乐乎!玩了一会儿后,L老师请小朋友们把啪唧先交给L老师。

  L老师:"现在请大家来看,我们把其中的一个啪唧拆开,撕下其中的一小

片儿,(边讲边操作)这一小片比这个啪唧轻还是重?(小朋友们说'轻'。)我们来扇一下,看看会怎样?"L老师一扇,小纸片儿就飞走了。L老师这时又拿来一本书,问小朋友们:"这本书和啪唧相比,哪个轻哪个重?(小朋友们说'书重'。)这个书我们能不能扇得动它?(小朋友们说'不能'。)"

L老师:"那我们分析一下,比啪唧轻的这个小纸片,一扇就怎么样?(小朋友们说'飞走了'。)那这本书呢,我们也扇不动它。那你们觉得是轻好,还是重好?重一点儿有用啊,还是轻一点儿有用啊?"小朋友们有说轻的,有说重的。

L老师:"可是轻一点儿的这个纸片扇不过去,这个重一些的也扇不过去呀!"

L老师在这一次的哲学活动中,选择了一个探究而又无明确答案的、假想而又真实的、挑衅而又不恭的问题,孩子们的回答果真既条理清晰又混沌模糊。为了避免幼儿再次出现跟随性表达,此时L老师运用了一种吉姆·敏斯泰尔称为"反思回弹"的支持策略,将问题反弹回给幼儿,增加幼儿新的思考维度,对先前的回答进行拓展。[①]

男孩C:"老师,我知道重有什么用,把很多瓶子放在顶上它还不倒,要是轻的话,它有时就会倒了。"

L老师:"你们说说轻和重的区别。"

男孩B:"我感觉轻就飘起来了,重就是一点儿都不动,气球能飞走(孩子想表达的是气球要有一点儿重量才能飞走。)。"

L老师再一次确认:"那是轻一点儿好呢,还是重一点儿好?"小朋友们又有的说重,有的说轻。于是L老师准备归类分组,请各组共同研讨,为自己的观点说明理由:"那说轻的举手,(女孩A、男孩C、男孩D、女孩C、女孩D举起了手)其他的几位小朋友就是赞成重好,对吗?(另外四个小朋友说'是')"。当L老师正要请女孩A说理由时,男孩C说:"我感觉重轻都好。"紧接着女孩A也说:"重轻都好。"

L老师追问:"为什么?"孩子们有的回答"轻的能飘,重的不能飘",有的回答"因为轻的可以吹动,重的不能吹动""重的能整坏很多东西",此时男孩C又强调说:"老师,我感觉重轻都好。"L老师见女孩D在专注地看着L老师,明白她有话想说,就特意请她来说。女孩D说:"因为轻的整不坏东西,重的能整坏东西。"男孩C又推翻了自己刚刚表达完的观点:"重的会破坏,轻的不会破坏。重的会惹麻烦,轻的不会。"于是L老师请他举例说明。

男孩C:"就是重的能破坏气球。"

---

① 荷烈治,哈尔德,卡拉汉,等.教学策略:有效教学指南[M].牛志奎,译.8版.北京:中国人民大学出版社,2010.

L老师特意把意思说反:"你的观点是重的比轻的好,是吗?"男孩C立即纠正,强调:"轻的比重的好。"L老师反问道:"刚才你不是说轻重都好吗?"经过L老师反复地帮孩子们梳理思路后,男孩C终于明确阐明观点,并陈述理由。

男孩C:"我现在不觉得了,因为重只有一种挺好,轻不管哪个都挺好。"
L老师:"那我们请赞成重好的小朋友说说自己的观点。"
男孩E:"不能破坏坏的东西(孩子想表达的是重不能让已经坏了的东西坏得更严重,所以重是好的。)。"
L老师:"现在是认为轻好的小朋友多,认为重好的小朋友能不能再说说,反驳他们的观点。"
男孩A:"那我也选轻吧!"
紧跟着男孩B也说:"那我也选轻吧!"
男孩C:"把好多气球都绑在身上就能飞。"
L老师:"那你们是因为想飞才选轻的吗?"小朋友们都说"对"。

关于轻与重问题的讨论进行到这里,有几位小朋友多次出现了倒戈、从众心理,跟随其他小朋友的观点说"那我也选轻吧"的情况。能感受到"那我也选轻吧"的语气中夹带着一种无奈,他们并不是从心底里认为另一方说得有道理,只是经验有限,实在想不出反驳的理由与依据。更何况他们和其他小朋友一样,都梦想可以飞,所以选择跟随别人的想法也不失为一个较好的选择。面对这种情况,幼儿哲学教师要积极创造思考空间,从现象入手给予幼儿一些思考上的提示和指引,尽量避免这种负面强化作用的跟随性表达。

2.积极发挥正向模仿价值

幼儿的跟随性表达,当遇到道德规范、人格养成等有关问题时,教师可以认同幼儿的这种基于榜样模仿、正能量思维的跟随性表达。金岳霖教授在一篇未发表的论文中说:"中国哲学家,在不同程度上都是苏格拉底,因为他把伦理、哲学、反思和知识都融合在一起了。就哲学家来说,知识和品德是不可分的,哲学要求信奉它的人以生命去实践这个哲学,哲学家只是载道的人而已,按照所信奉的哲学信念去生活,乃是他的哲学的一部分。哲学家终身持久不懈地操练自己,生活在哲学体验之中,超越了自私和自我中心,以求与天合一。十分清楚,这种心灵的操练一刻也不能停止,因为一旦停止,自我就会抬头,内心的宇宙意识就将丧失。因此,从认识角度说,哲学家永远处于追求之中;从实践角度说,他永远在行动或将要行动。这些都是不可分割的。在哲学家身上就体现着'哲学家'这个词本来含有的智慧和爱的综合。他像苏格拉底一样,不是按上下班时间来考虑哲学问题;他也不是尘封的、陈腐的哲学家,把自己关在书斋里、坐在椅中,而置身于人生的边缘。对他来说,哲学不是仅供人们去认识的一套思维模式,而是哲学家自己据以行动的内在规范。"①金岳霖教授的这段描述恰是对幼儿哲学家的最好诠释。幼儿是世界上最能够正确认知自己无知的群体,他们不断地问"为什么",领域涉及道德、伦理、科学等等,无所不包。更重要的是,他们不仅要知道,更要虔诚地、不懈地操练自己,如金教授所言,孩子始终超越自私和自我中心,生活在哲学体验之中。恐怕世界上,没有哪一个人类群体能够像幼儿这样,"永远处于追求之中""永远在行动或将要行动"。也正因此,对于幼儿的榜样模仿、正能量思维的跟随性表达,应给予正面的肯定。

当探究问题不涉及道德、伦理层面,教师面对幼儿的跟随性表达,应积极创设思考空间,引导幼儿的开放性思考、发散性思考、反思性思考,或沿着幼儿的跟随性表达继续进行深入的跟随性思考;或把握时机另辟切入点,通过更加富于创见性的思考,将其他幼儿导向更有价值、更加丰富的跟随性表达和思考,将幼儿善于模仿的天性发挥良性循环,让幼儿模仿的价值最大化。接续上文 L 老师开展的基于扇啪唧游戏的哲学教学活动摘录:

L 老师:"那现在你们的观点都统一了,都说轻好,L 老师现在想给你们讲一个故事,你们想不想听?"小朋友们热情高涨起来。

L 老师:"有两头骆驼,一头驮着木头,一头驮着棉花。驮棉花的骆驼总是嘲笑驮木头的:'你看你驮着那么重的东西,简直是自讨苦吃,看你累得那个样子,真难看!(小朋友们哈哈大笑)哪像我,到什么样的路上都能健步如飞!'驮木头的骆驼什么也不说。这时,一条河流出现在它们面前。驮棉花的骆驼一个箭步就冲下水去。然后,你们猜结果怎么样了呢?"

男孩 B:"它沉,那个棉花会吸水,它沉得就起不来了。"

L 老师:"驮棉花的骆驼刚想自夸几句,就感到身子在往下沉,原来它身上的棉花吸饱了水分,变得越来越重。它越挣扎,身上的棉花越重,眼看就要沉入河底。"

男孩 C:"由轻到重。"

L 老师:"而那个驮木头的骆驼一看情况,立即放下自己身上的木头,到河里使尽全身力气把驮棉花的骆驼救回了岸。"

男孩 C:"老师,那个驮木头的骆驼祥子不难看,那驮棉花的骆驼祥子才难看。"

L 老师继续把故事讲完:"后来呀,驮木头的骆驼原本沉重的木头进入水里就产生了浮力,它没费多大力气就和驮棉花的骆驼一起渡到了对岸。"之后 L 老师继续追问轻与重的问题。

小朋友们现在又开始争辩起来,有的说重好,有的说轻好,但说重的小朋友比从前多了。

男孩 C:"老师,我感觉不轻不重都挺好。"

L 老师:"不轻不重,那你们看看我们今天玩的扇啪唧游戏中,这个啪唧是

---

① 冯友兰.中国哲学简史[M].赵复三,译.北京:新星出版社,2017:11.

不是属于不轻不重的情况？"

男孩C："正好！"

接下来，小朋友们又自然而然地投入到了扇啪唧的游戏当中。

本次幼儿哲学教学活动中，关于轻与重的探讨，其实是中国哲学中关于"中"的哲学问题，"中"即为恰如其分，恰到好处。男孩C本来早早就提出轻重都好，L老师给了他几次机会让他说明原因，但男孩C都没能说出理由。随着探究的深入，男孩C用了"不轻不重""正好"两个词，恰如其分地表达了自己的观点。幼儿在争辩与探究的过程中，逐渐领悟，和谐需要一个条件，就是：各种不同成分之间，要有适当的比例，即要"中"，"中"既而达成"和"。"和"是一个有组织的集体当中，有各种不同才能、各种不同优势与劣势的人，各自有各自的角色，各自完成不同的使命，才是一个理想的集体，和谐的一体。①

（五）把握规训与自由中控线，培养幼儿自我教育

幼儿哲学教育是将他人被动教育转变为幼儿自我教育的过程。在这一过程中，其中一个目标就是要实现由他律转变为自律。

1. 规训与自由和谐相处

自律与自由是相辅相成的，传统教育最为普遍的就是教师、家长他律中那坚不可摧的规训教育，严重者丝毫没有自由可言，没有自由何谈自律呢？所以才会出现小时候不让他随地扔垃圾，他就不随地扔垃圾；长大了别人随地扔垃圾，他也随地扔垃圾的怪象。为什么传统文化留给后人的几千年的仁、义、礼、智、信却传承得不好呢？只有规训，缺少游戏，没有自由，更谈不上自律。当然这更不是不要规训，正如康德所说，所谓自由，不是随心所欲，而是自我主宰。规训与自由是为了人类和谐中的有序和有序的和谐。基于民间传统游戏的幼儿哲学教学活动进程顺利的要素之一，就是要把握规训与自由的中控线。在中控线的线上有游戏规则、对话规则、安全须知等，在中控线的线下有游戏自由、表达自由、自我保护等，教师要恰到好处地把握规训与自由的界线，让规训与自由和谐相处，使幼儿的身心在一定的自由空间内健康成长。

2. 帮助幼儿实现自我教育

金生鈜在《规训与教化》一书中谈道："现代教育中教化的隐退和规训的在场，形成了教育对人的新的控制，这种控制导致人的新的奴隶化状态，这意味着教育对人的职能化与工具化，也意味着教育越来越成为一种异化人的实现外在目的的工具。现代教育失去了精神的培育性，越来越成为一种处置人、算计人的手段，它只是造就人的物性、扩张人作为物和工具的性能，使人更多地物性地面对世界，技术性地对待、处理生活和生活世界。"②现代很多幼儿园虽然高举"一切为了孩子、为了孩子的一切"的口号，但实际上并没有从真正意义上去尊重幼儿的天性。而是依旧为了工作上的便利，为了方便带孩子、少让孩子惹是生非，每天让幼儿在强制高压的各种规矩下生活。口号与行动脱离，期望与

---

① 冯友兰.中国哲学简史[M].赵复三，译.北京：新星出版社，2017：209.
② 金生鈜.规训与教化[M].北京：教育科学出版社，2004：3.

实践背道而驰。这种严重现象的原因不仅来自于教育者、师者责任心的问题,也来自于教育者的业务素养问题。为此,本研究开展了基于"丢手绢"游戏的幼儿哲学教学活动,是一次探索自由与规训的幼儿哲学教学活动(准备工作与游戏过程见附录4—7):

  L老师:"刚才玩的这个游戏中,哪部分环节让你们印象深刻,觉得好玩儿?"
  男孩D和男孩B同时举起了手说:"我知道,我知道!"尤其是男孩B,本来是躺着的,一下子翻过身来看着老师。
  男孩D说:"跑的时候好玩儿!"
  男孩B:"我感觉追人的时候好玩儿!"
  女孩B也翻过身来说:"我也是!老师,我觉得那个人把那个手绢放在后边,追着他跑太好玩儿了!"
  男孩A:"我觉得都好玩儿!"其他小朋友也都翻过身来趴着,对着L老师说:"我也觉得是,我也觉得都好玩儿!"
  女孩C:"我觉得别人跑的时候,我追她,觉得特别刺激。"
  男孩E:"我觉得我跑,别人追着绕圈儿跑好玩儿。"
  L老师:"你们除了觉得这样你追我赶特别好玩儿之外,有没有什么其他的问题?"
  男孩B举手说:"L老师,我有一个问题,我们为什么要追人呢?"
  L老师:"是啊,我们为什么要追人呢?"
  男孩A:"因为别人跑得快,我们追不上他,所以我们就要跑。因为他先跑的,我们是后跑的。越胖越走得慢!"

  游戏中的孩子们在游戏的规则之下,自由选择自己想要丢手绢的对象,被丢手绢的幼儿尽自己之力追赶前面的人,有时追的人变成被追的人,有时被追的人变成追的人,不管"追"还是"被追",总之孩子们最喜欢"追"的环节。"追"是一种发展,是一种前进性的体现,而"追"与"被追"的过程转换恰是事物发展过程中曲折性的体现。幼儿天性向善,天性追求进步,幼儿在玩耍的过程当中,正在不知不觉中体验事物发展的前进趋势和迂回曲折的途径,懵懵懂懂中已了解到否定之否定规律的神秘所在。

  L老师:"为什么越胖越走得慢呀?"小朋友都开始模仿起了胖人走路的样子。没人回答问题。
  L老师:"那你们是想胖还是想瘦啊?"大家异口同声道:"想瘦!"
  L老师:"为什么想瘦?"
  男孩A:"瘦跑得就快,胖跑得就慢。"
  L老师:"那怎么样才能瘦呢?"
  男孩A:"不吃东西!"
  L老师:"不吃东西还能长个儿吗?"

女孩C:"不吃东西,再健身。"这时男孩A又模仿起了大人健身的动作。

教育的过程无疑是一个人自我实现的重要过程,这意味着教育过程是一个获得自由的过程,积极的自由说明,只有当一个人能够有效地控制自己的生活并且积极自主地塑造自己的生活时,他才是自由的。控制体重,让自己变成自己喜欢的样子,享受自我欣赏的自由,这本身也是一种在规训与自由转换中,自我实现、自我教育的过程。① 正如查尔斯·泰勒在《消极自由有什么错?》中所言:"从自我实现的角度看,如果一个人完全没有自我实现,如果他完全不知道自己的潜力,如果他从未意识到潜能这个问题,或者由于他害怕打破某些已经内化为他主观的一部分的规范——其实这些规范并不真正反映他,他无力去实现潜能,这时我们就不能说他是自由的。"②

(六)幼儿模仿的另一种表达,无声语言也要哲学解读

研究中发现,孩子们有时并不是没有想法,只是没有通过有声的语言来表达,并不代表他没有进行过思考。所以人的思维能力不能仅仅通过有声语言来衡量,还要通过幼儿的行为、表现,甚至是眼神判断理解。尤其是本研究探究共同体中有一位特别不爱表达的女孩D,为了让她开口表达,了解其内心的思考,研究特意设计了一次基于民间传统游戏的幼儿绘画哲学活动。在访谈中,教师A曾坦言:"放假回来,曾让他们画过他们去玩的地方,和谁一起,但有的孩子就说'老师,我不会画'。指导他说'你想怎么画就怎么画,你认为怎么画是对的就怎么画,画个小孩多简单啊,画个头,两只胳膊,两条腿',但是他还是说'我不会画,拿着笔不知道在哪下笔'。说也不说,画也费劲,感觉要是给一幅现成的画,让孩子照着画估计还能画,让幼儿自己去想,随便画,那恐怕不行。"但基于民间传统游戏的幼儿绘画哲学活动完全出乎意料。小孩子很小就喜欢画画,可以说每个孩子都是一个天生的小画家,可为什么在教师A口中的幼儿,却怎么都不会画了呢? 为了回答此疑问,本研究在进行了几次基于民间传统游戏的幼儿哲学教学活动后,组织9名幼儿进行了一次画"我最喜爱的民间传统游戏"活动。L老师准备好了4张桌子、1大盒画笔和9张画纸,请9名幼儿来画一幅他们最喜爱的民间传统游戏的图画。原以为孩子们会构思一会儿,可没想到孩子们从来没有像这一时刻这样安静过,他们很自然地选择了自己想用的画笔,丝毫没有犹豫地画了起来,而且9名幼儿人人如此(附录4—8)。画作完成用时最短的只有2分36秒,用时最长的也没有超过10分钟。画好后,L老师还专门请9名幼儿解读了一下他们的绘画作品,例如女孩C画的《老鹰捉小鸡》:

L老师:"为什么选择画老鹰捉小鸡这个游戏呢?"
女孩C:"我喜欢当小鸡,可以满哪儿跑! 还能被保护。"
L老师:"鸡妈妈是不是很伟大。(女孩C点头)伟大是什么意思?"
女孩C:"伟大就是厉害。"

---

① 金生鈜.规训与教化[M].北京:教育科学出版社,2004:11.
② 达巍,王琛,宋念申.消极自由有什么错[M].北京:文化艺术出版社,2001:73.

L 老师:"哪里表现出厉害呢?"

女孩 C:"鸡妈妈保护小鸡就得受苦,所以就厉害。"

例如男孩 A 画的《钓鱼》:

L 老师:"你最喜欢哪个游戏?"

男孩 A:"一网不捞鱼。"

L 老师:"你画的是一网不捞鱼游戏吗?"

男孩 A:"我画的是钓鱼。"

L 老师:"你喜欢一网不捞鱼,但你为什么会画钓鱼呢?"

男孩 A:"渔网一剪就断了,鱼钩结实,我喜欢钓鱼。"

L 老师:"钓鱼开心吗?"

男孩 A:"开心!"

L 老师:"那鱼开不开心?"

男孩 A:"不开心!我钓一条就够吃了,不钓了。"

例如女孩 B 画的《捉迷藏》:

L 老师:"为什么选择画捉迷藏这个游戏呢?"

女孩 B:"因为我喜欢他们找不着我,有点神秘,神秘的感觉特好笑。"

例如男孩 D 画的《一网不捞鱼》:

L 老师:"你玩这个游戏的时候喜欢被捞到还是不被捞到?"

男孩 D:"不被捞到。"

L 老师:"为什么呢?"

男孩 D:"因为可以活。"

绘画是在之前的哲学教学活动之后进行的,幼儿在游戏的选择与解读上,都看到了之前哲学活动的痕迹。在这一次的访谈中,孩子在选择上注意更明确、思考更深入的同时,也在绘画中体现出个人的个性特征。比如男孩 A 在平时表现中,就是一个敢于冲破障碍、异想天开的孩子,所以在绘画时也敢于挑战老师的规则,画了一幅与老师要求相背离的作品。而男孩 D 也和他平时的表现一样,却与男孩 A 大相径庭,男孩 D 中规中矩画了一幅《一网不捞鱼》,还特意给自己的画画了一个画框。在与幼儿哲学对话中发现,幼儿模仿如托尔曼所认为的,有机体习得的是关于周围环境、目标位置以及达到目标的手段和途径的知识,也就是形成"认知地图"的过程,认知地图是指在过去经验的基础上产生于头脑中的某些类似于现场地图的模型。他用"符号"这一术语来表示有机体对周围环境的认知,有机体必须针对环境的某些特点来调整自己的行为。而关于目标及达到目标的手段和途径的意义的知识则是对符号意义的认知。这种符号对于幼儿而言，常常是以无声语言来进行体现的。无声语言作为幼儿思想表达的另一种符号形式，教师要耐心观察与分析，重视无声语言的哲学解读。

四、基于民间传统游戏的幼儿哲学教学成效评价策略

思考是什么？它是一种标签，用于我们仅能间接通过行为或结果观察到的过程。即当某人表现得很仔细谨慎，我们推断是刻意的思考导致了该行为。当我们观察到解决复杂问题的例子时，例如太空飞行，我们推断那需要大量的推理。尽管缺乏对思考定义的共识，我们仍然可以描述其特征来进行评价，并提出使思考更有效的策略。一般儿童哲学领域内教学成效评价体系主要从两方面进行，分为总结性评价和形成性评价，也叫结果评价和过程评价。在幼儿哲学教学当中，总结性评价在幼儿哲学教学活动之后进行，主要考查幼儿哲学教学对幼儿哲学能力培养的效果。过程性评价关注的是幼儿哲学教学过程中实际教学情境的创设、哲学对话的经营情况等。本研究主要运用评估表作为其分析的依据，为提高研究的信效度，通过多种收集资料的办法进行相互佐证，以表明所提供信息的相对客观性。

（一）幼儿哲学教学过程评价

本研究中的过程评价主要从幼儿哲学对话环境评估、幼儿哲学行为检核评估、研究者幼儿哲学教学自我评估三个方面来进行。首先将 10 个民间传统游戏进行编号，然后对照每个评估表中的各项，评估其效果达成情况。评估结果显示：每一次基于民间传统游戏的幼儿哲学对话环境能够使幼儿在谈话时相互看得见；便于对每一个幼儿说话或者倾听幼儿的发言；讨论氛围足够安静，能够保障幼儿听到每一个幼儿的发言；幼儿之间、与教师之间能够畅谈与交流；没有因摄像、拍照等因素不安，或转移注意力。（附录 4—9）在每一次的哲学对话活动中，都有多个话题被讨论；多次涉及哲学议题；幼儿之间能够认真倾听对方意见，并产生多个话轮，进行多次观点的交锋与碰撞；能够感受得到幼儿在对话中相互学习、互为促进，并喜欢参与哲学对话活动。（附录 4—10）研究者 L 老师能够认真倾听每一个幼儿的想法；给幼儿充分讨论的机会，并提出追踪问题，鼓励幼儿发表观点、多次鼓励幼儿评论他人观点，同时也从幼儿身上学到求真、至美、至善、至纯的精神品质。不足之处是个别情况难改传统说教之弊，但总体对应《纲要》和《指南》中的目标、要求都有不同程度提升。（附录 4—11）

（二）幼儿哲学教学结果评价

结果评价主要从幼儿平时与幼儿哲学教学活动对比情况、幼儿哲学教学活动前后对比情况和幼儿自我评估项目来进行考查与检核。通过对幼儿家长和老师的访谈，对幼儿哲学教学活动中的观察记录进行分析以及幼儿自我评价，对比幼儿在幼儿哲学教学活动前后的表现，力求获得展现本研究教学活动的全面评价。评价结果显示：幼儿在哲学活动中更积极地与小朋友们讨论；愿意在课上与 L 老师对话；表现出更强的推理能力；经常进入到哲学性的思考当中，并重新建构自己的想法，较幼儿平时思考能力等显著提高。（附录 4—12）幼儿经过多次哲学教学活动后，比过去更专心地倾听别人的发言；推理能力

等都有所进步,讨论也更加深入;幼儿问答也比从前审慎与成熟,通过集体讨论,班集体的精神面貌也有很大改善。(附录4-13)幼儿在哲学教学活动中,感到很快乐,乐于与小朋友们讨论;多数能够认真倾听,且能够听明白别人的观点;幼儿都能够在活动中有所收获,同时学习接纳别人的观点,分享自己的发现,多数自我评价良好。(附录4-14)本研究中的6位教师在教学活动后也同样认为,幼儿通过哲学讨论在诸多方面有所提升。如:

  教师X:"我觉得他们的规则意识增强了,不像去年冬天玩着玩着就乱了,现在是讲一次,就都能按规则行动,并且角色分工得也很明确。"
  教师A:"现在孩子们能跟着老师的思路走,不像以前越聊越跑题,现在能围绕老师的问题有效地回答。"

  基于老鹰捉小鸡游戏的幼儿哲学活动,同一组幼儿做过两次,后一次较前一次也有明显进步。如:

  教师B:"探讨问题的深入性越来越强,对发现的问题头脑更加清晰,能够感知到自己的问题、困难,或者失败的原因等等。上一次活动中,他们几乎没有这个意识。后来再解决问题的方式方法更实际,不管好坏对错,他们现在是有这个意识了。不像一开始什么都不知道,五花八门随便说,说半天说不出真正的东西来,现在是老师带一带,引一引,能够往深入思考,而且不会跑题太远。专注力也比以前强,对探索出来的办法,还总想要动身尝试一下。迅速捕捉问题的能力增强了,最起码孩子愿意想了,愿意想办法去解决。"

  本研究还尝试同样的游戏打口袋由不同的幼儿来进行,幼儿在游戏过程中探索了多样玩法,并从不同角度去理解游戏中的哲学意涵。总之,经过L老师、6位教师组织的多次基于民间传统游戏的幼儿哲学教学活动尝试后,幼儿与教师都收获颇丰。

(三)教学成效评估总结

  基于民间传统游戏的幼儿哲学教学活动,选择的老鹰捉小鸡、网鱼、过家家等10个游戏简单、易行,幼儿在玩的过程中乐此不疲,是地方民间传统游戏中最为普遍的游戏。基于老鹰捉小鸡、网鱼、过家家等10个游戏,本研究对按照前期预定的目标、范式所开展的幼儿教学活动进行分析,总结收获如下:

  一是教学活动先后对规则、责任、功夫等问题进行了探讨,且问题都是在探讨的进程中即思路圈中自然而然地产生。

  二是幼儿在扮演老鹰、鸡妈妈、小鸡、渔夫等角色的过程中,对角色定位有了初步的体验,而后在哲学对话中有了更加明晰的角色意识。使"内模仿"经验进一步得到升华,尤其是幼儿在探究过程中,时常还会模仿角色动作,使其认知在模仿中再一次建构。

  三是幼儿在哲学对话过程中,教师运用洋葱法、产婆式提问、插嘴法等复式驱动对话方式调动幼儿的思考能力,使得幼儿在逻辑性思考、关怀性思考、人本思考、创新思考、形象思考等方面的能力在对话中不同程度地得以呈现和提升。

四是幼儿的哲学思考能力不能仅仅依靠幼儿的有声语言表达来进行断定。幼儿在传统游戏玩耍中、在探究共同体的对话中,逐渐增强集体观念。但这种集体观念往往是表现在行为上,而在语言表达上还相对薄弱。

五是从言之无物到言之有物,如男孩 C、男孩 A 的进步较为突出。

六是教学活动先后对规则、责任、功夫、长大、活着等问题进行了探讨,且问题都是在探讨的进程中即思路圈中自然而然地萌生。当语言的世界和现实的世界、游戏的世界、想象的世界联系起来的时候,一系列的哲学问题自然而然地生发出来。

五、基于民间传统游戏的幼儿哲学教学反思策略

在幼儿好问的哲学天性这一内在目标需求作用下,教师提供给幼儿模仿和内化的对象,使幼儿在感知性期待中学习获得经验后,引起对活动目标的认知期待,即模仿行为建构,也就是对哲学探究实际感觉性质的一种心理准备、一种心向。根据托尔曼信号学习理论,在进行幼儿哲学教育教学实践进程中,为了能够适时、适地、适度地提供适宜的支持物、刺激物,充分尊重幼儿共性的和个体的最近发展区水平,创设适合的幼儿哲学探究行为场(即思维游戏圈)。经过幼儿哲学教学法的设计与应用,逐渐使幼儿发生幼儿哲学教学的位置学习和潜伏学习的过程,需要教师进行不断的反思。通过探究共同体在行为场中所发生的一系列行为的记录与分析,进而得出幼儿哲学教育的反思策略。[①]

(一)基于教师教学态度的反思

认知、技能、态度是幼儿哲学教学活动顺利开展的必要因素,只有一系列认知、技能、态度上有意义、有价值的复杂行为组合,才能实现幼儿哲学教学活动的目标。因此,教师教学态度的反思,作为幼儿哲学教学活动开展必要的有机组成部分,需认真而踏实地反观与审视,比起仅靠直觉的感受更可信、有效。

1. 去表面化、形式化与随机化,家园联动

幼儿哲学教学不能流于表面,不能搞形式化,接受幼儿哲学教育的人群不能随意组合、随机化,应了解孩子的生活经验,知晓孩子的生存背景,明白幼儿的心理需求,积极联合家园共同支持、推进幼儿哲学教学活动。如男孩 C,是单亲家庭成长的孩子,妈妈和姥姥因其父爱的缺失,给予孩子的保护、宠爱是过度的,且更具有家长权威。导致孩子不会不耻下问,自我权威意识强、自我保护意识强和产生攻击性行为,更不会客观辩证地思考、质疑任何问题。幼儿的心理健康才能有健康的思维和方向正确的思考,类似男孩 C、女孩 B 这样越是心理有缺失的孩子越需要幼儿哲学课,让孩子在哲学课上知道事情也可以是这样的,想法也可以是那样的,让孩子从自己的世界中走出来,知道、接纳多样化的世界、求同存异的观点,那么,孩子自己的世界也会逐渐变得丰富多彩起来。

2. 换位思考,营造平等、和谐的探究氛围

幼儿大多在父母面前、在老师面前不愿意表达,而在小朋友之间却判若两人,这说明

---

① 张厚粲.行为主义心理学[M].杭州:浙江教育出版社,2003:189-233.

孩子在自由、宽松、平等、理解的基础上乐于沟通,愿意卸下心里的枷锁。如男孩 D 的表现表明,过度地压制会导致幼儿暴发性的强烈恶性反弹,案例中是一件小事,但如果遇到大事,后果可能会不堪设想。作为教师要将自己定位在教师与朋友的身份上,以教师育人的职责本分和育人本领,从平和、接纳、幼儿立场的角度与幼儿沟通交流,营造一个平等、和谐的探究氛围。当幼儿不开口时,教师可以采取其他方式,比如绘画方式与幼儿交流,逐渐打开对话的发展局面。教师 A 曾坦言,即便是让幼儿用画画来表达自己的想法,幼儿也会感到为难。这会让人误以为孩子没想法,或是画画的能力太差。但实际上在幼儿哲学课上,当老师让他们画出自己喜欢的传统游戏时,每一个孩子都表现出了天才画家的资质,画得又快又好又有创意,每一幅作品都有自己的理解。而且他们不仅能画出来,也能说出来。因此,每个孩子都有与人交往的意愿,主要看教师有没有给孩子创造一个安全、和谐、宽松的对话环境来供幼儿思考与表达。

3. 给予幼儿积极思考的态度支持

教师要给予幼儿态度上的支持,才能使幼儿积极思考、勇于表现。在幼儿哲学教学活动中,教师要注意几点态度上的事项,以保障和促进幼儿的思考热情。一是不急于下定论,预留思考的空间;二是要包容幼儿的举棋不定、模棱两可;三是要有勇于质疑的精神,不可简单地接受权威观点;四是要相信可靠的证据,相信幼儿的品行;五要与幼儿思路保持高度同步在线;六要及时给予幼儿回答的反馈,尤其是正面且具体的肯定。

(二)基于教师教学组织的反思

教学组织涉及民间传统游戏、哲学对话活动等一系列教师行为,是教学活动进程得以稳步前行的具体实施保障。教师需要在长期的教学实践中总结提炼、归纳反思。反思有说服力的教学技术,反思价值的实现,反思意义的建构,等等。

1. 从话哲学到做哲学、玩哲学,兼具内容与形式

幼儿天性活泼、好动,不说、不笑、不哭、不闹、不跑、不跳的人,那不是幼儿。幼儿唱歌是舞动着唱的,幼儿听故事是用身体听的,幼儿说话是用肢体说的,幼儿游戏是用整个身心去玩的。幼儿的精神世界与身体世界永远联结在一起,不会像成人一样掩饰任何一方。所以,幼儿哲学不能仅仅是说哲学,更应该做哲学、玩哲学,在游戏中思考,在游戏中培养思考。游戏是幼儿日常生活被模仿的表现形式,幼儿能够在游戏中自发地表现出"获得性本能",这种"获得性本能"使人类日常经验图式得以确立起来。① 如本研究中基于"过家家"游戏的幼儿哲学教学活动(准备工作与游戏过程见附录 4—15):

> L 老师一边走进娃娃家一边问:"这是谁的家呀?"小朋友们回答:"娃娃家,娃娃的家。"L 老师坐下,小朋友也围过来坐下。L 老师说:"这是不是你们的家呀?"小朋友们说这不是他们的家。男孩 A 说:"我们是来娃娃家做客的!"
>
> L 老师:"你们在家里都做什么呀?"
>
> 女孩 A:"做饭,给娃娃喂饭!"这时男孩 C 走到 L 老师旁边说:"我要坐在 L

---

① 贺苗. 日常思维生成论[M]. 北京:人民出版社,2013:71-73.

老师身边。"L老师请他坐下,同时看到男孩C的手里一直拿着一把纸片,还举得很高,就随口问道:"你手里拿的什么呀?"男孩C:"钱!我得有一百五十。"说着还伸出五个手指来表示。

男孩B:"我本来有一百,可是我丢了五十。"

男孩A:"我有一百八十。"男孩C:"骗人!"男孩E凑过来说:"真的吗?"

说着,所有的小朋友都跑到了桌子前,用笔在好多纸片上写了自己想拥有的钱数。

L老师:"我发现呀,一提钱,你们就特兴奋,有的小朋友还特别想要大的钱,那你们知道钱是干什么用的啊?"

女孩B:"买东西的!"

L老师:"可以买什么东西呢?"

女孩B从小厨房拿起一个玩具灶说:"可以买一个炒菜锅!"

L老师:"嗯!还能买什么,钱能有什么作用啊?"

这时男孩A说:"我们再写点儿(钱)吧!"

L老师问:"你们为什么要那么多钱啊?"这个时候,其他小朋友总是抢着要大写的钱或是要别人手里的大钱。

过家家游戏是幼儿最喜爱玩儿,最经常玩儿,流传至今的一项民间传统游戏。过家家游戏兼具着规则游戏、结构游戏、角色游戏等多种游戏的优势。幼儿在这个"家"中,可静、可动、可思考、可沟通,他们可以瞬间营造一个充满温馨与和谐的家。家是心安之处,家是温暖之乡,家是柴米油盐,家是琐碎平常,无论你的家浪漫与否、朴实与否,家的经营与维系都少不了一个字——"钱"。凡是与经营一个家有关的内容,都会成为他们"过日子"过程中需要考虑的因素。而"钱"是最为现实和敏感的话题,孩子们小小的心灵同样对此表现出极大的兴趣,那么如何看待"钱",是一个很值得探讨的哲学议题。

男孩D回答道:"开工资!"

L老师继续问:"工资是怎么得来的呀?"

男孩D:"是努力工作得来的!"

L老师:"钱是努力工作得来的,可你们现在是在抢钱呀!钱是抢来的吗?"

这时男孩C说了一个字:"挣!"

L老师为避免他们手上的"钱"分散对话的注意力,请孩子们把手上的"钱"交给老师,说道:"现在L老师就是你们的老板,(小朋友一听老板这个词,都有点小兴奋,嘴里也念叨'老板'。)你们现在的任务就是努力挣钱,认真地倾听、举手回答L老师的问题,然后L老师根据你们的表现给你们发工资,好不好?"小朋友们都非常乐意地把"钱"交给了L老师,口中还连说"好"。

L老师问:"钱是干什么用的?"(所有小朋友都举起了手)L老师请他们一个

一个地回答。
  男孩 B:"买东西。"(钱与生活的关系)
  男孩 A:"挣的。"(钱与劳动的关系)
  女孩 B:"买好吃的。"(用途)
  女孩 C:"买衣服。"(用途)
  男孩 D:"赚钱。"(来源)
  男孩 C:"发工资,买东西,买糖,买玩具,买车,买宠物。"(钱与人的关系)
  男孩 E:"买有用的东西。"(用途)
  L 老师:"哎呀,你们都是想买东西,可是这买东西的钱怎么得来呀?"
  男孩 A 和男孩 B 不约而同地说道:"挣的!"(辨识一致性)
  男孩 C:"小孩儿,单位的领导不让进!"
  L 老师:"这钱得是上单位去挣,对不对?"男孩 C 回应"对"。
  L 老师:"那上单位,就能挣到钱了吗?"(钱与工作的关系)
  男孩 B:"得安心地工作!"
  L 老师:"赚来钱你们打算干什么用呢?"
  男孩 B:"干正事儿!"(价值)
  L 老师紧接着问:"男孩 B 说钱用来干正事儿,大家同意他的观点吗?(小朋友们都说'同意'。)那什么算是正事儿呢?"
  男孩 B 回答:"就是好事儿!"(价值的表现形式)

  游戏在成人的意识形态中,或许假作真时真亦假,而幼儿意识形态当中的游戏,抑或是真做假时假亦真。假装的游戏形式下是幼儿真性情的融入,包裹着幼儿真切的哲学思考。幼儿在兼具内容与形式的做哲学、话哲学过程当中,传承文化,思想变得成熟。

  2.鉴别提问的内因、外因与"天籁之因",摒弃浮躁思考

  幼儿提问,是出于想表现的外因,还是有真问题的内因;是出于哗众取宠的外因,是真思考的内因,还是孩子天真、纯真的"天籁之因",需要教师去仔细甄别。如男孩 C 每次说话都是标志性的开头"老师,我有个问题",在前两次的哲学对话中,他提出的问题真的谈不上是问题,说的都是没有多大意义的话,说半天也说不到点儿上,特别耽误时间。但后期有很大改观,能够做到言之有物,掷地有声,仅仅是几次幼儿哲学课就有了跳跃式的进步。男孩 A 从头至尾都是一个活泼、喜欢发言的孩子,他总是能抢占第一时间发言,也几乎是 9 名幼儿当中发言最多的幼儿。但仔细分析,发言虽多,可无用信息的比例相当大。这让人不得不想到一个孩子当中普遍存在的现象——"人来疯",喜欢"人来疯"的孩子善于表演,但缺少理性思维,思考水平较低,心性相对浮躁。教师在幼儿哲学活动当中尤其要留意这种现象,给予幼儿正确的引导,不要把幼儿哲学活动组织成表演活动。本研究中的男孩 B 与男孩 A 在思考问题时的表现存在很大反差,男孩 B 也是一个表现活跃的孩子,但每一次的发言都能够让人感受到他认真思索的痕迹。从男孩 A 和男孩 B 两个孩子的家庭教育背景来看,共有的优点是两个家庭都能够给孩子自由展现自我的空间,让孩子乐意表达,善于思考。但男孩 A 的家庭当中自由足够,引导略显不足。孩子的教

育犹如放风筝,不能放飞得太高太远,父母、教师手中的线要适当掌握,既要让风筝飞得高远,同时要有方向、有位置。若手中的线断了,风筝会不知去向;手中的线太紧,风筝会飞不高,甚至飞不起来。风筝位置、方向的把握就好像幼儿思想方向、思考深度的把握,有赖于父母、教师对于手中线的操控。

3.激活潜在学习积极性,创设哲学探究情境

幼儿哲学学习发生的结果经常不会表露在行为上面,表面上看未曾激发任何动机,也未曾做出任何一种反应,但当某一时刻,增强物一出现,幼儿竟然能够运用曾经学过的东西。通过对幼儿观察发现,这种潜在学习的发生有两种情况:一种是来自幼儿主观意义上的,是一种有意潜在学习;另一种是来自幼儿客观意义上的,是一种无意潜在学习。有意潜在学习的发生是幼儿对于自身模仿行为的有意回避,是幼儿一种"好面子"的行为。而无意潜在学习的发生,完全是幼儿在无意间发生的,这往往与幼儿的个性特点息息相关。幼儿哲学教学能够让幼儿在逻辑思考、情感态度、人格养成等各方面得以进步,为幼儿一生的发展奠基。但这种教学效果往往是不能够立竿见影的,具有滞后性,教师要在后续的教育教学活动中,积极创设哲学探究情境,激活幼儿潜在学习的发生。高尔基说:"惊奇是了解的开端和引向认识的途径。"皮亚杰在他的儿童认知发展研究中,曾提出一个适当新颖的原则,他认为呈现给儿童的材料和主体过去的经验既要有一定的联系,又要足够新颖,能够产生不协调和冲突,引发好奇,激发认识兴趣,启迪思维。①

4.鼓励教育要客观适度,注重思考过程

教学过程中,当幼儿回答问题后,教师通常为了鼓励幼儿,保护幼儿的自尊心,习惯对幼儿说:"你真聪明!""你很棒!"人类在向前发展进步的过程中,需要客观、公正地看待、评价自己和估量自己,才能在适当的最近发展区内规划人生,起步实践,正所谓"知之为知之,不知为不知,是知也"。幼儿需要鼓励教育,同样也需要挫折教育。应当给予幼儿发展能力水平的正面肯定,但没有批评的教育也是不完整的教育。教育不能偏执地鼓吹常识教育,也不能一味地苛责惩戒,应给予幼儿客观、适度的评价与激励。简单的"你真聪明!""你很棒!"不仅容易流于主观、失实,且往往肯定的内容是思考的结果,而非思考的过程。这就容易给幼儿造成一种只重视学习结果、忽视探究历程的错误认识。所谓的聪明,从个人角度来说,不过是善于在特定的领域(并且仅在特定的领域)看透并抓住其中隐藏的秩序这样一种具有局限性的禀赋。② 幼儿哲学培养幼儿的是为终身学习做准备的持久能力,是站在一切学科之巅俯瞰世界、人生的宏大智慧。仅以一时之聪无法与之相提并论,更不能同日而语。幼儿时期的"聪明"并不一定能够保证将来获得社会上的成功,和成为一个优秀的人、有智慧的人更没有任何必然的联系。③ 因此,教师在幼儿哲学教学活动中,面对幼儿的回答,要客观、合理、适度地鼓励、保护、培育幼儿的探究欲望,不仅注重对探究学习的结果,也要注重对思考过程的正确引导。例如幼儿喜欢绘画,教

---

① 赵印.创设情境,激活学生潜在的学习积极性[J].新课程研究(中旬刊),2010(11):109-110.
② 野矢茂树,等.哲学家,请回答!小孩子的哲学大问题[M].傅玉娟,译.北京:中信出版社,2018:27.
③ 同②:29.

师可以尝试与幼儿共同绘制哲学对话过程中的思维导图,或与探究共同体成员回顾、绘制集体的思考结构图。通过绘制、回顾的过程查找原因、厘清思路,让幼儿在探究共同体中集体审思、自我反省,正确认识自身思考过程中的问题与智慧之处。同时避免、弥补批评与挫折教育中可能发生的自尊心受伤问题。

(三)基于教学反思的教育反思

教书育人,教书的目的是为育人,教学的目标实现也是为着教育目的的实现。教育教学工作的领导者、一线教师都应从教学实践反思出发,从师资培养、课程建构等幼儿教育发展的源头出发,反思整体教育实践的不足与前景,进而积极有序地运用教学策略推进教学的正确决策。

1. 提升幼儿教师哲学素养,发挥幼儿园教学主阵地作用

当前从事幼儿哲学教学的师资,主要有两个群体:一个是专门从事幼儿哲学研究的学术人员;另一个是幼儿教育教学一线的教师。专门从事幼儿哲学研究的学术人员虽然拥有良好的哲学教育背景,但毕竟离幼儿生活学习较远。只有在广泛意义上发挥幼儿园教学主阵地作用,提升幼儿教师哲学素养,让每一位幼儿教师都成为一名幼儿哲学教师,才能够实现幼儿哲学教育的大发展。

本研究先后选派老师参加了多次幼儿哲学相关学术会议、幼儿哲学试点幼儿园参观活动、园内幼儿哲学培训活动。(附录4-16)教师经过幼儿哲学的培训、实践教学后,业务能力也随之提升,如:

> 教师B:"在通过观摩实践之后,觉得想得比以前多,之前做课就是按程序做,没有考虑给孩子精神上的东西,更不会去挖掘提炼什么品质之类。以前总觉得游戏不就是玩嘛,玩就行了呗!现在觉得民间传统游戏可以通过哲学对话带给幼儿更加丰富的收获。"

> 教师D:"之前的关注点在课上,我上课上得怎么样,现在的关注点在孩子身上。比如发现之前孩子们就是男孩和男孩玩儿,女孩和女孩玩儿,现在是男孩会和喜欢的女孩玩儿,女孩也会和喜欢的男孩玩儿,有了喜欢异性的意识。他们中间也出现了小的'帮派',会为自己人鸣不平。如女孩F为男孩X抱不平:'你怎么没赢呢,你怎么能没赢呢?'再如男孩X近来总会问老师:'这样对吗?老师,你觉得这样行吗?'幼儿有进步,开始意识到自我价值的实现问题,而我的着重点也更多地放在了孩子身上,才发现孩子的小心眼儿里有很多奥秘。"

一位合格的幼儿哲学教师,首先要有温暖的和善于育人的品性。教师要体现出兴趣、耐心、热情、同理心、期望、理解以及关怀。因为幼儿不会和冷漠的、不关心他们的教师建立起相互信任、相互配合的关系。当幼儿感知到教师关爱他们,关心他们正在学习的内容,关注他们正在发展的能力时,幼儿才会在幼儿哲学的课堂上表现积极活跃。而且教师本身要成为一名思考型教师,要善于反思和深入思考,还要善于帮助和引导幼儿一同进行思考。皮亚杰认为,从事幼儿教育的教师应该充满智慧,并且接受过良好培训,受过良好培训和教育的教师对儿童的发展和学习带来的影响更大。教师是具体教学实

践的决策者,决定着教学进程的顺利与否。幼儿哲学教师的哲学素养在于是否能够帮助幼儿成长为对社会有用的人,是否有能力培养幼儿生活所必需的思考技能,是否在为幼儿营造一个互相支持的氛围使幼儿能够成功地朝向下一个目标发展,是否有培养幼儿道德品质、修养人格正确发展的责任心。①

2. 基于观察的哲学课程,游戏中树立幼儿文化自信

学前期是为牢固的记忆力打基础的最佳时期。应当注意那些关于周围世界的现象和规律性的重要原理,不要让幼儿通过专门的背诵和识记去掌握,而应当让他们在直接观察的过程中去掌握。② 幼儿哲学教学的工作重心,应该基于教师对幼儿的了解。尽管在《纲要》和《指南》中给予了专业而又翔实的指导,但同一个班级中的幼儿,通常存在着不同程度的月龄差,幼儿的思考能力、情感态度、身体动作等发展也相对会有一定差距,并且每个孩子又因其自身不同的成长环境和遗传因素存在个性差异。这就要求教师要在日常的工作生活中,一点一滴地观察、倾听、计划、整理、评估、反思,发现每个孩子现有的发展水平和兴趣点,并为他们量身定做适宜的幼儿哲学课程。这在给幼儿哲学教师带来挑战的同时,也是幼儿哲学生成课程的宝贵资源。真实地再现并让幼儿处理生活中真实的问题,会让师生双方得到大量的第一手经验,在加深幼儿思维与表达的同时,也为教师搭建促进幼儿学习的脚手架提供素材。

幼儿哲学课程可以根据幼儿实际情况设置,无论有怎样的变数,有些内容都是以不变应万变的,那就是民间游戏和民族文化这两个不应舍弃且有丰富生成价值的幼儿哲学可依托的课程载体。苏霍姆林斯基认为,如果一个人在学习上遇到困难,那么产生这些困难的最主要原因,就在于不能看见事物之间的关系和相互联系。而最容易看见事物之间关系和相互联系的机会,则是在以直观的形态呈现出来的地方。③ 民间传统游戏是来源于百姓生活而又反哺幼儿成长,以直观形态呈现事物之间关系和相互联系的最佳方式。民族文化是中华儿女赖以生存发展的根基所在,是中华儿女思想成熟的灵魂信托。任何一门课程的计划、实施都不能脱离本土文化、国脉人情,尤其是幼儿哲学课程,要上给在中华大地上成长起来的中华儿女,要屹立于世界民族之林,更要从小树立幼儿的中华民族文化之自信。

---

① 伊莱亚森,詹金斯. 美国幼儿教育课程实践指南[M]. 李敏谊,付咏梅,刘丽伟,等译. 北京:机械工业出版社,2015:15-17.
② 苏霍姆林斯基. 给教师的建议[M]. 杜殿坤,编译. 2版. 北京:教育科学出版社,1984:35.
③ 同②.

结　论

"相信孩子、尊重孩子、用心灵去塑造心灵"①是教育一直以来自我警醒的信条。相信孩子的什么？要尊重孩子的什么？怎样才能真正做到用心灵去塑造心灵？教育需要确凿、细致、真诚的回答。

本研究经过两年半基于民间传统游戏的幼儿哲学教学活动的实践尝试，亲历、见证了幼儿的哲学天性在民间传统游戏文化的触动下，丰富生命体验、改进心智思路的过程。儿童哲学的先驱者们说："儿童是天生的哲学家。"研究实践证明：幼儿是哲学家中的大家，是智慧的集大成者。他们关心人类的问题、关心宇宙的问题、关心社会的问题、关心自然的问题、关注一切与自身有关系的问题，这些问题同时也是成人哲学家穷其一生紧张思索的问题，幼儿的思维与成人哲学家的思维存在着内在高度的一致性。生物学、语言学、心理学、人类学、脑科学等一系列的理论告诉人们，5～6 岁幼儿在语言、脑力、身心等各方面已经做好了做哲学的准备，他们有能力、更有潜力去进行哲学思考。所以，有理由相信幼儿具有哲学天性，已经具备学哲学、做哲学的能力。哲学源于惊奇，惊奇引发思考。思考是人类社会进步的核心能力，思考所铸就的人格是人类社会和谐相处的核心素养。5～6 岁幼儿最接近哲学，是哲学大家族中最活跃的分子。哲学思维是人类进化发展的本质，每个人都有维护自身哲学思考权益、发展自身哲学思考能力、提升自身哲学修养的权利。与此同时，每个人作为人类社会的一分子，尤其是教育者，有义务去尊重、支持幼儿维护自身哲学思考的权益、发展自身哲学思考的能力、提升自身哲学修养的权利。幼儿得以存放心灵的地方，是游戏。游戏，是幼儿心灵得以舒展的有机载体。民间传统游戏是千百年来人类生活缔造的硕果，是一代又一代中华儿女夹带审美快感的心灵模仿。因此，本研究大胆地尝试并开展了基于民间传统游戏的幼儿哲学教学活动，通过幼儿享受这种"内模仿"的快感，满足于心灵的游戏模仿过程。② 因此，教育者有必要、有责任、有义务以对待教育的虔诚之心，去将己之心灵比幼儿之心灵，用己之心灵去塑造幼儿之心灵。

幼儿哲学教学是塑造心灵的过程，是塑造心灵的道德工程，更是迸发理性的伟大工程。教育要相信幼儿、尊重幼儿，运用切实可行的教学活动保护其哲学天性、培养其心智健康发展，让幼儿逐渐懂得生命的价值与追求、人类的自由与责任。

---

① 苏霍姆林斯基.给教师的建议[M].杜殿坤,编译.2 版.北京:教育科学出版社,1984:总序.
② 胡伊青加.人:游戏者[M].成穷,译.贵阳:贵州人民出版社,2007:中译者序 6.

附 录

附录1 访谈式问卷

附录1—1 幼儿哲学现状访谈式问卷(教师卷)

尊敬的各位教师:

您好!首先感谢您在百忙之中填写"幼儿哲学现状访谈式问卷"。本访谈式问卷是要对当前幼儿哲学现状进行综合评价,以统计的方式找出群体的特点,为我们今后更好地改善教育教学提供可靠的依据。让我们携手共同努力,让幼儿的身心优越发展,正是本调查的目的。本访谈式问卷,我们保证对每一个答卷人的答案保密。如果因我们的失误而导致问卷中任何信息泄露使您的利益受损,我们愿承担相应责任。

幼儿姓名:　　　　　幼儿出生年月:　　　　　幼儿性别:
教师姓名:　　　　　您在班级担任的职务:

※为了使调查能够获得真实、有效的数据,请您务必注意以下几点:

1. 答题时间不超过20分钟。
2. 请根据您的实际想法来回答,答案没有对错之分。看懂或听懂即可回答,不必费时考虑。
3. 每一题下面有选项,请您在符合的选项下打"√"。
4. 题后有访谈提纲,请您向调查人口头回答即可。

※下面请您正式回答:

1. 课上,幼儿会经常向您提问题吗?
   是　　偶尔　　几乎没有

2. 现在比起一年前向您提问的次数多吗?
   比从前多　　比从前少　　差不多

3. 您能理解幼儿问的问题吗?
   能　　大多数时候能　　有时候能　　很少能

4. 在您作答或其他小朋友作答后,幼儿会由一个问答牵出很多个问题吗?
   会　　偶尔会　　不会

5. 幼儿向您问的问题是发生在你们身边的事吗?
   是　　大部分是　　一部分是　　很少是
   大致都属于哪类问题呢?能举例说说吗?＿＿＿＿＿＿

6. 幼儿的问题能够经常被其他小朋友讨论吗?
   是　　有时候是　　很少

7.您认为,您或其他小朋友的回答能让幼儿满意吗?
满意   大多时候满意   有时候满意   很少让孩子满意   不确定
幼儿满意与否,您能具体举例说说吗? _____

8.您有没有继续想过您和孩子们曾经讨论过的问题?
经常想   有时候想过   想过,还和他人说起过   没有

9.幼儿有没有对提过的问题再而三地进行深入提问的情况?
经常有   有时候有   偶尔有   从未有过

10.您觉得和孩子们讨论问题对幼儿有帮助吗?
有   没有   不知道
请您说一说您选择的理由,好吗? _____

11.您认为,您的孩子们喜欢现在上课的方式吗?您想要对上课方式做出改变吗?
喜欢,不想改变   不喜欢,想改变   没什么想法   有的喜欢
您能说一说具体应该做出哪些改变吗? _____

12.您认为,您的孩子们喜欢现在的教室布置吗?您想要对教室布置做出改变吗?
喜欢,不想改变   不喜欢,想改变   没什么想法

13.您知道幼儿哲学吗?
了解   听过   从没听过

14.您认为有必要针对幼儿开设幼儿哲学课吗?
必要   无所谓   没必要

15.您认为幼儿哲学课应该是什么样子的?请写出:

附录1-2 幼儿哲学现状访谈式问卷(家长卷)

尊敬的各位家长:

您好!首先感谢您在百忙之中填写"幼儿哲学现状访谈式问卷"。本访谈式问卷是要对当前幼儿哲学现状进行综合评价,以统计的方式找出群体的特点,为我们今后更好地改善教育教学提供可靠的依据。让家园携手共同努力,让幼儿的身心优越发展,正是本调查的目的。本访谈式问卷,我们保证对每一个答卷人的答案保密。如果因我们的失误而导致问卷中任何信息泄露使您的利益受损,我们愿承担相应责任。

幼儿姓名: 幼儿出生年月: 幼儿性别:
您与幼儿的关系: 您的职业:
※为了使调查能够获得真实、有效的数据,请您务必注意以下几点:
1.答题时间不超过20分钟。
2.请根据您的实际想法来回答,答案没有对错之分。看懂或听懂即可回答,不必费时考虑。
3.每一题下面有选项,请您在符合的选项下打"√"。
4.题后有访谈提纲,请您向调查人口头回答即可。
※下面请您正式回答:
1.孩子现在经常向您问问题吗?

是　　偶尔　　几乎没有

2.现在比起一年前向您提问的次数多吗？

比从前多　　比从前少　　差不多

3.您能理解孩子问的问题吗？

能　　大多数时候能　　有时候能　　很少能

4.在您作答后，孩子会由一个问答牵出很多个问题吗？

会　　偶尔会　　不会

5.孩子向您问的问题是发生在你们身边的事吗？

是　　大部分是　　一部分是　　很少是

大致都属于哪类问题呢？能举例说说吗？_____

6.孩子的问题能够经常被讨论吗？

是　　有时候是　　很少　　没有

7.您认为，您的回答能让孩子满意吗？

满意　　大多时候满意　　有时候满意　　很少让孩子满意　　不确定

孩子满意与否，您能具体举例说说吗？_____

8.您有没有继续想过您和孩子曾经讨论过的问题？

经常想　　有时候想过　　想过，还和家人说起过　　很少想

9.幼儿有没有对提过的问题再而三地进行深入提问的情况？

经常有　　有时候有　　偶尔有　　从未有过

10.您觉得和孩子讨论问题对孩子有帮助吗？

有　　没有　　不知道

请您说一说您选择的理由，好吗？_____

11.您认为，您的孩子喜欢现在上课的方式吗？您希望对上课方式做出改变吗？

喜欢,不想改变　　不喜欢,想改变　　没什么想法　　有的喜欢

您能说一说具体应该做出哪些改变吗？_____

12.您认为，您的孩子喜欢现在的教室布置？您希望对教室布置做出改变吗？

喜欢,不想改变　　不喜欢,想改变　　没什么想法

13.您知道幼儿哲学吗？

了解　　听过　　从没听过

14.您认为有必要针对幼儿开设幼儿哲学课吗？

必要　　无所谓　　没必要

15.您认为幼儿哲学课应该是什么样子的？请写出：

附录2　访谈提纲

1.请您说一下每位幼儿平时在班级关于思考能力的总体表现。比如是否愿意提问、思维是否活跃等。

2.关于幼儿的思考能力,您认为其影响的因素有哪些？

3.您觉得和孩子们讨论问题对幼儿有帮助吗?
4.您认为,您的孩子们喜欢现在上课的方式吗?您想要对上课方式做出改变吗?
5.您认为,您的孩子们喜欢现在的教室布置吗?您想要对教室布置做出改变吗?
6.您知道幼儿哲学吗?
7.您认为有必要针对幼儿开设幼儿哲学课吗?
8.您认为幼儿哲学课应该是什么样子的?

附录3 评估项目

附录3-1 幼儿哲学对话环境评估项目

1.幼儿的位置是否能够使他们在谈话时相互看得见?
2.教师的位置是否便于对每一个幼儿说话或者倾听幼儿的发言?
3.讨论氛围是否足够安静,以保障幼儿能听到每一个幼儿的发言?
4.幼儿在回答问题时都是看着老师吗,或者他们只是相互看?
5.幼儿相互之间更能畅谈,还是和老师之间更能畅谈?
6.幼儿是否总是关注摄录设备,是否会因此转移注意力,或处于不安状态?

附录3-2 幼儿哲学行为检核评估项目

1.幼儿讨论了几个具体问题?
2.幼儿讨论的内容几次涉及哲学概念?
3.赞同他人观点几次?
4.反对他人观点几次?
5.认真倾听他人意见有几人?
6.给出理由几次?
7.幼儿是否从相互的发言中受益?
8.在讨论中,有不善于言辞的幼儿加入到讨论中了吗?
9.幼儿能够用语言表达出他们自己的话所引出的启示吗?
10.幼儿相互要求陈述理由吗?
11.幼儿是否尊重相互的观点,并严肃地讨论?
12.幼儿知道我也从他们那里学到东西了吗?
13.在讨论问题时,幼儿感觉到我的疑惑和惊讶了吗?是否观察到我是一个喜欢探索而且需要探索的人?
14.对于精神、自由的性质之类的问题或是非、善恶道德之类的问题,幼儿指望我给出他们答案吗?
15.对话过程中幼儿之间产生几次话轮?
16.幼儿是否急于结束讨论?

附录 3-3　研究者幼儿哲学教学自我评估项目

1. 我了解了每一个幼儿的看法吗？（《纲要·语言·内容与要求》/《指南·健康·目标·5~6岁》）

2. 我给幼儿讨论的机会了吗，并且耐心倾听与给予回答了吗？（《纲要·语言·内容与要求》/《指南·健康·目标·教育建议》）

3. 我是否有意识地用不带威胁性的方式引导不爱发言的幼儿参加讨论？我是否尽了最大努力去支持帮助鼓励幼儿大胆联想、勇于猜测？（《纲要·健康·内容与要求》/《指南·健康·科学·目标·教育建议》）

4. 在讨论过程中，我讲话讲得太多吗？是否做出表率，让幼儿注意语言文明和语言规则？（《纲要·语言·内容与要求》/《指南·健康·语言·目标·教育建议》）

5. 当幼儿提出看法后，我提出追踪问题并引导幼儿尝试回顾整理、收集验证、分析概括自己的探究思路与成果了吗？（《纲要·科学·内容与要求》/《指南·语言·科学·目标·教育建议》）

6. 我鼓励幼儿对他们自己的观点陈述理由了吗？（《纲要·科学·内容与要求》/《指南·语言·目标·教育建议》）

7. 我鼓励幼儿对别人的发言进行评论了吗，并做出表率，引导幼儿以平等的态度对待和尊重他人了吗？（《纲要·社会·艺术·内容与要求》/《指南·社会·目标·教育建议》）

8. 当一个幼儿回答我的问题时，我是否用更深入的问题来引申这个幼儿的回答，或者只是转向另一个幼儿呢？（《纲要·科学·内容与要求》/《指南·科学·目标·教育建议》）

9. 我从倾听幼儿的谈话中学到东西了吗？（《纲要·科学·内容与要求》/《指南·科学·目标·教育建议》）

10. 我是否发现幼儿的观点促使我思考以前从未思考过的问题？（《纲要·艺术·内容与要求》/《指南·艺术·目标·教育建议》）

11. 我在每一个孩子身上都发现了我过去从未见到过的力量了吗？我领悟并尊重幼儿的创作意图了吗？（《纲要·艺术·内容与要求》/《指南·艺术·目标·教育建议》）

12. 我在力图保持教学秩序的同时，做到了不压抑任何一个幼儿的探索、自觉以及独创性表现了吗？如即兴模仿等。（《纲要·健康·艺术·内容与要求》/《指南·艺术·目标·教育建议》）

附录 3-4　幼儿平时与幼儿哲学教学活动对比评估项目

通过对每位幼儿家长和两位老师访谈与幼儿哲学教学活动情况的对比，效果评估分析如下：

1. 幼儿是不是显得更积极地在哲学教学活动中与小朋友们讨论？
2. 幼儿是不是显得更愿意在哲学教学活动中与L老师对话？
3. 幼儿是不是在哲学教学活动中讨论的话轮次数更多？

4. 幼儿在哲学教学活动中是否表现出更强的推理能力?
5. 幼儿在哲学教学活动中是否寻求正确的答案、标准化的解释?
6. 幼儿是否紧跟讨论的思路进行"洋葱式"的思考?
7. 幼儿在哲学教学活动中的讨论是否经常进入到哲学性的思考当中?
8. 幼儿是否会通过讨论重新建构自己的想法?

附录3-5　幼儿哲学教学前后效果对比评估项目

1. 幼儿是不是显得比过去更专心地倾听别人的发言?
2. 不善于口头表达的幼儿比过去更积极地参加讨论了吗?
3. 在同他们谈话中进行正确推理方面,幼儿表现出进步了吗?
4. 和一个月前相比,哲学讨论是否更深入?学生是否更乐意参加哲学教学活动?
5. 和一个月前相比,幼儿是否比以前更愿意思考问题?我是如何知道的?
6. 幼儿相互问答时,显得更加审慎和成熟了吗?
7. 班集体的精神是否在发展?
8. 幼儿的集体观念显得更强了吗?

附录3-6　幼儿自我评估项目

1. 我们大家坐在一起讨论问题时,你感到开心快乐吗?(《纲要·健康·目标》/《指南·健康·目标·5~6岁》)
2. 你喜欢和老师、和班级的小朋友们在一起讨论吗?你乐于说出你的想法吗?(《纲要·健康·内容与要求》/《指南·健康·目标·5~6岁》)
3. 你喜欢大家一起玩的游戏吗?游戏后大家坐在一起讨论,你学到什么了吗?(《纲要·健康·社会·内容与要求》/《指南·健康·社会·目标·5~6岁》)
4. 你认真倾听大家的讲话了吗?能理解大家说的想法吗?(《纲要·语言·目标》/《指南·语言·目标·5~6岁》)
5. 你说的你的想法,你觉得别的小朋友都能听明白吗?(《纲要·语言·目标》/《指南·语言·目标·5~6岁》)
6. 你在讨论时,有过想要打断别人的话吗?你害怕不马上说就忘记了吗?(《纲要·语言·目标》/《指南·语言·目标·5~6岁·教育建议》)
7. 大家一起讨论时,要求发言前先举手,你觉得你做到了吗?(《纲要·社会·目标》/《指南·语言·社会·目标·5~6岁·教育建议》)
8. 大家一起讨论时,你有新的发现吗?经常有问题想要说吗?(《纲要·科学·目标》/《指南·科学·目标·5~6岁》)
9. 在讨论中,你会学习到一些你从前不知道的事吗?(《纲要·科学·内容与要求》/《指南·科学·目标·5~6岁》)
10. 你愿意与大家分享、交流你的新发现吗?他们相信你说的理由吗?(《纲要·科学·内容与要求》/《指南·科学·目标·5~6岁》)
11. 你愿意提出你的新问题与小朋友们一起寻求答案吗?(《纲要·科学·内容与要

求》/《指南·科学·目标·5～6岁》)

12.你是否经常会有一些和别的小朋友不一样的想法？你能接受其他小朋友的想法吗？(《纲要·艺术·内容与要求》/《指南·艺术·目标·5～6岁》)

附录4 研究开展过程性材料(选摘)

附录4-1 集体备课情况统计表

游戏名称	项目			
	时间	地点	参加教师	游戏哲学意涵要点
过家家（建构家园）	2019年6月3日	A园会议室	L老师教师A、教师B、教师D、教师X、教师K	困难、责任、义务、担当、分工合作
老鹰捉小鸡	2019年6月28日	A园会议室	L老师教师A、教师B、教师D、教师X、教师K	矛盾双方战略战术(追、掏等)
打口袋	2019年6月28日	A园会议室	L老师教师A、教师B、教师D、教师X、教师K	施救与不救和救人与自救(两难选择)、伙伴、荣誉、感恩、个人利益与集体利益
抬花轿	2019年6月4日	A园会议室	L老师教师A、教师B、教师D、教师X、教师K	合作、竞争、信任、默契、坚持与放弃(两难取舍)
斗鸡	2019年6月4日	A园会议室	L老师教师A、教师B、教师D、教师X、教师K	相时而动、随机应变(攻方) 按兵不动、敌进我退、以退为进(守方)
手心还手背	2019年6月10日	A园会议室	L老师教师B、教师D、教师X、教师K	公平、机会均等
打口袋、打地鼠（打口袋创新玩法）	2019年6月10日	A园会议室	L老师教师B、教师D、教师X、教师K	声东击西、出其不意(击打的一方)、虚张声势(被击打的一方)、传统与创新的取舍(取其精华,去其糟粕)

续表

游戏名称	项目			
	时间	地点	参加教师	游戏哲学意涵要点
抢椅子	2019年6月14日	A园会议室	L老师 教师A、教师B、教师D、教师X、教师K、教师H	果断(决定的事情就去做,不拖拉、不犹豫)、独立(以个人为单位,不能依靠别人,自己代表自己,不代表一个队伍或一个小组织,只能凭一己之力获得一个位置)、专注、规则

附:

打口袋游戏起源:也称打沙包、丢沙包,属于传统的民族民间运动。丢沙包由来已久,最早可以追溯到远古时代,人类的祖先就会用石头等硬物来击打猎物,随着时代的发展、文明的进步,且作为游戏道具不能用石头,于是人们开始用沙包来代替。丢沙包运动比较简单,对于场地和器材都没有什么要求,参与度很高。

打口袋游戏玩法:以四人为例,分两组,每组两人,中间两个人为一组,另一组的两个人分别站在第一组的两边,两边相距十米至十五米。游戏开始,两边的人用力投沙包,目的是击中中间一组的人,中间的人要躲避投来的沙包或者将其接住。如果中间的人能躲过沙包,则两边的人捡起沙包后继续投掷;如果中间的人未能躲过沙包,击中则被淘汰出局;如果中间的人将沙包接住,未使沙包掉落到地上,则本组淘汰出局者可复活继续参加游戏;若两人都被打中,则站在两边的人赢得此局。一轮游戏结束,中间的人与站在两边的人对换场地,继续投掷。

打地鼠游戏起源:本研究中的打地鼠游戏是打口袋游戏的一个创新玩法。它借鉴电子游戏打地鼠玩法,将其与打口袋巧妙结合,让电子版的打地鼠在现实中得以真实有趣地再现。

打地鼠游戏玩法:游戏选出一名幼儿当作射手进行投掷,其他幼儿用泡沫板挡住自己的身体以阻挡射手的投掷,躲在泡沫板后面的幼儿要快速运用泡沫板的上下移动和蹲下与起身来躲闪,保护自己身体不要被射手射中。

抬花轿游戏起源:抬花轿是传统婚嫁文化习俗的一种表现形式,新郎用花轿将新娘抬到家,大红的花轿给婚礼平添了几分喜庆,又显得隆重气派。花轿也称彩轿,即以红色绸缎做成轿衣,在四周用彩线绣出"百年好合""龙凤呈祥""花好月圆""双燕齐飞"等喜庆图案。随着社会的进步,这种民俗中的花轿逐渐由汽车代替,但孩子们对装扮新娘、抬花轿是非常感兴趣的,抬花轿游戏便是由此发展起来的游戏形式。

抬花轿游戏玩法:三人一组,两人当轿夫,一人当新娘。当轿夫的幼儿用右手握住自己的左手腕,再用左手握住对方的右手腕,蹲下。扮新娘的幼儿分别将两只脚跨入两个轿夫的双手臂之间,两只手分别搭在轿夫的肩上,轿夫站起,开始行走,到终点新娘下轿。一轮游戏结束,可换角色开始新一轮游戏。

斗鸡游戏起源:斗鸡是我国一种民间娱乐活动,据历史考证有2 800多年的历史。别称打鸡、咬鸡、军鸡。斗鸡最早见于《左传·昭公二十五年》:"季、郈之鸡斗,季氏介其鸡,郈氏为之金距。"斗鸡游戏起源于亚洲。中国是世界上驯养斗鸡的古老国家之一。《列子》有"纪渻子为周宣王养斗鸡"的记载。斗鸡之风在春秋时期已较盛行。中国斗鸡按其地理分布主要有河南斗鸡、山东斗鸡等,尤以产于开封、郑州和洛阳等地的河南斗鸡血统较纯,也更著名。此外,还有安徽北部、新疆吐鲁番和伊犁、云南西双版纳和福建漳州所产的斗鸡等。民间有中原斗鸡、漳州斗鸡、吐鲁番斗鸡、西双版纳斗鸡等"中国四大斗鸡"之说。

斗鸡游戏玩法:一条腿单腿站立,另一条腿弯曲起来用一只手抓住脚踝,另外一只手抓住小腿,腰背挺直,脚保持弹跳,膝盖上下摆动,用弯曲的那条腿的膝盖去顶对面孩子的膝盖。游戏的时候两只手不能松开,要用膝盖去顶,还要保持平衡,弯曲的那条腿脚先落地者为输。

抢椅子游戏起源:早在1937年2月,一代幼教工作者邹德惠的《幼稚园的游戏》正式出版,这本民国时期的幼稚教育书籍记载了抢椅子游戏的玩法。把椅子排成一列,椅背一只向内一只向外,互相连接,但椅子数目须比人数少一个。教师弹着进行曲或敲着铃,孩子排队环绕椅子而行,琴点或铃声一停,孩子们立即坐下,坐不到椅子的人不能参加,其余的人按照上法继续,看谁获得最后胜利。① 这本书已经影响了中国80多年,抢椅子游戏的历史则更加久远。

抢椅子游戏玩法:以7人为例,即摆放6把椅子,6把椅子背向围圈摆放。7个人来抢6把椅子,当音乐响起的时候,小朋友就要一起围着事先摆好的小椅子逆时针走或跑,当音乐停止时,小朋友就必须找到一把椅子坐下来,没有抢到椅子的小朋友就会被淘汰出局。游戏过程中不能用手去触碰、把住椅子梁。每玩完一次就撤出一把椅子,淘汰一个小朋友,直到剩最后一个小朋友,他就是这组的赢家。两组玩过之后,让两组的赢家做最后的比赛对决。

手心还手背游戏玩法:此游戏一般是为了游戏"配伙"时,采用的一种手法,是游戏前的游戏。当人数为偶数时,所有人都站在一起,开始喊:"手心还手背。"然后大家一起伸出手,如果手心手背出得不成比例,那就再来。直到手心手背成比例为止。人数3人至多人不定,可多可少。也有专门作为一项游戏的,以3人为例,游戏时,每次做"手心""手背"两种手势中的一种。规定:出现全部相同手势不分胜负须继续比赛;出现一个"手背"和两个"手心"或出现一个"手心"和两个"手背"时,则一种手势者为胜,两种相同手势者为负。在伸出手的时候,大家都尽量掩藏自己的手,不让对方猜到自己要出什么。有从背后藏着然后伸出手的;有突然一下就伸出手的;还有的人刚伸出手又变的,这时大家就一块儿让他的耳朵"震耳欲聋",他也只得"洗耳恭听"了。

抱团子游戏玩法:老师放起欢快的曲子,小朋友们跟着音乐舞动,等老师说出数字几,就是几个小朋友抱在一起,没有找到小伙伴组队的小朋友视为淘汰。

红灯、绿灯、小黄灯游戏玩法:终点线处设三名小朋友,分别持红灯牌儿、绿灯牌儿、

---

① 储文静.《幼稚园的游戏》影响了中国80多年[EB/OL].(2019-08-31)[2024-05-07].https://www.hunantoday.cn/news/xhn/201908/14437781.html.

黄灯牌儿。若举的是绿灯牌儿,众幼儿朝着终点走、跑或跳。若举的是红灯牌儿,众幼儿则必须立刻如木头人一般静止站立。终点线处三名小朋友一起牵手并且一起喊出红灯、绿灯、黄灯灯牌儿,随后一起转过头看后面的小朋友有没有动的,如果有动的则出局。如果没被淘汰的小朋友到达终点并且碰到终点线,三名小朋友就开始往起点跑,看看终点处的小朋友能否捉到跑往起点的小朋友。

附录4—2 基于捉迷藏游戏的幼儿哲学教学活动准备工作与游戏过程

1.场地布置

捉迷藏游戏通过"摸"来确定是"谁"的游戏。小朋友活动空间不可太大,要让蒙眼的小朋友在短时间内摸到;也不可太小,在太小的空间内游戏没有难度,且容易互相磕绊。所以,捉迷藏游戏在大约70平方米的活动室内进行,中间为空地,四周设有防护,并以此作为游戏空间的界限。

2.玩具准备

眼罩1个。

3.游戏观察记录

游戏日期:2018年11月27日

游戏时间:下午2:50—3:10

游戏时长:20分钟

成人数目与角色分配:1名主班教师组织幼儿游戏。每次游戏中有一名幼儿负责摸,其他幼儿负责藏。

儿童数目与概况:共14名幼儿,除9名重点研究对象男孩A、男孩B、男孩C、男孩D、男孩E、女孩A、女孩B、女孩C、女孩D外,还有男孩F、男孩G、男孩H、男孩I、女孩E。

观察方法:事件抽样法。

记录方式:先进行实况录像,然后通过反复回看录像进行记录。

观察内容:在整个游戏时间内,所有幼儿在游戏中的表现与态度。

游戏玩法:先请一位小朋友戴上眼罩做好准备。游戏开始由另一位小朋友边念儿歌(走过来,走过来,你的朋友在这里。摸一摸,猜一猜,我在这里等着你。)边护送戴眼罩的小朋友到指定位置。在念儿歌和护送的同时,其他小朋友选好位置并做好动作,儿歌念完,其他小朋友就不可以再动,也不可以说话。待负责摸的小朋友说出摸的是谁之后,一轮游戏结束。

具体内容:

教师首先对小朋友们说:"我们天天在一起学习、生活,互相都已经非常熟悉了,有的相互间还成为特别要好的朋友。那今天我们就来做个游戏,看看你们到底熟悉到什么程度。"接下来教师通过自己玩一遍的方式来告诉小朋友们游戏玩法,并强调游戏中要遵守规则。首先由男孩B来摸,用眼罩将他的眼睛蒙上做准备。男孩A负责念儿歌并护送男孩B到指定位置,开始游戏。儿歌结束,小朋友们姿态各式各样。看着男孩B小心翼翼一边探路一边摸的样子,小朋友们都强忍着,努力不笑出声。很快男孩B莽莽撞撞地就碰到了一位小朋友,他认认真真地从头摸到脚,很快就说出了是女孩 D,一轮游戏结束。

捉迷藏游戏过程中,被摸的一方幼儿全神贯注地用各种不像自己的声音、动作等去装扮、掩饰自己。摸的一方幼儿努力在头脑中回想记忆中同伴的样子,认真分析、辨别,有如一个侦探。有的回答错误,有的回答正确,但就在这对与错的甄别过程中,幼儿逐渐懂得看人、看事、看物不能够以点带面、以偏概全。下面是基于捉迷藏游戏进行的哲学讨论实录:

对话日期:2018 年 11 月 27 日

对话时间:下午 3:10—3:26

对话时长:16 分钟

时间安排说明:捉迷藏游戏活动量不大,宜即刻进行讨论,所以哲学对话就选择在游戏结束后当场进行。时间、地点、场合没有大的变化,更容易激发思考。

成人数目与角色分配:研究者作为 A 园的 L 老师担任主持人,与 9 名幼儿进行哲学对话。

儿童数目与概况:共 14 名幼儿,除 9 名重点研究对象男孩 A、男孩 B、男孩 C、男孩 D、男孩 E、女孩 A、女孩 B、女孩 C、女孩 D 外,还有男孩 F、男孩 G、男孩 H、男孩 I、女孩 E。

观察方法:事件抽样法。

记录方式:先进行实况录像,然后通过反复回看录像进行记录。

观察内容:在整个对话时间内,所有幼儿的语言、行为、表现所呈现出的哲学思维等。

附录 4—3　基于雪地打马球游戏的幼儿哲学教学活动准备工作与游戏过程

1. 场地布置

冬天雪后的幼儿足球场,被一层厚厚的雪覆盖,雪的厚度约 10 厘米。这样厚度的雪可以有效减少游戏中摔倒可能带来的伤害,同时更加增添了幼儿雪地玩耍的乐趣。

2. 玩具准备

足球 1 个,笤帚 14 把,幼儿游戏足球门 2 个。

3. 游戏观察记录

游戏日期:2019 年 1 月 10 日

游戏时间:上午 9:50—10:05

游戏时长:15 分钟

成人数目与角色分配:2 名主配班教师组织幼儿游戏。1 名体育老师作为裁判。14 名幼儿分成两队,各队自行分配队员与守门员。

儿童数目与概况:共 14 名幼儿,除 9 名重点研究对象男孩 A、男孩 B、男孩 C、男孩 D、男孩 E、女孩 A、女孩 B、女孩 C、女孩 D 外,还有男孩 F、男孩 G、男孩 H、男孩 I、女孩 E。

观察方法:事件抽样法。

记录方式:先进行实况录像,然后通过反复回看录像进行记录。

观察内容:在整个游戏时间内,所有幼儿在游戏中的表现与态度。

游戏规则:幼儿骑在笤帚上热身后,用笤帚扫球,以雪地足球场为场地。幼儿分两队,手持笤帚,共击一球,双方分设守门员,以将球打入对方球门为胜。

具体内容：

首先老师带着所有幼儿排成一队骑着笤帚绕场慢跑热身，让孩子们在骑笤帚的过程中体验假装骑马的乐趣。5分钟的热身之后，老师将小朋友们分成男女力量相当的两队，并由两队各自选一名幼儿做守门员。游戏以老师的哨声开始，小朋友们胯下的笤帚（马）立即变身成为工具开始扫球，两队你争我夺，球场气氛非常激烈。孩子们在不断地对抗中，表现得非常勇敢、机敏。时而使球腾空飞跃，时而两队将球捂住僵持不下。只见其中一队的守门员一边认真观战，一边守护球门，一边还努力用雪将球门垫高，以阻挡对方将球扫入。游戏大约进行了10分钟，最后以1比0的比分结束此次游戏。

对话日期：2019年1月10日

对话时间：上午10:35—10:45

对话时长：10分钟

时间安排说明：雪地打马球游戏是在冬天的户外雪地进行，天气较为寒冷，游戏的场地大，且游戏过程中比较消耗体力，需要一段时间身体上的休息与能量补充。为让幼儿不失对游戏讨论的兴致，趁热打铁，哲学对话选择在游戏30分钟后，就地在娃娃家区域中进行。

成人数目与角色分配：研究者作为A园的L老师担任主持人，与14名幼儿进行哲学对话。

儿童数目与概况：共14名幼儿，除9名重点研究对象男孩A、男孩B、男孩C、男孩D、男孩E、女孩A、女孩B、女孩C、女孩D外，还有男孩F、男孩G、男孩H、男孩I、女孩E。

观察方法：事件抽样法。

记录方式：先进行实况录像，然后通过反复回看录像进行记录。

观察内容：在整个对话时间内，所有幼儿的语言、行为、表现所呈现出的哲学思维等。

附录4－4 基于翻绳游戏的幼儿哲学教学活动准备工作

1.教具准备

一米长的线绳10根，椅子10把。

2.活动说明

"翻绳"游戏是一个相对静态的游戏，且需要坐着更有利于游戏实施。因此基于"翻绳"游戏的幼儿哲学对话也在游戏过程中同时进行。

3.活动观察记录

活动日期：2018年11月18日

游戏及对话时间：下午2:50—3:20

游戏及对话时长：30分钟

成人数目与角色分配：L老师作为教师和主持人与9名幼儿展开游戏与哲学对话。

儿童数目与概况：共9名幼儿，其中男孩5名，女孩4名。

观察方法：事件抽样法。

记录方式：先进行实况录像，然后通过反复回看录像进行记录。

观察内容:在整个游戏时间内,所有幼儿在游戏中的表现与态度。

游戏规则:9名幼儿与L老师共10个人,组成5组,每组两人对坐游戏。用一根绳子结成绳套,一人以手指编成一种花样,另一人用手指接过来,翻成另一种花样。通过手指灵活地支撑、勾、挑、翻、收、放等动作,相互交替编翻,直到一方不能再编翻下去为止。

附录4-5 基于编花篮游戏的幼儿哲学教学活动

1. 场地布置

编花篮游戏需要小朋友间的密切配合,幼儿第一次玩,相互还不能达到非常默契的程度,需要教师准备好安全防护措施。6张垫子连接铺成一个约16平方米的游戏场地。

2. 活动观察记录

游戏日期:2019年5月29日

游戏时间:上午9:50—9:55

游戏时长:5分钟

成人数目与角色分配。L老师与12名幼儿。L老师作为主持人和裁判与幼儿进行基于编花篮游戏的哲学对话。

目标儿童数目与概况:共12名幼儿,其中男孩6名,女孩6名。

观察方法:参与式观察法。

记录方式:先进行实况录像,然后通过反复回看录像进行记录。

观察内容:在整个游戏时间内,所有幼儿在游戏中的表现与态度。

游戏玩法:四人以上一组站在一起,后背相向,手拉着手。各自左脚站地,第一个人右脚向后勾起,搭在与右边小朋友拉起的手上,下一个小朋友将右脚向后勾起搭在第一个小朋友右腿弯上,依此类推,最后,第一个小朋友将腿从手上拿下来搭在前一位小朋友的右腿弯上。如此编成一个花篮,使之不会分开。然后小朋友们同时单脚跳跃,双手拍掌打节拍,以统一跳的节奏,边跳边唱:"编花篮,花篮里头有小孩,小孩的名字叫什么?叫白菜。蹲下起不来,坐下起不来,噼里啪啦炒白菜。"坚持时间最长者为胜。

对话记录:

  L老师:"刚才玩儿的游戏好玩儿吗?"

  男孩M:"好玩儿,还摔跤了!"

  L老师:"那是摔跤游戏,还是编花篮游戏呀?"

  小朋友们回答是"编花篮游戏"。

  L老师:"但是你们怎么会想到摔跤呢?"

  男孩L:"我摔了好几次哪!"

  L老师:"什么原因导致摔跤呢?"

  女孩W:"我脚站不住了!"

  L老师:"为什么站不住呢?怎样才能站住呢?"

  女孩W:"不能笑!"

  女孩F:"得保持平衡!"

  男孩M:"脚不能抖。"

女孩W:"膝盖不能弯。"
女孩S:"往前面看。"
男孩M笑呵呵地指着男孩W说:"他力气有点大!"
坐在男孩W左边的女孩W还拍了一下男孩W的肚子,表示"他有点胖",说完就捂嘴笑了。坐在男孩W右边的女孩F拍拍男孩W的头说:"他的个子还有点高。"
L老师:"那咱们不带他玩儿行不行?"
小朋友们都表示反对。(男孩W一直默默地看着老师,没有吭声。)
L老师:"那怎么办呀?他的力气那么大。"
女孩W提议:"我们和老师一起玩儿!老师能站住。"
L老师:"你们自己站不稳吗?"(避免重复与纠缠,适时等待)
男孩M这时感叹道:"老师,这个游戏太难了!"
女孩S立即反驳说:"不难!"
L老师:"哦!有人说难,有人说不难,那么先说说难在哪里呢?"(洋葱法,集中注意力)
男孩M:"腿有点儿酸!"
L老师:"不难在哪里呢?"
女孩S:"简单。"
男孩M突然说:"有点儿过瘾!"
L老师:"是难的过瘾,还是简单的过瘾呢?"
女孩S和女孩F同时表示:"不难的事。"
男孩M用拇指和食指分开一点儿比量着对L老师说:"得有一点点难度。"
L老师:"为什么要有一点点难度呢?"
男孩M:"没意思,没有难度!"
L老师转过来对着女孩S和女孩F问道:"为什么你们觉得不难的事过瘾呢?"
女孩S说:"是女孩做的。"女孩F回应"对"表示赞同。
L老师:"难道女孩子做的都是没有难度的事吗?"
男孩M:"女孩子弱!"
L老师:"女孩子弱吗?"(等待与疏导,概念澄清)
女孩Z:"女孩做的时间长。"
L老师:"为什么女孩做的时间长?"
男孩M:"坚持!"
L老师问男孩M:"你们为什么没有坚持呢?"
男孩M又看向男孩W,表示原因在男孩W。
这时男孩W说:"老师,我能坚持把他们一直都扶住。"
L老师:"现在,你们希望不希望男孩W和大家一起游戏?"
男孩M:"不让他玩儿,那有啥意思呀?他孤单单的!"

L老师:"男孩W人缘儿不错呀！可是他这么重,怎样能编成花篮呢？"
　　男孩M:"他重,他有力气。"
　　女孩S:"他能搬动东西。"
　　女孩W:"他也能站稳。"(等待后产生共鸣与互动)
　　L老师:"老师还担心,你们要清理队伍呢！"
　　男孩X笑着说:"清理什么意思？要把他装进垃圾桶里吗？那也不行！"
　　男孩W笑着回应:"垃圾桶都装不下我！"
　　L老师:"你们可真幽默！下次你们再玩儿这个游戏,认为怎样才能编成花篮呢？"
　　小朋友们有的说"膝盖不能弯",有的说"要保持平衡",有的说"眼睛要一直往前看",有的说"腿不能抖",男孩M说:"还不能自己摔倒。"
　　L老师:"为什么不能自己摔倒呢？"
　　女孩S:"因为一个摔倒就都倒了。"
　　L老师:"为什么一个摔倒就都倒了呢？"
　　男孩W:"因为我们都拉着手呢！"
　　L老师:"对呀,你们不仅都拉着手,腿还互相搭着呢！所以大家一起要怎样？"
　　男孩M高声喊道:"配合！"

附录4－6　基于扇啪唧游戏的幼儿哲学教学活动准备工作

1. 游戏说明

　　基于扇啪唧游戏的幼儿哲学教学活动首先从叠"啪唧"开始,"扇啪唧"游戏中"啪唧"的传统叠法比较复杂,需要较高的手眼协调能力。本研究中5～6岁幼儿的手眼协调能力、小肌肉群的发展水平还不能很好地完成传统游戏中复杂的叠法,因此在本游戏中降低了叠"啪唧"的难度。"扇啪唧"游戏是一款桌面游戏,在玩游戏时小朋友们围坐在桌子四周,同时适于进行哲学对话,因此本次活动游戏与哲学对话同时进行。

2. 玩具准备

4张桌子、10把椅子、各种颜色的手工纸若干张、书1本。

3. 活动观察记录

活动日期:2018年11月16日

游戏及对话时间:上午9:50—10:15

游戏及对话时长:25分钟

成人数目与角色分配:L老师与9名幼儿,L老师作为主持人和裁判与幼儿进行基于扇啪唧游戏的哲学对话。

目标儿童数目与概况:共9名幼儿,其中男孩5名,女孩4名。

观察方法:参与式观察法。

记录方式:先进行实况录像,然后通过反复回看录像进行记录。

观察内容：在整个游戏时间内，所有幼儿在游戏中的表现与态度。

游戏玩法：一个小朋友把啪唧放在桌子上，另一方用啪唧扇对方的啪唧，如果扇翻个了，就赢得一张啪唧，输的继续下注啪唧。扇的方式多样，可以拍击，也可以用嘴吹，可以单张玩儿，也可以成摞玩儿。

附录4—7 基于丢手绢游戏的幼儿哲学教学活动准备工作与游戏过程

1. 场地布置

"丢手绢"游戏中，幼儿会绕圈跑，需要相对宽敞的场地，选择在有小舞台的活动室进行。幼儿游戏的运动量较大，所以先进行游戏，然后在小舞台上一边休息一边进行哲学对话。

2. 玩具准备

手绢1个。

3. 游戏观察记录

游戏日期：2018年11月30日

游戏时间：上午9:50—10:00

游戏时长：10分钟

成人数目与角色分配：2名教师组织9名幼儿游戏。

儿童数目与概况：共9名幼儿，其中男孩5名，女孩4名。

观察方法：事件抽样法。

记录方式：先进行实况录像，然后通过反复回看录像进行记录。

观察内容：在整个游戏时间内，所有幼儿在游戏中的表现与态度。

游戏玩法：

运用"石头、剪刀、布"的方法推选出一位丢手绢的小朋友，其余的小朋友围成一个大圆圈后蹲下。游戏开始，大家一起唱《丢手绢》（丢呀丢呀丢手绢，轻轻地放在小朋友的后面，大家不要告诉她，快点快点抓住她，快点快点抓住她）歌谣，被推选为丢手绢的人沿着圆圈外行走或跑步。在歌谣唱完之前，丢手绢的人要在不知不觉间将手绢丢在其中一人的身后。蹲着的人要随时注意手绢是否被丢在自己的身后，发现自己身后有手绢的人要迅速起身追逐丢手绢的人，丢手绢的人沿着圆圈奔跑，跑到被丢手绢人的位置时蹲下，如在跑到被丢手绢人的位置前被抓住，则要表演一个节目。如果被丢手绢的人在歌谣唱完后仍未发现身后的手绢，而让丢手绢的人转了一圈后抓住的，就要做下一轮丢手绢的人，他的位置则由刚才丢手绢的人代替。

4. 哲学讨论实录

对话日期：2018年11月30日

对话时间：上午10:10—10:26

对话时长：16分钟

时间安排说明：丢手绢游戏活动量较大，选择了相对宽敞的活动室进行，而且活动室内有一个可以供孩子们休息的小舞台。小朋友们在小舞台上一边休息一边与L老师进行哲学对话。

成人数目与角色分配：研究者作为 A 园的 L 老师担任主持人，与 9 名幼儿进行哲学对话。

儿童人数与基本概况：共 9 名幼儿，男孩 5 名，女孩 4 名。

观察方法：事件抽样法。

记录方式：先进行实况录像，然后通过反复回看录像进行记录。

观察内容：在整个对话时间内，所有幼儿的语言、行为、表现所呈现出的哲学思维等。

附录 4-8　幼儿绘画——我最喜爱的民间传统游戏（部分）

一网不捞鱼

老鹰捉小鸡

喜欢的多种游戏

老鹰捉小鸡

捉迷藏

网鱼

网鱼　　　　　　　　钓鱼

附录4—9　幼儿哲学对话环境评估项目

老鹰捉小鸡①　网鱼②　过家家③　雪地打马球④　欻嘎拉哈⑤
扇啪唧⑥　捉迷藏⑦　翻绳⑧　丢手绢⑨　绕口令⑩

(1)幼儿的位置是否能够使他们在谈话时相互看得见?
(①能)(②能)(③能)(④能)(⑤能)(⑥能)(⑦能)(⑧能)(⑨能)(⑩能)

(2)教师的位置是否便于对每一个幼儿说话或者倾听幼儿的发言?
(①是)(②是)(③是)(④是)(⑤是)(⑥是)(⑦是)(⑧是)(⑨是)(⑩是)

(3)讨论氛围是否足够安静,以保障幼儿能听到每一个幼儿的发言?
(①是)(②是)(③是)(④是)(⑤是)(⑥是)(⑦是)(⑧是)(⑨是)(⑩是)

(4)幼儿在回答问题时都是看着老师吗,或者他们只是相互看?
(①是)(②是)(③是)(④是)(⑤是)(⑥是)(⑦是)(⑧是)(⑨是)(⑩是)

(5)幼儿相互之间更能畅谈,还是和老师之间更能畅谈?
(①都是)(②都是)(③都是)(④都是)(⑤都是)(⑥都是)(⑦都是)(⑧都是)(⑨都是)(⑩都是)

(6)幼儿是否总是关注摄录设备,是否会因此转移注意力,或处于不安状态?
(①否)(②否)(③否)(④否)(⑤否)(⑥否)(⑦否)(⑧否)(⑨否)(⑩否)

附录4—10　幼儿哲学行为检核评估项目

老鹰捉小鸡①　网鱼②　过家家③　雪地打马球④　欻嘎拉哈⑤
扇啪唧⑥　捉迷藏⑦　翻绳⑧　丢手绢⑨　绕口令⑩

(1)幼儿讨论了几个具体问题?
(①7个)(②5个)(③4个)(④2个)(⑤2个)(⑥1个)(⑦1个)(⑧5个)(⑨2个)(⑩6个)

(2)幼儿讨论内容几次涉及哲学概念?
(①6次)(②5次)(③3次)(④2次)(⑤4次)(⑥1次)(⑦1次)(⑧2次)(⑨1次)(⑩1次)

(3)赞同他人观点几次?
(①0次)(②0次)(③0次)(④1次)(⑤2次)(⑥7次)(⑦0次)(⑧0次)(⑨0次)(⑩0

(4)反对他人观点几次?
(①0次)(②0次)(③1次)(④2次)(⑤4次)(⑥9次)(⑦0次)(⑧0次)(⑨0次)(⑩0次)

(5)认真倾听他人意见有几人?
(①8人)(②8人)(③8人)(④8人)(⑤9人)(⑥9人)(⑦9人)(⑧9人)(⑨9人)(⑩9人)

(6)给出理由几次?
(①7次)(②3次)(③4次)(④5次)(⑤5次)(⑥11次)(⑦3次)(⑧3次)(⑨3次)(⑩12次)

(7)幼儿是否从相互的发言中受益?
(①是)(②是)(③是)(④是)(⑤是)(⑥是)(⑦是)(⑧是)(⑨是)(⑩是)

(8)在讨论中,有不善于言辞的幼儿加入到讨论中了吗?
(①没有)(②没有)(③没有)(④没有)(⑤有)(⑥有)(⑦有)(⑧有)(⑨没有)(⑩有)

(9)幼儿能够用语言表达出他们自己的话所引出的启示吗?
(①能)(②能)(③能)(④能)(⑤能)(⑥能)(⑦能)(⑧能)(⑨能)(⑩能)

(10)幼儿相互要求陈述理由吗?
(①没有)(②没有)(③没有)(④没有)(⑤有)(⑥有)(⑦没有)(⑧没有)(⑨没有)(⑩有)

(11)幼儿是否尊重相互的观点,并严肃地讨论?
(①是)(②是)(③是)(④是)(⑤是)(⑥是)(⑦是)(⑧是)(⑨是)(⑩是)

(12)幼儿知道我也从他们那里学到东西了吗?
(①是)(②是)(③是)(④是)(⑤是)(⑥是)(⑦是)(⑧是)(⑨是)(⑩是)

(13)在讨论问题时,幼儿感觉到我的疑惑和惊讶了吗?是否观察到我是一个喜欢探索而且需要探索的人?
(①是)(②是)(③是)(④是)(⑤是)(⑥是)(⑦是)(⑧是)(⑨是)(⑩是)

(14)对于精神、自由的性质之类的问题或是非、善恶道德之类的问题,幼儿指望我给出他们答案吗?
(①没有)(②没有)(③没有)(④没有)(⑤没有)(⑥没有)(⑦没有)(⑧没有)(⑨没有)(⑩没有)

(15)对话过程中幼儿之间产生几次话轮?
(①1次)(②1次)(③1次)(④1次)(⑤3次)(⑥1次)(⑦1次)(⑧2次)(⑨1次)(⑩4次)

(16)幼儿是否急于结束讨论?
(①否)(②否)(③否)(④否)(⑤否)(⑥否)(⑦否)(⑧否)(⑨否)(⑩否)

附录4—11 研究者幼儿哲学教学自我评估项目

老鹰捉小鸡①   网鱼②   过家家③   雪地打马球④   欻嘎拉哈⑤

扇啪唧⑥　　捉迷藏⑦　　翻绳⑧　　丢手绢⑨　　绕口令⑩

(1)我了解了每一个幼儿的看法吗?(《纲要·语言·内容与要求》/《指南·健康·目标·5～6岁》)

(①是)(②是)(③是)(④是)(⑤是)(⑥是)(⑦是)(⑧是)(⑨是)(⑩是)

(2)我给幼儿讨论的机会了吗?(《纲要·语言·内容与要求》/《指南·健康·目标·教育建议》)

(①是)(②是)(③是)(④是)(⑤是)(⑥是)(⑦是)(⑧是)(⑨是)(⑩是)

(3)我是否有意识地用不带威胁性的方式引导不爱发言的幼儿参加讨论?我是否尽了最大努力去帮助幼儿?(《纲要·健康·内容与要求》/《指南·健康·科学·目标·教育建议》)

(①是)(②是)(③是)(④是)(⑤是)(⑥是)(⑦是)(⑧是)(⑨是)(⑩是)

(4)在讨论过程中,我讲话讲得太多吗?(《纲要·语言·内容与要求》/《指南·健康·语言·目标·教育建议》)

(①比较多)(②比较多)(③比较多)(④较多)(⑤较多)(⑥较多)(⑦较多)(⑧较多)(⑨较少)(⑩较少)

(5)当幼儿提出看法后,我提出追踪问题了吗?(《纲要·科学·内容与要求》/《指南·语言·科学·目标·教育建议》)

(①是)(②是)(③是)(④是)(⑤是)(⑥是)(⑦是)(⑧是)(⑨是)(⑩是)

(6)我鼓励幼儿对他们自己的观点陈述理由了吗?(《纲要·科学·内容与要求》/《指南·语言·目标·教育建议》)

(①是)(②是)(③是)(④是)(⑤是)(⑥是)(⑦是)(⑧是)(⑨是)(⑩是)

(7)我鼓励幼儿对别人的发言进行评论了吗?(《纲要·社会·艺术·内容与要求》/《指南·社会·目标·教育建议》)

(①没有)(②没有)(③没有)(④有)(⑤有)(⑥有)(⑦没有)(⑧没有)(⑨没有)(⑩没有)

(8)当一个幼儿回答我的问题时,我是否用更深入的问题来引申这个幼儿的回答,或者只是转向另一个学生呢?(《纲要·科学·内容与要求》/《指南·科学·目标·教育建议》)

(①是)(②是)(③是)(④是)(⑤是)(⑥是)(⑦是)(⑧是)(⑨是)(⑩是)

(9)我从倾听幼儿的谈话中学到东西了吗?(《纲要·科学·内容与要求》/《指南·科学·目标·教育建议》)

(①是)(②是)(③是)(④是)(⑤是)(⑥是)(⑦是)(⑧是)(⑨是)(⑩是)

(10)我是否发现幼儿的观点促使我思考以前从未思考过的问题?(《纲要·艺术·内容与要求》/《指南·艺术·目标·教育建议》)

(①是)(②是)(③是)(④是)(⑤是)(⑥是)(⑦是)(⑧是)(⑨是)(⑩是)

(11)我在每一个孩子身上都发现了我过去从未见到过的力量了吗?(《纲要·艺术·内容与要求》/《指南·艺术·目标·教育建议》)

(①是)(②是)(③是)(④是)(⑤是)(⑥是)(⑦是)(⑧是)(⑨是)(⑩是

(12)我在力图保持教学秩序的同时,做到了不压抑任何一个幼儿的探索、自觉和独创性了吗?《纲要·健康·艺术·内容与要求》/《指南·艺术·目标·教育建议》)
(①是)(②是)(③是)(④是)(⑤是)(⑥是)(⑦是)(⑧是)(⑨是)(⑩是)

附录 4—12 幼儿平时与幼儿哲学活动对比情况

通过对每位幼儿家长和两位老师访谈幼儿平时与幼儿哲学活动情况的对比,效果评估分析如下:

(1)幼儿是不是显得更积极地在哲学活动中与小朋友们讨论?

答:是的。课上讨论的气氛很热烈,本来家长和老师感觉性格内向的孩子在与孩子们在一起时都表现很活跃。

(2)幼儿是不是显得更愿意在哲学活动中与 L 老师对话?

答:是的。课上讨论的气氛很热烈,本来家长和老师感觉性格内向的孩子和 L 老师对话完全没有生疏感,状态很放松,不仅是有问必答,而且经常是有问抢答。

(3)幼儿是不是在哲学活动中讨论的话轮次数更多?

答:是的。幼儿在与家长、老师的对话中通常是一问一答,甚至是有问无答,或者是有问乱答、有问必答。而在幼儿哲学课上经常性地出现你来我往式的话轮。

(4)幼儿在哲学活动中是否表现出更强的推理能力?

答:是的。家长和老师面对幼儿的问题往往是消极应对,即使态度不消极但只限于追求给予幼儿标准答案,没有深入挖掘。而在幼儿哲学课上与幼儿、L 老师讨论的机会大大增加,讨论氛围轻松愉悦。幼儿本就是天生的哲学家,只要给孩子机会,必然在本研究中的幼儿哲学课上自然触发。

(5)幼儿在哲学活动中是否寻求正确的答案、标准化的解释?

答:否。幼儿在每次哲学课上始终在讨论,思考的同时倾听其他小朋友的观点,一直没有明确的答案,但丝毫不影响小朋友们讨论的热情。

(6)幼儿是否紧跟讨论的思路进行"洋葱式"的思考?

答:是的。大部分幼儿都能做到,而且节奏紧凑、一层层剥开问题关键所在。

(7)幼儿在哲学活动中的讨论是否经常进入到哲学性的思考当中?

答:是的。幼儿曾讨论有关规则、团结、责任等问题,并且通过讨论学会辩证地看问题。

(8)幼儿是否会通过讨论重新建构自己的想法?

答:是的。幼儿会接纳其他小朋友的观点,重新审视自己的观点,重构自己的想法,并进行综合性陈述。

附录 4—13 幼儿哲学教学活动前后对比情况

通过幼儿哲学教学前后情况的对比,效果评估分析如下:

(1)幼儿是不是显得比过去更专心地倾听别人的发言?

答:是的。尤其是个别注意力不集中的幼儿也逐渐参与到讨论中来。

(2)不善于口头表达的幼儿比过去更积极地参加讨论了吗?

答:是的。例如女孩B、女孩D、男孩D、男孩E都比过去表现出更多的参与度。

(3)在同他们谈话中进行正确推理方面,幼儿表现出进步了吗?

答:是的。起初只天马行空地说,想到什么、曾经看到过什么就说什么,但后来尤其是男孩C、男孩A、男孩B、女孩A、女孩C表现出较强的逻辑推理性思考。

(4)和第一次课相比,哲学讨论是否更深入?学生是否更乐意参加哲学教学活动?

答:是的。每次讨论,幼儿都不愿意结束,即便结束,也会和L老师约定下一次的讨论。在其他活动中遇见L老师,也会特意到L老师身边询问什么时候再在一起游戏和讨论。

(5)和第一次课相比,幼儿是否比以前更愿意思考问题,我是如何知道的?

答:是的。幼儿总是争先恐后地表达自己的观点,尤其是绕口令游戏哲学讨论中,幼儿担心不马上说,当时的想法就忘记了怎么办。

(6)幼儿相互问答时,显得更加审慎和成熟了吗?

答:是的。尤其是男孩C、男孩A从最初的答非所问、不着边际到能够找准切入点,认真分析、推理、综述,体现出较大的进步。

(7)班集体的精神是否在发展?

答:是的。幼儿经过多次的基于民间传统游戏的幼儿哲学课,感受到讨论的乐趣,体验到自己观点的被尊重,学习接纳他人的想法,遵守集体的规则,懂得了团结的力量,开拓了思想疆界。尤其是幼儿的老师、家长也在幼儿的改变中知晓了幼儿哲学,懂得了幼儿哲学的重要性,产生了初步改变教育方式的意识,这也为班集体思想之自由精神的发展奠定了良好的基础。

(8)幼儿的集体观念显得更强了吗?

答:是的。无论是游戏还是哲学对话,都是在集体的规则下进行的。在思想之自由与行为之规范中的基于民间传统游戏的幼儿哲学教学必然会增强幼儿的集体观念。尤其是在关于团结、责任、规则等一些问题时,更加显而易见地突显集体观念的进步。

附录4-14 幼儿自我评估项目

老鹰捉小鸡①　网鱼②　过家家③　雪地打马球④　欻嘎拉哈⑤
扇啪唧⑥　捉迷藏⑦　翻绳⑧　丢手绢⑨　绕口令⑩

(①男孩A)(②男孩B)(③男孩C)(④男孩D)(⑤男孩E)(⑥女孩A)(⑦女孩B)(⑧女孩C)(⑨女孩D)

(1)我们大家坐在一起讨论问题时,你感到开心快乐吗?(《纲要·健康·目标》/《指南·健康·目标·5~6岁》)

(①是)(②是)(③是)(④是)(⑤是)(⑥是)(⑦是)(⑧是)(⑨是)

(2)你喜欢和老师、和班级的小朋友们在一起讨论吗?你乐于说出你的想法吗?(《纲要·健康·内容与要求》/《指南·健康·目标·5~6岁》)

(①是)(②是)(③是)(④是)(⑤是)(⑥是)(⑦是)(⑧是)(⑨是)

(3)你喜欢大家一起玩儿的游戏吗?游戏后大家坐在一起讨论,你有收获吗?(《纲要·健康·社会·内容与要求》/《指南·健康·社会·目标·5~6岁》)

(①是)(②是)(③是)(④是)(⑤是)(⑥是)(⑦是)(⑧是)(⑨是)

(4)你认真倾听大家的讲话了吗？能理解大家说的想法吗？（《纲要·语言·目标》/《指南·语言·目标·5～6岁》)

(①是)(②是)(③是)(④是)(⑤是)(⑥是)(⑦是)(⑧是)(⑨是)

(5)你说的你的想法,你觉得别的小朋友都能听明白吗？（《纲要·语言·目标》/《指南·语言·目标·5～6岁》)

(①是)(②是)(③是)(④是)(⑤是)(⑥是)(⑦是)(⑧是)(⑨是)

(6)你在讨论时,有过想要打断别人的话吗？你害怕不马上说,就忘记了吗？（《纲要·语言·目标》/《指南·语言·目标·5～6岁·教育建议》)

(①是)(②是)(③是)(④是)(⑤是)(⑥是)(⑦是)(⑧是)(⑨是)

(7)大家一起讨论时,要求发言前先举手,你觉得你做到了吗？（《纲要·社会·目标》/《指南·语言·社会·目标·5～6岁·教育建议》)

(①否)(②否)(③否)(④否)(⑤否)(⑥否)(⑦否)(⑧否)(⑨否)

(8)大家一起讨论时,你有新的发现吗？经常有问题想要说吗？（《纲要·科学·目标》/《指南·科学·目标·5～6岁》)

(①是)(②是)(③是)(④是)(⑤是)(⑥是)(⑦是)(⑧是)(⑨否)

(9)在讨论中,你会学习到一些你从前不知道的事吗？（《纲要·科学·内容与要求》/《指南·科学·目标·5～6岁》)

(①是)(②是)(③是)(④是)(⑤是)(⑥是)(⑦是)(⑧是)(⑨是)

(10)你愿意与大家分享、交流你的新发现吗？他们相信你说的理由吗？（《纲要·科学·内容与要求》/《指南·科学·目标·5～6岁》)

(①是)(②是)(③是)(④是)(⑤是)(⑥是)(⑦是)(⑧是)(⑨是)

(11)你愿意提出你的新问题与小朋友们一起寻求答案吗？（《纲要·科学·内容与要求》/《指南·科学·目标·5～6岁》)

(①是)(②是)(③是)(④是)(⑤是)(⑥是)(⑦是)(⑧是)(⑨是)

(12)你是否经常会有一些和别的小朋友不一样的想法？你能接受其他小朋友的想法吗？（《纲要·艺术·内容与要求》/《指南·艺术·目标·5～6岁》)

(①是)(②是)(③是)(④是)(⑤是)(⑥是)(⑦是)(⑧是)(⑨是)

附录4—15 基于过家家游戏的幼儿哲学教学活动准备工作与游戏过程

1.场地布置

教师在游戏活动前先布置好幼儿娃娃家游戏场地。娃娃家的面积大约8平方米,全部用地垫铺好,四周由置物架围成半封闭的区域。娃娃家内有桌子、洋娃娃、梳妆台、小厨房、家庭必备常用的仿制物品等。

2.游戏观察记录

游戏日期:2018年11月20日

游戏时间:上午9:50—10:00

游戏时长:10分钟

成人数目与角色分配：主班教师与9名幼儿自主扮演家庭中的角色。
目标儿童数目与概况：共9名幼儿，其中男孩5名，女孩4名。
观察方法：事件抽样法。
记录方式：先进行实况录像，然后通过反复回看录像进行记录。
观察内容：在整个游戏时间内，所有幼儿在游戏中的表现与态度。
游戏规则：幼儿进入娃娃家游戏区，自主模仿或扮演生活中大人过日子的景象。
具体内容：

孩子们一听老师说让他们玩过家家游戏，就高兴得不得了。当老师将他们领到娃娃家游戏区时，都不容老师多说，孩子立即自然而然地进入到游戏区中，在各自感兴趣的地方饶有兴致地玩儿了起来。女孩B被一个魔法手杖所吸引，站在那里摆弄着。男孩A、男孩B、男孩C、男孩D都在小厨房做起了饭。而男孩E却在一旁看着绘本。女孩A、女孩C坐在梳妆台前，两人配合化着妆，一会儿用吹风机吹头发，一会儿假装抹口红。女孩D也在一旁自己摆弄着化妆台的东西。随后，男孩D和女孩D也和男孩E一起看起了绘本，女孩B也跑去厨房玩儿起了做饭。这时，男孩A起身对老师说道："老师，这是我给你做的草鱼汤！"老师端过来说："呀！你还真别说，这草鱼汤里啥都有，营养丰富哪！谢谢！"男孩A很高兴。此时，男孩C拿过来一个大辣椒也送给了老师，男孩B也端了一盒草莓送给了老师。三个男孩送给老师这些还不够，他们返回厨房，又拿了香蕉、柿子、萝卜等送给了老师。老师的手都捧不住了，嘴里还不忘连连说着"谢谢"。随后，女孩B把游戏区里的泡沫砖都摞了起来，大概有一米高。女孩B把一只麦克风放在了摞起来的泡沫砖上，好像那个泡沫砖是麦克风架。男孩A走过来拿起麦克风假装唱了一下歌。这时男孩A也翻了一下绘本，随后还是和男孩B玩儿起了野餐。男孩C这时拿着魔法手杖过来问老师："老师，这个魔法手杖男孩女孩都可以玩儿，为什么只给女孩玩儿？"老师说："这个就是有更多的女孩喜欢玩儿，但男孩也可以玩儿。"男孩C拿着魔法手杖边走边说："男孩女孩都可以玩儿。"就在这时，女孩A拿起一串鞭炮放在了地中间，捂着耳朵嚷着："放鞭炮啦，快躲开呀！"但其他小朋友都在专注地玩儿着自己的游戏，谁也没有躲开。过了一会儿，男孩A起身走到墙边，指着墙上的挂钟对大家喊："现在几点啦？都11点啦！快吃饭啦！得先吃米饭！得先吃米饭！"另外两个男孩又拿了一些水果给老师，老师说："我这水果多得都可以开水果店啦！"男孩C拿起个香蕉，问道："老师，这个水果多少钱啊？"老师告诉他1块钱，然后拿起旁边桌子上的纸片，用笔在上面写了个1，告诉他："就用这个当钱吧！"紧接着，其他小朋友都凑过来，争着说："我也要钱，我也要钱！"老师就又用纸片写了好多张不同面值的钱给小朋友们。小朋友们还拿着手里的"钱"互相比着大小。

3.哲学讨论实录

对话日期：2018年11月20日

对话时间：上午10:10—10:21

对话时长：11分钟

时间安排说明：过家家游戏是在教室内的一个区角进行，为让幼儿不失去对游戏的兴致，趁热打铁，哲学对话就选择在娃娃家区域中进行。

过家家游戏是幼儿最熟悉、最喜欢、最容易开展的游戏之一。无须老师指导,也无须分配角色,孩子们很快就融入游戏当中,在"家"中做着自己的喜欢做的事。按原计划 L 老师是想从家的角色入手开展哲学探究活动,但本着尊重幼儿、以幼儿为本位的原则,L 老师没有打断孩子们玩得正起兴的游戏,而是选择在当"钱"自然而然出现时,趁机而入开启了与幼儿关于"钱"的哲学对话活动,先前的游戏过程自然而然地成为话哲学、做哲学的有机素材。

成人数目与角色分配:研究者作为 A 园的 L 老师担任主持人,与 9 名幼儿进行哲学对话。

目标儿童数目与概况:共 9 名幼儿。男孩 5 名,女孩 4 名。

观察方法:事件抽样法。

记录方式:先进行实况录像,然后通过反复回看录像进行记录。

观察内容:在整个对话时间内,所有幼儿的语言、行为、表现所呈现出的哲学思维等。

附录 4—16 教师培训情况统计表

序号	项目				
	培训时间	培训地点	参加人数	活动形式	主题
1	2017 年 6 月 6 日	杭州师范大学	2 人	专家报告	哲学践行的内涵及其教育意义
2	2017 年 6 月 6 日	杭州师范大学	2 人	专家报告	儿童哲学教育的哲学
3	2017 年 6 月 6 日	杭州师范大学	2 人	专家报告	率性教育的理论与实践
4	2017 年 6 月 6 日	杭州师范大学	2 人	现场演绎	成人哲学咨询——"提问的艺术"
5	2017 年 6 月 6 日	杭州师范大学仓前附属幼儿园	2 人	工作坊	儿童哲学在幼儿园实施的可行性策略
6	2017 年 6 月 6 日	杭州师范大学仓前附属幼儿园	2 人	教学展示	大班儿童哲学课——"三个和尚"
7	2017 年 6 月 7 日	浙江省教育厅教研室附属小学	2 人	教学展示	儿童哲学课——"奇妙的声音"
8	2017 年 6 月 7 日	浙江省教育厅教研室附属小学	2 人	教学展示	老师:我为什么上学
9	2017 年 6 月 7 日	杭州市保俶塔实验学校	2 人	教学展示	童心看"得失",寻找不属于中的属于

续表

序号	项目				
	培训时间	培训地点	参加人数	活动形式	主题
10	2017年6月7日	杭州市保俶塔实验学校	2人	教学展示	自由与规则
11	2017年9月1日—2日	东北师范大学附属小学	1人	专家报告、教学展示	率性教育
12	2017年11月24日	东北师范大学附属小学	14人	专家报告、教学展示	基于游戏的儿童哲学研究
13	2017年12月19日	A园智慧教室	18人	培训研讨	智慧爱·爱智慧儿童哲学教育之旅（一）
14	2018年1月18日	A园智慧教室	21人	培训研讨	智慧爱·爱智慧儿童哲学教育之旅（二）

参考文献

著作类

[1] 艾思奇. 大众哲学[M]. 北京：民主与建设出版社，2016.
[2] 陈福静. 幼儿园主题活动的设计与实施策略[M]. 北京：中国轻工业出版社，2016.
[3] 陈桂生. 教育原理[M]. 上海：华东师范大学出版社，1993.
[4] 陈红. 聪明学习 学习聪明：上海市杨浦区六一小学儿童哲学课程实践探索[M]. 上海：复旦大学出版社，2013.
[5] 陈嘉映. 哲学 科学 常识[M]. 北京：东方出版社，2007.
[6] 陈嘉映. 哲学·科学·常识[M]. 北京：中信出版社，2018.
[7] 陈连山. 游戏[M]. 北京：中央民族大学出版社，2000.
[8] 陈寿灿. 方法论导论[M]. 大连：东北财经大学出版社，2007.
[9] 陈永明. 儿童学概论[M]. 北京：北京大学出版社，2013.
[10] 陈玉琨，沈玉顺，代蕊华，等. 课程改革与课程评价[M]. 北京：教育科学出版社，2001.
[11] 成中英，冯俊. 本体诠释学、民主精神与全球和谐[M]. 中国人民大学国际中国哲学与比较哲学研究中心，译. 北京：中国人民大学出版社，2011.
[12] 夏征农. 辞海：1999年版缩印本[M]. 上海：上海辞书出版社，2001.
[13] 刘振铎. 现代汉语辞海[M]. 延吉：延边教育出版社，2001.
[14] 广东、广西、湖北、河南辞源修订组，商务印书馆编辑部. 辞源[M]. 北京：商务印书馆，1983.
[15] 达巍，王琛，宋念申. 消极自由有什么错[M]. 北京：文化艺术出版社，2001.
[16] 单中惠，王凤玉. 杜威在华教育讲演[M]. 上海：华东师范大学出版社，2016.
[17] 单中惠. 让我们与儿童一起生活吧：幼儿园之父福禄培尔[M]. 上海：华东师范大学出版社，2008.
[18] 丁海东. 儿童精神：一种人文的表达[M]. 北京：教育科学出版社，2009.
[19] 丁海东. 学前游戏论[M]. 济南：山东人民出版社，2001.
[20] 董桂萍. 逻辑学原来这么有趣：颠覆传统教学的18堂逻辑课[M]. 北京：化学工业出版社，2016.
[21] 杜卫. 美育论[M]. 北京：教育科学出版社，2000.
[22] 杜长娥，刘宏，诸葛绪彩，等. 农村幼儿园家长工作指导[M]. 北京：教育科学出版社，2015.
[23] 《儿童文学辞典》编委会. 儿童文学辞典[M]. 成都：四川少年儿童出版社，1991.
[24] 方卫平. 思想的边界[M]. 济南：明天出版社，2006.
[25] 冯契，徐孝通. 外国哲学大辞典[M]. 上海：上海辞书出版社，2000.

[26] 教育部基础教育司.《幼儿园教育指导纲要（试行）》解读. 南京：江苏教育出版社，2013.
[27] 冯友兰. 中国哲学简史[M]. 赵复三，译. 北京：新星出版社，2017.
[28] 冯增俊. 教育人类学[M]. 南京：江苏教育出版社，2001.
[29] 高振宇. 儿童哲学论[M]. 济南：山东教育出版社，2011.
[30] 葛操，申景玉. 与孩子一起成长：亲子关系中的心理学智慧[M]. 北京：清华大学出版社，2013.
[31] 管旅华.《3～6岁儿童学习与发展指南》案例式解读[M]. 上海：华东师范大学出版社，2013.
[32] 韩树英. 通俗哲学[M]. 3版. 北京：中国青年出版社，2011.
[33] 贺苗. 日常思维生成论[M]. 北京：人民出版社，2013.
[34] 胡军. 哲学是什么[M]. 北京：北京大学出版社，2002.
[35] 胡雅茹. 我的第一本思维导图入门书[M]. 北京：北京时代华文书局，2014.
[36] 黄进. 游戏精神与幼儿教育[M]. 南京：江苏教育出版社，2006.
[37] 江山野. 课程改革论[M]. 石家庄：河北教育出版社，2001.
[38] 教育部教师工作司. 幼儿园教师专业标准（试行）解读[M]. 北京：北京师范大学出版社，2013.
[39] 金娣，王刚. 教育评价与测量[M]. 北京：教育科学出版社，2002.
[40] 金生鈜. 规训与教化[M]. 北京：教育科学出版社，2004.
[41] 金生鈜. 教育研究的逻辑[M]. 北京：教育科学出版社，2015.
[42] 雷湘竹. 学前儿童游戏[M]. 上海：华东师范大学出版社，2012.
[43] 李定仁，徐继存. 课程论研究二十年：1979～1999[M]. 北京：人民教育出版社，2004.
[44] 李季湄，冯晓霞.《3～6岁儿童学习与发展指南》解读[M]. 北京：人民教育出版社，2013.
[45] 李晓文，王莹. 教学策略[M]. 2版. 北京：高等教育出版社，2011.
[46] 李宇明. 儿童语言的发展[M]. 2版. 武汉：华中师范大学出版社，2004.
[47] 梁漱溟. 教育与人生：梁漱溟教育文集[M]. 北京：当代中国出版社，2012.
[48] 刘丙辛，刘飞. 儿童哲学[M]. 北京：红旗出版社，2018.
[49] 刘光仁，游涛. 学前教育学[M]. 4版. 长沙：湖南大学出版社，2016.
[50] 刘晓东. 儿童精神哲学[M]. 南京：南京师范大学出版社，1999.
[51] 刘焱. 儿童游戏通论[M]. 北京：北京师范大学出版社，2004.
[52] 柳阳辉. 学前教育学教程[M]. 上海：复旦大学出版社，2015.
[53] 娄立志. 儿童教育哲学[M]. 上海：华东师范大学出版社，2014.
[54] 吕景和，钱晔，钱中立. 汉字古今形义大字典[M]. 哈尔滨：黑龙江人民出版社，1993.
[55] 钱雨. 儿童文化论[M]. 济南：山东教育出版社，2011.
[56] 秦建梅，吴国堤. 哲学与人生[M]. 天津：南开大学出版社，2015.

[57] 邱学青. 学前儿童游戏[M]. 4版. 南京：江苏教育出版社，2008.
[58] 冉乃彦. 中小学教师如何用哲学[M]. 北京：教育科学出版社，2011.
[59] 邵瑞珍. 教育心理学[M]. 上海：上海教育出版社，1997.
[60] 施良方. 课程理论：课程的基础、原理与问题[M]. 北京：教育科学出版社，1996.
[61] 施良方. 学习论[M]. 2版. 北京：人民教育出版社，2001.
[62] 石中英. 教育哲学导论[M]. 北京：北京师范大学出版社，2002.
[63] 宋怀常. 中国人的思维危机[M]. 天津：天津人民出版社，2010.
[64] 孙正聿. 哲学通论[M]. 2版. 上海：复旦大学出版社，2005.
[65] 孙正聿. 哲学修养十五讲[M]. 北京：北京大学出版社，2004.
[66] 唐文中. 教学论[M]. 哈尔滨：黑龙江教育出版社，1990.
[67] 陶志琼. 教师是谁：教师教育哲学导论[M]. 北京：中国文史出版社，2004.
[68] 陶志琼. 新旧之间：教育哲学的嬗变[M]. 重庆：重庆出版社，2003.
[69] 陶志琼. 智慧妈妈课堂[M]. 北京：中国轻工业出版社，2007.
[70] 汪馥郁. 迈向智慧之路：幼儿逻辑思维能力培养[M]. 北京：北京理工大学出版社，2015.
[71] 汪海东. 综合思维方式论[M]. 北京：人民出版社，1999.
[72] 王芳. 哲学原来这么有趣：颠覆传统教学的18堂哲学课[M]. 北京：化学工业出版社，2013.
[73] 王晖. 科学研究方法论[M]. 上海：上海财经大学出版社，2004.
[74] 王久宇，金宝丽. 金源文化史稿[M]. 哈尔滨：黑龙江美术出版社，2008.
[75] 王烨芳. 学前儿童行为观察与分析[M]. 南京：江苏教育出版社，2012.
[76] 王禹浪. 金源文化研究[M]. 哈尔滨：黑龙江人民出版社，2014.
[77] 乌丙安. 中国民俗学[M]. 2版. 沈阳：辽宁大学出版社，1985.
[78] 吴刚平. 校本课程开发[M]. 成都：四川教育出版社，2002.
[79] 吴国平. 课程中的儿童哲学[M]. 上海：上海教育出版社，2018.
[80] 徐明聪. 陶行知生活教育思想[M]. 合肥：合肥工业大学出版社，2009.
[81] 徐长福. 走向实践智慧：探寻实践哲学的新进路[M]. 北京：社会科学文献出版社，2008.
[82] 徐仲林，徐辉. 基础教育课程改革理论与实践[M]. 成都：四川教育出版社，2003.
[83] 严虎. 儿童心理画：孩子的另一种语言[M]. 北京：电子工业出版社，2015.
[84] 杨茂秀. 高个子与矮个子：父亲与女儿的心灵对话[M]. 白珍，译. 北京：首都师范大学出版社，2012.
[85] 杨茂秀. 谁说没人用筷子喝汤：大人必修的20堂儿童哲学课[M]. 北京：首都师范大学出版社，2012.
[86] 杨茂秀. 重要书在这里[M]. 北京：首都师范大学出版社，2011.
[87] 杨善民，韩锋. 文化哲学[M]. 济南：山东大学出版社，2002.
[88] 杨玉厚. 中国课程变革研究[M]. 西安：陕西人民教育出版社，1993.
[89] 叶澜. 回归突破："生命·实践"教育学论纲[M]. 上海：华东师范大学出版社，

2014.
- [90] 于伟. 教育哲学[M]. 北京：教育科学出版社，2015.
- [91] 于伟. 与儿童的对话：儿童哲学研究的田野笔记[M]. 长春：长春出版社，2017.
- [92] 袁贵仁. 中国教师新百科：幼儿教育卷[M]. 北京：中国大百科全书出版社，2003.
- [93] 詹栋梁. 儿童哲学[M]. 广州：广东教育出版社，2005.
- [94] 张楚廷. 课程与教学哲学[M]. 北京：人民教育出版社，2003.
- [95] 张红霞. 教育科学研究方法[M]. 北京：教育科学出版社，2009.
- [96] 张厚粲. 行为主义心理学[M]. 杭州：浙江教育出版社，2003.
- [97] 张天飞，童世骏. 哲学概论[M]. 上海：华东师范大学出版社，1997.
- [98] 张亚军，方明惠. 幼儿园活动设计与经典案例[M]. 上海：华东师范大学出版社，2013.
- [99] 张昭. 爱在人生伊始：幼儿教师培训指导手册[M]. 重庆：西南师范大学出版社，2017.
- [100] 章丽. 图标：幼儿园课程实践新视角[M]. 南京：南京师范大学出版社，2010.
- [101] 郑金洲. 教育文化学[M]. 北京：人民教育出版社，2000.
- [102] 郑伟. 重新发现教育[M]. 上海：华东师范大学出版社，2016.
- [103] 中国大百科全书总编辑委员会《教育》编辑委员会，中国大百科全书出版社编辑部. 中国大百科全书·教育[M]. 北京：中国大百科全书出版社，1985.
- [104] 中国大百科全书总编辑委员会. 中国大百科全书·社会学[M]. 北京：中国大百科全书出版社，2002.
- [105] 中国大百科全书总编辑委员会. 中国大百科全书·心理学[M]. 北京：中国大百科全书出版社，2002.
- [106] 中国大百科全书总编辑委员会. 中国大百科全书·哲学[M]. 北京：中国大百科全书出版社，2002.
- [107] 中国社会科学院语言研究所词典编辑室. 现代汉语词典[M]. 7版. 北京：商务印书馆，2021.
- [108] 周国平. 女儿四岁了，我们开始聊哲学[M]. 北京：电子工业出版社，2016.
- [109] 周洪宇. 中国教育活动通史·第八卷[M]. 济南：山东教育出版社，2018.
- [110] 朱家雄. 幼儿园课程论[M]. 北京：中央广播电视大学出版社，2007.
- [111] 朱叔君. 民间游戏[M]. 郑州：海燕出版社，1997.
- [112] 朱小娟. 幼儿教师适宜行为研究[M]. 北京：教育科学出版社，2008.
- [113] 朱小蔓，梅仲荪. 儿童情感发展与教育[M]. 南京：江苏教育出版社，1998.
- [114] 施良方，崔允漷. 教学理论：课堂教学的原理、策略与研究[M]. 上海：华东师范大学出版社，1999.

期刊论文类

- [1] 白倩，于伟. 马修斯儿童哲学的要旨与用境：对儿童哲学"工具主义"的反思[J]. 全球教育展望，2017，46(12)：3-11.
- [2] 蔡春. 个人知识：教育实现"转识成智"的关键[J]. 教育研究，2006，27(1)：10-15.

[3] 蔡淑兰. 论教学策略的结构[J]. 内蒙古师范大学学报(哲学社会科学版), 2000, 29(2): 81-84.

[4] 查银燕. 幼儿园户外活动中民间游戏的实施及教学策略的研究[J]. 考试周刊, 2017(45): 175.

[5] 陈红. 我们是这样开发校本课程的:《儿童哲学》教材开发的实践研究的十年历程[J]. 上海教育科研, 2009(7): 61-63.

[6] 陈荟. 儿童哲学本土化困境及其对我国教育研究的启示[J]. 四川民族学院学报, 2013, 22(2): 80-84.

[7] 陈俊. 幼儿教育与哲学[J]. 商周刊, 2014(20): 84-85.

[8] 陈前瑞. 中国儿童语言学的长成之作:读李宇明《儿童语言的发展》[J]. 语言文字应用, 1996(3): 38-41.

[9] 陈茜茜. 近十年来我国学前儿童游戏的研究综述[J]. 基础教育研究, 2018(5): 73-77.

[10] 陈新汉. 问题、问题意识与教学中的"转识成智":关于教学方法改革的哲学思考[J]. 浙江工商大学学报, 2013(6): 22-28.

[11] 陈艳. 学前教育游戏化教学策略实践探析[J]. 考试周刊, 2013(A3): 193-194.

[12] 陈怡. 幼儿的哲学思维能力训练:基于实践的探索[J]. 教育导刊(下半月), 2011(10): 20-23.

[13] 戴月华. 儿童哲学的思想魅力及其发生方式[J]. 兰州学刊, 2008(4): 1-4.

[14] 邓俊超. 知识·思考·智慧:从犹太人的教育和儿童哲学的诉求看教育的旨归[J]. 井冈山大学学报(社会科学版), 2009, 30(2): 118-121.

[15] 刁力. 幼儿学习效果延迟出现现象探析:基于托尔曼潜伏学习理论的视角[J]. 教育导刊(下半月), 2015(2): 22-25.

[16] 丁海东. 论儿童精神的诗性逻辑[J]. 学前教育研究, 2005(Z1): 8-10.

[17] 方红. 儿童哲学研究的回顾与前瞻[J]. 湖南师范大学教育科学学报, 2011, 10(1): 102-105.

[18] 方展画, 吴岩. 李普曼以对话为核心的儿童哲学课程及其启示[J]. 教育研究, 2005, 26(5): 70-76.

[19] 冯蕾. 幼儿园音乐游戏的现状及教学策略[J]. 教育科学, 2016(6): 191.

[20] 冯周卓. 儿童哲学与教学改革[J]. 外国教育研究, 1994, 21(1): 48-51.

[21] 付宝琦. 幼教视域下的儿童哲学教育探究[J]. 贵州民族大学学报(哲学社会科学版), 2014(5): 201-204.

[22] 高峰强. 行为主义学习理论进展的内在轨迹:尝试性的透视和探索[J]. 外国教育研究, 1997, 24(3): 1-6.

[23] 高芹, 汪萍. 教师文化自觉与云南少数民族儿童传统游戏课程开发[J]. 曲靖师范学院学报, 2015, 34(3): 31-34.

[24] 高伟. 浪漫主义儿童哲学批判:儿童哲学的法权分析[J]. 全球教育展望, 2017, 46(12): 12-23.

[25] 高振宇. 儿童哲学 IAPC 版教材及多元文本的分析[J]. 浙江师范大学学报(社会科学版),2010,35(2):41-45.
[26] 高振宇. 儿童哲学诞生的哲学基础[J]. 学前教育研究,2008(7):34-36.
[27] 高振宇. 儿童哲学的国际对话与本土实践:2017年首届儿童哲学与教育高峰论坛综述[J]. 上海教育科研,2017(9):37-42.
[28] 高振宇. 儿童哲学的再概念化:对李普曼与马修斯"对话"的再思考[J]. 学前教育研究,2010(6):8-11.
[29] 高振宇. 儿童哲学的中国化:问题与路径[J]. 全球教育展望,2009,38(8):25-29.
[30] 高振宇. 儿童哲学批判思考教学法[J]. 教育科学论坛,2007(11):12-14.
[31] 高振宇. 基于核心素养的儿童哲学课程体系建构[J]. 上海教育科研,2018(1):20-23.
[32] 古秀蓉,冷璐. 儿童哲学探究活动的教育评价研究[J]. 上海教育科研,2018(1):28-32.
[33] 顾新佳,王振强. 基于陶行知儿童哲学观点的课堂教学思考[J]. 生活教育,2015(9):115-116.
[34] 郭翠菊. 行为与认知的统一:评介托尔曼的目的行为主义[J]. 殷都学刊,1992,13(4):72-74.
[35] 何卫青. 消逝的儿童文化:传统儿童游戏引发的儿童文化思考[J]. 中国青年研究,2006(4):48-52.
[36] 和学新. 教学策略的概念、结构及其运用[J]. 教育研究,2000,21(12):54-58.
[37] 胡爱民. 对幼儿话语智慧的哲学思考[J]. 中国科教创新导刊,2009(33):190-192.
[38] 华党生,金永生. 儿童哲学的内涵及其哲学预设[J]. 学前教育研究,2014(6):45-49.
[39] 黄彬,魏桂军. 儿童哲学教育中国化进程的思考[J]. 科教文汇,2006(9):35-36.
[40] 黄高庆,申继亮,辛涛. 关于教学策略的思考[J]. 教育研究,1998,19(11):50-54.
[41] 姬甜甜. 探寻与回归:儿童哲学与教育本真[J]. 兵团教育学院学报,2017,27(3):72-75.
[42] 季海萍. 童谣在幼儿民间游戏活动中运用的策略研究[J]. 才智,2015(25):167-168.
[43] 蒋宁. 托尔曼的认知地图对现代教学的启示[J]. 学园,2013(15):71.
[44] 金凯. 儿童哲学意义探析及其在中国的实践思考[J]. 牡丹江教育学院学报,2018(3):18-20.
[45] 金玲. 用儿童的哲学解读幼儿教育[J]. 皖西学院学报,2009,25(6):142-144.
[46] 靖国平. 知识与智慧:教育价值的演化[J]. 教育理论与实践,2010,30(1):12-15.
[47] 康广琳. 幼儿民间童谣的游戏化教学策略[J]. 开心素质教育,2012(12):7-8.
[48] 冷璐. 夏威夷儿童哲学的实践模式[J]. 陕西学前师范学院学报,2018,34(10):29-34.

[49] 李丹. 学前教育专业数学游戏的教学策略[J]. 现代职业教育,2018(20):138.
[50] 李栋,田良臣."转识成智":课程知识教学的"破"与"立"[J]. 教育理论与实践,2015,35(7):60-64.
[51] 李康. 教学策略及其类型探析[J]. 西北师大学报(社会科学版),1994,31(2):75-78.
[52] 李庆明."风乎舞雩,咏而归":游戏哲学畅想[J]. 江苏教育学院学报(社会科学版),2010,26(9):1-10.
[53] 李润洲. 转识成智:何以及如何可能——基于杜威实用知识观的回答[J]. 国家教育行政学院学报,2017(2):10-15.
[54] 李素梅,格日乐. 儿童观的哲学意蕴及对幼儿教育的反思[J]. 内蒙古师范大学学报(教育科学版),2004,17(10):22-24.
[55] 李雪莹. 论儿童哲学适用于幼儿及对学前教育的启示[J]. 皖西学院学报,2017,33(1):153-156.
[56] 李长吉. 知识教学的使命:转识成智[J]. 清华大学教育研究,2010,31(5):48-54.
[57] 梁惠燕. 教学策略本质新探[J]. 教育导刊,2004(1):7-10.
[58] 林德宏. 儿童的哲学世界[J]. 南京大学学报(哲学·人文科学·社会科学),1999,36(4):149-155.
[59] 林静. 儿童哲学教育理念及实践方法综述[J]. 山东理工大学学报(社会科学版),2010,26(2):94-97.
[60] 林文琪. 哲学教学的行动化转向:一个通识美学课程规划的反思性实践[J]. 全人教育学报,2009(5):115-146.
[61] 刘翀. 儿童哲学与儿童文学关系的再认识:以马修斯的"儿童哲学"为视角[J]. 昆明学院学报,2017,39(4):6-10.
[62] 刘翠,于丹. 儿童有自己的哲学吗[J]. 文学教育,2012(8):62.
[63] 刘国俊. 有效教学策略的制定[J]. 教育研究,1988,9(10):9-12.
[64] 刘丽娜. 传统民间游戏与园本课程建设研究[J]. 陕西学前师范学院学报,2014,30(6):15-18.
[65] 刘娜. 儿童文学视野下的幼儿园哲学教学[J]. 新课程研究(下旬刊),2013(1):174-175.
[66] 刘乃华. 儿童哲学与伦理教育[J]. 学前教育研究,2007(12):7-9.
[67] 刘晓东."幼态持续"及其人文意蕴[J]. 南京师大学报(社会科学版),2014(6):77-89.
[68] 刘晓东. 儿童哲学:外延和内涵[J]. 浙江师范大学学报(社会科学版),2008,33(3):48-51.
[69] 刘晓东. 个体与类精神发生的一致性:历史线索与理论分析——兼论儿童的成长是对种系发生浓缩的扬弃的重演[J]. 华东师范大学学报(教育科学版),2000,18(4):14-20,36.
[70] 路晨,刘云艳. 托尔曼认知行为主义理论及其对幼儿学习的启示[J]. 康定民族师

范高等专科学校学报，2005，14(3)：39-41.

[71] 罗兴刚，刘鹤丹.李普曼儿童哲学教育的奠基性反思[J].外国教育研究，2012，39(10)：26-34.

[72] 骆明丹，汤广全.儿童哲学课程中国化研究文献综述[J].基础教育研究，2017(15)：11-14.

[73] 吕健吉.问题取向的儿童哲学讨论：以奥斯卡·柏尼菲《哲学·思考·游戏》为例[J].哲学与文化，2017(12)：5-20.

[74] 马佳丽，卢清.儿童哲学研究现状与展望[J].陕西学前师范学院学报，2016，32(7)：134-137.

[75] 马巧茸，高振宇.关怀性思维与儿童哲学[J].现代教育科学，2017(12)：115-119.

[76] 毛曙阳.关于游戏的哲学思考及其教育启示[J].学前教育研究，2010(1)：41-46.

[77] 孟昊博.论儿童哲学及其教育启示[J].现代教育科学，2013(8)：16-17.

[78] 苗雪红.儿童哲学教育何以可能[J].上海教育科研，2018(1)：1.

[79] 潘小慧.真实与谎言：以《思考舞台》第5章第10节《三头巨人》为据的讨论[J].哲学与文化，2017(12)：21-36.

[80] 庞学光.善待儿童"爱智慧"的天性：儿童哲学教育的意义初探[J].教育研究，2013，34(10)：10-17.

[81] 庞学光.相信儿童"爱智慧"的能力：对儿童哲学教育之可能性的论证[J].天津市教科院学报，2014(2)：5-9.

[82] 戚翠荣.图画书中的儿童哲学[J].文学教育(上)，2016(10)：118-119.

[83] 钱雨.儿童哲学的意义：马修斯与李普曼的"对话"[J].全球教育展望，2009，38(8)：19-24.

[84] 钱雨.儿童哲学的意义：马修斯与李普曼的儿童哲学观辨析[J].学前教育研究，2009(9)：52-56.

[85] 乔寿宁.美国儿童哲学教育评介[J].山西大学学报(哲学社会科学版)，1987，10(3)：74-76.

[86] 邱关军.模仿的人学内涵及其教育意蕴[J].教育导刊，2013(6)：8-10.

[87] 屈凯.论儿童哲学与逻辑心理教育：兼论科学哲学的人类生态学化[J].江西教育学院学报，1994(1)：55-57.

[88] 邵葛萍.探究幼儿园教学中课程游戏化策略[J].学子(理论版)，2017(24)：50.

[89] 邵燕楠，张芝亚.在对话中学习：儿童哲学对话学习法浅见[J].辽宁教育学院学报，2002，19(1)：37-39.

[90] 石建伟.大班幼儿的生命观：儿童哲学的视角[J].教育导刊(下半月)，2017(3)：49-53.

[91] 史爱华.在幼儿的声音中探索意义：无能儿童观批判[J].南京晓庄学院学报，2005，21(2)：66-70.

[92] "基于儿童哲学的幼儿园教育活动的实践研究"课题组.基于儿童哲学的幼儿园教育活动实践探索[J].学前教育研究，2008(11)：57-59.

[93] 汤广全. 儿童哲学研究文献综述[J]. 信阳师范学院学报(哲学社会科学版), 2016, 36(4): 57-63.

[94] 汪颖慧. 儿童哲学研究述评[J]. 基础教育研究, 2015(7): 14-17.

[95] 王卉. 例谈幼儿音乐游戏教学策略[J]. 亚太教育, 2016(12): 7.

[96] 王凌, 曹能秀. 从"儿童中心"到"探究群体": 李普曼儿童哲学对杜威教学理论的新发展[J]. 比较教育研究, 2003, 25(6): 40-44.

[97] 王梅. "儿童哲学"课程: 照亮孩子的心灵[J]. 中小学管理, 2015(6): 57-59.

[98] 王孟娟. 维果茨基"最近发展区"视角下的学前教育[J]. 科教文汇(中旬刊), 2015(2): 76-77.

[99] 王清思. 你说、我说、孔子说: 当儿童读经遇上儿童哲学[J]. 哲学与文化, 2017, (12): 37-57.

[100] 王文静. 儿童哲学课研究[J]. 天津师范大学学报(基础教育版), 2002, 3(3): 45-48.

[101] 王晓芬. "捉迷藏"哪里去了: 从社会学视角看民间儿童游戏的衰落[J]. 教育导刊(幼儿教育), 2006(9): 11-13.

[102] 王禹浪, 王宏北. 漫谈天鹅玉佩与东北民族文化[J]. 中国宝石, 2004, 13(2): 194-196.

[103] 卫春梅. 儿童哲学咨询方法例析[J]. 池州学院学报, 2015, 29(2): 9-11.

[104] 魏禹婷. 儿童哲学中国化的问题及解决策略[J]. 现代交际, 2018(12): 222-223.

[105] 吴航. 论幼儿游戏的"野趣"价值取向[J]. 幼儿教育, 2016(Z6): 13-16, 24.

[106] 吴岩. 李普曼的以对话为核心的儿童哲学课程观及启示[J]. 教育评论, 2005(1): 96-99.

[107] 伍麟. 20世纪美国新行为主义心理学的行为观解析[J]. 赣南师范学院学报, 2001, 22(5): 14-18.

[108] 夏素敏. 逻辑学视角下的儿童哲学[J]. 重庆理工大学学报(社会科学), 2017, 31(12): 17-23.

[109] 肖刚. 教学策略的内涵及结构分析[J]. 高等师范教育研究, 2000, 12(5): 48-52.

[110] 徐容容. 儿童哲学研究文献述评[J]. 教育实践与研究, 2015(2): 9-12.

[111] 徐湘荷. 李普曼的儿童哲学计划[J]. 上海教育科研, 2005(1): 53-55.

[112] 杨欢耸, 蒋文飞. 苏格拉底"对话法"对培养幼儿哲学思维的借鉴[J]. 华中师范大学学报(人文社会科学版), 2013, 52(S5): 128-131.

[113] 杨小英. 幼儿"哲学"教育初探[J]. 辅导员, 2011(9): 15-17.

[114] 杨晓萍, 李传英. 儿童游戏的本质: 基于文化哲学的视角[J]. 学前教育研究, 2009(10): 17-22.

[115] 杨妍璐. 哲学文本绘本及在儿童哲学课中的应用[J]. 上海教育科研, 2018(1): 24-27.

[116] 杨一帆. 浅析皮亚杰认知发展游戏理论[J]. 科技经济导刊, 2016(32): 116-117.

[117] 尹若琳. 哲学源于生活: 浅谈儿童哲学与幼儿五大领域的关系[J]. 当代教育实践

与教学研究，2017(3)：742.

[118] 尹锡珉，李溱熔. 论道家的儿童哲学与人性教育的方法论：以《老子》和《庄子》为主[J]. 哲学与文化，2017(12)：59-74.

[119] 于伟. 儿童哲学走"第三条道路"的可能与尝试：东北师范大学附小探索的历程与研究[J]. 湖南师范大学教育科学学报，2017，16(1)：27-33.

[120] 余保华，刘晶. 学前教育或小学阶段应设置儿童哲学课程[J]. 中小学德育，2015(5)：95.

[121] 虞永平. M. 兰德曼的哲学人类学观点及其对幼儿教育的启示[J]. 学前教育研究，1995(1)：10-11.

[122] 袁宗金. 儿童提问中的朴素哲学思维[J]. 学前教育研究，2007(5)：19-22.

[123] 张大均，余林. 试论教学策略的基本涵义及其制定的依据[J]. 课程·教材·教法，1996，16(9)：6-8.

[124] 张红. 由儿童哲学活动课引发的思索[J]. 天津师范大学学报(基础教育版)，2002，3(3)：49-52.

[125] 张蕙. 一种新课程的诞生：构建家校互动式儿童哲学微课程[J]. 上海教育科研，2014(8)：60-62.

[126] 张建鲲，庞学光. 论儿童哲学课程在中国的普及[J]. 全球教育展望，2009，38(1)：18-21.

[127] 张丽芳. 儿童哲学课程开发与教师专业成长[J]. 上海教育科研，2004(8)：46-47.

[128] 张娜娜. 儿童哲学视角下的学前儿童死亡教育[J]. 天津市教科院学报，2014(1)：83-85，96.

[129] 张铜小琳，赵嘉涵. 质疑、转换、关联：论台湾儿童哲学教材对自我认识的启迪[J]. 课程教学研究，2017(1)：35-39.

[130] 张晓蕾. 基于绘本的幼儿哲学启蒙教育研究初探[J]. 特立学刊，2017(4)：24-28.

[131] 张晓蕾. 幼儿哲学启蒙教育：必要性与可能性[J]. 教育实践与研究(C)，2016(5)：5-8.

[132] 张艳霞. 马修斯儿童哲学的反思与启示[J]. 现代教育科学，2017(1)：130-134.

[133] 张燕英. 基于游戏活动下的幼儿园学前教育教学策略研究[J]. 中国校外教育，2018(23)：155，160.

[134] 张兆芹. 现代教学策略的制定及运用[J]. 教育导刊，1994(7)：6-10.

[135] 张政，王赪. 幼儿园辩论活动与幼儿哲学素养的培育：基于儿童哲学视角的探讨[J]. 早期教育(教科研版)，2018(1)：2-5.

[136] 张志丹，张少禹. 古希腊哲学中的启蒙教育[J]. 内蒙古民族大学学报(社会科学版)，2014，40(4)：56-58.

[137] 张志敏. 儿童批判性思维培养的两种模式[J]. 延安大学学报(社会科学版)，2013，35(1)：13-21.

[138] 赵印. 创设情境，激活学生潜在的学习积极性[J]. 新课程研究(中旬刊)，2010(11)：109-110.

[139] 郑敏希.儿童哲学的后哲学之思[J].上海教育科研,2018(1):15-19.
[140] 郑三元.儿童与知识:一个值得反思的幼儿园教学哲学问题[J].学前教育研究,2007(10):20-25.
[141] 周文杰.游戏:通往希望哲学之途[J].江海学刊,2011(5):67-73.
[142] 周文杰.游戏:作为哲学研究的阿基米德点[J].学术研究,2011(7):32-37.
[143] 朱海燕.儿童哲学及其教育意义探析[J].教育观察,2018,7(4):21-22.
[144] 朱建平.论哲学的逻辑建模[J].重庆理工大学学报(社会科学),2014,28(9):6-11,14.
[145] 庄瑜.绘本阅读牵手哲学思考:大班幼儿在绘本阅读中学习哲学思考的几点尝试[J].教育教学论坛,2012(38):261-263.
[146] 皮亚杰.儿童的哲学[J].谢循初,译.中华教育界,1936,23(7):21-29.
[147] 戴月华.试说儿童哲学的思想魅力:兼析马修斯《哲学与幼童》[J].中国儿童文化,2005(00):21-29.
[148] 刘晓东.童年研究:"根"的探寻[J].中国儿童文化,2005(00):1-7.
[149] 张聪.规训抑或引领:班规视角下儿童规则教育的实践困惑与省察[J].教育科学研究,2018(4):24-30,35.
[150] 朱自强.童年的身体生态哲学初探:对童年生态危机的思考之二[J].中国儿童文化,2005(00):8-20.
[151] 高振宇.儿童哲学在大陆的理论争议与实践困境[J].哲学与文化,2017,44(12):75-92.

博士学位论文类

[1] 陈益.游戏:放松的智慧[D].南京:南京师范大学,2003.
[2] 古秀蓉.理解情境:走近幼儿的伦理视界[D].上海:华东师范大学,2007.
[3] 彭海蕾.幼儿园游戏教学研究[D].兰州:西北师范大学,2002.
[4] 钱雨.儿童文化研究[D].上海:华东师范大学,2008.
[5] 袁宗金.回归与拯救:儿童提问与早期教育[D].南京:南京师范大学,2006.
[6] 郅庭瑾.为何而教:超越知识与思维之争[D].上海:华东师范大学,2001.
[7] 邹海瑞.基于游戏的幼儿园教与学研究:以三所幼儿园的三类游戏实践为例[D].上海:华东师范大学,2017.

硕士学位论文类

[1] 陈蕊.儿童哲学融入学科教学的基本问题研究:以数学学科为例[D].福州:福建师范大学,2015.
[2] 陈维霞.幼儿游戏的教学价值及其实现[D].济南:山东师范大学,2009.
[3] 陈怡.幼儿的哲学思维能力训练:基于故事的实践探索[D].上海:上海师范大学,2013.
[4] 高妍妍.儿童哲学探究:课程与教学层面的思考[D].上海:上海师范大学,2013.
[5] 巩玉娜.传统民间游戏与幼儿园课程构建[D].济南:山东师范大学,2012.

[6] 顾英洁.李普曼的儿童哲学教育思想研究[D].曲阜：曲阜师范大学，2016.
[7] 侯会美.游戏精神观照下的创造性教学[D].曲阜：曲阜师范大学，2004.
[8] 胡芳强.幼儿园传统民间游戏开展的现状与策略研究：以山东省两地市幼儿园为例[D].济南：山东师范大学，2017.
[9] 吉萍.儿童哲学课程实施个案研究[D].桂林：广西师范大学，2015.
[10] 金颖.儿童哲学教育提升小学生自我效能感、创造性的实验研究[D].上海：上海师范大学，2014.
[11] 李军.儿童哲学课程的教学模式研究[D].重庆：西南师范大学，2000.
[12] 李颖.儿童民间游戏融入幼儿园课程的机制研究：以宁波市北仑区J幼儿园为例[D].金华：浙江师范大学，2010.
[13] 李玉馨.维果茨基最近发展区理论对我国学前教育的启示[D].北京：中央民族大学，2013.
[14] 刘薇.提升中班幼儿的哲学思维能力：课程开发与实践方案研究[D].上海：上海师范大学，2017.
[15] 吕绍娴.李普曼儿童哲学中学校德育理论与实践探析[D].昆明：云南师范大学，2004.
[16] 邵燕楠.儿童哲学对话教学法及在中国推广的启示[D].重庆：西南师范大学，2000.
[17] 石雪丽.让儿童学会哲学地思考：基于Y区儿童哲学课的分析[D].上海：华东师范大学，2017.
[18] 孙琪.李普曼儿童哲学教材对话自我的建构[D].长春：东北师范大学，2017.
[19] 孙小小.幼儿园传统体育游戏的开发与应用[D].沈阳：沈阳师范大学，2016.
[20] 王文文.幼儿哲学精神培养的现状与问题研究[D].银川：宁夏大学，2012.
[21] 吴昊东.民间游戏在幼儿园课程中的应用研究：以山东省临沂市沂水镇S幼儿园为例[D].桂林：广西师范大学，2015.
[22] 向凤玲.张雪门幼儿游戏思想研究[D].重庆：西南大学，2014.
[23] 许丽珍.教育即游戏：教育游戏论[D].重庆：西南大学，2012.
[24] 杨清平.幼儿园民间游戏选材与运用研究[D].重庆：重庆师范大学，2016.
[25] 张晓蕾.以绘本为载体的大班幼儿哲学启蒙教育实践研究[D].济南：山东师范大学，2016.
[26] 赵君心.儿童哲学课程范式构建：基于新童年社会学的视角[D].南宁：广西大学，2016.

译著类

[1] 泰勒.柏拉图：生平及其著作[M].谢随知，苗力田，徐鹏，译.济南：山东人民出版社，1996.
[2] 苏霍姆林斯基.给教师的建议[M].杜殿坤，编译.2版.北京：教育科学出版社，1984.
[3] 埃尔金德.儿童发展与教育[M].刘光年，译.上海：华东师范大学出版社，1988.

[4] 西尔弗.激发学生的成就动机:引导学生迈向成功的策略[M].吴艳艳,译.北京:中国轻工业出版社,2016.
[5] 贝蒂.幼儿发展的观察与评价[M].郑福明,费广洪,译.北京:高等教育出版社,2011.
[6] 伊森伯格,贾隆戈.创造性思维和基于艺术的学习:学前阶段到小学四年级[M].叶平枝,杨宁,译.5版.北京:高等教育出版社,2012.
[7] 胡伊青加.人:游戏者[M].成穷,译.贵阳:贵州人民出版社,2007.
[8] 莱德尔.现代美学文论选[M].孙越生,等译.北京:文化艺术出版社,1988.
[9] 李普曼,夏波.寻找意义[M].李尚武,编译.太原:山西教育出版社,1997.
[10] 李普曼.教室里的哲学[M].张爱琳,张爱维,编译.太原:山西教育出版社,1997.
[11] 李普曼.思思[M].李尚武,编译.太原:山西教育出版社,1997.
[12] 慕荷吉,阿尔班.早期儿童教育研究方法[M].费广洪,郑福明,译.北京:高等教育出版社,2012.
[13] 阿德勒.儿童的人格教育[M].彭正梅,彭莉莉,译.3版.上海:上海人民出版社,2014.
[14] 阿德勒.儿童教育心理学[M].张艳华,译.北京:清华大学出版社,2017.
[15] 高普尼克.宝宝也是哲学家:学习与思考的惊奇发现[M].杨彦捷,译.杭州:浙江人民出版社,2014.
[16] 詹姆斯,简克斯,普劳特.童年论[M].何芳,译.上海:上海社会科学院出版社,2014.
[17] 柏拉图.理想国[M].邓晓芒,译.北京:人民出版社,2004.
[18] 柏拉图.理想国[M].郭斌和,张竹明,译.北京:商务印书馆,2024.
[19] 申克.学习理论:教育的视角[M].韦小满,等译.3版.南京:江苏教育出版社,2003.
[20] 拉齐尔.多元智能与量规评价[M].白芸,杨东,魏奇,译.北京:教育科学出版社,2005.
[21] 卡尼曼.思考,快与慢[M].胡晓姣,李爱民,何梦莹,译.北京:中信出版社,2012.
[22] 柯蒂斯,卡特.和儿童一起学习:促进反思性教学的课程框架[M].周欣,周晶,张亚杰,等译.北京:教育科学出版社,2011.
[23] 博赞,格里菲斯.思维导图[M].卜煜婷,译.北京:化学工业出版社,2015.
[24] 博赞,格里菲斯.思维导图实践版[M].卜煜婷,译.北京:化学工业出版社,2017.
[25] 杜威.我们怎样思维·经验与教育[M].姜文闵,译.北京:人民教育出版社,2005.
[26] 方红.杜威幼儿教育论著选读[M].赵祥麟,等译.武汉:长江少年儿童出版社,2014.
[27] 科恩,斯特恩,巴拉班,等.幼儿行为的观察与记录[M].马燕,马希武,译.5版.北京:中国轻工业出版社,2013.

[28] 孚尔罗,佩杰. 小小哲学家[M]. 方友忠,译. 桂林:广西师范大学出版社,2012.
[29] 荷烈治,哈尔德,卡拉汉,等. 教学策略:有效教学指南[M]. 牛志奎,译. 8版. 北京:中国人民大学出版社,2010.
[30] 胡塞尔. 纯粹现象学通论[M]. 李幼蒸,译. 北京:商务印书馆,1992.
[31] 怀特海. 过程与实在:宇宙论研究[M]. 杨富斌,译. 北京:中国人民大学出版社,2013.
[32] 怀特海. 教育的目的[M]. 徐汝舟,译. 2版. 北京:生活·读书·新知三联书店,2014.
[33] 马修斯. 童年哲学[M]. 刘晓东,译. 北京:生活·读书·新知三联书店,2015.
[34] 马修斯. 与儿童对话[M]. 陈鸿铭,译. 北京:生活·读书·新知三联书店,2015.
[35] 马修斯. 哲学与幼童[M]. 陈国容,译. 北京:生活·读书·新知三联书店,2015.
[36] 鲁普纳林,约翰逊. 学前教育课程[M]. 赵俊婷,译. 上海:华东师范大学出版社,2014.
[37] 中央教育科学研究所比较教育研究室. 简明国际教育百科全书·教学(上下)[M]. 北京:教育科学出版社,1990.
[38] 史密斯. 儿童早期发展:基于多元文化视角[M]. 鲁明易,张豫,张凤,译. 南京:南京师范大学出版社,2012.
[39] 卡特伦,艾伦. 幼儿教育课程:一种创造性游戏模式[M]. 李敏谊,郭宴欢,杨智君,等译. 4版. 北京:中国轻工业出版社,2017.
[40] 康德. 判断力批判[M]. 邓晓芒,译. 北京:人民出版社,2002.
[41] 科恩. 游戏力[M]. 李岩,伍娜,高晓静,译. 北京:中国人口出版社,2015.
[42] 伊莱亚森,詹金斯. 美国幼儿教育课程实践指南[M]. 李敏谊,付咏梅,刘丽伟,等译. 北京:机械工业出版社,2015.
[43] 武尔夫. 教育人类学[M]. 张志坤,译. 北京:教育科学出版社,2009.
[44] 昆体良. 昆体良教育论著选[M]. 任钟印,选译. 北京:人民教育出版社,2001.
[45] 莫罗. 早期儿童读写能力发展:帮助儿童读和写[M]. 叶红,王玉洁,毛卓雅,译. 南京:南京师范大学出版社,2013.
[46] 勒弗朗索瓦. 孩子们:儿童心理发展[M]. 王全志,孟祥芝,等译. 9版. 北京:北京大学出版社,2004.
[47] 普雷希特. 哲学家与儿童对话[M]. 王泰智,沈惠珠,译. 北京:生活·读书·新知三联书店,2013.
[48] 费舍尔. 创造性对话:课堂里的思维交流[M]. 刘亚敏,译. 北京:社会科学文献出版社,2014.
[49] 费舍尔. 教儿童学会思考[M]. 蒋立珠,译. 北京:北京师范大学出版社,2007.
[50] 戴利,拜尔斯,泰勒. 早期教育理论的实际应用[M]. 王海波,译. 南京:南京师范大学出版社,2010.
[51] 诺丁斯. 教育哲学[M]. 许立新,译. 北京:北京师范大学出版社,2008.
[52] 贾德. 苏菲的世界[M]. 萧宝森,译. 北京:作家出版社,2017.

[53] 莫里森.学前教育:从蒙台梭利到瑞吉欧[M].祝莉丽,周佳,高波,译.11版.北京:中国人民大学出版社,2014.

[54] 莎曼,等.观察儿童:实践操作指南[M].单敏月,王晓平,译.3版.上海:华东师范大学出版社,2008.

[55] 戈芬,威尔逊.课程模式与早期教育[M].李敏谊,译.2版.北京:教育科学出版社,2008.

[56] 史密斯.早期儿童数学教育[M].郭琼,李静,译.4版.南京:南京师范大学出版社,2013.

[57] 威特默,彼得森,帕克特.儿童心理学:0～8岁儿童的成长[M].何洁,金心怡,李竺芸,译.北京:机械工业出版社,2015.

[58] 戈登.父母效能训练[M].琼林,译.北京:中国发展出版社,2015.

[59] 科萨罗.童年社会学[M].张蓝予,译.4版.哈尔滨:黑龙江教育出版社,2016.

[60] 威伦,哈奇森,博斯.有效教学决策[M].李森,王纬虹,译.6版.北京:教育科学出版社,2009.

[61] 维尔斯马,于尔斯.教育研究方法导论[M].袁振国,译.北京:教育科学出版社,2010.

[62] 格里芬.儿童工作中的全纳、平等和多样性[M].张凤,译.南京:南京师范大学出版社,2011.

[63] 野矢茂树,等.哲学家,请回答!:小孩子的哲学大问题[M].傅玉娟,译.北京:中信出版社,2018.

[64] 莫尔夫.小哲学家的大问题:和孩子一起做哲学[M].杨妍璐,译.北京:中国轻工业出版社,2019.

[65] 约翰逊,等.游戏与儿童早期发展[M].华爱华,郭力平,译校.2版.上海:华东师范大学出版社,2006.

[66] 范霍恩,努罗塔,斯凯尔斯,等.以游戏为中心的幼儿园课程[M].史明洁,等译.6版.北京:中国轻工业出版社,2017.

[67] 巴吉尼,福斯.简单的哲学[M].陶涛,译.北京:中国人民大学出版社,2016.

报纸类

[1] 毕方圆.奇怪!法国的孩子为什么要为哲学打架?[N].环球时报,2017-12-14.

[2] 刘啸霆.童性的哲学[N].光明日报,2011-06-01(11).

[3] 潘小慧.儿童哲学简论[N].光明日报,2011-06-01(11).

[4] 盛人云.别急着否定"幼儿园开哲学课"[N].广元日报,2017-11-19(A4).

[5] 王蔚.小时候"十万个为什么"宝宝正需要一节儿童"哲学课"[N].新民晚报,2018-05-28.

[6] 周国平.儿童为什么要学点哲学[N].语文报社,2017-06-02.

论文集收录文章类

[1] 卜玉华.教育学视角下课堂教学中的"教育性关系"及其生成机制[C]//东北师范大

学.第三届全国儿童哲学与率性教育高峰论坛 儿童经验、思维与有过程的教学论文集.长春:东北师范大学,2017:19-28.

[2] 陈国钰.论教法自然[C]//东北师范大学.第三届全国儿童哲学与率性教育高峰论坛 儿童经验、思维与有过程的教学论文集.长春:东北师范大学,2017:29-32.

[3] 古秀蓉.聚焦原生于儿童的哲学问题:P4C探究评价的主题维度[C]//东北师范大学.第三届全国儿童哲学与率性教育高峰论坛 儿童经验、思维与有过程的教学论文集.长春:东北师范大学,2017:39-45.

[4] 冉乃彦.挖掘、保护和提升儿童的哲学潜能[C]//东北师范大学.第三届全国儿童哲学与率性教育高峰论坛 儿童经验、思维与有过程的教学论文集.长春:东北师范大学,2017:94-98.

[5] 苏慧丽.儿童哲学本土化困境及其解决路径[C]//东北师范大学.第三届全国儿童哲学与率性教育高峰论坛 儿童经验、思维与有过程的教学论文集.长春:东北师范大学,2017:99-104.

[6] 杨落娃.浅析英国儿童哲学近年研究及存在问题[C]//东北师范大学.第三届全国儿童哲学与率性教育高峰论坛 儿童经验、思维与有过程的教学论文集.长春:东北师范大学,2017:121-128.

[7] 于帅琦.教学与儿童经验的思考:儿童的发问与发展[C]//东北师范大学.第三届全国儿童哲学与率性教育高峰论坛 儿童经验、思维与有过程的教学论文集.长春:东北师范大学,2017:129-132.

[8] 张志慧.国内儿童哲学课程研究综述[C]//东北师范大学.第三届全国儿童哲学与率性教育高峰论坛 儿童经验、思维与有过程的教学论文集.长春:东北师范大学,2017:158-164.

[9] 周丽丽.梅洛·庞蒂的知觉经验研究及对儿童教育的启示[C]//东北师范大学.第三届全国儿童哲学与率性教育高峰论坛 儿童经验、思维与有过程的教学论文集.长春:东北师范大学,2017:165-171.

[10] 邹惟玮.尊崇天性尊重个性:对幼儿教育的再思考[C]//东北师范大学.第三届全国儿童哲学与率性教育高峰论坛 儿童经验、思维与有过程的教学论文集.长春:东北师范大学,2017:177-182.

网络文献类

[1] 博尼菲.儿童哲学在幼儿园实施的可能策略[EB/OL].(2017-07-09)[2024-05-07].https://mp.weixin.qq.com/s/e8nNSMuRgLPGO79tlEXC4g.

[2] 储文静.《幼稚园的游戏》影响了中国80多年[EB/OL].(2019-08-31)[2024-05-07].https://www.hunantoday.cn/news/xhn/201908/14437781.html.

[3] 褚士莹.天马行空的想象力就等于孩子会思考?思考的7大误区,你中招了吗?[EB/OL].(2019-08-21)[2024-05-07].https://www.sohu.com/a/335273226_125025.

[4] 邓晓芒.怎样才能产生"新"的思想[EB/OL].(2017-11-03)[2024-05-07].https://mp.weixin.qq.com/s/VJD43N3bVRTFP9JyrAsIyw.

[5] 儿童为何要学点哲学？不忍孩子一生与"深刻"无缘[EB/OL].(2018-05-16)[2024-05-07]. https://www.sohu.com/a/231743315_731082.

[6] 儿童哲学,让孩子成为课堂的主人,他们大胆的提问、深入的思考、严谨的推理[EB/OL].(2018-03-23)[2024-05-07]. https://mp.weixin.qq.com/s/fJ7hYouKNsXOCw3v9O_eBQ.

[7] 儿童哲学在幼儿园如何开展？杭州协合幼儿园做出了经验！[EB/OL].(2019-11-23)[2024-05-07]. https://mp.weixin.qq.com/s/fiDgngsrC2871QtLGYRnMg.

[8] 赋予孩子"玩"出来的创造力[EB/OL].(2019-03-22)[2024-05-07]. https://mp.weixin.qq.com/s?__biz=MzAxOTE1NzE2Ng==&mid=2651529239&idx=1&sn=60056b0b8e99333f57cba0c14a7a16ad&chksm=8034d9d6b74350c01e8cc343d848918-0a79dd812a643d15a5d8b3c529ce5a8f12bd1f008187e&scene=27.

[9] 古秀蓉.幼儿园儿童哲学示范课"三个和尚"[EB/OL].(2017-09-04)[2024-05-07]. https://mp.weixin.qq.com/s/Ej6PprUYLZe9OGSXk2eIeA.

[10] 郭继民.何为思想[EB/OL].中国社会科学报.(2012-12-26)[2024-05-07]. https://epaper.csstoday.net/epaper/read.do?m=i&iid=4261&eid=24769&sid=111791&idate=12_2012-11-26.

[11] 郭晓莹,查敏.对话法国哲学家Oscar Brenifier:18岁开始学哲学思辨,太晚了[EB/OL].(2018-05-31)[2024-05-07]. https://baijiahao.baidu.com/s?id=160194-3389233025889&wfr=spider&for=pc.

[12] 过家家.[EB/OL].https://baike.so.com/doc/5964467-6177418.html.

[13] 郝妙海.老鹰捉小鸡,几代人共同的童年游戏[EB/OL].(2017-03-25)[2024-05-07]. https://www.sohu.com/a/130319341_197494.

[14] 金海英.儿童哲学在韩国[EB/OL].(2019-02-23)[2024-05-07]. https://mp.weixin.qq.com/s/0O8a8u64bDlxc0McoLnanQ.

[15] 林佩.在人人都会点哲学的法国,是如何实践"儿童哲学"的？[EB/OL].(2019-08-19)[2024-05-07]https://www.canedu.org.cn/site/content/3776.html.

[16] 孙正聿.哲学通论.网易公开课[EB/OL].吉林大学公开课,https://open.163.com/newview/movie/free?pid=JHE4FO0S9&mid=LHEEGC606.

[17] 天津市和平区"儿童哲学启蒙教育的实践探索"现场会【特别报道】[EB/OL].(2019-12-02)[2024-05-07].https://mp.weixin.qq.com/s/WxQyiCSo8pGlEmm7cNzAlg.

[18] 吴思倩.让哲学走进生活:两江新区新湖学校启动儿童哲学启蒙课程[EB/OL].(2019-06-12)[2024-05-07]. https://www.cqcb.com/xinjiaoyu/xinwenhui/2019-06-13/1681621_pc.html.

[19] 杨妍璐.儿童哲学是闹着玩的?:儿童哲学公益沙龙活动[EB/OL].(2018-07-22)[2024-05-07]. https://mp.weixin.qq.com/s/SCrTFgu4ScvLaw54R1QSgw.

[20] 浙大幼教中心学术月儿童哲学专场[EB/OL].(2019-12-22)[2024-05-07]. https://mp.weixin.qq.com/s/r5aUQO9cTnK4ROQkMq0D4g.

[21] 郑敏希.儿童哲学课堂的特征及其探究方式[EB/OL].(2019-09-03)[2024-05-07].

https://mp.weixin.qq.com/s/t3VrbpZvpD5xei77xat2BA 思考拉儿童哲学研究中心.

[22] 中国儿童哲学教师2019美国夏威夷研修活动纪实（一）[EB/OL].(2019-08-20)[2024-05-07]. https://mp.weixin.qq.com/s/UN5FHLNpkbZ3_5-OeJ0i_Q.

[23] 朱永新.儿童的哲学情怀就像花儿一样，需要阳光滋润和赋能[EB/OL].(2017-07-02)[2024-05-07]. https://www.sohu.com/a/153880390_372503.

[24] 专访周国平：要让孩子学点哲学[EB/OL].(2017-06-01)[2024-05-07]. https://baby.sina.cn/baike/2017-06-01/detail-ifyfuzym7513404.d.html.

外文著作类

[1] SHARP A M, REED R F. Studies in philosophy for children: Harry Stottlemeier's discovery[M]. Philadelphia: Temple University Press, 1992.

[2] GAUT B, GAUT M. Philosophy for young children: a practical guide[M]. London: Routledge, 2013.

[3] FISHER R. Teaching thinking: philosophical enquiry in the classroom[M]. 4th ed. London: Bloomsbury Academic, 2013.

[4] CROOS K. The play of man[M]. New York: Appleton, 1901.

[5] SUTCLIFFE R, WILLIAMS S. The phylophy club: an adventure in thinking [M]. Reigate: Dialogue Works, 2000.

[6] GOUCHA M. Philosophy: a school of freedom-teaching philosophy and learning to philosophize[M]. Paris: UNESCO Publishing, 2007.

[7] VANSIELEGHEM N, KENNEDY D. Philosophy for children in transition: problems and prospects[M]. Chichester: Wiley-Blackwell, 2012.

外文期刊类

[1] DAVIDS J. The philosophical baby: what children's minds tell us about truth, love, and the meaning of life[J]. Infant Observation, 2010, 13(2): 247-249.

[2] NDOFIREPI A, CROSS M. Child's voice, child's right: is philosophy for children in Africa the answer? [J]. Interchange, 2015, 46(3): 225-238.

[3] NDOFIREPI A P, SHANYANANA R N. Rethinking ukama in the context of "philosophy for children" in Africa[J]. Research Papers in Education, 2016, 31(4): 428-441.

[4] NDOFIREPI A P. Philosophy for children: the quest for an African perspective [J]. South African Journal of Education, 2011, 31(2): 246-256.

[5] AMOS H J, FREEMAN E B. Kindergarten philosophies and practices: perspectives of teachers, principals, and supervisors[J]. Early Childhood Research Quarterly, 1988, 3(2): 151-166.

[6] PRIEWASSER B, ROESSLER J, PERNER J. Competition as rational action: why young children cannot appreciate competitive games[J]. Journal of Experimental

Child Psychology,2013,116(2):545-559.

[7] ĆURKO B, KRAGIĆ I. Philosophy for children: the case study of little philosophy[J]. Život i škola: Časopis za teoriju i praksu odgoja i obrazovanja,2008,54(20):61-68.

[8] ĆURKO B, KRAGIĆ I. Play:a way into multidimensional thinking aiming philosophy for children[J]. Filozofska istraživanja,2009,29(2):303-310.

[9] BURGH G. From Socrates to Lipman:making philosophy relevant[C]. Oxford: Inter-Disciplinary Press,2005.

[10] WALKER C M, WARTENBERG T E, WINNER E. Engagement in philosophical dialogue facilitates children's reasoning about subjectivity[J]. Developmental Psychology,2013,49(7):1338-1347.

[11] CARTER F C, UNIVERSITY M S. Developing communities of inquiry in the secondary school creative arts classroom[J]. Thinking,2006,18(1):40-46.

[12] CASSIDY C, MARWICK H, DEENEY L, et al. Philosophy with children, self-regulation and engaged participation for children with emotional-behavioural and social communication needs[J]. Emotional and Behavioural Difficulties,2018,23(1):81-96.

[13] LAM C M. Continuing Lipman's and Sharp's pioneering work on philosophy for children:using Harry to foster critical thinking in Hong Kong students[J]. Educational Research and Evaluation,2012,18(2):187-203.

[14] CASSIDY C, CHRISTIE D. Philosophy with children: talking, thinking and learning together[J]. Early Child Development and Care,2013,183(8):1072-1083.

[15] GOLDING C. Educating philosophically:the educational theory of philosophy for children[J]. Educational Philosophy and Theory,2011,43(5):413-414.

[16] DANIEL M F. Teacher training in physical education: towards a rationale for a socio-constructivist approach[J]. Analytic Teaching and Philosophical Praxis,1996,16(2):90-101.

[17] MARZIOD M D. What happens in philosophical texts: Matthew Lipman's theory and practice of the philosophical text as model[J]. Childhood & Philosophy,2011,7(13):29-47.

[18] KENNEDY D. Philosophy for children and the reconstruction of philosophy[J]. Metaphilosophy,1999,30(4):338-359.

[19] KENNEDY D. Young children discuss conflict[J]. Childhood & Philosophy,2012(2):127-182.

[20] SÄRE E, LUIK P, TULVISTE T. Improving pre-schoolers' reasoning skills using the philosophy for children programme[J]. Trames Journal of the Humani-

ties and Social Sciences,2016,20(3):273.

[21] ECHEVERRIA E. Children and philosophy: is this possible? [J]. Gifted Education International,2007,22(2/3):128-134.

[22] MARSAL E. Discovering ethics with philo: a schoolbook for philosophizing with children using the five-finger model[J]. Mind, Culture, and Activity,2015,22(4):303-319.

[23] GARCÍA-MORIYÓN F,REBOLLO I,COLOM R,et al. Evaluating philosophy for children[J]. Thinking,2005,17(4):14-22.

[24] SOFO F,IMBROSCIANO A. Philosophy for children[J]. Educational Review,1991,43(3):283-305.

[25] GARDNER S T. Inquiry is no mere conversation[J]. Analytic Teaching,1996,16(2):102-111.

[26] VALLONE G. A practical guide to fostering critical thinking in first grade through graduate school: using children's literature, in particular picture books[J]. Analytic Teaching and Philosophical Praxis,2005,24(2):78-85.

[27] BIESTA G. Philosophy, exposure, and children: how to resist the instrumentalisation of philosophy in education[J]. Journal of Philosophy of Education,2011,45(2):305-319.

[28] BIESTA G. Touching the soul? Exploring an alternative outlook for philosophical work with children and young people[J]. Childhood & Philosophy,2017,13(28):415-452.

[29] IZARRA G R,GONZÁLEZ A C. Coexistence, classroom climate and philosophy for children[J]. Revista Electronica Interuniversitaria de Formación del Profesorado,2008,11(3):29-36.

[30] THWAITES H. Can "philosophy for children" improve teaching and learning within attainment target 2 of religious education? [J]. Education 3-13,2005,33(3):4-8.

[31] BURR J E,HOFER B K. Personal epistemology and theory of mind: deciphering young children's beliefs about knowledge and knowing[J]. New Ideas in Psychology,2002,20(2/3):199-224.

[32] BLEAZBY J. Overcoming relativism and absolutism: Dewey's ideals of truth and meaning in philosophy for children[J]. Educational Philosophy and Theory,2011,43(5):453-466.

[33] HAYNES J,MURRIS K. The realm of meaning: imagination, narrative and playfulness in philosophical exploration with young children[J]. Early Child Development and Care,2013,183(8):1084-1100.

[34] JOYCE I,FIELDS K. Is it really a question of preference: philosophy specific or non-philosophy specific teaching materials [J]. Analytic Teaching and Philosaphi-

cal Praxis,1999,19(1):54-68.

[35] TOPPING K J, TRICKEY S. The role of dialog in philosophy for children[J]. International Journal of Educational Research, 2014, 63: 69-78.

[36] MURRIS K. The philosophy for children curriculum: resisting "teacher proof" texts and the formation of the ideal philosopher child[J]. Studies in Philosophy and Education, 2016, 35(1): 63-78.

[37] MURRIS K. Can children do philosophy? [J]. Journal of Philosophy of Education, 2000,34(2):261-279.

[38] CALVERT K. Creative philosophizing with children[J]. Theory and Research in Education, 2007, 5(3): 309-327.

[39] LIPMAN M. Squaring soviet pedagogical theory with American practice. [J]. The Education Digest,1991,57(2):3.

[40] LIPTAI S. What is the meaning of this cup and that dead shark? Philosophical inquiry with objects and works of art and craft[J]. Childhood & Philosophy, 2005,1(2): 537-554.

[41] MANSOUR M S. Teaching philosophy for children: a new experience in Iran[J]. Analytic Teaching and Philosophical Praxis,2007,27(1):12-15.

[42] BOBRO M. Folktales and philosophy for children[J]. Analytic Teaching and Philosophical Praxis,2005,25(2):80-88.

[43] TESAR M, KUPFERMAN D, RODRIGUEZ S, et al. Forever young: childhoods, fairy tales and philosophy[J]. Global Studies of Childhood,2016,6(2):222-233.

[44] TESAR M. Timing childhoods: an alternative reading of children's development through philosophy of time, temporality, place and space[J]. Contemporary Issues in Early Childhood,2016,17(4):399-408.

[45] DANIEL M F, AURIAC E. Philosophy, critical thinking and philosophy for children[J]. Educational Philosophy and Theory, 2011, 43(5): 415-435.

[46] DANIEL M F, BELGHITI K, AURIAC-SLUSARCZYK E. Philosophy for children and the incidence of teachers' questions on the mobilization of dialogical critical thinking in pupils[J]. Creative Education, 2017, 8(6): 870-892.

[47] SANTI M. Jazzing philosophy with children: an improvising way for a new pedagogy[J]. Childhood & Philosophy, 2017, 13(28):631-647.

[48] BIGGERI M, SANTI M. The missing dimensions of children's well-being and well-becoming in education systems: capabilities and philosophy for children[J]. Journal of Human Development and Capabilities, 2012, 13(3): 373-395.

[49] YEAZELLM I. Improving reading comprehension through philosophy for children [J]. Reading Psychology, 1982, 3(3): 239-246.

[50] LIPMAN M. Moral education higher-order thinking and philosophy for children

[J]. Early Child Development and Care, 1995, 107(1): 61-70.

[51] LIPMAN M. On children's philosophical style[J]. Thinking, 1998, 14(2): 2-7.

[52] LIPMAN M. Philosophy for children[J]. Metaphilosophy, 1976, 7(1): 17-39.

[53] LIPMAN M. Promoting better classroom thinking[J]. Educational Psychology, 1993, 13(3/4): 291-304.

[54] SCHERTZ M. Avoiding "passive empathy" with philosophy for children[J]. Journal of Moral Education, 2007, 36(2): 185-198.

[55] GREGORY M. Philosophy for children and its critics: a mendham dialogue[J]. Journal of Philosophy of Education, 2011, 45(2): 199-219.

[56] HSIEH M F. Teaching practices in Taiwan's education for young children: complexity and ambiguity of developmentally appropriate practices and/or developmentally inappropriate practices[J]. Contemporary Issues in Early Childhood, 2004, 5(3): 309-329.

[57] VANSIELEGHEM N, KENNEDY D. What is philosophy for children, what is philosophy with children: after Matthew Lipman? [J]. Journal of Philosophy of Education, 2011, 45(2): 171-182.

[58] VANSIELEGHEM N. Listening to dialogue[J]. Studies in Philosophy and Education, 2006, 25(1): 175-190.

[59] NASTASYAVDSW, CÉCILE P, ISABELLE R. On the epistemological features promoted by "philosophy for children" and their psychological advantages when incorporated into RE[J]. British Journal of Religious Education, 2015, 37(3): 273-292.

[60] GRUIONIU O. The philosophy for children, an ideal tool to stimulate the thinking skills[J]. Procedia - Social and Behavioral Sciences, 2013(76): 378-382.

[61] CAMP. Matthew Lipman (1923—2010) [J]. Diogenes, 2011, 58(4): 116-118.

[62] CAMP. Philosophy for children, values education and the inquiring society[J]. Educational Philosophy and Theory, 2014, 46(11): 1203-1211.

[63] DUDLEY R. Young children's conceptions of knowledge[J]. Philosophy Compass, 2018, 13(6): e12494.

[64] BADRI R, VAHEDI Z. The effectiveness of "the philosophy for children program" on the spiritual intelligence of the students[J]. International Journal of Educational and Psychological Researches, 2017, 3(2): 150.

[65] VÄLITALO R, JUUSO H, SUTINEN A. Philosophy for children as an educational practice[J]. Studies in Philosophy and Education, 2016, 35(1): 79-92.

[66] FISHER R. Talking to think: why children need philosophical discussion[J]. Unlocking Speaking and Listening, 2011: 104-117.

[67] SUTCLIFFE R. Philosophy for children: a gift from the gods? [J]. Gifted Education International, 2004, 19(1): 5-12.

[68] TRICKEY S, TOPPING K J. "Philosophy for children": a systematic review[J]. Research Papers in Education, 2004, 19(3): 365-380.

[69] BOYD S, HUSS L. Young children as language policy-makers: studies of interaction in preschools in Finland and Sweden[J]. Multilingua, 2017, 36(4): 359-373.

[70] GOERING S. Finding and fostering the philosophical impulse in young people: atribute to the work of Gareth B. Matthews[J]. Metaphilosophy, 2008, 39(1): 39-50.

[71] DAVEY S. Creative, critical and caring engagement: philosophy through inquiry [C]. Oxford: Inter-Disciplinary Press, 2005.

[72] SILVER R E. Working with the graduate students at the I. A. P. C. [J]. Analytic Teaching and Philosophical Praxis, 1997, 17(1): 11-16.

[73] LYLE S, THOMAS-WILLIAMS J. Dialogic practice in primary schools: how primary head teachers plan to embed philosophy for children into the whole school [J]. Educational Studies, 2012, 38(1): 1-12.

[74] LYLE S. Embracing the UNCRC in Wales (UK): policy, pedagogy and prejudices[J]. Educational Studies, 2014, 40(2): 215-232.

[75] MCCORMACK T, HOERL C. Young children's reasoning about the order of past events[J]. Journal of Experimental Child Psychology, 2007, 98(3): 168-183.

[76] WARTENBERG T E. Philosophy for children goes to college[J]. Theory and Research in Education, 2007, 5(3): 329-340.

[77] TRICKEY S, TOPPING K J. "Philosophy for children": a systematic review[J]. Research Papers in Education, 2004, 19(3): 365-380.

[78] TRICKEY S, TOPPING K J. Collaborative philosophical enquiry for school children: participant evaluation at eleven years[J]. Thinking: the Journal of Philosophy for Children, 2007(18): 23-34.

[79] VANSIELEGHEM N. Philosophy for children as the wind of thinking[J]. Journal of Philosophy of Education, 2005, 39(1): 19-35.

[80] VENTER E, HIGGS L G. Philosophy for children in a democratic classroom[J]. Journal of Social Sciences, 2014, 41(1): 11-16.

[81] PARFITT V. Philosophy for children: theories and praxis in teacher education [J]. Journal of Education for Teaching, 2018, 44(1): 124-125.

[82] BOYER W. Person-centered therapy: a philosophy to support early childhood education[J]. Early Childhood Education Journal, 2016, 44(4): 343-348.

[83] BARROW W. "I think she's learnt how to sort of let the class speak": children's perspectives on philosophy for children as participatory pedagogy[J]. Thinking Skills and Creativity, 2015(17): 76-87.